吴新三 ◎ 编著

# 历代状元文章汇编

 中国致公出版社·北京

图书在版编目（CIP）数据

历代状元文章汇编 / 吴新三编著 . -- 北京：中国致公出版社，2025.6. -- ISBN 978-7-5145-2326-3

Ⅰ . D691.46
中国国家版本馆 CIP 数据核字第 2025PC9386 号

## 历代状元文章汇编 / 吴新三 编著
LIDAI ZHUANGYUAN WENZHANG HUIBIAN

| 出　　版 | 中国致公出版社 |
|---|---|
| | （北京市朝阳区八里庄西里 100 号住邦 2000 大厦 1 号楼西区 21 层） |
| 发　　行 | 中国致公出版社（010-66121708） |
| 责任编辑 | 王福振 |
| 责任印制 | 史立峰 |
| 印　　刷 | 三河市天润建兴印务有限公司 |
| 版　　次 | 2025 年 6 月第 1 版 |
| 印　　次 | 2025 年 6 月第 1 次印刷 |
| 开　　本 | 710mm×1000mm　1/16 |
| 印　　张 | 25.25 |
| 字　　数 | 456 千字 |
| 书　　号 | ISBN 978-7-5145-2326-3 |
| 定　　价 | 88.00 元 |

（版权所有，盗版必究，举报电话：010-82259758）
（如发现印装质量问题，请寄本公司调换，电话：010-82259758）

# 前　言

科举制始创于隋炀帝大业年间，也就是形成于隋朝，但完善是在唐朝，隋朝虽诞生了科举制度，却只有进士榜，而无状元、榜眼、探花之分。所以，目前大部分学者一般认为状元始于唐朝。

殿试是科举考试的最后一级，由皇帝亲自在金殿上主持举行。考试的内容是针对皇帝的策问作一篇策对。唐代，进士科从考策问逐渐发展到以诗赋为主要的考试形式。五代十国时期也以诗赋为主。诗赋虽然琅琅易读，但典故太多令人费解，而且所讲多是与现实无关紧要之事，于时政无补。因此，宋代以降，诗赋之题就被排除在殿试之外了，取而代之的则是重视现实的时务策论。宋、元、明时，科举考经义而不用诗赋，又回到策问。

## 一

历史上的科举考试过程经历了一个从宽松到严格、从人性化到苛刻的过程，从中折射出不同朝代的文化气象和社会生态。

唐代的科举考试环境相对宽松，采取考试与荐举相结合的方式，考生在考试前须先向当时的社会名流或达官贵人"投刺"和"行卷"。所谓"投刺"，类似于发名片；"行卷"就是考生将自己的文章、诗作制成"卷轴"，交给社会贤达显贵，再由这些人转交给主考官的一种自荐方式。唐代试卷不"弥封"，主考官也不全部按考试成绩取舍，有时候甚至根本不看考试成绩，而是先看"行卷"。考试结束，主考官会邀请当时社会名流一起结合考试成绩与"行卷"水平，共同定夺考生的录取名次，这称为"通榜"。

到了宋代，科举考试管理开始严格起来，规定考试只在白天进行，并施行锁院、糊名、眷录、隔帘等保密措施。主考官的子弟、亲戚考试还得更换考官、另设考场，这叫"别头试"。据说，连皇家子弟亲戚都要参加科举考试。

清代的科考管理就更加严格了，甚至到了苛刻严酷的程度。科考期间，贡院周围兵丁密布，戒备森严。试卷一律由专人誊写后再交给主考官阅卷。

## 二

元初因取消了科举，士人入仕之途径被堵死，严重打击了士人的理想，这与宋代尚儒的学风形成巨大的反差。元仁宗延祐二年（1315）才再次举办。自仁宗至顺帝时灭亡止，科举时办时废，共举办过十六次，取士一千余人。科举恢复以后，馆阁入仕途径走向了正规化，"以科举取士，犹盛于多门而进"。伴随着取士制度的完善，从根本上保证了封建时代所需要的政治、文化素养，无论办事效率，还是影响力都超越吏员，处理问题更加合理公正，因为儒士饱读诗书，儒家文化仁义礼乐深入其内心，在儒家的号召下为官清廉，浩然正气者居多。

## 三

至光绪三十一年（1905）举行了最后一次科举考试为止，在中国历史上存在了1300多年，共有状元886人（随着研究的深入，该数字还在不断增加）。

在中国历史上出现的第一位状元是在唐朝武德年间的孙伏伽。孙伏伽在隋朝时就是一个进士，早年是个小吏，后来归顺了唐朝。唐高祖武德五年（622），参加大唐王朝的第一次科举考试，不仅笔试得了第一名，而且殿试也得了第一名，所以被唐高祖李渊钦点为一甲第一名——也就是状元。

但是他的状元文目前不可考，本书未收录。

## 四

历代状元的殿试卷，其内容博大精深，包罗宏富，但其形制决定了它侧重于"时务"的特点，对当代政治的关心，对儒家传统的修、齐、治、平之学的讲究，构成了它的主旋律。

历代状元策，字里行间洋溢着中国古代优秀知识分子的满腔豪情。尤其是于国运艰难之际的某些殿试卷，更是慷慨激越，不乏治国、安邦、济世之良策，更能体现他们超群的才智，强烈的忧国忧民的社会责任感及其威武不屈、贫贱不移的高尚人格。

"这些状元策，在今天看来，也不是毫无价值的。我们不妨把它们当作历史文献和学术材料来研究,甚至也可以当作文学作品来欣赏。"

五

殿试试卷是朝廷秘档,外人无从得见。每科的《进士登科录》也极为罕见。因此,对状元文的研究是一项进展缓慢的工作。目前历代状元中已知姓名的也仅有680人左右。很多的状元文,目前也没有发现相关记载。

本书将目前可考的部分优秀状元文,汇编成册,繁体字转化为简化字,并根据现代标点符号的用法统一进行了标注,以方便读者阅读、研究和欣赏。

本书成册,得益于吸收了前辈专家和学者的研究成果,在此表示衷心的感谢。因本人水平有限,错误、疏漏和不足之处在所难免,敬请状元文研究方面的专家和广大读者批评指正。

# 目录

## 唐 　　　　　　　　　　　　　　　　　　　　　　　　　　　1

垂拱元年（685）乙酉科状元：吴师道 …………………………… 1
永昌元年（689）己丑科状元：张柬之 …………………………… 4
开元二年（714）甲寅哲人奇士科状元：孙逖 …………………… 8
开元七年（719）己未文词雅丽科状元：邢巨 …………………… 10
大历十二年（777）丁巳科状元：黎逢 …………………………… 12
贞元七年（791）辛未科状元：尹枢 ……………………………… 14
贞元十二年（796）丙子科状元：李程 …………………………… 15

## 五代十国 　　　　　　　　　　　　　　　　　　　　　　　17

白龙元年（925）庚戌科状元：梁嵩 ……………………………… 17

## 宋 　　　　　　　　　　　　　　　　　　　　　　　　　　18

绍兴二年（1132）壬子科状元：张九成 …………………………… 18
绍兴五年（1135）乙卯科状元：汪应辰 …………………………… 28
绍兴二十七年（1157）丁丑科状元：王十朋 ……………………… 35
淳熙十一年（1184）甲辰科状元：卫泾 …………………………… 45
绍熙四年（1193）癸丑科状元：陈亮 ……………………………… 52
绍定五年（1232）壬辰科状元：徐元杰 …………………………… 57
宝佑四年（1256）丙辰科状元：文天祥 …………………………… 66
咸淳七年（1271）辛未科状元：张镇孙 …………………………… 77

# 元     87

    元统元年（1333）癸酉科右榜状元：同同……………… 87

    元统二年（1334）甲戌科左榜状元：李齐……………… 90

# 明     95

    洪武四年（1371）辛亥科状元：吴伯宗……………… 95

    永乐十年（1412）壬辰科状元：马铎………………… 98

    正统十年（1445）乙丑科状元：商辂………………… 101

    正统十三年（1448）戊辰科状元：彭时……………… 105

    天顺元年（1457）丁丑科状元：黎淳………………… 109

    天顺四年（1460）庚辰科状元：王一夔……………… 113

    成化二年（1466）丙戌科状元：罗伦………………… 117

    成化五年（1469）乙丑科状元：张升………………… 126

    成化八年（1472）壬辰科状元：吴宽………………… 130

    成化十一年（1475）乙未科状元：谢迁……………… 135

    成化二十三年（1487）丁未科状元：费宏…………… 139

    弘治九年（1496）丙辰科状元：朱希周……………… 145

    弘治十二年（1499）乙未科状元：伦文叙…………… 150

    弘治十八年（1505）乙丑科状元：顾鼎臣…………… 154

    正德六年（1511）辛未科状元：杨慎………………… 158

    正德十二年（1517）丁丑科状元：舒芬……………… 163

    正德十六年（1521）辛巳科状元：杨维聪…………… 168

    嘉靖八年（1529）己丑科状元：罗洪先……………… 174

    嘉靖十七年（1538）戊戌科状元：茅瓒……………… 179

    嘉靖二十六年（1547）丁未科状元：李春芳………… 182

    嘉靖四十一年（1562）壬戌科状元：申时行………… 188

    隆庆二年（1568）戊辰科状元：罗万化……………… 192

    万历八年（1580）庚辰科状元：张懋修……………… 197

万历十七年（1589）已丑科状元：焦竑 ············· 201

# 清　　　　　　　　　　　　　　　　　　　　　　206

顺治十八年（1661）辛丑科状元：马世俊 ············· 206
康熙六年（1667）丁未科状元：缪彤 ··············· 209
康熙十二年（1673）癸丑科状元：韩菼 ·············· 212
乾隆四十三年（1778）戊戌科状元：戴衢亨 ············ 216
乾隆四十五年（1780）庚子恩科状元：汪如洋 ··········· 219
乾隆四十六年（1781）辛丑科状元：钱棨 ············· 223
乾隆四十九年（1784）甲辰科状元：茹棻 ············· 227
乾隆五十四年（1789）已酉科状元：胡长龄 ············ 230
乾隆五十五年（1790）庚戌恩科状元：石韫玉 ··········· 234
乾隆五十八年（1793）癸丑科状元：潘世恩 ············ 239
乾隆六十年（1795）乙卯恩科状元：王以衔 ············ 243
嘉庆元年（1796）丙辰科状元：赵文楷 ·············· 246
嘉庆四年（1799）已未科状元：姚文田 ·············· 250
嘉庆六年（1801）辛酉恩科状元：顾皋 ·············· 254
嘉庆七年（1802）壬戌科状元：吴廷琛 ·············· 258
嘉庆十年（1805）乙丑科状元：彭浚 ··············· 262
嘉庆十三年（1808）戊辰科状元：吴信中 ············· 266
嘉庆十四年（1809）已巳科状元：洪莹 ·············· 270
嘉庆十六年（1811）辛未科状元：蒋立镛 ············· 274
嘉庆十九年（1814）甲戌科状元：龙汝言 ············· 278
嘉庆二十二年（1817）丁丑科状元：吴其濬 ············ 282
嘉庆二十四年（1819）已卯恩科状元：陈沆 ············ 286
道光三年（1823）癸未科状元：林召棠 ·············· 290
道光六年（1826）丙戌科状元：朱昌颐 ·············· 294
道光九年（1829）已丑科状元：李振钧 ·············· 298
道光十二年（1832）壬辰恩科状元：吴钟骏 ············ 302

道光十五年（1835）乙未科状元：刘绎……306
道光十六年（1836）丙申恩科状元：林鸿年……310
道光十八年（1838）戊戌科状元：钮福保……314
道光二十一年（1841）辛丑恩科状元：龙启瑞……318
道光二十四年（1844）甲辰科状元：孙毓桂……322
道光二十七年（1847）丁未科状元：张之万……326
道光三十年（1850）庚戌科状元：陆增祥……330
咸丰二年（1852）壬子恩科状元：章鋆……334
咸丰三年（1853）癸丑科状元：孙如仅……338
咸丰九年（1859）己未科状元：孙家鼐……342
同治元年（1862）壬戌科状元：徐郙……346
同治二年（1863）癸亥恩科状元：翁曾源……350
同治七年（1868）戊辰科状元：洪钧……354
同治十三年（1874）甲戌科状元：陆润庠……357
光绪二年（1876）丙子恩科状元：曹鸿勋……361
光绪三年（1877）丁丑科状元：王仁堪……365
光绪六年（1880）庚辰科状元：黄思永……369
光绪九年（1883）癸未科状元：陈冕……373
光绪十二年（1886）丙戌科状元：赵以炯……378
光绪十五年（1889）己丑科状元：张建勋……382
光绪十八年（1892）壬辰科状元：刘福姚……386
光绪二十年（1894）甲午恩科状元：张謇……390

# 唐

## 垂拱元年（685）乙酉科状元：吴师道

> 吴师道，又作吴道师、吴道古。祖籍邺县（今河北临漳）。吴师道为吴姓状元及第第一人。取状元后入仕。至开元年间任司勋员外郎、吏部侍郎、户部郎中等职。

**殿试皇帝：** 唐睿宗李旦

### 策问

欲使吏洁冰霜，俗忘贪鄙，家给人足，礼备乐和，庠序交兴，农桑兢劝。善师期于不阵，上将先于伐谋。未待干戈，遽清金庭之浸；无劳转运，长销玉塞之尘。利国安边，伫闻良算。明言政要，朕将亲览。（第一道）

朕闻运海抟扶，必籍垂天之羽；乘流击汰，必仁飞云之楫。是知席萝黄屋，握镜紫微，诚资献替之功，必待弼谐之助。所以轩辕抚运，遂感大风之祥；伊帝乘时，遽致秋云之兆。朕虽惭古烈，而情切上皇，未校滋泉之占，犹虚傅野之梦。欲使岁星入仕，风伯来朝，河荐萧张之名，山降申甫之佐。垂衣仁化，端拱仰成。多士溢于周朝，得人过于汉日。行何政道，可以至斯？思闻进善之言，以副求贤之旨。（第二道）

朕闻明王阐化，化感人灵之心。圣后宣风，风移动植之性。遂使翔龙荐检，鸣凤司农，兽解触邪，草能指佞。仰惟前烈，何德而臻此乎？朕遹听遂初，载钦神化，每欲反斯莞薄，景彼上皇。欲使瑞蓂司庖，仙蕢候月，游四灵于翠苑，集五老于荣河。致此休征，良由政感。伫闻启沃，以副虚襟。（第三道）

朕闻三微递代，哲后所以承天。五运因循，明王由之革命。或金水而鳞次，应火木以还周；或寅子变正，天人之统斯辨。骊骤改色，昏旦之用有殊。

1

兹乃涣汗图书，昭彰历数。受位出震，以迄于今，莫不母子相承，终始交际。然而都君土德，翻乃尚青；天乙水行，宁宜用白。深明要旨，其义何从？若以秦氏霸基，便有符于紫色；则魏人鼎足，岂复应于黄星？缅镜前修，又以矛盾。张苍之议，既颇反于公孙；贾傅之谈，复远乖于刘向。子大夫学包群玉，文擅锵金。既听南史之篇，方伫东堂之问。详敷事实，靡得浮词，商榷前儒，谁为折衷。（第四道）

朕以紫极暇景，青史散怀。眇寻开辟之源，遐览帝王之道。或载纪遥邈，无其处而有其名；或坟籍丧亡，有其号而无其事。将求故实，以伫多闻。至如化被柱州，创基刑马。两代之事谁远，五德之运何承。石楼之都，见匪均霜之地；穷桑之壤，元非测景之区。时将城彼偏方，惟一隅而独王。轻兹中土，弃九洛而不营。大夏之时，化臻禁甲；隆周之日，道致韬戈。而七十一征，翻在凤凰之运；五十二战，更属云官之期。斯则偃伯之人，无闻于太古。摧锋之弊，反息于中叶。浇淳之道，名实何乖！欲令历选前圣，远稽上德。采文质之令献，求损益之折衷。何君可以为师范，何代可以取规绳？迟尔昌言，以沃虚想。（第五道）

## 对策

臣闻栖培塿者，不睹嵩泰之干云；游汀涝者，讵识沧溟之沃日？臣蒿莱弱质，衡泌鲰生。未识广厦之居，安知太牢之味？不量蕞尔，轻从哀然；谬达天聪，兢惶圣问。粤惟皇家出震，累叶重辉。天人归七百之期，宗祊联亿兆之庆。太宗以明一察道，括珠囊而总万方。高宗以通三御宸，转金镜而清九服。用能肃清天步，夷坦帝途。垂莫大之鸿基，托非常之元圣。伏惟皇太后陛下，道超炼石，化轶扪天。被子育之深仁，弘母仪之博爱。星阶已正，尚虽休而勿休；宸极既安，犹损之又损。方欲还淳返朴，振三古之颓风；缉正苍生，降四海之昌运。拔幽滞，举贤良，黜谗邪，进忠党。故得鸿枢接轸，和宇宙之阴阳；龙武分曹，节风雨之春夏。礼乐备举，学校如林。俗知廉让之风，人悦农桑之劝。犹复旁求瞍议，虚伫刍荛。既属对扬，敢陈庸瞀。诚愿察洗帻布衣之士，任以台衡；擢委金让玉之夫，居其令守。则俗忘贪鄙，吏洁冰霜矣。旌好学之流，赏力田之伍，则家罕贫惰，位列文儒矣。降通亲之使，喻彼枭心；发和戎之官，收其鸡肋。则四夷左衽，颠倒来王；三边元恶，讴谣仰化矣。自然笼羲驾昊，六五帝而四三皇。远肃迩安，飞英声而腾茂实。谨对。（第一道）

臣闻立极膺乾之君，当宁御坤之主，欲臻至道，将隆景化，莫不旁求俊彦，广命英奇。疑庶绩以安人，绥万邦而抚俗。是故轩邱膺箓，委四监以垂衣；丹陵握图，举八元而光宅。于是齐桓拟之于飞翼，殷武兴之以羹梅。克赞人谋，实宣神化。陛下功包邃古，道逸上皇，受授惟明，谋谟克序。弼辅之任，总风力于前驱；燮理之司，列伊周于后乘。振鹭翔鸾之客，毕凑天阶；乘箕降昴之英，咸趋日路。且犹虚心卜兆，托想旁求，冀山谷之无遗，庶贤良之毕萃。俯访愚鲁，敢述明扬。诚愿发德音，下明诏，咨列岳，访群公。举尔所知，不遗于侧陋；知人不易，无轻于慎择。下僚必录，上赏频沾，则叶县游龙自九天而下降，燕郊骏马赴千金而遥集。汉未为得，周岂能多？尽善尽美，于斯焉盛。谨对。（第二道）

臣闻化洽乾枢，景纬呈其灵贶；泽周坤络，卉木效其祯祥。是以若雾非烟，必应文明之后；九茎三秀，允符光宅之君。陛下应期纳箓，抚运登皇，孝道格于玄穹，仁心光于紫极。自临万域，辑御群方，灵瑞屡臻、休征荐至。五蹄仁兽，乐君囿而来游；六象威禽，拂帝梧而萃止。岂直银黄玉紫，雉白马丹，翻鄗上之二稃，拔江间之三脊。固亦巡河受检，拜洛披图，降五老于星躔，归四神于云路。盛矣美矣！巍乎焕乎！躏三五以腾徽，吞八九而高视。尚且崇谦让之道，守冲挹之德，抑斯天瑞，访此人谋。陛下虽不宰其成功，微臣亦不知其所谓。谨对。（第三道）

臣闻方圆既阙，帝王斯建。四游将六气交驰，五德与三微递变。自摄提著纪，出震登皇，循木火而相承，用骊骙而继作。虽复武功文德，揖让干戈。御旒扆以高居，握图箓而深视。莫不垂天人之统，顺寅子之正。始终之际，何莫由斯。暨乎运偶都君，时云土德，道锺天乙，数叶水行。子胜母而尚青，母生金而尚白。略言其美，斯穷奥旨。至若秦居闰位，紫实非正之符。魏得中区，黄标应星之纪。未有矛盾，允惬随时。汉祖承天，人多异议。张苍言水而黑時方兴，公孙据土而黄龙复应。逮二刘之父子，推五运之相沿，较彼前谈，斯为折衷。臣学非博古，识昧知新，轻陈管穴之窥，狠奉天人之问。惭惶靡地，悚越兼深。谨对。（第四道）

臣闻一剖为三，始鸿蒙于太易。九变于七，渐茫昧于无为。既分清浊之仪，乃列君臣之位。则有天皇首出，瞰柱州而宅土；地皇革命，俯刑马以开都。年匪异于万八千，号稍殊于七十二。既云木德，亦曰火行。开于天地之初，录自帝皇之纪。至若石楼远界，穷桑延壤，非万邦之土中，为二代之天邑。斯乃时犹鹭饮，道尚鹑居，谁知风雨之均，能建皇王之宅。亦分长于九域，岂独王于偏方。乃观象垂衣，化穆羲轩之代。翦商伐扈，人浇周夏之年。

而皇德方隆，未弭战争之患。王道才著，复存韬偃之日。是则怀柔伐叛，取乱侮亡，虽钟大道之行，终伫胜残之战。是故劣于太古，非事优于中代。陛下选芳列辟，垂范千年，王化既平，能事斯毕。亦何必损益今辰之政，师谟往帝之规。抚和琴而促柱，御夷途而止辙，因循勿失，臣谓其宜。谨对。（第五道）

### ■ 史海钩沉

　　历史上的首次殿试发生于武则天时期。垂拱是唐睿宗李旦的年号，但是实际上武则天操纵朝政。武则天掌权之初，朝堂之上反对势力众多，局势很不稳定。当时虽已开设科举，但门阀士族力量庞大，朝中寒门出身的官员异常匮乏。在此危局之下，武则天急需打破贵族门阀对官僚阶层的垄断局面，组建自己的支撑力量。殿试作为一种有效的纳贤手段，结合当时的自荐制度，对扩大科举的取士范围，鼓励寒门士子步入仕途起到了非常积极的作用。

　　在本科考试当中，武则天亲力亲为，出了五道策问题，对众考生进行测试。第一道，重点测试考生对治国理政大政方针和相关知识的掌握情况。对于这道试题，武则天最为重视，结尾有"明言政要，朕将亲览"八个字。第二道，重点测试考生的人才知识、人才理论水平。第三道、第四道的内容比较玄虚一些，让考生就祥瑞气象、五行运势问题谈自己的看法。第五道，重点测试考生对历代著名帝王治国方略理念的认识理解。

　　吴师道策对五道问题，涉及时事政治、外交战争、儒孝文化等多个领域。思路严谨，藏而不露，学识渊博，成熟而稳重。文章还对武则天进行了赞美，是本次考试武则天唯一看重的人。

## 永昌元年（689）己丑科状元：张柬之

　　张柬之，字孟将，襄阳人。唐朝名相，诗人。张柬之中进士后任青城县丞。689年以贤良征试，擢为监察御史。后出任合州、蜀州刺史、荆州长史等职。狄仁杰向武则天举荐，武则天提升为洛州司马。不数日，狄仁杰再荐之，称其"可为宰相，非司马也"。遂得以升为秋官侍郎，过了一段时间又得姚崇推荐，升任宰相。

殿试皇帝：周朝皇帝武则天

## 策问

朕闻体国经野,取则于天文;设官分职,用力于人纪。名实相副,自古称难;则哲之方,深所不易。朕以薄德,谬荷昌图,思欲追逸轨于上皇,拯群生于季俗,澄源正本,式启惟新。俾用才委能,靡失其序,以事效力,各得其长。至于考课之方,犹迷于去取;黜陟之义,尚惑于古今。未知何帝之法制可遵,何代之沿革可衷?此虽戈戈束帛,每贲于邱园;翘翘错薪,未获于英楚。并何方启塞,以致于兹?伫尔深谋,朕将亲览。（第一道）

朕闻轨物垂训,必随正于因生;开国承家,理崇光于敦本。故七叶貂珥,表金室之荣;十纪羽仪,峻班门之躅。保姓受氏,义先于睦亲;翼子谋孙,事隆于长发。朕以寡昧,叨奉先灵,坠典咸新,遗章必睹。思欲甄明谱系,澄汰簪居,派别淄、渑,区分士庶。至如陈、田互出,虢、郭俱开。束皙改汉传之宗,辅果易晋卿之号。巨君之姓,曾非驭鹤之苗;元海之家,谅非扰龙之族。永言纰谬,良用怃然。子大夫十室推英,三冬富学,允迪褎然之举,宜扬锵尔之词。至若北郭、南宫,本因何义?三乌、五鹿,起自何人?公孙之由,司马之姓,咸加辨析,且显指归。式副对扬,朕将亲览。（第二道）

## 对策

臣闻仲尼之作《春秋》也,法五始之要,正王道之端,微显阐幽,昭隆大业。瀍、洛之功既备,范围之理亦深。伏惟陛下,受天明命,统辑黎元。载黄屋,负黼扆,居紫宫之邃,坐明堂之上。顺阳和以布政,摄三吏而论道,雍容高拱,金声玉振。征求无厌,误及厮贱。微臣材朽学浅,诚不足以膺严旨,扬天休。虽然,敢不尽刍荛,罄狂瞽,悉心竭节,昧死上对。

臣闻天者,群物之祖,王者受命于天,故则天而布列职。天生蒸人,树之君长,以司牧之,自非聪明睿哲,齐圣广深,不能使人乐其生,家安其业。陛下德自天纵,慈悯元元,既乐其生,且安其业。臣闻瑞者,上天所以申命人主也。故使麒麟游于囿,凤皇集于庭,庆云出,神龙见。其馀草木烟露之祥,不可胜纪。陛下日慎一日,虽休勿休,故天申之以祯石,告之以神文。大矣哉!圣人之鸿业也。

臣闻河图、洛书之不至也久矣。孔子曰："凤鸟不至,河不出图,吾已矣夫。"

师说曰:"圣人自伤已有能致之资,而天不致也。"陛下有能致之资而天蕴者,所以扶助圣德,抚宁兆人也。臣观今朝廷含章赡博之士,鲠言正议之臣,陛下诱而进之,并践丹地,伏青规颙颙昂昂,云属雾委,鸾骞凤振,佩金鸣玉,曳珠绂,扬翠绫,充牣于阶庭者矣。昔舜举十六相,去四凶人,有大功二十,而为天子。前史美之,称曰尽善尽美。虽甚盛德,无以加此。陛下彰善去恶,昭德塞违,万万于虞舜。自托薄德,愚臣何足以望清光,而敢有议哉!

制策曰:"思欲追逸轨于上皇,拯群生于季俗,澄源正本,式启惟新。"臣闻善言古者,必考之于今;善谈今者,必求之于古。臣窃以当今之务而稽之往古,以往古之迹而比之当今,以为三皇神圣,其臣不能及。故于阙见之,陛下刊列格,正爱书,修本业,著新诫,建总章以申严配,置法甀以济穷冤,此前圣所不能为,非群臣之所及也。今朝廷之政,上令下行,如身之使臂,臂之使手。百僚师师,罔不咸义。此群臣之所能奉职也。《书》曰:"元首明哉,股肱良哉,庶事康哉。"故臣以为陛下有三皇之位,而能隆三皇之业也。臣以今之刺史,古之十二牧也。今之县令,古之百里君也。有官联焉,有社稷焉,可谓重矣。任非其材,其害亦重矣。昔周宣王欲训其人,问于樊仲曰:"吾欲训人,诸侯谁可者?"仲曰:"鲁侯肃恭明神,敬事耆老,必咨于故实,问于遗训。"乃立之。晋之名臣亦言,舍人、洗马,一时之高选,台郎、御史,万邦之俊哲。若出于宰牧,颂声兴矣。由此言之,则古牧州宰县者,不易其人也。自非惠训不倦,动简天心者,未可委以五符之重,百里之寄。今则不然多矣。门资擢授,或以勋阶莅职,莫计清浊,无选艺能。负违圣诫,安肯肃恭明神?轻理慢法,安肯敬事耆老?取舍自便,安能求之故实?举错纵欲,安能问之遗训?异一时之高材,非万邦之俊杰。欲是多其仆妾,广其资产,齿角两兼,足翼双备,蹈瑕履秽,不顾廉耻,抵网触罗,覆车相次。孔子曰:"既得之,患失之。苟患失之,无所不至矣。"故臣以为陛下有三皇之人,无三皇之吏也。

制策曰:"俾用才委能,靡失其序,以事效力,各得其长。至于考课之方,犹迷于去取;黜陟之义,尚惑于古今。未知何帝之法制可遵,何代之沿革斯(可)衷?"臣闻皇王之制,殊条共贯,虽有改制之名,无不相因而立事。孔子曰:"殷因于夏礼,所损益可知也。周因于殷礼,所损益可知也。其或继周者,虽百代可知也。"然则虞帝之三考黜陟,周王之六廉察士,虽有沿革,所取不殊,期于不滥而已。陛下取人之法甚明,考绩之规甚著。臣以为犹舟浮于水,车转于陆,虽百王无易也。今邱园已贲,英楚云集,启塞之路,岂愚臣所能轻云也。谨对。(第一道)

臣闻保姓受氏，明乎典训。或因地以赐姓，或因官而受氏。或官以代功，亦以官族。或所居之地，因以为氏。诸侯之子称为公子，公子之子称为公孙，公孙之子乃以其王父字为氏。后代因之，亦以为姓。田、陈、虢、郭，以声近而遂分；辅果、束晳，以避难而更改。王莽以田王为氏，元海因汉甥立族。骚括分南北之号，充宗为五鹿之先。应氏著书，具表三乌之始。司马、司徒，是曰因官；公孙、叔孙，《春秋》备载。陛下尽六艺之英，穷百代之要，淑问扬天地，元情贯幽显。黄竹清歌，词穷五际；白云高唱，文苞万象。昔曹门二祖，道愧由庚；刘氏四叶，仁非解愠。岂若睿思琼敷，同雨露之沾渐；神机苕发，等曦望之照临。起帝典而孤立，孕皇坟而独秀。臣沐浴淳和，叨承至训，名闻于圣听，言奏于阙前。谨对。（第二道）

## 史海钩沉

这篇状元文章答题谨慎，措辞严谨，锋芒暗藏。

张柬之大器晚成。武则天开制举广纳人才，在青城县丞职位上待了四十多年的张柬之，以六十多岁的高龄参加了这次会试，终于在一千多名竞争者中脱颖而出，被提拔为监察御史。十年后，七十多岁的张柬之又被提升为凤阁舍人。

七十多岁，对于很多做官的人来说，这辈子的官运大概也就到头了，张柬之本人也是如此想的。可令他没想到的是，他的命运居然在耄耋之年出现了戏剧性的转折。

就在他觉得人生无望的时候，在狄仁杰的推荐下，他被武则天提拔为洛州司马，随后又经历司刑少卿、刑部侍郎等官职。

狄仁杰去世四年后，当时的宰相姚崇被武则天另安排为灵武道安抚大使，于是让他举荐朝臣为相。姚崇对武则天说道："张柬之沉厚有谋，能断大事。"但他现在年纪已经很大了，陛下应该尽快擢用他。

就这样，在狄仁杰和姚崇的先后举荐下，已经年逾八旬的张柬之迎来了自己人生中的高光时刻——入阁拜相。

张柬之的一生很奇特，他如同一束不起眼烟花，在冰冷的库房躺了一辈子，在人生的终点却以绚烂的方式赢得了满堂彩。

## 开元二年（714）甲寅哲人奇士科状元：孙逖

> 孙逖，字子成，博州武水（今山东省聊城市东昌府区沙镇）人。孙逖工诗善文，在当时声望卓著，颜真卿推许为"人文之宗师，国风之哲匠"。曾任刑部侍郎、太子左庶子、少詹事等职。

殿试皇帝：唐玄宗李隆基

### ■ 策问

朕闻理国莫尚乎任贤，命官必资乎选众。尧、舜以声而以度，考核良难；殷、周取德而取言，征求匪易。朕所以载怀经术之彦，夕遗其寝；虚伫艺能之士，朝忘其饥。子大夫光我弓旌，膺斯扬择。为政作法，岂无前范。安人济时，亦有令躅。宜叙立身之志，各言从官之才。至如七辅、八元，施何纲纪？十臣、四老，正何得失？并陈事迹，兼言名氏。朝会古礼，登享旧章，九仪式辨其赐，六贽各明所执。雍畤起于何年？亳社并于何代？天士、地士，此何所封？诸布、诸严，彼何所主？又穆邦家而济生死，三圣之教何长？利动植而益黎元，五材之用何要？工商两业，在俗何先？文武二柄，适时何急？凡此数科，不获双美，必存者均乎存信，所去者同乎去食。朕将亲览，尔等明言。

### ■ 对策

伏惟陛下，文明有赫，元圣广运。劝激极乎宁宙，察微穷乎物象。至如选众任能之术，《礼经》享物之要，三圣五材之短长，文武工商之用舍，斯并独断圣虑，悬衡睿谋，百辟端委而颙若，庶绩不言而潜运矣。犹以为立政图大，试言务重，弗躬弗亲，庶人不信。降清问于穷昊，俨神威于咫尺。斯亦尧咨舜吁，同德比义。臣愚敢不拜手稽首，对扬天子之休命。

制策曰"子大夫光我弓旌，膺斯扬择。为政作法，岂无前范。安人济时，亦有令躅。宜叙立身之志，各言从官之才"者。臣闻邦有道，贫且贱焉，耻也。今神化阴骘，要道光备，设序塾以教于乡，立胶庠以训于国，制为禄秩，以劝其从，则含生禀灵者，孰不刻意于仁义，饬躬于闻达。所谓尧舜之代，比屋可封也。臣以一介，行能无取，思勉进以追群，顾观光而知愧。尝亦自强不息，有闻而行，驰颜、闵之极挚，伏周、孔之轨躅。学古庶乎叶道，慎行期乎润身。非有志于干禄，苟求仁于寡过。立身之志，允或在兹；从官之才，则愚岂敢。何则？仲尼有言曰："如有所誉，其有所试。必也临事，难乎预谋。"昔孔明之自比管、乐，时人未许；仲由因之以师旅，夫子哂之。祗奉睿问，惧深殒越，其敢靦冒，轻议天工。陛下若不弃菅蒯，无遗蕴藻，考片言而察所以，效一官而视所由，安敢廋哉。取则不远，知人则哲。陛下光膺于圣君，扬己自媒，微臣敢辞于丑行。

制策曰"七辅、八元，施何纲纪？十臣、四老，正何得失？并陈事迹，兼言名氏"者。《书》曰："惟后非贤不乂，惟贤非后不食。"故君明臣忠，予违汝弼，时闻间出，代有其人。昔者黄帝之首出庶物也，时则有若七辅，股肱舟楫。虞舜之宾于四门也，时则有若八元，忠肃恭懿。周文之心德同济，始用十臣；汉储之羽翼已成，初闻四老。陈其事迹，斯亦庶乎；言其名氏，固可量也。七辅则风、牧共贯，八元则伯、仲同归，论十臣之伦，则太颠、闳夭，稽四老之类，则绮季、园公。昔郯子之叙古官，劳于倾盖；鲁公之问儒行，疲于更仆。况实繁有众，急景不留，聊举凡以见意，岂遽数而周物。

制策曰"（夫）朝会古礼，祭享旧章，九仪式辨其赐，六贽各明所执。雍畤起自何年？亳社立于何代？天士、地士，此何所封？诸布、诸严，彼何所主"者。传曰："朝有著定，会有表仪。"《书》曰："享多仪，仪不及物，曰不享。"斯盖曲为之防，事为之制。经礼三百，仪礼三千，载在祀典，藏之史册。九仪谓一命受职，再命受服，三命受位，四命受器，五命赐则，六命赐官，七命赐国，八命作牧，九命作伯。六贽谓孤执皮币，卿执羔，大夫执雁，士执雉，庶人执鹜，工商执鸡。雍畤起于秦年，亳社并于周代。天士、地士者，汉武之宠方士，将军始受其封。诸布、诸严者，班史之记小祠，先儒不详所以。

制策曰"穆邦家而济生死，三圣之教何长？利动植而益黎元，五材之用何要？工商两业，在俗何先？文武二柄，适时何急"者。夫人生而静，天之性也；感物而动，情之欲也。天禀其性而不能节，圣人能为之节而不能绝。故务恬朴，贵清净，同术于汤之益谦，合志于尧之克让，此道教所长也。若乃不杀伐，证因果，包太空以为言，化群有而归寂，此释教所长也。皆能惩窒嗜欲，静镇纷躁，王侯得之，以贞天下。至于辨贵贱，立君臣，示之以好恶，因之以诛赏，使礼乐刑政灿然可观，则为善不同，其味相反，系风捕影，荡而无适。故知孔氏之立教，乃为邦之所急也。传曰："天生五材，废一不可。"断之于阴阳，效之于气物，示休咎以垂诫，因兴衰以运行。若可废，则乾坤之道其或息矣。然土爱稼穑，居中履正，应我皇之休运，弼大化以阜成，利动植而益黎元，先金火而逾水木。必不得已，斯其一隅。又国有六职，实载工商；时之二柄，莫先文武。同唯阿之相去，何是非之足征。然舜命共工之职，周有《考功》之记，车服器械，斯焉取斯。岂与夫乘时射利，滞财居逐者，若兹之琐琐焉。文德者，政之所专也；武威者，文之所助也。然则士农之末，作巧贤于鬻货；升平之岁，经国先于定功。臣学昧稽古，思迷政途，谋适不作，空愧绕朝之策，道之所行，犹委仲尼之命。谨对。

## ● 史海钩沉

孙逖是盛唐时期一代文儒，也是一位慧眼识珠的伯乐。734年，他以起居舍人被授为集贤院修撰，后改考功员外郎。次年，知贡举，主持科举考试，史称其"精核进士，虽权要不能逼"，所取多俊杰之士，如杜鸿渐官至宰相，颜真卿为尚书，诗词"超绝群类"的王昌龄，以及李华、萧颖士、赵晔等皆称其为师。

他是一位文人，所创作出来的山水诗，清丽秀雅，高古浑厚，凸显时代风貌。随着入朝为官，他从一位山水诗人转变为京城诗人，是初唐到盛唐最后关口的诗人。

## 开元七年（719）己未文词雅丽科状元：邢巨

邢巨，唐扬州（今属江苏）人。幼习诗书。玄宗开元七年（719），才以词新意惬之对策取为文词雅丽科第一。历官至监察御史。

殿试皇帝：唐玄宗李隆基

## ● 策问

朕闻至道虽微，不言而化，皇天阴骘，相叶其彝。信寒暑而生成，施云雨而沐润。垂范作训，树君育人，时有浇淳，教垂繁略。成汤既圣，禹道云亡，《桑扈》《谷风》，屡动诗人之刺，塞门、反坫，时贻宣父之嫌。我国家振彼颓纲，开兹盛业，朕以不德，袭号乘时。而皇极之道未敷，谟明之轨尚阙。思弘厥理，其义安从？至如视听貌言，恒若时若，会极归极，作哲作乂。一以贯之，何方而可？夫礼以饰情，情疏则礼略；乐以通感，感至则神和。理内为同，修外为异，同异之用，有昧其功。人俗未融，伫明斯要。又《四时》《武德》，制自何君？《五行》《文始》，本之谁代？《昭德》《盛德》，莫辨所尊；《昭容》《礼容》，未详所出。悉情以对，用释余疑。

## 对策

臣闻太宗文皇帝之御天下也，广直言之路，开纳善之门，近臣尽规，庶人毕议，可谓至矣。今皇天眷命陛下，绍复先业，齐心法宫之中，冕旒正殿之上，详考秀异，询及刍荛。若乃敷皇极以作则，弘礼乐以垂训，彝伦攸序，群德毕举，斯太宗之盛事也，岂前王访九畴之要、贞三极之本能望清光哉！天文昭回，万物尽睹，臣谬以黄绶之末，预闻赤墀之议，将何以塞厚问，扬天休。

臣闻仲尼曰："大道之行，与三代之英，某未之逮也，而有志焉。"自上皇不归，大道悠久，圣人顺天地之性，究变化之元，虽损益以文质，或沿袭以忠敬。至于饰礼容以昭贲，崇乐舞以立象，树君牧人，茂时育物，其致一也。夫务本于道，则浮竞可以镇静。习俗于变，即纯一或以伪迁。故轻乐见诮于《国风》，昧礼贻训于圣典，盖有由焉。唐兴百有余载，高祖以神武定鼎，纽天纲于八纮；太宗以睿圣握符，纂天光于三象。荡亡隋之颓靡，弘圣唐之简易，盛德大业，与三代同风。伏惟陛下，诞受天休，光膺景命，粤若昭德殷荐之礼，感和通神之教，敬事眷圣之微，顺时布德之典，将以登格皇穹，鸿业也；启迪王命，大猷也，风雨时若，休征也，人俗康宁，至教也。五辉叶训，八方顺轨，尧舜之盛，无以加焉，成康之道，复何足数。而犹曰皇道未敷，谟明尚阙，发天章于圣藻，采至言于舆诵，陛下之谦让也，愚臣何足以知之。

制策曰"至如视听貌言，恒若时若，会极归极，作哲作乂。一以贯之，何方而可"者。臣闻王政之端，本于性也；至化之极，归于理也。能尽其性而合乎理则休征至，不尽其性而悖乎理则咎征至。故圣人法天以立性，畏命以作则，见天道之在五行，人事应之，彰彰类矣。自非统性命之理，求天人之端，孰能从言以作乂，因事以求哲，旸顺而会其极，蒙恒而返其通？适于数，故虽以五事明，宗其极，则可以一理贯。臣又闻圣心镜物，必采于至妙；大道虚象，垂契于理先。然即继圣业者其道同，遵王度者其化一。陛下体周武之盛德，访唐尧之遗事，龟图灵文，天光垂象。伏愿沐时雨于动植，散祥风于涵泳，则大中之道，何以尚兹？

制策曰："夫礼以饰情，情疏则礼略；乐以通感，感至则神和。理内为同，修外为异，同异之用，有昧其功。人俗未融，伫明斯义。又《四时》《武德》，制自何君？《五行》《文始》，本之谁代？《昭德》《盛德》，莫辨所尊；《昭容》《礼容》，未详所出。"臣闻礼乐，其所由来尚矣。先王所以美教化，厚人伦，以致太平也。必将以考其理，求其端，故揖让之教末，而安上存乎至简，舞咏之功浅，而移风归乎至易。夫辨升降，彰采服，此礼之所以饰情也。登金石，翔景瑞，此乐之所以通感也。故感发于内，乐由衷以致和；情见乎表，礼自外以为异。虽清浊之质考性则殊，而教化之端在理斯一。况今懿纲被遐裔，至道冠生灵，和理日跻，同乎大顺，非礼乐之化，其孰能至此乎！夫崇德垂范，此同异之用也；教齐化密，此人俗之融也。至于武德之盛，武之业也；文德之盛，顺之至也。神道设教，制四时于炎历；德徽可崇，增五行于横序。尊二德于清庙，表二容于盛礼。圣问昭闳，与天道以元亨；狂言鄙浅，仰天文而知愧。谨对。

## ■ 史海钩沉

本年文词雅丽科第一名邢巨。在"初唐四杰"之后，诗坛上又有四位著名诗人，名声鹊起，被人们合称为"吴中四士"，即贺知章、张旭、张若虚、包融。邢巨与他们"皆以吴越文士文词俊秀名扬于上京"(《旧唐书·贺知章传》)。

## 大历十二年（777）丁巳科状元：黎逢

> 黎逢，籍贯无考。熟于经史，善驭文词，诗赋俱佳。其赋尤为时人称道。今《全唐诗》有其诗二首，《全唐文》有其赋九篇。

殿试皇帝：唐代宗李豫
殿试题：通天台赋

## 通天台赋

行人徘徊，登秦原而游目，见汉右之荒台。清风穆其尚在，翠华归而不回。对古情至，临高思来。披蔓草以遐想，睹离宫而兴哀。试问薪者，乃秦人也。云汉之兴，兹台之下，驰道通乎中禁，周墙绕于平野。经逝川而不息，抚环堵而殊寡。昔汉皇帝，幸甘泉宫，肆目将远，筑台其中。高居物外，若与天通。祈列仙之庆止，至寿圣之延洪。绎绎凭云，蹲蹲捧日。干元气以直上，倚长空而迥出。危槛岩峣，回途郁律。植承露之盘，开肃神之室。将以接上元，朝太一。乘大君之登降，访总真之摅实。于戏！郊祀之义，志而可采。鸿纷之状，望而已改。哀壮丽之都失，想威灵其如在。徒野鸟之飞来，何真人之可待。且白日可以精贯，玄珠难乎力求。虽层台巉岏，磴道周流，秦畤乎西面，齐宫乎上头。仰通苍昊，俯瞰皇州。宁不死之可致，谅其生也若浮。我国家立太平，尚清静，俨宸居以自整，绝仙台之望幸。虽丹槛栖于列宿，飞梁历于倒景，有唐虞之允恭，无汉武之游骋。化由其衷，居慎其独，有仪可象，无思不服。自然为域中之大，获天下之福。等南山之不骞，何高台之是筑。

## 史海钩沉

黎逢与著名诗人韦应物等友善，并互唱和，第二年，应进士科考。本科主考官是唐代名臣常衮。在参加诗赋场次考试的时候，黎逢不知是睡过了头，还是迷了路，竟然迟到了。比较人性化的常衮，没有简单地判定黎逢违规弃考，而是让工作人员在考场外边的屋檐下单独支了一张桌子，让他坐在那里应考。考试迟到可不是小事情，按如今的高考规定，如果迟到三十分钟就会被禁止入场，迟到者这一年就算白忙活了。

黎逢不慌不忙，大摇大摆地坐下之后，提笔就写。常衮有些纳闷，这个长相穿着土里土气、活像个老农民（"气貌山野"）的哥们儿，怎么就这样镇定自若呢？是胸有成竹，还是故弄玄虚？好奇之余，常衮就让工作人员站在黎逢旁边盯着，把他写的东西逐句报来，初闻报是"行人徘徊"，又连报数联，听后连连称奇，后拔为状元。

## 贞元七年(791)辛未科状元：尹枢

> 尹枢，阆州（今四川阆中县）。贞元七年（791），以七十余岁高龄参加进士科考试。尹枢、尹极兄弟俩先后中状元，时人称"梧桐双凤"，他们的状元府第在阆中保宁镇，故此街名为"状元街"。尹枢中状元时年已七十一岁，也被称为"古稀状元"。

殿试皇帝：唐德宗李适
殿试题：珠还合浦赋青云干吕诗

### ◼ 珠还合浦赋

骊龙之珠，无胫而至。骇浪浮彩，长川再媚。回夜光之错落，反明月之瑰异。非经汉女之怀，宁泣鲛人之泪。状征既往，莫究奚自。偶良吏兮斯来，遇贪夫兮则闷。想夫旋返之仪，圆明可期，辉如电转，粲若星驰。光浦溆，窜蛟螭，映沙砾，晃涟漪。在暗而投，诚则悲路人未鉴；沈泉而隐，亦常表帝者无为。欣出处兮据德，幸浮沉兮中规。是以特表殊姿，潜怀有道，中含逸彩，上系玄造。丑当时之饕餮，应为政之美好。真列郡之尤祥，实重泉之至宝。于是焕清濑，辉浅湾，奔璀璨，走斓斑。岂能与石前却，随流往还，泛连波之下，盈一水之间而已哉。兹川兮始明，老蚌兮勿剖。瓴甋兮罢笑，琼瑰兮莫偶。抱圆质而胥就，扬众彩而未久。方载沉而载浮，且曷浣而曷不。玉非宝，泉戒贪，实为国之司南。诚感神，德繫物，在为政之不咈。愚是以颂其宝而悗其人，美斯政而感斯珍。想沿洄于旧渚，念涵泳于通津。则知美政不远，嘉猷入神。故中潜皎晶，下沉渝沦。转则无颣，磨而不磷。诚丹泉之莫拟，谅赤水之非珍。苟或疑此为虚诞，愿征之于水滨。

### ◼ 史海钩沉

本科由礼部侍郎杜黄裳任知贡举，主持考试。据《唐摭言》记载，杜当时故意出惊人之语，以考察举子的反应能力，他声称"误听薄劣，俾为社稷求栋梁。诸学生皆一时英俊，奈无人相救"。当时五百余名考生，都被"无人相救"一语惊呆了,"相顾而已",只有尹枢一人敢上前询问原因。原来只是虚惊一场,仅仅没有写好相当于喜报的"榜帖"罢了。于是,尹枢自请代劳书写榜帖。每人一札,写一个,唱一个姓名,自始至终,声音洪亮,"列庭闻之"。七十余岁老人有如此精力,大家都称奇。榜帖写好了,仅缺状元一名。杜黄裳见状,"乃以状元为请"。尹枢则说"状元非老夫不可"。杜既惊且奇,"因命笔亲自札之"。这样,尹枢就被点为状元。

## 贞元十二年(796)丙子科状元:李程

李程,字表臣,陇西成纪(今甘肃省秦安县)人。唐朝时期宗室、宰相,唐太祖李虎七世孙。唐武宗时期,迁检校右仆射、东都留守。

殿试皇帝:唐德宗李适
殿试题:日五色赋春台晴望诗

### 日五色赋

德动天鉴,祥开日华。守三光而效祉,彰五色而可嘉。验瑞典之所应,知淳风之不遐。禀以阳精,体乾爻于君位;昭夫土德,表王气于皇家。懿彼日升,考兹礼斗。因时而出,与圣为偶。仰瑞景兮灿中天,和德辉兮光万有。既分羲和之职,自契黄人之守。舒明耀,符君道之克明;丽九华,当帝业之嗣九。时也寰宇廓清,景气澄霁。浴咸池于天末,拂若木于海裔。非烟捧于圆象,蔚矣锦章;余霞散于重轮,焕然绮丽。固知畴人有秩,天纪无失。必观象以察变,不废时而乱日。合璧方而孰可,抱珥比而奚匹。泛草际而瑞露相鲜,动川上而荣光乱出。信比象而可久,故成文之不一。足使阳乌迷莫黑之容,白驹惊受彩之质。浩浩天枢,洋洋圣谟。德之交感,瑞必相符。五彩彰施于黄道,万姓瞻仰于康衢。足以光昭千古,照临下土。殊祥著明,庶物咸睹。名翚矫翼,如威凤兮鸣朝阳;时藿倾心,状灵芝兮耀中圃。斯乃天有命,日跻圣,太阶平,王道正。同夫少昊谅感之以呈祥,异彼夏王徒指之而比盛。今则引耀神州,扬光日域。设象以启圣,宣精以昭德。彰烛远于皇明,乃备彩于方色。故曰惟天为大,吾君是则。

### 春台晴望诗

曲台送春日，景物丽新晴。
霭霭烟收翠，忻忻木向荣。
静看迟日上，闲爱野云平。
风慢游丝转，天开远水明。
登高尘虑息，观微道心清。
更有迁乔意，翩翩出谷莺。

## 史海钩沉

李程没什么特殊的，但往上数七辈就很特殊了，因为这位七世祖不光生了李程这一支，还有一支包括李渊、李世民、李隆基……李程跟李世民他们是同一个祖宗，从李渊他爸那儿开始分开了。所以，李程也算皇家血统，虽然时间有点远，但至少比那位动不动就自称"大汉皇叔"的刘备跟皇帝近点。

李程不光文章写得好，破案能力也堪称一流，在担任蓝田县县尉的时候，短短的时间内就把积压了十年的冤案都给审清了，被当地百姓奉为神明。

李状元还有一个很有名的外号，叫"八砖学士"。翰林院的上班时间不按表，以太阳照到门口的第五块砖为准。但李程这个人比较懒，每天都得太阳照到第八块砖的时候才晃悠悠地赶来，于是同事们就给他起了这个外号。

# 五代十国

## 白龙元年（925）庚戌科状元：梁嵩

梁嵩，字子高，一字仲邱，生卒年不详。广西平南鹏化里龙街（今大鹏镇高龙村龙街）人。

殿试皇帝：南汉高祖刘䶮
殿试题：荔枝诗

### 荔枝诗

露湿胭脂拂眼明，红袍千裹画难成。
佳人胜尽盘中味，天意偏教岭外生。
桔柚远惭登贡籍，盐梅应合共和羹。
金门若有栽培地，须占人间第一名。

### 史海钩沉

梁嵩因不满朝廷酷虐无道，《代母作倚门望子赋》献给刘䶮，请求辞官归家侍母，刘䶮许之，并赠予不少金银布帛。梁嵩谢绝皇帝所赐宝物，上奏请免其家乡龚州人丁税赋一年，以体恤民情，慰藉乡望。梁嵩甚得民心。

# 宋

## 绍兴二年（1132）壬子科状元：张九成

> 张九成（1092—1159），字子韶，号无垢居士，又号横浦居士。汴京（今河南省开封）人，早年游学京师，拜理学家杨时为师。为躲避战火，后举家迁海宁盐官（今浙江海宁）。对经学有独创见解，后形成"横浦学派"。

殿试皇帝：宋高宗赵构

殿试题：问中兴之本

### ● 策问

朕承中否之运，获奉大统，六年于兹，顾九庙未还，两宫犹远，夙兴夕惕，靡敢荒宁。悯国步之久艰，悼已事之失策，虚心求治，不惮改图，故详延子大夫于廷，咨以当世之务，冀闻长计以兴大业，将核其言，以收其用。非直循故事，设科举塞人情而已！

盖古先辟王，继中微之世，承思治之民，芟夷大患，事半功倍。少康一旅而复有夏，宣王兴衰以隆成周，光武三年而兴汉祚，肃宗再岁而复两京，皆蒙前人之绪，拨乱反正，若此其易也！今赖四方黎献，翊戴眇躬，列圣之泽未远也。朕焦心劳思，不敢爱身以勤民。然屈己以和戎，而强敌内侵；招诱以弭盗，而盗贼犹炽。以食为急，漕运不继，而廪乏羡余；以兵为重，选练未精，而军多冗籍。吏员猥并，而失职之士尚众；田莱多荒，而复业之农尚寡。严赃吏之诛，而不能革贪污之俗；优军功之赏，而无以消冒滥之风。方今欲外攘，则不足以靖民；取于民有制，则不足以给车徒之众。为人父而自榷其子，则又何以保民而王哉！

朕弗明治道，仍暗事几，凡此数者，常交战于胸中，徒寝而弗寐，当食而叹也。子大夫与国同患难久矣，宜考前世中兴之主，施为次序有切于今者；祖宗传绪累世，其法有可举而行者；平时种学待问，奇谋硕画，本于自得，可以持危扶颠者。其悉意以陈，朕将亲览焉。

## 对策

臣闻祸乱之作，将以开圣人也。商道不衰，何以见高宗，四夷不叛，何以见宣王。汉无昌邑之变，则无以启宣帝，唐无宫壶之变，则无以启明皇。是以知君天下者，遇祸逢乱，当以刚大为心，无遽以惊忧自沮。灼知此理，然后可以知天意之所在矣！

臣尝历考前古，兴衰拨乱之君，以谓莫善于宪宗，莫不善于文宗。何以言之？宪宗当唐室陵夷之际，藩镇跋扈，主权下移，乃能左顾右盼，慨然起恢复之心。不幸廷臣异议，刺客在朝，京师皇皇，朝不谋夕，惟宪宗当宁发愤，屏声却欲，讨贼之心愈厉。明年平夏，又明年平蜀，又明年平淮、蔡。元和之功，卓然为天下冠，此以刚大为心者也。文宗当昭、愍之后，阉寺执柄，主威不宣，虽能高举远蹈，毅然有扫除之心。不幸委任失当，害及非辜，甘露之祸，言之使人酸楚。岂非文宗遽以泣下沾襟，魂飞气索，自比周赧，又自比汉献，又自谓无与尧舜，又自纵酒以伤其生，悲辛愁苦，不复以朝廷为意，此以惊忧自沮者也！故臣尝断之曰：若宪宗，可谓知天意之所在，若文宗者，又何足与论天意哉！盖祸乱之作，正圣人奋励之时也，何至以惊忧自沮乎？

今陛下痛九庙未还，两宫犹远，又悯国步之久艰，悼已事之失策，然深察祸乱之故，是乃皇天所以启至圣也。伏惟陛下谨之重之，以刚大为心，无遽以惊忧自沮，庶几与商高宗、周宣王、汉宣帝等相揖于千载之上，合皇天所以畀付之意，不胜臣子至愿。然以刚大为心者，要当夙兴夜寐，恶衣菲食，屏远便佞，登崇俊良，好切直之言，戒声色之惑，先定规模，以定大事。臣观古之圣人，将大有施为于天下者，必先默定规模，而后从事。其应也有候，其成也有形，非若顺风扬骊，一求快意，而无所归赴也。商君之法，非良法也，然而规模先定，故能兵雄天下，臣服诸侯；苏秦之术，非善术也，然而规模先定，故能合六姓之异，却强秦之兵。淮阴对高帝，以北举燕赵，东击齐，南绝楚之粮道，而西会于荥阳，无一不如其言者，规模先定故也。耿弇对光武，以定渔阳，取涿郡，还收富平，而东下齐，无一不如其言者，规模先定故也。

伏仰陛下欲迎九庙，归两宫，安国步而康庶事，式扩规模，固已定于圣心，而又元枢捷报，歼厥渠魁，自前世之君观之，固有满假而自大，以速天下之谤者矣。独陛下不然，乃挹谦不居，躬御便殿，亲颁德音，以前世中兴之君为问。至于攘夷狄，弭盗贼，足食练兵，澄冗官，复农业，革贪污而消冒滥，宽民力而给车徒，前世中兴之施为，祖宗传绪之法度，下询于承学之士曰："本于自得，可以持危扶颠者。"此有以知陛下用心之勤也。臣虽智识浅陋，然而仰见规模宏阔深大，辄整冠肃容，再拜稽首曰：猗欤盛哉！有君如此，天下何忧乎！宗庙社稷何忧乎！二圣六宫，暂当淹恤，亦何忧乎！臣学术至空虚也，然忠愤所激，敢不敷陈管见，上裨日月之光，臣谨昧死上愚对。

臣伏读圣策曰："古先辟王，继中微之世，承思治之民，芟夷大患，事半功倍。少康一旅而复有夏，宣王兴衰以隆成周，光武三年而兴汉祚，肃宗再岁而复两京，皆蒙前人之绪，拨乱反正，若此其易也！"臣有以见陛下规模远大，知所以为中兴之本也。臣闻禹有治水之德，民心怀之，故其有天下也十有七世，历年四百六十有二，少康一旅而复有夏者，祖宗之德在人也。稷有播种之德，民心怀之，故其有天下也三十七世，历年八百有余，宣王兴衰以隆成周者，祖宗之德在人也。汉高祖有宽仁之德在人，故其有天下也二十一世，而历年至于四百，然则光武三年而兴汉祚者，岂非蒙高祖之德哉！唐太宗有仁义之德在人，故其有天下也二十四世，而历年仅及三百，然则肃宗再岁而复两京者，岂非蒙太宗之德哉！皇宋一祖六宗，英灵在天，功德在民，中兴之运，正归今日，倘能扩此规模，济以兢谨，果何往而不可乎！

伏读圣策曰："今赖四方黎献，翊戴眕躬，列圣之泽未远也。朕焦心劳思，不敢爱身以勤民，然屈己以和戎，而强敌内侵。"臣有以见陛下规模远大，知祖宗之德，士民之归，将乘此时，为两宫中国雪积年之耻也。臣观金人有易弱之势三：夫好战者劳，失其故俗者敝，人心不服者离，而金人皆与有焉，臣请为陛下历陈之。始皇并吞六国，可以止矣。恣心快意，复征南越，曾不知骊山之役未成，而二世子婴已被害而就擒矣，此以好战而伤也。隋文帝远平江东，可以止矣，炀帝嗣位，亲驾征辽，曾不知锦帆未过隋渠，而大盗已据其都矣，此亦好战而伤也。金人负其勇锐，自靖国兴兵，越于今三十余载矣，适国家当此否运，乃敢因势乘便，犯我民人，侵我疆土，夺我两河，又捣我都城，又要我二圣，又入我淮右，践我江浙，转战经年，恃其士马之盛，而不知民力固已殚矣。无平不陂，无往不复，此臣所以言好战必伤也。西晋之乱，兵燹侵陵，纷纭于中国，而其豪杰间起为之君长，如刘元海、符坚、石勒、慕容隽之俦，皆以绝异之资，驱驾一时之贤俊，其强者至有天下大半，宜有以自立，然不过一传再传而已。何也？君臣相戾，上下不安，虽建都邑，立城社，其心岌岌然，常若寄寓于其间，其可恃乎！金人既灭契丹，复陵中国，中国声名文物，洄非遐陬所及，然承平日久，士人或溺词章，小人共安畎亩，怯战斗而恋身家，使金人乐而效之，其亦易弱也，此臣所以言：失其故俗必衰也。始皇灭韩，张良奋椎击其车，朱泚僭号，段秀实提笏击其额。以今日我士庶，蒿目时艰，固亦有豪杰慷慨之士，欲图之久矣。而又凌辱及于公卿，鞭扑行于殿陛，贵为将相，而不免有臣仆之耻，将见有愤惋郁结，而思变者矣。此臣所以言："人心不服必亡也。"区区一刘豫，欲收中国之心，呜呼愚哉！中国之心，岂易收乎！彼刘豫者，何为者耶？素无勋德，殊乏声称，黾雏经营，有同儿戏，何足虑哉！然金人虽有易衰之势，而我有必兴之理，不可不讲也。

　　臣观古人所以谋人之国，必有一定之计。越王之取吴，是骄之而已；秦之取六国，是散其从而已；高祖之取项籍，是离间其君臣而已。今越之计、秦之计、高祖之计，宜次第而用之。当先用越王之法骄之，使其侈心肆意，无复忌惮，天其灭之，将见权臣争强，篡夺之祸起矣。臣请备论越王所以取吴之术，惟陛下听之。范蠡曰"卑辞厚礼以骄之"，越王则自称曰"草鄙之人"，自称其国曰"贡献之邑"；范蠡曰"玩好女乐以骄之"，越王则先之以皮币，随之以管龠，使大夫女女于大夫，士女女于士。其称吴为天王者，范蠡使尊之以名也；其请亲为前驱者，范蠡使以身为市也。今日之金人，当损益其法可也。

　　呜呼！越王含辛茹苦，志在报吴，非笃志之君，其孰能之？以民之不蕃，而兵之不给也，乃下令于国中曰："壮者无娶老妇，老者无娶壮妻。女子十七不嫁，丈夫二十不娶，则罪其父母。"生男子也，赐束修一犬；生女子也，赐束修一豚。生三人，公与之母，生二人，公与之饩支子。死当室者死，则哭泣之，葬埋之，如其子也。载脂与粱，以食孺子，身耕妻织，以裕国人，国人荷其恩，感其德，愤其土地之狭，而悯其会稽之耻。于是父兄请战，不许，父兄则又请战，而致其辞曰："越四封之内，其视君也，犹父母也。子而思报父母之仇，臣而思报君之仇，其敢不尽力乎。"及其将行，父勉其子，兄勉其弟，妇勉其夫，曰："孰谓是行也，而可无死乎？"陛下欲报金人，当先结吾民之心可也。越王之在国也，觞酒豆肉以分左右，饮酒不尽味，听乐不尽声，求以报吴，今陛下有是乎？病者问，死者葬，老其老，长其幼，慈其孤，求以报吴，今陛下有是乎？富者安之，贫者与之，救其不足，裁其有余，求以报吴，今陛下有是乎？南事楚，西事晋，北事齐，春秋皮币玉帛子女以宾服焉，未尝敢绝，求以报吴，今陛下有是乎？如其有也，天下幸甚，若犹未也，伏愿陛下勉之。越王归国四年，愤祖宗之仇，思欲一战以快心，范蠡曰："未可也。"五年而吴王信谗喜优，憎辅远弼，又欲乘其间以伐吴，范蠡曰：

"姑待之。"七年吴王杀申胥,又欲乘其间以伐吴,范蠡曰:"姑待之。"七年而吴国稻蟹不遗种,又欲乘其间以伐吴,范蠡曰:"姑待之。"今之金人虽有易衰之势三,然而信逸乎?喜优乎?憎辅而远弼乎?曾杀贤如申胥乎?曾有天灾,如稻蟹不遗种者乎?必也俟其天时去,人事失,然后可以图之。越王归国二十年,乃得举兵以遂其志。其举兵也,必智以度天下之众寡,仁以共三军之饥劳,勇以断疑而决大事,又舌庸使之审赏,苦成使之审罚,大夫种使之审物,大夫蠡使之审备,大夫皋使之审声。其将行也,则背屏而立,委夫人以内政;背檐而立,委大夫以国政。其至军也,则斩通行赂者。又明日徙舍,则斩不从令者。又明日徙舍,则斩不用命者。又明日徇军,则归无兄弟尽在军者。又明日徇军,则归有昏眊之疾者。又明日徇军,则归筋力不足以胜甲兵,志行不足以听命令者。虽列国之君,不足以为今务,然其禁密如此,亦可喜也。故能一战而败吴于囿,再战而败吴于泓,又战而败吴于郊。夷其城,犁其庭,墟其庙,以雪积年之耻。陛下欲报金人,愿观其用心,而以越王之法用之,不亦可乎!

伏读圣策曰:"招诱以弭盗,而盗贼犹炽。"臣有见陛下规模远大,欲先靖中国也。臣闻唐太宗之说曰:"民之所以为盗者,由赋繁役重,官吏贪求,饥寒切身,故不暇顾廉耻尔。当去奢从俭,轻徭省赋,使民衣食有余,则自不为盗。"韩愈之说曰:"刺史不得其官,观察不得其职,财已竭而敛不休,人已穷而赋愈急,其不去而为盗也,亦幸矣。"此皆论良民为赋敛所困,故不得已而为盗尔。今日之事,则又甚于此。其横行于州郡,啸聚于山林者,类皆军兵尔。此曹在太平时,贴首妥尾,惟上之令,不幸中国多故,朝廷权轻,何尔动辄怨怒耶!而一夫倡乱,百夫从之,百夫倡乱,千万人从之。然使吾无间而可入,则朱滔不能起卢龙之卒,而李怀光不能强邠宁之兵。今其所以一呼响应者,其心不服也!其心所以不服者,无乃吾恭俭未至乎?用人未当乎?赏无功而罚无罪乎?昔唐德宗放象豹,出宫人,以恭俭服天下;罢常衮,用崔佑甫,以用人服天下;赏淄青将士,以折其奸谋,杖邵光超,以惩其贪冒,又以赏罚服天下。时李正已持兵十五万,雄视山东,其将士闻德宗所为如此,皆投兵相顾曰:"明天子出矣,吾辈犹反乎!"不特此也,吐蕃恃其强大,以凌侮中国,非一日积也。德宗即位,使者归告其国主曰:"新天子出宫人,放禽兽,威德英武,洽于中国。"吐蕃大悦,遣使入贡。夫德宗恭俭委任,信赏必罚,行于户庭之间,而强蕃悍卒,自格于千里之外,使其恪守此心,终始不变,则贞观之风,亦不难到,奈何其自败坏也。臣愿陛下笃恭俭,谨用人,明赏罚,以收天下之心。若曰:"我有甲兵,可以诛其不服;我有招降,可以俟其改过。"诚恐去一大盗，其事卒未已也。诚能用臣之说，非特悍卒格心，而蕃戎亦且悔过也。故臣以太宗、韩愈、德宗之事为献。

伏读圣策曰："以食为急，漕运不继，而廪乏羡余；以兵为重，选练未精，而军多冗籍。"此有以见陛下规模远大，知兵食之不可不虑也。臣以谓漕运不继，宜选财赋之官，选练未精，宜责将帅之职。唐代宗以国用虚乏，馈饷纷纷，独得一刘晏，斡山海，排商贾，制万物低昂，操天下赢赀，而军用以给，以财赋得其人也。臣愚欲于常赋之外，创置一司，名曰"军兴"，凡榷市权酤，载在有司者，不与其数，独变通有无，权制轻重，使利归公上，敛不及民。出入钱谷，勾检簿书，则付之士类，书符檄，觇低昂，则付之皂吏。明敏精悍如刘晏辈，实司其职，夫何忧漕运之不继乎！马燧之在河东也，驭马厮役，教以骑射，制甲有长短之等，造车为行止之宜，比及二年，得精兵二万，以将帅得其人也。臣愚欲于冗兵之数，创置一军，名曰"精锐"，凡攻卫战斗，功在有司者，不与此选，独招降之兵，擒获之兵，俾弓矢戈矛，随器而使，有能者则书之尺籍，其无能者则驱之屯田，择强力勇毅如马燧辈，实司其职，夫何忧选练之未精也！

伏读圣策曰："吏员猥并，而失职之士尚众；田莱多荒，而复业之农尚寡。"此有以见陛下规模远大，知吏农之不可不虑也。臣以谓吏员猥并，宜行辟举之法，田莱多荒，宜行屯田之法。昔沈既济欲宰臣叙群司，州郡辟僚佐，其意欲无失职之士也。臣愚欲使宰臣精选太守、部使者之职，若群僚，则太守辟举，若监当、若巡尉，则使者辟举，举而不当，重者褫其职，轻者罚其金，吏部台谏得以纠正之。每辟一员，则具二人以待之，补者既上，则又辟一人以待之，前后相承，虽怠者亦励。夫国家所以设官分职，将惟贤才之求，非为尔衣食之资也。志在衣食，胡不为工乎，为商乎，为农而力田亩乎！胡为在缙绅之列也。夫责之以士人，则朝廷待之亦不可轻。凡太守、监司之赴官也，若内若外，皆陛辞而后行。监司为一辈，郡太守为一辈，当行之日，陛下亲御正殿，借辞色告监司，则曰："一路官吏，实汝之托。"告郡守，则曰："一郡官吏，实汝之托，汝当夙夜以思，宣我所以爱民之意。予有大赉，报汝功，亦有大罚，惩不恪。"庶几贤才并用，则失职非所患也。昔邓艾欲行陈颍以东，屯田两淮，得谷五万斛，其意欲得复业之农也。臣愚不敢远引，且以镇江一路论之。屯兵江口，无虑数万人，就以二万人论之，人必有家，家止五人，人日二升，日计二千斛，月计六万斛，则岁百万斛矣。顾此馈运，非由天降，非从地出，皆当取之于民，三吴之间，旱暵仍岁，长淮以北，草莽连云，去岁到今，米斗千余，今此下民，谁救其迫？而又追需急于星火，箠械酷于秋霜，开元屯田之法，振武屯田之法，不知其可用乎？勋官八品以上，前资七品以上，此建官之法也；土柔则五十亩而一牛，土刚则二十亩而一牛，此耕耨之法也。如是之法，出于开元。募人为十五屯，屯置一百五十人，令各就高为堡，东起振武，转而极西，过云州界中，出入河山之险，八百余里，寇来不能为害，人得肆耕其中。如是之法，出于振武。臣愿自淮以北，开置屯田，参开元、振武之法，非特足以招复业之农，而军储所资，亦足以宽其忧矣。

伏读圣策曰："严赃吏之诛，而未能革贪污之俗；优军功之赏，而无以消冒滥之风。"此有以见陛下规模远大，欲清流欲而惩佼幸也。昔毛玠为尚书，而士大夫不敢鲜衣美食；杨绾为宰相，而豪贵功臣为之撤乐毁第，减驺御。赃吏贪污，流风远矣。臣愿陛下去声远色，躬俭节用，以励朝廷；朝廷宰相，却苞苴，断货贿，以励猾胥而惩狡吏。又何患贪污之弗革乎！昔元载、王缙秉政，四方以贿求官者，相踵于门，大者出于载、缙，小者出于卓英倩，皆如所欲而去。代宗欲得士大夫之不阿附者为己用，乃擢李栖筠为御史大夫，事出主意，宰相不知，缙等由是稍绌。臣今欲用此策，以消冒滥可乎！凡大将以功来上，陛下亲据其中一二人，晏见而劳问之，果有功者，优加拔擢，其或言语不伦，事涉诞罔者，痛加惩斥，又何患冒滥之弗消乎！

伏读圣策曰："方今欲外攘，则不足以靖民；取于民有制，则不足以给车徒之众。为人父而榷其子，则又何以保民而王哉？"此有以见陛下规模远大，恤民如是之深也。臣伏读圣问，至此不觉涕泗交颐，仰知陛下仁心如天地之大，而天下弗知也。臣观滨江郡县，为守为令者，类无远图。阳羡、惠山之民，何其被酷之深也！率敛之名，种类闳大，秋苗之外，又有苗头；苗头未已，又行折八；折八未已，又曰大姓；大姓竭矣，又曰湮实；湮实虚矣，又曰均敷；均敷之外，名字未易数也。流离奔窜，益以无聊。前日桑麻沃润，鸡犬相闻，今为狐狸之居，虎豹之宅。苍烟白露，弥望满野。彼所谓守令，独抵几而言曰："与其委之于盗贼，孰若输之于国家。"呜呼！安得此委巷之语乎？堂堂国家，而下比于盗贼，不忠之罪，莫大于此矣！夫节财即生财之道也。今藩方大使，各置使臣，收召亲戚，竭民膏血以市私恩，或曰"准备"或曰"干办"者，不知其几人也。色目纷纷，难以数举，凡医巫卜祝之流，皆在其选。又诸县添置武尉，尤为无用！见敌则走，小胜则杀贫民以要功，居山则卖私茗，滨海则鬻私醋，未及交付，则已捕之为己功矣。不知平时剥肤椎髓，敛怨招谤，以廪此曹，果何谓哉！臣愿陛下明降诏书，戒饬藩方，罢去武尉，以苏凋瘵，此亦保民之道也。

伏读圣策曰："朕弗明治道，仍暗事几，凡此数者，（常）交战于胸中，徒寝而弗寐，当食而叹也。子大夫与国同患难久矣，宜考前世中兴之主，其施为次序有切于今者；祖宗传绪累世，其法有可举而行者；平时种学待问，奇谋硕画，本于自得，可以持危扶颠者。其悉意以陈，朕将亲览（焉）。"臣有以见陛下规模远大，谦冲退托，将以追配前王，绍述祖宗，旁搜远取，以尽愚夫之虑也。臣窃谓中兴之主，大抵以刚德为上。是故震伐鬼方者，高宗之刚；有严有翼者，宣王之刚；信赏必罚者，宣帝之刚；赳赳雄断者，光武之刚也。陛下之欲中兴，当以刚德为主，去逸节欲，远佞防奸，此中兴之本也。祖宗传绪之意，大抵以俭德为主。恭闻仁祖服浣衣，寝绨被，力行恭俭，不忍费一毫以伤民力，至今父老言我仁祖，必泣下沾襟。盖俭必仁，仁必能感天下。陛下欲绍祖宗，当以俭德为主，珍奇弗御，玩好弗求，此祖宗之意也。夫攘夷狄，弭寇盗，足食练兵，澄冗官，复农业，革贪污而消冒滥，宽民力而给车徒者，臣以一言而该之，不过曰"刚"与"俭"而已。然刚俭之德，圣心自明，天下犹未信者，何也？臣窃有说焉。

臣尝读《左氏传》，见吕甥论君子小人情状，于秦穆公何其切至也。其曰："小人戚谓之不免，君子恕以为必归。"又曰："小人曰'秦岂归君'，君子曰'秦必归君'。"又曰："小人曰'必报仇'，君子曰'必报德'。"夫士人所见高远，故其言多恕，小人所见浅狭，故其语易深。善夫孟子有曰："百姓皆以王为爱也，臣固知王之不忍也。"夫百姓以齐王为爱牛，以小人之见，每如此也，然小人满天下，而所谓士人者几何？虽家置一喙，言提其耳，不能胜众多之口也。则人主于食息謦咳之间，其可以弗谨乎？

夫文王一饭，武王亦一饭，文王再饭，武王亦再饭，是武王以身试文王之安否也。盖一饭则我力微矣，今吾亲一饭而已，力不其微乎！此其所以可忧也。再饭则我力强矣，今吾亲至于再饭，无乃寿考之期乎，此所以可喜也。夫武王之于文王如此。若陛下之心，臣得而知之。方当春阳昼敷，行宫别殿，花柳纷纷，想陛下念两宫之在北边，尘沙漠漠，不得共此融和也，其何安乎？盛夏之际，风窗水院，凉气凄清，窃想陛下念两宫之在北边，蛮毡拥蔽，不得共此疏畅也，亦何安乎？澄江泻练，夜桂飘香，陛下享此乐时，必曰："西风凄劲，两宫得无忧乎？"狐裘温暖，兽炭春红，陛下享此乐时，必曰："朔雪表丈，两宫得无寒乎？"至于陈水陆，饱奇珍，必投筯而起曰："雁粉腥羊，两宫所不便也。"食其能下咽乎？居广厦，处深宫，必抚几而叹曰："穹庐区脱，两宫必难处也。"居其能安席乎？今闾巷之人，皆知有父兄妻子之乐，陛下虽贵为天子，富有四海，以金人之故，使陛下冬不得温，夏不得清，昏无所于定，晨无所于省，问寝之私，何时可遂乎？在原之急，何时可救乎？

日往月来，何时可归乎？每岁时遇物，想惟圣心雷厉，天泪雨流，抚剑长吁，思欲扫清蛮帐，以还二圣之车。此臣心之所以知陛下者如此，若小民之心则不然。以谓搜揽珍禽，驱驰骏马。道路之言，有若上诬圣德者，此臣所以食不甘味，寝不安席，不量微贱，思为陛下雪之也。深察其言，盖亦有自焉。唐阉人仇士良致仕，其党送归私第，教以固宠之术曰："天子不可令闲，尝当以奢靡娱其耳目，使日新月盛，无暇及他事。"又曰："谨勿使之读书，亲近儒生，彼见前代兴亡，知忧惧，则吾辈疏斥矣。"其党拜谢而去。此术既行，卒使天子昏惑于上，大臣壅蔽于下，兵柄在手，官爵在手，废立在手，至自称曰"定策国老"，而称昭宗曰"门生天子"，呜呼！不臣之态，臣岂忍陈于君父之前。彼私求禽马，动以陛下为名，此臣之所以耻也，又何怪乎小民。陛下欲尊临宸极，泽及寰区，何不反其术而用之，勿为其所陷也。且阉寺闻名，国之不祥也，是以尧舜阉寺，不闻于《典谟》，三王阉寺，不闻于《誓诰》。

竖刁闻于齐，而齐乱，伊戾闻于宋，而宋危。今此曹名字，稍稍有闻，此臣所以忧也。窃惟万乘之尊，深居邃宇，万机之暇，何以为情？贤士大夫，晏见有时矣，宦官子女，安居前后矣，有时者易疏，前后者难间，圣情荏苒，不知其非。不若使之安扫除之役，复门户之私，凡交结往来者有禁，敢与政事者必诛。陛下日御便殿，亲近儒者，讲诗书之指归，论古今之成败，追求典故，历访民情，不在于分文析字，缛章绘句，为书生之学，以取天下之名也。呜呼！隋炀帝、陈后主岂曰不文，适足以亡国而已，果何补于人主之学欤？

臣愿陛下之为学也，见前世道德之主，英明之王，则瞻之仰之，退而自省曰："吾其以此为法乎！"见前世暴虐之主，则震焉沮焉，退而自省曰："吾其以是为戒乎！"读贤臣传，默观百僚中有类是者，任之勿疑；读佞臣传，默观左右类是者，诛之无赦。久之不倦，将闻阉寺之言，见便佞之态，如狐狸夜号，而鸱枭昼舞也，则陛下之圣德进矣。昔唐宪宗卓卓为中兴之主，其必有以也。及观其与宰相论道于延英殿，日昳暑甚，汗透御服，宰相请退，宪宗留之曰："朕入禁中，所与游者，独宫人宦官尔，故乐与卿等共谈。"为理之要，此其所以兴乎！臣闻鸣鹤在阴，其子和之，陛下勿谓深宫密殿，万事无迹也。然善恶未究，四海已知。历观前史所载，宫闱之谋，床第之语，想见时君以谓宫中不得而知也，而况外庭乎？外庭不得而知也，而况天下乎？然而皎如日星，不可掩没，卒为天下后世之所嗤笑。呜呼，其亦可畏也哉！故古人有言曰："莫见乎隐，莫显乎微，故君子谨其独也。"谨独之学，其用甚大，陛下不可不知也。古之圣人所以端拱岩廊，而四方万里，日趋于治，天地清明，日星循轨，百谷用成，蛮夷率服，用此道也。心一不善，足以伤天地之和；心欲悔过，固已同天地之德。古之圣人所以趋众善之门，而得改过之要者，不过听谏一路而已。此臣所学于师，盖以为持颠扶危之术也。舜圣人也，而益戒之以罔游于逸，罔淫于乐；武王亦圣人也，而召公戒之以不矜细行，终累大德。以至禹有善言之拜，汤有改过之称。汉高祖何人也，止能听谏，故能成四百载之大业；唐太宗亦何人也，止能听谏，故能成三百载之洪基。至于商纣杀谏臣，其祚终归于周室；成帝杀谏臣，其祚终移于王氏；明皇杀谏臣，其祚终微于禄山。杀一谏臣，真若无与于治乱也？然乱臣贼子，苛政虐刑，一切不得闻也，不亡何待乎！故臣愿陛下先以谨独为心，后以听谏为意，奖借言路，以旌直士之风，以至远阉寺，亲儒臣，以成就规模之大，此臣所望于陛下也。

草茅贱士，充赋在庭者，志在一第尔，独臣不揆愚贱，妄议国体，负罪于不可赦，可谓愚矣。然臣闻天下之事，宰相能行之，谏官能言之，职不在此，虽抱奇策，拥雄材，无路可进，卒于老死而已。伏惟国家策士之制，上自公卿之子弟，下至山林之匹夫，皆得自竭以罄其所怀。非天子黜陟赏罚之吏，而得议百官之长短；非天子钱谷大农之吏，而得推财赋之多少；非天子帷幄将帅之臣，而得论兵革之强弱。则夫宰相、谏官之事，一旦得以详说而悉数之，而臣何敢无说以处于此。又况晏子一言，而使齐侯省刑；田千秋一言，而使武帝念太子；柳伉一言，而使代宗黜程元振。谁谓皇皇大宋，无其人乎！《皋陶谟》曰："天叙有典。"是父子之间，君臣之际，无非天理也。臣处闺门之内，勉明孝道久矣。

今自山林中来，望见陛下，突兀孤忠，卓然发于悃愊，不可遏也。此盖天理自然，无足怪者。臣或志在爵禄，不为陛下一言，臣谁欺，欺天乎！故臣虽进一言，退受铁钺之诛，于司败，不忍欺天，以昧此心也！惟陛下幸赦其愚。臣谨对。

## 史海钩沉

1127年6月12日，宋徽宗第九子康王赵构南逃至南京应天府（今河南省商丘市）即位，是为宋高宗，改元建炎。因宋朝的五行德运为"火"，改元"建炎"意味着重建王朝的火德。

南宋状元张九成的对策答卷，也是在历史上状元卷中少有的巨制，在当时特殊的历史背景下，这位状元用接近万字的鸿文，回答了策问的问题，对国家处于战争之中，面临统一的历史挑战，张九成引经据典，引用"越王勾践"

的典故，并借用唐代治理案例进行分析，结合南宋的时事、政治、军事等情况提出自己的观点，拳拳报国之心可昭日月。

张九成还在对策中抨击了宦官干政对国家的危害。据说，当他写到宦官干政之弊时天色将晚，监场宦官催促他赶快交卷。他正色回道："还没写完，刚谈到你们的事呢。"

高宗审阅张九成的对策后十分感动，亲点他为第一名。

中状元后，授镇东军签判，因与上司意见不合，张九成弃官归乡讲学。后应召为太常博士，历任宗正少卿、侍讲、礼部侍郎兼刑部侍郎。张九成为官不附权贵，主张抗金，反对议和，为秦桧所忌，谪守邵州，不久又革职，复以"谤讪朝政"罪名，谪居南安军十四年。秦桧死，他被重新起用。六十八岁时卒。

据史书记载，张九成晚年双目失明，去世五天前忽然复明。张九成很开心，就拿起一本书读起来。当读到真宗封禅泰山，佞臣偷走真宗玉带时，大骂"佞臣，连人主的御物都偷"。并将书掷到地上。因情绪过于激动，顿时不能说话，很快病逝。正直、刚正不阿的人，即使到老了，依然如故。

## 绍兴五年（1135）乙卯科状元：汪应辰

> 汪应辰，初名洋，字圣锡，信州玉山（今江西省玉山县）人。南宋官吏、诗人、散文家。

殿试皇帝：宋高宗赵构

### ■ 策问

朕德菲陋，绍承大统。遭家多难，求济未获。是以博延豪俊，咸造在廷，冀闻治道之要。子大夫尽精极虑，乐为朕言之。

盖闻在昔圣人之治天下，正心诚意、躬行乎上者，固自有道，而措诸事业之间，则或宽或猛，或质或文，变通随时，不胶于迹，著在方册，昭昭乎其可睹也。朕甚慕之。越自即位九年于兹，思欲雪父兄之耻，而复祖宗之烈，夙夜祇惧，罔敢荒宁。然而施为缪盭，治效阙然。深维其故，不惮改作。间者，乃下铨量之令以择吏，而真才犹未显也；严科敛之禁以恤民，而实惠犹未孚也；谨拣练之法以治兵，而冗食犹未革也。夫吏道未肃，民物未苏，兵势未强，此治之所以未效也。将何以辑事功，弭祸乱哉？而建议之臣并欲考课以核殿最，省官以抑俸糈。力役不足以供馈饷也，为之屯戍营田以宽之；赋入不足以供调度也，为之平准均输以佐之。爵赏未立也，为之定武功之等；纪律未明也，为之参府卫之制。凡是数者，合于古便于今乎？其或以为不然耶？虽然，此治之迹也。

上之欲三辰明，四时序，灾沴不生，而动植遂性；下之欲风化行，习俗厚，奸宄不作，而中外协心。兹可以占天人之助矣。夫何敌而不克，何难而不济？兴复大业，其庶几乎？

子大夫以谓何修营而可以臻此？其茂明之，务适于用，朕将有稽焉。

## 对策

臣闻治道不在多言，顾力行何如耳。行帝道则帝，行王道则王，行霸道则霸，未有力行而不至者也，未有不能力行而能至者也。今陛下策臣于廷，询之以天下之大计，曰觊闻治道之要。顾臣浅陋，何足以奉承大问，臣谨以所闻于师者言之。

窃以为为治之要，特在于反求诸已而已。盖天下之事，未有不本于一人之躬行也。天下皆不仁，宜不可为也；然人君一为仁，则天下相率而趋于仁矣。天下皆不义，宜不可为也；然人君一为义，则天下相率而趋于义矣。故爱人而人不亲，则是仁有所未至也；能反吾之仁，则人自亲矣。治人而人不治，则是智有所未至也；能反吾之智，则人自治矣。凡行有不得，皆反求诸已。吾之一身既正则天下心悦而诚服，若风草之必偃，自然之理也。故曰治道之要莫先于此者也。以修已安百姓为病，此尧舜之所以反求诸已也以百姓有过为在子一人，此汤武之所以反求诸已也。小人怨詈则皇自敬德，此高宗、中宗、祖甲、文王之所以反求诸已也。"古之欲明明德于天下者，先治其国；欲治其国者，先齐其家；欲齐其家者，先修其身。"孔子之言治，未尝不反求诸已也。"天下之本在国，国之本在家，家之本在身。"孟子之言治，又未尝不反求诸已也。是道也，尧以是传之舜，舜以是传之禹，禹以是传之汤，汤以是传之文武周公，文武周公以是传之孔子，孔子以是传之孟轲。数圣人者，达而在上，则力行此道以泽天下；穷而在下，则力行此道以诏万世。自孟轲之死，始不得其传，此微臣所以有望于陛下也。今陛下果能反求诸已而力行之，则凡所以问于臣者，臣虽不言而治道固已举矣。不然，则臣虽欲言之，无益也。然而圣策下询，则臣之言有不得而默者，谨一二而对，陛下当见此理之昭然而不复疑矣。

伏读圣策，首慕古先圣王之治，若有所仰望而不可企及者。臣窃以为圣王之治，其则不远，陛下反求诸己，在先立其志尔。陛下聪明神武，首出庶物，其于天下之事若不足为者，但陛下未之为耳夫以金人之入中国，莫有当其锋者，宜若不可与之较也。然去冬警奏既闻，陛下赫然震怒，亲总戎辂，号令六师，而敌人自遁。所以然者，以陛下之英断而不惮于勤劳也。湖湘之寇，弄兵潢池，为患久矣。陛下委之贤将，授以方略，不出数月，遂能歼厥渠魁。去历年深根固蒂之盗，而安千里刀刃之余民，所以然者，以陛下之明略而长任使也。夫以陛下已能之事如此，而可见之效又如此，此臣所以知陛下之必能复古先圣王之治，第恐圣志有未加焉耳。臣不知陛下之志，将兴衰拨乱，行帝王之道耶？抑将趋小利急近功，为霸者之事耶？今圣策乃以正心诚意为言，则夫帝王之道，陛下固已知之矣。曾子曰："尊其所闻则高明矣，行其所知则光大矣。"陛下诚能以其所闻所知，尊而行之，则高明光大，孰能御之哉！至于措诸事业之间，宽猛文质之宜，特其余事而已。臣愿陛下立志以为本，以帝王之道为可以必至，以圣人之言为可以必行，法天行健，不自懈怠，日进一日，新而又新，则二帝三王之事，岂有不可为者哉！惟陛下力行之尔。

伏读圣策，以"越自即位九年于此，思欲雪父兄之耻，而复祖宗之烈，夙夜祗惧，罔敢荒宁，然而施为缪戾，治效阙然，深维其故，不惮改作"。臣以为此则在陛下反求诸己而先自治也。昔杜牧论收复山东之策，而以自治为上。牧之言，万世之砭石也。今陛下欲雪父兄之耻而复祖宗之烈，盍亦先于自治乎？草茅之士，不知朝廷所以为自治之计者何也。昔之人君，虽当干戈扰攘之际，亦必先择形胜之地以为根本之图。故高祖之兴，根本关中，光武之兴，根本河内。今也不然，譬彼舟流不知所届，自维扬而之临安，自临安而之建康自建康而之会稽，自会稽而再之临安，是都邑之迁徙未始有定论也。越王之欲伐吴，与种、蠡协谋凡二十年，然后得以逞其志。今也不然，今日以某人言某人之善而相之，而明日又以某人之毁而罢之。自艰难以来，所置辅相凡几人矣，是宰相之废置未始有定论也。中间尝用留守兵，欲率励群帅复收赵魏矣，几渡河而辄罢。又尝以宰相都督诸军，议遣大将欲涉淮以趋宿泗矣，俄而中辍，是进取之前却又未始有定论也。至于号令之间，如所谓前降指挥更不施行之类，则于措画政事，何其无定论也！如所谓以差下人别与差遣之类，其于进退人才，又何无定论也！夫都邑之迁徙，宰臣之废置，

30

进取之前却，政事之措画，人才之进退，皆国家大事不可易为者，而乃纷纷不定如此，则陛下所以为自治之计，臣窃恐为敌国之所窥也。如此而欲雪父兄之耻，复祖宗之烈，正犹却行而求及。前九年之间，治效阙然，固其宜也。今陛下果能翻然奋悟，不惮改作，则中兴之业殆犹反手之易。愿先定大计然后从事，毋为此纷拏错乱而无归宿也。凡我之所以自治者无所不至，卓然有不可胜之备，则为之而成，动之而功，将无不可者矣，又何以治效之不进为忧乎？惟陛下力行之尔。

伏读圣策，以"真才犹未显，实惠犹未孚，冗食犹未革"为虑，臣以为此诚当今之宿弊，而其所以治之，则在陛下之反求诸己也。夫吏道未肃，宰相之责也；民力未苏，郡守县令之责也；兵势未强，诸将之责也。臣窃谓天子之于天下，所欲必得，所求必至。上之所好者玩异，则下之人以玩异而献矣；上之所好者财利，则下之人以财利而献矣。盖未有上好之而下违之者也。今陛下下铨选之令，则诚有意于肃吏道矣；严科敛之禁，则诚有意于苏民力矣；谨拣练之法，则诚有意于强兵势矣。然而真才之未显，则是宰相进贤退不肖有未尽也；实惠之未孚，则是守令承流宣化有未良也；冗食之未革，则是二三将臣训兵整旅有未善也。夫人君之诏也若声，而其下应之也若响。苟好恶一萌于方寸，虽不形于言词气色之间，而下之人逆探其意而迎合之矣。今陛下以是三者为宵旰之忧，发于诏令，而下之人犹不能奉承之，无乃陛下诚有所未至耶？苟诚未至而徒为空言，则虽日下诏书，果何补于事哉！臣窃见朝廷前日以郡县之吏多非其人，乃诏侍从台谏馆阁之臣，使各举所知以备其选。一时在位之士，盖尝以其所知而举之于朝矣，而未尝出其姓名而试其用也。又尝下诏，以今之守令有历任虽多，而才非所堪者，皆使退从散局。当时盖尝略行之矣，而今则又复废弃而不举也。则是择吏诚有所未至，此真才所以未显也。

数年以来，民不堪命，虽诏书出于上，而虐令阻于下。诳以出力自保，则调发其丁夫；恐以犒设赡军，则厚裒其钱谷。弓材弩料，竹箭皮革，日日征求，物物取办，贪缘奸弊，下不聊生。乃复宽下赦文，放其租负，而律文又以分数为限，实不能免，苟以欺之，则是恤民诚有所未至，此实惠所以未孚也。今士卒骄惰，赏罚不明，无所别择，一切安养姑息之，惟恐一夫变色不悦，幸其无故则已矣。教习击刺，叫嚣号呼，有如聚戏，金鼓旗号，白梃小队，皆效敌人，节制荡然，虽其将帅莫敢自保。至于冒请月俸，虚縻饩廪，盖有诡名而请者矣；盖有以使臣之名而请者矣；盖有借补官资而请者矣。朝廷知之，莫敢禁止，则是治兵诚有所未至，此冗食所以未革也。凡此三者，陛下苟能加之以诚心，则必有能为。陛下任其事者，苟诚心未至，则在下之人虽欲奉承而行之，有不可得矣，惟陛下力行之尔。

伏读圣策，且欲考课以核殿最，省官以抑俸稍，屯戍营田以宽力役，平准均输以佐赋入，以爵赏之未立，则欲定武功之算；以纪律之未明，则欲参府卫之制。臣以为此皆今之良法，而其所以行之，则又在陛下之反求诸己也。昔唐虞之法则九载而黜陟，周官之法则三岁而诛赏，而朝无幸位，官无旷职，是考课固所当先也。光武下诏减内外四百余员，太宗创制定文武七百余员，而国用以足，民事亦理，则省官又在所当先也。二者之法，诚足以核殿最而节俸稍矣。然臣以为，法之必行，陛下不可不先正其心术也。司马光有言曰："考课之法，其本在于至公至明而已。"功状者迹也，功明者心也，己之心不能治，而欲以考人之迹，不亦难乎！诚以人主一有偏党之心，则以愚为智，以是为非，但徇一己之爱憎，不复问其人之贤否，而人才于是乎溷淆矣，此考课之本所以在于正心术也。荀况有言曰："省官不如省事，省事莫如清心。"诚以人主嗜好既形，下皆辐辏而趋之，各求自售，则名器必自此滥矣，此省官之本所以又在于正心术也。陛下诚能不以亲疏贵贱异其心，喜怒哀乐乱其志，使邪佞不得以惑之，诡谀不得以入之，如此则考课省官之法始可得而行矣。屯戍营田，韩重华常用之矣，终足以赡边将之用而省度支之费；平准均输，桑弘羊常用之矣，终能使敛不及民而上用自足。则二者之法，诚足以宽力役而佐赋入矣。然臣以为欲法之必行，陛下不可不先明于任使也。汉宣帝与赵充国议论疆场之事，一时在廷之臣，或以为是，或以为非。充国以为明主可为忠言，条列利害，反复凡数千言，宣帝信任而不疑，终获破羌之功而收屯田之利。以充国之事观之，则营戍屯田，在陛下安得不明于任使也！唐之刘晏，初得渠河之利病，乃畏为人牵制而移书于朝廷。朝廷以其言为可行也，遂以漕事委之，故晏得以尽其才。及臣考其行事，晏之掌邦计也，凡始于广德之二年而终于建中之元年，前后十有六年，乃始得以成其功。以晏之事观之，则平准均输，在陛下安得不明于任使也！陛下诚能搜揽人材，经略世故，取其所长，弃其所短，久任而责成之，则屯戍营田平准均输之法，始可得而行矣。武功之等，在秦则凡一十七级。然臣以为纪纲先振，然后始可得而定其等也。昔唐之肃宗，当干戈多难之际，朝廷之势日以委靡，爵赏滥冒莫此为甚，将军告身，才易一醉而已。夫所以至此者，皆本于纪纲之不振而然也。惟上之纪纲日以不振，故其下皆有觊觎之心以邀其上，而上之人不得而不与，此武功所以滥冒也。然则今日之事，盍亦取监于肃宗而先振其纪纲乎？府卫之制，在隋则凡十二卫，在唐则凡十六卫。然臣以为亦必纪纲先振，然后始可得而参其制也。昔唐之明皇，承晏安太平之后，苟且偷安，昧于远图，政令日弛，法度日隳，诸卫之兵，浸以贫弱，百姓苦之，而张说始献𬴂骑之议。夫所以至此，亦以其纪纲之不振而然也。惟其上之人纪纲日以不振，废而不举，弊而不修，此府卫所以败坏也。然则今日之事，又盍亦取鉴于明皇而先振其纪纲乎？凡此数者，考之于古，验之于今，以臣观之，莫不可行。而其所以行之，则在陛下正其心术，明于任使，而振其纪纲焉耳。古人所谓"神而明之存乎其人，有治人无治法"者，凡以此也，惟陛下力行之尔。

伏读圣策曰："上之欲三辰明，四时序，灾沴不生，而动植遂性。"臣愿陛下反求诸己，而应天以实可也。"下之欲风化行，习俗厚，奸宄不作，而中外协心。"臣愿陛下反求诸己，而动民以行可也。臣闻之《诗》曰"文王陟降，在帝左右"，《书》曰"面稽天若"，言圣人之奉天，如在其上，如在其左右也。是以颠沛造次，不违于仁，出入起居，罔有弗钦，凡以畏天之威而奉之尔。大抵天道虽至高而下，虽至远而迩，虽至神而明，人君一念一虑之失，则足以伤天地之和；一言一动之善，则足以同天地之德，善恶之应，速于桴鼓。臣窃观于今岁之夏，甘雨愆候，陛下焦心劳思，上惧天戒，下忧民瘼，不忘于食息之间。既有膏泽继降，不出于旬日之内，盖以陛下诚有惨怛之心也。古之人所以大过人者，无他焉，善推其所为而已。陛下诚能因前日之所已为，而推今日之所未为者，扩而充之，则天意昭格，将保佑宋祚于千万年矣。昔孟子以齐宣王有爱牛之心，且曰"是心足以王矣"。况陛下如天地之大，推此以往，其何所不至乎！此应天以实之效也，惟陛下力行之尔。臣闻得十人之心者，可以将十人；得百人之心者，可以将百人；得千万人之心者，可以将千万人。今陛下将大有为于天下，宜先有以深服天下之心。而天下之心亦未易服也，刑威不可得而制，权势不可得而胁，惟人主力于为善，勤于进德，始足以服其心尔。昔宣王承厉王之烈，小雅尽废，四夷交侵，而终能复文武之境土者，以其所以躬行于上者能服天下之心也。故序《诗》者称之曰："侧身修行，天下喜于王化复行。"盖方其侧身修行，而天下之人固已胥庆，知王化复行矣，此民心所以归也。光武初入关，冯异送之曰："当行人所不能为者。"光武于是乎招徕俊乂，屈己从谏。邓禹之徒，闻风慕义，裹粮而归，相与扶持协赞，以成再造之业。陛下诚能体二君之所为，使圣德日新，昭著天下，则民之不幸而陷于强敌，将日夕引领而望王师之来苏，惟恐其后。况吾东南之民，安有不协心以为陛下用哉？惟陛下力行之尔。

臣窃见陛下临政愿治，当宁太息。不以臣等愚浅，幸赐诱进，而以治道为问。仰慕先圣之成效，而追悔前日之失策，深思历年之宿弊，而欲行昔日之良法。而又上欲得皇天之意，下欲收黎庶之情。圣虑深远，规模广大，皆非愚臣所能及。恭捧问目，沉吟久之，不知所对。周思历算，窃以为今日之事，惟陛下可以为，他人皆莫能为也。故因大问之及，而辄求所以反求诸己之道，诚不敢务为多言以上惑圣听。臣不知陛下之意，将以今日之事责之于谁耶？将责之大臣？陛下即位以来，大臣不为不多矣。以为不贤耶？则告廷之命，以某为有道，以某为有德，陛下何自而得之以为贤耶？而中兴之功，又终无以副陛下之意也。陛下亦思大有为之意，果能无愧于前王乎？苟为不然，则所谓大臣者，虽负经纶之方，方且畏惧而避嫌，而其不贤者，又且持禄而保宠矣，是无惑乎治效之蔑闻也。将责之台谏？陛下即位以来，台谏不为不多矣。以为不贤耶？则训诰之词，以某为正直，以某为謇谔，陛下又何自而得之以为贤耶？而中兴之功，又终无以副陛下之意也。陛下亦思大有为之意，果能无愧于前王乎？苟为不然，则所谓台谏者，有怀忠徇国之心，方且待信而后谏，而其不贤者，又且希旨以求进矣，是无惑乎治效之蔑闻也。抑将望之四方之贤才耶？陛下即位以来，所以招徕而用之者不为不多矣，以为不贤耶？则或得之众论，或得之荐举，或朝奏而暮召，或一岁而九迁，陛下又何所见而然也？以为贤耶？而中兴之功，又终无以副陛下之意也。陛下亦思大有为之意，果能无愧于前王乎？苟为不然，则天下之士，其贤者方且奉身而求退，而不贤者往往旅进而旅退，患得而患失，阿谀谄佞，无所不至矣，是无惑乎治效之蔑闻也。以此言之，今日之事，惟在陛下自为之而已矣。苟能反而求之，勤而行之，奋然先有以自立，则智者愿效其谋，勇者乐效其死。举天下之大，惟陛下所欲，将无不可者矣。不然，则群臣虽有伊、吕、稷、契，亦安能为陛下计哉！此臣所以愿陛下力行反求诸己之道也。臣不胜悓悓，惟陛下留神省察，实万世无疆之休。臣谨对。

## 史海钩沉

汪应辰幼为神童，五岁知书，多识奇字。家贫无灯油，拾柴点火读书。从人借书，有过目不忘之能。十岁能诗。宋高宗见他的对词，以为老成之士，直至见时才知是少年，赐以御诗，并更名为"应辰"。

汪应辰好贤乐善，尤笃友爱。少从喻樗、张九成、吕本中、胡安国等人游，又与吕祖谦、张栻为友。他为人刚方正直，敢言不避。

## 绍兴二十七年（1157）丁丑科状元：王十朋

> 王十朋，字龟龄，号梅溪。温州乐清（今属浙江）人。政治家、文学家。为人刚直，勤敏力学，一生忠孝，博究经史，旁通传记百家。

殿试皇帝：宋高宗赵构

### ■ 策问

盖闻监于先王成宪，其永无愆。遵先王之法而过者，未之有也。仰惟祖宗以来，立纲陈纪，百度著明，细大毕举。皆列圣相授之模，为万世不刊之典。朕缵绍丕图，恪守洪业，凡一号令一施为，靡不稽诸故实，惟祖宗成法，是宪是若。然画一之法，赏刑之具，犹昔也，而奸弊未尽革；赋敛之制，经常之度犹昔也，而财用未甚裕；取士之科，作成之法犹昔也，而人才尚未盛；黜陟之典，训迪之方犹昔也，而官师或未励。其咎安在？岂道虽久而不渝，法有时而或弊，损益之宜有不可已耶？抑推而行之者非其人耶？朕欲参稽典册之训，讲明推行之要，俾祖宗之治复见于今。其必有道，子大夫学古入官，明于治道，蕴畜以待问久矣，详著于篇，朕将亲览。

### ■ 对策

臣闻有家法，有天下法。人臣以家法为一家之法，人君以家法为天下之法。人君之与人臣，虽名分不同，而法有大小之异。至于能世守其法者，则皆曰"权"而已。人臣能执一家之权，守一家之法，以示其子孙，则必世为名家；人君能执天下之权，守其家法以为天下法，贻厥子孙而施诸罔极，则必世为有道之国。盖法者，治家治天下之大具；而权者，又持法之要术也。今陛下亲屈至尊，廷集多士，访治道于清问之中。首以监于先王成宪，恪守祖宗之法为言，是则陛下欲守家法以为天下法者，固已得之矣。臣获以一介草茅与子大夫之列，仰承圣诏，其敢不展尽底蕴，茂明大对，以为陛下遵祖宗守成法之献耶？臣之所欲言者无他焉，亦曰揽权而已。

尝谓君者，天也。天之所以为天者，以其聪明刚健，司庆赏刑威之权而不昧也。君之所以为君者，以其能宪天聪明，体天刚健，司庆赏刑威之权而不下移也。天执天之权而为天，君执君之权而为君，故天与君同称大于域中。而君之名号，必以天配。以天道而王天下也，则谓之"天王"；以天德而子兆民也，则谓之"天子"；居九五正中之位，则谓之"天位"；享万寿无疆之禄，则谓之"天禄"；五服五章者，谓之"天命"；五刑五用者，谓之"天讨"；就之如日者，谓之"天表"；畏之如神者，谓之"天威"。居曰"天阙"，器曰"天仗"，法曰"天宪"，诏曰"天语"。天之大不可以有加，君之大亦不可以有加者，以其咸能司域中之权而已矣。恭惟陛下，蕴聪明之德，体刚健之资，躬亲听断，动法祖宗。一诏令之下，而万民莫不鼓舞者，如天之雷风；一德泽之布，而万民莫不涵泳者，如天之雨露；开众正之路，杜群枉之门，而万民莫不悦服者，如天之清明；为政日新，日日新，又日新，而万民莫不拭目以观者，如天之运行而不息。巍巍乎！荡荡乎！固不可以有加矣！而臣犹以法天揽权为言者，盖陛下之德，虽不可以有加，而臣子之心，每以有加无已而望陛下，此臣所以昧死尽言而不知讳也。

臣伏读圣策，首以监于先王成宪，其永无愆，遵先王之法，而过者未之有为言；次及于祖宗立纲陈纪，列圣相授之道；又次以今日奉行，而不能无四者之弊为问。臣有以见陛下知致治之道在乎守成宪、遵祖宗，欲革今日之弊也。臣窃谓陛下能揽威福之权，率自己出，则成宪有不难守，祖宗有不难法，时弊有不难革，天下有不难治。凡所以策臣者，皆不足为陛下忧矣。不然，陛下虽勤勤问之，臣虽谆谆诵之，无益也。臣观自古善言治之人，未尝不以揽权为先。自古善致治之君，亦未尝不以揽权为先。惟辟作福，惟辟作威，惟辟玉食，臣无有作福作威玉食者，箕子告武王之言也。天下有道，礼乐征伐自天子出；至于无道，则自诸侯大夫出者，孔子垂戒后世之言也。谓庆赏刑威曰君，君能制命为义者，左氏记时人之言也；谓堂陛不可以相陵，首足不可以相反者，贾谊告文帝之言也。此臣所谓善言治之人，未尝不以揽权为先也。三皇官天下者，揽福威之权以官之也；五帝家天下者，揽福威之权以家之也；三王计安天下，而历年长且久者，揽福威之权以安之也。汉宣帝善法祖宗之君也，然其所以能守祖宗之法，致中兴之业者，无他焉。以其能革霍光专政之弊，躬揽福威之权而已。观其综核名实，信赏必罚，斋居决事，听断惟精，而神爵、五凤之治，号为吏称民安，功光祖宗，业垂后裔者，盖本乎此也。光武亦善法祖宗之君也，然其所以能守祖宗之法，建中兴之功者，无他焉。以其能鉴西京不竞之祸，躬揽福威之权而已。观其总揽权纲，明慎政体，退功臣而进文吏，戢弓矢而散马牛，建武之政，号为止戈之武，系隆我汉，同符高祖者，盖本乎此也。

唐明皇善法祖宗之君也，然其所以能守祖宗之法，致开元之治者，以其能革前朝权戚干政之弊，躬揽福威之权而已。初，明皇锐于求治，姚崇设十事以要说之，其大概则劝其揽权也。帝自谓能行，由是励精为治，责成于下而权归于上矣。宪宗亦善法祖宗之君也，然其所以能守祖宗之法，致元和之治者，以其能惩前日沾沾小人窃柄之弊，躬揽福威之权而已。初宪宗锐于致治，杜黄裳惧不得其要，劝其操执纲领，要得其大者，帝嘉纳之。由是励精为治，纪律设张，赫然号中兴矣。此臣所谓自古善致治之君，未尝不以揽权为先也。

陛下惩前日权臣专政之久，收还福威之柄，运独化于陶钧，裁万几于独断，天下翕然称陛下为英主，凛凛乎汉宣帝、光武、唐明皇、宪宗之上矣！而臣尤劝陛下揽权者，非欲陛下衡石程书如秦皇帝，而谓之揽权也；又非欲陛下传餐德政如隋文帝，而谓之揽权也；又非欲其强明自任、亲治细事、不任宰相如唐德宗，而谓之揽权也；又非欲其精于吏事、以察为明、无复仁恩如唐宣宗，而谓之揽权也。盖欲陛下惩其所既往，戒其所未然，操持把握，不可一日而少纵之，使福威之柄一出于上，不至于下移而已！臣窃谓陛下欲守祖宗之法，莫若躬揽福威之权。欲揽福威之权，又莫若行陛下平日之所学。

五经泛言治道，而《春秋》者，人主揽权之书也。陛下圣学高明，缉熙不倦，万几之暇，笃好此书。固尝亲洒宸翰，以书经传，刊之琬琰，以诏学者矣。迩者又命儒学近臣，于经筵讲读之，是则夫子二百四十二年行事之迹，固已默得于圣心之妙。至于其间可为揽权之法者，臣请为陛下诵之。《春秋》书王曰天王者，所以为人君法天揽权之法；有书王不书天者，所以为人君不能法天揽权之戒。书朝书会者，欲朝会之权必出于天子也；书侵书伐者，欲征伐之权必出于天子也；书僭礼乱乐者，欲其收礼乐之权也；书僭赏滥罚者，欲其收赏罚之权也。权在诸侯则讥之，如践土之盟之类是也；权在大夫则刺之，如鸡泽之盟之类是也。先王人而后诸侯者，欲权在王人也；内中国而外夷狄者，欲权在中国也。

书"盗"一字者，所以戒小人之窃权也；书"阍"一字者，所以防刑人之弄权也。凡一字之褒重于华衮者，皆所以劝人君揽权以作福；凡一字之贬重于斧钺者，皆所以劝人君揽权以作威。臣愿陛下尊圣人之经，行圣人之言，以是正天下之名分，以是定天下之邪正，以是成天下之事业。则何患乎不能监先王之宪，遵祖宗之法，革今日之弊耶？

臣伏读圣策曰："仰惟祖宗以来，立纲陈纪，百度著明，细大毕举。皆列圣相授之模，为万世不刊之典。朕缵绍丕图，恪守洪业。凡一号令一施为，靡不稽诸故实，惟祖宗成法，是宪是若。"臣有以见陛下谦恭抑畏，不以聪明自居。必欲行祖宗之法，以致中兴之治也。臣窃谓陛下欲法祖宗以致治，又不可不法《春秋》以揽权。臣谨按《春秋》有变古则讥之之书，有存古则幸之之书，有复古则善之之书。经书"初献六羽"者，讥隐公不能守祖宗之法，而辄变先王之乐也；书"初税亩"者，讥宣公不能守祖宗之法，而轻变成周之彻也。此所谓变古则讥之者也。书"犹三望"者，讥僖公不郊，而幸其犹三望；书"犹朝于庙"者，讥文公不告朔，而幸其犹朝于庙。此所谓存古则幸之者也。襄公十一年书"作三军"者，讥其变古也；昭公五年书"舍中军"者，善其复古也。此所谓复古则善之者也。《书》曰："无作聪明，乱旧章。"《诗》曰："不愆不忘，率由旧章。"汉惠帝用曹参，守萧何之法，而海内晏然；武帝用张汤，取高皇帝之法纷更之，而盗贼半天下。守祖宗之法者，其治如此；变祖宗之法者，其乱如彼。为人主者其可自坏其家法耶！

我太祖、太宗，肇造我宋之家法者也。真宗、仁宗，至于列圣，守我宋之家法者也。先正大臣，若范质、赵普之徒，相与造我宋之家法者也。在真宗时，有若李沆、王旦、冠准；在仁宗时，有若王曾、李迪、杜衍、韩琦、范仲淹、富弼之徒，相与守我宋之家法者也。侧闻庆历中，仁宗出御书十三轴，凡三十五事。其一曰遵祖宗训；二曰奉真考业；三曰祖宗艰难，不敢有坠；四曰真宗爱民，孝思感噎。故当时君圣臣良，持循法度。四十二年之间，治效卓然者，盖本乎此。又闻熙宁中，先正司马光于经筵进讲，至萧何、曹参事，谓参不变何法，得守成之道。且言祖宗之法，不可变也。异日吕惠卿进讲，立说以破之。谓："法有一年一变者，正月始和，布法象魏是也；有五年一变者，巡守考制是也；有三十年一变者，刑罚世轻世重是也。"光随而折之曰："布法象魏，布旧法也，非变也。诸侯有变礼易乐者，王巡守则诛之，王不自变也。刑，新国用轻典，乱国用重典，平国用中典。是谓世轻世重，非变法也。"观二臣之言，亦足以见其人之邪正矣。

陛下自即位以来，固未尝不遵守祖宗成法。比年有出于一时申请权宜而行者，致与成法或相抵牾。迩者陛下面谕群臣，谓国家政事，并宜遵守祖宗。今又发于清问，以求致治之效。臣有以见陛下得持盈守成之道，真仁宗之用心矣。然臣复以揽权为言者，盖《春秋》讥时王失揽权之道，故诸侯遂有变法之弊。今陛下欲守祖宗之法，宜用《春秋》赏罚之权以御之可也。大臣有清净如曹参者，宜命之持循；忠正如司马光者，宜俾之讨论。变乱如张汤者则诛之。异议如吕惠卿者则斥之。如是则祖宗良法美意，可以垂万世而无弊矣，尚何患乎天下之不治哉！

臣伏读圣策曰："画一之法，赏刑之具，犹昔也，而奸弊未尽革。"臣有以见陛下欲行祖宗之法，在乎明赏刑以革弊也。臣窃谓欲奸弊之尽革，不可不法《春秋》以揽权。盖《春秋》之法，非孔子之法也，成周之法也。故杜预曰："周公之志，仲尼从而明之。"经有书赏者，如锡命威公，锡命文公，锡命成公之类。皆所以讥时王之滥赏，非周公之赏也。有书刑者，如杀其大夫，放其大夫，杀其公子之类，皆所以讥时君之滥刑，非周公之刑也。时王失周公赏刑之法，不能革当时之奸弊，故仲尼以笔削之，权代之善劝而淫惧焉。我祖宗制赏刑之法，载在有司。画一之章，昭然可睹。创之者萧，守之者如曹。未尝有滥赏也，而赏必当乎功。未尝有淫刑也，而刑必当乎罪。历世行之，弊无不革者，盖以圣祖神宗，能揽权于上，而群臣能奉行于下故也。故司马光自为谏官及为侍从，尝以人君致治之道三献之仁宗，又献之英宗，又献之神宗。而其二说则在乎信赏必罚也。三宗既用其言以致极治矣。光以清德雅望，执政于元祐之初，躬行其言，以革时弊。进退群臣邪正之甚者十数人，天下皆服其赏刑之当。一时之弊亦无不革者，我三宗真盛德之君，而光亦可谓救时贤相也。迩者陛下躬亲万几，一新时政，斥逐奸邪，登用耆旧。禁锢者释，告讦者诛。兹赏刑之至公，而革弊之甚大者也。圣策犹以奸弊未革为忧者，岂今日朝廷，犹有僭赏滥罚如春秋时乎？臣不敢不陈其大概。夫人主赏刑之大者，莫若进退天下之人才。今陛下每进一人，必出于陛下素知其贤，亲自识擢可也。不然，则出于大臣侍从，公心荐举可也。不然，则采于舆论，而天下国人皆曰贤可也。苟不出于三者，而一旦遽进之，则议者必曰：某人之进也，出于某人阴为之地也。如是则一人之滥进，有以损陛下作福之权矣。陛下每退一人，必出于陛下灼知其罪，震怒而赐谴可也。不然，则出于谏官御史，公言论列可也。不然，则得于金言，而天下国人皆曰有罪可也。苟不出于三者，而一旦遽退之，则议者必曰某人之退也，出于某人阴有以中之也。如是一人之误退，有以损陛下作威之权矣。昔舜举十六相，而天下悦其赏之当；去四凶人，而天下服其罚之公。陛下苟能以祖宗制赏刑为法，以虞舜用赏刑为心，执《春秋》赏刑之权以御之，则何患乎奸弊之不革耶？若夫有某劳进某秩以为赏，犯某事得某罪以为罚，此特有司之职耳，非人主福威之大者。臣不复为陛下言之也。

臣伏读圣策曰："赋敛之制，经常之度犹昔也，而财用未甚裕。"臣有以见陛下欲行祖宗之法，在乎裕财用以经邦也。臣窃谓欲财用之有裕，又不可不法《春秋》以揽权。谨按《春秋》书"臧孙辰告籴于齐"者，讥庄公不节国用，一岁不熟而告急于外也；书"初税亩"者，讥宣公不节国用，变成周什一之法，至于履亩而税也；书"作丘甲"者，讥成公不节国用，至于以丘而出甲也。书"用田赋"者，讥哀公不节国用，至于用亩而出军赋也。《春秋》书告者不宜告，书初者不宜初，书作者不宜作，书用者不宜用。臣由是知《春秋》赋税之书，为人君节用裕财之训明矣。昔孔子对齐景公之问政，不曰"政在生财"，而曰"政在节财"。有若对鲁哀公之问年饥，不告之以生财之术，而告之以盍彻。臣又知裕国之术，实在乎节用也。侧闻太祖皇帝有言曰："我以四海之富，宫殿悉以金银为饰，力亦可办。但念我为天下守财耳，岂可妄用？古称以一人治天下，不以天下奉一人。"

呜呼！大哉言乎！真可为万世子孙保国之训也。又闻仁宗圣性，尤务俭约。器用止于漆素，衾褥止用黄绨。嘉祐间临轩策士，出"富民之要在节俭"以为御题。时吕溱赋曰："国用既节，民财乃丰。"仁宗悦之，擢为第一。观仁宗取士命题之意，又真可为万世子孙保国之训也。又闻熙宁初，司马光、王安石同对，论及救灾节用事。安石曰："国用不足者，以未得善理财者也。"光曰："善理财者，不过头会箕敛，以尽民财。民穷为盗，非国之福。"安石曰："不然善理财者，不加赋而上用足。"光曰："天下安有此理！天地所生，财货万物，止有此数，不在民则在官。譬如雨泽，夏则秋旱。不加赋而上用足，不过设法阴夺民利，其害甚于加赋。此乃桑弘羊欺汉武帝之言，太史公书之以见武帝不明耳。"司马光之名言，真可为节用理财之法，聚敛毒民者之深戒也。

陛下自和戎以来，兵革不用二十年矣。是宜仓廪富实，贯朽粟陈，如成、康、文、景时可也。而圣策乃以财用未裕为忧，虽臣亦窃疑之。岂国家用度之际，有所未节乎？奢侈之风，有所未革乎？不急之务，无名之费尚繁乎？今赋入不及祖宗全盛之日，而用度不减祖宗全盛之时。三年郊祀之礼所不可免者，而臣下赏赐之费有可得而省也；不得已之岁币所不可免者，而使命往来之费可得而省也；百官之俸所不可免者，而冗官可得而省也；六军之食养所不可免者，而冗兵可得而省也。臣所谓用度之际有所未节者，如此之类，不止乎此也。朝廷往尝屡有禁销金之令矣，而妇人以销金为衣服者，今犹自若也；又尝有禁铺翠之令矣，而妇人以翠羽为首饰者今犹自若也。是岂法令之不可禁乎？岂宫中服浣濯之化，衣不曳地之风，未形于外乎？臣所谓奢侈之风有所未革者，盖在乎此也臣又闻之道路，谓远夷外国，有以无益之奇玩，易我有用之资财者：池台、苑囿、车骑、服御，有未能无所增益者；中贵、外戚、便嬖、使令、倡优、伶官之徒，有未能无非时赏赐者。臣所谓不急之务、无名之费尚繁者，盖在乎此也。昔汉文帝躬行节俭以化民，而海内至于富庶。臣愿陛下揽权于上，而革众弊，以文帝及我太祖仁宗恭俭为法，以《春秋》所书为戒，则何患乎财用之不裕乎？

若夫自同予聚敛之臣，献生财之术，则臣不敢也。"

臣伏读圣策曰："取士之科，作成之法犹昔也，而人才犹（尚）未盛。"臣有以见陛下致治之道，在乎得士，而欲人才之盛，如祖宗时也。臣窃谓陛下欲人才之盛，宜揽育才取士之权。臣谨按《春秋》书作丘甲，《穀梁》因论古者有四民，而以士民为首。范宁释之曰："士者，治道艺者也。"又按经书单伯送王姬。《穀梁》曰："单伯者，我之命大夫也。"范宁释之曰："古者诸侯贡士于天子，大国三人，次国二人，小国一人。"又按《公羊春秋》曰："什一行而颂声作。"何休因论及成周之时，井田校室之制，大学小学之法，养士取士之说为甚详。又按经赦许正之罪。《穀梁》曰："子生三月，不免水火，母之罪也；羁贯成童，不就师傅，父之罪也；就师傅，学问无方，心志不通，己之罪也；心志既通，而名誉不彰，朋友之罪也；名誉既彰，而有司不举，有司之罪也；有司举之，而王者不用，王者之过也。"《春秋》伤时王失育才取士之权，而默寓其意于笔削之际。公羊、穀梁、范宁、何休之徒，从而发明之，亦可谓有功于风教矣。

我祖宗以来，取士于科举，是古者诸侯贡士之法也；养士于太学，是古者校庠序之法也；又有制科以待非常之士，是有取于汉唐盛世之法也。进士科或用诗赋，或用经义，虽更变不同，而未尝不得人也；太学之士，或出于舍选，或出于科举，虽作成不同，而亦未尝不得人也。二百年间，名臣巨儒，建勋立业，背项相望，莫不由此途出，可谓盛矣。陛下往者虽在干戈日不暇给之中，而亦未尝废俎豆之事。自偃兵以来，复兴大学以养诸生。其取士之科，作成之法，一遵祖宗之旧，恩甚渥也。而圣策犹以人才未甚盛为忧者，臣辄献揽权之说焉。今取士之科、作成之法虽曰犹昔，而人才非昔者，由福威之权下移于前日故也。夫法之至公者，莫如取士；名器之至重者，莫如科第。往岁权臣子孙门客，省闱殿试，类皆窃巍科，而有司以国家名器为媚权臣之具，而欲得人可乎？朝廷比因外台之言，例行驳放，士论莫不称快。臣愿陛下常揽福威之权以御之，严诏有司，谨取士之公法，而无蹈往年之覆辙可也。至所谓作成者，盖欲作成其器，如鸢飞鱼跃，涵养其平日之刚方，而成就其异时之远大者耳，非取其能缔章绘句以媒青紫也。自权臣以身障天下之言路，而庠序之士，养谀成风。科举之文，不敢以一言及时务，欲士气之振可乎？臣闻嘉祐间，仁宗以制科取士，时应诏者数人，眉山苏辙之言最为切直。考官以上无失德而辙妄言，欲黜之，独司马光慨然主其事。仁宗曰："朕以直言求士，其可以直言弃之耶？"擢寘异等。此陛下取士之家法也。臣愿陛下以仁宗为法，以前日权臣之事为戒。命庠序去谤讪之规，科举革忌讳之禁，有司取忠谠之论。将见贤良方正、茂才异等、直言极谏之士，济济而出，如仁宗时矣，尚何患人才之不盛乎？

臣伏读圣策曰："黜陟之典，训迪之方犹昔也，而官师或未励。"臣有以见陛下知致治之道在乎得人，而欲官师之励如祖宗时也。臣窃谓欲官师之励，宜揽黜陟贤否之权。谨按：《春秋》，隐十一年，书"滕侯至"，桓二年则书"滕子"。范宁曰："前称侯今称子者，盖时王所黜。"隐二年书"纪子至"，桓二年别书"纪侯"。范宁曰："前称子今称侯者，盖时王所进。"臣窃谓春秋时王不能黜陟诸侯，是必夫子以赏罚之权，因其贤否而黜陟之也。又按：经书"楚"曰"荆"。公羊曰："荆者何？州名也。州不若国，国不若氏，氏不若人，人不若名，名不若字，字不若子。"何休释之曰："圣人因周有夺爵之法，故备七等之科，以进退之。"臣是以知《春秋》实夫子黜陟之公法也。故为臣而知《春秋》者，则必为忠臣。盖《春秋》以责忠臣之至，训迪天下之为人臣者也。为子而知《春秋》者，则必为孝子。盖《春秋》以责孝子之至，训迪天下之为人子者也。我国家任官之法，上自公卿百执事，下至一郡一县之吏，无非以公道黜陟之，固无异虞舜三载考绩之法也；有学以教之于未任之前，有法以禁之于筮仕之后，无非以公道训迪之，固无异乎成周训迪厥官之方也。故当时为官师者，罔不勉励厥职。坐庙堂之上，与天子相可否者，是宰相之励其职也；立殿陛之前，与天子争是非者，是谏官之励其职也；言及乘舆则天子改容，事关廊庙，则宰相待罪者，是御史之励其职也。百官励其职于朝，守令励其职于郡县。是以祖宗之世，内外多任职之臣，故其致治之效，远出汉唐之上。

今陛下任贤使能以建中兴之治，黜陟之法，训迪之方，无非遵祖宗之时。而圣策乃以官师未励为忧者，臣辄献揽权之说焉。今黜陟之法，训迪之方，虽曰犹昔，而治效非昔者，由福威之权，下移于前日故也。夫法之至公者，莫大乎黜陟；而治乱之所系者，莫重乎官师。曩者内外用事之臣，多出乎权门之亲戚、故旧、朋党，文臣或非清流而滥居清要之职，武臣或无军功而滥居将帅之任。贿赂公行，其门如市，郡县之吏，其浊如泥。是皆官曹澄清时可堪一笑者。至于一言忤意，虽无罪而亦斥；睚眦之怨，虽忠贤而必诛。其一时黜陟，皆出于喜怒爱憎之私，无复有唐虞考绩，李唐四善二十七最之法，求欲其尽瘁励职可乎？若夫所谓训迪者，盖将以忠义训迪之，使其忘身徇国而已。非欲训迪其巧进，取善造请，以事权势也。当权门炙手可热之时，缙绅相率为佞之不暇，孰有以忠义相训迪者乎？至于今日而官师犹未励者，以其承积习之后，而余弊未革故也。陛下必欲官师咸励厥职，莫若大明黜陟于上，而以黜陟之次者付之宰相，又其次者付之吏部，又其次者付之监司可也。昔庆历中，仁宗黜夏竦等，用杜、韩、范、富以为执政，以欧阳修、余靖、王素、蔡襄为谏官，皆天下之望，鲁人石介作《圣德颂》以揄扬之。此陛下黜陟之家法也。

臣愿陛下以仁宗为法，以前日权臣之事为戒，执福威之大柄以为黜陟之法，明忠孝之大节以为训迪之方。如是则尚何患乎官师之不励职如祖宗时乎？

臣伏读圣策谓奸弊未尽革，财用未甚裕，人才尚未盛，官师或未励，其咎安在？岂道虽久而不渝，法有时而或弊，损益之宜有不可已耶？抑推而行之者非其人耶？朕欲参稽典策之训，讲明推行之要，俾祖宗致治之效，复见于今，其必有道。臣仰见陛下愿治之切，思慕祖宗之深，欲聿追其盛德大业者，可谓勤且至矣。然臣已陈揽权之说于前，且以《春秋》为献。抑尝闻先儒曾参有言曰："尊其所闻，则高明矣；行其所知，则光大矣。"《春秋》之学，陛下既已深得之，复能尊其所闻，行其所知，揽福威之权，以守祖宗之家法，则赏刑当而天下悦矣，奸弊不患乎不革！节俭行而天下化矣，财用不患乎不裕！取士公而贤能出矣，人才不患乎不盛！黜陟明而邪正分矣，官师不患乎不励！祖宗致治之效，又何患乎不复见于今耶？若夫所谓"道虽久而不渝，法有时而或弊，损益之宜有不可已"者。臣按先儒释《春秋》，有变周之文从周之质之说，又有商变夏、周变商、春秋变周之说。臣以为《春秋》未尝变周也，特因时救弊耳。又尝闻董仲舒之言曰："先王之道必有偏而不起之处，故政有眊而不行，救其偏者所以补其弊而已矣。"

我祖宗之法，譬犹大厦，敝则修之，不可更造。苟不知遵守而轻务改更，臣恐风雨之不芘也。损益之宜有不可已者，臣愿以仲舒补敝之说为献，可乎？若夫所谓推而行之有非其人者，臣按：《春秋》书"乃"一字，如"公子遂如齐，至黄乃复"之类。《穀梁》释之曰："乃者，亡乎人之辞也。盖言任用不得其人耳。"又尝闻荀卿之言曰："有治人，无治法。"夏、商、周之法非不善也，苟得其人，监于成宪，常如傅说之言；遵先王之法，常如孟子之言；率由旧章，常如《诗》人之言。则夏、商、周虽至今存可也。汉唐之法，亦非不善也。苟得其人，常如曹参之守法，宋璟之守文，魏相李绛之奉行故事，则汉唐虽至今存可也。祖宗之法，非不甚善也。苟得其人，常如司马光之徒持守成之论，则垂之万世，与天地并久可也。陛下既知前日推而行之非其人矣，则今日不可不慎择焉，臣愿以荀卿"有治人"之言为献，可乎？若夫参稽典策之训，则有历朝之国典在焉，祖宗之宝训政要在焉，有司之成法在焉，朝廷之故事在焉。陛下宜诏执政与百执事之人，参稽而奉行之可也。若夫讲明推行之要，则无若乎揽权。陛下提纲振领，而以万目之繁付之臣下可也。

陛下终策臣曰："子大夫学古入官，明于治道，蕴畜以待问久矣，详著于篇，朕得亲览。"此陛下导臣使言，臣不敢不尽言也。臣闻人主开求言之路，必将有听言之实；人臣遇得言之秋，不可无献言之诚。盖求言之路不常开，而得言之秋不易遇。今陛下开求言之路，而臣遇得言之秋；陛下有听言之实，臣其可无献言之诚乎？臣复有一言以为陛下献者，欲陛下正身以为揽权之本也。按《春秋》书正者，杜预谓欲其体元而居正，公羊又有君子大居正之说。谓正心以正朝廷，正朝廷以正百官，正百官以正万民者，董仲舒之论正也；谓人君所行必正道，所发必正言，所居必正位，所近必正人者，刘向之论正也。臣观自古人君能正身以化下者，莫如周文王；不能正身以化下者，莫如汉武帝。文王宅心于正道之中，其勤劳则日昃不遑暇食，不敢盘于游田，以庶邦万民惟正之供，故能刑于寡妻，至于兄弟，以御于家邦，见于《思齐》之诗；在位之臣，皆节俭正直，见于《羔羊》之诗；人伦既正，朝廷既治，天下纯被其化，又见于《驺虞》之诗。文王能自正其身，而其下化之如此。若夫武帝则不然，其所以自治其身，与其下应之者，皆不正也。帝好谀也，故公孙弘曲学以应之；帝好刑也，故张汤曲法以应之；帝好利也，故孔仅、桑弘羊以剥下益上应之；帝好兵也，故卫青、霍去病以拓土开疆应之；帝好夸大也，故司马相如作封禅书以应之；帝好神仙也，故文成五利之徒以左道应之。武帝不能自正其身，而其下应之如彼。

臣愿陛下以文王为法，以武帝为戒。端厥心居，以为化本。非正勿视，非正勿听，非正勿言，非正勿动。其用人也，不必问其才不才，而先察其正不正。果正人也，其进则为治之表。其可以其才不足而不与进乎？是果不正人也，其进则为乱之机。其可以其才有余而使之进乎？其听言也，必观其言之是与非，斯可以见其人之邪与正。有逊志之言，必将察之曰："彼何为而投吾之所好哉？是必不正人之言也，是言之有害于我者也！其可以其逊吾志而受之邪？"有逆耳之言，必将察之曰："彼何为而犯吾之所恶哉？是必正人之言也！是言之有益于我者也！其可以其逆吾耳而不受耶？"左右誉言日闻，必察之曰："是必不正人也？是必阿大夫之类也？是必善结吾左右以求誉者也。"退之可矣；左右毁言日闻，必察之曰："是未必非正人也，是必即墨大夫之类也，是必不善结吾左右以致毁者也"，进之可矣。如是则一念虑无非正心，一云为无非正道。左右前后侍御仆从罔匪正人，殆见四方万里，风行草偃，莫不一于正矣。臣愿陛下以是为揽权之本，而又任贤以为揽权之助，广览兼听以尽揽权之美。权在陛下之手，则所求无不得，所欲皆如意，虽社稷之大计，天下之大事，皆可以不动声色而为之。况区区四者之弊，尚何足以轸渊衷之念哉？臣闻主圣臣直，惟陛下赦其狂愚，不胜幸甚。臣昧死谨对。

## 史海钩沉

　　王十朋生活在我国历史上民族矛盾非常尖锐、国难危机极为深重的历史时期。他从少年懂事开始就怀有强烈的爱国思想，立下忠心报国之志。在《自劾札子》中云："自从总角，身在草茅，闻丑虏乱华，中原陷没，未尝不痛心疾首，与虏有不共戴天之仇。"任秘书省校书郎时，上书力陈抗金；任侍御史时力劝孝宗进取，支持张浚北伐，他以国事为己任，针对国内形势，一月内上十六札，从战时之军事、政治、财政、用人等方面给孝宗皇帝及时献计献策。奈何孝宗皇帝在内外压力之下产生动摇，转向与金人和议，王十朋自劾辞官还乡。

## 淳熙十一年（1184）甲辰科状元：卫泾

　　卫泾，字清叔，号后乐居士，又号西园居士，松江府华亭（今上海市松江区）人。少有大志，力学不辍，博学多才。著名诗人。

殿试皇帝：宋孝宗赵昚

## 策问

　　盖闻道者适治之路，传万世而无弊者也。仁、义、礼、乐皆其具也，纪纲法度，所以维持治具者也。尧、舜之所以帝，禹、汤、文、武之所以王者，盖用此道也。朕膺光尧之命，承祖宗之绪，思所以阐文谟而扬武烈者，二十有三年矣。志勤道远，治不加进，夙夜祗惧，莫敢遑宁，故博延豪英，访以当世之务。子大夫造延待问，必有蕴而欲陈者。且唐虞之盛，固未易议。至若夏之尚忠，商之尚质，周之尚文，皆绵世历年，不能无弊。岂道有升降，政有损益而然欤？抑为治之具有未至欤？今朕正心诚意，体道之用，将以格物，而士风犹未一也。敦本抑末，崇尚礼教，将以范民，而俗化犹未醇也。义不胜利，何以厚民之生？刑不胜奸，何以防民之伪？意者仁义礼乐之用，与夫纪纲法度所以维持治具者非耶？何视古之有愧也？伊欲道与世兴，风移俗易。士相与谈仁义蹈名节，而不矜靡曼之虚文。民相与兴礼逊趋本业，而不溺奢侈之末习。八政修而食货足，七教明而狱讼息。措国如唐虞，巍乎跨三代之隆，而无忠、质、文偏胜之弊，其策安在？熟之复之，详著于篇，朕将亲览焉。

## 对策

　　臣恭惟陛下聪明天纵，并隆五三，不自神圣，谦冲退托，亲屈帝尊，廷策多士，访以古今之治道，当世之急务。陛下岂以草茅之言为可用欤？然自陛下即位以来，六策多士，所以与之讲论治道，亦不一矣。亦尝采其所言，见之施行而有补于治者乎？抑草茅之士，华文少实，不当于理，而不足以措之事业乎？抑亦临轩赐问，姑循祖宗之故实，而不要之于用也？夫科目之兴，始自西汉，而贤良之策，亦有时而措之用者，载诸史册，烂然可观。况陛下舍己从人，如大舜不矜不伐，如大禹广览兼听。以极群下之幽隐，开心见诚；以来天下之谠言，将与海内共臻至治。夫岂崇尚虚文，不究实用，徒应故事而已哉？虽然，君听存乎广大，臣言贵于切近。以陛下好问之勤，愿治之切，而徒泛为之辞，以娱观听，非士之所学也。臣闻成天下之治者，固惮于改作；革极弊之政者，尤患于因循。改作之患至于扰扰多事，而因循之弊将有委靡不振之忧，二者皆非所以为治，而因时制宜，则治道之所不废也。昔汉武帝以雄材大略之资，即位之初，侈然不满汉家之意，嘉唐虞、乐商周之言，屡形诏策。董仲舒待问广延，乃劝帝以更化善治。卒之武帝纷更制度，日不暇给，而一时之治，骎骎愈不如古。岂仲舒之言有以误之耶？终日变易法令，而不出于簿书期会之间，正非仲舒所以拳拳于帝之意也。知仲舒之更化，不在簿书期会之末，则知仲舒有救弊之名，无变道之实，诚古今不易之常理。从是而加之意焉，则以之振起治功，扫除积弊，跻一世于唐虞三代之隆，如圣策之所问，诚无难者，又岂在于变法易令而以多事自累哉！《诗》曰："周虽旧邦，其命维新。"陛下亦悟于斯而已矣，谨昧死上对。

　　臣伏读圣策曰："盖闻道者适治之路，传万世而无弊者也。仁、义、礼、乐皆其具也，纪纲法度，所以维持治具者也。尧舜之所以帝，禹、汤、文、武之所以王者，（盖）用此道也。"臣有以见陛下探治道之本源，而知帝王之为同条共贯也。臣闻道无精粗，治有详略，本末不可以偏废，而阖辟变化之用，则固有所主宰也。是故大原之所自，则不外于一心之微；而治具之在天下，亦不可一日废。此尧舜之所以帝，禹汤文武之所以王，固不外乎此道。然精一执中之妙，密相授受于心传之际，而皇极之编，九畴之旨，君臣上下所以孜孜讲切者，岂惟繁文末节是务？而庶绩之熙，九功之序，水土之平，礼乐庶事之备，固其形见之末效；而斯道乏本原，固当求之于精微之运。诚不外乎"中"之一辞而已。不然，尧、舜、禹、汤、文、武之君，不能舍仁义礼乐纪纲法度以治天下。而繁文末节，后世因欲持此以治天下，不可胜穷之变，则亦无具甚矣。然则帝王之治固不难致，亦惟探其本而不废其末，举其全而不溺于偏，求其所以致治之实用，而不惟繁文末节之是徇，则古今一天下也，而岂有异道哉！

臣伏读圣策曰："朕膺光尧之命，承祖宗之绪，思所以阐文谟而扬武烈者，二十有三年矣。志勤道远，治不加进，夙夜祗惧，莫敢遑宁，故博延豪英，访以当世之务。子大夫造延待问，必有蕴而欲陈者。"臣有以见陛下念付托之至重，思宵旰之愈勤，疑治道之愈邈，虚己以问承学之臣，将以讲明济时之术也。顾臣微陋，何以塞明诏？臣闻天下非治效不进之可忧，而人情安于苟且因循之可畏。以陛下勤政愿治之诚，迈越前古，唐虞三代之治疑若引手可致；而二十三年于兹，计筭见效曾未之闻者，是安可不求其故耶？毋亦愿治之心虽切，济时之术实疏，士大夫安于苟且以为成习，而天下万事有不得其序耶？臣窃观陛下即位之始，锐于为治，念版图之未复，愤仇雠之未殄，慨然奋发，将一扫而清之。一旦起故老于废弃之中，擢将相于侍常之列，畀之大任，责以成功，而徒肆大言，习为诞谩，玩岁愒日，无补事功，比比负责而去，而陛下大有为之志亦自是少弛矣。

故夫前日之治伤于太急，而今日之治又失之太缓。惟其责效之速，故诞谩之徒得以肆其欺罔，窃取陛下爵禄而去；惟其习于纵缓，故庸常琐琐之流得以偷安固位，自为保持之计。上下苟且，莫肯任责，而治效之不进，风俗日以坏，士气日以弱，民生日以困，刑罚日以峻，徒为九重之隐忧，而不思所以救弊之术者，循是而不之反，则天下之患殆将有出于意虑之外，而何治功之成！臣愿陛下思所以济治之术，革人情于极弊之余，正纪纲，明赏罚，毋徒徇于虚名，而必责之实用，则今日苟且之俗，将易而为趋事赴功之臣，则天下之治，有所不为，为无不成，惟陛下所志耳。

臣伏读圣策曰："唐虞之盛，固未易议。至若夏之尚忠，商之尚质，周之尚文，皆绵世历年，不能无弊。岂道有升降，政有损益而然欤？抑为治之具有未至欤？"臣有以见陛下想唐虞至治之极，考三代治尚之偏，图惟阙中，以为救弊之术也。臣闻三代之治，本于一道。道之所在，初无毫厘之差，而救偏补弊，特其济治之术，由于时变之推移，而生于人情不可已者也。唐虞之盛，忠、质、文之名未立也，而忠、质、文未始不为用。忠之变而入于质，质之变而入于文，此其世变之使然，有不容御。则周人之处此，若其极弊不可为之世矣。自常情观之，必将厌委曲而务阔疏，弃文采而尚朴素，以求还上古之无事也。然周之君方且务为繁缛之典，凡可以管摄人心堤防风俗者，纤悉备具，是岂好为多事而繁文末节如后世之纷纷也哉？彼其损益之相因，无非因人情之所系，而扶持设施之术，固有出于法度纪纲之外，此太和之效所以并称于唐虞，而弥文缛典皆足以起当世之治。使周之子孙世守而勿变，则千万世而长在可也，而何弊之可言！陛下盖亦即其所以救弊之术，原其所以为人情之虑者，略其异而反其同，则唐虞三代之治，亦在陛下运用而已矣，奚必拘于形迹之末哉！

  臣伏读圣策曰："今朕正心诚意，体道之用，将以格物，而士风犹未一也。敦本抑末，崇尚礼教，将以范民，而俗化犹未醇也。"夫士风之不美，以其无所范也。今陛下以正心诚意之学，将以致格物平天下之效，而士风之未一，得毋以承末流之弊而源或未之正乎？夫俗化之不善，以其不知也。今陛下敦本业而抑末作，崇礼教而设防范，而俗化之未醇，得毋以流俗之渐渍者深而制度之不严乎？臣闻古之仕也，上下相待以成其美；后之仕也，上下相胜以败其事。夫仁义道德之本，孝弟忠信之实，古人之所以修于乡党，处于庠序，以为吾之所当为，初无所觊于上。而官爵禄位之设，车马衣服之奉，古人所以用于朝廷之上者，亦以为待天下士，而非有德于下。故士知修于家以待上之求，上取夫士以为天下之用，上之所以待其士者愈厚，故士之所以自待者愈不敢轻，上下交相待而人才日以盛，固其宜也。后世则不然，上设其爵禄以待士之求，而士亦苟且修饰以有所要于上。士惧其无以自达，则巧取幸进，不顾礼义，而上亦惧其进之滥，则多为之防，以绳其来，此后世之通患，而按之今日则尤甚矣。冒进之习滋，廉耻之道丧，苟侥幸于一得，则抵法禁而不知畏。天下固未始无卓然特立之士也，而以一眚之过而绝其终身之善，以一人之失而疑及天下之士，则亦自流于薄恶而已矣，而何怪于士风之不美欤！臣故曰承末流之弊而源未之正也。

  臣闻古之治天下者，将以定民志；后之治天下者，将以便民情。古者上自天子而达之于民，尊卑贵贱之不相侔，则服食器用之间，截然等级之有辨。古人非故为是无益之文也，防闲之不至，则情伪之相滋，乐好之不厌，而弊将有不可胜言。深为之节，严为之限，故民志一定而分守自明，彼其趋向之一而风俗之厚，亦其理也。后世则不然，举圣人所以检押人心者，一切惟人情之便。而偷风薄俗，亦复荡然于法制之外。富商大贾得以交通王侯，而乡曲豪右无别于贵近，自后世有所由来，而较之今日则殆将不止于是者。车服上僭宫闱，家室略拟都邑，辇毂之下，四方之所观瞻，而此风益炽，上下恬然相视不以为怪，则亦日流于无节文已矣，而何怪于俗化之未醇欤？臣故曰："俗之渐渍者深而制度之不严也。"

臣伏读圣策曰："义不胜利，何以厚民之生；刑不胜奸，何以防民之伪。"夫率民以义，则义之所在，而利固存于其中，则民心之礼义，若可以厚其生也。而义或不胜其利，得毋以义利之不能两立，而趋于利则或违其义乎？夫防民以刑，则刑章之立，可以不试而民畏也。而刑或不胜乎奸，得毋以刑所以防民而求以胜民，则奸宄益不胜其多乎？臣闻古者先养民，又教民，然后治民。后世不知养民，不知教民，一于治之而已耳。夫日用饮食之须，冠婚丧祭之具，圣人初非举手以予民也。为之立其官师，制其田里，又教之以君臣上下之大分。民既知教，而民生益厚，故民乐出其力以供上之用，亦不以为劳我而且厉我也。后世教养斯民之事曾弗之讲，民生之用皆民之所自为，而上之人又从而征敛困苦之。今日之民，其无聊赖甚矣，而何义之能知？山泽之饶，舟车之美，香盐茶酒之榷，凡桑弘羊辈所以笼天下之利者，无不悉为常赋。常赋有限，复令先期，常数既殚，复令别配，凡陆贽所以进疏于唐德宗者，无不尽用。陛下加惠元元，勤恤民隐，形于诏旨，无非以宽民力厚民生为言，而守令之不奉行，徒亦文具而已。水旱有减放之令，而督促如初；岁久有蠲除之科，而追催犹故。

所谓禾稼如云，问之父老，皆有忧色曰："丰年不如凶年，而况水旱相仍，曾无虚岁。"上下迫蹙如此，欲民生之厚，其可得耶！臣闻古之制刑也，所以厚民俗；后之制刑者，所以罔民利而已矣。夫古之圣人不得已而制刑，盖为夫不孝不友不姻不睦者是禁。而山泽之利无弛以予民，而或为之限节。盖亦禁其末作之为害，而非夺民利以自殖也。后世不明圣人制刑之意，而禁网之密，条章之具，无非与民争利。而茶盐之商贩，酒榷之私酤，毫发之不贷，纤悉之必计。刑禁之既加，而科罚又从而重困之。今日之刑，其冤滥亦甚矣，而奚伪之能防！故刑不足以胜奸，则奸宄之习滋炽。聚于山泽者为盗贼之区，而刑余之众不得与齐民齿者，亦将流而为盗。陛下广覆宇内，远近如一，通商贩之禁，宽酒榷之征，虽见于比年之诏，而有司诿曰："国用之所须，无得以辞其责。"故上有仁心而下不被其泽，有宽恤之美名而无宽恤之实惠。所谓罔民以为利，诱民以为奸，不反其本而徒治其末，欲奸宄之消，其可得耶？

臣伏读圣策曰："意者仁义礼乐之用，与夫纪纲法度所以维持治具者非耶？何视古之有愧也。"诚如陛下所言，则信知后世之治所以不如古矣。陛下以古问臣，臣不敢徒以古对。陛下果有意于古也，盖亦稽唐虞致治之原，参三代救弊之政。一政令之未纯乎古，一设施之不合乎古者，振起而更张之，以作天下苟且因循之习，以起天下趋事赴功之心。则以之美士风，善俗化，厚民生，去民伪，亦惟磨以岁月，无不可矣。不然，陛下徒有慕古之名，而无师古之实。则今日之策臣者，徒为故事；而臣之所以告陛下者，亦虚文而已。是将奚益！

臣伏读圣策曰："伊欲道与世兴，风移俗易。士相与谈仁义蹈名节，而不矜靡曼之虚文。民相与兴礼逊趋本业，而不溺奢侈之末习。八政修而食货足，五教明而狱讼息。"臣愚以为世有先后，道无异同。由大原之所自出而观之，越千载犹一日。唐虞三代即斯道以为治，既有以措天下于无为之盛，况陛下心传之妙，得于授受之懿则，施之事业，移风易俗，诚无难者。若夫人士相与谈仁义蹈名节，而不矜靡曼之虚文，臣以为莫若有以正人心。民相与趋本业兴礼逊，而不溺奢侈之末习，臣以为莫若有以定经制。夫礼义者，人心之所同，惟其利害得失之心日胜，是以忠纯笃实之意日亡，是固科举之法有以坏天下之心术也。今陛下徒曰："严法禁，谨堤防，足以革士风之弊。"臣以为无以善人之心，则未见徒法之可以自行也。夫科举之法，后世即以之取天下之人材；而天下之人材，亦辐辏于科举之内。既取之于未用之初，盖亦择之于既用之后；广之以教化之本原，而恃之以趋向之所在。贪浊者黜之，廉介者用之；奔竞者抑之，靖退者进之；旌直言以来谏净，伸士气以通下情。若是而曰士风之不美，臣未之信也。夫礼制固有一定之经，惟防范之既亏，故至荡然而莫知限节。是固民心之无常，亦上之人无以搏节之过也。今陛下徒曰："躬节俭，务朴素，足以先天下之俗。"

臣以为躬行之至虽为正风俗之本，而礼制之未明，经制之不立，则人心之无厌者方且苟于目前之便，未见徒善之足以有为也。今为之明其礼，定其经，上而乘舆之服御固有其度，降而公卿，又降而士庶人，冠婚丧祭之节，宫室器用之制，严为限量，设有科条，逾者有禁断于必行。贪溺者无所歆艳，而豪右兼并，粟腐贯朽，无所用之，则民志定而争端息，无甚富之民则亦无甚贫之民，无甚侈之家则亦无甚弊之家。人心有常，风俗归厚，若是而曰俗之未醇，臣未之信也！厚民之生，则莫若讲节用之策；省民之刑，则莫若谨按察之使。今日之利原竭矣，不可复兴矣。无已，则有节用之说乎？节用固多术也。曩者固尝限宫观之员，而宫观之除，滥予犹故也；固尝省添差之数，而添差之恩，妄授犹昔也。佞幸之赐，得毋有过度者乎？虚籍老弱之兵，得毋有坐糜廪食者乎？节之于彼，而又节之于此，则民生之厚，庶乎其有自矣。

今日之刑滥矣，不可以复峻矣。盍亦谨按察之官而使之加意乎？命官非不谨也，州县之间责成案于胥吏，而长吏不以为意；付棰楚于狱卒，而狱官慢不知情。郡刺史足迹，尝一至于圜土之门乎？监司之按行，又能尽得于一见之顷乎？谨之于彼，而复谨之于此，则好生之德，庶乎其洽民矣。舍是而曰八政修而食货自足，五教明而狱讼自息，臣恐未免于揖逊救焚之举也。

臣不佞，陛下召至阙廷，赐之清问。臣首以更化为陛下献，次愿陛下正人心以美士风，定经制以善民俗。次愿陛下节用以厚民生，谨按察以省刑罚。以为更化之说，请复为陛下终始言之。臣观艺祖皇帝，为天下除大残，致民更生，兵不血刃而天下归戴。征伐既下诸国，必先已逋敛蠲繁苛，一以仁厚为本。大抵兵以不杀为武，刑以不用为威，财以不费为饶，人以不作聪明为贤。此其立国之本意，而列圣守之以为家法者也。仁宗庆历间，承平既久，一时事类少弛，仁宗一旦振起之，不过于增谏员、减任子、展磨勘。虽一二节目之或殊，而大体卒不改易。故嘉祐之治，振古无及。社稷长远，终必赖之由此道也。臣以更化为献，亦岂劝陛下以变更祖宗之法度哉！士大夫之偷惰者，从而振作；王业之偏安者，思有以规恢而广大之；万事之积废者，思有以作新而奋励之。而不失祖宗立国之本意，则士风之日美，民俗之日醇，民生之厚而刑罚之清，固有不期而致。则圣策所谓"措国如唐虞，巍乎跨三代之隆，而无忠、质、文偏胜之弊"，其策舍此将安在耶？

陛下复策之于终曰："熟之复之，详著于篇，朕将亲览。"臣有以见陛下咨访之意益勤，而使臣等得以竭其愚衷也。臣不度愚贱，窃有拳拳忧国爱君之忠。一旦得奉清光，条当世之事，陛下所以问臣等，固已略陈于前。若天下大体之所系，而国家安危理乱之所从出者，虽圣策之所不及，臣安敢有怀不吐，上负陛下详延之意！敢为陛下毕言之。臣闻宰相者，朝廷之股肱也；台谏者，朝廷之耳目也。

非有知人之明，不足以进贤退不肖；非有硕德重望，不足以镇抚中外；非有不穷之才，不足以赞万机之务。择相而任之者，不可以不谨也。非有公忠之操，不足以排击奸回；非有刚强之守，不足以肃清班列；非有高明之见，不足以裨益冕旒。择台谏而付之者，不可以不审也。苟曰"以其久位而姑以迁之，幸其无过而因以任之"，则何以称具瞻之望，起非常之功？专求州县之下吏，搜索钱谷之细务，姑以应故事，而朝廷之阙失，国家之大议，有不敢言，则何以通幽隐之情，辅圣明之德？臣愿陛下委任擢用之际，详择而审处之。疑之当勿复用，用之当勿复疑，必期有以尽其才然后可也。陛下爱惜名器，必无滥予之爵。然技术艺能之贱，或充斥于朝路；而宫掖非泛之恩，或不厌于公言。可不有以节之乎？陛下亲近儒臣，必无偏信之失。然是非毁誉之说，或出于细微；而士大夫结托之私，或竞趋于权要。可不有以抑之乎？陛下诚于是而留听焉，任宰相而重其股肱之寄，用台谏以谨其耳目之司，惜名器以励天下，戒偏信以示至公，则兹所以策臣四者之弊，特不过于事为之末，非圣明之可虑也。臣是以终篇之末论次其大者，以为陛下献。若乃襞绩故实以为有学，雕绘言语以为新奇，臣不惟不敢，亦不暇，惟陛下赦其狂僭而录其区区。臣无任昧死谨对。

### ● 史海钩沉

按惯例，状元初任官职，必去拜谢当朝宰相。卫泾因没有去拜见王淮，遂不得升迁。孝宗淳熙十一年（1184）登甲辰科状元及第，授承事郎，添差镇东军鉴判，授为秘书省正字，贬为淮东、浙东二路提举，召为尚书右选郎官，以起居舍人代理工部尚书。皇上因其三世同居，书"友顺"二字赐之。

卫泾一生历侍四朝，出入内外四十余年，忧国忘家，始终一节。因不畏权势，指斥奸佞，始终一节，而屡受打击。贬官回乡后，他修建西花园，以范仲淹"先天下之忧而忧，后天下之乐而乐"自勉，把园中的堂屋取名为"后乐堂"。

## 绍熙四年（1193）癸丑科状元：陈亮

> 陈亮，原名陈汝能，字同甫，号龙川，学者称为龙川先生。婺州永康（今浙江省永康市）人。中国南宋时期思想家、文学家。

殿试皇帝：宋光宗赵惇

殿试题：问礼乐刑政之要

### ● 策问

朕以凉菲，承寿皇付托之重，夙夜祇翼，思所以遵慈谟蹈明宪者，甚切至也。临政五年于兹，而治不加进，泽不加广。岂教化之实未著，而号令之意未孚耶？士大夫风俗之倡也，朕所以劝励其志者不为不勤，而偷惰之习犹未尽革。狱，民之大命也，朕所以选任其官者不为不谨，而冤滥之弊或未尽除。意者狃于常情则难变，玩于虚文则弗畏乎？且帝者之世，贤和于朝，物和于野，俗固美矣，然谗说殄行乃以为虑。画衣冠，异章服，而民不犯，刑既措矣，然怙终贼刑必使加审。何也？得非薰陶训厉自有旨欤？今欲为士者精白承德而趋向一于正，为民者迁善远罪而讼诉归于平。名宾于实而是非不能文其伪，私灭于公而爱恶莫可容其情，节俭正直之谊兴行于庶位，哀矜审克之惠周浃于四方。果何道以臻此？子大夫待问久矣，咸造在庭，其为朕稽古今之宜，推治化之本。凡可以同风俗、清刑罚、成泰和之效者，悉意而条陈之，朕将亲览。

## 对策

臣闻人主以厚处其身，而未尝以薄待天下之人，故人皆可以为尧舜。而昔人谓其以已而观之者，天地之性本同也。夫天祐下民而作之君、作之师。礼乐刑政所以董正天下而君之也，仁义孝悌所以率先天下而为之师也。二者交修而并用，则人心有正而无邪，民命有直而无枉，治乱安危之所由以分也。尧舜三代之治，所以独出于前古者，君道师道无一之或阙也。后世之所谓明君贤主，于君道容有未尽，而师道则遂废矣。夫天下之事，孰有大于人心之与民命者乎？而其要则在夫一人之心也。人心无所一，民命无所措，而欲论古今治革之宜，究兵财出入之数，以求尽治乱安危之变，是无其地而求种艺之必生也。天下安有是理哉？

臣恭惟皇帝陛下谦恭求治，常若不及，深念夫人心之不易正，而民命之未易生全也。进臣等布衣于廷，而赐以圣问。曰：“朕以凉菲，承寿皇付托之重，夙夜祗翼，思所以遵慈谟蹈明宪者，甚切至也。”臣窃叹陛下之于寿皇莅政二十有八年之间，宁有一政一事之不在圣怀，而问安视寝之余，所以察词而观色，因此而得彼者，其端甚众。亦既得其机要，而见诸施行矣。岂徒一月四朝，而以为京邑之美观也哉！而圣问又曰：“临政五年于兹，而治不加进，泽不加广。岂教化之实未著，而号令之意未孚耶？”臣于是知陛下求治若不及之心，如天之运而不已也。臣闻禹立三年，百姓以仁遂焉。推其本原，则曰"克俭克勤，不自满假而已"。今时和岁丰，边鄙不耸，亦几古之所谓小康者。陛下犹察其治之不加进，泽之不加广。而欲求其所谓教化之实，号令之意者，益深知人心之未易正，民命之未易生全也。臣请为陛下诵君道、师道，以副陛下求治不已之心焉。

夫所谓教化之实，则不可以颊舌而动之矣，仁、义、孝、悌以尽人君之所谓师道可也。所谓号令之意,则不可以权力而驱之矣,礼、乐、刑、政以尽人君之所谓君道可也。夫天下之学,不能以相一。而一道德以同风俗者,乃五皇极之事也。极曰皇,而皇居五者,非九五之位则不能以建极也。以大公至正之道,而察天下之不协于极,不罹于咎者,悉比而同之,此岂一人之私意小智乎?无偏无党,无反无侧,以会天下于有极而已。吾夫子列四科,而厕德行于言语、政事、文学者,天下之长俱得而自进于极也。然而德行先之者,天下之学固由是以出也。《周官》之儒以道得民,师以贤得民,亦以当得民之二条耳。而二十年来,道德性命之学一兴,而文章政事几于尽废。其说既偏,而有志之士盖尝患苦之矣。十年之间,群起而沮抑之未能止其偏、去其伪,而天下之贤者先废而不用,旁观者亦为之发愤以昌言,则人心何由而正乎?臣愿陛下明师道以临天下,仁、义、孝、悌交发而示之,尽收天下之人材。长短小大,各见诸用。德行、言语、政事、文学,无一之或废。而德行常居其先,荡荡乎与天下共由于斯道,则圣问所谓"士大夫风俗之倡也,朕所以劝励其志者不为不谨,而偷惰之习犹未尽革",殆将不足忧矣。若使以皇极为名,而取其偷惰者而用之,以阴消天下之贤者,则风俗日以偷,而天下之事去矣。

夫天下之情,不能以自尽,而执八柄以驭臣民者,乃六三德之事也。强弱异势而随时弛张者,人主所以独运陶钧,而退藏于密者也。用玉食不可同之势,而察威福之有害于家凶于国者,悉取而执之,此岂臣下之所得而亵用乎?沈潜刚克,高明柔克,以明刑法之适平而已。吾夫子为鲁司寇,民有犯孝道者,不忍置诸刑。其说以为教之不至,则未庸以杀。而少正卯则七日而诛之,盖动摇吾民,不可一朝居也。《周官》之刑,平国用中典,盖不欲自为轻重耳。而二三十年来,罪至死者不问其情,而皆附法以谳,往往多至于幸生。其事既偏,而平心之人皆不以为然矣。数年以来,典刑之官遂以杀为能,虽可生者亦付以死,而庙堂或以为公而尽从之,使奏谳之典反以济一时之私意,而民命何从而全乎?臣愿陛下尽君道以宰天下,礼乐刑政并出而用之。凡天下奏谳之事,长案碎款,尽使上诸刑寺。其情之疑轻者,驳就宽典。至其无可出而后就极刑,皆据案以折之,不得自为轻重。则圣问所谓"狱,民之大命也,朕所以选任其官者不为不谨,而冤滥之弊或未尽除",殆将不足忧矣。若使以福威在己,而欲一日尽去其冤滥,人之私意固不可信,而吾能自保其无私乎?不如付之有司之犹有准绳也。

圣问又曰:"意者狃于常情则难变,玩于虚文则弗畏乎?"臣以为人主以厚处其身,而未尝以薄待天下之人。安有吾身之既至,而天下之终不可化者乎？臣愿陛下明师道、君道以先之而已，此所谓教化之实，号令之意者也。

臣伏读圣策曰："且帝者之世，贤和于朝，物和于野，俗固美矣，然谗说珍行乃以为虑。"臣有以见陛下深知人心之未易正也。昔者尧舜以师道临天下，苟可以救之者，无所不用其至矣。而说之横入于人心者，谓之谗说；行之高出于人心者，谓之珍行。人心之危，说有以横入之则受矣，行有以高出之则伏矣。此所谓震惊，而尧舜之所忧也。故必有纳言之官，使王命民言交出迭入，而得以同归于道，而天下之学一矣。及周之衰，天下之学争起，肆出不能相下，而向之所谓谗说珍行者，一变而为乡原。务以浸润于人心，自纳于流俗。天下之学既不能以相一，而其势不屈而自归，孔孟盖深畏之，以其非复尧舜之时所尝有也。愿陛下畏乡原甚于尧舜之畏谗说珍行，则人心之正有日矣。

臣伏读圣策曰："画衣冠，异章服，而民不犯，刑既措矣，然怙终贼刑必使加审。何也？"臣有以见陛下深知民命之未易生全也。方尧舜以君道宰天下，禹平水土，稷降播种，民固已乐其有生矣。而皋陶明刑以示之，塞其不可由之涂，使得优游于契之教、伯夷之礼。天下之人皆知禹、夷、稷、契之功，而皋陶之所以入于人心者，隐然而不可诬也。后世之为天下者，刑一事而已矣。宽简之胜于微密也，温厚之胜于严厉也，其功皆可言，而皋陶不言之功则既废矣。夫鞭作官刑，扑作教刑，金作赎刑，眚灾肆赦，怙终贼刑。官刑既如彼，教刑又如此，情之轻者释以财，情之误者释以令，凡可出者悉皆出之矣。其所谓怙终贼刑者盖其不可出者也，天下之当刑者能几人。后世之轻刑未有如尧舜之世者也，愿陛下考尧舜之所以轻刑之由，则民命之全可必矣。而圣策又曰："得非薰陶训厉自有旨欤？"臣之所以反覆为陛下言之者，苟尽师道则薰陶在其中，苟尽君道则训厉不足言矣。尧舜之所以治天下者，岂能出吾道之外哉！仁义孝悌礼乐刑政，皆其物也。

臣伏读圣策曰："今欲为士者精白承德而趋向一于正，为民者迁善远罪而讼诉归于平。"臣有以见陛下之未尝以薄待天下之人也。彼亦何忍以异类自为哉？而圣策又曰："名宾于实而是非不能文其伪，私灭于公而爱恶莫可容其情。"则圣意不免于小疑矣。然而天下之学贵乎正，天下之情贵乎平，其终固未尝不归于厚也。夫今日之患，正在夫名实是非之未辩，公私爱恶之未明，其极至于君子小人之分犹未定也。伊尹论有言逆于汝心，必求诸道；有言逊于汝志，必求诸非道。其说近矣。而汉之谷永，其言未尝不逆；唐之李泌，其言未尝不顺。则人心庸有定乎？孟子论国人皆曰贤，必察见其贤而后用之；国人皆曰可杀，必察见其可杀而后杀之。其说密于伊尹矣。然为人上者，何从而得国人之论也。凡今之进言于陛下之前者，孰不自以为是，而自以为公哉？陛下亦尝察舆论之曰贤者而用之矣，然而人之分量有限，其心未能尽平也，未能举无私也。小人乘间而肆言以为公，力抵以为直，陛下亦不能不惑之矣。遂欲两存之以为平，薰莸决无同器之理也。名实是非当日以淆，而公私爱恶未知所定，何望夫风俗之正而刑罚之清哉？陛下见其贤而用之，举动之小偏，则勿行而已耳。君臣固当相与如一体也。何至有肆谗之人，以恐惧其心志，而徊徨其进退哉？陛下苟能明辩名实是非之所在，公私爱恶之所归，则治乱安危于是乎分，而天下之大计略定矣。风俗固不期而正，刑罚固不期而清也。清白承德，迁善远罪，直其细耳。

而圣策又曰："节俭正直之谊兴行于庶位，哀矜审克之惠周浃于四方，果何道以臻此？"其要在于辩名实是非之所在，公私爱恶之所归；其道则以厚处其身，而未尝以薄待天下之人而已。陛下三载一策多士，宜若以踵故事也，宜若以为文具也。草茅亦以故事视之，以文具应之。过此一节则异时，高爵重禄陛下不得而靳之矣。陛下图其名，而草茅取其实，此岂国家之所便哉？正人心以立国本，活民命以寿国脉，二帝三王之所急先务也。陛下用以策士，则既不鄙夷之矣。

于其末又复策臣等曰："子大夫待问久矣，咸造在廷，其为朕稽古今之宜，推治化之本。凡可以同风俗、清刑罚、成泰和之效者，悉意而条陈之，朕将亲览。"臣有以见陛下必欲正人心，全民命、以尽君师之道，而自达于二帝三王之治而后已。顾臣何人，岂足以奉大对，臣窃观陛下以厚处其身，而未尝薄待天下之人。既得正人心，全民命之本矣，而犹欲臣稽古今之宜，推治化之本。夫以厚处身之道，岂有穷哉？使天下无一人之有疑焉可也。

陛下之圣孝，虽曾闵不过，而定省之小夺于事，则人得以疑之矣。陛下之即日如故，而疑者不愧，其望陛下之以厚自处为无已也。陛下之英断自天，不借左右以辞色，而废置予夺之不当，则人得以疑之矣。陛下之终无所假，而疑者亦不愧，其望陛下之以厚自处为无已也。"云上于天，需，君子以饮食宴乐。"而九五之需于饮食者，待时以有为，当于此乎需也。岂以陛下之圣明而有乐于此哉？然而人心不能无疑也。"明两作离，大人以继明照四方。"而六五之出涕沱若，戚嗟若。两明相照，抚心自失，而不敢以敌体也。岂以陛下之英武而肯郁郁于此哉？然而人心不能无疑也，臣愿圣孝日加于一日，英断事逾于一事，奋精明于宴安之间，起心志于谦抑之际，使天下无一人之有疑。而陛下终为寿皇继志而述事。则古今之宜莫便于此，治化之本莫越于此。同风俗以正人心，清刑罚以全民命，而明效大验，可以为万世无穷之法，其本则止于厚处其身而已。《诗》不云乎："维天之命，于穆不已，文王之德之纯。"而子思亦曰："纯亦不已。"夫以厚处其身，岂有穷哉，臣昧死谨上愚对。

## 史海钩沉

陈亮反对和议，力主抗金，与辛弃疾之气味相投。陈亮最初听闻辛弃疾之名时，前往拜访。将要到他家门口时，碰到一座小桥，陈亮三次试图策马跃过，马却三次退却。陈亮大怒，挥剑斩下马的首级，把马推倒在地，徒步进门。辛弃疾倚楼相望，大感惊异。派人询问详情，而陈亮已经到了门外，于是结为好友。陈亮死后，好友辛弃疾作《祭陈同甫文》以纪念。

## 绍定五年（1232）壬辰科状元：徐元杰

> 徐元杰，字仁伯，号梅野，江西省上饶市人。他早年从学于朱熹的弟子陈文蔚，后又拜真德秀为师。著有《梅野集》十二卷。

殿试皇帝：宋理宗赵昀

殿试题：问帝王之学

## 策问

盖闻学之为王者事，由尧舜三代至于今日，未之有改也。而或以为古今有殊时，帝王有异治，世道有升降，各因其时以为治，而无一定之论。吁有是哉！夫统理民物，为天下君，膺天地之眷顾，蒙祖宗之付托，若是其重，而本原之地无所据依，以善斯世，不可也。是以尧、舜之帝，禹、汤、文、武之王，莫不从事于学，如饥之必食，渴之必饮，未尝外道以出治，舍经以求治也。

朕以眇陋，嗣承丕绪，于今九年。昧旦而朝，咨诹辅弼，延纳英俊，日御经筵，曰诵曰讲，咸有常准。六经之道，所以该贯天人，维持世变者，至纤至悉，不可胜穷。而《通鉴》一书，又所以著历代之秽恶以劝戒于后者，莫先于修身而齐家，进君子而退小人，严名分而遏乱萌，修政事而靖边疆，恤民隐而惧天变。

朕深惟经训史策，日陈于前，文字繁多，途辙迂阔，求其所以置力者，乃即燕闲，窃有慕古人缉熙光明之义，日就月将，躬履神会。盖以基治道之本，一人心之归，使普天率土，若士与民，悉共由于理义，而无本末舛逆之患，上下异向之风。顾不懋欤？若夫商政治之得失，求民俗之利病，论士习之厚薄，则有所未暇。盖以本原既立，则他可以序举也。

子大夫奉对于庭，其以有得于经史者，细绎而毕陈之，朕将亲览。

## 对策

臣闻求道有本原，行道有功用，自本原而达之功用，则天下之治可以不劳而举矣。盖道无近功，惟志趣之高远者为足以极其功；道非小用，惟力量之凝定者为足以大其用。自有天地以来所以脉络世教，纲维人极于不泯不绝之地者，皆非偶然之故也。太极之理，流行散见于万类之殊，常人得之由之，而不知者也。故必有待于超出乎亿兆人之上者为之君师焉。以一人之心融天地之心，以天地之心觉天下之心，帝之所以为帝，王之所以为王，同此心也，亦同此道也，同此学也，亦同此功用也。然则有帝王之心者，斯能有志于帝王之道；有帝王之学者，亦岂不能进于帝王之用哉！

恭惟皇帝陛下，英姿天挺，圣学日新，自临御以来，孜孜汲汲，既知求此道之用以用其心，则知推此心之用以用天下。其间大震怒、大拂乱，所以撄宵旰之怀，关玉食之抱者，殆非可以一二计也。陛下端居凝邃，加意讲求，所以压万变之纷纭，镇群疑之汹涌，阴以为天下国家之计者，盖陛下求道得力处也。夫求道既有所得，则夫坚始者之念，以就来者之图；勉今日之诚，以为后日之虑；不以仅定为无恐，不以苟安为自足；凡尧舜三代之所以根柢乎盛治者，是政陛下行道用力处也。因其力之有所得，充其力之有所用，天地之眷厚矣！所以答天地之眷者当何如？祖宗之托重矣！所以奉祖宗之托者当奚若？丕绪之承今九年矣！所以充拓事业者，当何修而至？

陛下诚能因其力之有所得，充其力之有所用，自身而家，所以正人伦而系风化者，不可不谨其表倡之几；自家而国，所以别贤否而定名义者，不可不致其微渐之虑；自国而天下，所以谨修攘而全爱敬者，不可不极其勉励之诚。其效证于尧舜三代之所已行，其监具于秦汉以下之所并见，其事信于经训史册之所可考。陛下诚于本原之地而极其神，不徒以日诵日讲者为常准，则学之为王者事宜，在陛下方寸间耳。臣又何敢容其喙！请以所闻于师者拜手稽首以复陛下之问，惟陛下少垂听焉，臣昧死上愚对。

臣伏读圣策曰："盖闻学之为王者事，由尧舜三代至于今日，未之有改也。而或以为古今有殊时，帝王有异治，世道有升降，各因其时以为治，而无一定之论。吁有是哉！"臣有以见陛下有志于帝王道统之传，而为昧者发道与时异之叹也。臣闻道与心一，帝王之心，与万世一。尧之授舜，舜之授禹，三圣授受相传一道，载之于《书》。人心道心之分，惟危惟微之辨，或生于形气之私，或原于性命之正。惟其形气之并生，虽上智不能无人心；惟其性命之各正，虽下愚不能无道心。故人心每患于难制，而道心每患于难明。难制故危，而安之者常寡；难明故微，而知之者几希。惟精则决择详审而致知之功深，惟一则主宰坚定而力行之用久。

是以一中之执，万世惟允。成汤传之，为昭德建中；文武传之，为顺则立极。帝王之治，所以蒸为雍熙，薰为泰和，而无一民一物之不得其所者，皆此道之功用也。夫以功用之散于天下者若是其明著，而根本之敛于一心者，犹不敢废夫讲贯之忧。故尧、舜、禹、汤、文、武之所以号为汲汲于学者，果为何事也？岂非以危微数语，肇启其端？故心法之传，异世同轨。成汤之礼制，文武之克宅，莫不皆致力于本原之地。虽其时之相去，若有不同，而道之相传，未尝不一。自世之昧者观之，泥于迹而不求于心，索于治而不求于道。舜文一也，或疑其劳逸之殊，而不揆其符节之合；商周一也，或疑其文质之异，而不通夫损益之因。善乎董仲舒之言曰："继治世者其道同，继乱世者其道异。"盖其所以异者，世之治乱而已，所谓道则未尝不同焉。故韩愈亦曰："尧以是传之舜，舜以是传之禹，禹以是传之汤，汤以是传之文武。"即仲舒之所谓继，求韩愈之所谓传，则六七君子之心，越宇宙而同神，历千载而一日。又孰谓其世有升降而因时为治，果无一定之论乎？然则能知帝王之无异心，则知帝王之无异道；知帝王之无异道，则知帝王之无异效矣。

臣伏读圣策曰："夫统理民物，为天下君。膺天地之眷顾，蒙祖宗之付托，若是其重，而本原之地无所据依，以善斯世，不可也。是以尧、舜之帝，禹、汤、文、武之王，莫不从事于学，如饥之必食，渴之必饮。未尝外道以出治，舍经以求治也。"臣有以见陛下以天地祖宗之寄为不可忽，以尧舜三王之道为必可行，而欲讲学以求道，即道以求治，而又知所用力之地也。臣闻帝王之心，与天地一，祖宗之心，与帝王一。帝王代天地以裁成其化者也，祖宗法帝王以会通其用者也。故求帝王之治者，当求帝王之道；求帝王之道者，当求帝王之心。心法明则道法著矣，道法立则治法举矣。世去古远，正学不传，生民不见帝王之泽。至治之主，盖不世出，而天地之生圣人，乃间见于千载之后，艺祖皇帝肇造区夏，拨乱立极，读《书》而叹后世刑纲之密，盖有以契夫天地生育之心矣。仁宗皇帝绍休圣绪，继体守成，讲《易》而得六情六气之说，盖有以契夫天地动静之心矣。

夫以祖宗讲明学问，稽式帝王，既无一而不契于天地之心，则夫两间之所眷祐于国家，而遗陛下以无强之休者，要非人力之所幸致也。陛下讲学所以朝夕不倦，寒暑不辍，而必欲与帝王之心同一运量者，盖欲以慰祖宗之托而答天地之眷焉尔。故观乎天地，则见帝王矣；观乎帝王，则见祖宗矣。何则？天地付陛下以此位者也，帝王同陛下以此道者也，祖宗传陛下以此心者也。心得其正，则此道为有宗；道得其正，则此位为无忝。位正而道益可行，道正而心益可制。动息造次，常以天下为忧；安舒暇豫，略不以有位为乐。夫如是也，真知夫天地之所付者至大，而不敢以自小矣；真知夫帝王之所同者至公，而不敢以自私也；真知夫祖宗之所传者至重，而不敢以自轻矣。自是而充之，以学力所到，日益月新，心术所存，天宽地大。举一世之人济济于雍熙泰和之域，浑浑乎如四时之春，而不见有炎风朔雪之惨者，皆此心之推也。惟陛下益反诸心而用力焉，则功用岂有难致者哉？

臣伏读圣策曰："朕以眇陋，嗣承丕绪，于今九年。昧旦而朝，咨诹辅弼，延纳英俊，日御经筵，曰诵曰讲，咸有常准。"臣有以见陛下统临于上，愈尊而愈谦；问学之勤，愈久而愈不替也。臣闻帝王之学，厥有本原，惟谨养乎心术之微，不徒为诵说之务；惟深探夫造端之自，不徒为外饰之求。宫庭深邃，燕佚易失；声色满前，志念易汩。四海九州之大，非空言所能维持；一日万几之繁，非小智所能经理。然所以维持而经理之者，其本会于圣心运量之中，其用形于圣学贯通之后，则是心不可以不尽，学力不可以不充也。久矣，放有一念之纵肆，则不足以充此学；有一息之间断，则不足以充此学。外庭固学矣，内庭其可息乎？经筵固学矣，退处其可懈乎？端人正士固与学矣，便嬖使令其可与褻乎？

陛下有志于帝王之事，固出于圣心之实。然抑帝王所以兢兢业业，儆戒无虞，孳孳汲汲，悠久不息者，得非陛下之所当深勉，而不徒为言语诵说之末而已者乎！陛下即位固九年矣，然外而疆土之未清，内而奸宄之未靖，陛下而念及此，得不以周之克商九年，大勋未集而勉其忧勤乎？陛下每朝固咨辅弼，延英俊矣，然内而邪正之未明，外而贪廉之未判，陛下而念及此，得不以舜之三考黜陟，庶绩咸熙而为几康之戒乎？不然，以可致之资而不能致，以可为之时而不能为，以可豫备之岁月，而自惰于不备不虞之域，若是而曰讲诵有常，臣甚不知陛下讲诵之谓矣。陛下苟能以帝王之心为心，则必深求帝王用力之要。

凡六经所载，得之于经筵之所诵讲者，诚非徒以讲诵为也。口以诵之，必反心而载；惟学以讲之，必闻义而力徙。故于至善之所止，则必如好好色使之眼明心悦可也；于不善之所当改，则必如恶恶臭使之影灭迹绝可也。学有如是，则本原正矣。本原既正，则自身而家，自家而国，自国而天下，无一政之不立，无一事之不举。功用之著，其可以限量既耶！

臣伏读圣策曰："六经之道，所以该贯天人，维持世变者，至纤至悉，不可胜穷。而《通鉴》一书，又所以著历代之秽恶以劝戒于后者，莫先于修身而齐家，进君子而退小人，严名分而遏乱萌，修政事而靖边疆，恤民隐而惧天变。"臣有以见陛下会经训之精粗，明史册之劝戒，而欲用力于君德治道之大者也。夫经所以载道也，史所以纬经也。人主之学，所以讲经与史者，盖欲为修身齐家治国平天下之用者也。

臣尝以是观之，六经皆所以言天人，而至于该贯其道，则莫详于《易》与《春秋》之为书，六经皆所以维持世变，而所谓至纤至悉，则莫大于《易》与《春秋》之为用。《易》者，六艺之原也，卦有阴阳，固所以明天道也，而吉凶悔吝未始不以人言之。则《易》之所以维持世变者，宜乎极其所谓变通鼓舞之道，而不可以致诘也。《春秋》者，史记之约也，义有褒贬，固所以明人道也，而灾异所书，未尝不以天言之，则《春秋》之所以维持世变者，宜乎定天下之邪正，而乱臣贼子皆凛乎其知惧也。即《易》与《春秋》之旨，而概之六经之道，则维持世变，至纤至悉而不可胜穷。自修身齐家，至于恤民隐而惧天变者，可以类推矣。虽然，此经之所以载道然也，至于史之所以纬夫经者，则自周之衰以讫五代之季，其间安危理乱之分，成败兴亡之故，上下数千年间，皆若烛照龟卜而不可掩。然以善论世变者观之，汉大纲仅正而万目则未甚举，唐万目举而大纲又不能正。则其所以正人伦而系风俗，别贤否而定名义，谨修攘而全爱敬，大概不可以帝王之功用并言者，要亦有由矣。是乌可不为本原之论哉？空谷而足音，晦冥而日月，绝无仅有之中，而求其粗合于古帝王之道，惟文帝一人而已。昔孝宗皇帝与大臣论古今治乱，因曰："自汉唐以来，人君惟汉文帝粗能知道。自文帝之外，人君非惟不知道，亦不知学。"大哉王言！深于考论。夫后世人主之为学者乎？试即文帝之粗知道者观之，虽其礼文之事犹或多缺，然刺取六经，盖亦仿佛于王者之意。故当时之治，蔼然犹有王者气象，非粗知道者其孰能之？自其躬玄嘿丽道准仁，而修身之道粗明；所幸夫人衣不曳地，而齐家之道粗立；张武受赂益愧其心，吴王不朝，赐以几杖，而治国之道又粗审；以至弃细过而绝戎隙，成军礼以张国势，务休息而专德化，警灾异而求直言。

凡可以为平天下之道者，亦粗于此而加之意。然则文帝之所以为汉德之盛者，岂非粗知道之效欤？夫惟文帝粗知六经之道，既足以致后世之治，后世考论文帝之史，则当劝其所以为文帝者，而戒其所以不如文帝者；当劝夫文帝之可以到帝王者，而戒夫文帝之终于未到帝王者。则治道功用，又岂容外吾心而求之乎？臣愿陛下反求此心，加意力行，以可到帝王者自勉，以未到帝王者自励，此则在于用力不用力耳，乌患其有难行者哉？

臣伏读圣策曰："朕深惟经训史策，日陈于前，文字繁多，途辙迂阔，求其所以置力者，乃即燕闲，窃有慕古人缉熙光明之义，日就月将，躬履神会。盖以基治道之本，一人心之归，使普天率土，若士与民，悉共由于理义，而无本末舛逆之患，上下异向之风。顾不韪欤。"臣有以见陛下加意于缉熙之诚，用力于本原之地，而欲推而达之于治道功用之大也。夫经之与史，虽文字之繁，而关于君德治道者，则未尝无纲领之要。夫"缉熙光明，日就月将"，此诗人之所述，而成王用力为学之实也。至于曰"躬履"曰"神会"，此则陛下心术纯明，义理融贯，能以《诗》之所述者究心，而又以成王之所学者用力也。益躬之所履，皆力行之事；神之所会，皆致知之功。行无不力，则"缉熙"矣；知无不致，则"光明"矣。以陛下之"躬履神会"，求成王之"缉熙光明"，而又形诸心画，发诸圣制，布尧言于天下，断断然以为自天子至于庶人壹是，皆以修身为本，而知夫学之有益于人国矣。举天下之大，家传人诵，皆灼灼然知陛下"缉熙光明"之懿，殆与成王不可以异观矣。抑成王之所以谨养其心，以为讲学之本也，陛下亦尝实用其力乎？

臣考诸《诗》曰："敬之敬之，天维显思，命不易哉！"群臣告成王以用力之大者也，而谆勤恳切之意，又必继之以"无曰高高在上，陟降厥士，日监在兹"。盖欲其知天之监，无往而不在，无时而不然，而敬之为敬，无一动之或违，无一息之可驰也。成王于此，灼知用力之要，谦虚挹损，形于言曰："惟予小子，不聪敬止"，必加之以"日就月将"之诚，懋之以"缉熙光明"之益，积而至于亿万年天休之敬。以是而论，则知"缉熙光明"，乃为学之要；而"敬之敬之"，又缉熙光明之要也。今陛下既即燕闲，慨慕于古事，非不伟也。至于古所以谨处燕闲，无微而不敬者，兹又陛下切身之事。而治道之所由，以基人心之所由，以一义理之所由，以克广者也。

盖敬者"主一无适"之谓，彻上彻下之道，陛下与成王所谓缉熙光明之实，而二帝三王所以传授心法之准的也。故必紬绎心思，续续不已，充广心地，恢恢有余，而后可以言缉熙。清明一有纷汩，志虑一有间断，气象一有褊狭，则不足谓之缉熙矣，而可以为敬乎？必明善诚身，动与理觉，尽心知性，静与理融，而后可以言光明。物欲少有障蔽，血气少有昏蒙，智识少有凝滞，则不足谓之光明矣，又可以为敬乎？陛下之所谓躬履，盖履此敬也；陛下之所谓神会，盖会此敬也。以是而基治道，使天下国家之治，如尧舜三代之盛可也。否则规摹弗立，玩愒小康，本末之不能无舛逆者，皆治世之累也。以是而一人心，必使远近风俗之化，如尧舜三代之美可也。否则仪刑弗谨，观听莫新，上下不能不异其向者，皆风俗之弊也。陛下能反求此心，常守此敬，内主乎一而不病乎杂，外无所适而不徇乎私。本正而末自随，上倡而下必应，阴消其舛逆之患，潜格其异向之风，则其感动意思，殆与七十子之服孔子者，同一机括也。臣愿陛下以真存心，则躬履神会，自不能掩其功用之著。由是而充之，则以成帝王之学，造帝王之道，惟陛下加之意而已。

圣策又曰："若夫商政治之得失，求民俗之利病，论士习之厚薄，则有所未暇。盖以本原既立，则他可以序举也。"臣窃谓陛下之言及此，岂非天下之幸而天地祖宗之望陛下者乎？盖政治之得失，每系于君道转移之间；民俗之利病，实关于君政修废之顷；士习之厚薄，亦视夫君心之好尚者如何。陛下不屑屑于三者之计，必谆谆于本原之正者，岂非以用力于本原者既善，则三者之效特举而措之耳。故《中庸》论为天下国家有九经，而曰所以行之者一。《大学》言齐家治国平天下之道，亦以修身在正心者为之本。陛下讲明于此，盖亦熟矣。继今而后，极致知之善，尽力行之诚，因全体之明，求大用之著；必刚以制欲，必勇以力行，必恭俭以约己，必渊静以养心，如是则本原既正，三者之序断断乎其可举。不然，外有讲学之文，内无讲学之实；诿本原之论，以盖其事体之失，假修饬之具，以掩其修省之怨；戒酒有箴而无益于制心，缉熙有记而无益于进德。若是而曰政治之未暇问，民俗之未暇问，士习之未暇问，是自置天下国家于圣度之外，又安足以为本原之论哉？昔孝宗皇帝圣训有曰："朕心未尝放下，一日间天下定行一遭。"孝宗之所以经营于念虑者，若是其详且悉，曾谓其以本原之是正而一切付天下之事于未暇问乎？圣谟洋洋，载在国史，皆陛下之所当体而行之者也。臣愿陛下益反之心，曲加其真实无伪之功，广推于外，旁达其运量不穷之妙；则本原在于圣心矣。凡陛下策臣以经史之所当讲者，皆可以序而举，况于是三者之务哉！

圣策之所以幸教臣者亦已至矣，而陛下谦冲温粹，犹终之曰："子大夫奉对于庭，其以有得于经史者，细绎而毕陈之，朕将亲览。"臣仰见陛下咨访不倦，嘉与草茅之贱，求本原之纤悉，非徒为是诹采之文具也。臣窃闻六经之书，致治之成法也。史之为史，亚乎六经者也。夫致治成法，既皆具于经，而史又亚乎经之道，则凡天下国家之治，非徒本原之是正而已。至于纤悉节目，所以救习俗之失，防人心之微者，经之与史，盖相贯通而互发明也。陛下既俾臣等紬绎而毕陈之，臣不能罄竭肤浅之万一，以为陛下告，不惟下负所学，抑亦上负陛下之谆诲矣。然臣之所尤拳拳于陛下而不能自已于纳忠者，其说盖有三焉，一曰固民心，二曰肃军心，三曰正士大夫之心。盖民者，国之命脉也；兵者，国之精神也；士大夫者，又国之医师砭剂也。为人上者，当使命脉坚强，精神运动，常致谨夫医师砭剂之用，以为元气调养之方，则立国之势，自隐然有安靖和平之功用矣。臣请竭其愚而终言之。《书》曰："民惟邦本，本固邦宁。怨岂在明，不见是图。"此言民不可以不固，怨不可以不弭也。今之所以固民者何如耶？田间困于科率，市井困于征求，商贾困于抽敛，富家大室困于奄没之刑，迭是数困，犹未已焉。远近怨咨不可闻也，乖戾之气上熏于天，激而为江闽之盗，滋而为辅近之奸，涨而为都会之灾，溢而为边陲之警，延而为数千里之旱，岌岌殆哉！国家命脉，一缕千钧，深可虑也。昔光武中兴，邓禹劝之以立高祖之业，救万民之命。先朝范镇亦曰："欲备契丹，莫若宽天下民。"此皆所以为命脉计也。陛下及图之，则其证犹可起也，否则非臣之所敢知矣。

《书》曰："其克诘尔，戎兵以陟，禹之迹至于海表，罔有不服。"此言卫国以兵，诘之者有其道，则服之者有其机也。今之为兵者何如耶？自核实之不加，而兵益以冗；自训练之不精，而兵益以惰；自豢养之不戒，而兵益以脆；自等级之不严，而兵益以骄；自刻剥纵驰之相蒙，而兵又流于叛且溃矣。夫国家竭民之力以养兵，盖资之以卫吾国也。今乃不冗则惰，不惰则脆，不脆则骄，不骄则叛，不叛则溃；习于纵敌而不习于死敌，利于为寇而不利于御寇，敢于犯上而不敢于卫上。于是士卒得以陵偏裨，偏裨得以陵主帅。闽南之纷乱方迩，而继之以江右之陆梁；西蜀之惊荡方传，而因之以淮东之奔迸。姑息养祸，浸以成风，蔓草难图，忧未歇也。昔晋文公城濮之战，见其师少长有礼而知其可用；艺祖皇帝始明军法，使以阶级相承，小有违犯，咸伏斧锧。是以上下有序，无征不服，此皆所以为精神计也。陛下其及图之，则其患犹可弭也。否则非臣之所敢言矣。

夫固国以民，卫国以兵，二者命脉之所关，精神之所系，一日不可忽焉者也。然所以护养其民，调伏其兵者，惟有士大夫以为医砭尔。夫圣人养贤以及万民，而命将遣帅以卫中国者，亦以重戍役车徒之责。今之为士大夫者，臣又不知其果何如邪？陛下以培固邦本为心，而监司守令则行之以朘削膏血之政；陛下以运动国势为心，而曰将曰帅乘之以消沮士卒之私；陛下以兴利除害、信赏必罚为心，而内外大小之臣，则应之以虚诞苟且、偷安旦暮之计。是无怪乎上之真德实意，不能宣达于其下；下之吞声隐气，不能通达于其上。上下隔绝，于势分之交违，则夫民怨而思乱，兵怨而思叛，亦其理之所必至也。

　　昔汉宣帝欲安渤海之警，得一龚遂，单车至府，宣布教令，慰安牧养，盗为之悉平。而民不患其不安者，以得人而安之也。唐马燧之在河东，驭马厮役教以骑射，比及二年，得精兵二万。而兵不患其不强者，以得人而制之也。是以国朝开基之初，藩侯不抚百姓，则有断不容之之戒。至于南征北伐，战胜攻取，兵不过二十万者，亦惟以曹彬、潘美为将耳。此其于国家砭剂之用，明效大验，彰彰然足以为后人嘉赖维持之地。盖汉唐之美，独盛于一代者也。今陛下所慕者，帝王之道；所鉴者，汉唐之言；所取者，祖宗贻谋之善。则其所谓一军民之心者，要莫先于正士大夫之心；而其所以正士大夫之心者，又不过先正陛下之心而已。董仲舒有言曰："人君正心以正朝廷，正朝廷以正百官，正百官以正万民，极而至于四方远近之一于正。"此又自本原而达之功用，古今不易之至论也。惟陛下于此而实用力焉，则天下幸甚！宗社幸甚！臣无任昧死谨对。

## 史海钩沉

　　徐元杰做官"远离声色犬马，节制情欲""耿直之心闻名于朝廷上下"。南宋嘉熙三年（1239），朝廷授予徐元杰著作佐郎兼兵部郎官，他以身体欠佳为由而推辞。又派他到安杏任知州，他照样辞而不就。后又征召他到皇帝所在的地方奏告事情，他更是坚决推辞。南宋淳祐元年（1241），徐元杰被派往南剑做知州，正遇上峡阳地方盗贼猖獗，便抓住了渠魁等八人处以死刑，其余都释放而不予问罪。峡阳地方的父老乡亲说："若徐元杰大人不来，我们这帮人便会任人宰割。"后因母亲去世，徐元杰便离职服丧，众人跪在道上挽留。服丧期满，朝廷又授予他侍左郎官。

　　听说有外敌入侵，徐元杰请求应以国家为重。说到钱塘官员出行时像皇上出行一样，得清道开路一事，便提出地方官员不要崇尚骄奢，应当反对排场，讲究质朴。

## 宝佑四年（1256）丙辰科状元：文天祥

> 文天祥，字宋瑞，号文山，江西庐陵（今江西吉安南）淳化乡富田里人。宋末政治家、文学家、爱国诗人，抗元名臣，民族英雄，与陆秀夫、张世杰并称为"宋末三杰"。

殿试皇帝：宋理宗赵昀

殿试题：问天道人极

### 策问

盖闻道之大原出于天，超乎无极太极之妙，而实不离乎日用事物之常；根乎阴阳五行之赜，而实不外乎仁义礼智、刚柔善恶之际。天以澄著，地以靖谧，人极以昭明，何莫由斯道也？圣圣相传，同此一道。由修身而治人，由致知而齐家、治国、平天下。本之精神心术，达之礼乐刑政。其体甚微，其用则广，历千万世而不可易。然功化有浅深，证效有迟速者，何欤？朕以寡昧临政，愿治于兹。历年志愈勤，道愈远，眚乎其未朕也。朕心疑焉。子大夫明先圣之术，咸造在廷，必有切至之论，朕将虚己以听。

《三坟》而上，大道难名；《五典》以来，常道始著。日月星辰顺乎上，鸟兽草木若于下。"九功惟叙，四夷来王，百工熙哉，庶事康哉。"非圣神功化之验欤？然人心道心，寂寥片语，其危微精一之妙不可以言概欤？誓何为而畔？会何为而疑？俗何以不若结绳？治何以不若画像？以政凝民，以礼凝士，以《天保》《采薇》治内外，忧勤危惧，仅克有济。何帝王劳逸之殊欤？抑随时损益、道不同欤？及夫六典建官，盖为民极则，不过曰治、曰教、曰礼、曰政、曰刑、曰事而已。岂道之外又有法欤？自时厥后，以理欲之消长验世道污隆。阴浊之日常多？阳明之日常少，刑名杂霸，佛老异端，无一毫几乎道，驳乎无以议为。然务德化者，不能无上郡、雁门之警；施仁义者，不能无末年轮台之悔。甚而无积仁累德之素，纪纲制度，为足维持凭藉者，又何欤？

朕上嘉下乐，夙兴夜寐，靡遑康宁。道久而未洽，化久而未成。天变荐臻，民生寡遂，人才乏而士习浮，国计殚而兵力弱，符泽未清，边备孔棘。岂道不足以御世欤？抑化裁推行有未至欤？夫不息则久，久则征，今胡为而未征欤？变则通，通则久，今其可以屡更欤？子大夫熟之复之，勿激勿泛，以副朕详延之意。宝祐四年五月八日。

## 对策

　　恭惟皇帝陛下，处常之久，当泰之交，以二帝三皇之道会诸心，将三纪于此矣。臣等鼓舞于鸢飞鱼跃之天，皆道体流行中之一物。不自意得旅进于陛下之庭，而陛下且嘉之论道。道之不行也久矣！陛下之言及此，天地神人之福也。然臣所未解者，今日已当道久化成之时，道洽政治之候，而方歉焉有志勤道远之疑，岂望道而未之见耶？臣请溯太极动静之根，推神功化之验，就以圣问中不息一语为陛下勉，幸陛下试垂听焉。

　　臣闻天地与道同一不息，圣人之心与天地同一不息。上下四方之宇，往古来今之宙，其间百千万变之消息盈虚，百千万事之转移阖辟，何莫非道？所谓道者，一不息而已矣。道之隐于浑沦，藏于未雕未琢之天。当是时，无极太极之体也。自太极分而阴阳，则阴阳不息，道亦不息。阴阳散而五行，则五行不息，道亦不息。自五行又散而为人心之仁义礼智，刚柔善恶，则乾道成男，坤道成女，穹壤间生生化化之不息，而道亦与之相为不息。然则道一不息，天地亦一不息；天地之不息，固道之不息者为之。圣人出而为天地立心，为生民立命，为往圣继绝学，为万世开太平。亦不过以一不息之心充之。充之而修身治人，此一不息也。充之而致知，以至齐家、治国、平天下，此一不息也。充之而自精神心术，以至于礼乐刑政，亦此一不息也。自有《三坟》《五典》以来，以至于太平、六典之世，帝之所以帝，王之所以王，皆自其一念之不息者始。

　　秦汉以降，而道始离。非道之离也，知道者之鲜也。虽然，其间英君谊辟，固有号为稍稍知道矣，而又沮于行道之不力；知务德化矣，而不能不尼之以黄老；知施仁义矣，而不能不遏之以多欲；知四年行仁矣，而不能不画之以近效。上下二三千年间，牵补过时，架漏度日，毋怪夫驳乎无以议为也。独惟我朝式克至于今日休，陛下传列圣之心，以会艺祖之心；会艺祖之心，以恭帝王之心，参天地之心。三十三年间，臣知陛下不贰以二，不叁以三。茫乎天运，育尔神化。此心之天，混兮辟兮，其无穷也。然临御浸久，持循浸熟，而算计见效，犹未有以大快圣心者。上而天变不能以尽无，下而民生不能以尽遂，人才士习之未甚纯，国计兵力之未甚充，以至盗贼兵戈之警。所以贻宵旰之忧者，尤所不免。然则行道者始无验也邪？臣则以为道非无验之物也。

道之功化甚深也，而不可以为迂。道之证效甚迟也，而不可以为远。"维天之命，于穆不已。"天地之所以为天地也。"之德之纯，纯亦不已。"圣人之所以为圣人也。为治顾力行何如耳，焉有行道于岁月之暂，而遽责其验之为迂且远邪？臣之所望于陛下者，法天地之不息而已。姑以近事言，则责躬之言方发而阴雨旋霁，是天变未尝不以道而弭也；赈饥之典方举而都民欢呼，是民生未尝不以道而安也。论辩建明之诏一颁而人才士习稍稍浑厚，招填条具之旨一下而国计兵力稍稍充实，安吉、庆元之小获，维扬、泸水之隽功，无非忧勤于道之明验也。然以道之极功论之，则此浅效耳，速效耳。指浅效、速效而遽以为道之极功，则汉唐诸君之用心是也。陛下行帝而帝，行王而王，而肯袭汉唐事邪？此臣所以赞陛下之不息也。陛下傥自其不息者而充之，则与阴阳同其化，与五行同其运，与乾坤生生化化之理同其无穷。虽充而为三纪之风移俗易可也，虽充而为四十年圄空刑措可也，虽充而为百年德洽于天下可也，虽充而为卜世过历亿万年敬天之休可也。岂止如圣问八者之事，可徐就理而已哉？臣谨昧死上愚对。

臣伏读圣策曰："盖闻道之大原出于天，超乎无极太极之妙，而实不离乎日用事物之常；根乎阴阳五行之赜，而实不外仁义礼智、刚柔善恶之际。天以澄著，地以靖谧，人极以昭明，何莫由斯道也？圣圣相传，同此一道。由修身而治人，由致知而齐家、治国、平天下。本之精神心术，达之礼乐刑政。其体甚微，其用则广，历千万世而不可易。然功化有浅深，证效有迟速者，何欤？朕以寡昧临政，愿治于兹。历年志愈勤，道愈远，眘乎其未朕也。朕心疑焉。子大夫明先圣之术，咸造在廷，必有切至之论，朕将虚己以听。"臣有以见陛下溯道之本原，求道之功效，且疑而质之臣等也。臣闻圣人之心，天地之心也；天地之道，圣人之道也。分而言之，则道自道，天地自天地，圣人自圣人；合而言之，则道一不息也，天地一不息也，圣人亦一不息也。臣请溯其本原言之。茫茫堪舆，坱圠无垠；浑浑元气，变化无端。人心仁义礼智之性未赋也，人心刚柔善恶之气未禀也。

当是时，未有人心，先有五行；未有五行，先有阴阳；未有阴阳，先有无极太极；未有无极太极，则太虚无形，冲漠无朕，而先有此道。未有物之先而道具焉，道之体也；既有物之后而道行焉，道之用也。其体则微，其用甚广。即人心，而道在人心；即五行，而道在五行；即阴阳，而道在阴阳；即无极、太极，而道在无极、太极。贯显微，兼费隐，包小大，通物我。道何以若此哉？道之在天下，犹水之在地中。地中无往而非水，天下无往而非道。水一不息之流也，道一不息之用也。天以澄著，则日月星辰循其经；地以靖谧，则山川草木顺其常；人极以昭明，则君臣父子安其伦。流行古今，纲纪造化，何莫由斯道也？一日而道息焉，虽三才不能以自立。道之不息，功用固如此。夫圣人体天地之不息者也。天地以此道而不息，圣人亦以此道而不息。圣人立不息之体，则敛于修身。推不息之用，则散于治人。立不息之体，则寓于致知以下之功夫；推不息之用，则显于齐家、治国、平天下之效验。立不息之体，则本之精神心术之微，推不息之用，则达之礼乐刑政之著。

圣人之所以为圣人者，犹天地之所以为天地也。道之在天地间者，常久而不息；圣人之于道，其可以顷刻息邪？言不息之理者，莫如大《易》，莫如《中庸》。大《易》之道，至于"乾道变化，各正性命，保合太和"。而圣人之论法天，乃归之自强不息。《中庸》之道，至于"溥博渊泉"，"上天之载，无声无臭"。而圣人之论配天地，乃归之不息则久。岂非乾之所以刚健、中正、纯粹、精一也者？一不息之道耳。是以法天者亦以一不息。《中庸》之所以高明博厚悠久无疆者，一不息之道耳。是以配天地者，亦以一不息。以不息之心，行不息之道，圣人即不息之天地也。陛下临政愿治，于兹历年。前此不息之岁月，犹日之自朝而午；今此不息之岁月，犹日之至午而中。此正勉强行道大有功之日也。陛下勿谓数十年间我之所以担当宇宙，把握天地，未尝不以此道。至于今日而道之验如此，其迂且远矣。以臣观之，道犹百里之途也，今日则适六七十之候也。

进于道者，不可以中道而废；游于途者，不可以中途而尽；孜孜矻矻，而不自已焉。则适六七十里者，固所以为至百里之阶也。不然，自止于六七十里之间，则百里虽近焉，能以一武到哉？道无浅功化，行道者何可以深为迂？道无速证效，行道者何可以迟为远？惟不息则能极道之功化，惟不息则能极道之证效。气机动荡于三极之间，神采灌注于万有之表，要自陛下此一心始。

臣不暇远举，请以仁宗皇帝事为陛下陈之。仁祖一不息之天地也，康定之诏曰"祗勤抑畏"；庆历之诏曰"不敢荒宁"；皇祐之诏曰"缅念为君之难，深惟履位之重"。庆历不息之心，即康定不息之心也；皇祐不息之心，即庆历不息之心也。当时仁祖以道德感天心，以福禄胜人力。国家绥靖，边鄙宁谧，若可以已矣而犹未也。至和元年，仁祖之三十三年也，方且露立仰天，以畏天变；碎通天犀，以救民生。处贾黯吏铨之职，擢公弼殿柱之名，以厚人才，以昌士习；纳景初减用之言，听范镇新兵之谏，以裕国计，以强兵力；以至讲周礼薄征缓刑而拳拳，以盗贼为忧；选将帅明纪律而汲汲，以西戎北虏为虑。仁祖之心至此而不息，则与天地同其悠久矣。陛下之心，仁祖之心也。范祖禹有言："欲法尧舜，惟法仁祖。"臣亦曰："欲法帝王，惟法仁祖。"法仁祖则可至天德，颛加圣心焉。

臣伏读圣策曰"《三坟》以（而）上"云云，岂道之外又有法欤，臣有以见陛下慕帝王之功化证效，而亦意其各有浅深迟速也。臣闻帝王行道之心，一不息而已矣。尧之兢兢，舜之业业，禹之孜孜，汤之栗栗，文王之不已，武王之无贰，成王之无逸，皆是物也。《三坟》远矣，《五典》犹有可论者。臣尝以《五典》所载之事推之，当是时，日月星辰之顺，以道而顺也；鸟兽草木之若，以道而若也；九功惟叙，以道而叙也；四夷来王，以道而来王也。百工以道而熙，庶事以道而康。光天之下至于海隅，苍生盖无一而不拜帝道之赐矣。垂衣拱手，以自逸于土阶岩廊之上。夫谁曰不可，而尧舜不然也。方且考绩之法重于三岁，无岁而敢息也。授历之命严于四时，无月而敢息也。凛凛乎一日二日之戒，无日而敢息也。此犹可也。授受之际，而尧之命舜乃曰："允执厥中。"夫谓之执者，战兢保持而不敢少放之谓也。味斯语也，则尧之不息可见矣。《河图》出矣，《洛书》见矣，执中之说未闻也，而尧独言之，尧之言赘矣。而舜之命禹乃复益之以"人心惟危，道心惟微，惟精惟一"之三言。夫致察于危微精一之间，则其战兢保持之念，又有甚于尧者。舜之心其不息又何如哉？是以尧之道化，不惟验于七十年在位之日；舜之道化，不惟验于五十年视皋之时。读万世永赖之语，则唐虞而下数千百年间，天得以为天，地得以为地，人得以为人者，皆尧舜之赐。然则功化抑何其深，证效抑何其迟欤？降是而王，非同劳于帝者也。太朴日散，风气日开，人心之机械日益巧，世变之乘除不息，而圣人之所以纲维世变者，亦与之相为不息焉。俗非结绳之淳也，治非画像之古也，师不得不誓，侯不得不会，民不得不凝之以政，士不得不凝之以礼，内外异治，不得不以《采薇》《天保》之治治之。以至六典建官，其所以曰治、曰政、曰礼、曰教、曰刑、曰事者，亦无非扶世道而不使之穷耳。以势而论之，则夏之治不如唐、虞，商之治又不如夏，周之治又不如商。帝之所以帝者，何其逸？王之所以王者，何其劳？栗栗危惧，不如非心黄屋者之为适也。始于忧勤，不如恭已南面之为安也。然以心而观，则舜之业业，即尧之兢兢；禹之孜孜，即尧之业业；汤之栗栗，即禹之孜孜。文王之不已，武王之无贰，成王之无逸，何莫非兢兢、业业、孜孜、栗栗之推也？道之散于宇宙间者无一日息，帝王之所以行道者，亦无一日息。帝王之心。天地之心也。尚可以帝者之为逸，而王者之为劳耶？臣愿陛下求帝王之道，必求帝王之心。则今日之功化证效，或可与帝王一视矣。

臣伏读圣策曰"自时厥后"云云，亦足以维持凭籍者，何欤？臣有以见陛下陋汉唐之功化证效而且为汉、唐世道发一慨也。臣闻不息则天，息则人；不息则理，息则欲；不息则阳明，息则阴浊。汉唐诸君天资敏，地位高，使稍有进道之心，则六五帝，四三王，亦未有难能者。奈何天不足以制人，而天反为人所制；理不足以御欲，而理反为欲所御；阳明不足以胜阴浊，而阳明反为阴浊所胜。是以勇于进道者少，沮于求道者多，汉唐之所以不唐虞三代也欤？虽然，是为不知道者言也，其间亦有号为知道者矣。汉之文帝、武帝，唐之太宗，亦不可谓非知道者。然而亦有议焉。先儒尝论汉唐诸君以公私义利、分数多少为治乱，三君之心往往不纯乎天，不纯乎人，而出入于天人之间；不纯乎理，不纯乎欲，而出入乎理欲之间；不纯乎阳明，不纯乎阴浊，而出入乎阳明阴浊之间。是以专务德化，虽足以陶后元泰和之风，然而尼之以黄老，则雁门上郡之警不能无；外施仁义，虽足以致建元富庶之盛，然而遏之以多欲，则轮台末年之悔不能免；四年行仁，虽足以开贞观升平之治，然而画之以近效，则纪纲制度曾不足为再世之凭藉。益有一分之道心者，固足以就一分之事功；有一分之人心者，亦足以召一分之事变。世道污隆之分数，亦系于理欲消长之分数而已。

然臣尝思之，汉唐以来为道之累者，其大有二：一曰杂伯，二曰异端。时君世主有志于求道者，不陷于此，则陷于彼。姑就三君而言，则文帝之心，异端累之也。武帝、太宗之心，杂伯累之也。武帝无得于道，宪章六经统一、圣真不足以胜其神仙、土木之私，干戈、刑罚之惨，其心也荒。太宗全不知道，闺门之耻，将相之夸，末年辽东一行，终不能以克其血气之暴，其心也骄。杂伯一念，憧憧往来，是固不足以语常久不息之事者。若文帝稍有帝王之天资，稍有帝王之地步，一以君子长者之道待天下，而晁错辈刑名之说未尝一动其心，是不累于杂伯矣。使其以二三十年恭俭之心而移之以求道，则后元气象且将骎骎乎商周，进进乎唐虞。奈何帝之纯心，又间于黄老之清净，是以文帝仅得为汉唐之令主，而不得一侪于帝王。呜呼！武帝、太宗累于杂伯，君子固不敢以帝王事望之；文帝不为杂伯所累，而不能不累于异端，是则重可惜已。臣愿陛下监汉唐之迹，必监汉唐之心，则今日之功化证效将超汉唐数等矣。

臣伏读圣策曰"朕上嘉下乐"云云，抑化裁推行有未至欤？臣有以见陛下念今日八者之务，而甚有望乎为道之验也。臣闻天变之来，民怨招之也；人才之乏，士习蛊之也；兵力之弱，国计屈之也；虏寇之警，盗贼因之也。夫陛下以上嘉下乐之勤，夙兴夜寐之劳，怅岁月之逾迈，亦欲以少见吾道之验耳。俯视一世，未能差强人意。八者之弊，臣知陛下为此不满也。陛下分而以八事问，臣合而以四事对，请得以熟数之于前。

何谓天变之来、民怨招之也？天视自我民视，天听自我民听，天明畏自我民明畏。人心之休戚，天心所因以为喜怒者也。熙宁间大旱，是时河陕流民入京师。监门郑侠画流民图以献，且曰："陛下南征北伐，皆以胜捷之图来上，料无一人以父母妻子迁移困顿，皇皇不给之状为图以进者。览臣之图，行臣之言，十日不雨，乞正欺君之罪。"上为之罢新法十八事，京师大雨八日。天人之交，间不容发，载在经史，此类甚多。陛下以为今日之民生何如邪？今之民生困矣！自琼林大盈积于私贮而民困，自建章通天频于营缮而民困，自献助叠见于豪家巨室而民困，自和籴不间于间阎下户而民困，自所至贪官暴吏视吾民如家鸡圈豕、惟所咀咦而民困。呜呼！东南民力竭矣。《书》曰："怨岂在明、不见是图。"今尚可谓之不见乎？

《书》曰："怨不在大，亦不在小。"今尚可谓之小乎？生斯世为斯民，仰事俯育，亦欲各遂其父母妻子之乐。而操斧斤，淬锋锷，日夜思所以斩伐其命脉者，滔滔皆是。然则腊雪靳瑞，蛰雷愆期，月犯于木星，殒为石，以至土雨、地震之变，无怪夫屡书不一尽也。臣愿陛下持不息之心，急求所以为安民之道。则民生既和，天变或于是而弭矣。何谓人才之乏、士习蛊之也？臣闻穷之所养，达之所施；幼之所学，壮之所行。今日之修于家，他日之行于天子之庭者也。国初诸老尝以厚士习为先务。宁收落韵之李迪，不取凿说之贾边；宁收直言之苏辙，不取险怪之刘几。建学校则必欲崇经术，复乡举则必欲参行艺。其后国子监取湖学法建经学、治道、边防、水利等斋，使学者因其名以求其实。当时如程颐、徐积、吕希哲，皆出其中。呜呼！此元祐人物之所从出也！士习厚薄最关人才，从古以来其语如此。陛下以为今之士习何如邪？今之士大夫之家，有子而教之。方其幼也，则授其句读，择其不戾于时好、不震于有司者，俾熟复焉。及其长也，细书为工，累牍为富，持试于乡校者，以是较艺于科举者以是；取青紫而得车马也。以是父兄之所教诏师友之所讲明，利而已矣。其能卓然自拔于流俗者，几何人哉？心术既坏于未仕之前，则气节可想于既仕之后。以之领郡邑，如之何责其为卓茂、黄霸？以之镇一路，如之何责其为苏章、何武？以之曳朝绅，如之何责其为汲黯、望之？奔竞于势要之路者无怪也。趋附于权贵之门者无怪也。牛维马絷、狗苟蝇营、患得患失、无所不至者无怪也。悠悠风尘，靡靡偷俗，清芬消歇，浊滓横流。惟皇降衷秉彝之懿，萌蘖于牛羊斧斤相寻之冲者，其有几哉？厚今之人才，臣以为变今之士习而后可也。

臣愿陛下持不息之心，急求所以为淑士之道，则士风一淳，人才或于是而可得矣。何谓兵力之弱、国计屈之也？谨按国史：治平间遣使募京畿淮南兵。司马光言："边臣之请兵无穷，朝廷之募兵无已，仓库之粟帛有限，百姓之膏血有涯。愿罢招禁军，训练旧有之兵，自可备御。"臣闻古今天下能免于弱者，必不能免于贫；免于贫者，必不能免于弱。一利之兴，一害之伏。未有交受其害者。今之兵财则交受其害矣。自东海城筑，而调淮兵以防海，则两淮之兵不足。自襄樊复归，而并荆兵以城襄，则荆湖之兵不足。自腥气染于汉水，冤血溅于宝峰，而正军忠义空于死徙者过半，则川蜀之兵又不足。江淮之兵又抽而入蜀，又抽而实荆，则下流之兵愈不足矣。荆湖之兵又分而策应，分而镇抚，则上流之兵愈不足矣。夫国之所恃以自卫者，兵也。而今之兵不足如此，国安得而不弱哉？扶其弱而归之强，则招兵之策，今日直有所不得已者。然召募方新，调度转急。问之大农，大农无财；问之版曹，版曹无财；问之饷司，饷司无财。自岁币银绢外，未闻有画一策为军食计者。是则弱矣，而又未免于贫也。陛下自肝鬲近又创一安边太平库，专以供军。此艺祖积缣帛以易贼首之心也，仁宗皇帝出钱帛以助兵革之心也。转易之间，风采立异，前日之弱者可强矣。然飞刍挽粟，给饷馈粮，费于兵者几何？而琳宫梵宇，照耀湖山，土木之费，则漏卮也。列灶云屯，樵苏后爨，费于兵者几何？而霓裳羽衣，靡金饰翠，宫庭之费则尾闾也。生熟口券，月给衣粮，费于兵者几何？而量珠辇玉，幸宠希恩，戚畹之费，则滥觞也。盖天下之财专以供军，则财未有不足者；第重之以浮费，重之以冗费，则财始瓶罄而叠耻矣。如此则虽欲足兵，其何以给兵耶？臣愿陛下持不息之心，急求所以为节财之道。则财计一充，兵力或于是而可强矣。何谓虏寇之警，盗贼因之也？

　　谨按国史：绍兴间杨么寇洞庭，连跨数郡，大将瓊不能制。时伪齐挟虏，使李成寇襄汉，么与交通。朝廷患之，始命岳飞措置上流。已而逐李成，擒杨么，而荆湖平。臣闻外之虏寇不能为中国患，而其来也，必待内之变；内之盗贼亦不能为中国患，而其起也，必将纳外之侮。盗贼而至于通寇，则腹心之大患也已！今之所谓虏者，固可畏矣。然而逼我蜀，则蜀帅策泸水之勋；窥我淮，则淮帅奏维扬之凯。狼子野心，固不可以一捷止之，然使之无得弃去，则中国之技未为尽其出下，彼亦犹畏中国之有其人也。独惟旧海在天一隅，逆雏冗之者数年于兹。飓风瞬息，一苇可航，彼未必不朝夕为趋浙计，然而未能焉。短于舟，疏于水，惧吾唐岛之有李宝在耳。然洞庭之湖，烟水沉寂，而浙右之湖，涛澜沸惊，区区妖孽，且谓有杨么之渐矣。得之京师之耆老，皆以为此寇出没倏闪，往来翕霍，驾舟如飞，运楫如神，而我之舟师不及焉。夫东南之长技莫如舟师，我之胜兀术于金山者以此，我之毙逆亮于采石者以此。而今此曹反挟之以制我，不武甚矣。万一或出于杨么之计，则前日李成之不得志于荆者，未必今日之不得志于浙也。曩闻山东荐饥，有司贪市榷之利，空苏湖根本以资之，廷绅犹谓互易。安知无为其向导者？一夫登岸，万事瓦裂。又闻魏村、江湾、福山三寨水军，兴贩盐课，以资逆雏，廷绅犹谓是以捍卫之师为商贾之事。以防拓之卒，开向导之门，忧时识治之见往往如此。肘腋之蜂虿，怀袖之蛇蝎，是其可以忽乎哉？陛下近者命发运兼宪，合兵财而一其权，是将为灭此朝食之图矣。然屯海道者非无军，控海道者非无将？徒有璚数年之劳，未闻岳飞八日之捷。子太叔平符泽之盗，恐不如此。长此不已，臣惧为李成开道地也。臣愿陛下持不息之心，求所以弭寇之道。则寇难一清，边备或于是而可宽矣。

臣伏读圣策曰："夫不息则久，久则征，今胡为而未征欤？变则通，通则久，今其可以屡更欤？"臣有以见陛下久于其道，而甚有感乎《中庸》、大《易》之格言也。臣闻天久而不坠也以运，地久而不陨也以转，水久而不腐也以流，日月星辰而常新也以行。天下之凡不息者皆以久也。《中庸》之不息即所以为大《易》之变通，大《易》之变通即所以验《中庸》之不息。变通者之久，固肇于不息者之久也。盖不息者其心，变通者其迹；其心不息，故其迹亦不息。游乎六合之内，而纵论乎六合之外；生乎百世之下，而追想乎百世之上。神化天造，天运无端，发微不可见，充周不可穷，天地之所以变通，固自其不息者为之。圣人之久于其道，亦法天地而已矣。天地以不息而久，圣人亦以不息而久。外不息而言久焉，皆非所以久也。

臣尝读《无逸》一书，见其享国之久者有四君焉，而其间有三君为最久。臣求其所以久者，中宗之心，严恭寅畏也；高宗之心，不敢荒宁也；文王之心，无淫于逸，无游于畋也。是三君者，皆无逸而已矣。彼之无逸，臣之所谓不息也。一无逸而其效如此，然则不息者，非所以久欤？陛下之行道，盖非一朝夕之暂矣。宝绍以来则涵养此道，端平以来则发挥此道，嘉熙以来则把握此道。嘉熙而淳祐，淳祐而宝祐，十余年间无非持循此道之岁月。陛卜处此也，庭寮未辉，臣知其宵衣以待；日中至昃，臣知其玉食弗遑；夜漏已下，臣知其丙枕无寐。圣人之运亦可谓不息矣。然既往之不息者易，方来之不息者难；久而不息者易，愈久而愈不息者难。昕临大庭，百辟星布，陛下之心此时固不息矣。暗室屋漏之隐，试一警省则亦能不息否乎？日御经筵，学士云集陛下之心此时固不息矣。宦官女子之近，试一循察则亦能不息否乎？不息于外者，固不能保其不息于内；不息于此者，固不能保其不息于彼。乍勤乍怠，乍作乍辍，则不息之纯心间矣。如此则陛下虽欲久则证，臣知《中庸》九经之治未可以朝夕见也。虽欲通则久，臣知《系辞》十三卦之功未可以岁月计也。

渊蜎蠖濩之中，虚明应物之地，此全在陛下自斟酌自执持，顷刻之力不继，则悠久之功俱废矣。可不戒哉？可不惧哉？

陛下之所以策臣者悉矣，臣之所以忠于陛下者，亦即略陈于前矣。而陛下策之篇终复曰："子大夫熟之复之，勿激勿泛，以副朕详延之意。"臣伏读圣策至此，陛下所谓详延之意盖可识矣。夫陛下自即位以来，未尝以直言罪士。不惟不罪之以直言，而且导之以直言。臣等尝恨无由以至天子之庭，以吐其素所蓄积。幸见录于有司，得以借玉阶方寸地，此正臣等披露肺肝之日也。方将明目张胆，謇謇谔谔，言天下事。陛下乃戒之以勿激勿泛。夫泛，固不切矣。若夫激者，忠之所发也。陛下胡并与激者之言而厌之邪？厌激者之言，则是将胥臣等而为容容唯唯之归邪？然则臣将为激者欤？将为泛者欤？抑将迁就陛下之说而姑为不激不泛者欤？虽然，奉对大庭而不激不泛者，固有之矣。臣于汉得一人焉，曰董仲舒。方武帝之策仲舒也，慨然以欲闻大道之要为问。帝之求道，其心盖甚锐矣。然道以大言，帝将求之虚无渺冥之乡也。使仲舒于此过言之则激，浅言之则泛。仲舒不激不泛，得一说曰"正心"。武帝方将求之虚无渺冥之乡，仲舒乃告之以真实浅近之理，兹陛下所谓切至之论也。奈何武帝自恃其区区英明之资，超伟之识，谓其自足以凌跨六合，笼驾八表，而顾地此语忽焉。仲舒以江都去而武帝所与论道者，他有人矣。臣固尝为武帝惜也。堂堂天朝固非汉比，而臣之贤亦万不及仲舒，然亦不敢激，不敢泛。切于圣问之所谓道者，而得二说焉，以为陛下献。陛下试采览焉。

一曰：重宰相以开公道之门。臣闻公道在天地间，不可一日壅阏。所以昭苏而涤决之者，宰相责也。然扶公道者，宰相之责，而主公道者，天子之事。天子而侵宰相之权，则公道已矣。三省枢密谓之朝廷，天子所与谋大政、出大令之地也。政令不出于中书，昔人谓之"斜封墨敕"，非盛世事。国初三省纪纲甚正，中书造命，门下审覆，尚书奉行，宫府之事无一不统于宰相。是以李沆犹得以焚立妃之诏，王旦犹得以沮节度之除，韩琦犹得出空头敕以逐内侍，杜衍犹得封还内降以裁侥幸。盖宰相之权尊，则公道始有所依而立也。今陛下之所以为公道者，非不悉矣。以夤缘戒外戚，是以公道责外戚也；以亦裁制戒内司，是以公道者责内司也；以舍法用例戒群臣，是以公道责外庭也。雷霆发箨，星日烛幽，天下于此咸服陛下之明。然或谓比年以来大庭除授，于义有所未安，于法有所未便者，悉以圣旨行之。不惟诸司升补上渎宸奎，而统帅躐级，阁职超迁。亦以夤缘而得恩泽矣。不惟奸赃湔洗上劳涣汗，而选人通籍，奸胥逭刑，亦以钻刺而拜宠命矣。甚至闾阎琐屑之斗讼，皂隶猥贱之干求，悉达内庭，尽由中降。此何等虮虱事，而陛下以身亲之。大臣几于为奉承风旨之官，三省几于为奉行文书之府。臣恐天下公道自此壅矣。景祐间罢内降，凡诏令皆由中书枢密院，仁祖之所以主张公道者如此。今进言者犹以事当间出宸断为说。呜呼！此亦韩绛告仁祖之辞也！"朕固不惮，自有处分，不如先尽大臣之虑而行之。"仁祖之所以谕绛者何说也？奈何复以绛之说，启人主以夺中书之权，是何心哉？宣靖间创御笔之令，蔡京坐东廊专以奉行御笔为职。其后童贯梁师成用事，而天地为之分裂者数世，是可鉴矣。臣愿陛下重宰相之权，正中书之体。凡内批必经由中书枢密院，如先朝故事，则天下幸甚！宗社幸甚！

二曰：收君子以寿直道之脉。臣闻直道在天地间，不可一日颓靡，所以光明而张。主之者，君子责也。然扶直道者，君子之责；而主直道者，人君之事。人君而至于沮君子之气，则直道已矣。夫不直则道不见。君子者，直道之倡也。直道一倡于君子，昔人谓之凤鸣朝阳以为清，朝贺国朝，君子气节大振。有鱼头参政，有鹘击台谏，有铁面御史，军国之事无一不得言于君子。是以司马光犹得以殛守忠之奸，刘挚犹得以折李宪之横，范祖禹犹得以罪宋用臣，张震犹得以击龙大渊曾觌。盖君子之气伸，则直道始有所附而行也。今陛下之所以为直道计者，非不至矣。月有供课，是以直道望谏官也；日有轮札，是以直道望廷臣也；有转对，有请对，有非时召对，是以直道望公卿百执事也。江海纳污，山薮藏疾，天下于此咸服陛下之量。然或谓比年以来，外廷议论于己有所未协，于情有所未忍者，悉以圣意断之。不惟言及乘舆、上勤节贴，而小小予夺、小小废置，亦且寝罢不报矣。不惟事关廊庙、上烦调亭，而小小抨弹、小小纠劾，亦且宣谕不已矣。甚者意涉区区之貂珰，论侵琐琐之姻娅，不恤公议，反出谏臣，此何等狐鼠辈，而陛下以身庇之？御史至于来和事之讥，台吏至于重讫了之报，臣恐天下之直道自此沮矣。康定间，欧阳修以言事出，未几即召以谏院；至和间，唐介以言事贬，未几即除以谏官。仁祖之所以主直道者如此。今进言者犹以台谏之势日横为疑。呜呼！兹非富弼忠于仁祖之意！弼倾身下士，宁以宰相受台谏风旨，弼之自处何如也？奈何不知弼之意，反启人君以厌君子之言，是何心哉？元符间置看详理诉所，而士大夫得罪者八百余家。其后邹浩、陈瓘去国，无一人敢为天下伸一喙者，是可鉴矣。臣愿陛下壮正人之气，养公论之锋。凡以直言去者，悉召之于霜台乌府中，如先朝故事，则天下幸甚！宗社幸甚！

盖大道之行，天下为公；周道如砥，其直如矢。自古帝王行道者，无先于此也。臣来自山林，有怀欲吐，陛下怅然疑吾道之迂远且慨论乎。古今功化之浅深，证效之迟速，而若有大不满于今日者，臣则以为非行道之罪也。

公道不在中书，直道不在台谏，是以陛下行道用力处，虽劳而未遽食道之报耳。果使中书得以公道总政要，台谏得以直道纠官邪，则陛下虽端冕凝旒于穆清之上，所谓功化证效可以立见。何至积三十余年之工力，而志勤道远渺焉未有际邪？臣始以不息二字为陛下勉，终以公道直道为陛下献。陛下万几之暇，傥于是而加三思，则跻帝王，轶汉唐，由此其阶也。臣赋性疏愚，不识忌讳。握笔至此，不自知其言之过于激，亦不自知其言之过于泛。冒犯天威，罪在不赦，惟陛下留神。臣谨对。

## 史海钩沉

　　文天祥在学术上非常有成就，他嗜书如命，对经史诸子百家无不精研，甚至对天文、地理、中医、占卜之书也广泛涉猎。

　　在政治生涯中，文天祥的表现同样出色。历任签书宁海军节度判官厅公事、刑部郎官、江西提刑、尚书左司郎官、湖南提刑、知赣州职等。

　　宋恭帝德祐元年（1275），元军大举进攻，文天祥立即捐献家资充当军费，招募当地豪杰，起兵勤王。文天祥在被俘期间，坚决不屈，宁死不降。元世祖以高官厚禄劝降，文天祥写下《过零丁洋》以明志。这首诗中的名句"人生自古谁无死，留取丹心照汗青"，表达了他坚定的民族气节和顽强的战斗精神。

## 咸淳七年（1271）辛未科状元：张镇孙

　　张镇孙，字鼎卿，号越溪，祖籍广东。少力学，博闻强记，名闻乡里，有神童之誉。

殿试皇帝：宋度宗赵禥

## 策问

　　厥初颢穹，实生兆民，孰总其群，乃作之君。孰牖其述，乃作之师。君之治之，师之教之。礼乐刑政之由生，与有天下国家者，一是以元元为命脉。

凡议论所讲明，政事所设施，罔非为邦本计。夷考载籍，率与天并言之，明威视听，皆自我民，其不可轻者固如此欤？

三圣传心之要，不越乎执中数语。斯盖万世君师之大纲领。究其指归，则曰非后何戴，非众罔守。然则一中之妙用，同所以为维持固结之道欤？道之出有原，道之传有统，前圣后圣，同一揆欤？我国家且受天命以奄有九有，列圣代光，绍明大保，人斯无疆。肆我先皇帝，迪畏天显，怀保小民四十一年，跻敬履仁，用能延洪基绪，式克至于今日。盖其精神心术之妙，融会于六经之奥要语一书，口传面命，其示轨范者在是。朕只遹猷训，行其所知。召故老，求实才，以尚贤也。然召能至，求未尽获，何以致信顺之助？训守牧，戒贪残以布治也。然训未必孚，戒未必革，何以新治象之观？

求牧与刍当谨也，既不用姻戚，每选用贤良，宜有厚生之政，而未见田里之无愁叹，竭泽而渔不忍也。既力却贡奉，且禁献羡余，宜有益下之说，而尚闻郡国之有征敛。义廪之发，将以赈饥，而侵牟或不免。田租之蠲，本以宽赋，而苟取或如故。至若豁诸州之积负，捐版曹之故额，俾纾急𩣭之扰，深寓省费之实，而民未有惬志，势若中隔，泽不下流，历思之迄未得其说。意奉宪者导之未明欤？抑习锢于玩未易递革欤？朕寅念先帝贻谋，常恐羞之，重为之惕然也。子大夫博古通今，夙抱经济之蕴，其据经以对，毋有所隐，朕将亲览焉。

## ■ 对策

臣闻帝王之治天下，自积一念之仁始；帝王之仁天下，自积一念之敬始。仁之为道大矣，非敬无以行之。惟无一念而非仁，则有以充其用之大；惟无一念而不敬，则有以极其体之全。故必融乎方寸之微，而后充周乎民物之众；持守于隐微之地，而后显行于运用之天。究诸其端，亦在乎积之而已。尝观之天，以一元运行无间容息。元而亨，亨此元也；亨而利，利此元也；利而正，正此元也。正下起元而生理，又续之于无穷，万物之囿于其间，其生亦无穷也。使天之生理有一息之间断，则非所谓盛德；万物之生意，有一毫壅阏，则非所谓大业。日新之谓盛德，惟积故能日新；富有之谓大业，惟积故能富有。显仁藏用，夫岂一日二日之故哉？其所积者渐也。故仁者造化生物之心，帝王得之以为心。上天生物之仁，犹以积而成；帝王爱民之仁，岂有不积而成乎？《易》曰："天行健，君子以自强不息。"天积此健，所以为天；帝王积此不息，所以为帝王。惟帝王之敬与天同运，斯帝王之敬所以与天同流也欤！

臣恭惟皇帝陛下，自天生德，体元长人。临政愿治，八年于兹。固宜薄海内外，无一之不被吾仁矣。犹虑夫泽不下流，治未见效，策臣等于廷，询实惠以及民，盖欲充此仁与极其用之大也。臣愚以为充其大用非难，而极其全体为难。谨摭圣问中"治生乎积"一语，绅绎以对，惟陛下幸垂听焉。

盖天体物而不遗，仁体事而无不在。礼仪三百，威仪三千，无一之非仁也。是天曰明，及尔出王；昊天曰旦，反尔游衍。无一之不敬也。恻忍仁之端，积一念之恻隐，则仁不可胜用；博爱仁之事，积一念之博爱，则仁不可终穷。仁不止于公也，积之无不公，则仁在是矣；仁不止于恕也，积之无不恕，则仁莫近焉。由一念之仁积之，皆可极其用之大。夫人之全体，非积其一念之敬未易全也。何者？仁者心德之浑全，莫非天理而亦不能无累于人欲。而敬也者，所以克去人欲，而全其天理也。尧、舜性之，固无待于积，而危微精一，犹致谨焉。此尧之钦，舜之恭，所以为圣帝也。汤、武身之，则有待于积矣。故不迩声色，不殖货利，敬以胜怠，义以胜欲，必致戒焉。此汤之敬跻，武之敬用，所以为令王也。故必有尧、舜性之之仁，而后有时雍不犯之仁；必有汤、武身之之仁，而后有子惠安民之仁。孰谓积一念之仁，不自积一念之敬始乎？

洪惟国朝以仁立国。盖自艺祖皇帝陈桥驿一誓，紫云楼一语，对越天地，远辈帝王，社稷灵长，终将赖之。此仁之积可谓厚矣。陛下缉熙有暇，尝谕臣曰："艺祖创业垂统，皆自不嗜杀人一念基之。"大哉王言！真足以知立国之本矣，抑亦艺祖立心之本乎！乘快指麾，终日不乐，且有为天子易邪之语。战战兢兢，如对日星，如警雷霆，积此敬心以立其体，故能积此仁心以达诸用。凡其不嗜杀人一念，皆敬心积而大之也。至我仁宗抚熙洽之运，此仁之积愈深愈厚。范祖禹所谓："爱人恤物之心，上极于天，下达于地，内则诸夏，外则夷狄，山川鬼神草木，无不及者。"盖至论也。而仁宗所以积是仁者则有由矣。毓德诸宫，不妄言笑，此一敬也；临朝端庄，具有圣度，此一敬也；朝夕奉先，未尝敢怠，此一敬也；至忧所感，以致天应，亦此一敬也。四十二年之间，始终积此敬，故四十二年之间，始终积此仁。体全而用大，非有所积，曷由登兹？越我理考，俪美仁宗。

臣观御制《仁厚论》，有以见先帝积仁之大用；又尝拜观《思无邪》《毋不敬》二铭，有以见先帝积仁之全体。四十二年之积，功深力到，恩厚泽溥。博无穷，施罔极，本一无不敬之心充积之耳。陛下绍休圣绪，亲得心传。乃月正元旦，虑仁心仁闻隔而不通，则拳拳乎戒贪；虹流瑞旦，暴殄庖厨，实所不忍，则拳拳乎戒杀。即此一念已足以追配三圣之仁矣。夫贤才所以辅吾仁也，召而未至，求而未获，仁几于壅；吏治所以宣吾仁也，训而未孚，戒而未革，仁几于间。牧守非不选也，而厚生之仁未溥；贡献非不却也，而益下之仁未周。发义廪，蠲田租，而吏或得以梗吾仁；豁积负，捐赋额，而下未得以沾吾仁。岂仁之用未能积而大之耶？毋亦仁之体未能积而全之也。

夫仁之用不难积也，积之一日则有一日之仁，积之一岁则有一岁之仁。日复日，岁复岁，积水以成渊，积土以成山，愈浚则愈深，愈培则愈高。何患其用之不大，特患不能积其体之全耳！有一毛慢易之心，则腐此仁之体；有一毛非僻之心，则亏此仁之体；有一毛怠忽间断之心，则离此仁之体。陛下燕闲蠖濩之中，幽独得肆之地，亦尝戒谨不睹，恐惧不闻否乎？亦未尝勿贰以二，勿参以三否乎？亦尝在宫如在庙，使民如承祭否乎？孔子告子张以为"仁必先以恭"。告樊迟以为"仁必恭敬"。至于告颜渊以天下归仁之目，必曰："非礼勿视，非礼勿听，非礼勿言，非礼勿动。"皆主敬之谓也。是虽圣贤讲学之要，而帝王行仁之体，实不外此。臣愿陛下以先帝毋不敬之心为心，常有以积其敬；复以先帝仁厚之心为心，益有以积其仁。而仁之全体大用，上足以续艺祖、仁宗一脉相传之仁。圣问所及，特仁之余用耳，臣谨昧死上愚对。

臣伏读圣策曰："厥初颢穹，实生兆民，孰总其群，乃作之君。孰牖其迷，乃作之师。君之治之，师之教之。礼乐刑政之由生，与有天下国家者，一是以元元为命脉。凡议论所讲明，政事所设施，罔非为邦本计。夷考载籍，率与天并言之，明威视听，皆自我民，其不可轻者固如此欤！"臣有以仰见陛下念天为民而立居，体天以子民，欲其仁之如天也。神闻乾坤天地之初，屯蒙人物之初，民之初生也。草木榛榛，鹿豕狉狉，不能资之养也，必需之饮食。自其资于养也，爪刚者搏，力强者夺，小者以讼，大者以师，纷然而莫之统一。一有聪明圣智者生乎其间，则天必命之为亿兆之君师。治之而争夺息，道之而生养遂，教之而伦理明，此天下所以此而归于一人，而礼乐刑政所由生也。礼以分其分，乐以宣其情，刑以防其奸，政以齐其俗，皆所以仁之也。故天下国家以民为命脉，圣人以仁而寿斯民之命脉，一都俞吁咈之间，讲明此仁也。一纪纲法度之立，设施仁也。天祐下民，作之君师，苟不能推广一念之仁，使斯民咸囿并生之中，宁不有负于君师之初意哉？

古昔圣人所以惕然加敬畏之心，而不以下民为微贱而忽之，敬天命也。粤稽载籍，言明畏必曰自民。言视听必曰自民。言天畏棐忱，必曰民情可见。言来绍上帝，必曰畏于民嵒。良以民心之所归，即天命之所佑。民只之可畏，即天显之可惠。惟天惠民，惟辟奉天，惠民所以奉天也。惟天生民，惟聪明时乂，时又所以奉天也。故尧不畏洪水，而畏昏垫之未安。舜不畏烈风雷雨，而畏烝民之未粒。旱非汤之畏，而栗栗之忧，惟恐涂炭之未拯。大风非成王之畏，而祗勤之心，惟恐蠢动之弗宁。惟其敬心，无日而不存，所以仁心无往而不周。而臣愿陛下积一念之敬而无或懈弛，则能积一念之仁，而无不洽浃矣。

臣伏读圣策曰："三圣传心之要，不越乎执中数语。斯盖万世君师之大纲领。究其指归，则曰非后何戴，非众罔守。然则一中之妙用，同所以为维持固结之道欤？道之出有原，道之传有统，前圣后圣，同一揆欤？"臣有以仰见陛下慕三圣之传心，本一道之无间，欲其仁之如古也。臣闻道之本原出天，圣人之心如天也。尧之命舜自执中，戴后非众罔与守邦，其忧之益深，其言之益切矣。盖中即仁之体，而惟精惟一所以全是仁。先儒胡宏曰："中者性之道，仁者心之道。"惟仁者惟能尽性，岂有二道哉？尧得是道，故凡厘百工，熙庶绩，光四表，和万邦，无非此仁。舜得是道，故凡徽五典，穆四门，命九官，咨十二牧，无非此仁。禹得是道，故凡六府孔修，三事允治，万世永赖其功，无非此仁。圣人所以维持固结斯民之心，岂它有操制之术哉。仁之感民者无穷，而民之戴其仁者亦无穷，《书》之所谓守邦，即《易》之所谓守位也。道统之传本无绝续，世变所趋，自有淳漓，统一圣真。武帝非有志于道之君乎？外施之政，终莫掩其多欲，远辈尧舜。太宗非悦慕于道之主乎？劝行之功，卒税驾于末年。此无他，敬心不存。故人欲足以害天理而已。臣愿陛下，积一念之敬，使道心不泊于人心，则能积一念之仁，而与尧舜同符矣。

臣伏读圣策曰："我国家且受天命以奄有九有，列圣代光，绍明大保，人斯无疆。肆我先皇帝，迪畏天显，怀保小民四十一年，跻敬履仁，用能延洪基绪，式克至于今日。盖其精神心术之妙，融会于六经之奥要语一书，口传面命，其示轨范者在是。朕只遹猷训，行其所知。"臣有以仰见陛下得先帝之心传，欲天下之仁遂行也。臣窃谓三代以来未有如我宋之仁。艺祖仁之原也，仁宗仁之亨也，我理宗仁之利而正也。青阳开动，品物发生，其元之时乎？迅扫五季衰陋之宇宙，抚摩五季疮痍之蒸黎，时则有以开运之元。朱明假大，万有长茂，其亨之时乎？培植丰苗之深根，滋衍蓼萧之厚泽，时则有以畅天运之亨。至于万宝告成，庶物就实，是利而正之时也。

人知先帝所以博仁之用者，一利泽之心。孰知先帝所以充仁之体者，一正固之心乎？惟纯乎敬也。故尚贤则始终尚贤，不以不肖参之；布治则始终布治，不以贪黩累之。生欲其厚，则常存爱仁之心；下欲其益，则常持节用之心。荒政当行，田租当减，则此心无少怠；宿逋当贷，课额当省，则此心常如初。凡其所以持敬者，不特一《思无邪》《毋不敬》之铭而已。四十八箴之首，揭以敬天命，又撫六经之言天，尝编而图之曰《敬天图》。《易》之跋曰："人君动静语默，政化云为，无一非乾。"先帝之心即乾也。《书》之跋曰："人君深知天命之靡常，如能疾敬厥德，则可以祈天永命。"先帝之心即天也。"上帝临汝，无贰尔心"，见于《诗》之跋，由此心无时不在帝左右。"忧之不可掩，忧之毋自欺"，见于《易》之跋，则此心无时不闲邪存忧。至于《周官》之法则，则不徒事文物典章之饰，《春秋》之灾异，则不徒诿列国证应之言，敬之所积如此。其至以其跻敬之心，而为履仁之心，以其迪畏天显之心，而为怀保小民之心，仁固自敬中来也。精神心术之妙，上绍三五之传，密探六经之奥。而要语一书，所以口传面命于陛下者，真尧舜禹之相授受也。陛下忧能端居而念，澡心以思，玩味以绅绎，则知《书》之《尧典》曰钦，《易》乾曰忧，《诗》之蔽曰思无邪，《记》之首曰毋不敬，《周礼》之列名度数非繁文，《春秋》之笔削褒贬非纪事，其旨所在，盖与《敬天图跋》同一关键。臣愿陛下于此而行其所知，则敬虚文而仁皆实惠矣。

　　臣伏读圣策曰："召故老，求实才，以尚贤也。然召能至，求未尽获，何以致信顺之助？"臣有以仰见陛下虑仁之不能偏爱，而急亲贤之务也。臣闻乌鸢之巢不毁，而后凤凰至，鸣犊之贤不见用，则仲尼临河而返，贤者之去就□□所觇也。陛下自践祚以来，弓旌四出，蒪菲不遗，台衮皆在位之贤，薰莸无共器之害，□□□□可谓翕合矣。王春之始，都俞庆会。当泰道之既长，思实才之是求，涣颁一札，趣召二老，真情实意，恳切至到。而考槃在涧，生刍空谷，犹未肯□然而起。何耶？进而在列者，弗获以容其用，故退而在野者，宁甘以藏其用耶！窃怪紫囊献替，或禁闼之莫留，白简绳愆，或车轮之难止。沽激者敢于好名，则虽不沽激者，岂敢不卷舌。才高者敢于任气，则虽不任气者，岂敢不韬光。夫人才之在天下，当涵养以翼其成，不当摧沮以速其败；当取其长而弃其短，不当责其备而求其全。

　　先帝诏曰："朕以礼义遇士大夫，以仁厚培养人才，畦积器便，区区惟恐弗逮。"其急于亲贤若此。臣愿陛下积一念之敬，笃信君子勿有一毛厌薄之心，留意人才，每为先时培养之计，则养贤及民仁之所施者博矣。《易》之所谓信顺尚贤而获天人之祐助者，不在兹乎？

　　臣伏读圣策曰："训守牧，戒贪残以布治也。然训未必孚，戒未必革。何以新治象之观？"臣有以仰见陛下虑仁不能以自达，必饬吏以兴治也。臣闻豺狼当道，安问狐狸。舍大恶而谪小过，张纲为之埋轮不行。吏习之秽恶，盖必有所仿也。陛下申饬守令，加惠元元，字民民牧，有训有铭，固宜令百里者皆抚字其人，守千里者皆养育其人。往者王春之始，涣颁奎章，犹虑贪残之相尚，而责监司郡守不先擿实求士，将以庇匿之罪罪之。夫监司者，一路之纲，郡守者，一郡之纲。子帅以正，孰敢不正。有褰帷纠恶之风，则受财之吏自去，有悬鱼在庭之清，则献馈之丞自惭。今任按察之寄者，或乏直清之誉，居方伯之任者，鲜闻廉介之称。源则浊矣，何以责流之清？甚而荐剡则立定直，辟剡则责厚报。嫉廉者之不附己，则劾而去之，喜贪者之能奉己，则举而进之，求其不庇匿不可得也。始于小大之相尚，成于上下之相蒙。小吏之贪以锱铢，大吏之贪以钧石；小吏之贪特穿窬之智，大吏之贪乃橐橐之藏。陛下虽有仁心仁闻，谁与达哉。先帝戒贪之诏曰："监司郡守，固望□奉法循理，正己帅下。今若此，复何赖焉？"其严于饬吏如此。臣愿陛下积一念之敬，劝奖大吏以为小吏之倡，禁戢大吏以为小吏之惩，则吏称民安，仁之所及者远矣。《周礼》之所谓布治于邦国都鄙，而亲万民之观听者，不在兹乎。

臣伏读圣策曰："求牧与刍当谨也。既不用姻戚，每选用贤良，宜有厚生之政，而未见田里之无愁叹。"臣有以仰见陛下谨选循吏，欲以厚生之政仁斯民也。臣谓欲厚民生，当先戢吏。先王为民设官，有官则有吏，府吏胥徒，庶人之在官者，奉行文书，奔走力役而已。后世始有所谓轻黠吏，有所谓豪恶吏，有所谓深刻吏，尹赏、王温舒之徒，犹能擒制而用之，未有若今日官弱吏强也。盖居官者递迁，而为吏者长子孙，居官者憎于法，而为吏者舞文法。谬者仰吏，懦者畏吏，贪者资吏，酷者任吏，吏曰可则可，吏曰否则否，据案占位，书纸惟谨，此官所以反听命于吏也。是以政则规成，狱为贷宥，虽有循良之吏，果能以身任刍牧之寄乎？陛下用谏臣之言，汰去冗吏为蠹国虑也。盖亦为蠹民虑乎？先帝御笔戒饬守臣，毋纵吏奸为平民害，正虑此也。陛下体《书》之正德厚生，而以敬心行之，则循良用而奸黠屏，田里无愁叹之声，而仁声洋溢矣。

臣伏读圣策曰："竭泽而渔不忍也。既力却贡奉，且禁献羡余，宜有益下之说，而尚闻郡国之有征敛。"臣有以仰见陛下严正征敛，欲以益下之说仁斯民也。臣谓欲知益下，莫先损上。国家取民之法，纤悉不遗，昔以暴赋横敛为非，犹知赋敛之名，今直取之而已。昔以收大半赋为非，尚有其半也，今直尽之而已。府库金帛皆生民膏血，郡邑官吏鞭捶丁壮，系累老稚，铢铢寸寸以诛求之，以输于帑庾，陛下不可得而见也。南亩之民，黧面涂足，终岁勤动而不厌糠核，陛下不可得而见也。徒吏坐门，叫嚣堕哭，吾民伐桑枣鬻妻子以饱之，愁叹之声载道，陛下不可得而闻之。思复损上以益下得乎？陛下自初即位，止贡奉，却羡余，天下咸知陛下之仁。无土木营缮之侈，无匪颁赐与之害，天下咸知陛下之俭，日积月累，固宜邦计裕而民力宽。臣来自远方，侧闻奉宸之储瓶罄，大农之积孑虚，是果何为而然耶？卮不盈者漏在下，木不茂者蠹在内，韩琦论减费、浮费自宫掖始，宋祁论三冗、三费终之曰人。不率则不从，衣服醪膳无益旧规，请自乘舆始；珠玉锦绣不得浮费，请自后宫始。先帝因经筵讲《易》卦有曰："丰亨盛大之时，人主之侈心易生，不可不戒虑此也。"陛下体《易》之损上益下，而以敬心行之，则百姓足，君孰丰不足，郡国无征敛之政，而仁政行矣。

臣伏读圣策曰："义廪之发，将以赈饥，而侵牟或不免。田租之蠲，本以宽赋，而苟取或如故。至若豁诸州之积负，捐版曹之故额，俾纾急绾之扰，深寓省费之实，而民未有惬志，势若中隔，泽不下流，历思之迄未得其说。"臣有以仰见陛下轸忧民瘼，欲无一事之不本于仁，无一夫之不被其泽也。臣窃以为义廪之发，田租之蠲，欲公其利，则臣前所言欲厚民生，莫先戢吏，其说粗可行；积负之豁，故额之捐，欲去其害，则臣前所言欲知益下，莫先损上，其说粗可用。请终言之。自去岁旱涝相仍，民已告歉，今春常寒为沴，阴雨弥旬，谷再种而不入，麦虽秀而不坚，糠核既尽，惟草根木叶是食，民不聊生甚矣。朝廷蠲租发廪，正欲民拜一饱之赐。然常平之积，平时侵牟移易，以虚相付受，至是则乘时消豁者有之矣。幸而有积，则借补欠之说，而官吏瓜分其钱者有之矣。甚而坐视流殍，不肯发廪，并缘支拨，掩其实蠹，吏则肥矣。如民何？田赋之纳，郡邑预借，或二三年，至是则文具应诏者有之矣。幸而富州大邑至预借，则以畸零当放而欺诳小民者有之矣。甚而包放重催，虚破补解，盗窃府库，欺弄簿书，吏则丰矣。如民何？此臣所谓莫先戢吏是也。诸州积负当豁则豁，仁也。上供之数或不足以供度之需，能保版曹之不划刷乎？冗费未节，而先积负之豁，是不揣其本而齐其末也。版曹故额当损则损，仁也。破分未除，或足以贻异时之害，能保州县之不横取乎？浮费未省而先赋额之损，是不节其源而窒其流也。此臣所谓莫先损上是也。先帝御笔令诸州建平籴仓，必命监司严督守臣，使小民无艰食之患。至蠲放水旱田租，必戒守令奉行，以实常赋，取赢于额外，敝租或见于重催，必一一申儆之。陛下倘能以敬行之，则纳己裕人，戢贪惠下，仁意充塞乎宇宙矣。

臣伏读圣策曰："意奉宪者导之未明欤？抑习锢于玩未易递革欤？朕寅念先帝贻谋，常恐羞之，重为之惕然也。"臣有以仰见陛下叹仁道之难尽，思所以光绍先烈也。臣于陛下治生乎积，非可速成一语，愿益加圣心焉。盖积之说有二，有积习之积，有积累之积。人心久玩，吏治久屈，令之不从，惩之而不改，此积习之积。仁之蠹也。力行不息，持敬不怠，有悠久无间断，有缉熙无作辍，此积累之积。仁之基也。陛下忱能体之以心，行之以身，不以未治而自止，不以小康而自务，不以小善为无益而弗为，不以小过为无伤而弗改，不以灾异为适然而有忽心，不以祥瑞为美观而有德色，一敬之积愈积而愈厚，则先帝贻谋数世之仁，又自陛下益迓续于万世矣。彼奉宪者，未明训导，为吏者未底廉平，特积习所致尔。一整饬间，气象改观，日变月化，人心之积习，岂不自圣心积累之功有以感之欤？臣窃观圣心，或者未能积其敬也。夫主一之谓敬，无适之谓一。思虑未萌，知觉不昧，则静而有以养此心。事物既接，品节不差，则动而有以养此敬。今也恐惧于旱涝常寒之警，固知敬矣，悦怿于瑞芝之观，何所积之未纯邪？齐庄于圭璧荐享之时，固知敬矣，转移于霞光迎导之际，何所积之有间耶？先帝无不敬之心，恐不如是也。臣愿陛下加积累之勤，以充此仁之体而极其全，博此仁之用而极其大，则治虽未可以速成，亦未有积而不成者也。陛下谦虚逮下，所以策臣者亦以勤矣，区区愚忠，亦已历陈熟数于前矣。

至终复策之曰："子大夫博古通今，夙抱经济之蕴，其据经以对，毋有所隐，朕将亲览焉。"臣益见陛下好问之忱，有加无已，必期臣子之尽言也。臣束发读书，粗知有犯无隐之义。幸逢明盛之朝，陛下诏之以毋隐，臣而有隐，是负其所学矣。辄于圣问之终，所谓习锢于玩者，条其玩之说。盖去人心之玩，自去君心之玩始。一曰人言不能玩。苏轼对策曰："天下无事，公卿之言轻于鸿毛，天下多事，公卿之言重于泰山。"夫天下岂无可言之事，而亦有可言之阶，视之为重虽轻亦重，视之为轻虽重亦轻。重则敬心生，轻则玩心生矣。当安平无事之时，犹不可以玩心视之。今何如时哉，水旱盗贼之奏，日陈于前，《无逸》《酒诰》之书，日诵于左，露囊霜简，言言药石，月课风闻，事事箴规，非无敢言之人也。陛下虚心访问，和颜容纳，必精思谛听而审其可否，则言之善者用矣。二曰天变不可玩。范祖禹奏疏曰："圣人无一日而不事天，天无一日而不祐圣人。"所谓无一日而不事天，以其敬心而事之也。天无一日而不祐圣人者，以其无玩心而祐之也。事天之敬有时而间断，则天必出灾异以警其玩也必矣。人君知其然，故夙夜自儆以畏天之威，右左如在，以在以敬。天之怒犹惧获咎，而况敢逸豫乎哉！今日食于春王三朝，水灾于江浙两淮，玉烛未调而乖气致异，天心之仁爱，端可识也。

陛下侧身修行，战兢自持，以我之天会乎天之天，则灾异之来可弭矣。三曰房情不可玩。夫夷狄之不仁也犹豺狼，而其恶鸱枭不若也。张采有言曰："鸱鸮不鸣，谓之孔鸾。见其不噬，待以犬马，斯亦过矣。"今之夷狄何如哉？和好之使虽来，而骄黠之情叵测；境土之界日蹙，而溪壑之欲难盈。此正鸣噬迫人之秋也。陛下思祖宗之天下，寸尺不可以与人。鉴女真之世仇，覆辙不可以再蹈。兢兢业业，如大敌在前。兵甲相接，而罔或怠忘焉。臣见廊庙之筹策，为谋既臧，樽俎之折冲，其勇自倍。不然，日惕岁玩，遗患将深。虽有孙吴，无所用之。此犹国家之远虑，古今之通患也。陛下于此尤加之意，而去其积玩之心，则恢复之期有日矣。夫积习之积不可有，积累之积不可无。仁心之不能积而大之者，何也？以其积敬之功未至也。敬心之不能积而全之者，何也？以其积玩之心未除也。忱能去其积玩之心而为积敬之心，勉积敬之心而为积仁之心，天下尚安有不被吾仁者哉。

臣一介草茅，不识忌讳，罄竭忧悃，冒进狂瞽，惟陛下裁赦。臣谨对。

### ■ 史海钩沉

当时的南宋，歌舞升平。张镇孙出任秘书监正字，后为校书郎。贾似道时任丞相，想拉拢张镇孙，但张镇孙不为所动，于是被外放任浙江婺州通判。咸淳十年（1274），伯颜统率大军兵临都城，当时兵散官乱，一团乱麻，张镇孙职微言轻，手无兵马，只好带双亲南归。第二年，赵昰为帝，是为端宗。当时广州已陷，溃军星散，他们推举张镇孙为元帅，抗击元兵。

张镇孙的仕途也并非一帆风顺，自十五岁参加童子试以后，屡考不中，加上家境困难，各种嘲讽和打击接踵而来。然而这些挫折不但没有消磨他的志气，恰恰相反，更加促使他奋发向上，他利用不得志的二十年时间，攻读群书，研究社会。到南宋咸淳六年（1270），已经三十五岁、步入中年的张镇孙参加乡试。结果有志者事竟成，中了第五名举人。他抓紧这一年的宝贵时间，日夜潜坐书斋，钻研名家论著和历代兴亡的史迹，把先贤的远见卓识融为己有，运用自如，在论证和文风上独树一帜。

# 元

## 元统元年（1333）癸酉科右榜状元：同同

同同，字同初蒙古人，居真定（今河北正定）。

殿试皇帝：元惠宗孛儿只斤·妥懽帖睦尔

### ● 策问

制曰：古人有言：得天下为难，保天下为尤难。自古持盈守成之君，莫盛于三代。夏称启能敬承继禹之道；殷称贤圣之君六七作；周称成康能致刑措。夫以禹之功而惟启，以文武之德而惟成康。贤圣之君之众，莫若殷，亦不过六七而已。其后惟汉之文景，而言文景之治，犹不得比之三代善继承者，何若斯之难也！我祖宗积德累世，至于太祖皇帝肇启土宇，建帝号。又七十余年，世祖皇帝始一天下，以致至元之治，厥惟艰哉！顾予冲人，赖天地祖宗之灵，绍膺嫡统，继承之重，实在朕躬，夙夜兢兢，未获其道。子大夫通今学古，其永启之所以敬承，六七君之所以称贤圣，成康之所以致刑措，其道安在？文景之所以不及三代，其故何由？及今日之所以持盈守成，孰先孰后？孰本孰末？何以致刑措、称贤圣、继祖宗之盛？悉心以对，毋有所隐。

### ● 对策

陛下发德音、下明诏，持盈守成之道，远稽三代，近祖宗，皆非愚臣所能及也。然先民有言：询于刍荛。臣敢不悉心以对。

臣伏读制策曰："古人有言：得天下为难，保天下为尤难。自古持盈守成之君，莫盛于三代。夏称启能敬承继禹之道；殷称贤圣之君六七作；周称成康能致刑措。夫以禹之功而惟启，以文武之德而惟成康，贤圣之君之众，莫若殷，亦不过六七而已。其后惟汉之文景，而言文景之治，犹不得比之三代善继承者，何若斯之难也！"臣闻自古有天下者，创业至难，守成尤难，何也？天将有以大奉而王天下，必先使之勤劳忧苦，涉险蹈阻，功加百姓，德泽及四海，然后授之大宝，以为天下之谊主。是故人之情伪、事之得失、稼穑之艰难、前代之兴废，靡不历览而周知。盖操心常危而察理也精，虑患常深而立法也详，故能平一四海而无不致治者。守成之君兢兢业业，恪守先王之宪章，犹惧不治，况自深宫而登大位，习于宴安不复知敬畏，贵为天子，富有四海，便佞日亲，师保日疏，声色货利，游畋土木与夫珍禽异兽，所以惑志而溺心者，不可胜数。管仲所谓宴安鸩毒是也。苟非刚明而大有为者，讵不为其所动。其间间有足以有为之资，则其颂功德、称太平、奏丰年、献祥瑞者，投间抵隙，接踵于朝廷。于是志骄气盈，穷兵黩武，以祖宗之法为不足法，好大喜功，纷更变□，至失厥位而坠厥宗者，比比又如此。

是故禹、汤、文武大圣也，自累世积德而有天下至难也，以天下相传，大事□□，能继禹之功者惟有启，承文武之德者惟成康，圣贤之君之于汤殷六七而已。以圣人有天下，能继其后者止如此。况汉文景继高帝之治乎？由此言之，继世之君有能持盈守成而不废先王之道者，可谓难也已。《诗》曰："不愆不忘，率由旧章。"《书》曰："监乎先王成宪，其永无愆。"此之谓也。

臣伏读制策曰："我祖宗积德累世，至于太祖皇帝肇启土宇，建帝号。又七十余年，世祖皇帝始一天下，以致至元之治，厥惟艰哉！顾予冲人，赖天地祖宗之灵，绍膺嫡统，继承之重，实在朕躬，夙夜兢兢，未获其道。"臣惟我国家积德千万世，与天无疆。至太祖皇帝受明命，兴王基，建帝号于朔方。又七十有余岁，世祖皇帝圣德神功，方能一天下，以成至元之盛治，王业之成何其难也。如此今也继承之重，托之□□□□□□□，臣□□□□□□□□□□□□□□□□□皇帝陛下，英姿天继，圣德日新，民情世态之熟识，险阻艰□□之备尝，历数在□□□□□□□□□□心之所归。讴歌者咸曰：吾君之子也。朝觐者咸曰："吾君之子也。"先帝之所顾命，慈极之所眷注，宗王之所推崇，股肱大臣之所翼戴，陛下其时邈在蛮烟瘴雨之乡，夫岂有黄屋左纛之念哉！昊天成命，默定于苍苍也久矣。推之而不可推，辞之而不可辞，飞龙在天，□□□□□□□□圣作物睹，天下皆以至元之治，复望于今日，陛下所以汲汲有为，以副天下之望者，当如何哉？制策有谓：夙夜兢兢，未获其道。臣读至此，顿首称贺，有以见陛下谨持盈守成之心矣。充此心而力行之，行之不已，而求其至焉。虽禹汤文武无以过也，又岂有不获者哉。《诗》曰"夙夜匪懈"，《书》曰"懋哉懋哉"，此之谓也。

臣伏读制策曰："予大夫通今学古，其永启之所以敬承，六七君之所以称贤圣，成康之所以致刑措，其道安在？文景之所以不及三代，其故何由？及今日之所以持盈守成，孰先孰后？孰本孰末？何以致刑措、称贤圣、继祖宗之盛？悉心以对，毋有所隐。"臣学不足以考古，识不足以通今，草茅微贱，何足以及此而切有志焉。尝闻之三代之后得天下也，以仁治天下，亦以仁子孙继之，何敢加毫末于是哉？不过存敬畏，守成实而已。昔启之继禹也，遵其道而敬承之，左右皆禹之旧臣相与辅之，启又能尊亲而礼任焉，故能继其道而不废，□□□□□可顾。又曰："予临兆民，凛乎若朽索，之驭六马。"启之所以敬承者此也。陛下以是□□□之敬承之道，无以加矣。臣闻大甲嗣汤伊□□阿衡而告戒启沃者，无非成汤日新之功，大甲能守之，继是者能行之，所以继治。《书》曰："苟日新、日日新、又日新。"又曰："顾諟天之明命。"贤圣之所以继作者，此也。陛下以是力行之，六七君之称贤圣不得专美于商矣。臣闻成王继文武之位，周公作礼乐行王政，成王克遵文武之德，康王又克守之，教化大行，刑措不用。《书》曰："庶狱庶慎。"又曰："心之忧危，若蹈虎尾涉春水。"成康之所以致刑措者，此也。陛下以是而力行之，则刑措矣。臣闻治天下莫大于仁政，而仁政莫先于教养。

故三代之相承也，莫不制田里教树畜，命训迪之官任敦典之责，渐民以仁、摩民以义、节民以礼，民知礼义而不犯法，然后刑罚辅之，以正其不正者耳，无非先德教而后刑罚也。汉高帝得天下，秦俗未尽革，专刑威而弃教化，不事诗书，不尚节义，何以为子孙法？文帝继其后，其恭俭慈爱虽足以化下，然贾谊劝其兴礼乐行仁义，则辞曰未遑。景帝忠厚之风又不及文帝。文景虽曰能守成，仅能守汉之成宪耳！何敢比隆于三代乎？孔子曰："道之以政、齐之以刑，民免而无耻；道之以德、齐之以礼，有耻且格。"由此观之，德礼本□□也，刑政末也，本宜先而末宜后也。陛下先其本后其末，德教化行礼乐兴，由之而致刑措，由之而称圣贤，由之而继祖宗之盛，在一转移间耳，臣切观祖宗所积之德，即文武之德，祖宗所成之功，即大禹之功，圣圣相承、以继□盛治，不特如殷之六七君之贤圣。陛下持盈守成，亦继志述事而已矣。

承悦慈极、尊任师傅、博求贤能、修明庶政，进敦笃、退浮华、谨访问、纳规谏，以天下之耳目为之视听，以天下之心志为之思虑。万国至广也，吾为天地以容之；万民至众也，吾为日月以照之。人之所欲者安也，吾为行仁政以安之；人之所欲者富也，吾为崇节俭以富之；人之所欲者寿也，吾为隆教化兴礼让，使之趋善远罪以寿之。立经陈纪，不以小有故而沮挠；发号施令，不以小利钝而变更。次第而行之，强力以守之。念祖宗之勤劳，致王业之不易，慎终如始，必其成功。心即祖宗之心，治即祖宗之治。将见功高大禹，德并文武，日新又新，同得成汤。保天下之事备矣，持盈守成之道至矣。

臣愚戆，不足以奉大对，惟陛下裁择。臣谨对。

### 史海钩沉

有些文学史在叙及元代文学，尤其是元曲的兴旺发达时，往往认为，正是由于元朝统治者对知识分子的不重视，不举行科举考试，才使得有才华的知识分子转向文学，尤其是元曲、杂剧等的创作。这种结论下得有点过于绝对。元代并不是对所有的知识分子都不重视，只是对那些喜欢以"诗、词、歌、赋夸示于人"而又不懂经世之术的知识分子才真的不重视。

同同的这篇应对文章一定程度上摆脱了"洋洋洒洒""舞文弄墨"的陋习，一定程度上反映了元代的文章风格。

一是质朴厚重。该篇文章为文实实在在，御试策问怎样发问，他就怎样回答；御试策问问几个问题，他就回答几个问题。引录的制策也是一字不漏，全文照登。在回答问题时，他行文也很朴实，不过分运用虚比淳辞，不过于追求怪涩文风。

二是精悍。同同用了很短的篇幅就回答了全部问题，结构很完整，层次也较有条理，文体程式也很符合规则。

## 元统二年（1334）甲戌科左榜状元：李齐

李齐，字公平，保定路祁州蒲阴县（今河北安国）人。李齐年少家贫，勤奋求学，工于辞章。为政有声名。

殿试皇帝：元惠宗孛儿只斤·妥懽帖睦尔

### 策问

制曰：朕闻《易》曰："君子多识前言往行，以畜其德。"盖事必师古，帝王之所尚也。昔之有天下者，曰皇、帝、王、霸，夫其位同，有庙社臣民同，爵禄废置生杀予夺之柄同，独其为号不同。然则曰皇、曰帝、曰王、曰霸，其名义可得而知乎？治天下者，为其事必有其功，载之简册，垂之来世。尚矣，《三坟》之书。少昊、颛顼、高辛氏之典湮灭无传，其事功亦可考而有征于今乎？唐虞以下载籍虽存，亦可以尽信而无疑乎？临乎亿兆之上，必有为治之道，始终持循以成一代之理。皇、帝、王、霸其为道同乎？不同乎？《传》曰："为政以德。"盖必行道，有得于心，然后可措诸政。皇、帝、王、霸之德，其浅深纯杂亦可得而言乎？君心出治之原也，皇、帝、王、霸其心之微，亦可得而见乎？皆朕之所欲闻也。子大夫修业于家殆有年矣，兹故详延于廷，以询所蕴。《书》曰："今民将在祗遹乃文考"。又曰："别求闻由，古先哲王。"朕仰荷天明，承累圣之丕业，兢兢图治，其法祖宗者，固不待谋之子大夫矣。等而推之，皇、帝、王之心、之德、之道，何者可师？何者可取？其悉陈之，以副朕之虚伫。近世儒者以皇、帝、王、霸分而比之春、夏、秋、冬，然而其所以为皇、帝、王、霸者，将犹气之周流于一岁，适然而然，初无系于向之云云也乎？天道循环，由贞而元，理之必至。苟以四时方之，则秦汉而降，固可以配皇、帝、王、霸而班之否乎？子大夫其为朕索言之，朕将有所鉴焉。

## 对策

臣闻元亨利贞，天之道也。皇、帝、王、霸，世之运也。夫世运虽有皇、帝、王、霸之不同，然而一元之气流行于天地之间者，则无时而已也。钦惟皇帝陛下，龙飞之初，兢兢图治，又进臣等于廷，询以帝王之所尚，与夫皇、帝、王、霸事功之著，心术之微，且谆谆于皇、帝、王之心、之德、之道，俾臣等悉陈之。臣草茅微贱，凡圣问所及者，皆非愚臣之所能知也。臣尝读世祖皇帝中统建元之诏，有曰：法春秋之正始，体大易之乾元。夫元者，天地生物之心也。天运循环，世纪为元。洪惟圣朝以元纪号，默契大易先天之旨，施之经世，又合邵子皇极之言。由一元而推之，至于十二万九千六百之数，万亿年无疆之休。臣敢不精白一心，以对扬天子之休命。臣谨俯伏以对。

臣伏读制策曰："朕闻《易》曰：'君子多识前言往行，以畜其德。'盖事必师古，帝王之所尚也。昔之有天下者，曰皇、帝、王、霸，夫其位同，有庙社臣民同，爵禄废置生杀予夺之柄同，独其为号不同。然则曰皇、曰帝、曰王、曰霸，其名义可得而知乎？治天下者，为其事必有其功，载之简册，垂之来世。尚矣，《三坟》之书。少昊、颛顼、高辛氏之典湮灭无传，其事功亦可考而有征于今乎？唐虞以下载籍虽存，亦可以尽信而无疑乎？"臣有以见陛下深知皇、帝、王、霸名号不同，然必求诸事功，考诸载籍，而后有以明之也。臣闻傅说之告高宗曰："王人求多闻，时惟建事，学于古训乃有获，事不师古以克永世，匪说攸闻。"故君子所以多识前言往行者，将以畜其德。而帝王之所尚者，亦必以师古为先也。昔之有天下者，曰皇、帝、王、霸。夫皇之所以为皇者，犹天道之春生也。帝之所以为帝者，天道之夏长也。王之所以为王者，天道之秋成也。至于霸，则以力假仁而已矣。虽其庙社臣民、爵禄废置、生杀予夺之柄同，而霸者之心则与皇、帝、王不可一例而论也。其名义之所以不同者，盖以道化民者谓之皇，以德教民者谓之帝，以功临民者谓之王，以力假仁者谓之霸。其事功之著，则《三坟》不可得而详矣。然而伏羲氏始画八卦造书契以通神明之德，以类万物之情，以代结绳之政，而民始知所从。神农氏作为耒耜以教民稼穑，而民始知所本。黄帝氏定上衣下裳之制，兴宫室舟车之利，而民始有常度。

此皇之所以为皇，盖以道化民者也。皇降而帝，于是少昊、颛顼、高辛氏兴焉。其官名之善，历数之精，后世继述焉。至若尧之历象日月星辰，而致庶绩咸熙之效。舜之命官资牧，而成恭己无为之治。此帝之所以为帝，盖以德教民者也。至若禹之不矜不伐、汤之克宽克仁，文王之徽柔懿恭，武王之垂拱而天下治，以功临民，此王之所以为王也。他如秦穆修圣，晋文修贤，楚庄修术，齐桓修才，邵陵之师□□矣。其实则以力而不以德，知功利而不知道义，此霸之所以为霸也。皇、帝、王之迹虽若不同，其心则一而已。由是而论，则唐虞以下，典籍所载亦可信而无疑矣。此即陛下所谓为其事必有其功，载之简册，垂之来世之意也。

臣伏读制策曰："临乎亿兆之上，必有为治之道，始终持循而（以）成一代之理，皇、帝、王、霸其为道同乎？不同乎？《传》曰：'为政以德。'盖必行道，有得于心，然后可以措诸政。皇、帝、王、霸之德，其浅深纯杂亦可得而言乎？君心出治之原也，皇、帝、王、霸其心之微，亦可得而见乎？此皆朕之所欲闻也。"臣有以见陛下深知皇、帝、王、伯之心不同，将合皇、帝、王之治，而成一代之盛治也。臣闻有是心必有是道，有是道必有是治，治本于道，道本于心者也。盖皇、帝、王所传之道虽一，皇、帝、王为治之迹则殊。迹之殊者，时之异也。道之同者，心之一也。其始终持循以成一代之理者，初岂外于此心也哉！较之伯者，其浅深纯杂不待言而明矣。若夫心术之微，则臣请得而言之。尧之克明峻德，舜之兢兢业业，禹之不矜不伐，汤之克宽克仁，文王之纯亦不已，莫非以是心而行是政也。彼五伯之尤盛者，莫桓文若也。然而邵陵之师、城濮之战不过急功利而已耳。此所以卒不能如汤武之仁义也。孟子曰："尧舜性之也，汤武身之也，五伯假之也。"此即陛下所谓为政以德，盖必行道，有得于心，然后可以措诸政，之意也。

臣伏读制策曰："子大夫修业于家殆有年矣，兹故详延于廷，以询所蕴。《书》曰：'今民将在祗遹乃文考。'又曰：'别求闻由，古先哲王。'朕仰荷天明，承累圣之丕业，兢兢图治，其法祖宗者，固不待谋之子大夫矣。等而推之，皇、帝、王之心、之德、之道，何者可师？何者可取？其悉陈之，以副朕之虚伫。"顾臣愚贱，何足以知此哉！臣闻君天下之道，在法古以通今而已。欲法乎古，则皇帝王之心法所当讲也。欲通乎今，则世祖皇帝之成宪所当法也。夫法祖宗者，固不待谋之愚臣，臣亦不敢不为陛下言也。《书》曰："今民将在祗遹乃文考。此即法祖宗之意也。"又曰："别求闻由，古先哲王。"此即取法于皇、帝、王之意也。况我世祖皇帝建国纪元之意，即天道一元生物之心乎？陛下仰荷天明，承累圣之丕业，兢兢图治，是亦帝王之用心也。臣愚以为法皇、帝、王以致治，亦惟法祖宗而已。何者？祖宗之治即皇、帝、王之治也。等而推之，皇、帝、王之心、之德、之道，臣又请得而僭言之：精一执中，建中建极，帝王之心也；钦明文思，恭敬宽仁，帝王之德也；身修、家齐、国治而天下平，帝王之道也。有是心则有是德，有是德则有是道，其取而法之，在陛下力行何如耳。其曰：'君心出治之原者，盖陛下深烛此理而后。'有此言也，心法之传，在陛下矣。彼伯者之事，何足以渎圣听哉！陛下之问及此，故臣敢肤列以明世运之不齐。然而皇、帝、王之道，则亘古今而不易也。臣前所谓迹虽异而心则一者，此也。

臣伏读制策曰："近世儒者以皇、帝、王、霸分而比之春、夏、秋、冬，然则其所以为皇、帝、王、霸者，将犹气之周流于一岁，适然而然，初无系于向之云云也乎？天道循环由贞而元，理之必至。苟以四时方之，则秦汉而降，固可以配皇、帝、王、霸而班之否乎？子大夫其为朕索言之，朕将有所鉴焉。"臣闻先儒邵子于阴阳消长之理，固已默会于心矣，故其为《皇极经世书》也。以日月星辰为元会运世之本，以皇、帝、王、霸为《易》《书》《诗》《春秋》之体，且谓《易》该皇、帝、王，《书》该帝、王、霸，《诗》该王、霸，《春秋》纯乎霸，譬如寒暑昼夜之不齐，乃所以为齐也，初岂适然而然，无系于向之云云也乎？天道循环，由贞而元，理之必至。唐虞以下若秦者，固不足言矣。汉唐之事纵有可观，然而霸王之杂，心术之偏，君子无取焉，臣是以不敢为陛下言也。臣之拳拳者，惟曰法皇、帝、王之为治，亦惟体世祖皇帝春秋正始之言，大易乾元之旨而已矣。况天运为元，圣德日新，其所以基鸿业无疆之休者，又自陛下始也。愚臣谨俯伏以奉明诏，陛下策臣之□□有献焉。夫敬者，一心之主宰，万事之根柢，帝王之所以成始而成终者也。《书》曰：'钦明文思'。此敬也。又曰：'惟天无亲，克敬惟亲。'亦此敬也。陛下以一心而制万化，惟天惟祖宗之寄，择不出乎一敬而已。如是而加乾健不息之功，缉熙圣学之力，则可以四三王，可以六五帝，比屋可封之俗，黎民于变之风，将复见于今日矣。猗欤！今此陛下之心，天下之福也！臣谨昧死上愚对。

## 史海钩沉

李齐历任河北淮西行省廉访司佥事，后迁高邮知府，为政有声名，果敢干练，深得百姓爱戴。至正十年（1350），有一批强盗突然闯入高邮府驿站，抢掠了十二匹驿马。时任知府的李齐奋起而追，一举歼灭了盗贼，缴回马匹。至正十一年，州民秦观保私自制造兵仗武器，企图进行抢劫掠夺，被李齐抓获并诛杀。由此可以看出李齐是一个有勇有谋、文武双全的地方官吏。

元朝左榜进士的答卷，保存情况不一。李齐的答卷，虽篇中文字或有残损，甚或脱去首、尾，尚属基本完好。

该篇文章，是左榜进士的典型之作。文章借邵雍之论，诠释皇、帝、王、霸名义的不同，即"以道化民者谓之皇，以德教民者谓之帝，以功临民者谓之王，以力假仁者谓之霸"。又历数三皇、五帝、三王、五霸的事迹，说明其事功的差异。他还引证经典"精一执中，建中建极""钦明文思，恭敬宽仁""身修家齐，国治而天下平"，分别概括君主的心、德、道；同时明确指出，三者的治迹"虽若不同，其心则一"，而霸者之心，不过急功利而已，与君主有着"浅深纯杂"的区别，"不可一例而论"。

# 明

## 洪武四年（1371）辛亥科状元：吴伯宗

> 吴伯宗，本名祐，字伯宗，金溪新田（今江西省东乡县红光垦殖场新田分场）人。文学家。官至武英殿大学士。

殿试皇帝：明太祖朱元璋

### 策问

制曰：盖谓古先帝王之观人，莫不敷奏以言，明试以功。汉之贤良，宋之制举，得人为盛。朕自临御以来，屡诏有司搜罗贤俊，然而杰特犹若罕见，故又详延子大夫于廷而亲策之，以庶几于古先帝王之盛节焉！历代之亲策，往往以敬天勤民为务。古先帝王之敬天勤民者，其孰可为法欤？所谓敬天者，果惟于圜丘郊祀之际，致其精一者为敬天欤？抑他有其道欤？所谓勤民者，宜莫如自朝至于日昃，不遑暇食者矣。其所以不遑暇食者，果何为耶？岂勤于庶事之任耶？自昔而观，宜莫急于明伦厚俗，俗何由而可明？俗何由而可厚耶？三代而下，惟东汉之士俗，赵宋之伦理，差少疵议，果何道而致然欤？盖必有可言者矣。宜著于篇，毋泛毋略。

### 对策

臣闻古先帝王之治天下，莫不以敬天勤民为务，以明伦厚俗为急，故汲汲于求贤者，凡以为此也。钦惟陛下进臣等于廷，策臣以古先帝王之务，臣愚昧何所通晓，然叨奉大对，敢不竭心尽知，上答圣问之万一乎？谨俯伏以对。

臣伏读制策曰："盖谓古先帝王之观人，莫不敷奏以言，明试以功。汉之贤良，宋之制举，得人为盛。朕自临御以来，屡诏有司搜罗贤俊，然而杰特犹若罕见，故又详延士大夫于廷而亲策之，以庶几于古先帝王之盛节焉。"而臣有以见陛下求贤之切也。臣闻言者心之声也。人藏其心不可测度，即其言之得失，而心之邪正可见。然言之匪难，而行之惟难，固有能言而行不逮者矣。是以古先帝王之观人，必敷奏以言而观其蕴，明试以功而考其成，然后有以得夫贤才之实焉。三代而后，若汉、若宋，其取人之法，有贤良制举，是有得于奏言试功之遗意。故在汉之时，若董仲舒天人三策，蔚为醇儒。而宋之诸儒仿佛三代，尤为得人之盛，良以此也。钦惟陛下以神武定区宇，以文德绥太平。屡降德音，广求贤俊，而又设科目为取士之方，详延草茅之士，亲策于廷。陛下求贤之心，可谓切矣。将见必有杰特之士出而为邦家之用，而臣则不足以及此也。

臣伏读制策曰："历代之亲策，往往以敬天勤民为务。古先帝王之敬天勤民者，其孰可为法欤？所谓敬天者，果惟于圜丘祭祀之际，致其精一者为敬天欤？抑它有其道欤？所谓勤民者，宜莫如自朝至于日昃，不遑暇食者矣。其所以不遑暇食者，果何为耶？岂勤于庶事之任耶？"臣有以见陛下深知为君之道，而后有此言也。臣闻帝者莫盛于尧、舜，王者莫盛于禹、汤、文、武。稽之于经，若尧之钦明文思，舜之温恭允塞，兢兢业业，而戒饬于时，几同寅协恭而懋勉于政事，此唐尧、虞舜之敬天民者也。陛下能法尧、舜，而陛下即尧、舜矣。敬德以先天下，祗肃以顾諟天之明命，克勤克俭而尽力乎沟洫，昧爽丕显而子惠乎困穷，此夏禹、商汤之敬天勤民者也。陛下能法禹、汤，则陛下即禹、汤矣。小心翼翼而视民如伤，敬事上帝而作民父母，此文、武之敬天勤民者也。陛下能法文、武则陛下即文武矣。夫古先帝王之可为法者，孰有过于尧、舜、禹、汤、文、武者乎？

臣闻天生民而立之君，使司而牧之，君所以代天理民者也。古之帝王审知乎此，故位曰天位，职曰天职，禄曰天禄，民曰天民，无一事不本于天，亦无一事不存乎敬。敦典庸礼，君之所以为教也，而必推之天序、天秩焉，是敬天之心见于施教者然也。命德讨罪，君之所以为政也，而必归之于天命、天讨焉，是敬天之心形于施政者然也。一动一静，常若有天在前；一语一默，常若有天在中。以至天工之不敢废，天职之不敢旷，何往而非敬天之事哉。若夫圜丘郊祀之际，以致其精一，是特敬天之一事，固不专在于是也。制策谓抑它有其道，可谓深达敬天之道矣。非陛下敬天之至，何以及此。

臣闻民本有饥食渴饮之欲，不能以自治，必赖君有以养之。有秉彝好德之性，不能以自遂，必赖君有以教之。君人者，兼君师之任者也。是以古之帝王审知乎此，既为之制其田里，教之树畜，使有以安其生。而设为庠序之教，申之以孝悌之义，使民有以遂其性。如文王之自朝至于日昃，不遑暇食者，凡以此而已。故曰："即康功田功。"康功者安民之功，而田功者养民之功也。又曰："怀保小民。"曰："惠鲜鳏寡。"盖欲使天下之民，无一不得其安，无一不得其养而后已也。圣人之道一也，观文王不遑暇食，如此则尧、舜、禹、汤、文、武之心从可知矣。臣闻人主能以一心总天下之万机，不能以一身兼天下之众职。古帝王之勤民者，非事事而亲之，要在责成臣下而已。故曰："劳于求才，逸于任贤，此之谓也。"钦惟陛下奉天承运，抚临亿兆。严恭寅畏，无顷刻不在于天。宵衣旰食，无顷刻不在于民。孜孜勉勉、励精图治之心，即尧、舜、禹、汤、文、武之心也。而制策犹以古先帝王之孰为可法为问，臣有以知陛下不自满足之心也。臣愿陛下常存此心而不已焉，则唐虞三代之盛，岂能及哉！

臣伏读制策曰："自昔而观，宜莫急于明伦厚俗，俗何由而可明？俗何由而可厚耶？三代而下，惟东汉之士俗，赵宋之伦理，差少疵议，果何道致然欤？盖必有可言者矣。宜著于篇，毋泛毋略。"臣闻自昔帝王之为治，莫急于明人伦、厚风俗。而人伦之所明，风俗之所厚者，皆由于崇学校，以兴教化而已。盖教化行而人心正，则伦理明而风俗厚，此必然之理也。唐虞三代无以议为矣。若东汉之士俗，赵宋之伦理，卓然于三代之后，岂无其道而致然哉。臣闻汉光武初定天下，首访求山林遗逸之士。明帝尊师重傅，临雍拜老，宗戚子弟，无不受学。是以养成一代人心风俗，皆知崇尚节义，耻于奔竞。此汉之士俗所以为美者，以有其教化也。

臣闻宋太祖即位之后偃息兵革，崇尚文治，虽疆宇之广不及汉唐，而教化之美几及三代。当时人君无不学，而所用无非儒，是以天下翕然以道学为事。又有濂洛诸儒，出而接夫道统之传，以为学者之宗，斯宋之伦理所以为美者，亦以其有教化也。方今上自皇都，下逮府州若县，亦既莫不有学，而陛下又躬行于上，日召儒臣讲求治道，固已论之精而行之当矣。制策以伦何由而可明、俗何由而可厚为问，臣以谓明伦、厚俗，惟在于崇学校以兴教化也。臣愿陛下益重教官之选，严守令之责，使居学校者果能如胡安定之教于苏湖，居府县者果能为文翁之化于蜀郡，则人伦不患其不明，士俗不患其不厚，而唐虞三代之治，无以异矣。又岂汉宋之可拟伦也哉？

臣愚不足以奉大对，谨竭其一得之愚，惟陛下裁择。臣谨对。

### 史海钩沉

洪武三年（1370），大明王朝首次举行科举考试。明太祖朱元璋非常重视，第二年殿试时，亲制策问。

殿试结束后，考官拟定郭翀为第一名，可是，朱元璋觉得此人貌不惊人，不足以显示大明帝国的新兴气象，而将气宇轩昂、相貌堂堂的吴伯宗钦点为第一名。

于是，三十七岁的吴伯宗成为大明王朝的第一个状元。

吴伯宗为人温厚，但内刚外柔，不附权势，不屈奸邪。时值左丞相胡惟庸当权，结党营私，玩弄权术。吴伯宗不肯随附，胡惟庸怀恨在心，洪武八年（1375），胡惟庸抓住吴伯宗的一次失误，恶意中伤，并趁机将他贬谪到安徽凤阳。

吴伯宗没有畏缩，仍然上书直论时政，指斥胡惟庸专横跋扈，不守朝廷法纪，不宜委以重任，否则将危害国家。

## 永乐十年（1412）壬辰科状元：马铎

> 马铎，原名马乐，后避讳永乐，受御赐"铎"，改名为马铎，字彦声，号梅岩，福建长乐人。

殿试皇帝：明成祖朱棣

### 策问

制曰：朕奉承宗社，统御海宇，夙夜祗畏，弗遑底宁，以图至治，于兹十年未臻其效。虑化未浃矣，谨之以庠、序之教；虑养未充矣，先之以足食之政；虑刑未清矣，详之以五覆之奏。求才备荐举之科，考课严黜陟之令。然而厉俗而俗益偷，革弊而弊不寝。若是而欲跻世泰和，果何行而可？六经著帝王为治之迹，《易》以道阴阳，专名数者，或流而为灾异；尚理致者，或沦而为清谈。《书》以道政事，语知行则何以示其端，论经世则何以尽其要？《诗》以道志也，何以陈之于劝惩黜陟之典？《春秋》以道名分也，何以用之于闭阳纵阴之说？《礼》以道行，而《乐》以道和也，何以道同六经而用独为急？夫道本一原而治有全体，推明六艺，讲议异同，行则美矣，何以一归于杂？雅歌击磬，执经问难，志则勤矣，何以未复乎古？讨论文籍，考定五经，可谓劳矣，未足以致大治。更日侍读，质问疑义，可谓伟矣，仅足以成小康。夫五星集奎，文运斯振，儒道光阐，圣经复明，较之往迹何胜何负？盖为治之道，宽猛相济，各适其宜。太宗宽厚长者，务崇德化，政足尚矣，而言者谓不若中宗之严明。显宗法令分明，幽隐必达，严足尚矣，而言者谓不若肃宗之长者。论治若此，其将孰从？夫博问经学之士，有以应变。子诸生蕴之有素，其于为治之要，时措之宜，悉心以陈，毋徒泛泛，朕将亲览焉。

## 对策

  臣闻治本于道，道载诸经。圣人出而三代之治为可复；真儒出而六经之道为大明。经以载道，固必待人而后明；道以出治，尤必待人而后行也。洪惟皇帝陛下尊履大宝，绍承鸿基，明照八表，知周万务，心存乎帝王之心，治绍乎帝王之治，尚虑阙漏，下询刍荛，此好问而好察迩言之意，尧舜禹汤文武之心也。然化已浃矣，选任师儒严督课业，简绌以惩庸，励进以劝善，而庠序之教唯谨。养已充矣，省其征徭，薄其税敛，禁一民之不得妄差，禁一毫之不得妄取。而足食之政尤先慎罚，而致三覆五覆之详，尚思夫罚罪之非当。用贤而惇荐举考之典，尚思夫任职之未宜。是盖陛下明经术之正，识帝王之大，不安小成，必跻斯世于唐虞三代之盛也。夫厉俗未底乎时雍，不害为俗之益偷。革弊未至乎于变，不害为弊之不寝。臣愚有以知陛下泰和之世可跻，唐虞三代之治可致。其厉俗革弊有不在政令之末耳。何则？陛下任奉承之重，统御宇之大，夙夜祗惧，而存心于不已，道本于一原，治具乎全体，若稽经籍而垂至治于无穷，六经之道固已蕴诸圣心矣。其视诸经传授之是非，历代为治之得失，昭昭而白黑分矣，奚以臣言。虽然，圣问所及，敢不罄竭，臣愚条悉以对。

  夫自六经删述于孔氏，帝王之道由是而大明，自六经附会于汉儒，帝王之治由是而难复。《易》以道阴阳，伏羲神农黄帝之道无所不该。自田、何传至于焦、房，专尚名数，流而为灾异。自费直传至于辅嗣，专尚理致，沦而为清谈。于是理数分而易道微矣。《书》以道政事，而典谟、训诰、誓命之辞无不具焉。语知行则惟精惟一，所以示其端。论经世则洪范皇极，所以尽其要。自大、小夏侯之说殊，而书之义踳矣。《诗》所以道志也，先王命太师陈诗以观民风。善者可以感发人之善心，美之而民知所劝。恶者可以惩创人之逸志，刺之则民知所惩。以是巡行诸侯之境土，而黜陟行焉。自齐鲁毛韩之异尚，而诗之义隐矣。《春秋》所以道名分也，董仲舒大一统之论正谊明道、贵王贱伯之义，其得于《春秋》也大矣。而乃用于灾异之变，推阴阳所以错行，故有闭阳继阴之说，而《春秋》之义乖矣。《周礼》大司徒以五礼防万民之伪而教之中，此礼以道行也。以六乐防万民之情而教之和，此乐以道和也。礼有三千三百之仪，而一主乎敬。乐有五声十二律，而一本于和。制度品节之详而有所持循，情文节奏之备而有所感发。致礼以治躬，则齐庄中正，非僻之心无自而入。致乐以治心，则易直子谅，鄙诈之念无自而生。用之于邦国而邦国治，达之于天下而天下平，此六经之道同归，礼乐之用为急，而《易》《书》《诗》《春秋》之蕴，必于《礼》《乐》以著其用焉。然欧阳修所谓三代而下，治出于二，而礼乐为虚名。则班《志》所谓礼乐之用为急，亦未见于实用也。然六经之道未极一原，尚何三代全体之治为可复乎？此汉之武帝推明六艺罢黜百家，孝宣章帝之石渠白虎讲议异同，行则美矣，而卒莫能循乎王道之正，而终归于霸道之杂。由乎六经之道，昧于一原，宜其治有所未纯焉。光武亲幸太学，诸生雅歌击磬。明帝临雍拜老，诸儒执经问难。其志虽曰勤矣，而未克以复乎古。不能四三王而六五帝，盖徒尚夫仪文之末，而未究夫圣道之本也。若唐太宗讨论文籍至于夜分，诏颜师古考定五经，求治之心可谓劳矣。然而仅能致斗米三钱，外户不闭之效，而未足以为大治。玄宗更日侍读，质问疑义，怀素、无量常侍更直，好治之心亦可谓伟矣，而开元之治庶几贞观之风。惜其后不克终，以致祸乱，是皆亦由乎六经之道昧于一原，宜其治有所未至焉。迨夫五星聚奎，宋德隆盛，文运斯振，周、张二程光阐儒道于前，杨、罗、李、朱复明圣经于后，较之往迹大有径庭矣。儒道既阐，圣经复明，则治道胜负较之于前，不待论说而明矣。

夫天下之大经，仁义中正而已。仁以育万民，义以正万民，二者并行而不相悖。宽而不流于姑息，有猛者存。猛而不偏于苛察，有宽者在。严而泰，和而节，此理之自然，治道之全体也。汉文帝恭俭玄默，赐不朝以几杖，遗受赂以金钱，造露室惜十家之产，可谓宽厚长者，务崇德化，政足尚矣。然与匈奴疏绝，毅然讲武，盖未尝不猛焉。宣帝综核名实，励精图治，流而至于苛刻，汉室忠厚之风几乎荡尽。明帝法度分明，幽柱必达，严足尚矣，而过于察察。章帝宽厚长者，而流于姑息，东京之政由是而衰矣。亦其学术不明，不能损过就中，而归于圣贤大学之道也。向若汉之文帝从贾谊而兴礼乐，武帝从董仲舒而明教化，则仲舒所谓道之大原出于天，正心以正朝廷，正朝廷以正百官，正百官以正万民，万民正而远近莫不一于正，则道之一原可知，治之全体可识，其治岂止于汉而已。迨夫宋之诸君能用诸儒，则经术之明见于治效，岂独载诸传、注而止哉！虽然，天运循环，无往不复。承大一统文明之运，表章六经圣人之道，比隆于唐虞三代，正有待于今日圣天子居天位、行天道，而著治效于无穷也。

臣愚生浅学，叨奉大问于廷，获闻道本一原，治有全体，不胜踊跃，庆唐虞三代之治复见于今日，宁不顿首为天下贺。非但为天下贺，当为万世贺。抑臣闻之，为治之要，《大学》一书，治天下之格律也。时楷之宜，《中庸》一书，圣学传心之要法也。此皆陛下身体而力行之者也，故能致笃恭而天下平之效。臣愚，学不能以博古，才不足以应变，伏愿陛下始终此心，始终此治，可以四三王六五帝，岂但跨越汉唐宋而已哉！

臣不揆浅陋，以此上尘圣览，干冒天威，岂胜战栗。臣谨对。

## 史海钩沉

马铎自幼聪颖异常，年纪稍长即拜师问学，最初从乡先生郑孟宣学《礼》，渐旁通《易》《诗》《书》，于子史百家多有涉猎，作文不假思索，下笔立成。

为人刚直不阿，表里不二，仗义执言，不避权贵，颇得上司信任。此时明政权已迁都北京，而留皇太子朱高炽监国于南京，马铎亦留南京为太子之辅佐。其办事认真、不避艰辛，给皇太子留下了深刻的印象。此后，马铎屡得重用，每当翰林学士、国子祭酒、司业因公外出，皆命马铎兼摄其事，并且每每不辱使命。

## 正统十年（1445）乙丑科状元：商辂

商辂，字弘载，号素庵，浙江淳安人。商辂历英宗、代宗、宪宗三朝，官至内阁轶一品事，为一时名臣，民间称之为"三朝宰相"。

殿试皇帝：明英宗朱祁镇

## 策问

制曰：自昔二帝、三王致理之道，必选任贤才以敷政化，安中国而抚四夷，其见诸载籍，靡不足为后世法也。下迨汉唐宋，贤明之君亦皆锐意于斯。而其人才治效，有可以比隆于古欤？洪惟我太祖高皇帝奉天明命，统一华夷，德威所被，罔不臣服。太宗文皇，帝嗣登大宝，制治保邦，光前裕后。列圣相承，咸隆继述。是以群贤汇进，教化旁洽，海内乂宁，夷狄宾服，功德之盛，吻合古昔而无间矣。朕缵承鸿业，倾惟祖宗之彝宪是训是行，屡诏中外简拔贤才，亦既得人为用矣。诚欲九德咸事，野无遗贤，举错之法尚有可行者乎？申敕诸司，修明治理，亦既建立事功矣。诚欲百工惟时，庶绩咸熙，督劝之典尚有可举者乎？内而中国生齿之繁，因其性而教养之矣。诚欲使皆阜厚化成，同归于至治，尚何所加乎？外而蛮貊近悦远来，因其俗而怀抚之矣。诚欲使皆讲信修睦，相安于永久，尚何所施乎？夫治道有本，而推行有序，不法诸古无以施于今，泥于古而不通于今，亦不以为治。诸生明于道义，必讲之有素。悉著于篇，朕将亲览焉。

## 对策

臣闻图治莫急于用贤，用贤莫先于修身。非修身固无以为取人之本，非用贤又无以为图治之要。故《中庸》之书曰："为政在人，取人以身。"人君诚能修身以为用贤之本，用贤以为图治之要，则知至、意诚、心正、身修。贤者在位，能者在职，以之亮天工而熙庶绩，安中国而抚四夷，何往而不得其效哉！钦惟皇帝陛下聪明睿智，文武神圣，存二帝三王之心，绍祖宗列圣之统，日御经筵，讲求至道，早晚视朝，裁决万几。好贤之诚，无间于话言；图治之切，常存于宵旰。乃进臣等于廷，降赐清问，拳拳欲闻古今用贤致理之方，所谓智周万务而不弃于一得之愚，明照四方而必察于刍荛之贱是也。陛下是心，与古帝王兢兢业业不自满假，用人惟己望道未见之心，何以异哉！臣虽愚昧，敢不精白一心，以对明命之万一乎？

臣惟致治有要，用贤是也；用贤有本，修身是也。若昔唐虞三代之世，百姓昭明，万邦协和，而黎民有于变之风；百工惟时，庶绩咸熙，而万邦有咸宁之效。二帝致治之隆如此者，实本于其登庸元恺，不废困穷之功也。府事修和，文命四敷。在商邑用协于厥邑，在四方用丕式见德。以至万民咸和丕单称德，三王致治之盛如此者，亦本于其吁俊尊帝，克知克用之力也。当是之时，若皋夔，若稷契，若伊周，各以圣贤之资，居辅弼之任，或陈九德而谐八音，或播百谷而敷五教。一德足以致天心之格，成绩足以笃烈考之光。多士济挤，布列庶位，又岂无所自而然哉！盖由尧舜禹汤文武之君，或克明俊德而重华协帝，或祗台德先而圣敬日跻，或缉熙敬止而无竞惟烈，一皆本诸行者无不诚，见诸行者有其实。所谓为政取人之方著于载籍，足以垂法于后世者，何莫不自圣人修身中来耶？继此而称善治者，莫汉唐宋若也。其间贤明之君，未始不以用人为致治之本。观其孝廉之有选，贤良之有科，或以明经进，或以进士举。若汉贾谊之劝兴礼乐，董仲舒之明于王道。当时海内富庶，戎狄宾服，其治效固有可称者矣。唐韩愈之排斥佛老，陆贽之论谏仁义，当时中国久安，四夷宾贡，其治效亦有可观者焉。以至宋之韩、范、富、欧有以辅盛治于前，周、程、张、朱足以继绝学于后。中国致文明之盛，夷狄怀景仰之心，其人才治效虽不能比迹唐虞三代，亦非汉唐所可及也。虽然，汉唐宋之君其用贤图治之意固云美矣，而取人以身之道，则概乎未有闻焉。或诗书之安事，或礼乐之未遑，或闺门失德而治杂于夷，或任用不专而小人迭进。外有尊贤之名，内无用贤之实。此汉唐宋所以止于汉唐宋，而不能俪美于唐虞三代者，亦以修身之道，有未至也。

　　洪惟圣朝太祖、太宗，以武功定天下，以文德致太平，德泽敷施，声教远被，薄海内外，莫不尊亲，际天极地，靡不臣服。列圣相承，光启文治，隆继述之道，尽任用之方。是以群贤向用，君子满朝。礼乐兴而风俗美，教化洽而治道隆。斯民阜厚而化成，夷狄倾心而内附。圣德神功，盖吻合乎二帝三王之盛，而汉唐宋之君，风斯下矣。肆惟皇上缵承鸿业，远稽帝王之道，近守祖宗之法，孜孜以图治为心，拳拳以求贤为念。其得人致治之盛，固已超轶乎古矣。而尤虑举错之法未尽行，督劝之典未尽举。内而教养未备，外而抚绥未至。欲探其本，而推行之以序。臣愚以为是数者，皆陛下之所已行，行之而既效者也。然犹欲求其本，岂有外于陛下之修身乎？陛下屡诏中外，简拔贤才，其举错之法至矣。而犹欲求可行之法，臣愿陛下谨修身以为举错之本。贤者必进，不肖者必退。如孔子所谓举直错诸枉，则九德咸事，野无遗贤之效，不难至矣。陛下申敕诸司，修明治理，其督劝之典备矣，而犹欲求可举之典。臣愿陛下谨修身以为督劝之原，劝者必赏，而怠惰者必罚，如《虞书》所谓戒之用休，董之用威，则百工惟时，庶绩咸熙之效，有可必矣。陛下既谨修身以为取人之本，将见人才之出，彬彬乎盛。所以阜厚化成乎天下者，此也；所以讲信修睦于夷狄者，亦此也。陛下尝轻徭薄赋以立民命，建学立师以复民性矣。使凡任教养之责者咸以利用，厚生教训，正俗为心，则人得以仰事俯育，而有尊君亲上之心。生齿虽繁，有不同归于至治乎？陛下尝柔远能迩，以怀弗庭，厚往薄来，以抚宾服矣。使凡典戎狄之职者，咸能论之以祸福，示之以恩信，去者不追，至者不拒，训兵练士，保境安民。则人畏威怀德，修贡称藩，四夷虽远，有不相安于永久乎？

夫为治之本，在于用人；用人之本，又在修身。必先其本，而后其末。故《论语》曰："君子务本，本立而道生。"《大学》曰："身修而后家齐，家齐而后国治，国治而后天下平。"《中庸》曰："知所以修身则知所以治人，治天下国家皆此意也。"虽然，修自固为用人之本，而欲用人致治，尤不可以不法诸古。盖古者，前代之法，圣帝明王精神心术之所存，仁义道德之所寓也。傅说告高宗曰："事不师古以克永世，匪说攸闻。"使泥于古而或不通于今，则为徒法不能以自行矣。又必益之损之，与时宜之，《中庸》所谓时措之宜是也。

陛下之策臣者，臣既略陈之矣，而于篇终窃有献焉。臣惟始勤终怠者，众人之常情，慎终如始者，圣人之要道。是故天地有常运而后岁功成，帝王有常德而后治功著。陛下德配天地，明同日月，诚又加夫不息之诚，有常之念，终始惟一，宵旰无间，则以之修身任贤，以之安民致治，远足以追配二帝三王之道，近足以光昭祖宗四圣之业。上而致天地位，下而致万物育，而绵历数于无疆者，夫岂有越于此哉。臣干冒天威，不胜战栗之至。臣谨对。

## 史海钩沉

商辂为人刚正不阿、宽厚有容，临事果决，时人称"我朝贤佐，商公第一"。三元及第，历经四朝，当十九年宰相不杀一人。

由于商辂仪表堂堂、丰神俊义，还被明英宗亲自选为展书官。这是专门站立在御案之旁，为皇帝打开书本的翰林院官员。所以，这也为商辂埋下了进入内阁的契机。

在内阁做事的时候，商辂和同样清正为国的于谦结成了好友，这也是因为他们有着相同的政治主张。

# 正统十三年（1448）戊辰科状元：彭时

彭时，字纯道，又字宏道，号可斋。庐陵安福（今江西省吉安市）人。

殿试皇帝：明英宗朱祁镇

## ◼ 策问

制曰：自昔君天下之道莫要于内治之政修，外攘之功举。斯二者，圣人所以跻斯世于雍熙泰和之域也。夫修内治之政，必先于爵赏刑罚；而举外攘之功，必本于选将练兵。且爵所以待有功，必待有功而后爵，则天下有遗善；刑所以待有罪，必待有罪而后刑，则天下有遗恶。古先圣王无遗善无遗恶，必有不待有功而爵，有罪而刑者矣，其事安在？兹欲人人皆迁于善，不待爵赏而自劝，皆远于罪，不待刑罚而自惩，其道何由？凡兵之所统者，将；将之所用者，卒；卒之所仰者，食；而战则资于马。曰将、曰卒、曰食、曰马四者，外攘所不可阙一也。昔之君子以谓将其卒，则选其卒之良；戍其地，则用其地之人；战其野，则食其野之粟；守其国，则乘其国之马，庶几可以百战无殆。不然则一郡用兵，而取给百郡，非善策也。夫众至千万必有一杰，然智愚混淆，同类忌蔽，何以能知其杰而拔置军旅之上欤？一方之人，有戍有农，然戍非土著，农不知武，何以能作其勇而驱列御卫之间欤？田有肥瘠，岁有丰歉，何以能致其粒，而积贮仓廪欤？土地气候，产牧各殊，何以能致其息，而充溢边鄙欤？朕祗承祖宗大统，拳拳以经国子民为心，而于安内攘外尤加意焉。子诸生学古通今，而来必深于其道矣。其具以对，无骋浮夸，务陈切实，朕将采而用之。

## ◼ 对策

臣闻：天下以一人为主，人君以一心为主。善心者，万化之原，万事之本也。大哉，人君之一心乎！本诸心以安内，则内治之政修；本诸心以攘外，则外攘之功举。尚何患乎赏善罚恶之不得其当，选将练兵之不协其宜，而斯世之不跻于雍熙泰和之域也哉！《大学》以是心为家国天下之本，董仲舒以是心为朝廷四方之则，其以此欤？

钦惟皇帝陛下禀聪明睿智之资，备圣神文武之德，诞膺骏命，嗣守鸿图，临御以来，拳拳以经国子民为心。先之以励精，加之以恭俭，其于安内攘外之道，已无不尽，而见诸治效者，亦已盛矣。而犹不自满足，乃进臣等于廷，降赐清问，首举爵赏、刑罚，次及选将、练兵之事，而责臣以切实之言。臣愚有以知陛下真大有为之君也！可以为尧舜，可以为禹汤、文武，可以隆太平之业于万亿年而愈盛矣！顾臣浅陋，何足以奉大对，然罄一得之愚，亦臣区区之素愿也，敢不俯竭刍荛以少裨于万一。

臣窃惟天生圣人，而付以君道之重，圣人奉天，而主宰天下之大。内而中国仰之以治，外而四裔赖之以安，则夫修内治之政，举外攘之功，夫岂可以一日而或废哉？然求其要，不越乎爵赏、刑罚、选将、练兵之四者耳。夫爵固所以待有功，功者，善之著于事也。若必待有功而后爵，则天下之善未著于事者，必至于见弃，何以使之皆知所劝而建功乎？刑固所以待有罪，罪者，恶之形于行也。若必待有罪而后刑，则天下之恶未形于行者，必至于苟免，何以使之皆知所惩而远罪乎？斯二者诚如圣问之所谕也，臣复奚言。

臣尝窃观唐虞三代之时，其赏善也，有三德而日宣者为大夫，有六德而日严者为诸侯。或俊乂之旁招，或宅俊之克用，与夫贤能之宾兴，俊造之升进，凡此皆不待有功而后爵者也。其罚恶也，象刑以弼五教，制刑以教祗德。或畔宫离次之必诛，或羞刑暴德之必罚，与夫左道乱政者，戮之而不赦，悖礼疑众者，杀之而不宥，凡此皆不待有罪而后刑者也。然亦岂徒事乎爵赏、刑罚而无其本哉，盖一本诸心而已矣。观夫尧之兢兢、舜之业业，而懋敬于命德讨罪之政者，其心为何如？禹之孳孳、汤之栗栗，文王之翼翼小心、武王之无作好恶，而克谨于彰善瘅恶之事者，其心为何若？肆赏罚之有道，劝惩之有本，而下无遗善、遗恶者，以此也。兹欲人皆迁于善，不待爵赏而自劝，臣愿陛下心唐虞三代赏善之心，使赏不徒赏，赏一人而千万人知劝，则我朝赏善之典，与尧舜禹汤文武之所以赏善者，同一揆矣。何忧乎天下人之不皆迁于善哉！兹欲人皆远于罪，不待刑罚而自惩，臣愿陛下心唐虞三代罚恶之心，使罚不徒罚，罚一人而千万人知惩，则我朝罚恶之政，与尧舜禹汤文武之所以罚恶者同一辙矣。何忧乎大下人之不皆远于罪哉！如是则善者列爵而登庸，恶者率德而改行，礼义廉耻之行兴，诡诈偷薄之风息，百官有济济之容，黎民有皞皞之俗，而雍熙泰和之治而跻矣。

若夫兵之所统者将，将非其人，则国无所倚以为安，将之所驭者卒，卒有不练，则将无所恃以取胜。而况卒之强弱由于食，战之胜负系乎马。是则曰将、曰卒、曰食、曰马，四者皆外攘急务，而不可有一之或阙焉者。而陛下讦谟远猷，已断自宸衷矣！臣奚以多言为？昔之善用兵者以为将其卒则选其卒之良，盖卒不良，则有不闲弓马之患。戍其地则用其地之人，盖非其地，则有不习水土之虞。战其野则食其野之粟，庶可以省转输之劳。守其国则乘其国之产，庶可以免调发之扰。如是则虽百战而无殆矣。不然，则一郡用兵而取给百郡，不惟无以卫民之生，而且有以疲民之力，诚非策之善者。唐虞三代之时，其选将也，舜惟谆谆于敷文德之伯禹，文王惟汲汲于著鹰扬之吕望，经营四方有若召虎，克壮其猷有若方叔者焉。其练卒也，成周之制，春夏有振旅茇舍之教，秋冬有治兵大阅之习。井田之中，卒伍以具耒耜之暇，干戈以举，其兵食则登三余一之有其备。其马政，则天闲延厩之有其制。要其本，何莫非帝王一心之运用哉！夫众至千万必有一杰，良将之才未尝无也，必欲知其杰而用之。臣愿陛下心唐虞三代选将之心，而又精神以感召之，气类以招徕之。投之胶辐繁剧之地，以观其智，置之艰难险阻之中，以观其才，则虽伯禹、吕望、方叔、召虎之流，世不易得，而凡才智出众之士，必皆拔置于军旅之上矣。何忧乎智愚之混淆、同类之忌蔽哉！一方之人有兵有农，是盖兵农歧而二也，必欲作其勇而用之。臣愿陛下心唐虞三代练卒之心，而又择将帅统之，宽杂征以恤之，使三时务农以备衣食，一时讲武以闲步伍，尤于春搜、夏苗、秋狝、冬狩之时，益严夫简阅练习之事，则可驱列于御卫之间矣。何忧乎戍非土著而农不知武哉！至若田有肥瘠之不同，岁有丰歉之或异，而兵食始有不足之虞。臣愿陛下体唐虞三代之心，以足食为念，而又择人以督耕屯，使绳其兼并，课其勤惰，则可致其粒，而积贮于仓廪者，陈陈相因矣。虽古之万亿及秭与夫贮积于幽，粮崎于申者，何以加焉。土地气候之不齐，监牧畜养之不力，而马政始有不蕃之弊。臣愿陛下法唐虞三代之心，以息马为重，而又择人以掌监牧，使之时其刍秣，谨其孕字，则可致其息，而克溢于边鄙者，翩翩成群矣！虽古之天闲十二，与夫思马斯藏，骕牝三千者，何以过焉！诚如是，则将皆智勇而无不良，卒皆果敢而无不精，食皆克裕而无不给，马皆孳息而无不蕃。由是而举外攘之功，有不战战必胜矣，有不攻攻必克矣，有不守守必固矣。将拭目乎四裔畏慕，稽首称藩。边徼无烟尘之警，人民有耕凿之安，而雍熙泰和之治于铄哉，于今为烈矣！此修内治之政，而与外攘之功，所为不可一日而或废者，此也。

洪惟我国家圣圣相承，丕图治理，太祖高皇帝奉天命而肇造邦家，太宗文皇帝顺人心而肃清海宇，其内治外攘之道，垂裕后圣而无穷。仁宗昭皇帝溥惠泽以福苍生，宣宗章皇帝奋德威以安奄夏，其内治外攘之道，仰绍前烈而有光。陛下缵承大统，丕阐洪猷，而于内治外攘之要，盖已知之审而行之至矣。今又以策臣等而必以尤加意为言，臣愚又有以知陛下留心于此，此即大禹不息满假，文王望道未见之盛心也。

陛下之策臣者，臣既已略陈之，而于终篇窃有献焉。夫人主一心，与天地同其量，与日月同其明。天地惟不息，故覆载而无外；日月惟不息，故照临而不已。臣愿陛下体天地日月之不息，宏覆载照临之大德，执此之政，坚如金石，行此之令，信如四时，则宗社民生之福，必由此而愈盛；冠带春秋之伦，必由此而咸服；三光六气必由此而顺行；五岳四渎必由此而奠位；动植之物、风雨霜露之所沾被者，必由此而蕃庶；麟凤龟龙、膏露醴泉、与凡体徵嘉瑞者，必由此而毕至。将见四方万国莫不遵道遵路，来享来王，以为尧舜之圣复见于今日，禹汤文武不得专美于前古，陛下亿万年之洪福，与天地相为悠久矣。臣学不足以知古，才不足以通今，刍荛之言，上渎天聪，伏惟陛下俯垂睿览，则国家幸甚，天下幸甚。臣谨对。

## 史海钩沉

当年科举殿试结束后的第二天，按理说前三甲的考生都要入宫谢恩。可当皇帝朱祁镇上朝时，榜眼和探花都来谢恩了，状元却没有来。

朱祁镇以为状元在路上耽误了，便让大家再等等。结果等了半个时辰，状元还没来。

朱祁镇不耐烦了，派锦衣卫去请。等锦衣卫到达时，只见状元郎还趴在桌子上呼呼大睡。朱祁镇一气之下，差点把彭时的状元给取消了。

彭时是明朝四朝老臣，三十二岁中状元，为人正直。在景泰朝因不满朱祁钰废除太子，辞官回乡。后在天顺朝被明英宗朱祁镇任命为内阁首辅，与李贤等共同维持社稷安定。在成化朝，他再次入阁，坚守正义，反对宦官专权，为国家和百姓尽心尽力。他的一生，体现了古代士大夫的正途与正道，值得名留青史。

# 天顺元年（1457）丁丑科状元：黎淳

> 黎淳，字太朴，华容县（今属湖南）人。官至工部尚书。

殿试皇帝： 明英宗朱祁镇

## ■ 策问

制曰：朕惟帝王治天下，必以求贤安民为首务，盖古今之所同也。然古之士进以礼，退以义，为上为德，为下为民。今何其立功之志弱，而利禄之心胜；奔竞之风未息，而廉介之节少著，其失何由？古之民有恒产，有恒心，家给人足，比屋可封。今何其务本者少，而逐末者多，偷薄之浸长，而礼让之俗未兴，其弊安在？朕自复位以来，图惟治理，夙夜靡宁，求贤必欲得真才，安民必欲获实效。将使士正其习，民淳其风，庶几唐虞三代之盛，必有其道。子大夫其援经据史，酌古准今，明以条陈，毋曲所学，毋卑所志，务求切至之论。朕将择而行焉。

## ■ 对策

臣闻帝王之治天下，在乎求贤安民而已。求贤安民，在乎智仁兼尽而已。盖求贤者，智之事；安民者，仁之事。非智不足以求贤，非仁不足以安民。智以求贤则迪知忱恂，而真才无不得；仁以安民则博施济众，而实效无不臻。真才既得，士习由是而正；实效既臻，民风由是而淳。尧舜所以帝天下而陶民熙皞者，此也；禹汤文武所以王天下，而措世隆平者，亦此也。故《书》曰："在知人，在安民。"又曰："知人则哲，能官人、安民则惠，黎民怀之。"其是之谓欤？

钦惟皇帝陛下禀聪明睿智之资，全刚健中正之德，曩者嗣大历服已历十有五年。日御经筵，讲求治理。声色货利无所通殖，宫室苑囿无所增广，惠泽覃被于八荒，声教洋溢于四海者久矣。兹乃应天顺人，复登宝位。诞膺新命，光复旧物。言动不违乎祖训，举措允合乎天心。所谓多难兴邦，而殷忧启圣者也。是以伦纪粲乎其肇修，风俗蔼乎其丕变。而功业文章，巍然焕然，已驯致乎唐虞三代之隆矣。然犹体道谦冲，不自满足，特进臣等于廷，降赐清问，首以求贤安民为务，期在士正其习，民淳其风，且拳拳欲求切至之论。臣愚有以知陛下此心，即舜之好问好察、禹之闻善则拜、文王望道如未见之心也。其所以复大一统文明之治，绵千万载太平之业，端在此矣。顾臣愚陋，无所知识。然明命下临，敢不精白一心，以对扬于万一乎。

臣惟天生斯民不能自治，而必作之君。君抚斯民不能独理，而必资乎臣。故人君之为治，不必务乎至高难知，惟在求贤而已。不必务乎至远难行，惟在安民而已。昔者唐虞三代之求贤也，若时若采之登庸，三德六德之咸事。肱股耳目，皆有所托；贤德忠良，举无所蔽。或三宅三俊之克即，或义德容德之继用。其得贤之盛如此，岂无自而然哉。盖由智之极其明耳。若尧之畴咨明扬本于钦明，舜之翕受敷施本于浚哲，禹则明明于万邦，汤则经德而秉哲，文武则聪明齐圣，克知灼见，谓非智之极其明乎！夫惟智之极其明，如鉴之空，而妍丑自辨；如衡之平，而轻重自分。贤否不得以混淆矣。然上之人既明于知人，而贤者乃得行其志。是故其进也以礼，不枉道以干禄，不炫玉而求售，盖主乎辞逊，而不轻于进也。其退也以义，或见几而必作，或不合而即去，盖主乎断制，而不难于退也。所以士之用于当世者，必为上为德，而使君为尧舜之君。为下为民，而使民为尧舜之民。又岂不行其道，而尸位素食哉！所谓求贤而得真才者以此。至若唐虞三代之安民也，黎民有于变之休，万国有咸宁之效。平治水土而烝民乃粒，辑宁邦家而兆民允殖。有夏为之修和，四海为之永清，其安民之功如此，又岂无自而然哉。盖由仁之极其爱耳，若尧之协和万邦，本于其仁如天。舜四方风动，本于其德好生。禹则德惟善政，汤则克宽克仁，文武则怀保小民，宠绥四方。谓非仁之极其爱，万物一体，而惠泽为之溥施，天下一家，而教化为之大行，远近咸归其极矣。然上之人既笃于爱民，而下民乃得遂其生。是故民有恒产，必五亩之宅，树之以桑；百亩之田，勿夺其时，而游手游食者无有也。民有恒心，必孝、弟、忠、信之是修，放辟邪侈之不作，而败礼、乱常者无有也。所以民之生于其时者，家给人足，而欢然于仰事俯育之余；比屋可封，而蔚然于礼乐教化之内。又岂衣食是忧而五品之不逊哉。所谓安民而获实效者以此。夫二帝、三王智以求贤，仁以安民，而得其真才实效，于是之极盛矣。自时厥后，若汉唐宋之英君，虽或知以求贤安民为务，而于智仁不能兼尽，是以真才未必得，实效未必臻。回视唐虞三代之治，迢遥其不可及也。

洪惟我太祖高皇帝膺天命以创鸿业，太宗文皇帝顺人心而靖邦家，其求贤安民之道，远绍帝王而有光。仁宗昭皇帝敷大惠以宁四海，宣宗章皇帝明俊德以绥万方，其求贤安民之道，近述祖宗而无间。夫何承平日久，趋向渐乖，士习或流于贪纵，民风或至于浇漓。朝廷虽急于求贤，然为士者立功之志弱，而利禄之心胜，奔竞之风未息，而廉介之节少著。岂所谓求贤者徒徇虚名，而未得真才之故欤？使得真才而用之，尚何有是失哉！朝廷虽急于安民，然斯民务本者少，而逐末者多，偷薄之习浸长，而礼让之俗未兴。岂所谓安民者徒事虚文，而未臻实效之故欤？使臻实效而验之，尚奚有是弊哉！仰惟陛下复位以来，图惟治理，夙兴夜寐，汲汲于求贤；宵衣旰食，切切于安民。然求贤必欲得真才，而安民必欲获实效。将使士正其习，民淳其风，庶几唐虞三代之盛，必有其道者。臣愚以为在陛下智仁兼尽而已。臣伏睹陛下详经制以网罗天下之贤，或由科目举，或由胄监选，或以贤良方正荐，或以怀材抱德征，此陛下求贤如渴之心也。奈何人藏其心不可测度，直者似讦，而刚者似傲；佞者似忠，而诈者似信。所谓珉中玉表而凤鸣鸷翰者也。况秉铨衡者未尽其公，司考课者或乖乎正，回邪谄媚之徒得跻于显融，而刚方廉洁之士或困于诋毁。真才何由而得乎？陛下求贤果欲得真才，必本乎此心之智，洞察其贤否，灼见其虚实。励精选举之方，申严考课之法，登崇俊良，简任忠直。置之庙堂之上，布之藩臬之中，言行足以表率乎群僚，政事足以抚绥乎黎庶。譬之木焉，本端而末自直。譬之水焉，源澄而流自清。将见今之士进必以礼，而不蹈希世取宠之非；退必以义，而咸知固位贪权之耻。急于行道济时，而奋立功之志；力于输忠效劳，而忘利禄之心。以恬静为尚，而奔竞之风自息；以贪墨为戒，而廉介之节自著。即《书》所谓"允迪厥德，谟明弼谐"，《诗》所谓"济济多士，秉文之德"者也。尚何士习之不正哉？

臣伏睹陛下颁明诏以轸念元元之苦，或蠲租税以宽之，或发帑藏以济之，或申节俭之制，或开减省之条。此陛下视民如伤之心也。奈何民生多欲，因物有迁。夏暑雨而阻食，冬祁寒而阻衣，孤独鳏寡颠连而无告，饥馑流移濒死而难存。宜乎礼义不兴而奸宄未止也。况司民牧者乏抚字之勤，职风化者乖明伦之教。词讼日繁，而刑清之颂不作；田野就荒，而击壤之歌未闻。实效何由而获乎？陛下安民果欲获实效，必本乎此心之仁，如疾痛之切于一体，如气脉之贯于四肢，儆戒其劳来之职，严督其劝课之责。所欲与聚，所恶勿施。置之于衽席之安，措之于富寿之域。比闾族党有义以相保，亲疏尊卑有礼以相接。譬之网焉，纲举而目自张；譬之衣焉，领挈而裘自顺。将见今之民产必有恒，不游惰而弃业。心必有恒，不妄作而陷刑。知农事不可缓也，咸耕凿以务其本；知商贩为可贱也，不市利以逐其末。乡闾有塾，则考德问业，而偷薄之习自止；里社有约，则好善恶恶，而礼让之俗自兴。即《诗》所谓"群黎百姓，遍为尔德"，《易》所谓"久于其道而天下化成"者也。尚何民风之不淳哉？夫如是，则陛下之治天下，端不异于唐虞三代之盛矣。此臣愚见断以为，智之明足以求贤，仁之爱足以安民，是以其效自有不期然而然者也。

然陛下之策臣者，臣既略陈之矣，而于终篇窃有献焉。夫求贤安民，固本于陛下之智仁，而智仁之尽，尤在乎陛下之一心。盖心者，一身之主宰，万事之本根，所以统五官而令百体者也，所以恭天地而赞化育者也。陛下必欲常存是心，又必以敬为之主焉。静而主教，以全其心之体；动而主敬，以达其心之用。以之求贤则智极其明，以之安民则仁极其爱，然而是敬奚翅为智为仁，以尽求贤安民之道而已乎。至于视听言动，一循乎天理；好恶用舍，必合乎时中。殆见四方万国，必由此而咸和，九夷八蛮，必由此而宾服，五岳四渎，必由此而效宁，四时五行，必由此而顺序。旷世之祥于是乎并见，诸福之物于是乎骈臻。宋儒程子所谓"上下一于恭敬，则天地自位，万物自育，气无不和，而四灵毕至"者也。如是则陛下之治，卓冠百王而垂亿万年之休，与天地相为无穷者，自兹始矣。臣学识肤浅、不能援经据史，酌古准今，谨直述以对。若夫曲所学以阿世，卑所志以徇时，则臣不敢以自处也。伏惟陛下少垂睿览，天下幸甚。臣谨对。

## 史海钩沉

黎淳自幼抱负不凡，志向远大，才识超群。性格耿介端毅，行规道矩。他写字工整不殆，从不写行、草。重伦纪，尚节俭，家法整肃。

黎淳进入仕途后，有很长一段时间担任吏部侍郎。这是一个管官的官职。黎淳对官员的选拔任用、陟黜升降，始终出以公心，秉公办事，毫无私念。

有一次，一个在广东当官的乡人，送给黎淳一本书和一套银酒盏，黎淳在礼单的"书"下写"收"，在"银酒盏"下写"奉还养廉"，将银酒盏退回。还有一次，一个在福建任职的地方官员，将一把制作精美的闽扇送给黎淳的小儿子民安。黎淳立即责令这位地方官员将闽扇领回。

# 天顺四年（1460）庚辰科状元：王一夔

王一夔，字大韶，号约斋。明朝南昌府新建县（今江西省南昌市湾里区）人。官至工部尚书。

殿试皇帝：明英宗朱祁镇

## 策问

制曰：朕惟治天下亦多术矣，举而行之，必有其要。《传》谓礼、乐、刑、政四达而不悖，则王道备。然则其要固不出此四者，而行之亦有先后缓急之序欤？唐虞三代所以措天下于雍熙泰和之盛者，率用此道，可历指其实而详言之欤？后之有天下者莫若汉、唐、宋，其间英君谊辟，亦有用此道者。然而治效不能比隆于唐虞三代，其故何欤？朕嗣承祖宗鸿业，孜孜图治，夙夜不遑，于礼、乐、刑、政，亦既备举而并行之矣。而治效犹未极于盛，何欤？兹欲究礼、乐之原，求刑、政之本，行之以序，而达之不悖，用臻唐虞三代之盛，其道何由？子大夫潜心经史有年矣，其详著于篇，朕将采而用焉。

## 对策

臣闻帝王之治，本于道。帝王之道，本于诚。盖诚为道之实，而道即礼、乐、刑、政之理也。礼乐而非诚，无以立其体；刑政而非诚，无以达其用。惟其诚也，由是而制礼作乐，则礼备而乐和；由是而明刑修政，则刑清而政举。故善为治者，未有不本于道；善行道者，未有不本于诚。二帝之所以帝天下而世跻雍熙者，此诚也；三王之所以王天下而借臻康乂者，亦此诚也。下逮汉唐宋之英君谊辟，所以不能比隆于二帝三王，而治不古若者，庸非此心之诚有或间欤？大哉，诚乎！其为万物之本原、万事之枢纽，人君为治之大本乎？

钦惟皇帝陛下聪明先物，睿智有临，法二帝三王之要道，绍祖宗列圣之宏规。曩者嗣大历服，不迩声色，不殖货利，凡耳目之娱，珍异之献，悉诚心罢去，与民休息。是以十五年间，朝廷清明，民物熙皞，四时调玉烛之和，万汇赞祯祥之应。属者顺天应人，复登宝位，乾坤为之再造，人纪为之肇修，礼乐明备，刑政修举。普天之下，莫不讴歌乎凤仪兽舞之治；率土之滨，莫不甄陶于鸢飞鱼跃之天。治效之盛，振古而无以加矣，是皆本于皇上至诚行道之所臻也。兹犹不自满假，乃涣纶音，下明诏，进臣等于廷，降赐清问，首之以礼乐刑政施为缓急之序，继之以唐虞三代汉唐宋治化隆替之由，终之以所以用礼乐刑政而克臻帝王治效之道。至哉，问也！顾臣愚陋，曷足以上揆渊衷。虽然，天道下济而光明，地道卑而上行，陛下既诚心发策以下问矣，臣敢不悉心披诚以上对乎？窃惟帝王治天下之术，非一端也，然所行之要，不越乎礼乐刑政而已。盖礼有三千三百之仪，所以节民之心，使其所行无过不及焉。乐有五音六律之作，所以和民之声、使其所言无所乖戾焉。故曰安生治民，莫大于礼；移风易俗，莫善于乐。是礼乐所以教民，而为出治之本。陛下所谓先与急者，在是也。若夫政者，法制禁令也，所以一民之行，而率其倦怠焉。刑者，墨劓剕宫大辟也，所以防民之奸，而惩其恣肆焉。故曰：道之以政，齐之以刑，民免而无耻，是刑政所以弼教，而为辅治之具。陛下所谓后与缓者，在是也。虽然，礼、乐、刑、政固有先后缓急之序，要之亦不可以偏废也。使有礼乐而无刑政，则徒善不足以为治。使有刑政而无礼乐，则徒法不能以自行。故《传》谓礼乐刑政四达而不悖，则王道备。诚哉！是言也。稽之于古唐虞之时，以言其礼，则五礼修而三礼明；以言其乐，则六律和而八音谐，礼乐于是乎大备焉。德惟善政，政在养民，而六府三事之允。治明于五刑，刑期无刑，而五服三就之克允，刑政于是乎大彰焉。是以当时万邦协和，而黎民有于变之休；庶绩咸熙，而四夷有来王之效。岂非唐虞能用礼乐刑政，而臻雍熙泰和之盛乎？然推其所由，则又本于尧之允恭克让、舜之温恭允塞之所致也。夏商之世，司徒修六礼以节民性，乐正崇四术以教士习，立典则以贻子孙，而有关石和钧之设焉。制官刑以儆有位，而有三风十愆之训焉。成周之世，宗伯掌五礼以亲万民，司乐掌六乐以谐万民，司马掌邦政以九法正邦国，司寇掌邦刑以三典诘四方，情文备而制度详。是以当时养教四讫，而兆民允殖，丕冒海隅，而万姓悦服。岂非三代能用礼乐刑政，而致雍熙恭和之盛乎？

然原其所自，则亦本于禹之允迪厥德，汤之咸有一德，文武之纯亦不已，丕则敏德之所致也。夫唐虞三代以诚心行道而致治效之盛如此。后之有天下者，莫如汉唐宋君。高祖之豁达大度，文帝之恭俭玄默，武帝之雄才大略，宣帝之综核名实，以至光武之沉毅先物，明帝之下身遵道，章帝之左右艺文，此汉之英君谊辟也。观其用绵蕞所习之仪，奏昭德五行之舞，制屯田而定租税，作九章而除肉刑，其用礼乐刑政也如此。然或不事诗书，或谦让未遑，或内多宠欲，或择术不审，又有吏事深刻，察察为明，优柔不断者。求之当时，虽有海内富庶，几致刑措之风；百姓宽息，人赖其庆之美。方之唐虞三代雍熙之化，不啻武夫之于美玉矣。此无他，由其徒用礼、乐、刑、政而行之，不能本乎诚故也。

若夫太宗之英迈绝伦，玄宗之励精图治，宪宗之刚明果断，此唐之英君谊辟也。观其采古制而定章服，分二部以习音乐，立府兵、租庸调之法，除断趾而增覆奏，其用礼乐刑政也如此。然而一则假仁喜功，一则惑于女色，一则不终其业。考之当时，虽有斗米三钱、绝域来庭之盛；民皆乐业、威令几振之美。揆之唐虞三代恭和之治，不啻鱼目之厕美珠矣。此无他，由其徒用礼、乐、刑、政而行之，不能本乎诚故也。迨夫有宋之兴，太祖之仁义，太宗之沉谋，有以开创于前。真宗之英悟，仁宗之仁恕，有以守成于后。真所谓英君谊辟矣。观其定朝仪而详服制，正音律而录名数，严科禁以弭奢僭，采敕条以为卷编，固皆用礼乐刑政以图至治矣。然或好微行，或伤恩义，或假符瑞而封禅，或以邪正而互用，虽曰治效有过于汉唐，而亦不能比隆唐虞三代也。详其所以，又岂非设诚于内者有或替欤？夫汉唐宋诸君，不能诚心行道，而治效不古若者如此。

洪惟我太祖高皇帝肇造区夏，太宗文皇帝肃清邦家，而隆古之风以振。仁宗昭皇帝继其统，宣宗章皇帝纂其功，而隆古之治益彰。所以然者，固不外乎礼、乐、刑、政之用。原其所以用礼、乐、刑、政，又岂不本于列圣至诚之心也哉。陛下应天人之笃心，嗣祖宗之洪业，复位以来，孜孜图治，夙兴夜寐，不遑宁处。虑民性之未中也，则用礼以节之；虑民声之未和也，则用乐以和之。而礼也乐也，固并举而无遗矣。虑民行之不一也，则修政以一之；虑民奸之未息也，则明刑以防之。政也刑也，亦并行而不偏矣。是以治效之盛，旷古莫及。而圣心犹有治效未极于盛之虑，臣有以知陛下真大有为之君，真不世出之主，真可以四三王，六五帝，而视汉唐宋诸君，风斯下矣。陛下欲究礼乐之原，臣则以为礼乐之原，固不外乎一诚。

陛下欲求刑政之本，亦不外乎一诚。盖真实无妄，纯粹不杂者，诚也。一有所杂，则伪而不诚矣。悠久不息，始终无间者，诚也。一有所间，则息而不诚矣。陛下运此心以兴礼乐，则大礼与天地同节，大乐与天地同和，而礼不失于昵，乐不流于淫矣。陛下运此心之诚以用刑政，则一政之出，人皆信之如蓍龟；一刑之施，人皆畏之如铁钺。而政不失于乖，刑不流于惨矣。礼、乐、刑、政虽备举而并行，然礼乐在所当先，刑政在所当后。析而言之，又必先礼而后乐，先政而后刑，此四者施行之次序也。行之既有其序，则礼乐昭宣，刑政修举，极天蟠地，周流四达，凡天下之民，莫不是遵是守，而无违悖者矣。然所以行而达之之要，实在于陛下一念之诚焉。陛下能于礼、乐、刑、政之用，一本于诚，则治化之盛，又何患乎不与唐虞三代同驱而并驾哉！将见今之黎民，与唐虞之黎民，同一于变时雍矣。今之百姓，与三代之百姓，同一遍为尔德矣。何则？世有古今，而道无古今。人有先后，而心无先后，惟在陛下至诚以感化之耳！所谓惟天下至诚为能化是也。

然陛下之策臣者既如此，而篇终又启之曰："子大夫潜心经史有年矣，其详著于篇，朕将采而用焉。"臣受陛下生成之恩，沐陛下教养之德。平昔之所涵养者，忠君报国之心；师友之所讲明者，致君泽民之事。虽援经据史之对，有未及详而责难，陈善之志实所抱负，既领春官之荐，叨奉大廷之对，正愚臣叩阊阖呈琅玕之日，谨拜手稽首而献言曰："诚之为道，其大矣乎！"具于太极之浑沦，而极于天地之变化；始终夫妇之隐微，而著于鸢鱼之飞跃。亘古亘今，莫非此诚之所为。彻上彻下，莫非此诚之所寓。故修身而不以诚，则欲得以间理。用人而不以诚，则邪得以间正。况礼乐刑政，为治天下之大经大法，而行之不本于诚，可乎？

《中庸》曰："凡为天下国家，有九经，所以行之者一也。"一即诚也，诚之为道，信乎其大矣。臣愿陛下存此心之诚，不贰以二，不参以三，不以始终而有殊，不以先后而有间。大廷如是，深宫亦如是。大政大事如是，微言细行亦如是。存养于端庄静一之中，省察于应事接物之际。出一言也，无非实理之所发；行一事也，无非实理之所著。由是而法帝王，必能合时措之宜，而不泥于古矣；由是而法祖宗，必能尽崇述之美，而有光于前矣。殆见德之所及，广大如天，极覆载之间，凡有血气者，莫不尊亲。信乎唐尧虞舜，复见于今日；禹汤文武，不得擅美于前世矣。臣之愚见，始以诚为陛下勉，终以诚为陛下献。良以同民心出治道，而极其盛者，实由于此。伏惟万几之暇，少垂睿览，则国家幸甚，生民幸甚。臣干冒天威，不胜恐惧战栗之至。臣谨对。

## 史海钩沉

王一夔，祖上原姓谢，因祖谢永亨当元季寇乱，只身跟随至亲王以义避难而改姓王。明成化七年（1471）十二月十八日，王一夔呈《复姓疏》奏请朝廷要求复姓，被皇帝准允，遂复姓谢，故又曰谢一夔。

王一夔是理想主义者，他毕生都在追求读书人"直言极谏"的理想。王一夔曾经上书，劝明宪宗"正宫闱，亲大臣，慎刑狱，戒妄费"。只可惜，王一夔想当魏征,明宪宗却没有唐太宗的度量。王一夔因此被明宪宗责罚,导致他仕途坎坷。王一夔六十三岁善终,死后被追封为太子少保,追谥为"文庄"。

## 成化二年(1466)丙戌科状元:罗伦

> 罗伦,字应魁,改字彝正,号一峰,吉安府永丰县(今江西永丰)人。

殿试皇帝:明宪宗朱见深

### 策问

制曰:朕惟古昔帝王之为治也,其道亦多端矣。然而有纲焉,有目焉,必有大纲正而万目举可也。若唐虞之治,大纲固无不正矣,不知万目亦尽举欤?三代之隆,其法浸备,宜乎大纲正而万目举也。可历指其实而言欤?说者谓汉大纲正,唐万目举,宋大纲亦正万目未尽举。不知未正者何纲?未举者何目?与已正已举之纲目,可得而悉言欤?我祖宗之为治也,大纲无不正,万目无不举,固无异于古昔帝王之治矣。亦可得而详言欤?朕嗣承大统,夙夜拳拳,惟欲正大纲而举万目,使人伦正于上,风俗厚于下。百姓富庶,而无失所之忧。四夷宾服,而无梗化之患。薄海内外,熙然泰和,可以增光祖宗,可以匹休帝王。果何行而可,必有其要。诸士子学以待用,其于古今治道,讲之熟矣。请明著于篇,毋泛毋略,朕将亲览焉。

### 对策

臣闻居天下之大位,必致天下之大治;致天下之大治,必正天下之大本;正天下之大本,必务天下之学。尧舜禹汤文武之位,天下之大位也;尧舜禹汤文武之治,天下之大治也;尧舜禹汤文武之心,天下之大本也;尧舜禹汤文武之学,天下之大学也。有其学然后能正其心,有其心然后能致其治,有其治然后能保其位。治也者,帝王保位之良图;心也者,帝王出治之大本;学也者,帝王正心之要道也。古先圣王知其然,是以尧学于君畴,舜学于务成昭，禹学于西王国，汤学于成伯子，文王学于时子思，武王学于郭叔。其所以精一此学，维持此心者，无不至也。故德泽加于当时，声名垂于后世，功高天下，明并日月，而不可及也。自汉而唐而宋，其间英君谊辟，非不欲致治如唐虞三代。志士仁人，非不欲致君如二帝三王。然寥寥千载，未有一二庶几乎此者。或君有可学之资，有欲学之志，而不遇其臣。如汉高之于萧、曹，太宗之于房、杜，神宗之于安石，是非其君之罪也。或臣有匡国之才，有格君之学，而不遇其君。如贾、董之于汉，陆贽之于唐，二程夫子之于宋，是非其臣之罪也。此君臣相遇，自古为难，而有志之士，所以扼腕愤叹，而不能自已也。此汉之所以止于汉，唐之所以止于唐，宋之所以止于宋，而不能唐虞三代者也。臣每观前史，见君有向道慕学之心，而臣不能成之，则悲其臣。臣有匡国致君之学，而君不能用之，则悲其君。

陛下继祖宗列圣之位，即尧舜禹汤文武之位也。天纵聪明之资，即尧舜禹汤文武之资也。治已至矣，犹以为未至。德已盛矣，犹以为未盛。乃于万几之暇，进臣等于廷，降赐清问，首询唐虞三代下逮汉唐宋诸君，拳拳欲正大纲，举万目，以明人伦，以厚风俗，以富庶百姓，以宾服夷狄，以增光祖宗，以匹休帝王。臣有以知陛下此心，即尧舜禹汤文武之心也。陛下之有此心，非特臣之幸也，天下之幸也。臣敢不以尧舜禹汤文武之学，为陛下勉哉！昔范祖禹上《帝学》八卷，以为自古治日常少，乱日常多，推原其故，由人主未学也。朱熹将入对，或曰："正心诚意之说，上所厌闻。"曰："某平生所学者在此，若有所回护，是欺君也。"陛下有志于唐虞三代之治，而无汉唐宋诸君之失，固无不学之心，亦非厌闻正心诚意之说者，臣敢不以平生所学者告陛下，而自陷于欺君之罪哉！使愚臣于此，犬马之诚未尽，刍荛之见或隐，上负朝廷，下负所学。臣恐后之悲今者亦无异于今之悲昔也。臣请因圣问而毕言之，陛下试垂听焉。

臣闻道之大原出于天，是道也，极于至大而无外，入于至小而无内。语其大也，则为父子，为君臣，为夫妇，为朋友，为长幼之伦。若网之有纲，所以根柢乎人心，纪纲乎世道，乃天地之常经，所谓为治之大纲也。语其小也，则为礼乐，为刑政，为制度，为之具，所以扶持乎三纲，经纬乎国体，乃古今之通谊，所谓为治之万目也。是道之纲，非吾心主宰之，则无自而正。是道之目，非吾心维持之，则无自而举。此心也者，所以主宰乎吾身，而为正大纲举万目之根本也。心虽主宰是纲，非学则有所惑，纲何从而正？心虽维持此目，非学则有所蔽，目何从而举？此学也者，又所以正其心，而为正大纲举万目之要务也。大纲不正，固不可以言治；万目不举，亦非尽善之道也。故古者帝王之治，其道虽多端，然必大纲既正，而万目兼举。若尧之肇唐，舜之起虞，禹之创夏，汤之建商，文武之造周，皆不能外乎此也。在尧之时，亲睦九族，以广爱敬之恩；釐降二女，以正闺门之礼；馆甥二室，以厚朋友之伦。尧之大纲无不正也。

在舜之时，底豫瞽叟，而父子之位定；克谐傲象，而兄弟之化成；刑于二女，而闺门之仪肃。舜之大纲无不正也。钦若昊天，历象授时，命羲仲以秩东作，命羲叔以秩南讹，命和仲以乎西成，命和叔以在朔易，命鲧以治洪水，命四岳以明扬侧陋。允厘百工，庶绩咸熙，万目之举于尧何如也？察璿玑以齐七政，举祀礼而观诸侯，命四岳以明四目、达四聪，命十二牧以修内治、服远人，命禹以宅百揆，命契以敷五教，命皋陶以明五刑，命伯益后夔以作礼乐，命龙以作纳言。四方风动，庶政惟和，万目之举于舜何如也？唐虞之大纲无不正，万目无不举如此，岂徒然哉。本于尧舜之心，惟务大学，以正其大本也。不贪淫欲，不嗜玩好，而允执其中，尧之学也。罔游于逸，罔淫于乐，而允迪厥德，舜之学也。使唐虞之君，不事乎此，则学有未正，而大本未立矣。纲何自而正，目何自而举乎？其在禹也，典章之率由，彝伦之攸叙。其在汤也，旧服之既缵，人纪之肇修。其在文武也，麟趾以厚公族，棠棣以燕兄弟，鹿鸣以燕群臣，樛木思齐以严闺教，故其子孙，成敬承继禹之道。或布德陟禹之迹，或率乃祖攸行。或监先王成宪，或笃故正父，或对扬光命，或率德以盖前人之愆，或脱簪以辅中兴之盛。此三代之所以正大纲也。其养也，夏以贡，商以助，周以彻焉。其教民也，夏曰校，殷曰序，周曰庠焉。其制刑也，夏有禹刑，殷有汤刑，周有祥刑焉。其建官也，夏商官倍，亦克用乂。周人六典，阜成兆民焉。其作乐也，禹作大夏，汤作大濩，武作大武焉。其正朔也，夏建寅，商建丑，周建子焉。其习尚也，夏尚忠，商尚质，周尚文焉。万目之举于三代何如也？三代之大纲无不正，万目无不举如此，岂徒然哉！本于禹汤文武之心，惟务大学，以正其大本也。祗台德先，不自满假，懋昭大德，不殖货利，禹汤之学也。不盘游政，缉熙敬止，不作无益，克慎明德，文武之学也。使禹汤文武不事乎此，则学有未至，而大本不立矣，纲何自而正，目何自而举乎？此尧舜禹汤文武惟务天下之大学，以正天下之大本，所以能致天下之大治。

三代而下，汉唐宋诸君虽有天下之位，而不能务天下之大学，所以天下之大治卒不能致也。汉就高祖言之，如发义帝之丧，戮丁公之叛，庶乎明君臣之义。高四皓之名，割肌肤之爱，庶乎全父子之恩。立白马之盟，定同姓之封，庶乎广昆弟之爱。故继世之君，子不敢叛其父，弟不敢戕其兄，嫂不敢驾其夫，臣不敢专其君。岂不由高祖之作则乎，此其大纲可谓正矣。然其养民也，阡陌之坏未久，而井田之制不复。郡县之废未久，而封建之制不复。其教民也，焚坑之祸未久，而学校之制不复。五礼六乐之废未久，而礼乐之制不复。此其万目未尽举也。然兄弟之不容，昉于戛羹之锡封。夫人之同席，作于戚姬之见宠。大将之见杀，兆于韩彭之菹醢。

先儒谓汉之大纲正，以臣观之，汉之大纲亦未尽正如唐虞三代也。汉非惟万目未尽举，而大纲亦未甚正者，以其或不事诗书，或溺于黄老，或杂于刑名，或荒于神仙，而圣学也杂。圣学之既杂，而大本不立，何怪其大纲之未尽正，万目之未尽举哉！唐就太宗言之，胁父臣房，逼夺神器，父子之亲何在？推刃同气，喋血禁门，兄弟之义何在？纳巢剌妃，媚武才人，闺门之礼何在？故继世之君，子叛其父，妇驾其夫，弟戕其兄，臣专其君，岂不由太宗之作俑乎？此其大纲可谓不正矣！然设府卫兵之法，仿佛古人寓兵于农之意。设租庸调之法，仿佛古人用一缓二之意。设殿最以考绩，仿佛古人黜陟之意。设覆奏以审刑，仿佛古人钦恤之意。此其万目可谓举矣。然法令之行，比之先王未纯也。田畴之制，比之先王未备也。学校之教，比之先王未盛也。礼乐之具，比之先王未修也。先儒谓唐万目举，以臣观之，唐之万目亦未尽举如唐虞三代也。

唐非惟大纲未尽正，而万目亦未尽举者，以其或蔽于异端，或荒于游畋，或锢于女色，或甘于小人，而圣学也怠。圣学之既怠，则大本不立，何怪其大纲之不能正，万目之未尽举哉！宋就太祖言之，其厚兄弟也，金匮之书，千古不磨。神器之重，一朝脱屣。其厚勋旧也，杯酒解柄，终全勋名，雪夜再幸，不改殊恩。其待臣下也，鞭扑不行于殿陛，骂辱不及于公卿。其严闺范也，内言不出于外，私恩不害于公。故继世之君，持盈守成，家庭之间，虽不能匹休乎麟趾之盛也，而操戈之事则未闻。闺门之内，虽不能齐美乎关雎之化也，而聚麀之耻则未有。此其大纲亦云正矣。然制度颇因五代之旧，不能复先王之制。劝课农桑，美则美矣，视三代养民之制何如？修广学校，盛则盛矣，视三代教民之制何如？礼乐分诸儒之喙，视三代制礼乐之遗意何如？兵财由朝廷之制，视三代制兵财之遗法何如？以至赇吏之戒不严，败军之法不立，设官之制太冗，任子之恩太滥，此其万目之未尽举也。先儒谓宋大纲正，万目未尽举，以臣观之，黄袍加身、未免来人之公议。烛影避席，未免起人之疑心。德昭之死，未免不厌夫众心。郭后之废，未免有疵于盛德。则宋之万目固未尽举矣，而其大纲亦岂甚正乎？宋之诸君见于行事如此，虽曰夜分观书，未免徒侈乎虚名；虽曰炎暑谈经，未免不关于实践。圣学既有不实，则大本不立矣。其大纲之未甚正，万目之未甚举，又何怪其然。故汉唐宋所以不能致唐虞三代之治，皆由大学之不讲，大本之不立故也。

我太祖高皇帝龙飞淮甸，混一区宇，心尧舜禹汤文武之心，而大本以立；学尧舜禹汤文武之学，而大学以明。故以其大纲之正言之，观其祭毕便殿，泣下不止，遣祭皇陵，哀感不胜，则我太祖之圣孝，亦虞舜之大孝，武周之达孝也。观其剖符锡壤，建封诸王，上制国家，下安生民，则我太祖之亲睦，亦虞舜之敦睦九族，周武之时庸展亲也。观其申明五常之说，则与唐虞之敦典庸礼，商周之建中建极同一揆也。观其君臣同游之言，则与唐虞之都俞吁咈，商周之左右笃棐同一意也。大纲之正，有一不如唐虞三代者乎？以其万目之举言之，则法井给民之言，户知丁业之戒，与古人重农之意相出入也。

学校教民之政，乡饮励俗之礼，与古人立教之意相表里也。内设六卿以总制天下，外设布政司以为四方之耳目，则其治官之意，庶几古人之六卿，九牧相唱和也。兵部帅府，相维于内，而将帅无偏重之势，布按都司，相制于外，而藩镇无专恣之患，则其制兵之意，庶几古人之司马司徒相统属也。命牛谅以制礼，则斟酌先王之典，以还中国之旧；命陶凯以制乐，则务宣和平之意，而屏亵慢之习。万目之举，有一不如唐虞三代者乎？列圣相承，心太祖之心，学太祖之学。圣德日新，而无不正之纲。圣化日广，而无不举之目。然法久则弊自生，世久则俗自降。故人伦有不明，风俗有不厚，而我祖宗之纲目渐以乖张。百姓有不富庶，夷狄有不宾服，而我祖宗之纲目，渐以沦致。

陛下嗣承大统，于兹三年，夙夜拳拳，惟此之虑。陛下此心，即尧之兢兢、舜之业业、禹之孜孜、汤之栗栗、文之翼翼、武之无贰之心也。然自即位以来，躬行大孝以先天下，已有意于明人伦，而人伦至今有未明。斥去邪佞，禁制奢侈，已有意于厚风俗，而风俗至今有未厚。躬耕藉田，蠲免租税，已有意于富庶百姓，而百姓至今有未富庶。简练将帅，严饬边备，已有意于宾服夷狄，而夷狄至今有未宾服。陛下有尧舜禹汤文武之心，而不能致尧舜汤文武之治者，意者陛下于尧舜文武之学有未至乎？何其心之拳拳，而效之邈邈也。臣请为陛下熟言。以陛下望道之切，求治之笃，必愤发于中，忧形于色，而拳拳之诚，盖有所不能止也。夫天下之事，未有不行于上，而行于朝廷者也。未有不行于朝廷，而行于天下者也。

以人伦言之，今公卿大臣，虽轩墀之内，有霄壤之隔。是非不及于面谕，则腹心无所托，而下情不得以上达。可否惟出于内批，则耳目有所蔽，而上心不得以下究。何有乎君臣相亲之义也？陛下诚能体手足腹心之义，略崇高贵重之势，召见不时，咨访非一，使愿输忠悃者得以献其诚，伪为蔽欺者无以施其诈，则君臣之化行于下，而无有不厚者矣。闾阎小子，忍心害理，生则私妻厚子，别籍异财，曾夷狄之不如；死则食稻衣锦，火葬水瘗，曾禽兽之不若。何有乎父子相爱之恩也？陛下诚能望陵兴哀慕之悲，致养勤定省之诚，公卿守终制之典，士夫严匿丧之禁，则父子之化行于下，而无有不亲者矣。隔形体而分胡越，弟或戕其兄；同门户而设藩离，幼多贼其长。何有乎兄弟之恩也？陛下诚能厚同气之恩，广友于之爱，严犯上之律，敦敬长之风，则兄弟之化行于下，而无有不爱者矣。妾媵无数，庶人僭公侯之分；婚姻论财，中华行夷虏之风。何有乎夫妇之道也？陛下诚能则关雎之化，正闺阃之礼，申明婚姻之式，定著妾媵之数，则夫妇之化行于下，而无有不正者矣。所贪者利禄，谁同心而相求？所附者权势，谁同道而相益？落水下石者纷如，贻书谏诤者寂若，何有乎朋友之道也？陛下诚能近君子之朋，远小人之党，黜排陷之奸，奖协恭之正，则朋友之化行于下，而无有不善者矣。人伦之明于上，非务学不能知。臣愿陛下拳拳圣学以正大本，急求所以明人伦之道，则人伦庶乎可明，无异于唐虞三代也。

  以风俗言之，朱扉一开，燕雀骈集，谀佞诡随者，名之曰变通；缄默自便者，目之曰忠厚；直言正色者，非之曰骄激；操心持节者，刺之曰干名。此士夫之风丧也。陛下诚能塞奔竞之门，杜谄谀之口，奖名节之士，张正直之气，则士夫之风振矣。庶人帝服，倡优后饰。雕梁画栋，惟恐其不华；珍馐绮食，惟恐其不丰；锦绣金玉，惟恐其不多；侏色俪音，惟恐其不足。此奢侈之风盛也。陛下诚能躬节俭之实，抑浮靡之费，重僭逾之罪，定上下之等，则奢侈之风降矣。典学校之教者，尸虚位而无实行；由科贡之途者，饰虚名而乏实才。此学校之风衰也。陛下诚能重师儒之任，使无实行者不得以滥叨。严科贡之选，使无实才者不得以幸进。则学校之风兴矣。珠宫梵宇，照耀云汉。秃首黄冠，充塞道路。此道佛之风盛也。陛下诚能鉴梁武、宋宗之失，斥祸福、报应之论，惟崇乎正道，不惑于邪说，则道佛之风熄矣。苞苴一入，贱可使贵。贿赂一通，滞可使达。黩货载归，闾里称庆。琴鹤相随，妻子怨谤。此贪黩之风炽也。陛下诚能综核名实，督行劝惩。廉介者必彰而不隐，贪墨者必诛而不赦，则贪黩之风止矣。风俗之厚于上，非务学不能知。臣愿陛下拳拳圣学，以正大本，急求所以厚风俗之道，则风俗庶乎可厚，无异于唐虞三代也。

  以言夫百姓之失所，则征求极其锱铢，而尾闾于异端之奉；苟敛至于毫发，而漏卮于宠幸之费。此吾民之困于赋敛者可恤也。征舸贡舰，动连千夫；工匠兴抬，延及数户。此吾民之困于征役者可恤也。田连阡陌，利累羊羔；家鸡犬豕，惟其所啖。此吾民之困于豪家巨室者可恤也。囊帛赢金，铗鳞醉酗；市虎门妖，恣其所欲。此吾民之困于贪官、黠吏者可恤也。劫掠践踩，鸡犬一空；胁持抑逼，肝脑涂地。此吾民之困于兵戈、盗贼者可恤也。父食其子，夫鬻其妻，壮者散于四方，老弱转于沟壑。此吾民之困于饥馑、流离者可恤也。百姓之失所，固可恤矣。然恤之有道焉，大要在于重守令，急务在于节财赋。守令者，民之父母。守令不重，则好民之所恶，恶民之所好，豪猾由此而横，盗贼由此而起。财赋者，民之命脉。财赋不节，则以一而科百，因十而敛千，赋敛由此而苛，征役由此而滥。欲重守令，在于慎选科贡，疏理监胄，严励风纪，精立选法。欲节财赋，在于简阅军士，沙汰冗官，杜抑私爱，斥绝异端。科贡既慎，则专图侥幸者不得以幸进。监胄既理，则苟延岁月者不得以幸选。风纪既严，则贪淫无状者不得以幸存。选法既精，则政绩不闻者不得以幸迁，而守令自重矣。军士既阅，则老弱无能者不得以幸食。冗食既汰，则备员充位者不得以幸禄。私爱既杜，则贵戚近习之属不得以幸赐。异端既斥，是佛老怪诞之徒不得以幸干。而财赋自节矣，何患百姓之不富庶哉！百姓之富庶，非务学不能知。臣愿陛下拳拳圣学，以正大本，急求所以富庶百姓之道。则百姓庶乎可富庶，无异于唐虞三代也。

　　以言夫夷狄之梗化，则房骄于北，羌黠于西，变诈之不测，侵掠之无常。驱之则不足于兵，守之则不足于食，此西北之夷寇可虑也。阻山川以为固，结流民以为援，神出鬼没，蜂屯蚁聚，此荆襄之夷寇可虑也。丹崖千仞，青壁万重，攻之则虑险，守之则废财，此两广之夷寇可虑也。围聚山岩，浮游乡邑，我进则彼去，我退则彼来，此川蜀之夷寇可虑也。夷狄之梗化，固可虑矣。然服之有其道焉，大要在于修内治，布恩信。急务在于选将帅，足兵食。内治不修，则根本不固。恩信不布，则人心不服。将帅不选，则敌人不畏，士卒不附。兵食不足，则士气不振，众心不守。欲修内治，在于戒逸乐，足民用，任君子，退小人。欲布恩信，在于宥胁从，绥降款。欲得将帅，在于收人望，专委任，戒欺罔。欲足兵食，在于广屯田，增土兵。逸乐既戒，则主心日正。民用既足，是邦本日固。君子既任，则君策日陈。小人既退，则奸弊日消。胁从既宥，则叛乱日怀。降款既绥，则归附日众。人望既收，则将材日至。委任既专，则将士日奋。欺罔既戒，则赏罚日明。屯田既广，则储蓄日富。土兵既增，则兵力日振。何患夷狄之不宾服哉。夷狄之宾服，非务学不能知。臣愿陛下拳拳圣学，以正大本，急求所以宾服夷狄之道。则夷狄庶乎可宾服，无异于唐虞三代也。

　　嗟乎！陛下拳拳于唐虞三代之治，而臣拳拳勉陛下以唐虞三代之学者，诚以纲之未正，臣不忧也；万目之未举，臣不忧也；人伦之未明，臣不忧也；

风俗之未厚，臣不忧也；百姓之未富厚，臣不忧也；夷狄之未宾服，臣不忧也，臣之所忧者，陛下大本虽已至矣，或不能如尧舜禹汤文武之光明；陛下大学虽已讲矣，或不能如尧舜禹汤文武之精一！陛下由臣之言，持拳拳图治之心，致拳拳为学之力，如尧舜，如禹汤，如文武，则天理日明，人欲日消。妖艳之色，淫哇之声，不足以荡此心；便辟之言，侧媚之态，不足以尽此心；沈湎荒淫，盘游之事，不足以荒此心；华丽珍怪奇异之物，不足以侈此心；神仙佛老异端之说，不足以惑此心；土木刑名征伐之类，不足以蛊此心。而大本立矣。大本既立，由是大纲可正，万目可举。人伦由是而可明，风俗由是而可厚，百姓由是而可富庶，夷狄由是而可宾服，薄海内外由是而可熙和，宗庙社稷由是而可保安，神器由是而可康宁，圣寿由是而可永延，列圣由是而可增光，帝王由是而可匹休。而汉唐宋诸君不足以望陛下之下风矣。若大本不立，则虽疲精惫神，以正夫大纲，以举夫万目，以遂数者之效，而快陛下之心，亦将徒为文具。而天下之事，无可为者矣。此臣所以拳拳欲陛下从事于学也。然臣之所谓学者，非稽同合异以为博也，非钩深致远以为奇也，非缛章绘句以为美也。臣之所谓学者，即大学之道也。是学也，即尧舜禹汤文武之学也。其目有八，而各有其要。平天下之要，在于治国。治国之要，在于齐家。齐家之要，在于修身。修身之要，在于正心。正心之要，在于诚意。诚意之要，在于致知格物。宋儒演绎其义，以进告其君曰："齐家之要有四，曰重匹配、严内治、定国本、教戚属；修身之要有二，曰谨言行、正威仪；诚意正心之要有二，曰崇敬畏、戒逸欲；致知格物之要有四，曰明道术、辨人才、审治体、察人情。'"是书也，乃千圣之心法，万古之成规，致治之良图，保邦之大道。陛下必拳拳于此，昼而诵之，夜而思之，亲近儒臣，问质疑义。毋徒事虚文，毋徒应故事，毋徒闻于耳而不识之于心，毋徒德于人而不践之于己，毋徒勤之于始而或怠之于终，毋徒讲之于百辟云集之时，而即弃之于宫阃深严之地，毋以朝夕而有间，毋以寒暑而有辍。或摘其要语而列之于屏障，或参以祖训而铭之于座右。考之于经，证之于史。如某事也，古人以之而治，以之而安，以之而盛，以之而寿，即惕然以省之曰："吾今日之所行，有合于此者乎？"如某事也，古人以之而乱，以之而危，以之而衰，以之而夭，即惕然以省之曰："吾今日之所为，有类于此者乎？"念念在此，念念之外无他念也。事事在此，事事之外无他事也。如此然后可谓之拳拳矣，如此然后所存必正心，所出必正言，所行必正道，所亲必正人。如此然后身无不修，家无不齐，国无不治，天下无不平也！

嗟夫！人主之心，示尝不好治而恶乱也，好安而恶危也，好盛而恶衰也，好寿而恶夭也。然治常少，乱常多；安常少，危常多；盛常少，衰常多；寿常少，夭常多。往往违其所好，而蹈其所恶！夫岂其本心哉！以其不能拳拳于学，而陷于不知故也。如人之疗病，未尝不爱其生，而卒至于死。亦岂其本心哉！以方书不熟，而用药不精故也。方今天下大势，如人受重病，非不枵然且大形犹人也。然内自腹心五脏，外达四肢百骸，无一毫一发不受病。有识者以为寒心，而庸医委之曰安。病者不悟其非，和之曰吾无病也。昔扁鹊见齐桓侯曰："君有疾，不治将深。"桓侯曰："寡人无疾。"如是者三，扁鹊望见齐桓侯而走。后五日桓侯疾作，召扁鹊，鹊已逃去。臣愿陛下以本心为元气，以贤良为明医，以古圣贤经史祖宗宝训之言为古方、为药石，惧病之将深而豫治之，信任明医，熟察古方，深究脉理，精择药石，节嗜欲，慎防护，日调其元气，急寻其病根之所在而划除之。则元气日固于内，邪气不攻于外，而百病自消，天年自固。何忧不如尧舜，不如禹汤，不如文武者乎？及今犹可为也，失令不为，臣恐扁鹊望之而走矣，虽噬脐无及也。唐虞三代与我祖宗列圣之大纲无不正，万目无不举，元气本固，客邪难入，病无自而生也。汉唐宋诸君，或大纲正而万目不举，或万目举而大纲不正，元气未固，客邪易奸，随病而施药者也。自唐虞而三代，自三代而汉唐宋，用是道则治，不用是道则乱；用是道则安，不用是道则危；用是道则盛，不用是道则衰；用是道则寿，不用是道则夭；用是道则延长，不用是道则短促。然则是道也，乃世道治乱之所系也，社稷安危之所关也，风俗盛衰之所由也，人主寿夭之所本也，国祚短长之所在也。陛下可不大警于心乎？《易》曰："正其心，万事理。差之毫厘，谬以千里。"董仲舒告武帝曰："尊其所闻则高明矣，行其所知则光大矣。"高明光大，不在乎他，在乎加之意而已。臣愿陛下加意于臣之言，毋如武帝不加意于仲舒之言也。苏轼对神宗曰："天下无事，则公卿之言轻如鸿毛；天下有事，则匹夫之言重如丘山。"今天下不可谓无事矣，臣愿陛下不视臣言如鸿毛，而视臣言如丘山，则天下幸甚，生民幸甚。臣俯拾刍荛，上尘天听，不胜战栗之至。谨对。

## 史海钩沉

　　罗伦为人刚正，义之所在，毅然必赴，视富贵名利如浮云，一生清贫如洗。
　　在这份答卷中，罗伦有感而发，率直针对时弊对答，一时名声大震京都，于是被选拔为头名状元，做了翰林修撰。
　　罗伦敢于直言，铁骨铮铮，一身正气，就连皇帝说了错话、做了错事也逃不过他的诤谏。成化二年（1466），宪宗皇帝要诏复内阁大学士李贤为官，而当时李贤父亡，正处于奔丧期间，按规定必须守孝三年。满朝官员竟没有一个人提出异议，而唯有只当了三个月官的罗伦劝谏，皇帝不允，罗伦又上《扶植纲常疏》弹劾李贤，惹得皇帝龙颜大怒。"乱臣贼子，当官不到三天，竟敢违旨，该当死罪。"遂传旨要杀罗伦的头。"陛下，你让我把话说完了再杀头吧。"罗伦面不改色地说道，皇帝无奈，只好让罗伦把话说完。罗伦接着道："朝廷制定了法律，而陛下却不带头执行，大臣法则群臣效，又怎么去要求老百姓遵守呢。"他还历陈古今兴衰之是非，反复数千言。皇帝觉得他言词恳切，迫于情理只好赦了他的死罪，将他贬为福建泉州市舶司副提举。罗伦也胸怀坦荡，浩然赴任。

## 成化五年（1469）乙丑科状元：张升

> 张升，字启昭，号柏岩，江西南城株良镇城上村人。官至礼部尚书，太子太保。明代中叶著名学者和大臣，人称"尚书状元"。

殿试皇帝：明宪宗朱见深

### 策问

制曰：朕绍承大宝，图底丕平，虽宵旰勤励，然绩效罕著。略举其端，谘尔多士，择材于文以理民，拔功于武以驭兵也。今铨衡涂壅，卫所员溢，奚以疏通之？昔人所谓名利相均，虚实相济，可推广而施欤？岁无常稔者天之道，土有常怀者人之情也。今歉则籴贵，贫则民徙，奚以绥辑之？前代所行常平有法，均田有制，可稽仿而为欤？夫兼资文武以周一世之用，裁成天地以遂万姓之安，固济时切务也。若乃致治大道，必有至言。古之臣献言于君，或得圣道之经而流于迂，或得圣道之权而流于诈，或辩矣而术不密，或智矣而文不及。今尔多士陈四者之务，必宜于时，矫四臣之偏，必合于道，朕将览而资治焉。

## 对策

臣闻治本于道，道本于诚。非道不足以善治，非诚不足以立道。盖道为治之本，诚又道之本也。有其道，然后能致其治。有其诚，然后能尽其道。是诚也者，万善之原，万事之本。推之无不准，动之无不化。以之择材于文，则真材无不得，拔功于武，则武将无不善。以之因天时以利民，而民生无不遂，因地利以厚民，而民居无不安。文武于焉而兼资，而用无不周。天地于焉而财成，而功无不著。人君为治之道，岂越乎此哉！故曾子传《大学》有曰："意诚而后心正、身修、家齐、国治、天下平。"子思作《中庸》亦曰："凡为天下国家有九经，所以行之者一也。"一即诚也。大哉诚乎！其治道之本乎？

钦惟皇帝陛下圣神文武，刚健中正，上承天命，下得人心。即位以来，五年于兹，民物阜安，风俗醇美，四夷咸宾，万方乐业，凡所以致治保邦持盈守成之道，至矣尽矣。然犹体道谦冲，游心高远，锐于图治，切于求言，万几之暇，特进臣等于廷，降赐清问，询以兼资文武之要，财成天地之道。顾臣一介庸儒，识见谫陋，曷足以上揆渊衷，仰裨治道。然窃思之，臣荷朝廷作养之恩，沐陛下化导之德，有爱君忧国之心，无由以自献。有忠君报国之志，无路以自达。今幸见录于有司，得立玉陛方寸地，正叫阊呈琅玕之日也。敢不俯竭愚衷，以对扬于万一乎？

臣闻民者，所以固邦本。而理民之任则在乎择材于文。兵者，所以卫民生。而驭兵之寄则在乎拔功于武。故翕受敷施，九德咸事，而致庶绩之其凝。武夫洸洸，经营四方，而致王心之载宁。文臣、武将自古为重，诚不可不审也。我国家崇儒重道，取士之制虽非一途，要之首科贡而次荐举，未尝不重文臣之选。崇德报功，选将之道亦非一端，要之先才能而后荫叙，未尝不重武将之职。铨衡之途奚至于壅，卫所之员奚至于溢乎？仰惟陛下有迪知忱恂之明，有庶政惟和之效。然犹图底丕平，以文臣武将为兵民之所赖，故欲有以疏通之。此尤见圣智之高明也，臣请得为陛下言之。盖自迩年以来，文臣则或因开贡之条而混升国学，或缘纳粟之例而滥登仕籍。况夫拘于资格之先后，牵于历任之久近，以有限之职，待杂进之流。铨衡之途由之壅矣。武将则勋旧是属，而秉节钺者或韬略之蔑闻；弊习相承，而统师旅者或勤能之罕著。况夫功多出于贿求，赏每加于幸得，未经锋镝之劳，已登录用之典。卫所之员由之溢矣。铨衡之途既壅，何敢望其展素蕴以理民；卫所之员既溢，何敢望其奋武勇以驭兵哉？此不能无劳于圣虑也。为今之计，莫若严考察黜陟之法。治行卓异者，则增秩以奖异之。年力衰迈者，则以礼而退遣之。杜塞奔竞侥幸之门，摈斥庸陋贪污之辈，则用人之道，必如唐臣陆贽所谓名利相均，而不至于壅矣。重爵赏劝惩之典，功勋既著者，则计其劳以加赏；材略有闻者，则随其能以授任。不以其无功而施泛滥之恩，不以其有罪而行姑息之政，则选将之要，必如唐臣陆贽所谓虚实相济，而不至于溢矣。盖诱人之方惟名与利，名近虚而于教为重，利近实而于德为轻。锡货财赋，秩廪所以彰其实；差品列殊，章服所以饰其虚。虚实交相养，故人不渎赏；轻重互相制，故国不废权。疏通之术，岂越于此乎。然求其本，则在于陛下此心之诚而已。诚心以行之，而必期其功，则司理民之责者，皆有守有为之人；当驭兵之寄者，咸有严有翼之士。尚何虑其有不疏通者哉！

雨露适时则年丰，旱涝相仍则年歉。此岁无常稔者，乃天之道。久居其地则难弃，久享其利则重迁。此土有常怀者，乃人之情。然尧虽有洪水滔天，而黎民之于变者自若，由其有以备天道之无常。汤虽有大旱积久，而商邑之用协者自如，由其有以遂人情之常怀。天时、地利在人裁制，不可不知也。我国家救荒有法，储蓄有备，而所以因天时者得其道矣。田有等，则赋无过取，而所以因地利者得其道矣。籴之价奚至于贵，民之居奚至于徙乎？仰惟陛下有怀保小民之心，有万邦咸宁之效，然犹深求至治，以天时地利为生民之所资，故欲有以财成之。此尤见圣心之刚健也。臣请得为陛下陈之。盖自迩年以来，年一歉则谷粟缺乏，无以给民食，囊橐空虚，无以遂民生，而啼饥号寒者深可矜也。民一贫则弃久依之桑梓，即新刈之蓬藋，而流离播越者深可悯也。米之价既踊，则民食且不足，尚何望其出赋税以充国用。民之居既徙，则自救且不赡，尚何望其效勤诚以固邦本哉！兹不能无廑于圣虑也。为今之计，莫若选监临之官，行便宜之政。知岁无常稔而有可常之道，必思患预防，敛散以时，若前代常平之法，斯可行也。择守令之贤，行子惠之政，知民有常怀，而遂其有常之情。必量地分田，因民制产，若前代均田之制，庶可为也。盖常平之法兆于齐魏，而成于耿寿昌。均田之制行于后魏，而出于李安世。丰则增价籴之以利农，凶则减价粜之以利民，是之谓常平。男子四十亩，妇女二十亩，户绝者以为公田。刺史十五顷，县令以上六顷，其田则更代相付，是之谓均田。斟酌其宜，使合于人情，庶丰歉之相济。损益其制，使宜于土俗，庶贫富之适均。绥缉之道，岂要于此乎？然究其本，则在于陛下是心之诚而已。诚心以为之，而必期其效，则天下莫不席于饱食暖衣之域，民生莫不囿于安居乐业之中。尚何虑其有失所者哉！夫内资文治，外资武功，文臣武将之并用，威势德化之并行，乃久安长治之计也。上因天时，下因地利，安老怀少，皆有所资，养生丧死，举无所憾，实参赞燮理之功也。

若乃致治大道，必有至言，古之臣献言于君，虽有可采而不能无弊。若董仲舒道明三代、学贯天人、议论渊源、理义酝藉，其言得圣道之经也。晁错上言兵事，思应周密，尊君抑臣，辞气激烈，其论得圣道之权也。仲舒虽得圣道之经，然阴阳灾异之言，未免流于迂而不切。晁错虽得圣道之权，然刑名术数之论，未免流于诈而不正。故宋儒苏洵因论贾谊而言二子，盖得其当矣。贾谊以年少之资，而被孝文之召，观其治安一策，有忠爱之至诚，劝兴礼乐知教化之先务，其辞辩矣。张良以豪杰之才，而辅高帝之兴，运筹决策，而定天下之大乱，因事纳忠，而关天下之大计，其智周矣。贾谊之论虽辩，然草具仪礼，三表五饵，而其术则不密焉。张良之计虽智，然术本权谋，学宗黄老，而其文则不及焉。故宋儒苏轼因论陆贽而及二臣，盖近乎是矣。文德也，武功也，救荒也，安民也，此四者之务固所当讲。仲舒也，晁错也，贾谊也，张良也，此四臣之偏亦所当知。大抵文武之选，不必拘也，在乎可以行于今；安养之道不必泥也，在乎有以利于民。使得人以司文武选，而能随势以变通。得人以主安养之道，而能度时以举行，则品节适中而宜于时矣。仲舒、贾谊之失，由乎学术未精；晁错、张良之失，由乎学术之不正。使其溯义理之渊源，而不安于小成；务圣贤之正学，而不亲于他岐，则损过就中而合于道矣。然宜于时，合于道，皆其用之见于外焉尔。苟不本诸诚，则内之体不立，施之必有所不当，行之必至于易倦。故臣终始以诚为陛下献者，良以诚之为道，真实无妄，纯粹无伪，彻上彻下，皆实理之所为，一有所杂则妄矣。悠久不息，周流不已，亘古亘今，皆实心之所为，一有所间则息矣。臣伏望陛下存此诚于雷声渊默之时，体此诚于酬酢应变之际。凡一念之动则曰："吾之念虑得无有所杂乎？明以察之，使无一念之或妄。"一事之行则曰："吾之施为得无有所间乎？刚以制之，使无一事之不实。"则治道之本立矣。然而一心之微，攻之者众。或以声色，或以货利，或以游田，或以逸豫。数者一或不审，则欲动于中，而此诚变矣。臣愿陛下远声色而不迩，厌货利而不殖，谨游田而不恣，戒逸豫而不肆。勿贰以二，勿参以三，然后本源澄澈，终始惟一，而此诚岂有间断哉！或于沉湎，或于奢侈，或于异端，或于谄谀，数者一或不察，则心逐于外，而此诚泯矣。臣愿陛下禁沉缅而弗行，斥异端而弗尚，拒谄谀而弗亲。不东以西，不南以北，然后方寸明白，久暂有常，而此诚岂有止息哉！由是可以措民物于熙皞，绵宗社于隆长。重华之德，丕承之功，岂独专美于舜武哉！

陛下之策臣者，臣既已概陈之，而要其归在乎一诚矣。然于终篇复有所献焉者，盖爱君之心不能自已也。夫诚固为治道之本，而所以行是诚者，又在乎陛下之明与刚。明则有以识其诚之正，刚则有以决其诚之几。明非烦苛伺察之谓，乃知道谊、识安危、别贤愚、辨是非之谓也。刚非强亢暴戾之谓，乃惟道所在断之不疑，奸不能惑，佞不能移之谓也。陛下诚廓日月之明，无微不察，无幽不烛，如《书》所谓宪天聪明，奋乾刚之断，见义必为，闻善即行，如《书》所谓惟克果断。夫如是则表里此诚，终始此诚，如《中庸》所谓至诚无息，不息则久，久则征，征则悠远，悠远则博厚，博厚则高明，治天下之道，无余蕴矣。臣之此言迂疏浅陋，固若无可采者，然实出于拳拳一念之忠也。伏望陛下俯垂睿览，岂惟愚臣幸甚，实天下幸甚，万世幸甚。臣谨对。

## ■ 史海钩沉

张升为人，不阿谀权贵，敢作敢为。

相传，张升小时候，有一年快过年时，他父亲有事去县城。年幼的张升从一大早就在家门口等待父亲归来。因为每当父亲去县城，回来后总会带些糖果之类零食逗自己开心。可是这天，张升左等右等，心情从兴奋到失落，再到担心，父亲始终没有归来。等到各家各户都已掌灯时，父亲才深一脚浅一脚地回了家，并且两手空空，什么东西也没有带。

张升很奇怪，就问父亲这是怎么了。父亲告诉他，这天他在县城拾得"梢马"（古时搭在肩上盛钱物的布袋）一个，里面装了许多银钱。他担心失主回来难找，不敢走开，便在路边坐着等候。当时正值黄昏，风雪交加，路人稀少，但他坚持等候，并沿途张望，直到物归原主，方才回家。张升听完后，对父亲肃然起敬，从此以父亲为自己的人生楷模。

## 成化八年（1472）壬辰科状元：吴宽

> 吴宽，字原博，号匏庵，玉亭主，世称匏庵先生或匏翁。直隶长洲县（今江苏苏州）人。明朝中期官员、文学家、书法家。

殿试皇帝：明宪宗朱见深

## 策问

制曰：自古帝王继体守文，克弘先业，致盛治者多矣。而史臣独以成康、文景并称，何欤？其致治本末可指言欤？朕光绍祖宗丕图，政令之行，悉遵成宪，期臻至治，比隆前古。然夙夜祗勤，于兹八载，而治效犹未彰著，何欤？岂世有古今，故效有深浅欤？今天下田野辟矣，而贡赋供于上者，每至匮乏。学校兴矣，而风俗成于下者，益至浮靡。兵屯以制外者谨矣，未能使夷狄畏却而不敢侵。刑法以肃内者严矣，未能使奸顽惩艾而不敢犯。凡若此者，其弊安在？如谓政在用人，则方今百司庶府，文武具足，而科目之选拔，军功之序迁者，又济济其众。何官有余而政不举欤？无乃承平日久，习安逸而事因循者多欤？兹欲严以督之，则人情有不堪；宽以待之，则治理有难成。何处而得其中欤？夫治必上下给足，风俗淳美，外夷服而中国安，底于雍熙泰和之盛，斯朕志也。何施何为而可以臻此志？殆必有要道焉。子大夫讲习经史之学久矣，其参酌古今，明著于篇，朕将采而用之。

## 对策

臣闻古之君天下者，莫不有治法，亦莫不有治人。盖天下之事，非法不能以自举；天下之法，非人不能以自行。故法所以举其事，而人所以行其法者也。然人亦岂能自用哉？又在人君之一心耳。昔傅说之告高宗曰：惟治乱在庶官。官不及私昵，惟其能。爵罔及恶德，惟其贤。而必继之以惟厥攸居。此可见人君之图治，其心当先安于所止也。心既安于所止，故以是心而求天下之贤，则无一人之不用。以是人而付天下之法，则无一事之不举。而所谓足贡赋、厚风俗、攘夷狄、革奸顽之四者，皆不足以劳吾心矣。

钦惟皇帝陛下抚盈成之运，当鼎盛之年，有聪明睿知之资，有孝友温恭之德，有宽仁博爱之度，有神武不杀之威。临御以来，八年于兹，图治之心，惟日不足。故不以臣之不肖，拔之草茅之中，置之廷陛之下，拳拳焉下询乎治天下之要道。臣虽至愚，能不感激而思效其愚直之一二乎？盖陛下每三年一策士于廷者，非欲为虚文也，盖将用其言也。臣之幼而学于家者，非欲为空言也，盖将用于世也。臣常怀用世之心，适陛下开用言之路，是机也不可失也。然而陛下之策臣者，其大要欲于治法治人加之意耳。而臣以为尤所当先治者，心也。心既治，而后天下之事可从而理。臣故先以心之说为献，然后于圣策之所及者，次第而条陈之焉。

盖闻孔子曰："善人为邦百年，亦可以胜残去杀矣"。又曰："如有王者必世而后仁。"言治化非一朝一夕所能成也。臣观三代之时治之盛者，莫盛于周。而周之治，亦莫盛于成康之世。盖有文武创业于前，而成康善于守成耳。自周而下治之盛者，莫盛于汉。而汉之治，亦莫盛于文景之世。盖有高祖创业前，而文景善于守成耳。四君之所以善于守成者，岂有他术哉。必至其持守而施为者，有本末也。《周书》之称成王曰："祗勤于德，而训迪厥官，作周恭先，而自时中乂。"至于康王之敬忌天威，张皇六师，此其实也。汉史之称文帝曰："身衣弋绨而示朴为先，除田租税而厚于利民。"以至景帝加以恭俭，与民休息，亦不失文帝之家法者也。成康、文景之致治本末，所可知者如此。而其所以并称于后世者，有不在此欤？夫成康、文景之为君虽不可作，而其治法，犹有可得而行者。苟能行之，所谓道洽政治，泽润生民，移风易俗，黎民醇厚之效，当复见于后世。岂以世有古今，而效有浅深之殊哉！仰惟陛下传二帝三王之道，绍一祖四宗之统，政令之行，悉遵成宪，视成康、文景之治固优为之矣。而复以为治效犹未彰著者，此陛下不自满足之心也。臣虽至愚，敢不钦承而将顺之乎？

伏读圣策有曰："今天下田野辟矣，而贡赋供于上者，每至匮乏。"臣有以见陛下欲举治法，足食以充国用也。夫欲足食以充国用，莫若省浮费。《大学》曰："生财有大道，生之者众，食之者寡，为之者疾，用之者舒，则财恒足矣。"今之世生之为之者，果得为众且疾乎？食之用之者，果得为寡且舒乎？借使众且疾矣，然民赋有常数，而国用无常数。以有常数之贡赋，而供无常数之用度，此田野虽辟，而贡赋所以不得不至匮乏也。臣故曰："省浮费者以此。"圣策有曰："学校兴矣，而风俗成于下者，益至浮靡。"臣有以见陛下欲修举治法，化民以厚风俗也。夫欲化民以厚风俗，莫若求实行。盖古者以乡三物，教万民而宾兴之。一曰六德，知、仁、圣、义、忠、和。二曰六行，孝、友、睦、姻、任、恤。三曰六艺，礼、乐、射、御、书、数。其宾兴之制，以德行居先，文艺居后者，欲使人重本而轻末也。今之取士，惟较其文艺，而不考其德行，士安得不惟末是趋乎？况所谓文艺，又非古之所谓文艺者乎？此学校虽兴，而风俗所以不得不至浮靡也。臣故曰："求实行者以此。"有曰："兵屯以制外者谨矣，未能使夷狄畏却而不敢侵。"圣策及此，臣又见陛下欲举治法，攘夷狄，而非穷兵黩武之所为也。夫夷狄之性，轻而寡信，贪而无亲。王者以禽兽畜之，来则有备，去则不追。《诗》曰"王命南仲，城彼朔方"，又曰"薄伐猃狁，至于太原"是也。是故求速效者，急于战斗而未必残其类。怀永图者，加以岁月而卒能收其功。窃以为今日之计，亦惟先于宁而已。其必练士卒，积刍粮，严斥堠，谨烽燧，而据要害之地，以为持久之计可也。然欲为持久之计，必用持久之兵。盖古者兵出于农，故戍其地则用其地之民。今之边兵安于水土，习于金革，犹夫地之民也。诚用之以守，庶免调发之扰，而得制御之道。至于守之既固，而彼犹为吾患也，于是因地乘势，以议攻之之策。则边境既实，兵威自壮，以战则克，以攻则取，而夷狄岂有不畏却者哉！有曰："刑法以肃内者严矣，未能使奸顽惩艾而不敢犯。"圣策及此，臣又见陛下欲举治法，革奸顽，而非刻法深文之所为也。盖刑所以为小人而设，小人而不加之以刑，则纵恶长乱，无所不至，是刑法诚不可不严也。然听狱之际，一或不尽其心，则刑有不得其当者。是故刑得其当，虽岁罪一人，而天下有咸服之心；刑失其当，虽日罪千人，而人心无可服之理。今律之所载者，轻重舒惨，至精至备，可谓无遗憾矣。但有一定之法，无一定之情。其情之所在，则惟典狱者参错讯鞫以求之耳。昔郑子产铸刑书，晋叔向讥之曰："先王议事以制，不为刑辟。"旨哉斯言！实万世典狱者之所当知也。然参以人固足以得其情，徇乎人亦不足以当其罪。成王之告君陈曰："殷民在辟。"予曰辟，尔惟勿辟。予曰宥，尔惟勿宥，惟厥中。穆王之告诸侯曰："尔尚敬逆天命，奉我一人，虽畏勿畏，虽休勿休。"其知狱之不可徇乎人者也。夫典狱者，下既得乎人之情，上不徇乎君之意，则刑之所加皆得其当，而奸顽岂有不惩艾者哉！以是而知浮费不省，则贡赋不足。实行不求，则风俗不厚。不用边兵以守其地，则夷狄未可以攘。不任有司以求其情，则奸顽未可以革。此臣所以妄论四者之弊，在于此也。抑四者虽各为一事，其实有相通之道焉。何也？贡赋不至匮乏，则国用既足，而兵屯可以仰给矣。风俗不至浮靡，则民心既正，而刑法可以舍置矣。刑法舍置，则中国安矣。中国安，则夷狄无衅可乘，不待攘之而自然畏却矣。有天下者之治法，信无先于斯四者。

　　虽然，法之立也本无弊，法之用也始有弊。法不自用，待人而后用。人有正邪，才有长短，而法不能不为之异焉。此其过之不在于法，而在于人也审矣。然则今日治天下之要道，孰谓不在于用得其人乎？然而圣策又曰："如谓政在用人，则方今百司庶府，文武具足，而科目之选拔，军功之叙迁者，又济济其众，何官有余而政不举欤？无乃承平日久，习安逸而事因循者多欤？兹欲严以督之，则人情有不堪；宽以待之，则治理有难成。何处而得其中欤？夫治必上下给足，风俗淳美，外夷服而中国安，底于雍熙泰和之盛，斯朕志也。何施何为而可以臻此志？殆必有要道焉。"陛下之言至此，图治之心可谓益切矣。臣愚以为要道莫先于用人，人才皆可用，特在人君用之何如耳。

用得其人，官虽不足，而政无不举。用非其人，官虽有余，而政不能举。非惟不能举，而且有害于政焉。如欲省浮费也，使奉承者非其人，则一意陛下之足国用，而更为厚敛之计矣。欲求实行也，使奉承者非其人，则一意陛下之厚风俗，而更为诡行之举矣。主兵而非其人，则兵无纪律，而赏功罚罪，惟其私意之轻重。所谓用边兵以守其地者，未必得其力也。典狱而非其人，则狱多冤抑，而刑故宥过，惟其私意之出入，所谓任有司以求其情者，未必得其实也。诚欲用得其人，又在乎陛下之一心焉。盖心安于所止则诚，诚则明，明则于天下之人，自能知其何者为正，何者为邪，于焉用其正，而黜其邪。于一人为短，于焉取其长而弃其短。不啻若辩白黑。若数一二，无一能之才，自能知其何者为长，何者逃于洞察之下者。取其人于科目，则皆俊乂多才。取其人于军功，则皆知勇之士。而凡列职于百司庶府者，其文真足经邦，而文教无不修；其武真足以戡乱，而武功无不成。盖莫不奋迅踊跃以趋其事，固无有乐因循而事安逸者矣。若然，亦何必严以督之哉！即欲严以督之，则为大舜之德威，非若唐德宗之苛察也。亦何必宽以待之哉！即欲宽以待之，则为成汤之克宽，非若汉元帝之优游也。当此之时，臣见陛下全大有为之资，居大有为之位，操大有为之具，乘大有为之势。有所不施，施之而无不当。有所不为，为之而无不成。盖纵横上下，无不如吾意之所欲者，岂特足贡赋、厚风俗、攘夷狄、革奸顽之四者而已哉！如是则真可以垂拱南面，而臻雍熙泰和之盛治矣。

然则欲事之举也，在乎法。有治法而天下无不举之事。欲法之行也，在乎人。有治人而天下无不行之法。欲大之用也，在乎心，有治心而天下无不用之人。心之功用至于如此，臣请得为陛下复一言之。夫人之心特方寸耳，所以灵于万物者在是。所以参为三才者在是，所以具众理而应万物者在是。人皆有是心，而能治其心者寡。人皆治是心，而能安于所止者尤寡。始如是而终不如是，非安也。表如是而里不如是，非安也。安之云者，心与义理为，而未始相违者也。夫欲心与义理为一，此岂可以袭取之哉！要必无时无处而不用其力也。陛下居禁密之地，尝诚思之曰："吾心得无少放乎？得无异于坐朝之时乎？"有放焉则求之，是能治其心也。处细微之事，亦尝思之曰："吾心得无少放乎？得无异于临政之际乎？"有放焉则求之，是能治其心也。无一时而不用其力，久则无一处而不安所止。由是以此心而事天，以此心而治民，以此心而法祖宗，无乎不善者，又岂特善于用人之一事而已哉！臣故恳恳焉以是说为献者，此探本之论也，此责难之义也，此区区爱君之忠也。虽然，世之持是说以告陛下者亦多矣，臣不能舍是而为新奇可喜之论者，以治道之大原止乎此也。惟陛下不以其言之可厌，而少加睿览，天下之幸，孰大于此。臣干冒天威，无任战栗殒越之至。臣谨对。

## 史海钩沉

吴宽自少好学，老而弥笃。他力攻《左传》《汉书》，研习唐宋大家之诗文。吴宽博学善书，擅长楷、行、草书，并喜用狂草体，能摆脱明代前期学仿赵体的局面。他对宋代苏轼非常推崇，多师承苏轼的笔意，"端庄淳朴，凝重厚实"，一反当时吴中盛行的纤巧妍美的书风。

他少年时入郡学学习，时人多钻研举业，只有吴宽博览群书，练习古文词，下笔已有老成风格。在多次参加应天府乡试不利后，他以"岁资贡"身份进入太学。

吴宽因屡举不利而心灰意冷，不再参加科举考试。当时督学以礼相送，这才使吴宽同意入试，结果一举考得第三名。后来吴宽又在京参与会试、殿试，均获第一。

## 成化十一年（1475）乙未科状元：谢迁

谢迁（1449—1531）字于乔，号木斋，绍兴府余姚县（今浙江余姚）人。官至宰相，是明朝著名的贤相，声誉卓著。

殿试皇帝：明宪宗朱见深

## 策问

制曰：朕惟人君，奉天子民，治道所当先者，养与教也。养民莫重于制田里，广树畜。教民莫大于崇学校、明礼义。今兹二者，行之既久，而实未效臻于极，何欤？岂任用未尽得人，而督劝作兴之道，有未至欤？唐虞三代，田分井牧之授，学谨庠序之训，当时民有恒产，士有恒心，所以养之教之者备矣。其良法美意，皆后世所当讲者，可历举而言欤？若汉唐宋愿治之君，未尝不留意于斯，而治效之成，卒不逮古，岂分田制产，兴学崇儒之意，视帝王为有间欤？

朕承祖宗大统，抚临亿兆，于兹有年，夙夜竞惕，弗遑宁处，期于家给人足，教行刑措，礼乐兴而风俗美，跻斯世于雍熙泰和之盛，果何道以致之欤？子诸生积学待用，必有至当之说，明著于篇，朕将亲览焉。

## 对策

臣闻为治之道，固贵乎有仁民之政，尤贵乎有仁民之心。盖仁心存于中，而后仁政达于外。使有其心而无其政，是谓徒善。徒善不足以为政。有其政而无其心，是谓徒法。徒法不能以自行。先儒程子曰：为政须要有纲纪文章。又曰：必有闢睢麟趾之意，然后可以行周官之法度。此之谓也。仁政本之仁心，则内外兼举本末不遗，而为治之道得矣，尚何虑教养未备，任用非人，而治效未臻其极耶？唐虞三代所以治隆俗美者，此心此政也。汉唐宋所以治不古若者，岂非徒有其政而无其心欤？

钦惟皇帝陛下，以圣神文武之资，绍祖宗列圣之统，恭己守成，虚心图治，虽深居九重之中，而念周四表之外。虑民生之或未厚，必欲皆安于饱食暖衣之天。虑民德之或未淳，必欲皆归于渐仁摩义之域。是以临御之初，他务未遑，首耕藉田以示重农而务本，继幸太学以示尊道而崇儒。丕绪恢张，仁闻四达，所谓宠绥四方而克相上帝者，亦已至矣。兹犹以实效未臻其极，而虑任用未尽得人，乃进臣等于廷，俯赐清问，讲求至理，必欲追复唐虞三代之盛，此不自满假，稽于有众之盛心也。夫内不自满而外稽于众，则何所为而不至其极哉！陛下真大有为之君，可以为尧舜，可以为禹汤文武，可以唐虞三代斯世也。斯世斯民，何其幸欤！臣虽庸陋，敢不效一得之愚，以对扬明命之万一乎？窃惟天降下民，作之君，作之师；君所以治之，师所以教之。《书》曰："民非后，罔克胥匡以生。"又曰："克绥厥猷惟后。"信乎！人君奉天子民，其为治之道，莫大乎养与教也。教养未尽，不足以言治，故孔子之告冉有，必曰富之教之。孟子之论王道，教养之外亦无余说。诚以仁政不外乎此耳。然养莫重于制田里而广树畜，田里不均，树畜不广，欲民生之遂，得乎？教莫先于崇学校而明礼义，学校不修，礼义不明，欲民性之复，得乎？夫是二者，固必由任用得其人，而后实效臻其极。然循其本而论之，惟在人君之心耳。孟子曰："先王有不忍人之心，斯有不忍人之政矣。"以不忍人之心，行不忍人之政，治天下可运之掌。人君苟无是心，而徒区区于法制品节之末，则所施非其政，所任非其人，虽欲言治皆苟而已。

臣请征诸古为陛下陈之。唐虞之时水土未平，烝民未粒，圣人有忧之。

使弃为后稷而播时百谷，百谷熟而民人育矣。饱暖无教近于禽兽，圣人又忧之。于是使契为司徒而敬敷五教，五教敷而百姓亲矣。三代之时其养民也，夏后氏五十而贡，殷人七十而助，周人百亩而彻。其教民也，夏之学曰校，殷之学曰序，周之学曰庠。自其制度之极备者而言之，田野之授，井牧异其制。学校之设，大小异其教。如衍沃之地百亩为夫，而九夫为一井。隰皋之地九夫为牧，而二牧当一井。井牧之制所以养民者，其备如此。八岁入小学，而教以洒扫、应对、进退之节，礼、乐、射、御、书、数之文。十五入大学，而教以勇理、正心之术，修己治人之道学校之制，所以教民者，其备如此。当是时也，出而使长，入而使治，皆刚简直宽之德，俊造秀义之士，是以民有恒产而无啼饥号寒者矣，士有恒性而无放僻邪侈者矣。然则其政立于上，而效成于下，又孰谓不本于得人，又孰谓不本于君心之仁乎？质之经、订之传而观之，则尧之兢兢，舜之业业，固一忧民之心也。禹之孜孜，汤之栗栗，亦一忧民之心也。至于文王之纯一不已，武王之永言配命，又何尝一念不在于民乎？此其良法美意，固卓乎不可尚已。古道既远，圣王不作，阡陌之端开，而井田之制废，养民已无政矣。坑焚之祸作，而诗书之习泯，教民已无政矣，又安有所谓仁民之心乎？后世愿治之君，若汉之文帝、唐之太宗、宋之太祖，亦尝留意于教养。或躬耕藉田而减租以劝农，或口分世业而节费以裕民，或遣官度田而课民以种植。养民之政有矣，然不过法制之虚文。或尊师重傅而临雍拜老，或大召名儒而增广生员，或增葺国学之祠宇而亲制孔颜之赞词。教民之政有矣，然不过太平之粉饰。究其存心，果有发尧舜禹汤文武之切于忧民者乎？上既无尧舜禹汤文武之君，则奉承宣布者，亦未必皆稷契伊周之臣。是以治效之著，虽或至于海内富庶，路不拾遗，户口繁益，求如古之耕田凿井，出作入息，而不知帝力何有则未也。虽或至于黎民醇厚、死囚来归、道学可称，求如古之仁人君子比屋可封，而但知顺帝之则则未也。此汉唐宋之所以不唐虞三代也欤？

　　仰惟我朝列圣相承，心尧舜禹汤文武之心，行尧舜禹汤文武之政，必求复唐虞三代之治。是以百纪修明，庶务振举，而于教养二事，尤致重焉。田虽无井牧之异制，然兼并有禁，荒芜有罚，既有守令以司之矣，又兼命藩臣以董之，养民何以加焉？学虽无庠序之异制，然廪饩有常，废坠有戒，既有师儒以职之矣，又专命宪臣以莅之，教民何以加焉？良法美意，昭昭乎日月之照临；深仁厚泽，荡荡乎天地之涵育。此我朝之治，所以度越前古也。陛下远宗帝王之道，近守祖宗之法，教养之政重加之意，盖无一念不在是也。伏读圣制有曰：朕承祖宗大统，抚临亿兆，于兹有年，夙夜兢惕，弗遑宁处，期于家给人足，教行刑措，礼乐兴而风俗美，跻斯世于雍熙泰和之盛，果何道以致之欤？即此一念，臣已知陛下仁民无穷之心，盖不以目前之治而自已也。陛下抚盈成之运，当鼎盛之年，有可为之时，有可为之势，又有能为之资，诚欲复隆古之治，不过始终此心焉耳。始终此心，则始终此治。《易》曰："圣人久于其道而天下化成。"是知为治之道，固未可见小而欲速也。且天下之大，兆民之广，必人人皆遂饱暖之愿，而后可以为养之至，使有一民不遂其生，犹未也。必人人皆归礼义之化，而后可以为教之至，使有一民不协于中，犹未也。方今天下之民，安于田里而生生自庸者，固多矣。然而水旱相仍，则展转沟壑而无告者，不惟见于穷檐篳屋之下，而通都大郡亦有之。如此而谓之生养遂，未可也。司民牧者，方且急于催科，而视农桑为末务，漫不知所以抚字赈救之方，此犹未免勤圣心之虑也。陛下养民之仁，诚能久而不替，田里未均，必思所以均之；树畜未广，必思所以广之。禁游手游食之蠹，惩横敛苛征之虐。慎选循良恺悌之人，以充守令之职，纵未必尽得如稷之贤，独不可得出入阡陌劝课农桑如召信臣者乎？既得其人，又假以岁月而考其功，因其功而进退之，则人孰不思所以自勉，而尽养民之职哉！如此而家不给人不足，无是理也。天下之民，习于行艺而熙熙相安者，固已多矣。然而饥谨荐臻，则犬鼠偷窃而无藉者，不惟见于遐陬僻壤之所，而名乡广市亦有之。如此而谓之教化洽，未可也。司风教者方且溺于宴安，而视教化为繁文，恬不知所以振励转移之术，此犹未免贻宸衷之忧也。陛下教民之仁，诚能久而不怠，学校必修，不使有倾颓之患，礼义必明，不使有坏乱之习。禁惑世诬民之言，革骄盈侈赞之俗。慎择端方谨厚之士以充师儒之任，纵未必尽得如契之贤，独不可得学兼体用、封植人才如胡安定者乎？既得其人，又重厥责任而考其绩，因其绩而黜陟之，则人孰不思所以自效，而尽教民之责哉！如此而教不行刑不措，无是理也。治既至家给人足，教行刑措，则礼乐以兴，风俗以厚，四夷于是而咸宾，万邦于是而宁谧。诸福之物，可致之祥，莫不毕集，而雍熙泰和之隆复见于今日矣，唐虞三代岂得专美于前哉！

夫治效之所以隆，固皆本乎陛下之一心。然易逸难制者，莫人心若也。况人君之心攻之者众，若货利、若声色、若游畋、方技土木之类，皆足以蛊惑摇荡之者也。苟非识见之明而持守之坚者，未必不为所移。此心少移，则人欲日炽，天理日消，而无所不至矣。是故动一侈心，则取民不以制，而养民之政以废。动一躁心，则接下不以礼，而教民之政以坏。陛下天资高迈，志意坚定，谅必能持守此心而慎终如始矣。然以成汤之圣，每致警于盘铭之辞。武王之圣，恒究心于丹书之戒。学问之功，其可以少缓乎？先儒范氏有言：

"人君之心惟在所养。"陛下欲致帝王之治，乌可不求帝王养心之术？国朝经筵之设，最为近古。左经右史，朝讲暮读，闻于耳接于目，而优游浸渍于心，则所以防非窒欲而长善者，莫要于此。臣愿陛下日御经筵，进讲不辍，毋视之为虚文，毋应之以故事。俾贤士大夫常侍列于前后左右，从容燕间渲绎陈说。所闻者必善言，所见者必善行。于以涵养此心，以不失其本然之天，充广此心，以不亏其固有之量。则养民教民之政，亦将始终无间，而治效愈久愈盛矣。天下治忽之几，端在乎此。

臣学术疏浅，荷朝廷教养有年，其于古昔圣贤格心之学，亦尝闻其大概矣。故敢陈此，以上酬陛下求言之盛心也。伏愿留神省览，则天下幸甚。臣干冒天威，不胜战栗之至。臣谨对。

## 史海钩沉

谢迁出生于一个官宦家庭，祖父谢莹，号直，曾担任福建布政司都事。谢迁出生时正逢家里忙着乔迁新居，祖父就给他取名迁，字于乔，意为乔迁之喜。

谢迁自幼聪慧异常，七岁时就能对句。一次，祖父问："蛙鸣水泽，为公乎，为私乎？"谢迁立即反问道："马出河图，将治乎，将乱乎？"他的属对既巧妙又高深，让在场的大人惊奇不已。来访的客人说："白犬当门，两眼睁睁唯顾主。"谢迁脱口对曰："黄蜂出洞，一心耿耿只随王。"属对同样敏捷、切韵。谢迁学习也很勤奋刻苦，对自己的未来充满自信，家人也对他寄予厚望。

明宪宗成化十年（1474），谢迁参加浙江省的乡试，夺得第一名（解元）。第二年，他赶赴京城参加礼部会试，名列第三。廷试时，谢迁的对策写得流畅大气，颇具辅君治国之体，宪宗钦点为第一甲第一名进士。

## 成化二十三年（1487）丁未科状元：费宏

费宏（1468-1535），字子充，号健斋、鹅湖，晚年自号湖东野老。铅山（今江西铅山）人。内阁首辅。

殿试皇帝：明宪宗朱见深

## 策问

制曰：自昔帝王创造丕图，必有贻谋，以为长治久安之计。夏商周之迹见于经，汉唐宋之事具于史。朕欲闻其纪纲、统体、制度得失之详。迨其嗣世之君，欲保盈成以跻至治，一惟旧典是遵是用。其或久也，不能无偏而不举之处，则亦兴其滞，补其弊，期使斯民得被先王之泽，如夏启、商宗、周宣王是已。而汉唐宋之君亦有能庶几者乎？朕欲究其奋励有为，功业可称之实。夫事不稽古，固无以证今，然徒泛论古之人，而不求今时之急务，亦非纳言之善也。昔朕太祖高皇帝奄一寰宇，建制垂宪，万世修崇。太宗文皇帝定鼎两京，洪谟远略，光前裕后。列圣相承，益隆继述，斯民乐育于熙皞之治，已百二十年矣。然治极而弛，理势自然。祖宗良法美意，岂能悉祗承而无弊乎？肆朕拳拳以法祖为念，欲俾内外百司，群工庶职，感思奋庸熙载，恪守夫典训而慎行之，毋滋偏失不举名存实爽之议，用期吏称其职，民安其业，中国尊而四夷服，风雨时而嘉祥至，谅必有道矣。尔诸生皆学古通今、有志于用世者，其各直述以对，毋有所隐，朕将亲览焉。

## 对策

臣闻帝王之御天下也，有致治之道，有保治之道。致治之道存乎法，保治之道存乎勤。非法无以维天下之势，非勤无以守天下之法。故创造丕图者，必立法以贻孙谋；嗣守鸿图者，必忧勤以绳祖武。曰纪纲、曰统体、曰制度，皆法之具也，而兴滞补弊则勤之实耳。创之者以法，则国势尊严而有以成长治之业。守之者以勤，则法度修举而有以跻至治之体。帝王御天下之道，夫岂有外于此乎？夏商周之治所以卓冠千古，以其创之者其法善，而守之者其志勤也。汉唐宋之治不古若，庸非创之者其法有未善，守之者其勤有未至欤？

恭惟皇帝陛下，年当鼎盛，运抚盈成。昧爽临朝，惟祖宗之法是遵；甲夜视事，惟祖宗之法是监。临御以来，于兹二纪，贤才皆已举用，四海皆已无虞，保治之道盖已默得于圣心之妙矣。犹不自足，乃于万几之暇，廷集多士，咨诹治道。首举三代汉唐宋之创业者而欲闻其纪纲、统体、制度得失之详；中举三代汉唐宋之守成者而欲究夫奋励有为，功业可称之实；末复以祖宗列圣之所以创守为言，而虑夫成法之弊，拳拳以法祖为念，期于吏称民安，中国尊而四夷服，风雨时而嘉祥至。臣伏而读之，有以见陛下知创业之惟艰，念守成之不易，而欲保熙皞之治于无穷也。臣请稽之经，订之史，按之当今之务，为陛下陈之，陛下幸垂听焉。

臣闻天下重器也，创之至艰，守之至艰。创之而不知所以创之之道，则无以垂治于百王。守之而不知所以守之之道，则无以保治于万世。创之之道无他焉，臣前所谓法是已。守之之道无他焉，臣前所谓勤是已。盖法者维持天下之具，故帝王创业必建立纪纲，经画统体，条陈制度，以尽天下之法，以贻子孙之谋，以为长治久安之计。自家而国，自国而天下，彼此相维，内外相制，如身之使臂，臂之使指者，纪纲之谓也。或尚宽大，或尚严明，以此而始，以此而终，不朝文而暮质以自溃乱者，统体之谓也。治教、礼乐、田赋、兵刑之类，所以经纬天地，黼黻民物者，制度之谓也。然先王之法必有偏而不起之处，故政有眊而不行。守成者欲保盈成以跻至治，又必勤励不息，兴其滞以补其弊，然后天下之法可以施诸罔极，先王之泽可以被及斯民，而世为有道之国矣。

臣请以创之法言之。禹之造夏，有典则以贻子孙，观其文命四敷，声教四讫，则有以立乎纪纲。政尚忠朴，治先勤俭，则有以定乎统体。至于建官二百，内辟三千，设六师以讨罪，辨三壤以成赋，天秩有礼，大夏有乐，教民以序，正朔以寅，其制度又无不备。禹之立法贻谋，其善如此，夏之治安于此乎致矣。汤之造商，昭大德以裕后昆，观其肇修人纪而九有有截，则纪纲以立。代虐以宽而兆民允怀，则统体以定。至于建二相以总百官，制官刑以儆有位，公田籍而不税，大辂质而得中，国老养于右学，庶老养于左学，其制度亦无不备。汤之立法贻谋其善如此，商之治安于此乎致矣。若夫周之文武启佑后人，咸正罔缺，风化基于关雎，内庭属于冢宰，枢机周密，有以为四方之纲，明德而不敢忽，慎罚而不敢滥，仁爱中厚，有以为一代之体。其建官也，六卿分职，其制刑也，三典诘奸。田赋有乡遂都鄙之殊，军赋有乡遂丘甸之异。语礼乐则五礼以节民性，六乐以和民声。语教化则三物以兴贤能，四术以造俊秀。制度之备又何如也？周之治安何莫而不本于立法贻谋之善乎？下逮汉唐宋，创业之君非不欲致治如三代也，但其法有未善耳。汉之高帝大封同姓，委任大臣，以规模为纪纲。约法顺民，扫除烦苛，以宽仁为统体。命萧何次律令，命叔孙通制礼仪，章程定于张苍，军法申于韩信，所以贻谋者又有制度矣。然人纲虽正而终不能无杂伯之非。大体虽宽，而卒不能除参夷之令。庶事草创而井田不复，学校不兴，礼文多阙，而正朔不改，官名不定，则其法不能以皆善也。唐之太宗除乱致治，四夷宾服，庶乎知立国之纪纲。屈己从谏，仁心爱人，庶乎知为政之统体。以职事任官，以尊本任众，以租庸任民，以府卫任兵，礼制于房玄龄，乐作于祖孝孙，六学有领，五刑有覆，所以贻谋者又有制度矣。然内多惭德，有夷狄之风。渐不克终，来诤臣之疏。法度之行，礼乐之具，拟之先王未备；田畴之制，庠序之教，拟之先王未详。则其法不能以皆善也。至若宋之太祖以忠孝廉耻为纪纲，而五事之美，千古所无。以偃兵息民为统体，而五季之弊一朝顿解。两府台谏，官之总察有方。三衙四厢，兵之简阅有道。幸学有训，均田有令，而教养之法可观。温叟制礼，和岘制乐，而礼乐之文可取。又有制度以贻谋矣。然宗室则无选举、教训之实，宿卫则聚卒伍、无赖之人。官司之课试不严，学校之作成无要。兵士每杂于疲老，农民常苦于征繇。其法又岂能尽善哉。由是观之，则圣策所谓纪纲、统体、制度得失之详，可得而知矣。

臣请以守之之勤言之。夏当有扈违命之时，三正怠弃，五行威侮，禹之法不能无偏而不起之处也。启则敬承继禹之道，而奋励有为，兴滞补弊，召六卿以行天讨，申赏罚以肃人心，卒使民被先王之泽，而讴歌有归，有夏盈成之治以勤而保矣。商自盘庚既没之后，赏刑僭滥，荆楚叛背，汤之法不能无偏而不起之处也。高宗则监于先王成宪而奋励有为，兴滞补弊，求良弼以代王言，衷荆旅以昭殷武，卒使民被先王之泽而小大无怨，有商盈成之治以勤而保矣。至若周自厉王之烈，小雅尽废，而四夷交侵。上帝板荡，而下民卒瘅。文武之法不能无偏而不起之处矣。宣王由是奋励有为，兴衰拨乱，车攻复古，明文武之功业，六月出师复文武之境土。卒使王化大行，流离还定，周之盈成何莫而不保于兴滞补弊之勤乎？下逮汉唐宋守成之君，非不欲保治如三代也，但其勤有未至耳。汉之宣帝、光武庶几法祖之君也。或承武昭虚耗之弊，而综核名实，信赏必罚，伸威北狄，功光祖宗。或鉴西京不竞之祸，而明慎政体，总揽权纲，身致太平，恢复前烈，其兴滞补弊之功业有可称者。惜夫神爵之后颇尚荒唐，建武之中竟行封禅，则其勤有未至焉。唐之玄宗、宪宗庶几法祖之君也。或革前朝权威之弊，而励精政事，开元之际几致太平。或征德宗姑息之祸，而纪律必张，元和之初威令复振。其兴滞补弊之功业有可称者。惜夫天宝之末嗜欲滋生，平蔡之后侈心遽动，则其勤有未至焉。至若宋仁宗承宫闱传政之后，裁抑侥幸，锐意太平。神宗当累朝委靡之余，勤俭有为，励精求治。亦可谓善法祖宗，而兴滞补弊之功业有足称者。惜夫一则仁柔有余，刚断不足，一则听言太广而进人太锐，其勤又岂能至哉。由是观之，则圣策所谓奋励有为，功业可称之实，可得而知矣。大抵三代之法尽善尽美，故其子孙有所据依而为治也易。至于政弊，然后变其小节，而其大体卒不可易。汉唐宋之法不过因陋就简，以苟一时之近功，其善者常寡，而不善者常多。其善者常小，而其不善者常大。立之未几，而弊已随之。后世之君区区攸补，百孔千疮，随乱随失，虽欲言治，皆苟而已。

洪惟我太祖高皇帝混一区宇，建制垂宪，而法之贻于后者至精而至备。太宗文皇帝定鼎两京，讦谟定命，而法之光于前者愈盛而愈彰。请举其大者言之。宫闱雍肃而无出阃之言，左右忠勤而谨戴盆之戒。任府部为股肱，而事权不紊。倚台谏为耳目，而国论有归。宗子分封，以广维城之助。三司并置，以革藩镇之专。申明典常，而有以正天下之大谊。诛逐胡虏，而有以严天下之大防。则纪纲之善无异乎三代矣。治本人情，而广孝悌之化。仁同一视，而无南北之殊。施猛政以济宽，用重典以平乱。惠鲜鳏寡，贪墨之加者必惩。怀保小民，豪强之凌暴者不贷。则统体之善无异乎三代矣。至若审官立铨选考课之方，育才设学校科目之典。财以足国，而赋税漕运有其经。兵以卫民，而番上分屯有其备。礼仪有式，宴享有章，而和敬之风以著。令教于先，律齐于后，而钦恤之意攸存。则制度之善又无异乎三代矣。祖宗之所以创业者其法既善，自是而后，若仁宗昭皇帝之励志图治，推诚任人。宣宗章皇帝之偃武修文，五伦攸叙。英宗睿皇帝之乾刚独断，克复旧物。莫不以勤而继守之。传至陛下，又能绍列圣之忧勤，守祖宗之成法，斯民乐育于熙皓之治者盖已百二十年，虽三代治安之长久不是过矣。

圣策乃谓治极而弛，理势自然。祖宗之良法美意，岂能悉祗承而无弊？臣知此固圣人忧勤不已之心。臣敢不俯陈狂直以副圣心之万一乎？臣惟法之立也，本无不宜；法之行也，始有其弊。因其弊而救之，则存乎其人。古人有言曰："救弊者莫如修德。"又曰："救弊者莫如责实。"臣愚窃谓今日救时之急务，亦惟修德责实，益致其勤而已。盖德者，法之本也。德之修万一有不慎，则其之流之弊，必至于纵欲以败度。譬之人伤其气而寒暑易侵，木伤其根而风雨易折。法虽具也，亦徒法而已矣。实者，名之主也。实之责万一有不核，则其流之弊，必至于欺谩以成风。譬之抟土为舟不足以利涉，画地为饼不足以克饥。名虽美也，亦虚名而已矣。故以舜之重华协帝，而伯益犹以罔失法度为言。以舜之庶绩咸熙，而皋陶犹以屡省乃成为戒。正以无虞之世，其修德责实之功不可少怠耳。今陛下防非窒欲，恪守旧章，任贤使能，大明黜陟，所以修其德而责其实者，固不可以有加矣。而臣子之心每以有加无已而望陛下，此臣所以拳拳以勤为献也。况我祖宗之法莫不以勤而创之。臣尝观祖宗之谕近臣有曰："朕念创业之艰难，日不暇食，夜不安枕。"又曰："人君理万几，怠心一生则庶务壅滞，其患不可胜言。"又曰："天下之大，庶务之殷，岂所须臾怠惰，一怠惰则百度弛矣。"凡皆勤之准的也。陛下既知拳拳以法祖为念，又可不法祖宗之勤乎？臣请以勤之说为陛下别白而重言之。

夫君者，天也。天惟聪明刚健，动而不息，是以其光为日月，其文为星辰，其威为雷霆，其泽为雨露，而万物之生于动者，各得其职。天之行也，一息有不继则运动无常，而不能以宰万物矣。人君之御天下，以其能宪天，聪明体天，刚健而拳拳焉勤励不息也。一或怠焉，则德有不修，实有不责，先王之法委靡废放，日趋于弊而已，又安能保天下之治哉！臣愿陛下所其无逸，罔或不勤，宪天之聪明以为聪明，体天之刚健以为刚健。一念之萌，必谨而察之曰："此于吾法得无有所害乎？"一令之出，必反而思之曰："此于吾法得无有此紊乎？"无所害也无所紊也，然后从之，不然不敢从也。如是则人欲净尽，天理昭融，圣德益修，而所以救弊者有其本矣。由是条天下之事，其大者有几。表天下之人，其可用者有几。鸡鸣而起曰："吾今日为某事用某人。"他日又曰："吾所为某事，其事果济矣乎？"所用某人，其人果才矣乎？事果济也，人果才也，然后已之，不然不敢已也。如是则为之而成，革之而服，名实相须，而所以救弊者有其要矣。陛下于是二者果能拳拳焉，不违于心，则勤之实以尽。内外百司，群工庶职，孰敢不体陛下法祖之心，奋励熙载，恪守典训而慎行之乎？以是守祖宗之纲纪，必能开众正之门，杜群枉之路。威福得以专，而无侵挠之患；政事得以修，而无阿私之失。以是守祖宗之统体，必能存仁厚之风，行宽大之政，垂疏鉽犷而黜其聪察，藏疢纳污而务于包涵。以是守祖宗之制度，必能惜名器，公用舍以精吏治。必能重师儒、慎科责以正士风。理财也，必能罢无名之征，停不急之务。理兵也，必能稽私役之卒，征贿求之将。礼乐则必能革奢僭之习，放淫哇之声。刑政则必能除惨刻之科，重威福之罚。将见滞无不兴，弊无不补，今日之急务无不治，良法美意可以祗承而无偏失不举，名存实爽之议。由是而吏称其职，由是而民安其业，由是中国尊而四夷服，由是风雨时而嘉祥至。凡陛下所期无不如志，可以保盈成于万世之久，可以跻至治于三代之上矣。区区汉唐宋之功业乌足言哉！

陛下之所以策臣者大略如此，而于其终复策之曰："诸生学古通今、有志于用世者，其各直述以对，毋有所隐，朕将亲览焉。"臣荷陛下生成之德，沐陛下教养之恩，学虽不足以通经，而志于用世也久矣。今幸一登文石之陛，陟赤墀之途，承问而对，臣之职也；直言无隐，臣之忠也。况陛下导臣而使之言哉！臣复有一言以为陛下献者，惟欲陛下终始以勤而已。昔周公之于成王有无逸之戒，宋璟之于玄宗亦有无逸之图。二臣之言初非有异，二君之治乃有不同。盖成王听周公之言而无间，故卒至凫鹥之休；玄宗用宋璟之言而不终，故卒成天宝之祸。是则人君之治，莫不兴于勤而废于逸，人君之勤鲜克善其始而慎其终。此前代彰灼著明之效，有国者不可以不慎也。伏愿陛下以成王为法，以玄宗为戒，以臣之言为不欺，慎终如始，不敢逸豫，则祖宗之法有不难守，天下之治有不难保矣。惟陛下留神省览，果如圣谕，则臣之幸也，宗社之福也，天下万世无疆之休也。臣干冒天威，不胜战栗之至。臣谨对。

## 史海钩沉

费宏的伯父费瑄是成化十一年（1475）进士。成化十九年（1483），十六岁的费宏与叔叔费瑞一起通过乡试，成为举人。第二年，他们来到京城参加礼部会试，结果双双落第。费宏在北京时收到伯父费瑄来信："你如果落第就不要回家，应该进入国子监读书。"费宏听从伯父的劝告，进入国子监继续从事举业。费宏读书非常刻苦勤奋，他节衣缩食，将省下的经费全部用来购买书籍。费宏善学好思，能够触类旁通、博采精华，再经过独立思考形成一家之言，学业进步很快。在国子监举行的月试、季试等各种考试中，他的成绩总是名列前茅。

成化二十三年（1487），费宏经过三年苦读，终于顺利通过会试，并在廷试时技压群雄，勇夺状元。这一年他只有二十岁，是明代最年轻的状元，也是明宪宗钦定的成化朝最后一名状元。

## 弘治九年（1496）丙辰科状元：朱希周

朱希周（1473—1557），原名璞，字懋忠，号玉峰，原籍南直隶扬州府泰州如皋县，寄籍南直隶苏州府昆山县。官至礼部侍郎。

殿试皇帝：明孝宗朱佑樘

## 策问

制曰：朕惟君人者，必有功德以被天下，阙其一不可以言治。顾于斯二者何先？夫非学则无以成德，非政则无以著功。论者或谓帝王之学不在文义，或谓天子之俭德乃其末节，或谓人主不亲细事，或谓圣王不勤远略，是宜有大于此矣。然则，其所当务者何居？二帝、三王之德，所学者何事？二帝、三王之政，所见者何功？汉唐宋代有令君，而功德鲜备。躬行德化者经制或不定，民安吏称者德教或不纯，或四夷服从而大纲不正，或仁厚立国而武略不兢，是学与政容有可议者，其得失何如？我太祖高皇帝、太宗文皇帝神功圣德，冠绝古今，列圣相承，继志述事，各臻其盛，所以致此者何由？朕嗣承大统，图底治平，兹欲守宋臣所进之五规，去唐相所陈之九弊，行汉儒所对之三策，以上追古帝王，庶无愧于我祖宗功德之大，其所为根柢者何在？子诸生学道抱艺而来，皆志于世用，宜有以佐朕者，试悉陈之，朕将体而行之。

## 对策

臣闻帝王之为治，有体有用，功与德之谓也。德以学成，而为治之体；功以政著，而为治之用。二者可相有而不可相无者也。盖帝王未尝有无功之德，亦未尝有无德之功。德而无功，有体而无用者也；功而无德，有用而无体者也。体不立，用不备，皆不可以言天下之治。然于此又有说焉。德之浅深由乎学之精粗，功之大小系乎政之纯驳。帝王之德，天下之大德也。帝王之功，天下之大功也。然则帝王之学与政，亦独非天下之大而可以小视乎哉？故有志于功德者，必以学政为务。而从事于学与政者，亦必有所当务。苟不知务其大而专事其小，则其学也支离偏曲，而不足以成大德；其政也琐屑细碎，而不足以著大功。尚何天下之治之足云乎哉？由是论之，则二帝三王之所以功德兼隆，汉唐宋之所以功德鲜备，及我圣祖、神宗之所以上追帝王而下轧汉唐宋者，概可得而知矣。

钦惟皇帝陛下有生知安行之资，有持盈守成之道，深仁厚泽浃洽于人心，盛烈丰功覆冒于天下，而犹体道谦冲，惟日不足，乃于万几之暇特进臣等于廷，俯赐清问，讲求至理，必欲追唐虞三代之盛治，绍祖宗列圣之洪猷，而合汉唐宋于不为甚之盛心也。臣荷国家作育之恩，预有司荐拔之列，敢不勉竭愚衷以对扬休命之万一乎？

臣惟天降下民而作之君，人君以一身为天下民作之主，其势亦尊矣，其责亦重矣。其所以治天下者，岂苟然哉！盖必有帅天下之德以立治之体，必有安天下之功以达治之用。有其功无其德则教化不成，风俗不厚，虽使勘定祸乱，臣服四夷，国本无自而正也。有其德无其功则纪纲不立，威令不行，虽使仁心洋溢，仁闻宣昭，国势无自而振也。二者或缺一可耶，欲言治皆苟而已。然究其缓急之序，度其重轻之宜，德成而功著者有矣，德不成而欲其功之著不可得也；体立而用行者有矣，体不立而欲其用之行不可得也。故善为治者，必由体以达用；善言治者，必先德而后功。至于推本而言，则德不能以徒成。其成也在乎学，学则在讲习讨论之事，克治之功，所以培养乎其德者也。功不能以苟著，其著也在乎政。政则有纲纪文章之事，法度品式之施，所以充积乎其功者也。顾帝王之学与韦布之士不同，帝王之政与有司之职亦异。

试以古人之言论之。好文，盛事也，而程颐则谓："帝王之学不在文义。"盖经世大法备载方册，务得其要，措之事业，斯其为大者耳，寻章摘句何足尚耶？崇俭，美德也，而柳公权则谓："天子之俭乃其末节，盖亲贤人、远不肖、纳谏、严明赏罚，斯其为大者耳，片长寸善何足多耶？"躬亲庶政者，人皆以为勤，而杜黄裳乃有人主不亲细事之说。盖其大者，慎选贤才以分其任而已。若庶务之烦，钱谷责内史，狱论责廷尉，何必事事而亲之哉！威灵及远者，人皆以为武，而胡寅乃有圣王不勤远略之议。盖其大者，专务治内以固其本而已。若戎狄之性则来者不拒，去者不追，何必人人而服之哉！夫知其大者之所当务，则其小者有不足务矣。试以古人之事论之。功德兼隆者，莫若二帝三王。其见于《书》，则尧之钦明文思，舜之温恭允塞，禹之彝伦攸叙，汤之人纪肇修，文武之纯亦不已，建其有极，德莫有大焉者矣。原其所以为学，则虽不必学知利行，而执中之传，精一之训，善言之乐闻，明命之顾諟，以至敬止之诗，丹书之戒，一皆身心性命之理，而非学之小者也。凡若此者，何莫非德之所自耶？尧之敬天勤民，舜之设官分职，禹之修和府事，汤之子惠困穷，文武之咸和万民，大赉四海，政莫有大焉者矣。要其所以为功，则虽不必家赐人益而黎民之于变，四方之风动，万世之永赖，兆民之允怀，以至万邦之作乎，万姓之悦服，一皆弥纶参赞之业，而非功之小者也。凡若此者，何莫而非政之所致耶？

三代而下称盛治者，以汉唐宋为首，其间创业之英君，守成之令主，代不乏人。然而有德者或缺于功，有功者或缺于德。汉之文帝化民以躬，率下以德，庶乎德之纯矣。而礼乐未兴，正朔未置，迹其所为多失之因循，而不能革嬴秦之陋。宣帝吏称其职，民安其业，庶乎功之美矣。而专事刑名，杂用王霸。考其所存，一出于苛察，而卒以基元、成之乱。单于稽颡，绝域奉贡，唐太宗之四夷服从，功可嘉也。惜乎人伦之间内多惭德，陷父不义而父子之道乖，推刃同气而兄弟之恩薄，大纲已不正矣。事周后如母，爱少帝如子，宋太祖仁厚立国，德可尚也。惜乎兵权既收，缓急无备，其始虽足以戢奸雄之变，其后渐无以御外敌之骄，武略已微不竞矣。是知文帝、太祖德优于功；宣帝、太宗功优于德。求其功德兼隆者未之闻焉。所以然者，盖以言乎学，不过从事虚文，而无修身之大要。故功虽小著而不足以成其德，用虽行而体则缺矣。以言乎政，不过补塞罅漏，而无经世之远图，故德虽小成而不足以著其功，体虽立而用则缺矣。其不能企及唐虞三代之治，安足怪哉！

洪惟我太祖高皇帝恭天成命，肇造洪业，用夏变夷。复纲常于沦斁之后。除残去暴，拯生灵于涂炭之余。太宗文皇帝定制两京，光前裕后。振兵威于四裔而圣武之广布，昭明理学于万方而王化之覃被。其德之大也，无异于二帝、三王之德。其功之大也，实倍于二帝、三王之功。自是以来，圣圣相承。仁宗昭皇帝励志图治，推诚任人。宜宗章皇帝惇典绥猷，立法垂训。英宗睿皇帝刚明独断，奋发有为。宪宗纯皇帝圣孝昭彰，至仁不杀。皆善继祖宗之志而奉承之无间，皆善述祖宗之事而遵守之无遗。所以致此者，固非言语之所形容，要亦不出乎学与政而已。善其为学，一帝王之大道而非章句文义之间。其为政，一帝王之大法而非制度文为之末。臣请举圣学之一二言之。跋《尚书》《洪范》于座右，书《大学衍义》于庑间，表彰六经以发圣贤之蕴奥，采摭群言以明性理之渊彻、此祖宗之学也，列圣继之。数御经筵，躬亲著述，备人极于五伦之书，详君道于文华之训，何莫而非学之大者哉！臣请举圣政之一二言之。礼正百官，乐成九奏，用人有道而谗说为之不行，驭戎有法而强虏为之远遁。此祖宗之政也，列圣继之。或询民隐而急农事，或减税敛而轻刑罚，或创课种备荒之制，或加宣圣乐舞之仪，何莫而非政之大者哉！功德之大，继述之隆，有由然也。

今陛下当累世熙洽之时，慕隆古文明之治，方有择于近代之君而不为，顾有服于近代之臣而不弃，岂不以言近指远，登高自卑，姑举其必可行之端，以示其大有为之志乎？昔宋司马光之于仁宗尝进五规：一曰保业，二曰惜时，三曰远谋，四曰谨敬，五曰务实。诚不可以不守也。唐陆贽之于德宗尝陈九弊：谓好胜人，耻闻过，骋辩给，眩聪明，厉威严，恣刚愎，六者君之弊；诏谀、顾望、畏愞，三者臣之弊。诚不可以不去也。汉董仲舒之于武帝尝对三策：其一则欲正君心以正四方，立教化以防万民。其二则欲置明师以养士，责大臣以求贤。其三则欲定法制以革奢靡，持一统以息邪说。诚不可以不行也。此三言者，皆该学校之两端，合体用于一，致天下之治，实不外是。苟徒慕其言而不究其根柢之所在，则守之者无法，去之者无术，行之者无具，亦何以远追帝王，近法祖宗而大其功德于天下耶！是故祖宗之德大矣，而其所由成者在乎学。今日欲期于祖宗之德者，可不自学始乎？祖宗之功大矣，而其所由著者在乎政。今日欲期于祖宗之功者，可不自政始乎？陛下之所以为学，亦惟即三臣之言而推之。戒谨不睹，恐惧不闻，儆畏于独知之地，不以暗昧而或欺。省察于方动之几，不以细微而或忽。则五规之所自守者，在是矣。善与人同，改过不吝，不知有余在己，不足在人，不必得为在己，失为在人。则九弊之所自去者，在是矣。善与人同，改过不吝，不知有余在己，不足在人，不必得为在己，失为在人。则九弊之所自去者，在是矣。体天心以为心，法天道以立道，穷理以致其知，反躬以践其实，究治乱兴衰之源，谨动静云为之际。则三策之所自行者，在是矣。如是而德不大者未之有也。

陛下之所以为政，亦惟举三臣之言而措之。制治于未乱，保邦于未危，务勤劳，戒骄惰，畏天命而悲人穷，拔本塞源以防祸患之萌，循名责实以立政治之本，则得乎五规遗意矣。远邪佞之人，适端直之士，温辞色以尽下情，赏谏争以开言路，言之善者采之而不弃，言之未善者容之而不责，则得乎九弊之深戒矣。大纲正而万目张，一法行而百度举，因革损益各适其宜，先后缓急各循其序，不牵滞于后世驳杂之政，不迁改于流俗因循之论，则得乎三策之大要矣。如是而功不大者未之有也。夫学之与政固不可以偏废，然不先之以学，则无以□圣贤之成法□事理之当然。凡天下之事不知何者为是，何者为非，而是非或至于混淆。凡天下之人不知何者为正，何者为邪，而邪正或至于错杂。亦何以为政于天下哉？此古之善为政者，所以不徒恃乎政，而必有学以为之本也。若夫为学之事，臣前已论之矣。而所以为其事者，亦有道焉。孟子曰："学问之道无他，求其诚心而已。"盖心者，人之神明，所以具□理者在是，所以应万事者在是。故诚心不求则外有讲学之名，而内无自得之实，虽曰从事于学，而亦安能有所发明耶？臣愿陛下坚持此心不为外诱之所移，善养此心不为物欲之所慕。主之以敬，守之以勤，亡者摽之而使存，出者约之而使入，勿贰以二，勿参以三，勿一暴而十寒，勿朝作而暮辍，则志气清明，义理昭著，会之于心而默识心通，体之于身而躬行实践，为学之功尽善全美而无罅隙之可议矣。学既至则政无不备，体既立则用无不行。由是功德之大，远可以追帝王，近可以配祖宗。而凡近代之君，小康之治，有不足言矣。

臣道不足以明体，言不足以适用。然今日之所陈者，一皆圣贤之明训，儒先之格言，而非敢以私见臆说进也。惟陛下采纳而施行之，则天下幸甚，万世幸甚。臣干冒天威，不胜战栗之至。臣谨对。

## 史海钩沉

明成祖朱棣从北京打到南京，在南京做了皇帝，后来蒙古残部屡次侵犯北方，朱棣就把都城迁到了北京。就这样，在南京各部留了一套班子，但是班子中的官员没有实权，之后这里基本是收纳失意官员和养老官员的场所。

嘉靖四年（1525年）七月五日，朱希周升任南京吏部尚书，当了一个没有实权的官职。

后来朱希周又家居三十年，朝廷内外推荐他的疏奏有三十多封，最终没有再任职。他住在吴趋里，那里市货溢衢，繁华满目，但他家萧条冷落得像在村落中一样。一天坐到晚，席无倾倚，即使是盛暑也衣冠必整。晚岁隐居阳山，以山水文籍自娱。

## 弘治十二年（1499）乙未科状元：伦文叙

伦文叙，字伯畴，号迂岗，明朝南海县黎涌（该地现为广东省佛山市澜石镇黎涌村）人。

殿试皇帝：明孝宗朱祐樘

### ■ 策问

制曰：朕惟自古圣帝明王之致治，其法非止一端。而孔子答颜渊问为邦，但以行夏之时，乘殷之辂，服周之冕，乐则韶舞为言。说者谓之四代礼乐。然则帝王致治之法，礼乐二者足以尽之乎？宋欧阳氏有言，三代而上治出于一，而礼乐达于天下。三代而下治出于二，而礼乐为虚名。当时道学大儒，称为古今不易之至论。今以其言考之，上下数千余年致治之迹具在，可举而论之乎？夫三代而上无容议矣，汉高帝尝命叔孙通定礼乐，召鲁两生不至，谓礼乐积德百年而后兴。厥后三国分裂，其臣有诸葛亮者，而世儒乃或以礼乐有兴，或以庶几礼乐许之。盖通与亮之为人，固不能无优劣，要之于礼乐能兴与否，亦尚有可议者乎？我国家自太祖高皇帝以神武创业，圣圣相承，百有余年。礼乐之制作，以时以人，宜无不备矣。然而治效之隆，未尽复古。岂世道之升降不能无异邪？抑合一之实犹有所未至邪？朕祗承丕绪，夙夜拳拳，欲弘礼乐之化，益隆先烈，而未悉其道。子诸生其援据经史，参酌古今，具陈之。朕将亲览焉。

## 对策

臣闻若天下者，有致治之大法，有出治之大本。礼乐者，致治之大法也。天德者，出治之大本也。大本具而后大法可立，大法行而后大本以彰，本末相资，内外一道，不可以差殊劝也。然大法行于天下，非智术所能为。大本存乎一心，非掩袭所能得。必其性诸天者，浑然完具，初无一毫之亏欠，则其施诸治者，粲然明备，可以四达而不悖矣。苟法有未备，固无所恃以为治，而本之不纯，抑又何以立大法哉！《传》曰："有天德，便可语王道。"其以是欤？

钦惟皇帝陛下，禀神圣之资，际盈成之运，存心养性，以培植天下之根本者，无一日之不谨。化民成俗，以恢弘天下之治道者，无一事之不周矣。但善之可为，古人自以为不足，世虽极治，圣人犹以为未然，是以侧席求贤，临轩策士，询臣等以礼乐之治。上稽唐虞三代之盛美，下逮汉唐宋之得失，暨祖宗创业垂统之善，今日保邦致治之规，诚有天下之远图，安天下之至虑也。顾臣学术肤浅，何足以语此，然有问而对者，臣之职。有怀必吐者，臣之愿。敢不罄一日之敷言，以答千载之奇遇哉！

臣惟天地之道至大也，阴阳之理至妙也，而造化蕴育，固未尝不著见乎两间。观其物各付物，而不可以强同，则天地所示者，一自然之序而为礼也。絪缊化醇，而不容以独异，则天地所示者，乃自然之和而为乐也。惟古之圣帝明王，与天地合德，与阴阳同运，履中正而大本以立，乐和平而大本以端，于是以一身之中和，为天下之中和。以一人之礼乐，为天下之礼乐。辨方正位，体国经野，设官分职，以立天下之纪纲；一制度，异好尚，明等威，正称号，以至定天下之名分；用天时，因地利，揭天常，立人纪，以广天下之政化。以至亲疏小大为之体，朝会交际为之期，宫室器用为之饰，吉凶哀乐为之节，以备天下之典。则使天下之事，莫不各得其序，而人乐以持循，夫是之谓礼。天下之物莫不各适其和，而人兴于鼓舞，夫是之谓乐。礼乐备，而天下之治毕矣。故孔子答颜渊为邦之问，不过以夏时、殷辂、周冕、韶舞为言。尹焞因谓之四代礼乐，则凡古今致治之法，皆不出于礼乐二者。而礼乐之外，安复有所谓治法者哉！降及后世，求治无本，如摭其文，以用于郊庙朝廷之间，不推其意，以及于闾阎里巷之下。宋儒欧阳修谓三代而上，治出于一，而礼乐为虚名，大儒朱熹因谓万世不易之至伦，良有以也。

臣请得而论之，尧舜禹汤文武之圣，精一执中，皆极夫渊微之妙。建中建极，皆纯乎义理之天。惟其为德之纯，故政事之所修明，明化之所旁达，虽未尝明言礼乐于天下，而其变通之宜，衣裳之垂，玑衡之察，玉帛之修，与夫钦昊天而授人时，画井田而备封建，昭典礼而严命讨，祀神祇而奠山川者，率皆礼乐之用也。虽未尝显礼乐于四方，而其文命之敷，人纪之修，咸和之用，由旧之政，与夫关石和钧。其于王府正朔服色，易于革命，九一世禄，行于治岐。五教三事，重于武成者，率皆礼乐之行也。

盖不出乎经世宰物之典，而得鼓动作兴之机。不外乎民生日用之常，而寓渐摩诱掖之道。所治莫非教，所教莫非治。政治礼乐，初无二途。是以二千年间，经制大备，政教大同，礼乐之化，自国家以布濩乎天下，自朝廷以流及于万国。咸有以沦人肌肤，浃人骨髓，致人人有君子之行，比屋有可封之俗者，合唐虞夏商周，而同一彻焉。所谓治出于一，而礼乐达于天下者，以其治之有本故也。

若汉唐宋之君，具宽大之德者，不如尧舜之至仁；抱英雄之略者，类非汤武之大勇。惟其德之不纯，故虽制礼作乐之命，后先相闻，蕞仪审音之奏，影响不绝。然徐考其所务以为治者，则九章之法，十五之税，南北之军，以为开基之伟制。习射殿前，更定律令，减省吏员，以为贞观之政要。收藩镇之权，严兵样之选，定覆奏之狱，亦视为立国之规。朝夕从事，以为治民之政，至其制作所成，谋议所定，则杂就之仪，掌于太常。大风之歌，奏于原庙。事文具，则著贞观之仪。耀武功，则崇七德之舞。刘温叟所定，犹杂先朝之迹。和岘所奏，未谐声气之元。另其名目，以为礼乐之教，是皆求治于抑勒操切之余，而不知其陷于俗吏之非。立教于声容器数之末，而不知其流于文史之伪。所治非所教，所教非所治，政治礼乐，岐为二致。是以千有余年，经制荒忽，政刑苛紊，置先王之粗迹，以为有司之藏。采古法之遗略，以备斯须之用。妖声艳辞，无补于时政之缺失。虚饰美观，莫拯夫世变之下移。虽其享国，亦仿佛乎帝王之历年，而其风俗，则不逮帝王之季世者，合汉唐宋而一同瞆焉。所谓治出于二，而礼乐为虚名者，以其治之无本故也。

汉高祖因群臣肆拔剑击柱之失，叔孙通行共起朝仪之请，乃曰可试为之，又曰度吾所能者为之。则其所求者固已非三代之典，而其所委者又复无九官之臣，此积德百年之语。所以来两生之却，而绵蕞野外之习，姑以徼小就之功，则其君臣之所自许，与其志愿之所自足者，从可知矣。是其时虽若可乘也，而无可为之人，礼乐之所以不能兴也。诸葛亮感先主三顾之勤，而为两汉中兴之佐。立纲陈纪，而不为近图。广德率义，而不为小惠。庶政欲其精练，万事理其根本，则其施为之规，已得礼乐之遗意矣。使天祚汉，假之以年，将见开诚布公之治，虽未敢必其匹休前古，而光明俊伟之业，将有以决其度越后世矣。王通谓其礼乐有兴，程颢谓其庶几礼乐，岂无见乎。是其人虽若可为也，而无可乘之时，礼乐之所以不复兴也！

我国家自太祖高皇帝，以圣人之德，御圣人之位。用夏变夷，为民立极，酌古准今，以建一王之法。因时创制，以定万世之规。暨于列圣，率遵成业，以为永图。肆我皇上，益隆继述，以期光大华夷一统，百有余年，固非蜀汉之偏安，重明继照，世德作求，下陋汉高之不学，是宜礼乐之道，掀天揭地，超出乎百代之表。礼乐之化，风行海流，大被乎九围之内。然《凫鹥》既醉之什，尚未歌于审音之瞽。而鸣条破块之变，容或纪于上事之臣。堂陛深严，而吁咈之风未著。教化流行，而禁网之密未舒。萑苻之扰，间见于潢池，纨绮之习，下成于闾巷。治效之隆，未尽复古，诚有如圣谕所云也。将谓世道有升降之异耶。向使汉唐宋之君，有尧舜汤武之德，而其臣有皋夔伊周之贤，则王道著七制之书，未必为后世之僭经，而唐史赞文王之辞，亦遂为不刊之实录也。

今以君明臣良之时，当重熙累洽之盛，所以时平世道者，特在陛下决取舍之机。而所以维持世道者，亦在大臣竭赞成之力耳。复古之治，臣切望焉。若谓合一之实有未至耶，则我祖宗为治之道，即礼乐之道，陛下保治之法，即礼乐之法，固无所谓出于二矣。但其道至大，非一人之所优为。其法至广，非一日之所能尽。朴略于风气未开之时，不能不藻饰于人文渐著之世；草创于文武更始之初，不能不大备于成康继体之后。今求夫为治之实，其亦有不能尽合于一者乎？

伏愿陛下，上体天心，懋隆峻德，涵养情性，致极中和，以端出治之本。详审枢机，修明体要，以成致治之法。使天下之政，皆出乎天理之公，而后世人欲之私，有所不用。天下之务，皆由乎道义之正，而后世法禁之术，有所不行。殆见著于闺门，兴于朝廷，被于乡遂比邻，达于诸侯四海。自祭祀军旅，至于饮食起居，未始一日不在礼乐之中，亦无一人不被礼乐之化。所谓至礼不让，而天下治，至乐无声，而天下和。近可以匹休于祖宗，远可以比隆于前古。而汉唐宋之治，不足言矣。

虽然出治之本，固在于德，而修德之本，则岂外于学哉，尤愿陛下，于退朝之暇，清燕之余，注意于圣经贤传之蕴，留神于古训时务之宜。端本澄源，以肃此心之敬。防微慎独，以闲外至之邪。御经筵，不徒事讲说之勤，必求夫明善诚身之实。开言路，不徒侈献纳之广，必尽夫省躬克己之诚。治乱兴衰之源，在所周知，民情物态之变，亦垂听览，则圣学聿新，治效随著，礼乐之用，达于天下而无间矣。尚何合一之实有未至，而复古之治有不成哉！

由是观之，帝王所以建致治之绩，于数千载之上者，此道也。祖宗所以隆致治之业，于百年之间者，此道也。然则陛下之所以光前振后，而绵亿万载隆长之绪，亦岂出于此道之外哉！臣学不足以稽古，而窃尝怀复古之思；智不足以知今，而未敢忘当世之务。故酌治道之中，为探本之论，以上尘圣览，惟陛下采择而施行之，匪惟愚臣之幸，诚宗社无疆之休也。干冒宸严，不胜恐惧战栗之至。臣谨对。

## 史海钩沉

伦文叙自幼家贫失学，父母以种菜、卖菜为生。伦文叙两三岁时，父亲便在劳动之余，用心地教他写字、读书，背唐诗、宋词。一年多时间，他就能流利地背出数十首词，并练得一手好字，还养成了勤学好问的习惯。

到了十岁，伦文叙在对联这种雅俗共赏的文学方面显露出了天赋，其所作的对联意境深远，通俗易懂，被誉为岭南"鬼才"少年。

伦文叙才华出众教子有方，其长子伦以谅是解元，次子伦以训是会元，少子伦以诜是进士。伦文叙一手缔造了"一门四进士、父子魁三元"的传奇家族。

## 弘治十八年（1505）乙丑科状元：顾鼎臣

> 顾鼎臣，初名同，字九和，号未斋，南直隶苏州府昆山县（今江苏省苏州市昆山市）人。官至内阁首辅。

殿试皇帝：明孝宗朱祐樘

## 策问

制曰：朕惟自古帝王之致治，其端固多，而其大不过曰道、曰法而已。是二端者，名义之攸在其有别乎？行之之序亦有相须而不可偏废者乎？夫帝之圣莫过于尧舜，王之圣莫过于禹汤文武。致治之盛，万世如见其为道为法之迹，具载诸经，可考而证之乎？自是而降若汉、若唐、若宋，贤明之君所以创业于前而守成于后，是道是法亦未尝有外焉，何治效之终不能古若乎？我圣祖高皇帝定天下之初，建极垂宪。列圣相承，益隆继述，为道为法，盖与古帝王之圣，先后一揆矣。朕自苍祚以来，夙夜兢兢，图光先烈，于兹有年。然而治效未臻其极，岂于是道有未行，是法有未守乎？抑虽行之守之，而尚未尽若古乎？子诸生明经积学，究心当世之务，必有定见。其直述以对，毋泛骋浮辞而不切实用。朕将采而行之。

## 对策

臣闻帝王有治天下之大体，有治天下之大用。体者何？道是也。用者何？法是也。道根于心，法之所由立也。法施于政，道之所由行也。法而非道，则所以主张之者无其本。道而非法，则所以经纶之者无其具。皆非所以治天下也。然有是道，则其法可立。未有善立，是法而不本于道者也。有是法则其道可行，未有能行其道而不知守乎法者也。道行而无弊，法立而能守，则推之无不准，动之无不化，外无不攘，内无不安，远无不至，迩无不服。端拱于九重之上，而操纵翕张，所向如意。运用于四海之间，而浑融贯彻所在归极。尚何治之不古若哉！帝之所以帝，王之所以王，我皇祖之所以创造，列圣之所以继述，皆不外此。彼汉唐宋者，道非其道，法非其法，又何怪乎治效之不能比隆于唐虞三代也哉！

钦惟皇帝陛下，天启圣神，日新德学，大化神明，洽于远迩，至治馨香，彻于上下。所谓学于古训而有获，监于成宪而无愆者，盖卓卓乎足以光前而裕后矣。兹者开贤科，擢多士，御大廷，降明诏，犹谓治效未臻其极，而拳拳以行道守法为问。臣虽至陋，宁不鼓舞感动，思罄愚衷以对扬休命乎？

窃惟天生万物不能自理，而命之圣人，故曰："天佑下民作之君，作之师。"惟其克相上帝宠绥四方。夫以一人之身加于兆民之上，而付之以君师治教之责，亦大且难矣。求尽是责以无负乎天之所命，舍道与法二者，其奚以哉？是故修身、齐家、治国、平天下，治之道也。道者，治之体也。建立纪纲，分正百职，顺天揆事，创制立度，以尽天下之务，治之法也。法者，道之用也。尝考朱熹之训曰："道犹路也，法犹度也。"董仲舒亦曰："道者，所由适于治之路也。"谓之路，则可见其为人之所共由。谓之度，则可见其为人之所当守。是二者，理与事有精粗之异，而本与末亦若二致焉。岂可以无别乎？圣策所谓名义之攸在者，盖如此然。孟子曰："徒善不足以为政，徒法不能以自行。"程颢曰："必有关雎、麟趾之意，然后可以行《周官》之法度。"胡宏又曰："道德者法制之隐，法制者道德之显。"有道德以结民，而无法制者为无用，无用者亡。有法制以絷民，而无道德者为无体，无体者灭。是其本末虽有先后之殊，而显微则无彼此之间也，岂可以偏废乎？圣策所谓序之相须者，盖如此。

　　古者圣人迭兴，皆天所命。帝莫过于尧舜，王莫过于禹汤文武。其道与法垂之古今，如日中天而昭示无极，如水行也而泽润不穷，功化之美又孰有加于是乎？圣策首询乎此，臣有以知陛下嘉尧舜禹汤文武之治，而能自得师矣。臣请稽诸经传而陈其大，可乎？尧之明峻德以至于和万邦，舜之徽五典以至于叙百揆，禹之敷命率常，汤之绥猷修纪，文武之迪彝伦建皇极，至若精一执中之授受，典礼损益之因革，此帝王之道也。是道也，大公而至正，尽善而尽美，不狃于功利之好，不牵于诈力之私，小自于一身而冒于六合之大，近自于日用而放乎四海之远，造端于愚夫妇所能，而极于天地化育之所不能，尽实行之，万世而无弊者也。尧之历象授时，垂衣制器。舜之封山浚川，颁瑞考绩。禹之慎财赋诒典则。汤之懋功赏制官刑。文武之奠丽陈教，列爵分土，至置封建井田之制，学校征伐之典，此帝王之法也。是法也，详为之虑曲为之防，本诸身，征诸庶民，法乎天时，因乎地利，合于人情，宜于土俗，当百世守之而勿失者也。道以立其体，而法以善其用，致治之盛万世如见，有由然矣。

　　自是以降，若汉唐宋贤明之君创业于前，守成于后。其道与法固皆出于帝王。然徒窃夫秕糠之似而无其实，得夫糟粕之浅而失其真，虽有事功不过小补，其孰能与于古哉？圣策继及乎此，臣有以知陛下陋汉唐宋于下风，而有所不为矣。臣请摭诸史册而陈其概，可乎？汉高祖之豁达大度，孝文之清净玄默，唐太宗之聪明英武，玄宗之好贤乐善，宋艺祖之严重孝友，仁宗之温恭节俭，于道似有得矣。然而杂霸术、尚黄老，大纲不正，闺门惭德，仁厚有余，刚明不足，非帝王之所谓道也。汉之著律令，定税赋，唐之租庸调，府卫兵，宋之序资格，严科禁，其法似亦善矣。然而不事诗书，礼文多阙，矜骄大之心，极奢侈之欲，声容盛而武备衰，议论多而成功少，非帝王之所谓法也。盖斯道既微，法亦随变，治效之成，终不古若，何足疑乎？

　　恭惟我太祖高皇帝诞膺天命，扫除胡元，立帝王自立之中国，传帝王相传之正统，建极垂宪，诒谋万世。臣沐浴膏泽，尝窃窥一二，敢拜手稽首，为陛下陈之。敬天勤民，防非窒欲，身之修也；宫房无私爱，左右无偏恩，家之齐也；君臣同游之盛，朝野画一之政，国之治也；武功以戡祸乱，文德以兴太平，天下之平也。我祖宗之道，非即帝王之道乎？六卿分治，庶僚承服，百职举矣；台谏以纠正于内，宪司以廉察于外，纪纲肃矣；车旗服物之有章，宫室器用之有等，制度一矣；学校选举之有修，兵刑财赋之有制，庶事康矣。我祖宗之法，非即帝王之法乎？自是以来，圣子神孙，善继善述，不愆不忘，治化之成，盖远过于汉唐宋矣。

而圣策复以治效未臻其极，夙夜兢兢，图光先烈为言者，此陛下圣不自圣，务欲福跻皇极，化协泰和，超千古而特出，跨百王而独盛也。臣愚何足以知之。臣窃以为欲师帝王，先师祖宗。能行祖宗之道，则帝王之道在是矣。能守祖宗之法，则帝王之法在是矣。陛下大孝格天，至仁育物，谦恭逮下，明智烛微。日御经筵讲求治理，数召大臣咨询时政，所以行祖宗之道而守祖宗之法，盖无可訾议者。但近岁以来，灵异迭见，水旱相仍，而时雍风动之休未洽。黎民阻饥，赤子弄兵，而鼓腹击壤之谣未闻。夷虏跳梁，而军政未可谓修。府库告竭，而蓄积未可谓富。内外臣工率多因循苟且，取办簿书，廉靖之节日隳，华丽之风日长，而文武未可谓尽得其人。则圣策所谓行道守法未尽若古者，臣不敢谓其不然也。臣愚以为陛下之德如是，学如是，虚怀望治之诚如是。以陛下而虑此宜无足为者，但恐不加之意耳。夫道虽不一，其要在于修身。身有不修而妄意于躐等之为，谓之能行道，不可也。法虽至繁，其要在于纪纲。纪纲有不振而疲神于不急之务，谓之能守法，不可也。然修身不外于威仪言动，而纪纲不外于举措刑赏。陛下诚能左之右之，周旋乎规矩准绳之中，一言一动从容乎仁义礼乐之蕴，则道成于上，而身修矣。身既修则家可齐，国可治，而天下可平，尚何祖宗之道有不行乎？举直措枉必协乎天下之公论，赏善刑恶不徇乎亵近之私情，法行自近，纪纲振矣。纪纲既振，则百职可举，制度可一，天下之事可兴，尚何祖宗之法有不守乎？如是则俊良登崇而逸邪远，出入有度而财用足。武备修而蛮夷慑服，刑罚威而奸宄销亡。灾异息，灵瑞臻，而百姓安堵，民物顺达，治效之隆岂不足并美于唐虞三代也哉！

虽然，此就陛下所以策臣者而言之尔，犹未要其极而举其全也。臣请究极本原探索精微，以为终篇献焉。盖心之主宰一身，无事不体。而天之主宰万物，亦无往不在。天者理之所从以出者，天之心与吾心之天一也。是以帝王之道虽要于修身，而欲修其身必先于正心。帝王之法虽要于纪纲，而欲振纪纲惟在于顺天。不正其心，不顺乎天，则虽宵旰忧勤思以行道守法，亦苟焉而已尔。何谓正心，致知以明此心，诚意以实此心。声色货利之欲，此心之鸩毒，则远之。车马宫室之乐，此心之斧斤，则禁之。谄谀邪佞足以移此心，则斥之。便嬖近幸足以挠此心，则绝之。凡吾威仪言动之发莫非自然，必使吾心泰而百体从令也，吾心大而万物咸备也，是之谓正心。何谓顺天，无贰无虞曰上帝临女也。有严有翼曰鬼神在旁也。匹夫匹妇勿谓可下，曰此天民也。一命一秩勿谓可忽，曰此天职也。创制立度恐其悖天，揆事成务恐其违天，凡吾举措刑赏之施，不敢自专，曰天命有德也，天讨有罪也。是之谓顺天。

能顺天则天与吾心为一，而吾心自无不正。能正心则吾心与天无间，而于天自无不顺。以是行祖宗之道，则道焉无弊，而足以主张乎法。以是守祖宗之法，则法焉弗失，而足以经纶乎道。体无不立，用无不行，所谓光先烈而臻治者，惟陛下所欲而致之无难矣。如是则君治教之责以尽，上天宠绥之命以凝，而磐石之宗，苞桑之业，岂不可以永保于亿万年而无虞也哉！

臣窃伏海滨，荷生成作养之德有年矣。平居所学因不出乎道法之间，每念异日幸望清光，奉大对，期有所论列敷启，以尽责难之恭，而今也实其时也。顾臣草茅迂疏，不知忌讳，敢直述所见闻者如此，伏愿陛下留神澄省。果切于万分有一之用，俯赐采行，不胜幸甚。臣干冒天威，无任陨越之至。臣谨对。

## 史海钩沉

昆山以前有个习俗，把八月十八日视为潮生日，全城百姓都会到东门观潮。据说在弘治甲子年（1504）的那一天，顾鼎臣为此作了一首《观潮诗》："海若鞭潮出海门，霆奔雪卷带灵氛。六鳌驾撼三山动，万马声传百谷闻。应谶更期人似玉，往观谁使女如云。傅岩舟楫真时用，康济功成日未曛。"第二年，便大魁天下，中了状元。

昆山县城最早是"列竹为栅"，至宋代还是因陋就简的土城筑围，怎能抵挡外敌入侵？明嘉靖年间，昆山由于物产丰富，又濒临东海，屡遭倭寇抢盗，城中百姓常处在水深火热之中。当时的顾鼎臣已入阁为相，利用进谏的机会，勇敢地为家乡人说话。他亲自撰写《昆山修筑砖石城墙》的奏折，经过他据理力争的诉求，终于获准建造。为了表达他对故土的拳拳爱心，带头捐出了皇帝赐金，以此作为倡导，动员百姓纷纷出钱出力。经过昆山官民的共同努力，经两年时间，终于在元朝土城的基础上，扩充、加固成具有"六城门"之巨的砖石城墙。

## 正德六年（1511）辛未科状元：杨慎

杨慎，字用修，初号月溪、升庵，又号逸史氏、博南山人、洞天真逸、滇南戍史、金马碧鸡老兵等。四川新都（今成都市新都区）人，祖籍庐陵（今江西省吉安市）。

殿试皇帝：明武宗朱厚照

## 策问

制曰：创业以武，守成以文，昔人有是说也。然兵农一致，文武同方，其用果有异乎？文武之分始于何时？兵民之判起于何代？尝质诸古矣，《书》称尧曰"乃武乃文"，于舜称文明，禹称文命而不及武，于汤称圣武而不及文，周之谟烈各专其一。且三代迭尚而不言武，周列四民而兵不与焉，何也？汉唐宋之英君令主，或创业而兼乎文，或守成而兼乎武，或有未备，亦足以善治。论者又谓"天下安，注意相"。又谓"天下虽安，忘战则危"。是治兵之道，果与治民者同邪，异邪？我太祖高皇帝以圣神文武统一天下，建官分籍，各有定制。列圣相承，率循是道，百五十年治定功成，实由于此。然承平既久，玩愒乘之。学校之法具存，而士或失业；蠲货之诏屡下，而人多告饥。流徙之余化为寇贼，以遗朕宵旰之忧。今赋税馈运民力竭矣，而军食尚未给；调发战御兵之力亦劳矣，而民患尚未除。或者官非其人乎？而选举之制，黜陟之典，赏罚之令，亦未始不加之意也。兹欲尽修攘之实，谨恬嬉之戒，文治举而武功成，天下兵民相卫相养于无事之天，以保我国家久安长治之业。宜何如而可？子大夫志于世用，方策试之日，不暇以微辞隐义为问。姑举其切于时者，其为朕陈之。

## 对策

臣闻帝王之御天下也，有出治之全德，有保治之全功。文武并用，出治之全德也。兵农相资，保治之全功也。于并用而见其同方，则天下之政出于一，而德为全德。如日月之在天，凡所以照临者，胥天之德也。于相资而见其一致，则天下之治出于一，而功为全功。如手足之在人，凡所以持行者，皆人之功也。由是联属天下以成其身，纲维其道，以适于治，体统相承而无偏坠不举之患，本末具备而无罅隙可议之疵，放之四海而皆准，传之万世而无弊。帝王为治之要，孰有加于此哉？臣自少读帝王之书，讲帝王之道，窃有志于当世之事。然学焉而不敢言，言焉而不达，今幸近咫尺之威，立方寸之地。制策所及者，皆是道与是事也。臣敢不罄一得之愚，以为万分之助乎！

伏睹圣问，首曰："创业以武，守成以文。"而又曰："文武同方，兵农一致，果有异乎？"臣惟三代而上，同一道也，勘乱则曰武，守成则曰文。同一民也，无事则为农，有事则为兵。初未始异也。在《易》明两作离，文明之象也。上九王用出征，有嘉。释之者曰："刚明及远，威振而刑不滥，"斯不亦可见文武之同方乎？地中有水，师。师旅之象也。而释之者曰："伏至险于大顺，藏不测于至静，"盖寓兵于农之意。斯不亦可见兵农之一致乎？是故一张一弛，号为善道，刚克柔克，协于皇极。周公冢宰，实兼东征。毕公为公，亦总司马。武夫堪腹心之寄，吉甫有文武之称。以天保治内而未尝无武，以采薇治外而未尝无文。文武固未分也。自秦不师古，专以武勇立国，语诗书者有刑，斩首级者进爵。民勇于战，皆忘生好利之人。士贱以拘，废干戈羽籥之习。至汉袭秦制，立丞相将军，而将相之职异。唐宋以来，置中书、元帅、枢密，而军国之权偏。此文武之分出于三代之后也。成周之制，以田赋出兵。一井之田，出戎马四百匹，兵车百乘。一封之田，出戎马四千匹，兵车千乘。畿方千匹，畿封方井，出戎马四万匹，兵车万乘。自五人为伍，积而为两为卒。自五卒为旅，积而为帅、为军。天子之六卿六军，诸侯之大国二军，次国二军，小国一军，而降杀有等焉。一方有事，则命将出师，迨功成献俘，将归于朝即守职之吏。兵散于野，即缘亩之农。兵农固未判也。至管仲相齐，欲速图霸业，乃坏周兵于内政，分国中以四乡，使国中之民为兵，鄙野之民为农。兵不服耒耜之勤，民不识干戈之具。以至勾吴之群，秦昭之锐士，成周之制，变易尽矣。此兵农之判于三代之衰也。载质之诗书所称，古之帝王，未有不兼文武之德，均兵农之功者。称帝尧者曰："乃武乃文。"四表之被，即所谓文。丹水之战，则所谓武也。舜之诛四凶，禹之格有苗，固可以武功名，而亦文明、文命之余事也。布昭圣武，见于《伊训》。然圣谟嘉言，谓非文武之全欤？文谟武烈，称于《君陈》，然整旅伐崇，下车访道，二者正未始偏废也。三代迭尚，曰忠，曰质，曰文，而不及武者，盖言忠、质、文则武固在其中。必以武言，则是秦之所尚，而非三代之治矣。周列四民曰士、农、工、商，而兵不与者，即臣前所陈寓兵于农之说。专以兵言，是为后世之制，而非成周之旧矣。

汉唐宋之君，如光武之投戈讲艺，太宗之身兼将相，庶几创业而兼乎文。其未备者，如汉高之不事诗书，而规模宏远，盖其宽仁大度，暗合乎道，况能善陆贾文武并用之言乎？孝武之封狼居胥，宪宗之平淮西、西蜀，庶几守成而兼乎武。其未备者，如仁宗之时，西夏猖獗而致四十二年之太平，盖其深仁厚泽培植国本，况能用韩范儒者之将乎？陆贾之言曰："天下安，注意相。"则在承平时，不可不修文德。放曰："人君以论相为职。"又曰："将特大有司耳，非比也。"司马法曰："天下虽安，忘战必危。"则在承平时，不可不饰武备，故曰："君子以除戎器，戒不虞。"又曰："圣人贵未然之防。"是知兵以卫民，民以给兵，治兵乃所以镇兵，讲武即所以偃武。治兵之与治民，亦异而同也。汉之军制以南北分，南军主环卫王宫，北军主巡缉京城。有骑士，有材官，与夫南北之车骑，东南之楼船，临淄之弩手，荆楚之剑客，皆仰给于县官，而不缩于齐民。识者惜其去古未远，而不能复。此汉之治民与治兵异也。唐府兵之立，其制最善。兵散于府，将归于朝，所以弭祸乱之原。二十为兵，六十而免，而民无久役之劳。三时耕稼，一时讲武，而兵无常聚之患。器甲出于民，衣粮出于民，而国无养兵之费。治民与治兵同。而论者许其为近古，良有以也。宋之制有三衙、四厢，诸总管钤辖诸将。然终宋世国威不振者，殆兵权失之轻，而兵民分之过也。由是言之，文武者，其名也。兵农者，其实也。三代而上，兵出于农，而文武不得不合。三代而下，兵判于农，而文武不得不分。夫苟知文武之所以同，则所以治民与兵者，不容以异矣。

洪惟我太祖高皇帝独禀全智，首出庶民，扫开辟所未有之污，复帝王所自立之地。武功之盛无以加矣。整人伦于用夏变夷之余，兴文教于拨乱反正之始。文德之盛，又何如哉！当时之建官也，科目则有文举武举，官联有文班武班，部属则有文选武选。当时之定籍也，常产则有屯田民田，户籍则有军籍民籍，官署则有州县卫所。然乾纲独断无威柄下移之失，犬牙相制无尾大不振之患。有事则共与机密之谋，无事则各掌兵民之寄。在京有司马以提督军营，在外有宪臣以总制边务，臬司有兵备之权，县吏专巡捕之职。名若分而实则相属，职若判而任则相维，保治之法盖与三代而同符也。至若太宗表章经史，而外清朔漠之尘。宣宗崇重儒臣，而出平汉邸之变。列圣相继，益懋益敦，百五十年来固皆以文致治而庙算不遗，神武不杀，伟列宏功照耀简册，寿国脉于箕翼，安国势于磐石，斯世斯民，盖有由之而不知者。恭惟皇帝陛下，保富有之业，思日新之图，阅历熟而见理明，涵养深而持志定。垂衣拱手而天下向风，动颜变色而海内震恐，疆场之虞扑之于方炽，萧墙之梗消之于未形，君子洗心以承休德，小人延颈以望太平，而皇心谦冲，谓承平既久，玩愒随之。臣伏读至此，有以知陛下出治之全德，保治之全功，可因此一念而举矣。

臣窃以为陛下求治之心甚至，而奉行者，或有所未至焉。夫学校者，风俗之首也。程颢谓："治天下以正风俗得贤才为本。"使主学校者皆得其人，教之之法，悉如阳城之在国，胡瑗之在湖学，一道德以明礼义，尊经术以定习尚，不荒于嬉而毁于随，则淳厚之风可臻，而士之失业者，非所忧矣。民者国本所系，邵雍谓：宽一分则民受一分之赐。所以宽之者在朝廷，而近民者莫切于守令。使为守令者习得其人，养之之法，悉如黄霸之在颍川，张咏之在益州，遵奉诏条宣布德意，不以简丝先保障，不以抚字后催科，则因革之俗可期，而民之告饥者，非所忧矣。流徒之余，聚为盗贼，亦由教之无法，养之无素故也。以人情言之，盗贼亦人耳。人莫不爱其筋力肌肤也，莫不爱其父母妻子也，莫不爱其田庐赀产也。在上者，不以无益之工役苦其筋力，不以不中之刑罚残其肌肤，不以流离病其父母妻子，不以诛求损其田庐赀产，则彼岂不自爱以蹈必死之地哉？今潢池弄兵绿林称号者，在在有之。赋税之过，春支秋粮。馈运之弊，十室九空。农事在所当重也。迩者出内帑银二十万两，以济西蜀之军储，爱民可谓深矣。臣愚以为，本土之蓄积宜自足用。昔人有言："兵务精，不务多。"今为将者，兵每务多，而财馈每患其寡。兵既多，则财馈不得不多，财馈既多，则民力不容以不屈。是民以养兵，而亦不可反为兵困也。调发之伍，动以千百，战御之功，十无二三，兵政尤所当急也。迩者发京营兵三千骑以平山东之反侧，御患可谓切矣。臣愚以为，本土之壮士，宜自可用。昔汉击匈奴，用六郡良家子，盖其熟知险易，力卫桑梓，比之他方，所谓发一可当百。况京兵一出，既有行迹，居饷之劳，亦有居重驭轻之戒，固可权其宜于一时，而非可继于旬月。是兵以卫民，而亦不可过为也。

圣问又谓，或者官非其人。臣愚以为一代之才，自足以周一代之用，特患用之不得其道耳。用之诚得其道，则贪可使也，诈可使也，况蕴德行而志功名者乎？选举之制公矣，宁无腐儒而当事局，历济而投散者乎？黜陟之典当矣，宁无冗食备员之辈，隐贤遗才之叹乎？赏罚之令明矣，宁无滥竽而受赏，戴盆而免罚者乎？诚使官各尽其人，才各尽其用，人人有忘私之公，事事有爱国之诚。彻桑土于未阴之时，徙积薪于未火之日。一郡有警则傍郡切震邻之忧，一时有警则先时思噬脐之悔，敌至不惧，敌去不侮，不因人成事而老吾之师，不旷日持久而匮吾之财，内修外攘之实，必尽于条教之外，文恬武嬉之弊，必作起于玩习之余。则文德之敷，云行雨施；武节之建，雷厉风行。远可以复帝王之善治，上可以光祖宗之谟烈，国家亿万年之历，可以配天地于无穷矣。臣愿陛下益崇此德，益保此功，存无怠无荒之心，为可久可大之道。惟万几之暇少加意焉，则凡所以策臣者，可次第而举矣，何暇于多言为哉！臣干冒天威，不胜战栗之至。臣谨对。

## 史海钩沉

杨慎的祖父杨春是明宪宗成化年间的进士,父亲杨廷和曾在明武宗、世宗两朝任首辅大臣。书香门第的优良环境使杨慎从小耳濡目染,接受儒家文化的熏陶。正德六年(1511),杨慎第二次参加礼部会试,知举官费宏、靳贵将他的糊名试卷列为第二,他顺利进入殿试。

殿试时,杨慎在对策中援引史事、融会经义,陈述滔滔、切中事理。读卷官李东阳、刘忠、杨一清一致认为这是一篇涵海负地、气势磅礴的佳作,武宗皇帝阅后也非常满意,钦定为第一甲第一名。杨慎中状元的消息传到四川,百姓欢呼雀跃、奔走相告,很多人还张灯结彩庆贺川蜀又出了一名才子。这一年杨慎二十四岁。

## 正德十二年(1517)丁丑科状元:舒芬

> 舒芬,字国裳,号梓溪,明代南昌进贤(今属江西南昌县塘南乡)人。

殿试皇帝:明武宗朱厚照

## 策问

制曰:朕惟羲农以下之事见于经,秦汉以来之事见于史。见于经者皆圣贤为治之迹,见于史者亦当时君臣相与随时而成治者也。然儒先君子之论,则曰帝王以道治天下,后世只以法把持之而已。信斯言也,岂帝王之治一以道而不以法,后世之治一以法而不以道欤?自今观之,如画野分州,设官分职,明礼乐,兴学校,正律历,秩祭祀,均田赋,通泉货,公选举,严考课,立兵制,慎刑罚,则帝王之治天下固未尝不以法也。天性明达,宽仁长者,躬修玄默,以德化民,恢廓大度,同符高祖,事从宽厚,文以礼乐,畏义好贤,力于为善,聪明果决,得于天性,宽仁多恕,心无邪曲,恭俭仁恕,忠厚恻怛,则后世贤君之治天下,亦未尝不各有其道也。然则儒先之论,殆亦有不足尽信者欤?洪惟我太祖高皇帝创业垂统,治定功成。圣子神孙,万代如见其治道之高明,治法之弘远,直可以等帝王而上之矣。然而帝王庙祀立于京师,自昔忠良多与配享，虽以胜国之世祖而亦获秩祀焉。岂非以后世之英君谊辟，其政治亦犹有可取者欤？朕膺天眷命，嗣守鸿业，临政顾治，盖十有三年于兹矣。然远师帝王之道，而望道犹有所未见。近守祖宗之法，而行法犹有所未逮，其故安在？子大夫积学待问久矣，其为朕据经史，兼本末，详著于篇。朕将采而用之，以资于治焉。

## 对策

臣闻天下无法外之治，帝王无道外之法。盖道者，出治之本，法之体也。法者，为治之具，道之用也。使道有未纯，则所以立法者，义必不精，利必不尽，虽能行于一时，而不可垂于万世。法有未善，则所以为治者，化必不洽，泽必不周，虽或致夫小康，而终不足以望雍熙泰和之盛。故论治而谓不以法，非知治者也。论法而谓不以道，非知法者也。古之帝王全于躬行心得者，既有以建天下之极，见于典章制度者，又有以尽天下之情。故功业之盛，上下与天地同流，而非后世之所能及也。秦汉以来，非不有法也，类皆小补罅漏，而不知先王立法之原。亦非不有道也，乃其天资偶合，而不闻先王大道之要，尚何望其治效如古昔之隆也哉！然则治之不能外法，法之不能外道，盖有确乎其不可易者矣。

恭惟皇帝陛下笃于求道，审于行法，勤于致治，践祚以来，尝三亲策多士矣。始之以法天法祖，盖笃于求道之心也。继之以文武兵农，盖审于行法之心也。又继之以《大学衍义》之问，盖勤于致治之心也。兹于万几之暇，复进臣等于廷，兼是三者之心，俯赐策问，拳拳焉若有所不足，而欲益臻其极者。臣虽愚陋，敢不对扬休命于万一乎？

臣闻羲农治之极也，尧舜道之至也，三代法之备也。言法极则法之善可知，言法备则道之纯可知。故孔子系《易》，始于伏羲，则十三卦之制器利用，以法而存乎道也。序《书》断自唐虞，则二典之所载时雍风动，以治而形乎法也。删《诗》而备于文武，则天保以上治内，采薇以下治外，是又以道而显设之于法也。子思曰："仲尼祖述尧舜，宪章文武。"朱熹释之曰："祖述者，远宗其道。宪章者，近守其法。"岂尧舜不足于法，而文武犹病于道邪？盖举道则法以著，举法则道以存。故朱熹又曰："皆兼内外该本末而言也。"由是言之，道与法非判然二物也明矣。圣制以为儒先君子之论则曰："帝王以道治天下，后世只以法把持之而已。信斯言也，岂帝王之治一以道而不以法，后世之治一以法而不以道欤？"圣虑深远，臣愚，何足以知之。然窃惟帝王之与后世，其为道不同，而其为法亦异。帝王道足以创法，法足以善治，故专谓之道，盖道即法之所从出也。后世之于道，或偏而未全，或驳而未纯，则其所恃以为治者，独法而已，故专谓之法，盖法始有不本于道者矣。

请因圣制所及，以凡经史所载道与法者，敬详陈之。圣人理天下，使物各得其所为极至，故其尽制曲防莫非美意存焉。今举其大者，若黄帝之画野分州，舜肇十有二州，禹弼成五服咸则二壤，商人肇域四海以建诸侯，周人以九州之地建三等之国。而分田以定赋者，或五十而贡，或七十而助，或百亩而彻，皆以什一为中正，则封建井田之法，于是乎立矣。伏羲以龙纪官，神农以火纪官。黄帝有夫天地四方之官。唐虞建官惟百，夏商官倍其数。周官三百六十，统于六卿。而敷奏明试，三考黜陟，与夫六计八职八柄之政，亦行乎其间，则建官考课之法于是乎详矣。亲疏贵贱之有体，郊社禘尝之有仪，咸英韶濩之有制，璇玑玉衡之有具，塾庠序学秀选俊造之有等，则礼乐律历学校选举之法，无一之不备也。九赋以为敛，九式以为节，五刑以为计，八州以为纠，弧矢以示威，伍两卒旅军师以蓄众，则货财兵戎刑罚之法，无一之或缺也。所以然者，羲农、黄帝皆以神圣之德继天而王。尧、舜、禹、汤、文、武数圣人者，或克明峻德，或温恭允塞，或肇修人纪，或缉熙敬止，或重民五教，道无不纯而法于是焉出。不然，亦安能心代天意，身代天事，妙化导之机，而极制作之善若是哉！故曰"帝王以道治天下"，而臣谓道即法之所从出者，于是可见矣。

后世贤君，若汉高之天性明达，宽仁长者，以创汉家之业。文帝之躬修玄默，以德化民而致后元之治。光武之恢廓大度，同符高祖，成中兴之功。章帝之事从宽厚，文以礼乐，济永平之政。唐太宗之畏义好忠，力于为善，速致太平。宪宗之聪明果决，得于天性，卒平祸乱。宋艺祖之宽仁多恕，心无邪曲，而有以易五季干戈之乱。仁宗之恭俭仁恕、忠厚恻怛，而有以开元祐炎兴之运。诚如圣制所谓，亦未尝不各有其道也。但此之谓道，不过天资之近似耳。就而论之，则恶闻诗书，崇尚黄老，溺图谶以蹈封禅之非，乏刚断以启戚门之衅，以至天伦惭德，异术荒心，任智谋以成功，听谗幸以废后，帝王纯粹之道果如是乎？道既未纯，则法之所立，宜乎其不能尽善也。故汉初三章之约，律令之次，章程之定，与夫侯国之封，所谓磐石之宗、犬牙相制者，规模亦宏远矣。然不革秦习，不任周政，所以治杂于霸，其后祸难屡起，亦非法之所能防也。唐以六典建官，以租庸调取民，增置学舍生员以养士，与夫以府卫治兵，所谓居重驭轻，五大不在边者，节目亦详尽矣。然大纲不正，昏风相袭，所以治杂于夷，其后变故最多，法亦屡坏而不可支也。宋人重儒术，爱民力，以文知州，以朝官知县，以京朝官监临财赋，与夫通判县尉之置，要皆以收方镇之权，所谓混一天下，亦长虑而却顾矣。然武备颇衰，成功亦小，国势日以积弱，莫能善其后也。故曰"后世以法把持天下"，而臣谓法之不本于道者，夫岂不然耶？以是观之，则道有纯否而法随之，法有善否而治因之，孰谓为治可以无法，而立法可以不本于道哉！

洪惟我太祖高皇帝，膺天眷命，用夏变夷，一代经制之备，真足以匹休帝王，而开圣子神孙万世之太平矣。观夫京畿诸道之建置，宗藩列爵之世封，内则罢丞相而设府部，外则罢行省而设三司，有大明官制以定其员，有诸司职掌以定其守，命官议礼，则吉凶军宾嘉之礼，有其等矣。而又有礼仪定式诸书，以示其品节制度焉。命官作乐，则郊社宗庙朝廷之乐，有其章矣。而又有太常神乐诸署，以习其器数声容焉。设国子监，以教天下之英才。外设府州县学，以育民间之俊秀。经义之制定，而士无诡异之谈，科贡之制行，而士有汇征之望。以言乎律历，则造历有官，而闰余岁差之有算，司天有台，而休征灾异之并占，且谓至元辛巳之历渐违天度，遂以洪武甲子之岁肇起历元。律历之正何如哉？以言乎秩祀，则大而郊庙仪物典于太常，小而厉享品节详于祠部，正岳镇海渎之神号，革前世不经之淫名。帝王陵墓，三岁一降香祀之，先代贤臣，惟以当时官爵称之。祀典之正何如哉？谓田赋不均非所以遂民生也，国初丈量田亩以抑兼并，清理田粮以防奸伪，且视土地之肥硗以为税科之轻重，是虽非井田也，不几于什一之中正乎？谓泉货不通非所以资国用也，国初因桑穰之饶而钞法甚严，置宝源之局而钱法再变，茶马盐课之利则以助军需，商税鱼课之办则以助国费，是虽非帑余也。不几于九府之圜法乎？礼部以科举之式选士，必严贡举非人之律，吏部以铨选之法选官，复有推升保举之例。其选举之公，仿佛乎虞周明扬宾兴之盛也。给由虽有常期，而所以为黜陟者，复稽其旌异之典，纪录之册焉。考核虽有通例，而所以校才能者，复稽其历任之久暂，地方之繁简焉。其考课之严颉颃乎虞周三考六计之详也。以兵制言之，既有亲军诸卫以宫禁，复有隶府诸卫以卫京城。既有都司留守司以卫一方，复有各卫守御所以卫郡邑，且府卫之所职掌，虽各有司存，而军政之枢机实由于兵部。盖统重驭轻之中，寓防微杜渐之意。此我圣祖亲历戎行，灼知古今利病，而为是良法。昔人谓其军政有统，真知言哉！以刑罚言之，大明律之纲有六，而其目止于四百六十。大明令之纲亦有六，而其目止于百四十有五焉。是虽因唐制而定五刑，其间别比类异，简而易遵，明而易晓。盖我圣祖断自宸衷，务在直言其事，庶几使人易知而难犯。昔人谓其有象刑钦恤之仁，真知言哉！夫一代经制之备如此，岂偶然而致之哉！盖有本于其间矣。臣尝庄诵圣祖之言，有曰："朕求帝王之治，莫盛于尧舜，然观其授受，在允执厥中。"又曰："人君一心治道之本存于中者。无尧舜之心，而欲施于政者有尧舜之治，不可得也。"大哉王言！非真有得于帝王之道，能如是乎？宜其创制立法，尽善尽美，于以致雍熙泰和之盛，直等帝王而上之矣。

圣制又谓："帝王庙祀立于京师，自昔忠良多与配享，虽以胜国之世祖而亦获秩祀焉。岂非以后世之英君谊辟，其政治亦有可取者欤？"盖自洪武六年定历代帝王之祀，自伏羲以至元世祖，凡十有六君，皆以其开基创业，大有功德于民耳。若周文王虽基周命，终守事商之节；唐高祖虽君天下，皆赖太宗之功，故不祀焉。伊尹之告其君曰："七世之庙可以观德。"圣祖秩祀帝王之意，不在兹乎？二十一年定名臣从祀，自风后以至赤老温，凡三十有七臣，皆以其始终全节，与有功德于民耳。谓宋赵普虽曾有微劳，然实深负于艺祖。元安童虽信有勋德，然难并列于先臣，故不祀焉。盘庚之告其臣曰："兹予大享于先王，尔祖其从与享之。"圣祖秩祀名臣之意，不在兹乎？故程颐之论治独归于帝王，而常不足于后世者，天下之公言也。圣祖之秩祀并隆于帝王，而亦不遗于胡元者，王者之弘度也。且以前世功德，固有当崇。而后人监戒，亦有攸视。圣意亦何深远哉！

圣制之终有曰："远师帝王之道，而望道犹有所未见。近守祖宗之法，而行法犹有所未逮，其故安在？"且欲臣等详著于篇，将采而用之以资于治。臣虽愚陋，敢无一言以对，而徒进谀词曰："道则至矣尽矣，治则已臻皇极，法则无可议者矣。"独不有以来曲学之诮，而上负圣明待士求言之意哉？臣窃观今日之天下，州野如旧，而民生之憔悴日甚。官职如旧，而事功之废弛日甚。礼乐如旧，而奢僣渐形，和气未洽也。学校如旧，而道术渐乖，士习未端也。律历正矣，而能以灾异当畏为陛下陈之者谁欤？祀典正矣，而能以异端当戒为陛下避之者谁欤？田赋之均如旧也，而额外之征求无已。泉货之通如旧也，而关市之税课日增。选举之法具存，而贤才之疏远者未伸。考课之法具存，而庸劣之在位者未去。兵制虽不改乎旧也，然强壮役于私门，恩赏夺于有力，其能弭怨谤之丛积乎？刑罚虽不改乎旧也，然怙终之罪不加，罗织之风未已，安能止物议之沸腾乎？夫以天下之事，每每如此，则是圣祖之法虽善，而今之所存者盖文具耳。孟子曰："徒法不能以自行。"意者，陛下之望道诚有所未见欤？臣愿终其所欲言以副陛下之欲闻，而无复有所隐也。窃惟帝王之道大矣，臣愚不能究极，今陛下以程颐之言为问，臣亦敬以程颐之言为献。其言曰："为政须要有纲纪文章。"此即臣所谓无法外之治是也。又曰："必有关雎麟趾之意，然后可以行《周官》之法度。"此即臣所谓无道外之法也。陛下诚能重人伦之始，审王教之端，如文王之雍雍在宫，无教亦保，则关雎之化其庶几矣。图国祚之绵洪，计宗祧之嗣托，如文王之振振公子，以永姬箓，则麟趾之化其庶几矣。关雎麟趾化成，则至于兄弟，御于家邦，而道无不纯。有以匹休帝王，而增光祖宗帝王之盛治，又何难哉！是则陛下之所宜加意者，诚不在于多方也。伏愿少垂天听，克广德心，不以臣所陈之言为谬，而听之惟聪。不以臣所言之事为易，而行之惟力。矜持敬畏，不少间断。清燕之优游无异于大廷之临莅，便嬖之使令不忘乎儒绅之奏对。则道可纯，法可善，治可久。宗社幸甚，天下幸甚。草野之人不识避讳，冒干天威，无任陨越之至。臣谨对。

## ▌史海钩沉

舒芬自幼聪慧，七岁能诗，十二岁作《驯雁赋》，被南昌知府荐为博学弟子。登第后，出任翰林院修撰。

舒芬为官清正，敢言直谏，正德年间（1506—1521），因谏阻武宗常以打猎巡游，寻欢作乐，荒废朝政，被贬谪为福建市舶副提举。嘉靖年间，又因哭谏世宗而入狱，并夺俸三个月。

不久，舒芬母亲病故，扶柩南归。他因虑国忧民，积郁成疾，于嘉靖十年（1531）含恨悲愤而逝，世人称之为"忠孝状元"。

## 正德十六年（1521）辛巳科状元：杨维聪

杨维聪，字达甫，号方城，固安县（今河北固安）人。

殿试皇帝：明武宗朱厚照

## ▌策问

制曰：朕惟自古人君临御天下，必慎厥初，而为其臣者亦未尝不以慎初之说告之。盖国家之治忽，君子、小人之进退，世道之否泰，其机皆系于此，诚不可以不慎也。然观之诗书所载，则亦不能无疑焉。舜正月上日受终于文祖，首察玑衡以齐七政，而类禋望遍之并举，观天交神，庶政固在所先矣。异时月正元日格于文祖，询四岳，辟四门，明目达聪，惟恐或后，且进十二牧而历咨之。岂听言用人又在所急欤？太甲元祀，祗见厥祖，伊尹明言烈祖之成德，以训于王。是天下之政，无大于法祖宗矣。高宗恭默思道，傅说告之，尤拳拳逊志时敏之务，典学亦岂容缓欤？成王即政，周公作《无逸》，举三宗以劝之，惟以畏天爱民为主。《访落》一诗，乃又以尽下情守家法为说。《立政》一书，又以三宅三俊为不可忽，终之无误庶狱为重。意固各有在欤？抑又有可疑者，禹受命于神宗不旋踵，会群后誓师征苗，康王率循大下，大臣进戒，首以张皇六师为言，他务未遑。顾以兵事先之，何欤？若乃禹祗承于帝，有精一执中之传。汤黜夏命，有克绥厥猷之任。武王胜殷，访《洪范》于箕子。践阼，授《丹书》于尚父。且退，而几席、籩豆、刀剑、户牗，莫不有铭，则又万世道学渊源所自，未可以寻常政事目之也。然则人君慎初之道，果孰有外于是欤？汉唐宋以来，其君臣之间盖无足与于斯者。然一代之治功，论议亦不可泯。观夫求端于天之策，治审所尚之疏，尚德缓刑之书，荡涤烦苛之奏，与夫先天要说之十事，奉天罪己之一诏，元祐修德为治之十要，淳熙谨始自新之十目，皆于初政深致意焉。其与十渐之虑，五始之义，三卿序进授策之戒，指归所在，其果无大相远欤？夫人事有本末，物理有终始，王道之施设固有先后。端本所以治末，谨始所以图终，施之宜先则不可以少后，皆治体所关甚大，不可以苟焉者。何众说不能以皆一欤？朕奉天明命嗣承祖宗大统，临御以来，厘革弊政，委任旧臣，凡夫敬天法祖，修德勤政，求贤纳谏，讲学穷理，节财爱民诸事，惟日孜孜，次第举行。取《无逸》中嘉靖殷邦之语，建号纪元。方将体元居正，以求俪美诗书所称帝王熙明之治。特进尔多士于廷，咨以慎初之道。尔多士尚酌古准今，稽经订史，明本末之要，审先后之序，悉意敷陈，用辅朕维新之治。

## 对策

闻帝王之御天下也，有治法，有心法。酌其因革，制其缓急，足以周天下之务，立天下之纲，是谓治法。根于躬行，原于心得，使其出之而有本，运之而不穷，是谓心法。治法不善，则施为注措之间，乖谬舛错必无以成治。苟治法善矣，心法或未端焉，则科条虽具，品式虽详，亦弥文粉饰，而未必征之实事，勉强一时，而不能持于悠久，虽欲言治，皆苟而已。故心法存于内以为之本，治法施于外以为之用。本端而末治，体立而用行，斯为治不易之常道也。况人君临御之初，天命眷顾方新，人心向望方切，治忽否泰之机胥此系焉。所以慎其初而图其终者，可不加之意邪？是故得心法而举治法，三代以上之所以善治也。心法不纯而治法亦有所未备，三代以下之所治不古若也。然则今日慎初之道，奚有外于是二法哉！

　　钦惟皇帝陛下睿哲天挺，仁孝夙成，昔潜藩邸之时，已系元元之望，一旦龙飞虎变，御极当天，宵旰孜孜，厉精图治，任耆旧之臣，厘积习之弊，天下之人莫不延颈举踵，观政听风，思见德化之成。臣以草茅，首蒙赐对，虽至愚陋，不足仰承休德，而喜庆之深，敢不掇拾旧闻，对扬清问之万一。臣惟人君之治天下有机焉，识治势者乘其机以为之，则力不劳而功可成。所谓机者，初是也，盖临御之初，好恶未著，虽有邪佞之臣，卒然不敢售其奸，唯左右观望，一有隙焉，即投以所好。人君唯好之徇也，于是溺其所可乐，忘其所可惧，而后彼得以肆。天下之事，将遂愤焉以至于不可为。诚自其初谨之，不堕于小人之计，小人亦洗心涤虑，唯正之趋矣。是故识其机者慎其初，不慎其初，不识其机也。识其机，则国家由之而治，君子由之而进，世道由之而泰。不识其机则治者忽，进者退，泰者否矣。其关系岂小小哉！太甲初嗣位，伊尹告曰："今王嗣厥德，罔不在初。"成王初营洛，召公告曰："若生子罔不在厥初生，自贻哲命。"自古人君临御天下，率以慎初为事，臣之贤者亦未尝不以慎初之说告之也。

　　臣请稽经订史，因圣制所及者条陈之。舜初摄位，在睿玑玉衡以齐七政，而观天之道尽，类上帝，堙六宗，望山川，遍群神，而交神之礼举。及其即位，询四岳，辟四门，明四目，达四聪，务进贤以决壅蔽之患，且进十二牧，而历以五事咨之，务用人以赖辅理之益。伊尹作《伊训》，明言烈祖之成德以训太甲，盖逆知其欲败度纵礼，颠覆汤之典刑，故以法祖为说。高宗以交修命傅说，说告之曰："惟学逊志，务时敏，厥修乃来。"则以君德既修，然后大臣可举其职也。周公作《无逸》以训成王，举殷中宗、高宗、祖甲畏天爱民之事，欲其知小人之依，以为祈天永命之本。成王朝庙听政，思先人顾托之重，乃作《访落》一诗，延群臣以尽下情，率昭考以守家法。《立政》一书，周公戒成王以任用贤才之道，始以宅俊为不可忽，而终之以无误庶狱为重，使王尤知刑狱之可畏，必专有司牧夫之任，而不以己误之也。若夫禹受命神宗，不旋踵会群后，誓师征苗。康王率循大下，召公进戒，首以张皇六师为言，似若忽内而重外者。然圣人之治，固不因外以废内，亦不因内以遗外。有苗弗率，民弃不保，禹承舜命，安得不征之。然班师振旅，诞敷文德，卒格于干羽两阶之化。周至康王三叶矣，承平既久，玩愒随之，老臣爱君得不以张皇六师为戒。且张皇云者，亦有国之常政。军伍藏于井甸，陈法讲于搜狩，巡边四征，寓于巡狩。会同儆军，实阅器械严纪律而已。非若后世守文者以兵为讳，喜功者则又穷兵黩武之为也。

夫三代以上之君，临御之初，莫不急所先务，其治法可谓举矣。至其心法之所存，则尤致意焉。是故人心惟危，道心惟微，惟精惟一，允执厥中。禹之祗承于帝也。惟皇上帝降衷于下民，若有恒性，克绥厥猷惟后，汤之自任于己也。武王之始克商也，访《洪范》于箕子。初一曰五行，次二曰敬用五事，次三曰农用八政，次四曰协用五纪，次五曰建用皇极，次六曰乂用三德，次七曰明用稽疑，次八曰念用庶征，次九曰向用五福，威用六极。其始践阼也，又访《丹书》于太公，曰敬胜怠者吉，怠胜敬者灭，义胜欲者从，欲胜义者凶，退而几席、觞豆、刀剑、户牖，莫不有铭。夫武王之皇极敬义，即成汤之绥猷。成汤之绥猷，即禹之中。心法之相传，精神之相契，有以开万世道学之渊源。立政非此无以为立之本，宰事非此无以为宰之要。慎初之道，莫有先于此者，可以寻常政事目之哉！自是而后，若汉若唐若宋，不足与于斯矣。安马上之习者，不事诗书；修玄默之德者，崇尚黄老。投戈讲艺，息马论道矣。溺心图谶之说，父事三老，兄事五更矣。专为章句之习，以至锐情经术而闱门惭德，延礼文儒而声色荒心。曰心无邪曲，顾任智谋以成功。曰重道崇儒，至指道学以为党。心法之传，寥寥乎未有得也。故其为治法也，或驳焉而不纯，或行焉而有所不尽。然当时群臣之所论议，深有可取者。董仲舒对策于武帝之初，曰："王者求端于天。"欲人君任德不任刑。匡衡上疏于元帝之初，曰："治天下者审所尚。"欲朝廷崇礼而敦让。宣帝刑名绳下，路温舒以尚德缓刑劝之。章帝承永平后，陈宠以荡涤烦苛劝之。汉之臣臻意于新政者如此，惜乎其君无能以行之也。玄宗开元之初，姚崇以十事要说：曰政先仁恕，曰不幸边功，曰法行自近，曰宦竖不与政，曰罢赋外之征，曰戚属不任台省，曰大臣接之以礼，曰群臣得犯忌讳，曰绝营造，曰推监戒。德宗奉天之难，陆贽劝下罪己之诏，曰："天谴于上而朕不寤，人怨于下而朕不知，痛心腼面，罪实在予。"使狂将悍卒闻之，无不感激挥涕。唐之臣致意于新政者如此，惜乎其君行之而不尽也。

吕公著当哲宗之初，尝上十事于朝，则畏天也，爱民也，修身也，讲学也，任贤也，纳谏也，薄敛也，省刑也，去奢也，无逸也。朱熹当光宗之初，拟上十目于朝，则讲学以正心，修身以齐家，远便嬖以近忠直，抑私恩以抗公道，明义理以绝神奸，择师傅以辅皇储，精选任以明体统，振纲纪以厉风俗，节财用以固邦本，修政事以攘夷狄。宋之臣致意于新政者如此，惜乎元祐行之而不终，淳熙拟之而未上。故当时之治，卒莫能底于善也。由诸臣之建白观之，虽言人人殊，其视十渐五始三卿序进授策之戒，指归所在，亦无大相远者。盖魏征十渐之虑，以太宗初寡欲而今市骏马，初护民而今用人力，初役己而今纵欲，初亲贤而今近奸，初贱异物而今进难得，初求士而今任好恶，初绝田猎而今事驰骋，初达群情而今多间隔，初求治而今恃势，初抚宁而今劳弊，所以虑不克终也。

五始之义则《春秋》之法，必书元年春王、正月公即位者，以元者气之始，春者四时之始，王者受命之始，正月者政教之始，即位者一国之始。荀况所谓三卿序进授策，则天子即位，上卿进除患为福之戒，而授一策。中卿进虑事虑患之戒，而授二策。下卿进敬戒无怠之戒，而授三策。所以欲人君慎于始也，盖与诸臣之所建谨始图终者一矣。夷考上下数千年间君臣图治之说，既有所谓心法，又有所谓治法。而其为治法之说，又或天或祖或君或民，或内或外或彼或此，棼然其不能齐，何也？天下之理固有大分，而于其中又各自有界限，必析之有以，极其精而不乱，然后合之有以，尽其大而无余。故以心法对治法言之，心法人事之本也，物理之始也。又于治法之中，以事之大且缓者，对事之小且缓者言之，大且急者人事之本也，物理之始也。君人者欲端本以治末，谨始以图终，其施设之序，心法固所当先。而治法之大且急者，亦奚容以或后。圣君贤臣唯有见于此，执中绥猷，洪范丹书与夫典学之说，修身讲学之说，正心齐家之说，直指乎心法之源。而其他政事之说，亦就法治之中，因其时之所宜，据其势之所至，顺其理之所在，指其大且急者言之也，又奚必其词之同哉？

臣窃伏观陛下践阼之初，责成辅臣，奖纳台谏。凡弊政之所当革者，革之无不尽，凡旧章之所当遵者，遵之无不笃。其于敬天法祖，修德勤政，求贤纳谏，讲学穷理，节财爱民诸事，固次第举行之矣。励精之实，发于即位之诏。中兴之志，著于嘉靖之纪元。凡在覆载之间，稍有血气之属，莫不以殷宗周宣为望。乃犹不自满假，于圣制之终曰："方将体元居正，以求俪美诗书所称帝王熙明之治。"欲臣等悉意敷陈，以辅维新之化。即此观之，臣有以知陛下必为殷宗周宣无疑矣。臣之所以为献者，亦惟愿不失此机而已。何则？数年以来法度废弛，天下之事已极于弊，陛下一起而新之，百官承德者日奋，人心望治者方切。此祈天永命之时，可以有为之会也。乘此机以为之，矢去川决，殆无难者，在陛下加之意而已。近世人君，孰无愿治之心，然或卒不逮焉。岂皆力之不足，亦其初之不慎也。

陛下欲求慎初之道，则心法治法乌可不加意哉！是故精察一守以执中，肇修人纪以绥猷，逊志时敏以典学，建皇极以叙九畴，戒怠欲之胜敬义，正心以修身，修身以齐家，则心法得之矣。克谨天戒以畏天，监于成宪以法祖，亲贤远奸以致治，早朝晏罢以勤政，明明扬侧陋以求贤，虚怀受言以纳谏，节财以致国用，爱民以固邦本，慎刑宪以恤人命，诘戎兵以防边患，则治法得之矣。有心法以为治法之本，有治法以为心法之用，本末不差，先后有序，而谓美不俪于诗书，治不隆于熙洽，岂理也哉！慎初之道，如是而已。虽然，非初之难，丽终之难也。陛下以慎初为问，臣既陈之矣。至于图终之说，臣敢复为陛下言之。

《易》曰："天行健，君子以自强不息。"天之行也，一日一周，而明日又一周，未有一时之息，健故也。唯其健也，故四时万物皆得顺其序，遂其生，使君子自强之健于天。少不似焉，则几成而复坏，未久而已息，何以成其治哉！然所谓健者非血气之谓，又以心为之本。陛下诚求之心，日御经筵，讲求至理，以学养此心，整齐严肃，主一无边以敬存此心。延见公辅，亲近儒臣，随侍便殿，时备顾问，以君子维持此心。则圣心淇然，义理为之主而物欲不能夺其健，即乾矣。又何不终之足患哉？伏惟陛下深留圣意，以无失今日之机，以无负今日之望，以无忝今日改元之意，则生民幸甚，宗社幸甚。臣干冒天威，无任战栗殒越之至。臣谨对。

## 史海钩沉

嘉靖皇帝考问"慎初"之策，杨维聪的策对从"心法"和"治法"两方面讲起，历举远古三王以上如何慎重初心、勤修德政，及三王之后历代帝王的为政得失，阐述了君王应"畏天爱民，修身讲学，任贤纳谏，薄敛省刑，去奢无逸，亲贤远佞，笃遵旧章，自强不息"，方不至"堕小人之计"，"几成而复坏，未久而已息"。策对三千余言，通篇立意高远端正，气势浩荡宏大，文风纵横捭阖，词句长短结合，音韵节奏铿锵和谐，在三百五十名进士中脱颖而出。嘉靖皇帝钦点三十一岁的杨维聪为状元。

杨维聪中状元后，嘉靖五年（1526），其兄再中丙戌科榜眼，官至左春坊左庶子兼翰林院侍读。短短时间内，一个家庭竟连出了一个天下第一、一个天下第二，非常令世人惊异和钦羡。

## 嘉靖八年（1529）己丑科状元：罗洪先

> 罗洪先，字达夫，号念庵，江西吉安府吉水黄橙溪（今吉水县谷村）人。明代学者，杰出的地理制图学家。

殿试皇帝：明世宗朱厚熜

## ◼ 策问

制曰：朕惟治天下之道不可概举，其大者在乎知人安民二者而已。夫知人则哲，必能官而任之；安民则惠，必使匹夫匹妇各得其所。虽然尧舜尚于此犹难，夫岂后世所能及也？朕本藩服，仰承天命，入奉大统，朝夕战兢，不遑宁处。何自即位以来，灾变频仍，旱潦相继，岁复一岁，无处无之，生民流亡，朕甚恐惧。此非朕官非其人以虐民欤？或贤与不肖进退倒置欤？或劝惩之典失其宜欤？抑为我选任者失公平之道欤？夫天听自我民听，天视自我民视，非民不聊生而天垂深戒者如此何欤？至于内有盗贼之扰，外有疆场之患，此亦以为民之害者。民为邦本，而使饥寒困苦流离死亡至于如此，邦欲安得乎？朕虽存保邦安民之念，求其所以实无一得，朕欲俾灾沴潜消，民生安堵，盗贼息，边方靖，财充而食足，不知如之何可以臻此？特进尔多士于廷，尔多士明于王道有日矣，且目睹时艰，岂无真识的见以匡我者？当悉心吐露，推衍所以于篇，朕当勉为亲览焉，勿谄勿惮，勿泛勿略，庶副朕意。

## ◼ 对策

臣闻帝王之致治也，有覆天下之仁而以不费为施，有周天下之智而以不劳为用。施不费而后顺时鼓舞之权行，用不劳而后宪天聪明之实尽。尽聪明者存乎诚，诚无疑矣。妙鼓舞者存乎变，变无方矣。无方而显作用于旁行，仁之发也，以天下之才尽天下之故，得天下之故神天下之化，夫何费之有？无疑而别贤否于不遗，智之运也，以天下之公为一人之度，廓一人之度达天下之情，夫何劳之有？是故诚以基智，智以广仁，仁以尽化，化以格天，天顺而时，化和而理，仁广而通，智睿而辨。非夫先天而天不违，后天而奉天时者，其孰能与于此！故仁而不得其要，必纷错而弥文；智而不本于诚，必穿凿而任术。弥文之弊，泛而寡效；任术之弊，察而不弘。天下之事废者多矣，是故帝王存之为湛一之本，举之为易简之善，明而先觉，惠而久大，盖其所执者要而所尚者审故也。是以天地可位，万物可育，气化太和，灾沴不作。其上下一贯之理，显微无间之机乎！是故仁智合德之谓圣，志气交感之谓通，天人同归之谓治。是说之不明也亦久矣。古人之言曰："上有好言之君，则下必有尽言之臣。"又曰："益志广德，莫善于问，乘事演道，莫善于对。"臣愚恭遇陛下精明纳言，得其时矣。观时势之故，究恢济之本，极理要之说，广德业之规，臣非其人也，而窃有志焉，敢不敬述所闻以对。

惟天生民不能无欲，欲之不制，乱之成也。苟非至德，大道不行。故夫德合天者谓之皇，德合地者谓之帝，兼乎三才，足以叙伦尽制者，谓之天子。故亶聪明为元后，而佑下民也作之君师。子夏问孔子以民之父母，孔子曰："四方有败，必先知之，一人而定四方者君也。"是故天者立君之命也，君者立民之命也。裁成之道，辅相之宜，所自成也；典礼之衷，命讨之权，必有归也。安民非君之责乎？势一而后定于义，职分而后详于仁，是故惟王建国，体国经野，设官分职，以立民极也。树后王君公，承以大夫师长以奉天道也。此则共济之义，大公之制也。官人非君之助乎？然地远则德未易遍，情异则化未易齐，求万姓之咸休至难也。听言则易于匿情，尽实则乖于广容，求九德之咸事至难也。然臣尝求之矣，四凶之恶未著也，尧不逆探其奸，元凯之善未著也，尧不责备其用。是道也，其知人之要乎？黎民敏德，在臣工之克艰，帝力不知，由百僚之师师。是道也，其安民之要乎？然而当时病其难者，思日孜孜之心，后世之弗逮，忘其有事者也。念不念之间而治忽因之，其亦可畏也哉！

仰惟陛下即位以来，务学求理，敬慎夙夜，不遑宁处，求直言以广听纳，除冗役以划蠹害，谨鬻爵以简任使，严章法以辨优劣，其于用人可谓谨矣。免杂租以重邦本，发余帑以苏时艰，减贡献以节浮费，明冤狱以行钦恤，其于抚民可谓至矣。是宜海内兴富足之歌，天下乐有年之颂，朝著崇相让之风，郡邑尚承德之美，而休征毕集，嘉气聿畅矣。夫何近年灾故迭见？旱魃肆虐，千里相继，淫潦损苗，逾时不止，白虹示警，坤仪载震，星变上现，霾气四昏。夫天人之应自古不诬，气数之说匪经之训，故曰："圣王在上，日月不薄蚀，星辰不悖，雷发不震，雨雹不为菑，一气之流行故也。"今仰窥晷度，俯考玑衡，岂惟圣明虑之，至愚如臣亦宜疑之矣，然尝延询博访，近察远闻，而知斯民之困也。仓箱无卒岁之储，田里无口分之业，耕获未已而称贷复行，亦有收不以时，如苏轼之虑者矣。播种已施而券契辄易，亦有欲亟其死，如陆贽之忧者矣。或病于赋税之增，或困于徭役之扰，至于灾异之地，犹失抚字之方。栗烈不免于悬鹑，原野谁矜夫蒙袂，是以流离载道，转相嗷嗷，攘劫为生，益见糜败，边尘稍动，僵仆满目。夫天心之仁，靡不欲其相养以生，而民之司牧，乃忍视其转死而不救，知人之道可不重省乎哉！陛下之睿思既有以洞烛其弊矣，臣也复何所言。

伏惟圣问有曰"官非其人以虐民"，臣不敢谓无是也。盖古之仕也，禄不计其厚薄，职不计其大小，惟以尽分为贤，不以年数为限。今也上无责成之心，下有苟安之幸，善政未必行，能声未必著，累日积资自可叙迁，是安得不以利为利也。陛下有以处之乎？圣问有曰"贤与不肖进退倒置"，臣不敢谓无是也。盖古之仕也，进以实德不以空言，故静言如兜，不得长奸，有能如鲧，犹谓方命。今也听其辞说，无以证其素行，取其才艺，不复稽其道术，是安得不以不肖为贤也。陛下有以辨之乎？以劝惩言之，古之课绩也，日有日成，月有月要，岁有岁会，故不紊也。今给由之制，亦有视为文具而以情毁誉者乎？是赏罚无可考矣。以选任言之，古之进贤也，官长自举其僚属，荐辟不避乎亲故，皆以情也。今铨衡之法，亦有故遗所知而远绝嫌谤者乎？是公平有所碍矣。四患不除，则庶理不得；庶理不得，则群贤不登；群贤不登，则处置失宜，而百姓无赖。是故潢池多弄兵之警，沿边无固守之防。以此立国，则国运不泰；以此制民，则民纪弗宁。夫天视自我民视，天听自我民听，言乎感应之道，察乎机缄之萌，是安得不来宵旰之忧而切多士之问也。然臣以为知致弊之由，则必有救弊之方；病化源之郁，则必有更化之道。毋亦于知人者而加之意乎？臣亦不敢为近世苟且之见，习熟之说，以负陛下之诚意，请揆其本而论之。

夫天聪明，圣时宪，古之训也。然天之聪明不可度也，有德则降祥，有恶则降殃，大以成大，小以成小，各因其宜而未尝有为也，各尽其才而未尝有心也。山泽之广大，污疾之藏纳，而未尝靡容也，观于天道，可以知人君之度矣。舜为大智，隐恶而扬善，谦之受益，能虑以下人者也。圣贵改过，不保其往，诚于取善，无不可师，在协于克一而已。是故虚心以应之，下己以待之。水澄则妍蚩见也，衡平则轻重自伦也。必以形迹观人，则不可以尽人；必以法制绳人，则不可以服人。而况人心至神，无感不通，上之好恶靡不审，上之情伪靡不知。示之以诚，犹恐其渝；示之以疑，弊将安极？己未信而欲人之信己，不可得也；人弗信而欲其惟志之从，亦不可得也。今以虞度之私，而视圣人问察用中之心为何如哉？

虽然，此其本也，概举其端，则教育不可不端也，选举不可不慎也，考课不可不精也。而三者之中，教育又其大端也。欲端教育，在于正道术之习，重师儒之贤。欲正其习，则祖训所谓一以记诵为能，卒无实用者可戒也。欲举其师，则祖训所谓必求端人正士，以为模范者可行也。敦本而尚质，先德而后艺，如是而教有不成乎！欲慎选举，在于谨资格之弊，崇德行之科。谨资格也，则当鉴裴光庭混淆之失，崇德行也，则当用程颐荐达之议，而又止奔竞之风，重廉耻之节，如是而选有不当乎！欲精考课，在久贤能之任，明赏罚之权。久任则杜恕所谓辟亲民长吏转为郡守，有绩则进爵加秩，者可法也；明权则傅嘏所谓君志定，国体崇，而后责其成者可取也。如是而课有不精乎！然而数者之要，非秉聪明之德不能行，宪天之说，无亦所当致省者乎？既能知人，则安民者举而措之耳。然道有升降，政由俗革，法不变则道不融，制不新则化不显。兼以时久则穷，事烦则弛，俗玩则弊，势积则屯，守其故必滞而不通，反其源斯顺而可达。是故作其倦怠，不可无劝相之道；一其趋向，不可无防范之规。刚克柔克，因人而施者也；尚质尚忠，与世相成者也。此可以观时矣。时未至而求之太骤，则易至于用智；时已至而行之无渐，亦不谓之适宜。故观其会通，顺其酬酢。以为当官之法，固可尽其才能；以为责效之期，尤当易于底绩。今习于惰逸，昧于物情，执一定之迹，应无穷之变，岂所以振皇纲而宣德意者乎？虽然此其本也，概举其端，则东南有可耕之人而无其地，西北有可耕之地而无其法。旷土隙田之未治，晁错之所忧也；凿源灌渠之有法，召信臣之所行也。臣又闻因旱得雨，而皇祖犹悯其伤苗，乃免田租。今则善政置诸废阁多矣，无亦以实意行之乎？西陕告饥请粟，而皇祖倍其赉予，且令速发。今则虽有急请，稽延岁时久矣，无亦以便宜处之乎？田无定分，贫富不均，略为检制可也。赋有巧算，虚实莫究，加以清量可也。禁侈靡之风而民自足，黄霸之惠政也；豫储蓄之举而岁不饥，朱熹之良规也。然而数者之要，非达变易之宜，不能行顺时之说，无亦所当致省者乎？顺时而不悖，则贤才无掣肘之虞；任人而不疑，则间阎有切实之效。遂饱暖安逸之欲，而无饥寒，盗贼何从生乎？盖不但龚遂之治渤海也。得抚绥攻战之宜，而无败衄，外侮何由至乎？盖不但如充国之在湟中也。生之有道，用之有节，积之有备，取之有制，财用足而衣食富，又不必刘晏之取予而后为善计也。又何患于天心之不格，灾患之不潜消哉！

然圣问于终篇尤有明于王道真识的见之说，以启愚臣之尽言，而且戒谄畏之弊，臣有以知陛下求治理之切，广谋猷之陈，上嘉下乐之情至矣，臣复何所顾忌而不终其义哉！盖闻祖训有曰："一民未安，犹为未仁；一念未诚，犹难格天。"又曰："人情遇祥则有骄心，遇灾则有惧心，惧则戒心常存，或皆蒙休矣。"呜呼！其殆天人之交，始终之义，安危倚伏之机乎！今陛下遇灾而惧，因变而警，归过于己，加念于民，是心岂有二哉！此皋陶所谓兢业万几者也，寅恭和衷者也，是知人安民之大原也，万古虚灵不昧之天德也。今之灾变即潜消也，此心之敬戒无时可止息也。孔子曰："为政在人，即知人之可以安民也，取人以身，即知人之本于宪天也。"修身以道，修道以仁，仁也者，即今日敬戒之真心也。是心也，天得之以情，地得之以宁，圣人得之能使天下和平。是故无有内外，无有远近，浑然与物同体者也，准则变化，皆由此出。清明在躬，可以一贯，谁则无之？难乎其纯耳。圣人之学，以纯其心者也，加以意必，即非此心，加以固我，即非此心，其得其失，不假外求，匪思匪为，乃所自得。是故静而养之而未始有物，实渊深也；动而慎之而未始不定，实溥博也。故一念之觉即为诚，一念之放即为伪，达于此为大智，决于此为大勇，而饰外之累不足惑之矣。顺之而运用也，乃为周流之妙，失之而袭取也，乃为执方之行，而似是之非不足动之矣。以此修己，中有主而不杂于二三；以此亲贤，任必专而不疑于可否；以此为裁事宰物之柄，则拟议而不穷；以此为事天治民之本，则精明而不懈。学不知心，难言穷理，不能穷理，何以泛应！此一贯之旨也，千圣之传也，百世之经也，愚臣终身学之而未能者也。程子言：告君之贵诚也，犹钟之音系所感而应也，张子之言曰："试言乃事君第一义，岂可有欺！"臣之微诚何足为献，然亦不敢妄举以陷于自欺，刍荛之虑有补万一，亦大圣之所不弃也。惟陛下审择而力行之，不胜幸甚。臣谨对。

## 史海钩沉

罗洪先是官员家庭出身，自幼端重，不为嬉戏，从小立志要当学者。当时政治极为腐败。罗洪先看不惯，即请告归。嘉靖十八年（1539），他出任廷官，因联名上《东宫朝贺疏》冒犯世宗皇帝而被撤职。从此罗洪先离开官场，开始了学者生涯。

他自归家务农之后，隐居山间，更加专心致志地考究王阳明心学，闭门谢客，默坐一榻，三年不出户。他考图观史，上至天文、礼乐、典章、阴阳、术数，下至地理、水利、边塞、战阵、攻守，无不精心探究。

罗洪先一生的主要成就在理学和地图学方面，在文学方面也有一定的造诣，尤以地图学贡献卓著。他精心绘制的两卷《广舆图》，是我国历史上最早的分省地图集。

## 嘉靖十七年（1538）戊戌科状元：茅瓒

> 茅瓒，字邦献，号见沧，钱塘（今浙江杭州余杭区）人，祖籍汴京（今河南开封）。官至吏部左侍郎。

殿试皇帝：明世宗朱厚熜

### 策问

制曰：朕闻立天之道，曰阴与阳。立地之道，曰柔与刚。立人之道，曰仁与义。三才之道一而已，何又有去义为论乎？于是未免贤者自相私反，必如圣经而后可。且今人尤大非贤者，及人君才一用义，即谓严刻。乃作言曰：上任刑以为治，非三代之治也。却一不之反于己。三代之人皆人也，不待义临而自持，惟恐放侈。今之人果三代之同欤？将欲利之是贪，欲之是纵，国而罔思，民而罔恤，以至于上下礼度悉不之慎。为之君人者，可不一教一治之，是非当否？抑果当乎？朕祇承天位，惟民是保。何官人者比比皆负国虐民之图，奚为用哉？尔多士师孔子之学，必心孔子之心。将此心之平正，陈为篇列，以除弊革私之道，衍为仁育义断之方以告我。勿讳勿欺，朕览之。

### 对策

臣闻帝王之御临天下也，内必有敬天之心，而外必有宪天之政。夫天者，理之原也。人君代天理物，故其所行必求端于天。天之道虽广博而难终穷，神妙而不可测，而其端不过有二：曰阴与阳而已矣。阳居春夏以长育为事，有刚道焉。王者继天而为之子则用仁，而凡为慈爱，为谦屈，无非仁之统体矣。阴居秋冬以肃杀为事，有柔道焉。王者继天而为之子则用义，而凡为果断，为裁制，无非义之散殊矣。故天道运而无所积，帝德运而无所私。以此存之于中，是谓敬天纯王之心也。以此发之于事，是谓宪天纯王之政也。合心与政皆纯乎天，夫是之谓格天之治。而尧舜禹汤文武由此其选也，奚独三代之治为然乎？

钦惟皇帝陛下，禀刚健中正之资，备文武圣神之德，自即位以来，信赏必罚，威行如雷霆。发奸摘伏，明照如日月。对时茂育，容保如天地。盖粹乎斯道之中，而建维皇之极者也。臣也窃伏草茅，遥被治化久矣。乃者叨有司之荐，得以与于大廷之对，而清问及焉。永惟圣经之言，而有取于仁义并行之道。既而有慨于庶官之庞，而欲以兼夫治教之法。且冀臣等以除弊革私之道，为仁育义断之方，而戒之以勿讳勿欺也。顾臣之愚陋，何足以仰裨休德之万一乎？虽然，有所言而不实是之谓欺，则上负陛下矣，有所言而不尽是之谓讳，则下负所学矣。上负天子，下负所学，畴昔之所自许者谓何，朝廷之作养者谓何，而可如此也？臣敢不披沥衷悃，就陛下之所问及者而条陈之，陛下试垂听焉。

臣惟天下之道，有经有权。经也者，一定而不可易者也。权也者，或相兼以适其宜，或相济以补其所不及者也。人君抚舆图之广，临兆民之众，天下之所恃以立命者也。苟一于义则威之太震，民畏之而不敢亲。一于仁则惠之太亵，民狎之而不知敬。是仁之与义，犹天之有阴阳而不容以或偏也。臣故曰："道之一定而不可易者也。"然德教以象天之生育，仁矣，而义者未尝不防之于中。刑戮以象天之震撼，义矣，而仁者未始不贯乎其内。是仁义之交相为用，犹阴阳之互为其根。臣故曰："道之相兼以适其宜也。"然天下之势有强弱，而人君之政有德与刑。乘弱之后者利用威，而乘强之后者利用惠，此其斟酌操纵之间，犹之天道之雨以润，而日以晅，雷以动，而风以散，既成万物，而人莫窥其神。臣故曰：道之相济以补其所不及者也。是故仁义之为道也，一定而不可易者，以立天下之经。或相兼以适其宜，相济以补其所不及者，以达天下之变。稽之于圣经，验之于往古，何莫不然。彼其去义以为论专任德而不用刑者，何其失之偏乎？

臣伏读圣制之篇，而有以辨人言之为妄矣。人之言曰："人君才一用义，即谓之严刻任刑，非三代之治。"臣愚以为，用义之与严刻任刑不同也。既曰用义，则不可谓之严刻任刑。曰严刻任刑，则不得谓之用义。人君之于天下何容心哉？视其理之所宜而已矣。苟于义所当用，则虽杀人而不可谓之严，虽致人于死而不得谓之刻，盖以义之为道当如是也。至谓用义非三代之治，此尤非所谓知理者。臣不暇远引泛取，即以三代之事明之。禹之承舜也，先罚后赏以示威。汤之革夏也，申代誓众以张武。而文武之继殷也，驱除元恶，歼灭暴国以救民。故夏有禹刑，商有汤刑，周有甫刑。三代之得天下虽曰以仁，而未尝专倚于仁，有义以济其仁之所不及也。后世事不师古，遂以为三代之治，纯用德而不用刑，何失之远欤？是故不朝者赐之几杖，受赂者馈之金钱，言宽仁者莫如汉之文帝矣，然姑息成风，乾纲罔断，故不再传，而有指大如股、胫大如腰之患。刑以不杀为威，财以不蓄为富，言仁厚者亦莫如宋之仁宗矣。然声容盛而武备衰，议论多而成功少，故不再传，而有流言道路，变令推恩之讥。夫二君则汉宋之良也，一于仁而不义，而其弊犹不免有如此者。若是而谓三代之专于任德，后世之专于任刑，可乎？不可乎！由是观之，三代之所以治隆俗美者，以其仁义之并用，内有敬天之心，而外有宪天之政也。后世之所以不古若者，以其仁义之或偏，而不能审时以度势。其于天也，或亵焉而不知敬，或悖焉而不知法也。

我太祖高皇帝承元人积弊之后，故其所以创制立法者，大率以严为本。及天下已定，又戒圣子神孙，不得复用国初之典。是其仁义之并行，刚柔之相济，其所以察乎天人之际，审乎消息之宜，而为万世虑者深矣。但国家承平日久，重熙累洽，民志日趋于玩愒，事体日废于因循。盖自正德以来，兹弊极矣。肆陛下入继大统，始振起而一新之。故自临驭十有七年以来，革者故，鼎者新，蛰者奋，困者苏，天下欣欣，咸睹太平于有象矣。而陛下犹有歉于官人者负国虐民，若追羡于三代之英，而未之逮者。臣愚以为，虽尧舜在上，不能无小人，此在君人者驭之得其道耳。驭之之道，臣前所谓仁义之并用者是也。盖尝闻之，法禁之不行，自上犯之也。而小民之所以敢为非义者，庶官之贪顽者启之也。今天下之大，其在于朝廷辇毂，岂无有秉义竭忠之臣，然而违上所好，朋家作仇者未尽无也。其在于百工庶府，岂无有亮采惠畴之臣，然而胁权相灭，诬上行私者未尽无也。其在于都邑藩省，岂无有旬宣和惠之臣，然而违道干誉，尸禄养望者未尽无也。甚者削民之膏脂以肥其家，窃君之荣宠以张其势，掠众之美以示其恩，恣己之私以败其度者，未尽无也。陛下尊礼大臣，愈久益亲，体悉群臣，有隆弗替。其于股肱之良，而谟明弼谐者，固尝抚之以恩，而动之以礼矣。而于此不悛之徒，明罚敕法，惩一以警其百，是犹春阳之后，而震之以雷雨之威。天下方将感陛下之仁，而畏陛下之法，奚为而一驭臣为然也。不可行乎？虽然，处今之时势，而义之所当用者，非独夷狄跳梁，而横于西北，则薄伐之师，不可以不整也。庶民僭越，而似于王章，则奢汰之禁，不可以不严也。军旅疲弊，而阙于勇敢，则简阅之令，不可以不怒也。凡若此者，要皆以精明之治，而敦夫浑厚之体，以立君道之纪纲，以跻中兴之盛业，道莫有先于此者矣。抑臣又闻之：仁育而义，王者之政也。所以主是政者，心也。故必有纯王之心，斯有纯王之政。而宪天下之政，谓非有敬天之心不可也。

臣尝庄诵陛下敬一之箴，而有以知陛下之心，直可以质诸天地而无疑也。

有德弗降，是违天之所喜矣，敢不敬欤？有恶弗惩，是渝天之所怒矣，敢不敬欤？以此常存于心，兢兢业业，罔敢失坠，夫然后以达于政也。仁足以育天下，而天下莫不归于仁，义足以正天下，而天下莫不疆于义。宪天之政，由是而会其全。格天之功，至是以要其极矣。虽然，敬亦未易言也，隐征之间，真妄错杂，毫厘之差，千里之缪。苟辨察之功不悉于几微，持守之力不继于厥服，则人得以胜天，欲得以夺理，又恶知其为仁而在所当体、恶知其为义而在所当用也哉！故曰："勿叁以三，勿贰以二，行顾其言，终如其始，静虚无欲，日新不已。"然则陛下之言，固可谓能自得师者矣。除弊革私之道，仁育义断之方，岂外此而他求乎哉！

臣始以仁义并行之道为陛下告，终以主敬协一之功为陛下勉。初非有惊世可喜之论，然直意陛下以言求士，而臣之所以献言于陛下者，惟以明诸其心。上不敢负明问，下不敢负所学而已。惟陛下矜其愚，不录其罪，而留神秉纳焉，臣不胜拳拳陨越之至。臣谨对。

### ◆ 史海钩沉

茅瓒少时聪敏过人，喜读书，境内山中有宝觉寺，瓒寄居于此，专攻学业。寺后山石上刻有宋理宗手书"见沧"二字。传说此刻字本埋没于泥土之下，一夜雷雨大作，山洪暴发，茅瓒所居僧舍周围土石纷纷崩塌，惟居室无恙。次晨起视，见土石崩塌处赫然刻着"见沧"二字，自谓得脱此难，必为此神灵呵护，因取此二字为己号。

## 嘉靖二十六年（1547）丁未科状元：李春芳

> 李春芳，字子实，号石麓。南直隶扬州兴化（今江苏兴化）人，祖籍句容。内阁首辅。

殿试皇帝：明世宗朱厚熜

## 策问

制曰：朕惟人君受天之命而主天下，任君师治教之责，惟聪明睿智，足以有临。自古迄今百王相承，继天立极，经世牧人，功德为大，是故道统属之有不得而辞焉者。唐韩愈氏乃谓尧、舜、禹、汤、文、武、周公、孔子之传，至孟轲而止。孟子则以尧、舜、禹、汤、文王之为君，皋陶、伊尹、莱朱、太公望、散宜生之为臣，各有闻知见知之殊。其详略同异，果何义欤？其授受之微，有可指欤？宋儒谓周敦颐、程颢兄弟、朱熹四子，为得孔孟不传之绪而直接。夫自古帝王若是班欤？其讲之统道果求著述之功，果可与行道者并欤？抑门人尊尚师说递相称谓，而忘其僭欤？汉唐宋而下，虽不能比隆唐虞三代之盛，其间英君谊辟，抚世宰物，德泽加于四海，功烈著诸天地者，不可概少，果尽不可以当大君道统之传欤？洪惟我太祖高皇帝，体尧舜授受之要，而允执厥中；论人心虚灵之机，而操存弗二。我成祖文皇帝言：帝王之治一本于道。又言六经之道明，则天地圣人之心可见，至治之功可成。斯言也，真有以上继皇王道统之正，下开万世太平之基。迨我列圣克笃前业，所以开天常叙人纪者，历百八十余年于兹。朕缵绍祖宗鸿绪，登践宝阼，惟敬惟一，叙彝伦，惇典礼，祈天命，拯民穷，思弘化理，以成参赞继立之功者，宵旰孳孳，不遑宁处。兹欲远绍二帝三王大道之统，近法我祖宗列圣心学之传，舍是又何所致力而可？夫自尧、舜、禹、文之后，孔孟以来，上下千数百年间，道统之传归诸臣下，又尽出于宋儒一时之论。此朕所深疑也。子大夫学先王之道，审于名实之归，宜悉心以对。毋隐毋泛，朕将注览焉。

## 对策

臣闻帝王之治本于道，道立而后化以之弘；帝王之道本于心，心纯而后道以之会。心也者，统夫道者也。心有弗纯，则存诸中者，无贞纯精一之懿，其于道也为小成；道也者，弘夫治者也。道有弗粹，则发诸外者，无正大光明之业，其于治也为小康。小成不足以语天道，小康不足以语王道。斯岂帝王之所以继天立极者哉？故本之心也，浑乎天理，而有以裕内圣之基。而后敷之治也，若夫天道，而有以熙外王之业。天德王道，其极一也，然其本则系之学焉而已矣。学以纯心，心以会道，道以出治，治以格天。其在当时也，则帝王之治法以立。其在万世也，则帝王之心法以传。斯其道统之所由肇乎？循之而治，唐虞三代是也；得其似而理，汉唐宋是也。至矣，乌可以与帝王并欤？

洪惟我太祖高皇帝，成祖文皇帝体天弘道，因心出治，以上继皇王道统之正，下开万世太平之基。而我陛下则又神圣从于天，光明缉乎学。而治之所溥，四达不悖，薰蒸透彻，融液遍二帝三王，道统之传，远绍而无间。二祖列圣心学之邃，近述而弥光，粹乎无以尚矣。乃犹于万机之暇，进臣等于廷，俯赐清问，且曰：宵旰孳孳，不遑宁处。臣有以仰窥陛下望道矣。臣草茅疵贱，何所知识，可以仰裨圣学之万一。虽然，涵濡圣化，盖亦有年，其于我未见之心祖宗治道之盛，及我陛下心学之精，亦尝佩服，涵沫有以少窥其涯涘矣，敢不敬陈以对扬休命乎？

臣尝闻之："天地未判，道在天地。天地既判，道在圣人。"是圣人者，道之宗也。又尝闻诸书曰："惟天地，万物父母。"惟人，万物之灵。亶聪明作元后，元后作民父母。是元后者，人之主也。然则道在天下，安得不属之圣人，又安得不属之大君也哉？是故三代而上，位称其德，达而在上者，莫匪圣神，而道统之传，有自来矣。请因圣问而条陈之。

唐虞以往，书契未立，邈哉无以稽矣。故韩愈孟轲之所称，率自尧舜而始。愈谓尧以是传之舜，舜以是传之禹，禹以是传之汤，汤以是传之文、武、周公、孔子。是立功立言虽异，以言乎道统则均也。轲谓由尧舜至于汤，五百有余岁。若禹、皋陶则见而知之，若汤则闻而知之。由汤至于文王，五百有余岁。若伊尹、莱朱则见而知之，若文王则闻而知之。由文王至于孔子，五百有余岁，若太公望散宜生则见而知之，若孔子则闻而知之。是见知、闻知虽殊，以言乎道统，则一也。然观孔子有志三代之英，而自伤其未逮。伊尹乐尧舜之道于畎亩，而必以吾身亲见为幸。则托之空言者，岂若见之行事哉！此二帝三王之道，所以为独盛，而道统之传，非帝王莫之能当。何也？夫所谓道者，非徒以其蕴之心也，以其本之心而宣之化也。是故以之经天，则阴阳宣节，天道其清乎？以之纬地，则山川静翕，地道其宁乎？以之总民物之纪，是百姓太和，万类咸若，民物其熙乎？道猷章而道妙流焉，实政义而实心昭焉。体用一源者也，微帝王其孰能与于此哉？然求其要，则心焉尽之矣；究其功，则学焉尽之矣。何也？非道无以弘天下之治，非心无以会天下之道。而学也者，所以纯心以体道，凝道以出治者也。大哉，学乎！斯固帝王所不可忽者乎？是故格于上下，尧之道盛矣。然求其所以为学者，则曰钦明允恭；其所以事其心者，何如其至也。重华协帝，舜之道盛矣。然求其所以为学者，则曰浚哲温恭，其所以事其心者，何如其至也。三代有道之长，禹、汤、文、武之道亦云盛矣。然求其所以为学者，则曰勤俭，曰执中，曰缉熙执竞。其所以事其心者，何如其至也？则夫治之所成，黎民于变也，四方风动也，文命诞敷也，万邦惟怀也，燕及皇天，会朝清明也。唐虞三代之化，巍乎其不可及者，谓不本于此哉！德至此而后谓之天德，道至此而后谓之王道。若夫皋陶、伊尹诸臣赞翊之功，固不可泯。而其宅中图大，以恢弘化理，建中建极，以丕昭道猷者，则岂诸臣所得而专之哉！故《易》曰："地道也，妻道也，臣道也。地道无成，而代有终也。"此之谓也。

　　三代而降，享国长久者，莫如汉唐宋。其间英君谊辟，抚世宰物，德泽加于四海，功烈著诸天地者，亦不可少，诚有如对制所云者。是故汉之除秦苛也，深德吊民之理，以至七制嗣兴，风俗淳美矣。唐之靖隋乱也，汎收底定之功，以至三宗迭出，海宇乂安矣。宋振五季之衰也，爱养民力，出生灵于涂炭之苦，而好文守成之主，又绳绳相继焉，不可谓其尽畔于道也。向使尽畔于道，则不足以总一四海，整齐万民矣。又安能历数百年而巍然民上，以握神器乎？后之尚论犹不能无憾焉者，以其学之未纯焉耳。学苟未纯，则蕴之心者，不足以语帝王精一之传；敷之治者，不足以语雍熙太和之盛。斯岂天德王道之极哉！夫惟道化衰于上，而后讲学倡于下，此宋之四子所由兴也。以周敦颐言之，学以主静为宗，以一为要，而究其极于明通公溥，不由师传默契道体者也。以程颢兄弟言之，涵养则曰用敬，进学则曰致知，而又欲以太公顺应，学天地之常，宽和严毅，殊途同归者也。以朱熹言之，以讲学为入门，以践履为实地，博极群书而会通于心，集诸儒之大成者也。此四子之学之大较也。是其学固亦远，宗乎周孔，而授之以政，是亦伊傅之俦耳。夫即为伊傅也，犹不可与帝王并，况无伊傅之业乎？何也？道在天下，惟帝王为能行。故道统在天下，惟帝王为能传，而臣之贤者能者，则效用仰成于下者也。辄欲接续帝王道统之传，不亦僭乎？故四子者，谓之有功于斯道，可也。以之直接帝王之道统，不可也。何也？不观之天乎，方万物之生也，日以暄之，雨以润之，风以鼓之，雷以动之。夫天穆然深尔，确然静尔，然颂生物之功者，必举而归之于天，而日雨风雷，不得而有其功。何也？太和之充，盖天实司之，而日雨风雷，不可与天道并，则知臣不可与君道并矣。知臣不可与君道并，则知四子者，不可与帝王并矣。而后之推尊者若黄干，则叙尧、舜、禹、汤、文、武、周公、孔、孟，而直以周子继孔、孟不传之绪。二程得统于周子先师，朱子得统于二程，而撮其要旨于居敬穷理致知克己四者，而谓千圣万贤，所以传道而教人者，不越于此。至于真德秀则曰：孔孟之道，至周子而复明。周子之道，至二程而益明。二程之道，至朱子而大明。吴澄则曰：周子始有以接孟子之传于千载之下，二程则师于周子，而传其学，后又有朱子集周、程之大成，是皆得夫道统之传者也。夫德秀以为道至周、程、朱子而大明，则诚有之。若黄干，吴澄，遂以四子为直接皇王道统之传于千载之下，递相称述，其论蔓衍波流，直至于今，学者尊之而莫敢违，信之而莫或疑，抑孰知其失之过乎？故四子讲明著述之功，不可谓其无裨于道。而直以为远续道统之传，与帝王并论焉，是诚门人推尊之过，恐亦非四子之心也。

是故由唐虞而三代，由三代而汉唐宋，其帝王道统之传，端不可诬。若秦之于汉，六朝之于唐，五代之于宋，则皆帝王之驱除，乌足以与斯道哉！至于胡元，则又我国朝之驱除，若汉之秦，唐之六朝，宋之五代也。道统之在天下，不其沦胥以没乎？幸而皇天厌乱，我太祖高皇帝挺生淮甸，廓清海宇。我成祖文皇帝笃生于后，丕绍鸿休，其治化之隆，真有以远追唐虞三代之盛，而超轶汉唐宋之上矣。然其所以致治者，则莫非本于道。其所以体道者，则莫非本于心。其所以存心以体道，体道以出治者，则又孰非学以基之也哉！圣制所谓：太祖高皇帝体尧舜授受之要，而允执厥中，论人心虚灵之机，而操存勿二。我成祖文皇帝言帝王之治，一本于道，又言六经之道明，则天地之心可见，至治之功可成。帝王相传之要，端在是也。然臣尝求我二祖圣学之精，则《存心》一录，与夫《圣学》《心法》，尤其至要者欤。《存心》录凡历代帝王祭祀，有感于灾祥者，备载以垂训，而于敬天之怒，无敢戏豫者，尤致意焉。《圣学》《心法》凡有关于君臣父子之道者，详述以迪后，而于敬天法祖，用人理财者，尤申重焉。则我二祖之所以为学者，具见于二书。而精纯贞一，心即二帝三五之心；太和咸熙，治即二帝三王之治。天德王道，巍然焕然，又奚惑哉！此列圣之所以克笃前业，开天常、叙人纪，历百八十余年，而皇图巩固者，信皆有得于是也。

恭惟陛下以聪明圣智之资，懋精一执中之学。心之所裕者，与天地合其德。治之所成者，与皇王匹其休。肆今大化流衍，百姓太和，德浃于中夏，威行于蛮貊，至治馨香，达于上下，而休征毕集，于古所未有也。臣何幸躬逢其盛哉！臣尝窃窥陛下之所以臻此者，信本于学。而学之精实典要，则又莫过于敬一之《一箴》，而彝伦之叙，典礼之敦，所由出也。臣请得而扬言之。其曰人有此心，万理咸备，体而行之，惟德是据，盖言道本于心也。其曰匪一弗纯，匪敬弗聚，畏天勤民，弗遑宁处，盖言学以体道也。其曰敬怠纯驳，应验顿殊，征诸天人，如鼓答桴，盖言治以征学也。其曰郊则恭诚，庙严孝趋，肃于明廷，慎于间居，友躬以实践也。其曰天亲民怀，永延厥庆，光前垂后，绵衍蕃盛，考祥以视履也。语其目则析之，极其精而不乱。究其旨则合之，尽其大而无余。斯其学即二帝三王之学，心即二帝三王之心。而二祖列圣之传，远以跻乎唐虞三代之盛。夫固体信而达顺，合一而不测者也。存之为天德而日新之，盛德以裕达之，为王道而富有之，大业以昌帝王之道统，谓不在兹乎？臣欲拟议其盛，而且未易以名言矣，复何所称述以为圣学之裨乎？然臣闻之，《书》曰："慎厥终，惟其始。"《易》曰："日月得天而能久照，四时变化而能久成。"圣人久于其道，而天下化成。我陛下之自箴也，亦曰终如其始，又曰日新不已。故学必缉熙而后底于纯，治必永贞而后底于化，陛下之学亦既纯矣，天下之化亦既洽矣。然端拱穆清之上，一日二日事有万几，有一之弗得，其宜非纯也。此敕天之命，惟几惟康，尧舜所为兢兢也。

四海九州之远，刚柔异性，轻重异宜，有一之弗得，其所非洽也。此一夫不获时予之辜，舜所为拳拳也。学之纯者不使其或间，化之洽者不使其或漓，夫然后常敬常一，而道久化成。其在兹矣，非我陛下所当致力者乎？其要则在求之心而已。太祖高皇帝尝谕辅臣曰："防闲此身，使不妄动。"自谓已能若防闲，此心使不妄动，尚难能也。成祖文皇帝尝谕解缙曰："心能静虚，事来则应，事去如明镜，止水自然纯。"是天理，是二祖之学，诚不外于心而得之也。臣愿陛下毅然以道自任，上法乎二祖，反求诸一心。养之于念虑未萌之先，以存其寂然不动之体；察之于几务既兴之际，以妙其感而遂通之用。俾其湛而虚也，神而明也。与太虚同其空洞焉，日月同其照临焉，四时同其运行焉，万物同其冲和焉。则一心既正，万化以行。敬不期敬，而自尔其常敬。一不期一，而自尔其常一。天德益以立，王道益以溥矣。帝王道统之传，不其益光也哉！至于用人必当，而皋夔稷契之在列。行政必允，而礼乐刑政之覃敷。则又此心之妙用，而我陛下之余事也。何敢以渎圣听哉！

陛下倘能鉴臣之愚，而于所谓敬一者贞之，贞久而会之于心，则道统之传，亘古今而独盛矣。斯文幸甚，宗社幸甚，臣何任祈吁陨越之至。臣谨对。

## 史海钩沉

李春芳生性恭慎，不以势凌人，在内阁时持论平直，遇事不急躁，且廉洁自持，馈遗请嘱一无所受。

李春芳家族以科举起家，以文化立世传续，称雄绵延五百余年，被称为"淮南世家第一"。李氏家族历代贤才辈出，有"一门五尚书，四代九进士"之誉，"通儒达士，先后并出"，自李春芳以来共有进士十二人、举人三十一人。此外，有太学生、监生、贡生、国学生、副榜等较高文化水准的多达五百人。

# 嘉靖四十一年（1562）壬戌科状元：申时行

> 申时行，字汝默，号瑶泉，晚号休休居士。南直隶长洲（今属苏州）人。诗文家。官至宰相。

**殿试皇帝：** 明世宗朱厚熜

## 策问

制曰：朕惟自昔帝王，莫圣于尧舜。史称尧舜垂衣裳而天下治矣。然当其时，下民犹咨，洚水为灾，有苗弗率，则犹有未尽治平者。岂二帝固弗之恤欤？抑其臣任之于下，而上可以无为？不然，何以垂衣而治也？三代莫盛于成周。宣王中兴，《诗》称召伯平淮夷，方叔征蛮荆，吉甫伐狎狁，惟得其人以分命之，是以不劳而治。朕常嘉之，甚慕之。朕抚天下四十有一年于此矣，夙夜敬事上帝，宪法祖宗，选任文武大吏之良，思与除民之害而遂其生，兢业不遑，未尝有懈。间者水旱为灾，黎民阻饥，戎狄时警，边圉弗靖，而南贼尤甚，历时越岁，尚未底宁。岂有司莫体朕心，皆残民以逞，有以致之欤？抑选任者未得其人，或多失职欤？将疆圉之臣，未能殚力制御玩寇者欤？夫朕有爱民之心而泽未究，有遏乱之志而效未臻，固以今昔不类，未得如古任事之臣耳。兹欲使上下协虑，政事具修，兵足而寇患以除，民安而邦本以固，灾沴可弭，困穷可复，以媲美虞周之治，其何道而可？尔诸士悉心陈列，勿惮勿隐，朕将采而行焉。

## 对策

臣闻帝王之御极也，体君道以奉天心，而后可以建久安长治之业。肃臣纪以奉天职，而后可以成内修外攘之功。何则？人君者，天之所授，以统一万方，而临驭兆民者也。其位尊，其任重，故君道常主乎逸。人臣者，天之所命，以左右一人，而分理庶政者也。其分卑，其事赜，故臣道常主乎劳。君能奉天以端拱于上，而以其事责诸臣，则无为而化成，不言而功著。若于穆之运，玄机之宰，不假于推迁之力，而自然造物者矣。是谓能奉天心，而久安长治之业可建也。臣能奉君以奔走于下，而以其身致之君，则同心以共济，协忠以体国，若四时之佐，五行之吏，各效其宣布之能，而罔有违天者矣。是谓能奉天职，而内修外攘之功可成也。不然则一人之身，万几攸萃，安能一一而理之？而庶官之众，各有司存，能不蹈于瘝旷之咎哉？故君必率臣以图久安长治之业，臣必辅君以树内修外攘之功，则和气溢而宇宙清宁，理道昌而民物康乂。顺治于内，而万方弘一统之规；威严于外，而四夷效咸宾之美。巩国祚于苞桑之固，措天下于泰山之安，唐虞三代之治，不可复睹于今日哉！

钦惟皇帝陛下禀刚健中正之资，合阴阳动静之德，际熙洽御天之运，膺寿考作人之符。精诚格乎穹昊，而瑞应骈臻；妙道契乎玄元，而休征毕集。盖媲美唐虞而超越乎三代者。臣窃伏草茅，沾被圣泽久矣。乃者叨有司之荐，得以与对乎大廷。而圣问所及，特拳拳焉，首述唐虞成周之治，继悯水旱盗贼之灾，任事失人之咎，而终究夫足兵安民之术，弭灾救困之方，且戒臣等以勿惮勿隐也。大哉皇言，忧国忧民之心见乎词矣。敢不披沥愚衷，以对扬于万一邪？

臣闻之《书》曰："元首明哉，股肱良哉，庶事康哉。"言明君在上，而又有良臣以左右之，则庶事可理也。又曰："惟天聪明，惟圣时宪，惟臣钦若。"言君能宪天，而为臣者自敬顺之，罔敢或悖也。是故君为元首，而宪天于上，则法天以为聪，而居高听卑，可以不劳而坐听天下。法天以为明，而临下有赫，可以不劳而坐照四方。是君者，法天道以无为者也。臣为股肱，而钦若于下，则代君以用其聪，而天下之利病，皆通达而无所壅；代君以用其明，而斯民之休戚，皆洞察而无所遗。是臣者，奉天职以有事者也。是故唐虞之世，万邦咸和矣，四方风动矣，文明之会昌矣。尧舜以聪明极圣之主，默运无为之治，而又有禹皋稷契伯益之臣，共佐太平之业，故下民之其咨也，洚水之为灾也，有苗之弗率也，尧舜非不之恤也。惟其忠良之佐，足以赞皇猷；弼直之邻，足以弘帝道。以恤阻饥则有率育之臣，以拯昏垫则有克勤之臣，以格负固则有赞德之臣。诸臣者，其奉君如奉天也，孜孜焉同寅协恭，罔敢怠遑也。故尧舜虽有旰食之忧，而终得以享垂衣之治。至今称中天之盛者，必曰唐虞，此尧舜得臣之明验也。周宣之世，海内乂安矣，国势浸隆矣，文武之业复矣。宣王以聪明有道之君，嗣守无疆之业，而又有召虎、方叔、吉甫之臣，夹辅中兴之治。故淮夷之猖乱也，荆蛮之不靖也，猃狁之虔刘也，宣王非不之虑也，惟其位元宰者才兼乎文武，总元戎者勋联乎将相。有宣威江汉之臣，而淮夷率俾。有壮猷南国之臣，而荆蛮来威。有薄伐太原之臣，而猃狁于让。诸臣者，其事君亦如事天也，惴惴焉矢心协力，罔敢戏豫也。故宣王有继述之思，而终以成再造之绩。至今称中兴之盛者，必曰成周，此宣王得臣之明验也。尧舜宣王之为君，法天道以无为。而唐虞成周之臣，奉天职以有事。则所以达久安长治之业，成内修外攘之功者，岂偶然哉！

臣伏观陛下临御以来，四十有一年矣。上帝之申眷，不为不隆，而诚敬愈笃。祖宗之成业，不为不固，而仁孝愈纯。钦天有记，以表昭事之忱。祖德有诗，以发聿追之念。至于虑切民恫，任专吏职，责成于守令矣，而巡督之臣，岁不绝遣；外付托于将帅矣，而总制之命，任必加隆。无一念不在于民瘼，无一言不轸乎国虑。臣有以仰窥陛下之心，即尧舜之心，而周宣不足侔也。于今诸瑞咸集，四灵毕至，固足以彰陛下之峻德鸿勋，超卓百代矣。然淫潦为灾，则町畦有垫溺之苦；亢旱为虐，则阡陌有枯槁之忧。倭夷窃发于东南，而海波弗靖；丑虏跳梁于西北，而边尘屡惊。甚则辽蓟之势，日就孤危。而江右之贼，岁成延蔓。殊非圣世之所宜有者，正尧舜忧民之时，周宣励精之日也。

臣伏读圣制有曰："间者水旱为灾，黎民阻饥，戎狄时警，边围弗靖，而南贼尤甚，历时越岁，尚未底宁。岂有司莫体朕心，皆残民之逞，有以致之欤？"陛下之言及此，万国万民之福也。臣窃观内外诸臣，凡折圭儋爵，结绶分符者，孰非陛下之宠荣乎？凡拥旄杖钺，制阃握兵者，孰非陛下之威灵乎？谓宜夙夜匪懈，寝处不遑，布宁谧之化于域中，扬振肃之威于阃外，不负天子而勿为圣世之瘝官也。然各私其身者，罔致恤于民依。各利其家者，莫究心于国事。内而守令藩臬，固必有旬宣惠和，忧勤抚字之臣矣。然而肥己瘠民，营私蠹国，以催科聚敛为能，以簿书期会为急者，亦多有之也。外而营屯督府，固必有敌忾鹰扬，严明果毅之臣矣。然而坐失机宜，轻损威重，隐败衄以为捷，幸安静以为福者，亦恒有之也。人臣咸若是，则何以成内修外攘之功，而佐久安长治之业哉！盖陛下爱民之心，容保如天地，而诸臣不能承宣德意，以弘康国之猷。陛下遏敌之志，果决如雷霆，而诸臣不能奉扬威命，以茂肃清之烈，是自负于尧舜成宣之主，而有愧于唐虞成周之臣多矣。

及读圣制终篇有曰："兹欲使上下协虑，政事具修，兵足而寇患以除，民安而邦本以固，灾咎可弭，困穷可复，以媲美虞周之治，其何道而可？"臣愚以为，上者下之表也，政事者臣之纪也。足兵以除寇，将帅之责任也。安民以固国，守令之职业也。灾咎之有无，困穷之复否，皆由此出者也。为今日计，莫先于任人，尤莫要于择人。夫国家分职命官矣，即列郡专城，遐陬僻壤，莫不置吏，盖未尝不任人也，臣以为任之而未当也。国家举贤敛才旧矣，即铨司法曹，明黜显擢，罔有违例，盖有未尝不择人也，臣以为择之而未精也。任之未当与择之未精，而欲得人以俾圣治，是犹楩梓未充，而需栋梁之用。穑芜弗习，而希稼穑之成。臣知其弗能也。故夫欲修内治者，在慎择乎守令而已矣。欲平外患者，在慎择乎将帅而已矣。董仲舒曰："守令者民之师帅，所使承流而宣化者也。"守令而不得其人，虽日布蠲恤之令，时廑惠鲜之思，民犹不被其泽也。今也阖郡无文翁之化，而渔猎民资者接踵。邑里无鲁恭之风，而朘剥民膏者比肩。以牧羊而暴政日闻，以齿焚身而败官弗恤。郡县之民，几何不流离而攘窃也。必也精选用之法，严举劾之科。其未任也，试以经济之略，必求谙练民情，通达治体，而不拘选用之途，如唐试理人策可也。其既任也，责以久任之功，必使吏安其官，民狎其政，而不拘迁转之格，如汉之为吏长子孙可也。其任而获效也，优以格外之赏，必为之车服，崇之阶御，以彰卓异之勋，如汉之爵至关内侯可也。如是则有民有土之寄不轻，数迁数易之弊可免，而人知淬励，以期不负乎宠渥之恩矣。宁有守令失人之患哉！

孙武曰："将者，三军之命，国之重任，不可不知也。"将帅而不得其人，虽决策于九重，定计于千里，犹未可以临敌也。今也操练之律虽严，而士无投石超距之勇，衣粮之给如故。而将无搴旗陷阵之能，论战斗则缩颈而股栗，闻调遣则掩耳而口噤，边圉之寇，几何不肆行而窃发也？必也慎武举之选，严比试之条。有洞识兵机，明习边务者，材可任也，则不拘以骑射之习，如任杜预以平吴可也。有摧锋陷敌，决胜先登者，功可录也，则不绳以文法之细，如赦魏尚于云中可也。有保障一方，折冲万里者，权可假也，则不牵以中制之命，如委充国于金城可也。如是则真材不耻于武弁，良将不苦于约束，而人得展布以自效。夫捍御之能矣，安有将帅失人之患哉！有贤守令以宣德化于域中，则政治毕举，而内有顺治之休。有名将帅以扬威灵于阃外，则纪律章明，而外有威严之烈。由是民生举安，则邦本有磐石之固。由是兵威日振，则寇患无潢池之虞。和气交蒸于海宇，而灾害不兴。颂声流布于黔黎，而困穷以复。尚何不足以成久安长治之业，而绍唐虞成周之盛哉！

抑臣又闻之，朝廷者四方之极也，纯心者用人之枢也。惟陛下常存敬一之心，以端拱于上而已。敬则存其心而不放，一则纯乎理而不杂。深宫燕闲之中，而不忘乎知人安民之虑。斋居邃密之际，而日严夫敬天法祖之忧，则心正而朝廷百官皆一于正矣。文武大吏有不奉承，而守令将帅有不奋励者哉！臣不识忌讳，干冒天威，无任战栗陨越之至。臣谨对。

## 史海钩沉

申时行对万历皇帝忠心耿耿，万历皇帝则对申时行恩宠有加。历史记载明王朝的帝王大多贪婪、吝啬，万历皇帝也不例外。他却经常赏赐申时行，虽然赏品并不贵重，往往是鲜鱼几尾，白银数两，或者是时鲜水果、折扇之类，但隔三岔五，颇为频繁，足见万历皇帝对申时行的恩宠。

万历皇帝虽然疏于朝政，创造了二十八年不上朝的奇迹，但仍然对退休后远在江南的申时行时时惦记。退休三年后，申时行在家乡迎来了六十大寿，万历皇帝派遣专使千里迢迢前往苏州贺寿，并随带纹银五十两，各式绸缎五匹为贺礼。

申时行担任宰相八年，在这八年里大明王朝逐渐弥合了因万历新政产生的裂痕，内部没有大的矛盾和冲突；对外没有重大边境战争，基本处于和平状态，申时行因此算得上是一位太平宰相。

## 隆庆二年（1568）戊辰科状元：罗万化

> 罗万化，字一甫，号康州，明代上虞东关罗村人。

**殿试皇帝**：明穆宗朱载垕

### 📖 策问

制曰：朕惟君天下者，兴化致理，政固多端。然务本重农，治兵修备，乃其大者。《书》言："先知稼穑艰难，乃逸。"又曰："其克诘尔戎兵，以陟禹之迹。"夫成王初亲大政，而周公即拳拳以此告之，其意深矣。朕仰荷天眷，获嗣丕基，自惟寡昧，未烛于理。尝恭诵我太祖高皇帝《藉田》谕，成祖文皇帝《务本训》，乃知王业所由兴，民生之不易。及观祖训所载居安忘备之戒，又日兢兢焉。兹躬率臣民耕藉于南郊，又屡敕边吏慎固疆圉，博求制虏长策，亦欲庶几乎知艰诰戎，以觐扬我二祖之光烈。顾彝典虽举而实政未孚，督策虽勤而武备犹弛。四方浮惰者众，未尽归农也。何以使人皆力本而不失业欤？自屯盐之法坏，而商农俱困，边储告乏。今欲举之，其遗法尚可复欤？丑虏匪茹，警报岁闻，何以创之，使不敢复窥欤？议者或言宜战，或言宜守。或欲罢调兵，或欲练土卒，计将安所决欤？朕日夜图虑安攘之策，莫急于斯。而行之靡效，其故何欤？抑其机要所在未克振举，故人罕实用，功难责成欤？尔诸士习于当世之务久矣，其仰绎我皇祖垂训贻谋之意，有可以便民益国者，明以告，朕将采而行之焉。

## 对策

臣闻人君之治天下也，必安攘兼举而后可以成天下之至治，必明断并行而后可以收天下之实功。何也？君犹天也，凡内而中国外而四夷，皆覆冒于天，而为君所统驭者也。惟天好生，而覆帱之用并育而不害。惟君法天，而安攘之绩兼举而不遗。故务本重农以厚民之生，而于以成顺治之休。治兵备以固国之防，而于以达威严之化。是二者，诚有国之先务，而不可以偏废，不可以缓图者也。然非明以烛之于先，而断以行之于后，则虽外慕乎安内之名，而实效罔臻。虽从事于攘外之文，而成功罔奏。其何以合内外之治，而用舒夫宵旰之忧也哉？故必君以实心主之，而委任以责成者，恒出之以英明果断之勇。臣以实心效之，而分猷以宣力者，每竭之以左右替相之诚。然后君臣道合而百度贞，上下志同而万化广。中国可安，四夷可攘。内可顺治，外可威严。而久安长治之功将致之而无难矣。

钦惟皇帝陛下以圣神之德，膺历数之归，至诚飨帝，恭己临民。天下臣庶，孰不翘首而观，拭目而望，以冀沾维新之化。而陛下方且望道未见，求治愈殷，乃特进臣等于廷，俯赐清问，拳拳乎安内攘外之策。顾臣愚陋，曷足以知当世之务。虽然，陛下此举盖将采而行之，非虚循故事已也。苏轼有言："君以名求之，臣以实应之。"矧今陛下以实求之，臣敢不披沥以对扬万一耶？

臣窃闻之《书》曰："天降下民作之君，作之师，惟其克相上帝，宠绥四方。"则知天之生民，所以左右而曲成之者，其责恒寄之君；而君之主民，所以生养而安全之者，其道实法乎天。此人君所以与昊天同一道也。夫惟人君有同天之道，则凡历象日月以经天之时，体国经野以相地之宜，立纲陈纪以定民之极，爱养樽节以尽物之利。皆所以兴化而致理也，皆人君所以法天之政也。然语其政之大者，则惟曰务本以重农，治兵以修备二者而已。何也？盖国以民为本，而农者民之命也，兵者又民之卫也。农有不重则衣食无所自生，而啼饥号寒之民，且将有转死于沟壑者矣。君固代天以任养民之责者也，而乃使民无以为生，可乎？兵有不治则备御无所由固，而寇贼奸宄之发，且将有骈首于锋镝者矣。君固代天以当安民之责者也，而乃使民失其所卫，可乎？是故成王初亲大政，正天心陟降之际，人心观仰之时也。而周公所以拳拳于告戒者，一则曰知稼穑之艰难，乃逸，一则曰其克诘尔戎兵，以陟禹之迹。

是岂无深意而漫为是言者哉？盖以知稼穑之艰难，则农事修而民食有资，人君养民之责尽于此矣。知戎兵之当诘，则武备饬而民生有卫，人君安民之责尽于此矣。夫人君而诚使民之得养也，民之获安也，尚何化之不可兴，而理之不可致哉！故稷人成功，而永清之治于前而有光。守在四夷，而重译之朝愈远而不替。此古今之称善治者必曰成周，而诵周公之功者，亦至今不衰也。

　　洪惟我太祖高皇帝藉田有谕曰："欲财用之不竭，国家之常裕，鬼神之常享，其必由农乎？"大哉王言！谆谆乎重农之意也。成祖文皇帝务本有训，首举太祖创业之难，次及往古圣贤之君，昏乱之主，以昭鉴戒。讦哉圣谟，切切乎垂裕之心也。而又作《祖训》一书，兢兢乎选将练兵之图，居安忘备之忧，则当时所以重民之命，严民之卫者，盖周至而曲尽矣。故民皆乐业，而太和之治允洽。夷皆贡琛，而来王之化益昭。内固无不顺治，而外亦无不威严。所以上追成周之盛，而启我国家亿万年无疆之休者，端不在于此哉！惟我皇上临御以来，躬率臣民耕藉于南郊，则一念重农之意已切至而不虚，而又屡敕边吏慎固封圉，博求制虏之长策，则一念防患之心又诚笃而匪懈。其于二祖之所以垂训，已身体而实践之矣。宜农事修而民无不遂之养，武功振而国无不安之民也。乃今彝典虽举，而实政未孚。啼饥号寒之民，不惟见于穷陬僻壤之所，而通都大郡亦或有不免焉。督责虽勤，而武备犹弛。寇贼奸宄之发，不惟见于穷边荒服之外，而弄兵赤子亦尚有未靖焉。则所以廑我皇上宵旰之忧，而不遑豫逸者，良有以哉！

　　臣尝反覆思之而得其故矣。试以农言之。方今四方之民游惰者多，归农者鲜，此生之所以不众，而用之所以不舒也。今皇上诚欲驱天下之民而皆力于本，其道无他，惟贵谷粟而已矣。盖谷者，民之所资以为生也。民终日不食则饥馁随之，乃今挟末技而轻去其田里者，岂民之皆不乐生哉？谷贱故耳！我国家于常赋之外，罪有折赎，盐有飞挽。初非不贵谷也，嗣以国用不轻而见小以忘大，于是有折色之兑，有解银之额，而稼人之功日渐轻矣，又何怪其逐末而忘本也。故臣愿贵五谷，贱金玉，而晓然使知百谷之重，如晁错之所奏焉。则激劝化导之下，岂无力本之农矣乎？如是而谓民之有失业者，未之有也。

　　若夫屯政之修，盐法之理，又厚农通商之最大者，独不可讲而行之乎？臣以为法久而弊者，势也；遇变而通者，权也。故屯种之田乾没于豪右，而番休之卒服役于权门，屯政之废久矣。然不曰湖山斥卤之可垦辟乎？奸豪欺隐之可没入乎？游手游食之民之可驱率乎？昔韩重黎之田振武，郭子仪之耕河中，彼岂夺诸其民者与？不过假不耕之地，而收无穷之税耳。今宜早为之制，田之见存者，履亩而正界，兵之服农者，间岁而代耕，而又时申召募之令，各与以可耕之田，则经界定而侵并之奸不肆，屯聚众而树艺之功可成。昔人谓其宽民力之最大者，正谓此也。工本之钞既难于补给，而守支之商又困于折兑，盐法之坏久矣。然不曰钱钞之用有当均者乎？输纳之粟有当复者乎？私挟私贩之令有当严者乎？昔管仲之煮山海，刘晏之榦淮盐，彼岂掊诸其民者与？不过总其权于上，而布其利于下耳。今宜定为之制，重钞法以收买余盐，而使灶有所偿，轻中纳以广招商人，而俾盐无所滞，则灶得实利而法禁可施，商有余赀而正课自溢。昔人谓其飞挽之最速者，正谓此也。不然则清查愈密而屯政愈不修，法禁愈严而盐法愈不理。辟之医者，不治其本而唯治其标，亦终必死而已矣。欲农商之两利也，胡可得哉！

  以兵言之，方今边疆之地，丑虏匪茹，警报岁闻，此备之所以不严，而武之所以未振也。今皇上诚欲奋天下之武，而克壮其猷，其道无他，唯重将帅而已矣。盖将者，兵之所恃以为主也。兵一日无将则丧乱从之，乃今食廪饩而轻离其卒伍者，岂兵之皆不卫主哉？将轻故耳。我国家于沿边之地，分据以参将，专制以总兵，初非不重将也。后以承平日久而重文以轻武，于是有巡抚以辖之，有总督以统之，而文法之拘日加密矣，果安责其应敌而致胜也。故臣愿重其权，专其任，而屹然使当一面之寄，如赵充国之所行焉，则委任责成之际，岂无敌忾之勇矣乎？如是而谓虏之有窃发者未之有也。若夫战守之策，调练之宜，又安边保邦之最急者，独不可议而行之乎？臣以为一劳者永逸之基也，暂费者久宁之道。夫今之虏非昔之虏矣，飙举乌集，众寡之势既殊，而狼奔豕突，险阻之地难凭，此当事者所以苦于战守之难也。然臣窃计之，举匈奴之众，曾未足以当中国之半，而卒未有能一创惩之者，其故何欤？无乃先发之谋未定，而积弱之气有未振乎？兵法曰："宁我制人，毋人制我。"此劳逸主客之几也。故昔高宗之伐鬼方也，不惮于三年之久。而孔明之保全蜀也，不辞夫六出之频。彼岂好为是穷兵哉？诚以不创之于前，则后之凭陵者当未艾。而不制之于我，则彼之窥伺者日未息耳。今丑虏之猖炽既如此，而犹因循委靡，不思所以振作奋励之术，则何以成中兴之治，而保边境于无虞也哉！故臣即今之势以权战守之策，必也其先决战乎？盖必以战为守，庶可以折方张之虏，而奠不拔之基也。今之兵又非昔之兵矣，锐气消沮，怯懦既已成风，而劳费不赀，司农又复告匮，此当事者所以病于调练之难也。然臣窃思之，即燕赵之士，固素称多慷慨之材，而卒未有能一饬练之者，其故何欤？无乃屯盐之政不举，而给饷之期有不时乎？兵法曰："千里馈粮，士有饥色。"此饱馁勇怯之势也。故昔孔明之讨汉贼，莫急于五丈之屯。而唐宗之夷大难，悉仰于江淮之赋。彼岂徒为是扰民哉？诚以未战而不足其食，则不可以得其心。将战而不得其心，则不可以用其命耳。今边兵之柔脆既如此，而犹苟且支吾，不思所以长虑却顾之道，则何以振维扬之武，而致殷邦之嘉靖也哉！故臣即今之时以究调练之宜，必也其先理财乎？盖必财以为养，庶可以作有勇之气，而底于襄之绩也已。不然，则闻敌而破胆者，既不能战也，而何足与言守？枵腹以待哺者，既不能养也，而何可以加练？譬之养身者有七年之病，而不蓄三年之艾，亦终无得而已矣。欲中外之宁谧也，胡可得哉！虽然，天下之事非知之难，而行之难。人君之道非求言之贵，而用言之贵。故知而弗行犹弗知也，求而弗用犹弗求也。

臣伏读圣制有曰："朕日夜图虑安攘之策，莫急于斯。而行之靡效，其故何欤？"臣以为陛下特未实行之，而臣下亦未能实奉承之耳。果曰行之而靡效，则彼成王所以致四十年之太平，我二祖所以垂二百年之善治者，果虚语也。而抑别有要机之执，以为振举之术也哉？臣以为听言贵广也，而察之尤不可以不明。察言贵明也，而行之尤不可以不断。伏观皇祖之训有曰："内外大小官员，其言当理，即付所司施行，诸衙门毋得阻滞。"是言也，其兼明与断而出之者矣。故臣愿陛下奋精明之气，大明作之功。谷所当贵也，则断然以贵之，而不狃于近利之私。将所当重也，则断然以重之，而不惑于一偏之见。屯田盐法以次而举，战守调练相机而行。其始也，简众贤以使之，而不贤者弗庸。其既也，分众职以任之，而不职者必黜。贤否欲明以辨，昭然如日月之行于天，而光不可掩也。赏罚欲必以信，轰然如雷霆之鼓于天，而威不可测也。然后君宰其权，臣能其事，上作其气，下效其能。守令司民牧者，诚知重农而劳心于抚字，则国无不辟之野，而野无不耕之民者，可几也。而何游民不归农之患哉？将帅司兵柄者，诚知奋武而尽力于封疆，则士无不振之气，而国无不伸之威者，可几也。而何夷狄不率服之患哉？盖惟明克允惟断有成者，既并用而不偏，故内安中国外攘四夷者，斯兼举而不遗，周成王之治固不得专美于前，而我祖宗之业之盛又将廓大而增光之矣。此非要机之所在，而所当振举者哉！

抑臣又有献焉。心也者，万化之原，而明与断所从出者也。使其心纯乎天理之公，而绝无人欲之私，明断固浑然而在。苟一以私蔽之，则明有时而昏，一以欲累之，则断有时而失。其何以主宰化机，而役使群动哉！宋儒范氏曰："君心唯在所养。"故臣愿陛下存养省察以体其心，精知力行以强其心，广询博采以大其心，亲贤远佞以纯其心。一念之萌则曰："我其忘稼穑之艰矣乎？"一虑之兴则曰："我其忘戎兵之诘矣乎？"然后心无不存，而可以全明断之德，可以保安攘之功。此臣之愚忠拳拳而不已也。伏惟陛下少垂察焉，则臣愚幸甚，天下幸甚。臣草茅贱士，不识忌讳，干冒天威，不胜战栗之至。臣谨对。

## ■ 史海钩沉

在这次殿试中，皇帝的策问开宗明义，曰："君天下者，兴化致理，政固多端。然务本重农，治兵修备，乃其大者"，即君主当以重农兴兵为急务。随后连提三个问题，即如何使人民归农务农？如何行屯盐之法？如何抵御异族侵扰？这些问题是当时社会政治、经济、军事、文化等现实情况的直接反映。

罗万化的殿试对策洋洋洒洒，共4100多字，对上述三个问题作了严密、详尽的回答。他针对当时许多人离开土地，"游惰者多，归农者鲜"的现象，提出一家之言："欲驱天下之民皆力于本，其道无他，唯贵谷粟而已矣。"对于实行屯田之法，他认为应进行"履亩而正界""间岁而代耕"的工作，也就是要对天下的土地进行清丈，对服役士卒实行代耕。"履亩而正界"的措施，终于在十年之后的万历六年（1578）在全国实行，并有效地抑制了豪强地主的侵并，可见罗万化是有灼见的。对于如何抵御异族侵扰，罗万化提出"重将帅""先决战""先理财"三条对策。结合当时历史，这几条建议都是比较正确的。

## 万历八年（1580）庚辰科状元：张懋修

张懋修，字惟时，号斗枢，江陵（今属湖北）人。

殿试皇帝：明神宗朱翊钧

## ■ 策问

制曰：朕惟治古帝王大经大法，具在《周书·洪范》。其所以宰持万化，统摄九畴，则建用皇极，备矣。而论者谓乂用三德，实为权衡。又谓皇极以体常，以立本。三德以尽变，以趋时，则正直刚柔，固与建极殊路欤？抑亦异用而同体也？三季以还，英辟代有，若躬修玄默，庶几刑措，力行仁义，身致太平，与刑名绳下，而表用循良，柔道理物，而总揽权纲者，于三德亦有合欤？又有可疑者，政务严切，事从宽厚，异施也，胡以各适于治？优柔好儒术，威强则武宣，异尚也，胡以同归于衰？含容姑息见谓养乱，而仁柔有余刚武不足者，胡以称庆历之隆？猜忌刻薄遂致播迁，而精于听断无复仁恩者，胡以媲贞观之美？至于唐虞夏殷之盛，所谓平康之世也。乃弼教以象刑，格苗以干羽，戮后会泣罪人。敷政优优，秉钺烈烈，其治亦兼用刚柔，何欤？朕绍休鸿业，精求上理，思建皇极为天下先。尝深诏执事，黜朋比，期荡平，祛伪划浮，敦本责实，八载于兹矣。然而教化未洽，风俗未同，吏治未尽还淳，人心未尽归厚，岂朕之不敏不明，无能端好恶以示之极欤？抑三德之用，犹有未当欤？昔人论治，以水火喻宽猛，以阴阳配刑德，以琴瑟证缓急。与夫芒刃斧斤之说，梁肉药石之譬，是可采而行欤？夫舍刚柔而求正直，不善用三德而猥云极建，朕不知其解也？故进尔多士于廷，爰咨爰度，其尚阐析经训，标揭化原，若何以明教正俗，驭吏率人，俾斯世会归皇极，用追古帝王之治？悉心敷对，称朕意焉，毋有所讳。

## 对策

臣闻帝王之道，天道也。故必有合天之心法，以端化理之原。亦必有宪天之治法，以妙化裁之用。何谓心法？全体天德以为敷锡庶民之本，无偏无陂大公而顺应者是已。何谓治法？奉若天道以为变通宜民之政，知柔知刚鼓舞以尽神者是已。心法立而纯粹之精，与于穆而并运，斯圣人之所以合天也。治法行而神应之妙，与大造而同流，斯圣人之所以宪天也。合天者以立本而建极之体，主持乎三德之用。宪天者以趋时而刚柔之用，流行于正直之中。体用合一，显微无间，古之帝王所以不降阶序而化行若神，纳天下于皇极，措斯世于平康者，率由此道也。

钦惟皇帝陛下，躬不世之资，抚綦隆之运，天下喁喁然称圣主矣。临驭以来孜孜讲学，寒暑不替，而表正之极端，事事访求，细大不遗，而平康之化普。任贤图治，敛福锡民，八柄驭臣，九德咸事，德之所及与河海而同深，威之所加与风霆而并迅。治化之隆，固已六五帝而四三王矣！乃犹不自满假，于万几之暇，进臣等于廷，俯赐清问。谓帝王之大经大法具在《洪范》，故首以皇极三德同体而异用者为言，继以古昔君人异用而同体者为证，复询臣等以明教正俗驭吏率人之策，其使斯世会归于皇极，以媲美古帝王之盛。斯虞帝清问下民，周王望道未见之心也。臣敢不披沥以对扬休命乎？

臣闻《书》曰："天锡禹《洪范》九畴，彝伦攸叙。则《洪范》之书乃天道也。人君奉天以子民，则必法天以运治。"臣请言天道。夫太虚无形，秉握化权，溟茫漠泯，倾濛鸿洞，是天道之所以立体也。嘘之以阳，吸之以阴，鼓之以雷霆，晅之以日月，润之以雨露，肃之以雪霜，是天道之所以致用也。生者杀之机，翕者张之地，万物各得其和以生，各得其养以成，风霆日月霜雪雨露，日流行于亭毒之中，而太虚之体漠然不见其迹，斯天道之所以尽神也。人君法天以治，故皇极之畴曰："无有作好，无有作恶。"无党无偏，王道荡平。无反无侧，王道正直。是圣人之心法与太虚而同体也。夫使天下而尽由于荡平，则圣人固可不赏不怒，垂衣拱手而默顺于理。乃人之才性殊科而世之情伪多变，将默然而任之乎？不容以无为也。将一法而治之乎？不能以尽变也。于是以其皇极之体敷之为三德之用，抚平康以正直，驭强弱以刚柔，有正治之者焉，以刚克刚，以柔克柔是已。有反治之者焉，以刚克柔矣，柔克刚是已。其情为喜怒，其发为好恶，其事为生杀予夺，其权为威福命讨，其具为礼乐法制爵禄铁钺，是圣人之治法，与日月风霆雨露霜雪并运者也。然其为用妙矣，或纯用乎刚而天下不见以为毒，或纯用乎柔而天下不见以为懦，或刚而行之以柔，或柔而行之以刚，或先刚而后柔，或先柔而后刚，鼓之舞之，使天下日迁善远罪，而莫测其所以然者，是圣人之所以法天而尽神也。蕴之于内则浑涵精粹，贯彻于几微而化原以正。运之于外则交发互施，错综于万变而化理以弘。其相须之妙用如此，朱熹所谓乂用三德实为权衡，陈卿所谓皇极以体常以立本，三德以尽变以趋时，盖得其旨哉！三五之隆，至德渊闳，运用之妙，六籍所不能模焉。略观其迹，弼教明刑疑于刚矣，格苗舞羽又何柔也？下车泣罪疑于柔矣，后至之诛又何刚也？秉钺烈烈疑于刚矣，敷政优优又何柔也？凄然似秋而人不以为私怨，煦然似春而人不以为私德。要之归于平康正直而已，斯舜禹成汤之所以善法天也。

  自时厥后世道浸衰，天亦不畀以《洪范》九畴，世主暗于大道，好恶反侧，既无以建皇极之体，至其治理则亦就其才性之近者而成之。汉文躬修玄默，几致刑措，似矣，而强宗悍虏莫能制也。汉宣刑名绳下，表用循良，似矣，而无辜被戮不尽无也。光武总揽权纲，盖亦兼用柔道，而信谶失刑有遗议焉。唐太宗力行仁义固已身致太平，而推刃同气有余愧焉。明帝政务严切，章帝事从宽厚，唐宣精于听断无复仁恩，宋仁仁柔有余刚武不足，则又知其一而不知其二，所谓东壁而望不见西墙者也。彼所谓英君哲王也，而犹如是，况乎忧柔好儒术而倒持国柄，威强刚武宣而见制外戚，含忍姑息而凌逼于方镇，猜忌刻薄而播迁于奉天，如元、哀、代、德者，又乌足道哉！

  我太祖高皇帝崛起淮甸，肇造区夏，体备玄德，治兼往圣。观其和抚四夷，不勤远略，则舞干不足以为文；蹙吴灭汉，拯民水火，则秉钺不足以为武。定律令锄强梗，则象刑戮逆不足以为威。赦灾眚，蠲田租，则泣罪解网不足以为德。臣尝伏读御注《洪范》，以阴骘下民属之天，以相协厥居属之君，盖仰而颂曰：斯天再锡我圣祖以《洪范》九畴也。斯世斯民归极会极二百年矣。我陛下绍休圣绪，精求上理，虚己悬衡，因物顺应，则好恶之私不作，祛伪刬浮，敦本责实，则偏陂之习已消。蠲逋税，谨谳狱，奖贤能，行久任，至恩也，柔道也。振材官，饬学校，诛侠少，申禁令，至威也，刚道也。臣尝伏读圣谕曰：朕方嘉与臣民会归皇极之路，曰："用臻师师济济之风，归于荡荡平平之域。"盖又仰而颂曰："斯天三锡我皇上以《洪范》九畴也。"纪纲振举，黎庶乐业，四夷向风，百嘉畅遂，建极之本，三德之用，陛下盖允蹈之而平康会归之化，盖已同符烈祖，追配哲王矣。

乃圣问犹以为教化未洽，风俗未同，吏治未尽还淳，人心未尽归厚，自引以为好恶未端，三用未当，而求所以明教正俗驭吏率人之化。臣愚何足以知之？虽然，臣闻古语，君行意臣行事，故明其义者君也，能其事者臣也。今朝廷所以明教正俗驭吏率人，布之诏令著之章程者，固已至精至备。第令有司能其事而奉其职，陛下端拱受成事耳，奚必更求他术哉？惟是意之所在，则臣敢以两言献焉。其一曰明刚柔之实，其二曰坚持久之志。斯两者，臣之所谓治天下之意也。夫圣人之所谓刚，非曰严刑峻法以立威也。法立而使民不敢犯，令一而使民知所守。赏当而信，罚行而必，兴事考成，实事求是，而偷情浮窾者不得以病吾治，是刚之实也。圣人之所谓柔，非曰姑息委靡以市恩也。矜不能赦小过，不侮鳏寡，不虐无告，恤困穷使闾阎无愁叹之声，理冤抑使犴狴无沉滞之狱，是柔之实也。寓敦大于明作，行正直于忠厚，以义为威而不以怒为威，以德为惠而不以私为惠，则圣问所谓善用三德者也。世之论治者不达于此，苟见朝廷才一用法，则以为过刚，而与严刑峻法者并讥，徒见姑息萎荼则以为用柔，而与子惠保爱者齐誉，非知变达化之士也。故刚柔之实，臣愿陛下辨焉。夫天道运而不已，故能成悠久之化。帝道运而不已，乃能深沦洽之仁。故事美成在久，而人之情始乎勤尝卒乎怠，是以圣人治天下兢兢业业慎终如始，譬之日月递照，阴阳代谢，无日不运于太虚之中，而不见其止息，故气化无壅而岁功成。世之务近小者，苟见人之不率于教，与世之不登于理，不忿顽而求备，即苦难而中止，斯治之所以小康也。故恒久之道，臣愿陛下体焉。允若兹以之明教，而何患乎教化之未洽，以之正俗，而何患乎风俗之未同。以之驭吏，而何患乎吏治之不淳，以之率民，而何患乎民心之不厚哉！

若夫子产以水火喻宽猛，贾谊以芒刃斧斤拟德法，崔实以粱肉药石譬宽严，其意则一，主于用刚者也。董仲舒以阴阳配刑德，陈宠以琴瑟证缓急，其意则一，主于用柔者也。斯愤世之孤谈，非致理之通议也。夫天不能以羁阳独阴育成万物，而人主之治独可以偏用刚柔也与哉？欲矫世主之偏，而不知已自蹈于一偏，不足为陛下诵也。虽然，有本焉，三德之用原于一心，心不可以一有蔽也。蔽于爱憎则喜怒用而好恶作矣，蔽于私邪则用舍谬而偏党成矣，蔽于逸乐则志意昏而颇僻彰矣。化原不端而欲三德之用不亦难乎？

臣愿陛下建皇极必求之于心，恭以作肃，从以作乂，明以作哲，聪以作谋，睿以作圣。敬止之德必务于缉熙，刚健之精必期于纯粹，则一念之慈爱即为仁，一念之裁制即为义，斯之谓合天之心法，而行之为宪天之治法，民归皇极，世底平康，而康强逢吉之庆端有在于今日矣。臣愚幸甚，天下幸甚。臣草茅不识忌讳，干冒宸严，不胜战栗陨越之至。臣谨对。

## 史海钩沉

张懋修是张居正的第三子。张懋修聪明，好学上进，再加上他的父亲身居一人之下、万人之上的高位，科考一帆风顺。万历七年（1579）八月，他考中乡试，名列第十二位。翌年二月会试，考中第十三名——第一名会元被汉阳（今属湖北）人萧良有夺得。三月十五日殿试，张懋修高中榜首。

张懋修中状元第三年六月，张居正去世。不久，便遭宦官张诚、陕西道御史杨四知等人诬陷。万历十一年三月，神宗诏令褫夺张居正封号，革夺张懋修的"第一甲第一名"头衔。张懋修成了一介平民。

## 万历十七年（1589）己丑科状元：焦竑

焦竑，字弱侯，号澹园，南直隶应天府（今江苏南京）人。

殿试皇帝：明神宗朱翊钧

## 策问

制曰：朕惟自古帝王立纲陈纪，移风易俗，一禀于礼法，使尊卑有序，上下相承，然后体统正于朝廷，教化行于邦国，所以长久安宁有此具也。当周之隆，天子总六官，六官总百执事，分职率属而万国理，朕甚嘉之甚慕之，是操何术而臻此？迨其叔季，先王之遗泽固在也，何以陵夷若是？其兴衰得失之故可指而言欤？至汉文时有以弃礼义捐廉耻长太息者，神爵中有以述旧礼王制为本务者，宋嘉佑间有论审势称殷之先罚者，有疏瑾习比唐之季世者。或谓西汉贵刑名而阙于礼文，宋盛声容而疏于法制。然则诸臣之言果皆应古谊合时宜者欤？我太祖高皇帝用夏变夷，敷政立教，尝谕侍臣曰："礼法明，则人志定，上下安。"又曰："制礼立法非难，遵礼守法为难。"乃集为礼制著为定式，颁律令大诰于天下。洋洋圣谟，布在方策，可得而扬厉欤？朕以冲昧，嗣守鸿业，十有七年，夙夜竞竞，惟成宪旧章是监是率。间者深诏儒臣进讲礼经，重辑会典，使诸司有所遵守，庶几绍休圣绪，以兴太平。乃世教浸衰，物情滋玩，习尚亦少敝焉。其甚者士伍辱将帅，豪右凌有司，宗庶讦亲藩，属吏傲官长。凌替若此，何以消此悖慢使就约束欤？贪黩败节，奢侈逾制，谗说殄行，虚声贸实，诡异坏心术，倾危乱国是。浇漓若此，何以救其颓靡使还雅道欤？今诏书数下，中令既严，而帝陛之间，辇毂之下，犹有壅阏不行者。无乃礼教不修，法度不饬欤？抑风会日流而不返，积习已成而难变欤？将朕暗于大道，无能率作省成而示之极也，兹欲礼达而分定，法举而令行，纲维振肃，习俗淳美，以观扬圣祖之先烈，而远追成周之隆，何施而可？尔多士其悉抒所蕴，详著于篇，称朕意焉，毋有所讳。

## ■ 对策

臣闻帝王之临驭宇内也，必有经治之实政，然后其具彰，而有以成整齐天下之化。必有宰治之实心，然后其本立，而有以妙转移天下之机。何谓实政，饬制度明宪典，使天下分定而心安，威行而志慑，日范于精明严密之规，而清和咸理者是已。何谓实心？惩玩愒，谨几微，使天下不约束而严，不刑名而肃，独运于渊微宥密之妙，而鼓舞莫测者是已。实政厝于上则相维相制，能创之必能行之，能倡之必能遂之，是明示天下以轨也，而我之治具既绸缪于礼与法之著。实心孚于下则相渐相靡，身奉之又心安之，始从之又终守之，是潜喻天下以神也，而我之治本又绾结于礼与法之先。古帝王所以陶范一时，焄奕千载，端居黼扆而朝廷之上下巍然，体统之常尊。高拱堂皇，而神海之远荡然，教化之四达者，此道行焉耳。藉令有治天下之心而其具不备，则虽有宵衣旰食之勤，而卒病于经画之无术。有治天下之具，而其本不豫，则虽欲国纪世风之振，而卒病于斡旋之无机。此治古而下化瑟罕调，主纲绝纽，而一代之隆理，不能不有待于今日也。

惟皇帝陛下挺圣哲之英姿，纂祖宗之麻烈，经筵临御，亲贤讲礼而匪事乎文，为斋阁箴铭，养性收心而豫端乎轨，则百寮奉法。四海向风，盖已收太阿于掌上，鼓大冶于域中，而成周之治行且轶而驾之矣。乃犹不自满假，进臣等而策之于廷，诹以立纲陈纪移风易俗之道，鹭前王之得失，慨当世之陵夷，且欲挽悖慢浇漓之习，而明乎率作省成之术也。臣愚，何足以及此？虽然，发愤毕诚，图策安危，臣之愿也，敢不披沥以对。

臣观人君之于国，必有所与立。上之率乎下也为纪纲，则君之所以提挈振举之谓也。下之化于上也为风俗，则世之所为渐摩成就之谓也。乃纪纲之所由立，风俗之所由媺，必有具焉。有礼则上下辨，民志定而收天下清静宁一之功。有法则寇贼息奸宄宁，而杜天下倍畔侵凌之习。有率作屡省为礼法之本，则礼严于无体。法威于不怒，而神天下潜移默化之机。此其尊卑有等，上下相承，纪法立而风化行，由此出也。尝稽成周辨方正位，体国经野，设官分职，以为民极，故以三百六十属而统之六卿，以六卿而统之天子。其和邦国者曰六礼，以吉礼祀邦国之鬼神，以凶礼哀邦国之忧，以军礼同邦国，以宾礼亲邦国，以嘉礼亲万民，无非肃然示天下以不可易之分也。其禁邦国者曰五刑，野刑上功纠力，军刑上命纠守，乡刑上德纠孝，官刑上能纠职，国刑上愿纠异，无非凛然示天下以不可犯之威也。然其董正治官也，必曰祇勤于德。师听五辞也，必曰敬逆天命。而又日成考日，月要考月，岁终则命百官府各正其治，受其会，听其致事而诏王废置。三岁则大计群吏之治，而诛赏之。然则兴事省成之说，虽肇于有虞，而惟周为备矣。故教化厘绵，法度敉敕。当其时，《兔罝》备干城之材，游女励贞一之操，下之化也方沛如建瓴，则在上可知也，而何风俗有弗醇。《周礼》可以塞省难之大夫，明德可以折问鼎之楚子。世之衰也犹惮于委裘，则盛时可知也，而何纪纲有弗饬？昔人论太和在成周，宇宙间以此具此本修也。

迨及后世，即维持世道，不能备举，而况其本乎？故汉宋诸臣，因时立论有不能概同者。贾谊以弃礼义捐廉耻而太息，王吉以述旧礼明王制为本务，彼非不知法制不可疏，而顾拳拳于礼也。苏洵论审势则称殷之先罚，司马光疏谨习比唐之季世，彼非不知礼文不可阙，而顾拳拳于法也。炎汉尚刑名而礼教多乖，赵宋盛声容而威刑或弛，故诸臣各就其所不足勉之，乃矫世之孤谈，非适治之通理也。何也？汉当列国离析之余，危疑震撼，而非振刷之以法，其势终衡决而难行。宋承五季陵夷之后，寡廉鲜耻，而非驯扰之以礼，其心终顽顿而难格。然而治偏则补敝则救，极重则反。以彼创业之主，审于时，继体之世，暗于变。即诸臣陈见悃诚，补苴罅漏，亦托之空言而已。欲其厚风俗正纪纲，而复睹成周之盛也，必无冀矣。

我太祖高皇帝驱除元孽，用夏变夷，乾坤辟而载正，日月涤而重朗，其功高千古不待言者。乃其修明政纪与关石而俱垂，经纬礼文媲典则而俱茂，又何其醇且备也！尝谕侍臣曰："官法明则人志定，上下安。"又曰："制礼立法非难，遵礼守法为难。"故集为礼制，颁为定式，与夫律令大诰诸书，其所以示十一朝之型范，开亿万载之太平者至矣。暨我皇上起而承之，夙夜兢兢，唯成宪旧章是遵是式。故宫闱有贯鱼之序，藩辅绝剪桐之嬉，忧旱灾则跼步祷之仪，敬大臣则隆召对之典。其修礼也，即天泽之辨，不秩于此也。凌肆虽贵近必斥，权横虽身后必诛。马湖蛮莫之核不以功掩，夙沙竖貂之黜不以昵释。其修法也，即雷霆之威，不赫于此也。固宜治化，绍休祖烈，趾美周南，易易耳。何世教浸衰，物情滋玩于习尚，不无少敝焉者。故《春秋》之法，贵理贱尊统卑，所以肃纪纲也。乃令长分符，而豪右得以扼其吭，阃帅建牙，而悍卒得以哗于伍，以宗庶而訏亲藩，以属吏而傲官长，则凌替甚矣。而何以成运臂使指之势？有周之罚，析言破律，乱名改作，所以正风俗也。今贪黩与汰侈齐彰，逸说与虚声并肆，尚权谲者以危言摇国是，标奇诡者以左道坏人心，则浇漓甚矣。而何以弘风行草偃之化？故德虽覆六合，而帝陛之间或壅而不尽究，威虽慑四裔，而辇毂之下或亢而不尽行。诚有如圣制所言者，兹欲消其悖慢而使就约束，挽其颓靡而还之雅道，非有他也，臣愿陛下于实政加意而已。何则？礼教之不修非可易复也，臣以为行之莫要于倡。夫贪婪邪侈至亡行也，彼乃甘心无悔者，诚见夫鸱张之得志，而悃愊者之无以自完也。故机巧者珪组立升，謏诟者夤缘自免，至恬淡拙讷之人且退而不敢胁息，则何行之能修？虽然不尽尔也，其特立独行者，必有一二人焉，廉其实即一举而风厉之。世方轻恬淡也我则必重，世方贱拙讷也我则必贵。如李牧之立标命射人无不赴者，则孰不回心向道以象上指乎？此所谓修礼教之实政也。法度之不饬，非可易振也。臣以为行之莫先于断，无犯分冒上至亡等也。彼乃肆行无忌者诚见夫恣睢之幸免，而检柙者之无以自异也。故辱监司则解监司之组，凌将领则夺将领之符，至瞋目语难之人且任而不敢谁何，则奚惮而不为？虽然不尽尔也，其裂眦首乱者不过十数人焉，廉其实即一举而大创之。攘臂干行，则渠魁在所必戮；訛言动众，则两观在所必诛，如董阏于之论高山深埑马牛不入者，则孰不搏心揖志以奉上令乎？此所谓饬法度之实政也。夫严母之育贞女也，入有重关，出有鸣佩，寝有练絓，而后修洁之行成焉。造父之驭马也，齐辑于辔衔，正度于胸臆，执节于掌握，而後调良焉。礼教者，士人之维结而法度者，稗民之辔衔也，是可不行之以实也哉！

虽然，臣犹有进焉。语有之，君行意，臣行事。盖礼教之不修则修之而已，法度之不饬则饬之而已，此有司事也。至若深惟表正之原，规恢综核之务，率于修礼明法之先，而省于教成法行之後，则臣所谓实心而治天下之意也。臣愿陛下一加勉焉。盖讲《戴记》，修《会典》，此礼之文也，诚因此而务实以兴之。玩好可以悦心，曰得无为礼之妨乎？美丽可以适志，曰得无为礼之蠹乎？法行咸畹而沁水之田园必裁，威始貂珰而斜封之恩泽必节。虽礼法未备而虚己辣神，悦而承流者翕如矣。回风会，挽积习，此下之事也。诚因此而务实以省之，昼接不可倦矣；而章疏之出入必稽，日讲不可旷矣。而典制之废兴必核，诛奸欺则不使有漏网之疏，释冤抑则不使遗覆盆之照。将礼法具举，而奔走服从闻命恐后者廪廪矣。盖礼法之维天下也，是耳目形体之相摄属也，而率作省成则精神以纽载之沦浃之者也。譬首有所向，足不烦论而行，心有所之，口不待言而喻。实之感人何以异此。故臣始终以实之一言为陛下告，盖非能为新奇可喜之论，而自效其区区之芥曝如此。伏望陛下矜其愚，不录其罪，而垂神采纳焉。臣愚幸甚，天下幸甚。臣谨对。

## ■ 史海钩沉

焦竑的父亲焦文杰是世袭副千户，官飞骑尉。焦竑从小就聪明好学，且志向远大。六岁时，他登临"观象台"，仰望群星闪耀的夜空感叹道："苍天如此广阔无垠而大地却被人为地划分此疆彼界，这全是世人思想狭隘所造成的啊！"这番话竟然出自一位稚童之口，着实令人惊异。焦竑小小年纪就有如此宽广的胸襟，让人叹服。

嘉靖四十三年（1564），二十四岁的焦竑通过乡试，成为一名举人。但在第二年的礼部会试中，他却意外落第。焦竑就一边教书，一边继续准备举子业。此后的二十多年里，他曾经多次赶赴京城参加会试，可惜文运不佳，屡试屡黜。

明神宗万历十七年（1589），已经四十九岁的焦竑终于成功通过礼部会试，并在殿试中一举夺魁，荣膺状元桂冠。

# 清

## 顺治十八年（1661）辛丑科状元：马世俊

> 马世俊，清代诗人，字甸臣，号野臣，江苏溧阳县人。官翰林侍读。

殿试皇帝：清世祖爱新觉罗·福临

### ■ 策问

制曰：朕惟帝王平治天下，开创守成，其道并隆。缔造维艰，缵承匪易。政治修明，群黎安遂。文德覃敷远迩，武功克奏敉宁。乃可袛绍先猷，茂登上理。朕以冲龄，诞膺丕绪，仰惟太祖太宗肇开大业，逮我世祖式廓鸿图，亦既治定功成，显垂谟烈矣。朕兹欲绍述祖宗，必何如而后可以又安海宇欤？继治之道，首重典章。今纪纲法度，虽已彰明，然因革损益，岂无顺时制宜者？何以酌定章程，以为万世之规欤？闾阎愉悴视吏治污隆，何以示之激扬，以奠民生欤？风俗淳漓由人心邪正，何以使之朴诚以敦教化欤？至于底定四方，赖师武臣力，然必赏明罚当，而后可以鼓励勋庸。凡行间功罪，宜如何清叙以昭劝惩欤？尔多士蕴怀有素，各抒所学，毋泛毋隐，详著于篇，用裨维新之治，朕将亲览焉。

### ■ 对策

臣闻治天下者，当全盛之时，而为善建不拔之计，非破庸俗之论，以鼓豪杰之心，则其道无由。昔唐太宗与房、魏论创业守成之难易，而曰："与我取天下者，知创业之难，与我安天下者，知守成之难。"《周书》曰："若昔大猷制治于未乱，保邦于未危。"今天下正所谓兼创垂之盛，而持危乱之防者也。人才不可谓不盛，而未尽所以取才之方。吏治不可谓不肃，而未尽所以驭吏之道。惩贪不可谓不严，而未尽所以止贪之术。俗尚亦数变矣，而未尽所以靖俗之谋。兵制亦甚精矣，而未尽所以弭兵之要。故有谓今天下为已安已治，遂可晏然无事者，皆庸俗人之论也。臣窃尝见夫古来全盛之时，不可以数遇，而往往弊之所伏，即伏于其盛。而又窃尝慕夫贾谊之策，陆贽之议，苏轼之对，皆能举一代之治，而断其何以治，何以乱，何以治而不乱，何以乱而复治。盖有一代之治，必有一代之才以应之。臣有志焉而欲陈久矣，今当拜献之始，岂可自诬其所学！

　　钦惟皇帝陛下，翠妫承符，紫微正象，协运而兴，辛壬肇四日之祥矣。拟乎敬承之世，岂止四百载，而颂吾君之嗣，实赖启贤体元以御子丑、正三才之统矣。媲乎中乂之朝，何啻三十世。而考昭子之刑，咸称诵圣克艰，厥后敦茂质于冲龄，汝翼、汝为、汝明、汝听，济济然见安止弼直之休；无竞惟人，树弘规于首出，有辅、有弼、有疑、有丞，秩秩然成无为至正之范。今且晋此多士，询以纶言，岂非已治而益求其治，已安而益求其安者欤？《礼记》曰："文王以文德，武王以武功。"《汉书》曰："功莫大于高，德莫大于文。"周之兴也先文，汉之兴也先武。我国家文武并济，以有天下。太祖之肇基启祚，太宗之积功累仁，至于世祖以沉毅之姿，而兼以明断之识，以恢廓之度，而兼以绥辑之才。一年而平兖豫，一年而下江淮，一年而定荆襄，一年而檄巴蜀，不数年而五岭望风，滇南稽颡，此开辟以来所未有之盛也。天下文武之臣，莫不愿毕志竭忠以待用，人才亦已辐辏矣。而臣独谓未尽所以取才之方者何也？古者人才既用，而尝有未用者存于既用之外，故《尚书》曰："有三宅，有三俊。"而《诗》曰："赳赳武夫，公侯干城。"今天下岩野川泽之中，其隐然备公辅之器者，谁耶？泛然而取之，泛然而应之，又泛然而任之。取之者不知其何以取，应之者不知其何以应，任之者不知其何以任。欲兵则兵，欲刑则刑，欲钱谷则钱谷。古之圣人一人止任一事者，今则以一庸人兼之而有余。古之圣人终身不易其官者，今则一旦应之而亦无不足，是亦理之所难信也。今即不必用九品、四科之制，而州郡之荐举，将帅之征辟，似亦不可少也。若乃掣签而使，按资而升，贤愚同科，茫然无据，彼论而后官，量而后入，独不可稍存其万一乎？程才莫先于计吏，而臣谓未尽所以驭吏之道者何也？古者亲民之官，莫重于二千石，有以公卿而为之者。唐宰相出为刺史，李泌、常衮皆然。若夫守令，尤为亲民，不可不择。今之郡县官，大抵如传舍，与民情漠不相接。监临使者，顾盼威动，所荐未必贤，所纠未必不肖，其趋谒勤者即为才，其应对捷者即为敏，则何若嵩重郡县之责。外听责成于督抚，内听考核于铨部，而用唐虞三载之法以黜陟之。彼监临之所荐、所纠，不亦可以已乎？

且今天下可汰之吏亦甚多矣，势有不能尽汰者，虑庸人之无所容耳。夫不虑庸人之无所见，而反虑庸人之无所容。此从来之积弊也。即以今日之计吏言之，亦莫亟于惩贪矣。而臣谓未尽所以止贪之术者又何也？凡人之溺于赇赂而不能脱者，大抵有田园妻子之见以惑其中也。故有昔居环堵而今则拥甲宅，昔泣牛衣而今则列姬姜，昔无半顷而今则连阡陌。诘其所从来，不贪何以有是耶？诚能稍限其田宅、媵妾之数，而为之禁，其有敢于逾禁者，即坐以僭肆不敬之罪。彼有私金于筐箧，而受贪墨无耻之名，虽愚者亦必自笑其所为矣。臣尝见败坏风俗之事，必自卿大夫开之，而后愚民从而效之。此臣所谓靖俗之谋，犹有未尽者。巫风淫风有一于身，家必丧。今之卿大夫多为淫靡无益之事，煽惑愚民；而后倡儿舞女之装，宝马画船之饰，探丸跳剑之侠，刺猴刻楮之巧，靡所不至。甚且富者必有术以求其贵，贵者必有术以求其富。而圣人驭富、驭贵之权，皆何所施乎？今富者之必贵，既有严谴以禁之。而贵者之必富，独相习而以为固然。如是而欲风俗朴厚教化兴起，不可得也。

且夫天下驯服于教化，而不能变者，无事则赖文，有事则赖武。今日师武臣之力，亦可谓肤功毕奏矣。而臣独谓用兵虽精，未尽所以弭兵之要，此又非无说也。处今日而欲如古者，遂人治野之法，酂长旗鼓之节，藏兵于民则诚迂。然必使兵与民习，民与兵习，一旦有事，毋论兵勇于斗，而民亦有各护其田畴庐井之心，此不战而自胜者也。今则兵之所轻者民，而民之所畏者兵，一旦有事，则民自为民，兵自为兵。天下未有民自为民，兵自为兵，而能久安长治者也。宋艺祖留意赏罚，平蜀之役，赏曹彬而罚全斌。夫亦赏其与民相安，罚其与民相扰者而已矣。行间之功罪，即以此定之可也。凡此者，皆臣所谓当已安已治，而亟亟焉为善建不拔之计者也。

虽然，治天下有本有末，得其本而治之，则无不治矣。所谓本者何？即制策所云纪纲法度是也。司马相如曰："风轨简易，易遵也。湛恩庞鸿，易丰也。垂统理顺，易则也。宪度著明，易继也。"尝取历代之典章，而考之其可得而损益者，不过质文之异其尚耳，不过隆杀之异其制耳，不过宽猛竞绿之异其用耳。若夫纪纲法度者，不可得而损益者也。纪纲法度治，则吏治以肃，民俗以淳，文德于焉诞敷，武功于焉赫濯，创之有其基，而守之亦有其渐者也。纪纲法度乱，则吏治以乖，民俗以坏，文德伤于优游，武功失于争竞，创不可以宪后，而守亦不可以承前也。故曰："纪纲法度者，不可得而损益者也。"

我国家之典章，至简便而至精详，至严明而至仁厚，似无以加矣，而臣尤有进者。唐贞观时，天子问山东关中之同异，而其大臣曰："王者以天下为家，不宜示同异于天下。"裴度既平蔡，即用蔡人为牙兵，而曰："蔡人即吾人。"今天下遐迩倾心，车书同轨，而犹分满人、汉人之名，恐亦非全盛之世所宜也。诚能尽捐满汉之形迹，莫不精白一心，以成至治，则赞赞者皆皋益之选也，桓桓者皆方召之俦也。将见江南静横海之戈，而冀北息桃林之乘，即以跻于唐虞三代之盛，亦何难乎！臣草茅新进，罔识忌讳，干冒宸严，不胜战栗陨越之至。臣谨对。

## 史海钩沉

马世俊六次落榜，直到顺治十四年（1657）秋天第七次参加乡试，方才过关。为了成为一名举人，他前后整整花了21年工夫，从明末考到清初；从27岁的小伙子，考到48岁的半老头子。其中苦闷、辛酸，唯有马世俊自己领会。但是他那种锲而不舍、顽强拼搏、不达目的誓不罢休的精神，却充分显示出来了。

顺治十八年（1661），皇帝在太和殿举行殿试。马世俊大胆陈述政见："王以天下为家，不宜示同异于天下。"此论得到顺治的赏识，被选拔为进士第一。于是，51岁的马世俊成为万众瞩目的新科状元。

## 康熙六年（1667）丁未科状元：缪彤

字歌起，号念斋，江苏吴县（今江苏苏州）人。

殿试皇帝：清圣祖爱新觉罗·玄烨

## 策问

制曰：朕惟帝王统一寰区，必任用贤才，澄清吏治，使国有丰亨之象，民饶乐利之休，而后庶政毕修，群生克遂，登上理焉。朕以冲龄，仰承天眷，嗣缵祖宗鸿业，夙夜冰兢，期于俊乂充廷，廉能著绩，国计日盈，而闾阎不扰，数年于兹矣。乃图治弥殷，厥效未睹，其故何也？国家简任贤良，以共襄治化，必如何而后用当其才，人称其职欤？迩来贪风未息，诛求下吏，以奉上官，遂致不肖有司，私派横征，民生益困，何法而可革其夙弊欤？至于国用浩繁，繄惟正之供是赖。乃催科不善者，每昧于抚字。兹欲使草野免追呼之苦，而度支恒足，其道安在？尔多士详切敷陈，朕将亲览焉。

## 对策

臣闻帝王之统御天下，而绵历服于无疆也，必有其为治之本焉，必有其致治之要焉。夫用人不可以不慎，吏治不可以不清，赋税不可以不均，此三者，固治天下之大端也。而犹非其本也，抑犹非其要也。盖所谓本者何也？人主之一心是也。所谓要者何也？人主之以一心行仁者是也。故仁以举贤，而爱惜人才，则收用人之效矣；仁以择吏，而澄清吏治，则成廉洁之风矣；仁以理财，而抚循百姓，则致丰亨之象而臻乐利之休矣。唐虞三代之盛，所以庶政毕修，民生克遂，而登上理者，此道得也。故善治天下者，不恃有驭天下之术，而恃有治吾心之道；不徒有爱百姓之名，而贵有爱百姓之实。以是内之百僚有师济之盛，外之群吏有廉法之操，上之府库有充盈之积，下之闾阎有康阜之风。是尧舜三代之丰功茂烈，不难再见于今日者也。

钦惟皇帝陛下，鸿图克懋，龙德方升。孝思永言，隆祖任母姜之尊养；惠泽普被，备文谟武烈之显承。文教著日出之区，武功及海隅之表。四方皆已底定，天下皆已治安，而犹圣不自圣，进臣等于廷，而咨以用人择吏之道，足国裕民之方，虽帝咨王访宁有过欤？以臣之愚陋，非有藻鉴群流之识，何敢言人材之用舍；非有封疆牧民之责，何敢言百官之短长；非有钱谷大农之计，何敢言财赋之充诎？然臣尝闻柳宗元曰："思惟报国，独有文章。"又闻欧阳修曰："士患不见知及用也。"又曰："彼非吾职，不敢言是，终无可言之日也。"今煌煌清问，实式加之，其敢不竭千虑之一得，以对扬休命乎？

臣尝缅怀上理，追念先猷，而知古帝王为治之本，无过内治之心。而治心之要，无过吾心之仁。何也？盖有纯王之心，斯有纯王之政。言政之必本乎心也。有《关雎》《麟趾》之风，斯可以行周官之法。言心之可以立法，故欲求国用之足，未有不由民生之遂而可得也。欲求民生之遂，未有不由吏治之贤而可得也。欲求吏治之贤，未有不由用人之慎而可得也。欲求用人之慎，未有不由皇上之仁以立心而可得也。惟我皇上，夙夜冰兢，期于俊乂充廷，廉能著绩，以裕国计，而慰民生者，诚莫逾于此矣。

伏读制策有曰:"国家简任贤良,以共襄治化,必如何而后用当其才,人称其职欤?"此我皇上辟门吁俊之盛心也。朝廷选用人才,非苟慕其才而富贵其身也。殆将用其能以理不能,用其明以理不明者耳。其在《诗》曰:"菁菁者莪,在彼中阿。"言所以长育人才之道也。故方其未用也,尝患其多。及其既用也,恒患其少。与其用不足而后取,何如多取以待用。凡有人而不用,与用之而不当,皆可惜也。故贤能不可不惜也。以内而言之,台省之内升,本以贤能而升者,反逸之山林之内升。而候缺不如遇缺后升,久置之拾遗补过之列,非无益也。外而言之,监司郡县之转迁,亦以贤能而升者,又留以未竟之案;有功而升者,仍以有过而留。苛求于钱谷刑名之间,亦已甚也。总之,知人则哲,惟帝其难,必得知人之佐,而行以保任之法,然后真才辈出矣。臣每见今之在位者,见一贤焉,若亲与迩,不敢举也;见一不善焉,若疏与远,不敢去也。问其故曰:"避嫌也。"避嫌之念生,而积行之君子壅于上闻矣。臣故曰:"仁以举贤,则爱惜人才,而可以收用人之效者,此也。"

伏读制策有曰:"贪风未息,诛求下吏,以奉上官,遂至不肖有司,私派横征,民生益困,何法而可革其夙弊欤?"兴言及此,真百姓之福也。夫今日之百姓,诚苦矣,苦于有司之剥削也。今之下吏亦苦矣,苦于大吏之诛求也。大吏之取于小吏,必饰其名曰公费,不知藏之私橐之中者,为公乎?为私乎?有司之取于百姓者,饰其名曰乐输,不知得之敲扑之下者,为乐乎?为怨乎?臣恐虽文致其辞,而终无以掩人之耳目也。于是一田之人,而有两田之出,使吾民曾不得卖丝而粜谷焉;一定之税,而有无定之征,使吾民曾不得聚庐而托处焉;耒耜方思东作,而输将不待西成,使吾民曾不得水耕而火耨焉。贪吏之弊,一至于此,民生安得不日困乎?以臣计之,惩贪之法不可不严也。惩其吏之小者,不若惩其吏之大者。夫大吏之贪,不止赋敛无度已也。其位愈尊,其害愈大,其害愈大,而人愈不敢言。即有不畏强御之臣,出力而排之,不过举其大概,而不能悉其实也。莫如访其贪之最者而惩之。彼贪冒无耻,止为室家妻子计耳。以今日居官之所得,为后日平居之所乐,何惮而不为之?惟行汉世惩贪之法,宋人禁锢贪吏之制,彼又何利而为此耶?此非过于刻核也,盖除吏之蠹也,去民之害也。杀一二人,而天下皆生也,是天下之至仁也。臣故曰:仁以择吏,则澄清吏治,而可以致廉洁之风者,此也。

伏读制策有曰:"国用浩繁,縶惟正之供是赖。乃催科不善者,每昧于抚字。兹欲使草野免追呼之苦,而度支恒足。"此以见爱民裕国之弘模也。夫今之赋,犹古之赋也。今之民,犹古之民也。何以古则上有余,而下无不足,令则上未尝有余,而民又患不足?岂非抚字催科之道,得则俱得,失则俱失者乎？故善催科者，必为民治农桑焉，必为民广畜牧焉，必为民缓刑罚焉，必为民通有无焉。如是而民力裕矣。民力裕而上之所求，无不应矣。不善催科者，惟日夜取民之财，穷民之力，日削月朘，浸以大穷，将元元安所归命哉？臣尝观小民之家，其初牛羊果蔬，熙熙然若为子孙百年之计也者。一往过焉则为墟矣，再过三过焉则又为墟矣。问之其邻，或曰："逃亡也。"或曰："赋重而不能守也。"是非催科之所迫而然耶？故抚字之道，不可不讲也。惟皇上弘岂弟之恩，立慈惠之师，使天下之为吏者，寓催科于抚字之中，则上有仓盈庾亿之庆；兼抚字于催科之内，则下有家给人足之风。臣故曰："仁以理财，则抚循百姓，而可以致丰亨之象，臻乐利之休者，此也。"

然臣反复深思，欲为皇上更进一筹，而终无易于仁以存心之为要也。《书》曰："皇天无亲，惟仁实亲。"又曰："民罔常怀，怀于有仁。"此之谓也。臣草茅新进，罔识忌讳，干冒宸严，不胜战栗陨越之至。臣谨对。

## ◼ 史海钩沉

"传胪"又名"胪传"，是我国古代公布殿试结果的典礼。据缪彤在书中回忆，当传胪官唱三次"第一甲第一名缪彤"时，他还不敢相信自己就是状元。直至传胪官唱第一甲第二名时，缪彤才出列谢皇恩。当年殿试，状元为缪彤，榜眼为张玉裁，探花为董讷。名单宣布完毕后，新科进士、文武百官均行三跪九叩头礼。礼成后，皇帝回宫休息。礼部官员则手捧皇榜，率一甲三名走御道，从午门正中门洞出宫；其余人员从午门的旁门洞出宫。伴随着鼓乐声，金榜被张贴在天安门以东的长安左门内，张贴三天。当天中午，顺天府府尹李天裕、府丞高尔位，请缪彤等人去顺天府，享宴庆功。

## 康熙十二年（1673）癸丑科状元：韩菼

韩菼，字元少，别号慕庐，祖籍安徽凤阳，后徙居长洲（今属江苏苏州）。

殿试皇帝：清圣祖爱新觉罗·玄烨

## 策问

制曰：朕惟自古帝王，以仁心行仁政，无不以万物得所为己任。其时丰亨克奏，教化覃敷，人无狙诈之心，户洽敦庞之盛。驯至遐荒向化，顽梗率俾，讼狱息而兵革销，风雨时而休征应，何风之隆也。朕缵承祖宗鸿绪，抚御万方，夙兴夜寐，冀登上理。乃天时未尽调协，治道未臻纯备。尚德缓刑之令时颁，而仁让未兴；发帑蠲租之诏屡下，而休养未遂。意者审几度务，设诚制行之源，尚有未究者欤？夫治狱之吏，以刻为明，古人之所戒也。近见引律烦多，驳察诬良，时见参奏，出入轻重之间，率多未协于中。何以使民气无冤，而谳法克当欤？积贮乃天下之大命，乃常平之设，多属虚文。一遇荒歉，即需赈济，而奉行不实，致使朝廷之德意不能遍及闾阎。其何以使利兴弊革欤？古者耕九余三，即有灾祲，民无饥色，其道有可讲求者欤？夫有治人始有治法，行实政必有实心。今欲疏禁网以昭惇大，缓催科以裕盖藏。务使物阜民安，政成化洽，以庶几于古帝王协和风动之治，抑何道之从也？尔多士蓄积有素，其各摅所见，详切敷陈。毋泛毋隐，朕将亲览焉。

## 对策

臣闻帝王欲举治天下之大法，必先有以倡天下之人心。夫心者，万事之权舆，至治之根柢也。世有百年必敝之法，而有万世可以无敝之心。为政而不本之以心，虽举唐虞三代之法施之，而无一可。古之圣王不能以身劳天下，而惟以心劳天下。其分猷布化，则寄之百官有司；其兼总条贯，则付之纪纲法度；而其子爱元元、忠厚恻怛之实心，必有余于用人立政之外者，以劝其群臣之递相倡也。以率其下，渐磨陶冶，淬厉鼓舞，务尽出其精白不欺之心，以为天子拊循斯民之具。何者当兴，何者当革，若何而可，若何而否，张弛宽猛，休养生息，君臣相与，早作夜思，无往而不得其当。由是衣食足而积贮充，教化行而狱讼息，暴民不作，兵革不试，即有水旱不时之虞，无改乎闾阎乐利之旧。驯至四方，从欲协和风动。人事修于下，天休应于上，阴阳以和，风雨以时，则惟圣王能帅其臣以实心行实事之所致，而非徒法严令具，一切随事补救，润饰吏治之所可几也。

钦惟皇帝陛下，得一居贞，兼三出震。定黜陟而澄吏治，远媲云师龙纪之遗；因燠旸而念民，依务协毕雨箕风之好；覃敷文教，而益讲于道德仁艺，常使史诵诗、士献箴；底定武功，而不忘乎狝狩搜苗，共美右驺虞、左貍首。

213

淑问既已扬于疆外，湛恩既已普于群生，庶绩既已受成，百神既已顺职，乃犹进臣等亲策之。以府事未尽修和，治道未臻醇备，而欲究于仁让之化，休养之泽，审几度务设诚致行之源，此真公听并观、悬韬设铎之盛心也。臣请得而备陈之。

臣惟狱者，天下之大命，和气之所由致，灾沴之所由生也。我皇上深矜庶民之不辜，时沛更新之恩，屡下停刑之令，而且宽失出之罚，重矜疑之典，禁惨酷之刑，所以戒枉滥者至矣。而民犹或多冤者，何也？制策曰："引律烦多，驳察诬良，时见参奏。"臣以为，今日刑狱之刻正在于驳察苛于前，而参奏随其后也。古之治狱者，盖使之议论轻重，慎测浅深，宽然得尽其心焉。今自臬司上谳，毋论或重或轻，而必以驳察为例。有司苦于其上之苛刻缴绕也，乃逆窥意指之所向，而文致罪人之辞，以求一当。究之出于罪人之供者，实非出诸其人之口者也。而上下文移，公名为妥招。夫招而曰妥，是徒幸免驳察，而不顾生民之命者矣。臣谓宜少宽假臬司之参驳，而第慎择其人焉，以寄一方之民命，则庶乎其可也。而臣尤有请者，在减例而一从律。古者律一成而不可变，而复有疑有比，是律之中，已不胜其权衡变化，而不必增例以预拟之也。今常例之外，条例日增，徒使轻重上下得易以为奸而已矣。且夫法亦顾用之若何耳？劓、刖、椓、黥，蚩尤之刑，而唐虞仍之，不闻其或滥。五刑三千，法莫详焉。而周之中叶，不闻其召祥。刑之当否，果不在法之详略也。又况今之律，所谓以准，皆各其及，即若八字之义，亦已尽乎小大之比，岂犹不足，而复议例乎？

恭惟制策念积贮之当务，而洞晰夫常平之设，多属虚文，赈济之恩，奉行不实。臣以为，今日欲行古者遗人委积之法则迂，如近者频下赈济之令，亦难为继。欲仿古者平籴之制，又恐有结籴、俵籴、括籴之弊。若欲一恃于常平，则出纳敛散之不时，蓄积之不实，今亦既见之矣。而臣窃以为，今日惟社仓之法，犹可行也。诚各委一方之守令，俾请其乡之耆宿有才德者，劝民量输其粟而时敛之，而时出之，少加其息，以偿腐耗。其行之也，以鄹鄙而不以县；其主之也，以乡人士君子，而不以官；其劝之也，以忠厚恻怛，而不以督责苛急。于以御凶荒也，其庶几乎？若夫制策所云耕九余三，即有灾祲而民不饥者，此则足民之本计也。臣谓今日足民之道有三：曰减赋，曰缓征，曰减饷。今赋税既有定额，似不可复减。然古者十而税一，又或十五税一，三十税一，则今他省之额最轻者，犹为重也。而江南一省之入至六百余万，欠厘毫以上，辄罪之，及上计簿而欠者，亦数百万也。此数百万者，民不敢欠而官不能有也，则安归乎？夫征发急则奸欺易生，条目多则侵蚀难诘，势不得不议停，亦不得不议蠲。则曷若少留有余于民之为利乎？臣请即一省以例，其余权其轻重，苟有可少宽减者，减之。藏富于民，即余富于官，此时务也。缓征之说，诸臣请之数矣，言之切矣，皇上亦欲行之再三矣，而格而不遽行者，以协饷之故，则臣请言减饷之说。古者一州之入，必足当一州之出。姑以战国时言之，养兵百万，而不仰给于他国。今天下大定，而馈饷不绝，如岁岁用兵，竭中原民力之供输，输于岭海之滨，绝远不毛之地，而所在雄藩大镇，外挟一二窜伏山薮之余孽以自重，而内以邀于朝廷，日耗司农不生不息之财，以厌其子女玉帛无穷之欲，此岂可为继，而辄因循而不变乎？臣请于兵之可撤者撤之，其必不可撤者则留屯田。古者常且战且屯，今正当养兵不用之时，其力尤可用。且往者，兵在湟中则屯湟中，在淮则屯淮，在许则屯许，在振武则屯振武，在乌孙伊吾则屯乌孙伊吾，安得藉口无可耕之田乎？或犹有不足，则姑以近省之饷量给之，俟行之数年，佃作盛而军实充，乃尽举协饷而罢之。协饷停而征可缓，赋可减矣。缓征减赋而民有余财，则可以耕九余三，遇灾祲而无菜色矣。凡此数条，臣敢因圣策而尽其愚。

虽然，为政有本，致治有要，则臣以为必先于倡天下之人心，以实心行实政，而后可也。宋儒朱熹有言："世有二敝，有法敝，有时敝。法敝可救之以法，时敝必变之以心。"今百僚师师庶事具举，然诸臣或畏罪之念重，而踊跃之意轻；功名之虑深，而忠爱之谊薄；推委瞻徇之情多，而公忠任事之气少。则或者御臣之道，亦有未至也。臣谓宜推忠信以结之，宽文法以优之，破资格以异之，丰禄饩以劝之。崇尚圣贤之实学，以砥其礼义廉耻之防。试以当世之要务，以观其经理才干之实。渐磨陶冶，淬厉鼓舞，而向之数条者，可以付之其人有余矣。然其本要在皇上之一心，诚夙夜讲学，一本于戒谨畏惧之至意，则德业益充矣。恭己出治，而一将以吁咈咨儆之实心，则万几益敕矣。侧身修省，斋居渊默，而一出于敬天之诚，则嘉祥致矣。冬寒夏暑，祈福请命，而实格以爱民之心，则生养遂矣。此所谓以仁心行仁政，而政成化洽，无一物不得其所以，进于古帝王协和风动之治者也。臣草茅新进，罔识忌讳，干冒宸严，不胜战栗陨越之至。臣谨对。

## 史海钩沉

康熙十一年（1672），韩菼报名参加顺天府的乡试。考官不识才，竟把他的卷子给"刷"掉了。幸运的是，尚书徐乾学在复查时发现了韩菼的试卷，认为此卷文理俱佳，重新录取他。

第二年，韩菼先在礼部会试中勇夺头名，成为会元；接着又在殿试时折桂，成为无数士子羡慕的状元郎。

清初沿袭明朝旧习，科举考试采用八股文，格式僵化、繁缛空疏。韩菼心存大志，决心挽救日渐颓衰的文风。他刻苦专研经学，不拘泥于一家或权威之言，而是综览诸史学家，博采汉唐笺疏、宋明章句之学，将所学融会于心，发为高文。他的试卷一改从前萎靡浮华的文风，既有鲸鱼掀碧海之大气，又有翡翠兰苕之细琢。康熙对他的答卷大加赞赏，亲点为状元。

## 乾隆四十三年（1778）戊戌科状元：戴衢亨

> 戴衢亨，字荷之，号莲士，江西大庾（今江西大余）人，原籍安徽休宁。官至大学士。著有《震无咎斋诗稿》。善画山水。

殿试皇帝：清高宗爱新觉罗·弘历

### ■ 策问

制曰：朕祗承鸿绪，兢兢业业，不遑康宁，深维元后之责，思所以会归皇极，敷锡黎庶，以承天庥，夙夜寅畏，日慎一日，四十三年于兹矣。凛兹保泰，伫尔嘉谟。其敬聆咨问，治法莫盛于唐虞。史叙尧勋时雍于变，舜命司徒敬敷五教。夫教民以实不以名，惟在督抚大吏，董率属员，实力化导，使百姓迁善远罪，以无忝父母斯民之任。今欲使士敦廉让，民知礼教，愚蒙者咸识纲常，顽悍者潜消犷戾，以庶几一道同风之盛。其何道之从欤？且士者民之望也，化民者先训士。士之学问纰缪，学臣得以文黜之。行止颇僻，有司得以法纠之。至于聚徒讲学，渐成门户，始于骛虚名，终于受实害。如东汉唐宋党禁，以及明之东林，其已事也。今将使学者笃潜修而杜私党，其何以劝迪之欤？今政治昌明，士风丕变，自爱者未必至此，然杜弊者先于未萌，识微者防其渐致。其又何以预绝之欤？前言往行，悉载于书。自周有柱下史，汉魏有石渠东观。以至甲乙丙丁之部，七略七录之遗，代有藏书。孰轶孰传，孰优孰劣，可约略指数欤？乃者命儒臣辑《四库全书》，搜访校雠，亦云勤矣。而网罗犹有放失，鲁鱼犹有讹舛，何欤？国家重熙累洽，都邑蕃昌，人民和乐，由俭入奢，势固然也。会典通礼，所以别贵贱，辨等威，防奢僭。顾服舍之违制，得以法绳之，人工物力之糜费，不能以法绳也。宾祭之过侈，得以礼节之，饮食器用之琐屑，不能以礼节也。使事事为之厉禁则扰，听其纷华以耗本业，又岂藏富之道乎？其何以还淳返朴，用有节而民不烦，事有制而法可久欤？尔多士稽古力学，于学问之要，政治之本，讲求熟矣。其筹之策之，引之伸之，推之古昔，证之当今。悉言无隐，朕将亲览焉。

## 对策

臣闻圣人所以法天者，纯也。所以事天者，敬也。所以格天者，诚也。道原于自强不息，化极于悠久无疆。是故允升大猷，会归皇极，文治焕乎明备，习俗进于淳庞，久道所以化成也。德教已周而不忘董劝，风声已树而益励防维。不以稽古既精而弛绍闻之念，不以厚生既溥而纾撙节之怀，圣心所以恒久不已也。盖人主继天，出治则必本心法为治法，故治积累而弥光，心虔巩而益懋举。凡庶类之从风，群才之就范，与夫考订之何以详，乐利之何以永，莫不统于朝乾夕惕无逸作所之深衷。《书》曰："率作兴事，慎乃宪。"言大君率臣下，以振起事功，而必谨兹法度也。《易》曰："中正以观天下。"言圣人在上，斯能举中正之德，以垂示天下也。夫当已治已安之时，而夙夜不遑，几康交敕，所由化导。握其原训，行昭其则，载籍征夫考信，生计保夫常赢。自昔圣王，奉若天道，而日慎一日，不敢荒宁者，胥是意也。钦惟皇帝陛下，体元法健，履泰持盈，际极盛之隆规，廑思艰于上理，固已酿化覃洽，淳风茂扬。式观前古，无以逾斯。乃圣德渊冲，咨询弥切，复进臣等于廷，而策之以明教化，端士习，稽往训，崇俭德之至计。臣至庸极陋，蠡测管窥，乌足以知体要。然刍荛之言，敷奏所不废。矧对扬伊始，拜献攸资，敬承清问。谨就平日诵习所及，勉竭愚忱以对。

伏读制策有曰："治法莫盛于唐虞。"因缅于变之休风，师敬敷之遗意，而欲使教民者以实不以名，此诚致治保邦之要也。臣惟德盛者化神，故训俗型方必本于道德齐礼。古昔盛时，法制修明，纲纪具饬。其民皆有迁善远罪之思，而上之视其民皆必有父母斯民之责，故教化之权操之自上也。然或条教号令视为具文，而诚意弗属，则虽悬书屡示，读法频闻，窃恐无当于风行草偃之观，而潜移默运之功不数数观也。《周礼》以乡三物教万民而宾兴之，而旌别淑慝，彰善瘅恶，于《周书》三致意焉。凡以使愚蒙者知所劝，而顽戾者知所惩也。夫守令者亲民之官，大吏者群有司之表。苟身膺民牧者，兴化善俗大远于俗吏之所为，而耻以簿书期会为尽职，督抚大吏复以是定其殿最，慎其考稽，将所称日计不足岁计有余者，诚操乎化民成俗之原也。圣天子整饬官常，勤求治理，凡封疆重臣必尽心民事者，始邀简擢，正本清源之道，莫切于此；犹虑董率有未周，化迪有未至，训谕周详，推诚共见，是在有教化之寄者，心体而力行之。将以一道德，同风俗，而士敦廉让，民知礼教，悉由于此。

制策又以士者民之望，而因及于潜修之宜笃，私党之务除。臣愚以为圣人之世，无党非无党也。人主识微知著，有以预绝其党也。夫士之学问纰缪，行止颇僻，诚不难以文绌之，以法纠之。至若假聚徒讲学之名成党，援门户之势，如东汉窦武陈蕃诸人，自命名流互相标榜，遂有八顾八俊八及八厨之目。唐之牛李构衅，数世相延。宋则有洛党、蜀党各为排击。夫以程颐苏轼诸儒而犹不免于此，则知不党之学诚未易言也。明之季世，东林党盛，顾宪成高攀龙倡于前，钱一本孙丕扬赵南星诸人继于后，至于潜藉声援，隐挠国是。所谓生心害政者，将靡所止，不待党禁已成，而始知其败也。然则欲杜朋党之萌，而示儒术之正，亦惟化其偏私，祛其浮鹜，使力崇实学而已。我皇上本大公至正之心，操用人行政之准，荡平正直，中外率由。生斯世者，敢不争自濯磨，以慎厥步趋，端其志虑哉！

制策又曰："前言往行，悉载于书。"而虑网罗之有未尽，雠校之有未精。臣谨案周有柱下史，汉魏有石渠东观。自"七略"昉于刘歆，"四部"起于荀勖。其后有从勖例者，如任昉、谢灵运之分部是也。有从歆例者，如王俭之《七志》，阮孝绪之《七录》是也。前史所载，藏书之富莫盛于隋之嘉则殿，唐开元时分经史子集为四库，宋初始建三馆，后又有秘阁、崇文书院。其书籍之可考者，如唐之《开元书目》，宋之《秘阁书目》《崇文总目》，以及《中兴书目》《续中兴书目》是也。夫书缺有间，则搜采宜殚。字体沿讹，则对勘宜审。国家文治昌明，超越往代，因前明《永乐大典》依韵分编，未为允当，爰易其割裂，归于完善，复访求遗籍，不下千百万卷，命儒臣辑为《四库全书》，分为应刻应钞或仅荐篇目，又掇书中要旨别为提要。鸿文秘简，盖云赅备矣。乃校订诸书时勤乙览，犹间有舛讹，则校对之功尚多未尽。有编摩之责者，所宜殚心悉力，期尽免夫鱼鲁之误，而不敢诿诸扫叶之难者也。矧在事诸臣，近以五年期届，恩予简注；誊录诸生，亦仰邀优叙，斯诚千载一时之过，而躬逢盛际者，宜何如勤勉将事，以快睹同文之盛欤？

制策又以民俗由俭入奢，因筹及于制事节用之要旨。此藏富于民之道，所宜亟讲也。臣窃惟国之本计在民，而民俗之淳漓关乎世运之升降。古圣人辅相财成，虽升平日久之余，而不忘制节谨度之思者，诚以民计期于饶裕，而其失则在奢靡也。夫服舍之逾制，宾祭之过侈，此礼法之所得限者也。人工物力之糜费，饮食器用之琐屑，此礼法之所不得限者也。顾去奢从俭，不在乎虑禁之多端，而在乎风示之有本。诚使士大夫相尚以纷华，而民俗有不趋于敝者鲜矣。诚使士大夫相高以俭约，而民俗有不归于朴者鲜矣。昔明季荐绅竞为豪侈，靡惜物力，百姓互相效法，以至凋敝。则知民生之厚，未有不以崇俭为首务也。圣主勤恤民隐，轸念民依，当重熙累洽之时，不存豫大丰亨之见。此年屡奉恩旨，蠲免租赋，古者藏富于民之道何以加兹。顾养欲给求者，上之心也。端本善则者，民之训也。诚当隆盛之休，而不忘节俭之旨，将生计以之足，本俗以之敦，而蕃昌和乐之象，益永于无穷矣。

凡此者德化期于周浃，学术戒夫拘偏，考古要在折衷，励俗贵臻淳固。伏愿皇上治益求治，安益求安，本至诚无息之心，懋纯一不已之学，群黎遍德而愈广教思，髦士攸宜而愈严趋向，博搜往籍而愈切参稽，利济生民而愈昭节制。于以导扬盛化，敬迓休和，我国家万年保泰之规基诸此矣。臣草茅新进，罔识忌讳，干冒宸严，不胜战栗陨越之至。臣谨对。

### 史海钩沉

戴衢亨出身书香门第、官宦世家，自小没有一点纨绔子弟的娇惯刁蛮之气，倒是天生热爱读书习字。其父第元、叔父均元、兄心亨三人均才大学博。以其一家同出两相四进士，被誉为"西江四戴"。

## 乾隆四十五年（1780）庚子恩科状元：汪如洋

> 汪如洋，字润民，号云壑，秀水（今浙江嘉兴）人，祖籍安徽休宁县城西门。官至云南学政。博览典籍，雄于文章，工诗。有《葆冲书屋诗词集》。

殿试皇帝：清高宗爱新觉罗·弘历

## 策问

制曰：朕诞膺宝运，今四十有五年。幸函夏乂安，广轮茂豫，钦崇永保，慎宪省成，凛怀无逸之图，式迓延洪之福。恒思谠论，以赞鸿猷。况今佑荷天申，春祺溥畅，缅惟古义，寿考作人，械朴薪栖。当必应期而作兹，因廷试仁采嘉谟。《孟子》述道统之传，自尧舜以至于孔子，盖谓心法治法同条共贯也。然帝王之学与儒者终异，保大定功之要，其果在观未发之气象，推太极之动静欤？永嘉学派，朱子讥为事功。真德秀作《大学衍义》，其目自格致诚正至于修齐而止，治平之经略不详焉，抑又何欤？

天下之化理存于民风，而民风之淳漓由乎吏治。贾谊称俗吏之所为在于刀笔筐箧，而不知大体，是则然矣。然蒲鞭示辱谓之仁心，催科政拙谓之循吏，其果可理繁治剧欤？一道德以同风俗，始臻上治。乃或以轻财结党为义侠，豪健挠法为气节，以败俗而负美名。为长吏者，将何以辨别而诲导之欤？

积贮之法，不出常平社仓。然常平丰敛而歉散，其制在于出陈易新。但逢谷贵而采买入仓，虑有强派之弊，谷贱而红陈召籴，恐滋勒贾之虞。何道而使仓庾常盈，闾阎不累欤？抑藉社仓者，必皆贫户。倘所入之息不敌所出之数，是义举且渐废，使必按册而促之偿补，则追呼滋扰，善政反成作法之凉。将何以斟酌而归于实惠欤？

《书》称刑期无刑，辟以止辟。盖天地之道温肃并行，帝王之治恩威交济，固大异乎名法之家，而亦非徒博宽大之誉也。后世秉宪之吏，不知德礼刑政之同原，其于明罚敕法之道，未能权衡要于至当，岂咸中之治果难复见欤？将使惟明惟允，无纵无枉，以协于弼教之意，果操何道欤？

夫先资自献官之始也，敷奏以言古之制也。多士学古入官，于经世之略讲之有素，又新自田间来，于民生利弊知之必悉。其竭虑以对。无泛无隐，朕将亲览焉。

## 对策

臣闻健运有常，天行所以成岁。日新不已，圣德所以宜民。盖纯修必惕于自强，斯至化克符于久道，是故盛王御宇，恒持之以不暇逸之心。而性量验其敷施，风声资其倡导，以足储待者酌盈虚之用，以慎简孚者昭出入之平，非徒致饰于治象已也。重熙累洽之朝主，极光亨鸿，施旁浃物，靡不得其所，亦既协气翔而休征应矣。而内勤缵绍则格被弥周，外肃纲维则训行益挚，盖藏素裕而倍殷先事之筹，惩创维严而愈广无私之照，所为殚精心以臻上理者，盖不胜其钦崇而劼毖焉。《书》曰："敕天之命，惟时惟几。"言人君者随时随事皆当戒饬，而不可不惟天是法也。《诗》曰："不显亦临，无射亦保。"言其凛鉴临于瘝瘝，而矢敬畏于几微者，要本此纯一不已之衷，以为之宰也。然则恢扬郅治之隆，而欲使业焕钦明，政归丕变，厚生允殖，弼教惟光，是在至诚悠久之规；有以赅万化而默操其要矣。钦惟皇帝陛下，道崇敷锡，志劭寅虔，普乐利于无言，协平成而有庆。固已骏烈宣昭，徽猷式著，综观前古无以逾斯。乃圣德渊冲，咨询弥切，复进臣等于廷，而策之以修治统，饬化原，广仓储，彰宪典之实。臣自维愚陋，乌足以知体要。然伊古对扬之盛，采择不废刍荛，敬承清问，敢就平日所诵习者以对。

　　制策有曰，"《孟子》述道统之传"，"谓心法治法同条共贯"，而因思"保大定功之要"，更有进于是者。此诚驭世经邦之首务也。臣闻宋程颐有言，帝王之学与儒生异尚，儒生循习章句，而帝王务得其要，以措诸事业，固未可规求于口耳之末，亦未得虚谈夫性命之微也。宋儒言学备于《性理》一书，观未发之气象，所以严省察于几希；推太极之动静，所以验机缄于阖辟也。而于王者，措正施行之道，或略而未之及焉。夫古者危微授受，即以致时雍风动之庥；缉熙光明，即以绍典谟承烈之绪。事功之与学问，岂不同出于一源。然欲即蕴蓄之深，以指为发抒之迹，则有难于等量观者。惟是后儒侈张事业，大抵驳而不纯。如永嘉学派，矜上下千古之识，而详于事者终略于道，诚难免乎朱子所讥。至真德秀《大学衍义》止于格致诚正修齐，而不及治平之经略，盖犹是经筵进讲启沃身心之用，而非必薄视经纶，故为迂远之论也。方逢圣天子生知好学，统外王内，圣而咸赅，洵足绍往圣之心传，而远迈诸儒之论说矣，虽媲美勋华又何让焉。

　　制策又以化理本于民风，民风实由于吏治，而因及于诲导者之必严其辨别。此训俗型方之要，所宜亟讲也。臣惟化民者必习其业之所成，有时以清和咸理为良规，即有时以振刷维新为先务，此非示天下以武健之用也。儒者一行作吏，称述诗书，其视刀笔筐箧之流固非可以同日语。及试之簿书、繁剧之地，而心劳政拙，有茫然无所设施者。况夫顽悍刁犷之习往往而有，设徒效蒲鞭之小惠，而风力不足以镇奸民，声色不足以威敝俗，则儒术之疏曾何裨官方之重者乎？昔西汉之世，吏治蒸蒸，黎民乂安。而其以六条察二千石也，首列强宗豪右之禁。凡以使轻财结党、豪健挠法之徒，举不得横断乡间而矫持官吏。盖惟有德者能以宽服民，其次莫如猛，非惟事势之不齐，抑其理固如是也。是故王者慎简官僚以安民生，即以纠民慝。当盛世官方澄叙，政体精详，为长吏者宜何如整饬规模，俾夫败俗而负美名者，争自濯磨，以期底于敦庞之化欤！

制策又以积贮之法不外常平社仓，而虑夫法久之不能无弊。臣惟法无弊也，有不能善其法者，而弊生焉。则大约循乎积贮之名，而失乎积贮之实已矣。常平自耿寿昌、长孙平已行其法，意主乎丰敛歉散，而制在乎出陈易新。第相沿日久而采买者不免强派之虑，召籴者亦恐滋劳勒买之虞，此岂弊之未易绝哉！亦难乎储蓄者之克酌其宜也。诚能收贮及时，不以挪移而务支饰，则虽谷贵谷贱之异，时而仓庾常盈，闾阎亦无扰累矣。至如社仓之设，本为贫户通其缓急。春借秋敛，有便于民用，而仍无耗于公费，意至美也。乃或取息以偿，而所出者反浮于所入，则册籍亏欠之恒不免焉。将任其那延悬贷，而廪储虚旷，岁计遂多不足之形。将限以按户追呼，而逋积牵连民力，亦有难纾之患。所赖司其出纳者，审量于裒多益寡之宜，庶几善政之行，人蒙实惠而足食；裕民之举，非奉行故事比矣。我皇上轸念民艰，所以计其生全者至详且备。而郡邑蓄聚之制，尤为亟务。行见比户盈宁，屡丰告庆，有不熙熙耕凿，胥忘帝力之勤者乎？

制策又曰，"天地之道温肃并行，帝王之治恩威交济"，"盖刑期无刑，辟以止辟"，固唐虞三代之盛轨也。臣尝考《周礼》秋官之职，正月始和，乃悬刑象之法于象魏，使万民观之，凡以儆天下之愚不肖，而使之毋轻蹈于法也。夫名法之学，治世所不言，而宽大之誉，亦圣王所弗尚。后世秉宪之吏，昧于德礼刑政之同原，而权衡于以鲜当，不知先王之明罚而敕法者，具有慎重之意焉。防之于始，有五戒五禁；审之于终，有三典三刺、三赦三宥、五听五过、八成八辟；待之于终，有三就三居。至于秦汉，法网滋繁，禁条岐出，前之律不可以旁引，后之例不免于递增，亦势之无如何者。惟夫由详核而归简要，由简要而得精密，小惩而大诫焉，斯不得私为上下于其间矣。皇上仁如天，知如神，凡刑狱之事亲加审度，轻重悉由其人之自取，又复特谕法司，分别榜示，俾愚蒙咸知谨凛。盖与古者象魏之典一无以异。无他，明之至者慎之至，慎之至者爱之至也。凡此者敦厥躬以议道，靖尔位以同风，耕九必策其余三，惩一要期于儆百。其见诸事者不同，而其源则归于一也。

臣伏愿我皇上本所其无逸之心，勖政贵有恒义，性功已著而尚凛绥猷，治具咸张而犹严励俗。不以阜成已兆，而宽藏富之怀；不以风纪咸清，而弛协中之训。于以茂扬醇化，覃洽仁风。我国家亿载无疆之庆，基诸此矣。臣草茅新进，罔识忌讳，干冒宸严，不胜战栗陨越之至。臣谨对。

## 史海钩沉

汪如洋不仅父亲一脉是名门望族，母亲一系也是富贵门第。他的外祖父名叫金甡，字雨叔，号海住，是《清史稿》上留名的浙江名士，更是状元出身的皇帝身边的侍讲学士。金甡在不惑之年连中会试会元、殿试状元而名噪一时。无独有偶，三十八年之后，他的嫡亲外孙汪如洋，在乾隆四十五年（1780）的会试、殿试中，又连夺两个第一，戴上"会元""状元"的桂冠，令人羡慕不已。中国科举史上，曾有十三人在乡试、会试、殿试中连夺解元、会元、状元"三元"，外祖父与亲外孙在同一朝代连中"二元"的却绝无仅有，一时成为科场佳话。

## 乾隆四十六年（1781）辛丑科状元：钱棨

钱棨，原名起，后因避唐代诗人钱起同名，遂改为"棨"，字振威，号湘舲（或作"湘灵"），江苏苏州府长洲县（今江苏苏州）人。

殿试皇帝：清高宗爱新觉罗·弘历

## 策问

制曰：朕缵膺鸿业，严恭寅畏，夙寤晨兴，殚心万几，兢兢翼翼，弗敢康宁，四十六年于兹矣。思所以仰承天庥，持盈保泰，咸庶事之熙，遍群黎之德。进兹多士，咨尔嘉言，其敬听朕命。

人君所敬惟天，帝尧钦若，文王昭事，帝王受命，先后合符。夫爱民所以承天，勤政所以事天。天视自我民视，天听自我民听，可不爱乎？无旷庶官，天工人代，可不勤乎？民隐何以达之，庶事何以康之，人君集天下之耳目，合天下之智力，是以德泽下究，而情隐上闻。何以兼听并观咸熙庶绩欤？

民生之康阜，系乎吏治之澄清，风俗淳漓由此判焉。《周官》六计弊吏，皆以廉为本。汉唐以来条目滋多，要其惩贪奖廉，岂有异旨欤？夫正百官以正万民，转移化导之机，操之自上，《周礼·职方》所载，与《王制》所称，其土宜风气不可推移，果何道而使之还淳返朴，臻一道同风之盛欤？

学术首念真伪，士子读书敦行，处为良士，出为良臣，原不藉文字为标榜。自欺世盗名之徒，托言讲学，谬窃虚声。如明季东林诸人，流而为门户，为朋党，甚至莠言乱政，变易是非，实于朝常国体，世教民风，所关甚大。其何以息邪说，距诐行，使行坚言辨者不得逞其私臆，学术纯粹，毋误岐趋，以正人心而端风教欤？

明刑所以弼教，或轻或重，一视其人之自取。议谳者必审宽严之当，持情法之平，本无容心于其间。夫不求其平固不可，而求其平之后，于己原无涉也。乃或曲意市恩，或有心避怨，以国家刑章宪典之公，为邀誉沽名之具，其心尚可问乎？将欲使矜慎庶狱，无枉无纵，以臻咸中之庆，其何道之从欤？

尔多士洽闻稽古，来自田间，政教之本原，民生之利弊，所习闻也，其审思之，详究之。悉意以陈，毋有所隐，朕将亲览焉。

## 对策

臣闻帝王钦崇天道，奉若天命，莫不本祗敬之一心，为之经纶而丕冒，故其以至明烛万几者，皆其以至公宰万物者也。夫单心基于宥密，而运量遍乎寰区。莅政则业矢精勤，考绩则治臻熙皞，劝学必归于正轨，明刑胥协乎王章。兢兢焉日慎一日，即至天人合德，民物咸和，道隆而化普，业举一世而跻之太平仁寿之域，犹不敢自暇逸者，何也？盖王者宪天出治，肃政本而振民风，正人心而申国禁，风凛明威以昭彰阐，惟其事天之诚，故能立人之极。明则无私照也，公则无私覆也。《易》曰："范围天地之化而不过，曲成万物而不遗。"《书》曰："达于上下，敬哉有土。"用能溥雍和之化，扩鸿远之模，主极克端，尚情殷于茂育；天工时亮，犹念切于敦庞，聿崇正学，畸衺之习全消，爰致祥刑，轻重之权悉当。是故智周道济，仁育义正，一人建极于上，而薄海内外，沐浴咏歌尊亲，并戴于亿万斯年者，胥是道也。钦惟皇帝陛下，德参天地，道贯古今，悬离照以有临，体乾行而不息，固已建中锡福，泽周于宜民宜人，崇实黜浮，法立于无偏无党矣。乃圣德渊冲，畴咨弥切，复进臣等于廷，而策之以勤政爱民之本，兴廉察吏之方，黜邪辨正之严，弼教协中之务。臣自田间来，至愚极陋，譬诸细流土壤何裨山海。窃复自念身际升平极盛之时，欣逢寿考作人之化，仰承清问，下逮刍荛。敢不竭平日所知，以对扬于万一乎？

伏读制策有曰，"人君所敬惟天"，"爱民所以承天"，而"勤政即所以事天"。此诚抚辰凝绩之盛心，而熙载奋庸之要道也。臣惟天地万物，父母元后，作民父母。天生民而立之君，有体天行政之权，即有代天养民之责。夫天行至健，风雨露雷，无非教也。王者本天之教以为教，则秩曰天秩，叙曰天叙。举凡民彝物则之常，何在不奉天以从事乎？天心仁爱，大生广生，无弗遍也。王者以天之心为心，则工曰天工，官曰天官。举凡体国经野之规，何在不顺天以布令？是故六合既同矣，而犹虞民隐之未由上达，则举时巡之典以周悉之；百度既贞矣，而犹虑庶事之未尽乂康，则广选举之途以群策之。古人君凝承帝眷，而御宇绥猷，所谓集天下之耳目，合天下之智力，兼听并观而日勤，其宵旰者端在是乎？然则勤政者无非爱民之实心，而爱民者皆为敬天之至意。尧之钦若昊天，文之昭事上帝，类皆载以小心，升兹大业。用是天麻呈于上，人和积于下，遂以鼓舞一世，敦尚廉隅，以几一道同风之治也，岂不休哉！

制策又曰："民生之康阜，系乎吏治之澄清，风俗淳漓由此判焉。"臣谨按《周官》以六计弊群吏，而统之曰廉。《官箴》之本，其在是矣。汉以六条察二千石，唐有四善二十七最，差之以九等，要皆所以纠劾不廉也。其法令较周制为加密。夫法命虽操于大廷，而考察必严于各属。为大吏者，先正己率物身示之坊。斯为守令者自不敢不砥励，廉隅肃清，利弊由是上行而下效，旋见俗易而风移矣。且夫五方之风气不齐，一时之俗尚各异，《周礼》职方氏掌天下之图，则有邦国、都鄙、侯甸、男采之殊制。《王制》司空度地居民，则有山川、沮泽、刚柔、轻重、迟速之异宜。然古者修六礼以节民性，明七教以兴民德，齐八政以防民淫，一道德以同风俗，则不必易其俗而其教自行，不必易其宜而其政自举。为长吏者诚能洁己奉公，于以型方训俗，因势利导，所谓奢则示之以俭，俭则示之礼者，酌剂焉而得其平，固无难。黜诈伪，敦仁厚，以并底于正直荡平之路矣。皇上慎简群僚，懋敦醇俗，吏治民风，固以蒸蒸日上，乃当省方之岁，每咨间阎疾苦，周悉民情，则知勤政之衷无时或释。县官州牧宜何如整饬，勉励官方，以仰副圣朝察吏维风之至训也。

制策又以学术首严真伪，士子读书敦行，毋误歧趋，以正人心而端风教。此诚睿虑周详，见微而知著也。夫学术真伪，固人心风俗所视为转移者。三代以上无不正之学，故无伪学之名。然而勋华之时，间生金壬；孔子之世，亦有闻人。倘非四凶之屏，两观之诛，焉知清流朋党之患，不早炽于并生并育之世哉！东汉士林品流杂出，李膺郭泰，首倡宗风，负人伦重望。而范滂黄宪辈并束身祗行，以节义相高。其弊也，以各立门户致来清流之目。降而唐之牛李，宋之蜀洛，交树党援，互相倾轧矣。明季朋党之风益甚，顾宪成讲学东林，而高攀龙等从而附唱之，一时意气，自矜矫持过甚。其后宵小协谋，挤排善类，藉令当李、赵、高、缪诸人不以独行自诩，稍为贬损，东林之患当不至是。夫朋党之说，其局起于激之太甚，其端实萌于防之不严。故凡学校之中群萃，州处必使趋表正经明，行修无涉欺世之见，无起盗名之心，俾学术一归于至正，而假道学以为伪君子者，何由而强托哉！我朝正学昌明，士林向化，而欲杜弊于未萌，察几微于未著，必将举君子小人之真伪，显别其迳途，而争自树立者，宜知所自处矣。今夫信义行于君子，而刑戮施于小人，此必然之势也。

制策又曰："明刑所以弼教，或轻或重，一视其人之自取。"臣惟以刑者圣人不得已而用之，大要持其平而已矣。唐虞之世，刑期无刑，辟以止辟，一则曰惟刑之恤，再则曰惟明克允。善用刑之中，自具详慎之至意，初未尝有过枉过纵之失参其间也。《周礼》狱词之成也，司寇听之，三公参听之，而告于王。王三听然后制刑。《吕刑》之篇曰："上刑适轻下服，下刑适重上服，轻重诸罚有权。"此谓率义于民，咸中有庆也。夫不求其平，固不可以臆为。听断既得其平，则国家宪典之昭垂无可幸逃，而操致治之原者，亦何尝有成见据乎其中哉！

若此者，敕几于在宥，而奉天即以勤民，端本于群僚，而察吏即以善俗，黜伪学以正人伦之趋向，明王章以肃当代之纲维，是皆继天出治者，宰世服物之大要也。伏愿皇上，帝德广运，悠久无疆，酞化懋崇，天庥滋至，我国家万年有道之长基诸此矣。臣草茅新进，罔识忌讳，干冒宸严，不胜战栗陨越之至。臣谨对。

## 史海钩沉

在前辈的熏陶下，钱棨从小就研习八股文，专心举子业，而且十分刻苦用功，夜读常常到五更天。可惜他天资并不聪颖。钱棨曾多次参加童试，但都落榜。一直到乾隆二十二年（1757）参加县试，得了县试第一。又过了五年，在乾隆二十七年（1762）府试中又考了第一。再经过四年努力，于乾隆三十一年（1766）的院试中，三十二岁的钱棨再次考得院试第一，终于成为一名秀才。这三个第一，也为他赢得了"小三元"的称号。

接下来的11年，钱棨参加了五场乡试，结果均名落孙山。终于，钱棨在他四十五岁，第六次步入江宁贡院参加乡试时，幸运得中第一名解元。两年后进京会试，又得第一会元。

紧接着在同年殿试中，又摘得状元桂冠，成为清代第一位连中三元的状元，也成为中国科举史上难能可贵的夺得六个第一的状元。（科举史上，一共有两人考过六个第一，另一个为安徽人黄观。）

## 乾隆四十九年（1784）甲辰科状元：茹棻

> 茹棻，字稚葵，号古香，会稽（今浙江绍兴）人。官至兵部尚书。

殿试皇帝：清高宗爱新觉罗·弘历

### 策问

制曰：朕寅奉丕基，仰荷昊绵纯佑，吏谨民淳，咸知顺则。比者展义行庆，河海奠安，五世一堂，欣被景贶。用是弥深乾惕，式懋凝承劼毖，宵旰不敢自康。逾廑崇实，学昭雅化，敦善俗，裕民天。虽略臻康乂而犹日孜孜，上期淳懿，周咨博稽，以裨集思广益之治。尔多士其敬听予询。

夫致用在乎通经，士自束发授书，思探奥旨，先考颐文。宋儒谓有举其辞而不能通其义者矣，未有通其义而不能举其辞者也。简策异同，微言实关大义，诸经互引，厥有殊辞。唐人刻石犹存，或间与今判。郭氏之《易举正》，王氏之《诗考》，杂胪岐出。《礼》之《大学》，《书》之《武成》，考定纷如。《春秋》经文三传，间别诵习有素，其能赅櫽而条系欤？

辟雍之制，古者所谓建国君民，教学为先也。或谓殷无辟雍，信欤？有文王之辟雍，有武王之辟雍，于经何据？自西自东，自南自北，或解以为四学，师氏守东南，保氏守西北，义相通欤？辟雍之名，或取字义，或取地形，有达诂欤？灵台、明堂、清庙、太室，异名同地说可订欤？三老五更，养于太学。老、更何义，各一人或三五人欤？今方茂举钜典，考古证今，能通贯其制欤？

三王不易民而治，然淳朴日开，奢俭相矫。中天盛世，已非复犷獉旧俗矣。虽风会所关，在上者宜引为己责，将何以善所导欤？《王制》谓无旷土，无游民。而《周礼》则有闲民，无常职。转移执事，无乃异治欤？千亩嘉禾，不无稂莠，或以邪教鼓愚，或以告讦罔利，岂民尚未能迁善欤？抑亲民者化之未浃欤？由俭入奢易，由奢入俭难，顾俭非貌取。雕文纂组，或资其业以养生；浣衣狐裘，或矫其行以希世。将何以撙节而务实欤？

积贮者生民之大命，常平社仓，今久行之，毋庸缕述古制矣。顾贮则有湿烂之虞，出则有挪移之蠹。方其补也，市价或因采而昂；及其发也，奸胥或冒民以领。甚或仓非实储，户或俵籴，将欲杜弊端而经理得宜，何道之从？朕念切民依，截漕平粜，动不惜费，计期周溥。果黎氓实被其泽，而吏无中饱，商无囤积欤？

尔多士横经就塾，鼓箧圜桥，服我教泽。将以学古入官，讲求民生风俗之原，养恬之效，固仕学所均宜有事也。毋泛毋隐，具著于篇，朕将亲览焉。

## 对策

臣闻经学光昌，人材蔚吉，野被淳风，仓归实贮，将必以至健者法天运精神于不息，以用中者立极播化育于无疆。是以教崇实学而道接心传，鼓舞贤才而制期首善，行三代之直而户尽可封，乐万宝之成而民登至足。《书》曰："敕天之命，惟时惟几。"又曰："惟天聪明，惟圣时宪。"古昔帝王所以横经讲艺，侧席求贤，易俗移风，耕三余九，驯至天人协应，纯嘏聿臻，仁恩汪涘，惠泽覃敷，于是清和咸理，郁郁彬彬，道德一而风俗同，群生育而百昌遂，有由然也。钦惟皇帝陛下，德符广运，治协时雍，固已学贯三才，教崇四术，恬熙永庆，丰乐同休。乃犹宵衣存若谷之怀，临驭凛如伤之念，睿虑周详，咨诹弥切。复以通经吁俊，厚俗重农之要，进臣等于廷而策之。臣至愚极陋，譬微尘涓滴，奚裨山海。顾自献者人臣之义，兹当对扬伊始，敢不就平日所诵习者以对。

伏读制策有曰："简策异同，微言实关大义，诸经互引，厥有殊辞。"而因期于檃括而条系。此诚表章经训之盛心也。臣谨案诸经自汉初至今，由科斗而篆而隶而楷，字凡数易，诚不免乌焉亥豕之讹。况汉初经师分教弟子各有专门，则其间语音之不合，授受之不同。延及唐宋，其义纷如。《易》则言理与言数异，《诗》则齐鲁韩与毛氏异，《礼》则大小戴之说又异，《书》则今文古文异，《春秋》则三传异，此固不可强同者。至石经之与雕板，则自汉之三体石经以来，唐人刻石幸而仅存，纵有间见错出，亦足以备参考而广异闻。我皇上尊经重道，于诸经莫不考订详明，颁示遐迩。俾士人得以家有一编，朝吟夕讽，岂非同文之极盛也耶！

制策又以辟雍之制，古者所谓建国君民，教学为先，而茂举巨典，期于考古证今。此尤文教昌明之会也。夫辟雍之立，取于圜水，以节观者。诸侯半之，则为泮宫。案《诗》辟雍凡两见，说者遂分指为文王之辟雍与武王之辟雍。要之辟雍之名，始见于成周，亦犹皋门冢土。周有天下，遂以为一代之号。至南学北学东学西学之称，见于汉说，亦不为无据。第古人之立辟雍也，以祭则为庙，以朝则明堂，以教则为学，而灵台亦在其中焉，固不仅地形字义之殊已也。三老五更，古有祝哽祝噎之文，执爵执酱之仪，而因有父事三老，兄事五更之说。然名为三五，而累代举行，仅止一人。则三五之说，固不攻而自破矣。圣天子集金声玉振之大成，特建辟雍，行见四方观礼，喁喁向风，而文治益以蒸蒸日上已。

制策又以三王不易民而治，中天盛世，风会日开，在上者宜引为己责。此又整齐习俗之隆轨也。夫太古之世结绳而治，后世圣人易之以书契，于是三代相承，颛蒙日远，斯固元会运世之一大关键也。圣朝累洽重熙，太平未有如此其久也，幅员未有如此其广也，生齿未有如此其繁也。必斤斤焉绳以尺寸，使一返而为朴陋之风，势固有所不能。甚者如毛珧所以为政，世转以敝车羸马相高。诚有如张敞所讥。假令当世民皆让畔，道不拾遗，究亦无益于治。是唯在为大吏者正己率下，而亲民之官复有以化导之，俾冠昏祭祀之礼秩然一轨于正，庶于古者理大物博之旨，始有合耳。

制策又以积贮者生民之大命，将欲杜弊端而经理得宜，何道之从。此尤充裕民食之要图也。《王制》以三十年之通制国用，《周礼》有遗人廪人之掌，而荒政十有二，且掌之大司徒。良以水旱之灾，圣世不免，不可不为未雨绸缪之计。就令八蜡顺成，而补助之政亦所不废，此常平社仓之所由设也。然天下立一法即有一弊行乎其间，如官吏之侵渔，胥役之中饱，驵侩之居奇，反乘民之急以邀利，而谷贵谷贱之伤，尚不论也。要之，有治人无治法。立法以防弊，而法有所穷；用人以行法，而法以持久。我皇上勤恤民隐，轮免天下钱粮以亿万计。而一隅偏灾，截漕平粜，有加无已。百万生灵咸获登仁寿之域，无不沦肌浃髓歌咏太平。承流宣化者宜何如振兴洗刷，以清宿弊也乎！

凡此者，学古训而至德懋昭，念典学而文思光被，普润泽而大丰美，歌大有而乐盈宁，皆圣功王道之要也。臣伏愿皇上精益求精，治益求治，宗往典而单心宥密，定成规以广厉学官，锄稂莠而化臻上理，实仓廪而效奏屡丰。斯国家亿万年有道之基在此矣。臣草茅新进，罔识忌讳，干冒宸严，不胜战栗陨越之至。臣谨对。

### 史海钩沉

茹棻任山西乡试正考官时，以提拔真才实学者为己任；一反科举不正之风，颇得名声。

进入仕途后，茹棻历经升迁，官至兵部尚书，位列正一品。他在仕途上表现出色，不仅是一位杰出的政治家，还是一位才华横溢的文学家。

他的诗文被广泛传颂，流传于世。

道光元年（1821），身患黄疸疾症的茹棻请假回故里。死后清廷下诏悼惜并诰封原配夫人俞氏为一品夫人，余子三人均授官职。

## 乾隆五十四年（1789）已酉科状元：胡长龄

> 胡长龄（1758—1814），字西庚，号印渚，江苏南通市（古称南通州）人。官至礼部尚书。

殿试皇帝：清高宗爱新觉罗·弘历

### 策问

制曰：朕寅承天佑抚驭寰区，五十有四年。稽诸往牒，自三代以下所未有。用致海寓小康，尉候广远，集家庆于五代，祝丰岁于三登，虔荷昊苍眷贲者，独厚予于父母，不敢言报，惟是朝夕乾惕，日慎一日。仰体仁覆之心布德于众，兆民由小康而臻上理，集思广益，冀于实政有裨。多士通经致用，菲史适用，敦习尚以征材，修浚防以溥利，妙损益以鉴古。讲肄有素，其伫予咨询焉。

经旨奥衍，章句其显也。《易》备四德者七卦，爻无卦名者五卦，言数者二十七卦，吉居一耳。有六爻皆吉者，有五爻皆吉者，是可偻指之。《舜典》他籍所引或以为《唐书》，或以为《夏书》。言仁言性，言诚言学，何以皆始《商书》《洪范》，有考定文其可从欤？《诗》三百十一篇，名见《礼》及《左传》者凡几？十五《国风》，或谓斟酌次序，或谓以两相比，语出何氏？《春秋》最重书王，冠于正月二月三月者，可计也。有阙一时者，有阙二时者，有无月有日者，有有朔无甲子者，有有日无事者，可详也。《考工记》不合周制者何官？《中溜》《投壶》《迁庙》《衅庙》，可补仪礼否？《夏小正》、《周书·时训》可代《月令》否？缕悉言之，将征所学。

史家属词比事出于《春秋》，互文尤关考证。班固之书，半资司马，或因或改，异同得失，至为繁赜。《南北史》合宋齐梁陈魏北齐周隋之书，亦有短长。缀谱系划时代，何者为优？新旧唐书，今武英殿始合刻并存，修者谓事增而文减，论者或轩昫而轻祁，孰为定论？薛居正《五代史》佚之数百年，近始辑成，其视欧阳修《五代史》记，孰以事胜，孰以法胜？至若《表》罗古今，《志》补前代，汉末群牧错见《国志》，《典午载记》闻入《魏书》。其参互论断，以为定衡焉。

士为四民之首，朝廷登选，将以备任，使厚风俗也。乡举里选之典古矣，九品中正流弊更甚，以文取士，自唐至今循之。其中糊名易书，搜索之禁，分路分额，分卷分经之法，累代史志言之详矣。然汉世已有私改漆书文字之讥。八叉假手，一联巡乞，场屋丑之，至郁轮袍绿衣吏而扫地矣。上请之说，通榜之议，其何取焉。今制四子书以正其途，五经以博其趣，八韵以觇其才，五策以征其实，立法善矣。士宜何如端淳淬砺，以副予文治乎？

《禹谟》六府，《箕畴》五行，皆先曰水，除其害所以溥其利。西北之渠，川蜀之堰，自豫以下之堤，沿江沿海之塘，其大势也。昔人谓《禹贡》无堤防字。然而地徙流合，人众地辟，若酾若鬈，其何以鸠民而奠之？若夫陶庄之河引溜北趋，窨金之洲排江东注，海塘之筑一劳永逸，要未尝非疏瀹与堤防并用。朕数十年来临事图指，不惜数千万帑金，以为间阎计，大都平成矣。其或随宜善守，而有未尽。又偏隅井邑，畎浍沟洫之则。自田间来者，亦有可指陈欤？《说命》以师古攸闻，周文以监代成盛，重古制也。然鉴古必宜今，有可因有不可泥。古有边防，今日无边防。幅员广矣，其诚无边防乎？古有马政，今日无马政。挚贡蕃矣，其诚无马政乎？古辟雍，今亦辟雍，立之郊外则已迁。古养老今亦养老，三老五更袒割酱馈则已褺。今韶乐犹古，无取乐古之沿。今籍田犹古，无取劳酒之琐。古美命官，交让仿以为京察自陈则伪也。古取经筵讲学，责以为成就君德则诲也。朕久道慎修，思跻淳邃，而酌古准今，屏华崇实，具有微权。其有能知古知今，以会其通者，可推广陈之欤？

凡兹五事者，蕴诸心为经史之实学，施诸政为教养之良规，见诸事为古今之善制，沐浴涵泳，服我作人之化者，端心声，祛臆说，实著于篇，朕将亲择焉。

## 对策

　　臣闻考载籍者必折衷于六艺，式前闻者尚体要于三长，选士造士所由辨论官材，康功田功遂以弼成五服，然必得会通因仍之道，而后有神明损益之权。《春秋·传》曰："视诸故府，则其事也。"荀卿曰："欲观圣王之迹于其粲然者矣。"是则枕经葄史既观治忽之源，设教图功愈得化裁之益。唐虞文思光被，浚哲重华，惠畴载采，地平天成，皆本之于则天慎宪俊德敕命。《易》曰："君子以自强不息。"《书》曰："君子所其无逸。"前圣之膺受鸿名，而常为称首者，用此也。钦惟皇帝陛下，稽古同天，观文成化，作人倬云汉之章，敷土庆山川之奠。固已事勤于三五，而功兼于在昔矣。乃圣怀冲挹，深思久安长治之道，弥切持盈保泰之图，进臣等于廷，而策之以经学史裁贡举浚防鉴古。臣之梼昧何足知此，顾念先资拜献之义，敢不诵所闻以效愚者一得乎？

　　伏读制策有曰："经旨奥衍，章句其显也。"臣按汉儒说经各有章句，递相师承以为家法。故《后汉·徐防传》言："博士试经，多从私说。"自今策试甲乙，宜各用其家章句。惟费氏《易》无章句，时刘向以三家校之，或脱《无咎》《悔亡》。独费氏与古文合，即合所传本。《困学纪闻》言："卦备四德者，乾坤屯随临无妄革。"七卦六爻皆吉者，惟谦一卦。言数者二十七，爻无卦名者五。其它讹文脱句，如郭京之《易举》，正容之《随笔》，载其二十余条。范谔昌《易证》坠简，若"不丧匕鬯"之类，均未为无补正经也。《尚书·舜典》，今文合于《尧典》，古文乃分为二。前人不见孔书，故所称多异。如《左传》以《舜典》《禹谟》为《夏书》，《说文》引《舜典》为《唐书》也。说者谓《商书》始言性学等，见孔子之传有自来，其说近凿。苏轼、王柏、金履祥皆有考次。《洪范》凭臆更古圣之旧，其过甚于僭经。司马迁言孔子删《诗》，然三百十一篇之外，其佚犹散见于各经。如《狸首》《骊驹》《采齐》《肆夏》等之见于《礼》，《新宫》《河水》《祈招》《茅鸱》《鸠飞》《辔之柔矣》等之见于《左氏》也。《毛诗》次序，郑康成先有《诗谱》，欧阳修得之重加补缉，始秩然可观。说《春秋》者，谓以夏时冠周月，惟《左氏》春王周正月一字可抉千古之疑。至日月有无，皆因史阙文，以是言例，徒滋缪辀。《考工记》以补《冬官》，不尽合周制。古经出于淹中，合五十六篇。惟《士礼》十七篇与高堂生合，吴澄以《中溜》《投壶》等八篇补之，固已离于全经矣。《月令》，吕不韦之书也，《隋志》谓马融足入。《周书·时训》为刘歆所改，不若用《夏小正》为得耳。我皇上典学高深，表章微义，凡在横经执业者，敢不益自砥励以期通方适用哉！

制策又以史家互文，尤关考证，因改异同至为繁赜，而兼及于志表载记之错出。诚观治尚象之要务也。臣惟《史记》上综古昔，班固始断代为史。理有相因，事非剿袭。陆澄注班书多引《史记》，皆采摘成句，标为异说，书今不传。厥后李思作《班马异同》，所著颇详。李延寿《南北史》剪截繁芜，视本书为有加。新旧《唐书》，论者或轩昫而轻祁。盖《新书》不载俪辞，故删诏令，专工涩体，徒觉艰深。然谓文减于前，事增于旧，亦其所长也。欧阳修以薛史之繁，重加修定，书成初藏于家，后诏取列学官，薛书遂微。今乃称合璧，物之显晦，固自有时。然欧书究略必得，如裴松之之注《三国志》而后为尽美也。作史最重表、志，《汉书·古今人表》殊失断限，惟《隋书》志兼五代，绍闻述往，厥意甚宏。若魏收取同时列国之君，而强附臣传，斯无谓之至也。

制策又曰："士为四民之首，朝廷登选，将以备任，使厚风俗也。"臣案虞廷有九德之采，周室有三物之兴，汉晋以来郡国守相得以掌荐举之权，九品中正得以司人物之柄。自隋而晋绅发轫，始由于科目。唐代因之，其科之目有秀才、明经、进士、俊士、明字、明法等科。而士俗所向，惟明经、进士而已。李肇《国史补》云："进士为时所尚久矣，其争名常切，其为俗亦弊，盖其势然也。"唐博士、助教分十经，为大中小以授诸生。宋司马光欧阳修并以分路均额为言。熙宁元祐之间，经义诗赋迭为废兴。景德祥符之际，糊名易书，制防已密。盖禄利之路既开，斯浮薄之风日竞，此班固已致意于儒林，而蔡邕欲求正乎经字也。然则欲正本澄源者，必如朱子《学校贡举私议》仕士之来者，为义而不为利，则三代之风可以复见矣。

制策又以除其害所以溥其利，而欲疏瀹与堤防并用。斯体国经野之善术也。昔平当以明《禹贡》使领河堤，奏言经义有决河深川无堤防壅塞之文。按《周礼》匠人为沟洫，稻人以防止水，以潴蓄水。盖其制相为表里，故曰善沟者水漱之，善防者水淫之。自秦开阡陌，制度悉堕，而水利之说始兴。《史》《汉》所载，如史起引漳以灌邺，郑国导泾以富秦。郑当时穿渭关中，庄熊罴引洛商颜，李冰、文翁凿通江水，并言其利。然水就下者也，遏而陂之，利于旱而不利于水。而翟方进、杜预之徒，又必欲尽去陂障，则逞其偏见，而未规其美全也。夫因势利导，存乎其人。我朝海塘、河工、江防诸大政，悉奉睿略指示，相度机宜，安澜胥庆，诚驾禹功而上之者矣。

制策又以鉴古必取宜今，有可因有不可泥。斯尤执权用中之至道也。臣以为五帝殊时不相沿乐，三王易世不相袭礼，盖创制显庸，自有制度，初不必慕古昔以为美名也。如疆域也，南北一候尉，不必置屯戍而自固金汤。如马政也，天骥充下陈，不必立监坊而如游沔渭。更若国典朝章上仪，隆礼于监古成宪之中，寓综核名实之道。伏读御制《评鉴阐要》，著日星之大义，垂政典之恒经，洋洋乎丕天之大律，畴能亘之哉！

若此者，鸿都虎观，不足言经术也，金馈石室，不足言史才也，兴秀举孝，龙首白渠，不足言其训俗而厚生也，夏造殷因，或素或青，不足言其折中而贯当也。案六经而校德，眇古昔而论功，备哉粲烂，真神明之式也。臣伏愿皇上本日新之德，法天健之行，安益求安，延洪曼羡，国家亿万年无疆之庆肇此矣。臣草茅新进，罔识忌讳，干冒宸严，不胜战栗陨越之至。臣谨对。

## ▎史海钩沉

胡长龄考中状元的时候，按礼节，应该去拜谒和珅。胡长龄却因为不齿和珅的作为，不愿交结，就没去拜谒和珅。和珅十分恼火，就让胡长龄当了翰林院修撰。这在朝廷是一份没有油水的"清差"。朋友们看他日子过得太清苦，就悄悄在和珅做寿时，用乌贼鱼的墨汁仿照胡长龄的笔迹写了一副寿联，送给和珅，并解释说，由于胡长龄太穷，没有一件像样的衣服可出门做客，不能亲自来贺寿。和珅这才让他去山东任学政。

嘉庆年间，和珅倒台，家中被抄，人们发现朝廷大臣与和珅都有往来，唯独没有胡长龄的只字片言。原来用乌贼鱼墨汁写字，时间一长，字迹就消失了。由于胡长龄的正直和才干，得到嘉庆皇帝的赏识，官职逐步提升。

## 乾隆五十五年（1790）庚戌恩科状元：石韫玉

石韫玉，字执如，一字琢如，号琢堂。自称独学老人，别署花韵庵主人，吴县（今江苏苏州）人。祖籍丹阳。

殿试皇帝：清高宗爱新觉罗·弘历

## ▎策问

制曰：朕祗承大宝，命仰荷燕翼贻庥，御宇久长，日慎一日，惟是纳隍驭朽，廑于以养以教，以子惠兆民，上答昊䌓恩德。今幸年跻八旬，康强勤恁，未敢高自颐养，抑非术致驻延。孜孜不息，久习而安，用致五代逢吉，四裔向风，保赤诚求，鲐倪爱戴。然犹仔肩罔怠，思欲持敬宅心，鉴古出治。千仓藏富，六计励官。而集思广益，贵乎周逮。乃询尔多士，以宁昌言。

《洪范》《九畴》，五福验之人，八征验之天，而总原于五事之敬用。故主敬者，天人之合也。《尚书》道政事赅，帝王五代心传，万世治要，其中深切著明，惟"曷其奈何弗敬"一语，足蔽全书。向曾于读《召诰》篇，阐厥义宗矣。若夫耆妳子姒之临其下，禹皋伊旦之贡其君，六体十例中，与斯言互为发明者，可胪举欤？《易》《诗》《礼》《春秋》可旁通欤？《大戴礼》《逸周书》《管子》《晏子》、荀卿《成相》、淮南《主术》，亦有绅绎斯语者欤？《帝范》《帝学》《大宝》《丹扆》、二箴、《大学衍义》《养正图说》，或言主敬，或不言主敬，而义相印事相彰者，可指述欤？能以此扬明廷，抑用资宥密也。

以古为鉴，可知治忽。编年之体《通鉴》谦不敢继《春秋》，而托于继《左传》。其平生精力，书局自随，同撰者何人，分代者何属，采取者正史外何书。略而为目录，析而为《甲子纪年》，订而为《考异》，别而为《稽古录》，体例可陈欤？分而冠之以纲，为《纲目》，尽出朱子之意欤？远而追之于古曰前纪，征引尽轨于正欤？续当代者《长编》，《五朝》《九朝》有全帙欤？建炎以来，《朝野杂记》不少约欤？续后代者《宋元通鉴》，两家之作孰优欤？然且纪统纪年不出至公，纪事纪辞或嫌失实，炎兴存宋，宣光黜元。黄帝国画万区，后启鼎铸九赋，释兵权者诧奇谋，耽晏安者夸至孝，火牛燧象，虎渡蝗迁，昔备之鉴评，尚无惹于《春秋》之义乎？

蠲贷之政，惠泽攸先，损上益下，惠心元吉，《易》义可绎欤？昔人谓古者画井授田，故无蠲政。然帝王因利利民，《周官》之职，《左传》之文，其制亦有相近者欤？除民田租，史昉汉文，有蠲半者，有蠲十之三者，有免逋者，有免酒课坊税者，有巡幸而蠲，有封禅而蠲，有幸旧宅而蠲，有军所过而蠲，有优圣人林庙而蠲，皆能指其年代，稽其事实欤？宽缓之令，宋人谓之倚阁，或且迫于衷私，累于破限，甚至有黄纸放白纸收者，当时章奏剖陈之，能言其弊欤？至于放民租，而以内库揆还，非示人私欤？因免赋而及私债，不扰民欤？朕课晴问雨为民亟三时，布闾敷酺为民谋四酺，自乾隆五十年以前，蠲贷已二千万万，积岁有加焉。本年以大庆普蠲天下钱粮，三年而遍，冀裕盈宁而广和乐，民力其有纾欤？奉行其尽善欤？多士自田间来，盍谠陈之。

善为政者，安民必先察吏，《尧典》重乎允厘，《舜歌》戒其丛脞，其要在先事后食，勿欺而已。《周官》太宰受其会，正其治，听其政事，岁月日皆有期会，能详之欤？三载考绩，三考黜陟幽明，又有十二年之巡狩，大明黜陟，立法之意可征诸说经家欤？唐考流外官四等，宋考百官三等，皆以勤为上，能列其目欤？城隍修理，为二十七最之一，窃盗十一而得十为中考，能举其故事欤？官千百，《官箴》之所规，政经之所尚，断章可取欤？戒石本有全辞节镌公廷，何时所颁欤？

朕耄念殷求，出则秉烛待章，居则宵衣鲜寐，以尽负扆之职。盂水方圆之谓何，何犹有延玩庇饰者？率作兴事，慎宪省成，法犹未尽良欤？凡法立，敬则不忒，法古则不愆，孚惠则不屯其膏，苾勤则不懈于位。书之简策为治谱，庀之朝夕为躬行，予曷敢弗腐亶，其孰敢弗。上下交修予一人，藉报帝载鸿贶之隆尔。万方更胜公堂。咒觥之祝家修，廷献明道敷言，毋讳毋肤，朕将亲遴焉。

## 对策

臣闻上德之应锡极而观文，大猷之升諴民而贞度，天子体天出治，法行健以乘时，溥太和以寿世，福禄于是乎集，仪型于是乎乎，惠保章于俊民，亮采熙于庶绩，皆本此自强不息之精神，以固纯常而凝宝命。《汉书·礼乐志》曰：德施大而世曼寿，高贤愉而民和乐。言训行于上，斯瑞应于下，由是体诸躬则向用之庥，垂诸世则成宪之监也。以之保世而治官，则惠鲜董正之隆轨也。荀悦《申鉴》曰："三才允叙，五事交备。"膺鸿名而受多祜者，盖莫隆于此矣。钦惟皇帝陛下，德备福征，道光文治，惇允元之精意，播熙载之良图，亦既保极敛时，称先则古，迩安远格，大法小廉矣。兹乃以万寿昌辰特开庆榜，进臣等而策以敷言监古之精，惠庶叙官之要。如臣梼昧，安能仰赞高深。惟念先资拜献古人靖共之义也，敢不竭其愚以对。

伏读制策有曰："《洪范》《九畴》，五福验之人，八征验之天，而总原于五事之敬用。"因而推论夫五代心传，万世治要。臣愚以为《皇极》者《九畴》之本，而五事又《皇极》之本也。孔安国《书传》曰：极者中也。朱子亦曰：中所以为极者也。故"允执厥中"一语实与建极之义相发明，而危微精一皆敬用之实功。尧之钦明，舜之温恭，禹之祗承，汤之懋昭，文武之缉熙执竞，罔非此一念之敬基之。故《尚书》五十八篇，有六体以表其义，有十例以发其凡，七观以宣其蕴，而《召诰》"曷其奈何弗敬"一语直可该全书之意。曰王其疾敬德，曰王敬作所不可不敬德，皆所以为祈天永命之原。

而敬事上帝，敬保元子，君臣交勉，咨儆一堂，均足互相印证者也。后世哲后贤臣，读其辞而心知其义，故唐太宗《帝范》十二篇严饬躬阐政之几，张蕴古《大宝》一箴著物侈声淫之戒，李德裕《丹扆》六箴胪辨邪纳诲之条。而宋真德秀《大学衍义》一书，前列二者之纲，后分四者之目，胥推本二帝三王之心法治法以立说焉。我皇上体元建极，宵旰勤思，固已治臻上理，中外会归。兹届八旬圣寿，特镌八征耄念之宝，诚求保赤，惟日孜孜，直以尧舜、禹汤、文武之心为心。五福备其隆，五行顺其序，实基于此矣。

伏读制策又曰："以古为鉴，可知治忽。"因而稽夫《通鉴》《纲目》之作。臣考编年之史昉自荀悦，而柳芳、陈岳、马总、贾纬之徒代有撰述。至宋司马光作《资治通鉴》，上起战国，下迄五代，年经国纬，托左氏表年之例。其时同撰者如二刘一范，皆抱著作之才。其所采录，正史而外，若葛洪《西京杂记》、刘珍《东观汉记》、崔鸿《十六国春秋》、萧方《三十国春秋》、王韶《太清记》等书，指不胜屈。学识既精，征引又富，综计二百九十四卷。又别为《目录》三十卷，以备检阅，《考异》三十卷，以参异同，稽古一图，以资讲读，《历年》五图，以便讨论。直能括一千三百六十二年事迹于一书之中，其体大，其思精矣。朱子因之作《纲目》，表岁以首年，因年以著统。削新莽以纠班固之失，正蜀汉以革陈寿之非，述渑池之会则宗杨氏之言，辨博浪之椎则原程子之说。夫唯博览深思，故克集其大成焉。他若尹起莘之《发明》，刘友益之《书法》，汪克宽之《考异》，王幼学之《集览》，徐昭文之《考证》，陈济之《正误》，冯智舒之《质实》，皆能各成一家之言，而羽翼正史者也。要而论之，史家著述，或臆断而失之谬，或好怪而失之诬，谓轩皇之封国为万区，谓姒后之铸金为九赋。夸田单针尹之奇策则述火牛燧象之谋，誉刘昆宋均之循声则载虎渡蝗迁之异。论以传论，古今耳食而莫之辨。皇上几余清暇，评骘史事，睿训详明，以辟古今史臣相沿之陋，诚足与《春秋》之义相发明矣。

制策又以因利利民，《周官》《左传》其制亦有相近，而因及历代蠲缓之令。臣谨按《周礼》大司徒减未输之租曰薄征，维时无所为蠲免也。迨西汉孝文帝，始诏除田之租税曰蠲除。考之《汉书》，文帝二年诏赐民田租之半，十二年诏赐民租税之半，十三年诏除田租税。武帝蠲诸逋贷，宣帝元康元年、神爵元年，元帝永光四年，俱诏所赈贷勿收。此汉代蠲除之大略也。踵而行之者，宋孝武帝有逋租缓征之诏，而唐武德开元贞元之间累蠲宿逋。权德舆曰："役不蠲除，亦无可贷之理。"宋太宗至道二年，诏悉除逋籍。真宗咸平元年，遣使四出，蠲宿逋至一千余万。仁宗时改追欠司为蠲纳司。淳熙而下但循旧规。

朱子在浙东时，建议以去年已纳之数应作明年未纳之数，则百姓被泽不致偏枯，而官吏亦无由滋弊矣。此又历代蠲除之事，载在史册，可考者也。我朝薄赋轻租，民间已多储积，而又屡有蠲除之令。本年恭值万寿庆典，普免天下钱粮，裕盈宁而广康乐，无一夫不被泽矣。

　　制策又以安民必先察吏，而详求慎宪省成之要。臣谨按察吏之法昉于唐虞，敷奏明试，三考黜陟，尚矣。夏有遒人之徇，商有官刑之儆，皆所以考课也。周以八法治官府，八枋御群臣，六计弊群吏。以及日成、月要、岁会，随时以考，而总诸冢宰，黜陟行乎其间。汉初以六条察二千石，东汉则司徒掌人民事功，太尉掌四方兵事，司空掌水土事功，岁终奏其殿最。晋以五条考郡县，而杜预又改其法，委达官各考所统。唐之考课分以二十七最，差以九等，其法视前代加详。而镇防重城隍之筑，守令严窃盗之捕，则因其地因其时亦调剂之。《戒石铭》黄庭坚书之，而梅尧臣有开元戒石之句，则唐已有之矣。宋之考课大略因唐，而绍兴中以七事为考，熙宁中以九事为最，此可见二主励精求治之心。而高宗时则又分守令所课与县令所课而二之，皆非初制也。要而论之，治官之道有治人无治法，而察吏先察大吏始。为大吏者，果能实心任事，洁己率属，则寮吏宁有玩延庇饰之事乎？

　　若是者，主敬以格天，敷文以成化，惠心协其元吉，奋庸救其时几，固已臻郅治之庥，洽同风之化，凛保泰持盈之念，成重熙累洽之模矣。而臣尤伏愿皇上，法天行之自强以日新，为富有敛时锡福，安益求安，则我国家万年景祚之庥长无极矣。臣草茅新进，罔识忌讳，干冒宸严，不胜战栗陨越之至。臣谨对。

## 史海钩沉

　　石韫玉的科考历程也不是一帆风顺的，秀才考了两次，举人也考了两次，进士考了六次。乾隆皇帝八十寿辰，开恩科会试。乾隆皇帝亲自拔石韫玉为第一甲第一名，授翰林院修撰。石韫玉写了《闻喜》诗六首，其第三首写道："王后庐前定价难，十人先谨五云端。君恩特敕魁天下，御笔亲题墨未干。"表达了自己的欣喜、感恩和感激之情。

## 乾隆五十八年（1793）癸丑科状元：潘世恩

潘世恩，字槐堂，号芝轩，江苏吴县（今江苏苏州）人。

殿试皇帝：清高宗爱新觉罗·弘历

### 策问

制曰：朕荷天宠命，御寓久长，兹幸功蒇十全，庆征五代。每虞盛满，日切勤求，虽年逾八旬，未敢少耽安逸。缅唐虞之心，绍溯孔孟之微言，期康阜于闾阎，励夙谦于夙夜，时慎敕几，思登上理。咨尔多士，伫听嘉谟。

十六字心传尚矣，蔡氏沈《书序》言之綦详，其说可悉陈欤？执中一言，禹汤武相传不易，所以致其精一者，其要何居？唐太宗作《帝范》，所言果尽醇欤？宋范祖禹《帝学》一编，具有条理，能见其大者何在？真德秀《大学衍义》仅及修身齐家而止，其治平之迹果可举而措之欤？邱浚《大学衍义补》，政典极为详备，抑尚有提挈大纲者在欤？洛学末流歧为二派，永嘉之学好谈经济，朱子谓其近事功，其故安在？其源流得失，能一一言之欤？金溪之学流为姚江，紫阳之徒流为河津，世多以河津为正脉。然论者或谓王守仁所树立，断非薛瑄所能。可详言之欤？王畿以后，讲心学者又空虚而无实用，其故又安在欤？

汉代力田与孝弟并重，宋代守土之官结衔必有管内劝农字，犹三代重农之遗意也。其规制尚可考欤？明代有检田之吏，其设官之意与古人同欤，异欤？《孟子》有不知检之句，《汉书》引之作敛。然则采买积贮，周代已有之欤？他书尚可考者欤？朱子社仓立法至善，而论者或谓其近于青苗法。其似同实异之故，能悉举之欤？

《尧戒》称："战战栗栗，日慎一日。"舜庸作歌之时，亦称敕天之命，惟时惟几。古帝王治定功成兢业犹如是也。宋张根作《吴园易解》，六十四卦之中惟泰卦别著一论，反覆申明，能约举其大旨欤？泰之内卦即乾，本有健行不息之义，能阐发其意欤？老氏知足知止，仅自守而已。圣贤之学必有所持守运行，而后能久于其道。能指陈其要欤？多士稽古有年，必有淹贯博通深达于治理之原。可以敷之实用者，悉抒所蕴，副朕博访之意焉。

## 对策

臣闻建中者心法之要也，懋修者致用之原也。敦劝课以训农功，所为家给而人足也。敕几康而勤夙夜，所为久安而长治也。自古圣皇配天立极，重道崇儒，厚民生而三时不害，承昊贶而庶绩其凝。《书》曰："念终始典于学。"《易》曰："成性存，存道义之门。"《诗》曰："立我烝民，莫匪尔极。"又曰："小心翼翼，昭事上帝，聿怀多福。"是皆本乎设诚致行之衷，以为敷治绥猷之具，用能弥纶天地，荣镜宇宙，祉祚流衍，纯嘏延洪。所为畅九垓而溯八埏，洋洋乎帝者之上仪也。钦惟皇帝陛下，德勤参两，运协升恒，固已绍往圣而益懋缉熙，正学术而聿端趋向。兆民普乐利之休，百度凛几康之饬矣。乃圣德渊冲，愈深《无逸》作所之念，倍切思艰图易之怀，进臣等于廷，而策之以圣学儒修足民勤政。臣之祷昧何足以知体要，顾念先资拜献之义，际兹对扬伊始，敢不敬诵所闻。

伏读制策有曰，十六字心传尚矣，执中一言相传不易，而因思所以致其精一之要。臣惟二帝三王之治本于道，而二帝三王之道本于心。是故礼乐教化，心之发也。典章文物，心之著也。家国治而天下平，心之推也。此蔡氏沈书序言之綦详也。执中一语禹汤以来相传不易，要亦严辨夫人心道心之界而已。盖人心易私而难公，道心难明而易昧。惟精以察之，斯不杂形器之私，一以守之，则纯乎义理之正，而执其中矣。要所以致其精一者，其要在于存诚，而其功在于居敬。存诚而后中之体有以立，居敬而后中之用有以行。此帝王传心之本也。后世哲后贤臣心知其意，如唐太宗《帝范》十二篇，始君体建亲，终阅武崇文，王道本末兼该。宋范祖禹《帝学》八卷，上自三皇五帝，下迄宋代神宗，圣学实事具备，皆足与典谟相发明。真德秀《大学衍义》，大旨在正本清源，故首之以为治之要，为学之本。次分四大纲曰格物致知、曰诚意正心、曰修身、曰齐家，而治平之略缺如。邱浚因之，仿真氏所衍之义，于齐家之下，补以治国平天下之要，其为目凡十有二，曰正朝廷，曰正百官，曰固邦本，曰制国用，曰明礼乐，曰秩祭礼，曰崇教化，曰备规制，曰慎刑宪，曰严武备，曰驭外藩，曰成功化。真氏之书本之身家以达之天下，邱氏之编则又将致治平之要以收格致诚正修齐之功也。昔宋儒程颐有言：帝王之学与儒生异，儒生循习章句，而帝王务得其要以措诸事业。夫古者危微授受即以致时雍风动之休，宥密单心即以绍显谟承烈之绪，事功之与学问岂不同条共贯欤！我皇上君师兼体，敛锡同原。内圣外王之学一以贯之，洵足与勋华媲美矣。

制策又以洛学末流歧为二派，王畿而后徒尚空虚，欲究其源流得失。臣惟尧、舜、禹、汤、文、武、周公、孔子以道法相授受，自荀董绍闻而后，濂洛未出以前，其所谓学，大都不过诵法先圣以修己治人，无所谓理气心性之微妙也。自濂溪周子得不传之秘，作《太极图说》《易通》等书，二程师之。于是明艮其背之义，申反鉴索照之戒，析无主则实有主则虚之辨，而濂洛之学灿然大明，一时相望而兴者。盖横渠之以礼为教，尧夫之以数为学，而其指归要不失濂洛正传。惟陈傅良之才高气粗，述汉唐致治之具，自任欲兴礼乐。陈同甫之智数法术，修皇帝王霸之略，自谓长于用兵，殊非儒者切己近里之学。则朱子谓永嘉学术急近事功，良不诬也。金溪之学，世多谓其涉元虚。然考其生平事实，子静之才极大，其为荆门州，至境内无贼，路不拾遗，又尝造一城，估计五十万人者，止用五千人，克日而就。姚江之学实宗子静，故其劾刘瑾，戡剧盗，倡义讨平宁藩，气节勋烈，推重一时，视子静更有出蓝之誉。然则守仁之学确然有以自得，亦确然有以自立。彼河建之贵践履，拳拳于复性，于学虽为正脉，要其树立岂可与守仁同日语哉！至若王畿、王艮之徒，沿其师说，堕空虚而无实用，使人病为浙学，此亦如子夏之后，流为庄周，而非姚江之过也。方今圣天子敦崇实学，溯先圣之微言，析诸儒之底蕴。世之学者，宜何如束修砥砺，以期蕴之为德行，发之为事业乎！

　　制策又以汉代力田与孝弟并重，而欲勤求于三代重农之遗意，积贮之良规。臣闻道民之路在于务本，是以《周官》九职以农为首，《洪范》八政以食为先。至于汉代置力田常员，薄其租税，宠其强力，令与孝弟同科，凡以务农功勤本业也。逮夫宋世此意犹存，自雍熙、明道间，亲耕籍田，屡申劝农之旨。至道中爰置劝农使，其见于《宋史》者，有陈靖为西京劝农使，按行陈许等州。景德中复诏诸路转运刺史以上并领劝农使，知州军通判并兼劝农事。天禧中并改诸道提刑为劝农使副使，兼提点刑狱。于是一时守土之官，无不以管内劝农结衔。此犹见三代遗意。若明之编黄册，走官民田，而因有检田吏，不过为征收粮税之计耳。且夫重农者盛世之首务也，积贮者生民之大命也。考周制大司徒荒政，一曰散利，遗人掌乡里县都之委积，旅师掌聚野之锄粟屋粟闲粟，平颁其兴积，施其惠，散其利。凡用粟，春颁而秋敛之，是采买积贮。周代已有之，固不第《孟子》有不知检之句。《汉书·食货志》引之作敛，师古注谓菽粟饶多，此时可敛，为可据也。朱子社仓立法最善，所谓敛散有经，维持有要，即此乡之粟活此乡之民者。而论者或谓其近于青苗，不知青苗以钱，社仓以粟，青苗主以官吏，社仓储之里保，青苗志在取息，社仓志在济农。迹虽同而实迥异矣。我皇上爱养黎元，无微不至。偶遇歉收，截漕平粜，有加无已。所由跻斯民于仁寿，而迪万姓于吉康也。

制策又曰，帝王治定功成，不忘兢业，圣贤之学必有所持守运行，而后能久于其道。此尤持盈保泰之要图也。臣惟唐虞之世，黎民于变，万邦协和，府事孔修，平成永赖。而法宫之上不敢康宁，岂过慎哉！《尧戒》曰："战战栗栗，日慎一日"。《书》曰："敕天之命，惟时惟几。"王者奉天临民而安不忘危，类如此也。谨按大《易》首系乾元，乾者君象也，而必以自强不息为本。言人君代天出治，必法天之行以为行也。夫阳开三而成泰，乾之三曰："终日乾乾，夕惕若。"盖忧勤惕厉，所以开泰交之运也。故泰之三亦曰："艰贞无咎。"按程《传》谓既能艰贞，即可常保其泰。又曰："善处泰者，其福可长也。"盖德善日积，则福禄日臻；德逾于禄，则虽盛而非满。是说也，诚得保泰之道矣。要之开泰者一元之运，亦临亦保，治化所以常贞也。保泰者，不息之诚，无怠无荒，规为所由大备也。宋张根《吴园易解》六十四卦中于泰卦别撰一论，所以深著满盈之戒，发明保泰之义者，至详且备。夫日月得天而久照，圣人久道而化成。《书》曰："满招损，谦受益。"是以尧舜业业，汤武皇皇，即使已治已安而犹廑其咨其儆。伊古帝王未有不励精图治若此者也。若老子知足知止之论，仅知自守而已，要岂足以语至治哉！圣朝太平日久，累洽重熙，奏十全之武功，廑八征于耄念，固已事勤于三五，而功兼乎在昔，综观前古莫与比隆矣。

若此者，圣敬日跻，儒风丕焕，百室有盈宁之庆，万几凛逸欲之防，猗欤盛哉！臣尤伏愿皇上懋日新不已之功，成悠久无疆之治，慎之又慎，精益求精，中外乐康，神人褆福，我国家万年有道之长基诸此矣。臣草茅新进，罔识忌讳，干冒宸严，不胜战栗陨越之至。臣谨对。

### ■ 史海钩沉

潘世恩状元及第，授修撰，从此官运亨通。历任侍讲学士、内阁学士、户部左侍郎等职，同纪晓岚一起编修《四库全书》。

潘世恩，二十五岁登科及第，历经乾隆、嘉庆、道光、咸丰四朝，仕途风顺，一生富贵。

## 乾隆六十年（1795）乙卯恩科状元：王以衔

王以衔（1761—1823），字署冰，号勿庵。安徽休宁县合阳（今属黄山市屯溪区）人，寄籍浙江归安（今浙江湖州市）。

*殿试皇帝：清高宗爱新觉罗·弘历*

## 策问

制曰：朕懋膺昊眷，惟日孜孜，延洪景命，四事是黾，八征念协，以唐虞三代之心为心，以唐虞三代之治为治，期天心之吉祐，冀民俗之协中，海隅咸买犊之风，乡校整掺觚之体，庶跻上理，爰布嘉谟。尔多士尚其敬听。

民之天惟君，而大君为天之子，应天以实不以文。庶征协应，首重养民。汉文帝赐半租，宋仁宗免积逋一次，仅见之举汔致小康。我世祖章皇帝定鼎之初即定田赋额，圣祖仁皇帝曾经普免田赋漕粮各一次，世宗宪皇帝蠲免浮粮，如苏松二府每年减至数十万。朕御宇至今，免天下钱粮四次，免漕粮三次，免各款积逋亦不下数千万。凡以殷怀保赤，敬体天心，子之于父，不敢言报。天之于朕，申锡无疆。古之荧惑退舍，蝗不为灾，虽未可尽信史册，而善言天者必验于人，其说何若若？

虞廷弼教，钦恤惟刑。《禹刑》《汤刑》，其书缺轶。肉刑除于何时，非刑酷于何代，刑之属何以共系三千，法与名何以各为一家，刑与兵何以合为一典？朕慎重民命，准之天理人情，以为明罚敕法。当虑囚之时，惟期其得实。观纵囚之事，每哂其好名。引《春秋》以决事，非读书读律者所当留意欤？

古之海防以御外寇，故明郑氏《海防全图》袤延万里，多讲戍守之方。今中外大同，鹿耳、鸡笼久已内属，菱塘、沙湾诸盗薮，亦全就廓清。所防者，莠民之出洋窃掠而已。惟是波浪迢遥，帆樯倏忽，乘隙窃发，往往难稽。论者以为稽人不如稽舟，稽出不如稽入，稽水不如稽陆。盖出洋行劫，赃必载还。于出口先给一票，记舟中之所有。无赀而往，有挈而来，其来历可诘也。出产货物各有其地，贩鬻货物各有专行。货非生所往之地，及忽卖此货，忽卖彼货，恒无一定者，其来历亦可诘也。果可行欤？不虞其滋扰欤？

民风多随乎士习，士习可验于文章。故韩愈曰："仁义之人，其言蔼如也。"古法乡举里选，汉尚有孝廉茂才诸名，制科则偶一举行，不为定制。进士科始自隋而盛于唐，至宋元祐中始变诗赋为经义，元延祐因之，明洪武中遂定为三场之制，沿用至今。或谓隆庆以后不及嘉靖以前，然摹拟王唐每成貌似。又谓隆庆以后始机法周密，天启以后始议论崇闳，然纤巧恣肆之敝又因以丛生。果以孰为是欤？至文以明理，而或驰骋以见才，或擘积以见学，固为陋习。然一矫其敝，又或枯窘而空疏，使庸浅者易售。又何以酌其中欤？

凡此者，乾惕朕衷，一日二日欲至于万年，于惠心孚其昭事，于止辟播其祥和，于戢暴致其安恬，于作人观其成化。多士桥门释褐，学古入官，言资先献也。毋泛毋隐，朕将亲览焉。

## 对策

臣闻行庆施惠所以阜成兆民，除莠安良所以劝惩庶类，掌疆掌固之制设而四海无虞，师氏保氏之教兴而万民向道。圣王治洽敦庞，化昭炳蔚，莫不以绥猷敷教之典，致延洪纯佑之符。《易》曰："自上下下，其道大光。"见惠民之心焉。《书》曰："刑期无刑，民协于中。"纪禁民之法焉。《礼》曰："外户不闭，是谓大同。"《诗》曰："倬彼云汉，为章于天。"言风俗皆臻于上理，而人文可观其化成焉。当是时也，上有钦明浚哲之德，下有亲贤乐利之庥，郅治上仪，万福所由向用也。钦惟皇帝陛下，建中出治，锡福同民，固已百室庆夫盈宁，万类公乎彰瘅，朝野聿臻，静治庠序，式焕光华，斯诚千载一时也。乃睿德谦冲，其无逸之念弥深，建其有极之思，复进臣等于廷而策以安民之术、弼教之方、制治之严、同文之治。臣之梼昧，譬如细流土壤奚裨海山。顾义切对扬，时当敷奏，敬承清问，敢不就平时诵习谨述所闻，以效管窥蠡测之忱乎！

伏读制策有曰："庶征协应，首重养民。"斯诚惠爱黎元之盛心也。臣考唐虞三代之君，继天出治，勤恤民隐，布德施惠，屡见于经。《周官》大司徒减未输之租曰薄征。春秋列国救时之政，薄敛已责，往往而有。迨汉孝文二年，诏赐民田租之半，十二年诏赐民租税之半，十三年诏除田租，税则蠲免。施恩自汉文始，其后武帝蠲诸通贷，宣帝元帝俱诏赈贷勿收。至唐武德、贞观、开元，宋至道、咸平，俱诏除宿逋，仁宗亦免积逋一次。总论汉唐以来，蠲免或因桑梓之乡，或因巡幸之地，或因封禅郊祀、谒圣奏凯诸事，故阅数十年而一见，未能数数然也。我朝定鼎以来，逮下之厚，体恤之周，已迈两汉唐宋。而上仰惟皇上功叙十全，德施屡降，免天下钱粮四次，免漕粮三次，免各款积逋又不下数千余万，此固生民以来所未有者也。其在《书》曰："惟天惠民，惟辟奉天。"既敬承天意，将见德化丕懋，协气旁流。史册所载星退舍而蝗不害，又理所必然者矣。

制策又以虞廷弼教，钦恤惟刑，而兢兢于明罚敕法之间。臣按舜之时德威德明，爰定五刑之制，尔时民协于中，罔干于正，尚已。禹则下车有政，而夏之后世作《禹刑》。汤则祝网有仁，而殷之后世作《汤刑》。宜晋之叔向与周之九刑同讥也。五刑之属三千，详于《吕刑》及《周官》，此刑之律也。至上下比罪者例也，虽不止三千，要不外三千之定律。至五刑中有肉刑三。汉文十三年淳于公得罪，其少女缇萦上书愿代，因诏除肉刑。其时张仓、冯敬请易黥为髡，易劓为笞三百，易斩左趾为笞五百。至今读"改行为善，道亡由至"数语，想仁人之言之利溥焉。至武帝时，张汤、赵禹之属以苛为察，以刻为明，作见知故纵部主之法，禁网甚密，刑非其刑，识者讥之。夫刑与兵，俱以象天地严凝之气。其合为一者，即董仲舒所云"阴常居大冬而积于空虚不用"之意，故以减为主。其分为二者，如《书》所称"慎于庶狱又必克诘戎兵"也。圣天子好生为德，事准乎情理，律断以《春秋》，民志静而奸不生，民气和而刑可措。彼肆眚失刑，纵囚干誉，岂不重可嗤哉！

制策又以古之海防以御外寇，而因及稽察之方。斯又预防之善术也。臣考海之近内地者，自广东乐会县起，经八闽环浙江，沿江南达山东，抵辽东山海关，袤邪一万五千余里，则绵亘之地甚广。粤则有三路，闽则有五塞三游，浙则有四参六总，江南则有七汛九堡，山东则有登、莱、青三郡，则设守之地诚多。晋唐以前，收鱼盐之利，通番船之饶，即有寇盗旋亦荡平。至明嘉靖间倭寇窃发，海防之严自此始。方今中外一家，膏泽覃洽，鹿耳、鸡笼久已内属，荧塘沙湾诸渊薮全见廓清，即有莠民亦且革面革心矣。顾宁谧者大同之规，而豫防者万全之策。夫海之风候不常，则事之稽查非易。惟于内洋山岛设兵驻守，则侦伺易而声援亦便。此稽水不如稽陆也。贼之出口行劫，赃必载还，则来历可诘。是稽出不如稽入也。出口之舟各给一票，复于每舟各烙字号以记之，如来无票与字号者盘问。是稽人不如稽舟也。而又诘舟之虚往实归，及贩货所产之地符与不符，则防之法密。将见迁善远罪，更无有敢售其欺者矣。圣朝化日光天，声教四讫，金柅以止柔道之牵，即金汤以巩苞桑之固。海不扬波久矣，岂尚有奸民不回心而向道者乎！

制策又以民风多随乎士习，士习可验于文章，俾砥砺廉隅学术醇美。臣闻宋司马光之言曰："士先德行而后文章"，唐之韩愈曰："约六经之旨以成文。"又曰："仁义之人，其言蔼如。"故文可验其人，而文必视所举。《周官》乡举里选，大司徒以三物宾兴。汉文有孝廉贤良科，孝武有茂才明经科，至进士科则始于隋而盛于唐。唐以诗赋取士，而应试者俱以才华相尚，即有极言直谏贤良方正诸科，大半以骈体取功名。宋则变诗赋为经义，以四书命题，考第高下以取士。夫以文取士，必原本经术，观其文即知其行，非徒苟焉已也。由宋迄明，总守此法。而有明一代之文亦致不同，嘉靖以前讲理法，隆庆之时讲机法，天启以后讲议论。夫机法议论之文盛，恐纤巧恣肆之敝生。而尚理法之文又恐貌似王唐，为空疏枯寂者所藉口。要而论之，质与文不可偏废，苟立言得圣贤之本意，揭经史之精华，则其人亦归于正，而不愧为经术之士。此听言即可观行，衡品不外衡文也。圣人寿宇凝庥，同文播化。《诗》曰："济济多士，克广德心。"其是之谓乎？

若此者，心以推心，而业臻大有，辟以止辟，而刑可称祥，戡暴有方，自征四海之长治，观文有准，可轶八佰之兴歌。自来阐乾符握坤珍，鲜可与此絜也，猗与盛哉！臣尤伏愿皇上，治益求治，安益求安，以日新久照之模，凛慎宪省成之义，德至周焉，法至备焉，守至严焉，化至洽焉。既仁育义正之兼行，亦武功文事之悉举，抚于五辰以凝庶绩。人物吉康，中外禔福，巍巍乎光四表而格上下，畅九垓而洎八埏，我国家亿万载无疆之庆基此矣。臣草茅新进，罔识忌讳，干冒宸严，不胜战栗陨越之至。臣谨对。

## 史海钩沉

　　三十五岁中状元的王以衔成了翰林院修撰，他的哥哥王以铻因为学识渊博，经史根底深厚，后来也进了翰林院。兄弟二人既为王家光耀了门庭，也让他们的家乡浙江湖州和他们的祖籍安徽休宁骄傲不已。

　　王以衔性格宽厚，为人和蔼，处处与人为善，从不在背后谈论别人是非。上自达官贵人，下至内侍工役，无一不称他是颇具君子风范的长者。

### 嘉庆元年（1796）丙辰科状元：赵文楷

赵文楷，字逸书，号介山，安徽安庆府太湖县人。

殿试皇帝：清仁宗爱新觉罗·颙琰

## 策问

制曰：懿惟凝禧集祐，长治久安，在乎夙夜宥密，单心基命。朕仰承昊苍眷祐，抚驭寰宇，幸辅宁谧康乂之庥，夕惕朝乾，不敢暇逸。勉思法一中之运量，考三古之规模，兆民遵正直之途，五材归化裁之用，克与垓埏瀛嶂，偕之大道。兹以敷奏为明试，爰举胪询。

人心道心，肇阐《虞廷》。帝王所以与天下相见者，心也。《书》所谓享天心，肩一心，洽民心，盖彻上下之义也。心之用，主乎敬。《尧典》一篇始终皆曰钦，即至于元首股肱，喜起赓歌，而尤最以钦，乃传心之功效也。经训之粹，足相证明者何语？伏羲以前尚矣，《文子》有神农之法，《新书》有神农之教，诸家言黄帝者更详。颛顼敬胜义胜之训，帝喾博爱博利之文。载籍微言，稽唐虞三代而上者，可举欤？《大戴礼》武王诸铭，能约其词欤？后世若《帝范》《帝学》《心经》《政经》亦有合欤？凡皆帝学心传，所宜沿溯也。

《周书》曰政贵有恒，《记》曰五帝殊时不相沿乐，三王异世不相袭礼，盖治道有定而不可泥者也。然其得失，可得而言。井田封建，古以为大经大法。然而汉起七国，唐限名田，踬而行之如梦丝矣。战之以车也，泉之以刀也，税之以绢也，后世断不可行，无论得失矣。周昉六官，唐沿六典，今犹其职。而掌隶分合，品秩崇卑，考课疏密皆殊。轩画万井，舜区九州，今更扩之。而疆宇襟带，控制沿革每异。它若刑法、食货、兵戎、礼乐，史迁之书，列史之志，旁及政书，如会要、典章、会典，所厘具者，能源本权衡言之欤？司徒修六礼、明七教，凡以节民性兴民德也。《礼·坊记》数千百言，皆以坊民而已。故《周礼》有禁暴之官，《王制》严左道之律。道政齐刑，三代不废。孔子曰："民可使由，不可使知。"使由者何途，不使知者何道？先圣名言必有奥旨，今未尝不禁奇邪，而诳疑未尽泯；未尝不严保甲，而奉行未尽善。蠲贷普而民或未尽厚生，教诫谆而民或未尽正德。至于吏为民父母，而富教非由科条；士为民表率，而迹弛无由观感。欲使道德一而风俗同，诸生来自田间，宜有闻见。

兵所以威天下，实所以安天下，田乘邱甲非如古之制也，步伐止齐非如古之法也。汉之南北军，唐之府兵纩骑，宋之更调，明之团营，与今之制孰善？钱文子之《补汉兵志》，宋之《武经总要》，明之《纪效新书》，与今之法孰详？

247

要所以奏肤功而成伟绩者，练其技则精而不茶，鼓其气则作而不竭，实其籍则不虞冗且浮，明其赏罚则不至窳且怠。古之善将将者，孰能得此意？《易》曰："师出以律。"孔子曰："我战则克。"其以此欤？

凡此者，式于古训而时几精一，传其学，监于成宪，而因革损益合其宜，民安于日用饮食，而遵路之俗成；士忘乎智名勇功，而知方之风劝。治道祉而协气蒸，其必有所由致，循是以观厥成，曷敢不亶。维尔修于家，扬于庭，毋隐毋肤，朕将亲览焉。

## ■ 对策

臣闻建中者锡福之原，善制者绥猷之本，观民者设教之方，讲武者安邦之要。桓宽《盐铁论》曰："修圣绪，宣德化。"言懋昭也。《淮南子》曰："放准循绳，曲因其当。"言法鉴也。《抱朴子》曰："运大钧乎皇极，开元模以轨物。"言善俗也。贾谊《新书》曰："王者战义，帝者战德。"言振武也。是以郅隆之世，时几儆而损益精，文治昭而武功备。盖惟有纯一不已之心，以驯致夫久道化成之治，而后能昭宣元化，鼓铸群生，俾梯山航海之众，无不蹈德咏仁而咸游于太和之宇宙也。钦惟皇帝陛下，至德敷文，精心鉴古，化遍而会归有极，握算而揆奋兼权。固已德教成而政皆适俗，民志定而士尽知方矣。乃圣怀冲挹，当重熙累洽之时，而复功保泰持盈之计。进臣等于廷，而策之以懋修之密，法古之精，与夫民俗之所以醇，军政之所以善。臣至愚极陋，何足以语此。顾念泰山不辞土壤，河海不择细流，敢不敬述所闻以效管窥之一得乎？

伏读制策有曰："人心道心，肇阐《虞廷》。帝王所以与天下相见者，心也。"而因及夫唐虞三代而上之圣学。此诚传心之要也。臣窃以为自古帝王未尝废学，是故黄帝学乎大真，颛顼学乎绿图，帝喾学乎赤松子，尧学乎尹寿，舜学乎务成跗，禹学乎西王国，汤学乎威子伯，文王学乎铰时子斯，武王学乎郭叔。此以知学之不可废也。夫学所以正其心，而心之用主乎敬。《尧典》一篇始终曰钦，元首兴歌，终以钦哉，其后禹之祗台、汤之日跻、文之小心、武之执竞，讵不与《尧典》相证明欤？唐虞以前，书缺有间。然而《文子》有神农之法，《新书》有神农之教。其最醇者，则有如《丹书》颛顼之训曰："敬胜怠者吉，义胜欲者从。"《大戴礼》帝喾之文曰："博施利物，抚教万民。"推之武王诸铭，所谓安乐必敬，戒慎必恭者，皆足以见治法之全也。若夫《帝范》十二篇，成于贞观，始君体建亲，终阅武崇文。宋范祖禹约三皇迄宋代之治法为《帝学》八卷，真德秀本《大学衍义》为《心经》一卷，《政经》一卷。此数书者，皆能综贯王道。则又三代以下之治术所略可见者。仰惟圣学高深，心德纯固，性命事功，同条共贯，生民以来未之有也。

制策又曰，治道有定而不可泥，其得失可得而言。臣谨案董仲舒曰："道者所由，适于治之路也，仁义礼乐皆其具也。"夫王者有改制之名，无变道之实。然而文质异用，风俗异宜。必泥古法而不顾天下之所安，强之以必从，持之而莫易，不几于刘歆王安石之以《周礼》乱天下乎？夫井田封建，先王本之以为治。然而汉傲封建而起七国，唐傲井田而限名田。岂封建井田未善哉！亦以汉唐之世非唐虞三代而已。今欲强战阵者以车，责市贷者以刀，令入税者以绢。军有不洧，市有不纷，民有不扰者乎？又何论夫得失哉！夫唐之六典即六官之遗也，今虽品秩考课之殊，而职官仍之熙绩；舜之九州即万井之地也，今虽控制沿革之异，而土宇于以敉宁。诚使变通尽利，则凡刑法食货诸大典皆可以少有因革，何必拘守其成法乎？此则治天下者之大要也。

制策又以道政齐刑，三代不废，欲使道德一而风俗同。此尤勤民之至意也。夫司徒修六礼以节民性，明七教以兴民德。《坊记》数千百言，而皆有以此坊民之语，诚见夫民之不可不教也。故禁暴有官焉，左道有诛焉。太公之诛华士，孔子之诛少正卯，子产之诛邓析，良以稂莠不去不足以安嘉禾也。夫奇邪禁则正士荣，保甲严则盗贼息，蠲贷普则民厚生，教诫谆则民正德。然而吏者民之父母也，士者民之表率也。吏而徒严科条，士而竞尚跅弛，则民安所观感乎？故汉制亭乡有三老啬夫游徼，所以辅风化而诘奸慝。凡有修行能帅众为善之人，以十月赐酒食。唐设里正，掌按比户课植农桑，检察非常。宋重保甲之法，明有《大诰》之颁，皆于治民之道兢兢焉。夫民非无良，亦在渐以化之而已。圣朝清和咸理，风俗敦庞，生斯世者有不遵荡平之路也哉！

制策又曰"兵所以威天下，实所以安天下"，而详及汉唐宋明之兵制。臣惟三代之前，兵制备矣。汉初南军以卫宫城，北军以卫京城，此京师之兵也。材官楼船以待战，率更践更为工役，过更谪发为戍边，此郡国之兵也。武帝时番上变为长屯，光武时长屯变为远征，而兵制以坏。魏晋以后无足言者，惟宇文氏仿周制为六军，颇有大小相维之势。唐定府兵之制，凡天下十道置府六百三十四，而关内则二百六十一焉。平居无事惟耕于野，有事命将帅之以出，事解则兵归于府，将归于朝，其制实为最善。张说乃请一切募士长从宿卫，更号彍骑。天宝之末彍骑则又废矣。宋之兵制有四：曰禁兵、厢兵、蕃兵、乡兵。统计天下之兵，京师居其半，内外重轻，适得其当。其后厢兵既多，县官坐受其困，此孙沔、苏洵所以忧而议之也。明京畿兵约五十万，尽诸省之兵不能当其数。于谦汰其老弱,得胜兵十五万,改为十团营,各设都督统之,体统相维,号令归一。嗣后或废或置,寝易其制焉。且夫军不习练,百不当一;习而用之,一可当百。《管子》曰:"缮器械,选练士,为教服,连什伍,遍知天下审御机数。"此兵主之事也。是故稽其籍而实之,选其技而精之,鼓其气而进之,明其赏罚而激励之,古之称善用兵者不越乎此。夫知兵之将,生人之司命也。郤縠以敦诗书而为元帅。其后孙吴有兵法,卫霍有别传,诚通其意。则钱文子之《补汉兵志》,曾公亮之《武经总要》,戚继光之《纪效新书》,皆可取而则之矣。

若此者,性道阐其微,损益昭其用,教养之泽,下周于九,有搜狩之制,无弛于四时,于以茂扬宏业,溥畅祥和。猗欤休哉!盖亘千古而独隆者矣。臣尤伏愿皇上安益求安,治益求治,天德懋而弥切寅恭,政绩休而不忘考证。时雍既协,犹深型方训俗之心;治化已昭,益鉴容民畜众之象。慎修思永,熙载厘工,宏化式敷,德威遐播。由是上畅九垓,下溯八埏,握符阐珍,固纯常而凝宝命,则我国家亿载咸宁之庆基于此矣。臣草茅新进,罔识忌讳,干冒宸严,不胜战栗陨越之至。臣谨对。

## ▎史海钩沉

赵文楷少年家贫,六岁初入蒙馆,聪颖过人。一生著作甚丰,诗文皆美。他作的《司空赋》文笔优美,自然流畅。赵文楷为官廉洁,身后没有留下家产田舍,留下的家训成为安庆赵氏子孙的家传至宝。赵文楷亲书家训"静以修身,俭以养德;交不忘旧,言不崇华"。赵文楷的裔孙代有英才,他的儿子赵畇也是状元。

## 嘉庆四年(1799)己未科状元:姚文田

姚文田,字秋农,号梅漪。归安(今浙江吴兴)人。官至礼部尚书。

殿试皇帝:清仁宗爱新觉罗·颙琰

## 策问

制曰：朕诞膺洪祚，统驭广轮。荷穹昊之祐，申缅祖考之彝训，兢兢业业，日昃不遑。恒思求帝王之法要，推修齐以至治平，挈刑赏之纲维，厘守令而宁黎庶。当生聚熙攘之后，虑稂莠之潜生；丰亨豫大之余，惧纷华之相耀。盖典学所以启化源，察吏所以培邦本。而预防奸匪，禁止奢靡，尤所以保泰而持盈，均不可不亟讲也。顾明作在乎朕躬，而得失则职诸舆颂。多士讲习有素，当深知学问经济之源流。又来自田间，见闻最切，其各抒所见，毋泛毋隐，毋摭拾陈言虚陈无用之论，朕将亲览焉。

溯圣学之源者，必推精一危微十六言。然允执厥中，实为治世之枢要。古帝王不空言心也，《易》为尽性至命之书，四圣人之微旨存焉。而六十四卦之大象中，如云君子以。以者，用也。非皆切人事言乎？而好语精微者，顾皆引之于心。然与？否与？孔门一贯之传，曾子得之。《大学》一篇，帝王之全体大用也。条目中节节各有其功力，而真德秀作《大学衍义》，乃略治平而不言，果操于一家之内，而国自治，而天下自平与？所谓帝王之学异乎儒生者，果安在也？

闾阎之休戚，恒视守令之贤否。顾守令之中，为民计者十不二三，为己计者十恒七八。其有情迫势逼激而上陈者，或曰恐启刁风，虽知其有据，亦不可不薄惩；或曰恐激众怒，虽不尽得实，亦不深究。各执成见，牢不可破。其何术使两得其平乎？悃愊无华之吏诚不病民，然缓急或不足恃。强健有为之吏诚足集事，然得志又或恣睢而横行。其何以各得其用乎？举劾不操之上官，非惟不持其柄不足以驱策群力，且君门万里，其长短何由上达？全委之于上官，其覆辙又一一可数也，其何以核其真乎？

天地之大，枭鸾并育，虽三代不能无奸民。奸民惑众，治之于已成，不如治之于未起，是诚然矣。然守土之吏，或轻忽视之以为无害，或惧干谴咎匿而苟安，故不能豫杜其萌也。惟是平时察之不严，则不免养奸贻患；察之太严，则胥役借此以扰民，或反激而生变。何术而使不枉不滥也？密相勾结伏莽伺隙者，当必有信使之往来，其何以侦伺之与？非道非僧，非寺非观，无故聚集多人，必露形迹，其何以稽察之与？兵役难保不通贼，贼难保不诡充兵役，又何以辨别之与？此当今之切务，有所闻见，其具陈之。

风会所趋，人情争向，太平日久，踵事增华，则奢丽生焉。此虽物力丰盈，故能相夸耀，然积而不返，亦非撙节养富之道也。惟是车裘服饰之细，实不能物物而稽，亦不能人人而察，必一一为之禁止。琐屑烦扰，恐不可行，其何以酌其中与？冠昏丧祭，原有定制，然诗礼之族或不尽循，里巷小民尤不能尽齐。论者谓禁止靡丽当自辨别等威始，辨别等威当自士大夫始。是或一道与？抑别有劝谕之术与？

以上四条或理关学术之精微，或事切民生之利病，或为人心世道之防，或为利用厚生之本。多士通经致用，今当先资拜献之始，伫望谠言，冀资启沃。其咸体朕意，各抒嘉谟焉。

## 对策

臣闻明德为新民之本，厘工实熙绩之原，禁奸宄所以安善良，崇节俭所以保康阜。古帝王寅绍丕基，廑求上理，莫不敬修厥德，慎简庶僚，严匪僻之防，著奢淫之戒。是以万邦咸正，百度惟贞，国无莠民，野有善俗。《诗》曰："日就月将，学有缉熙于光明。"《书》曰："任官惟贤才。"《周礼》"司寇以诘四方"，《王制》"司徒以齐八政"。盖主德纯而酰化敷，臣工良而庶务饬，民无邪慝而海宇乂安，家有盖藏而群生和乐。国之所以久安长治，保鸿名而常为称首者，恃有此道耳。钦惟皇帝陛下，缵应大宝，振饬崇纲，本继志述事之心，广辟门达聪之益。固已万几兢业，刑赏兼施，九有会归，礼教咸被矣。乃圣怀虔巩，菲不遗，体至善之无穷，惟迩言之是察。进臣等于廷，而策之以崇圣学、肃吏治、靖奸民、慎俭德之至计。臣之愚昧，何足以裨高深？顾当先资拜献之时，敬念古者敷奏以言之义，敢不竭所闻以效刍荛之一得乎！

伏读制策有曰："溯圣学之源者，必推精一危微十六言。"而因博求允执厥中之蕴。臣以为执中与用中无二理也。《虞书》言人心道心，先儒谓二帝三王之心法乃即二帝三王之治法也。盖道心存则用人行政皆得其正，而黎民致于变之休。人心祛则惰慢邪僻不能相干，而庶事著康哉之效。故如《周易》为尽性至命之书，而圣人系《大象》之词，则称君子、称先王、称大人、称后、称上，亦以其著诸人事者言也。孔门一贯之传，实具大学一书。其始格致而终治平实，节节各有其功力。后世言学而空语心性者，非笃论矣。宋真德秀作《大学衍义》，本为进讲之书，其意在于勖主德，故略治平不言。明邱浚又补成之，使谓能齐其家而国可自治，天下可自平，则义有所未备。昔人有德被一乡，化行一郡，及其身膺重任而誉望遂减者，岂非设施之有异哉！后世有裨主术者，如《大宝箴》《丹扆箴》，或黜远声色，或分别贤奸，而总不外一中之用。则古帝王治世之枢要，洵非可以空言竟矣哉！皇上几康时敕，夙夜勤求，持小心抑畏之思，而见之于敷政□言之际。所谓以实心行实政者，又何难咸五而登三也哉！

制策又以闾阎之休戚，视乎守令之贤否，而因求禁民安民之各得其宜，良吏能吏之各收其用，又推及于上官举劾之效。臣闻汉宣帝有言："庶民所以安其田里，而无叹息愁恨之心者，政平讼理也。与我共此者，其惟良二千石乎！"又闻安静之吏，悃愊无华，日计不足，月计有余。是民之休戚实在守令，守令为亲民之官，果能养之以惠，使之以义，民无不爱其上者。至于情迫势逼，激而上陈，则顺之既易启刁风，惩之又虑干众怒，几无善术之可施矣。故欲杜其萌，则莫如使之爱上。欲民也爱上，则必先予之以可爱。至于安静之吏缓急不足恃，强健之吏恣睢又易行。欲求其各尽所用，则又在人地之相得。昔龚遂、黄霸、朱邑等以仁厚用而境内治，张敞、赵广汉、尹翁归等以强健称而境内亦治，其所处之地异也。若夫举劾之权不得不操之上官，上官之贤否又在于任用之得失，是黜陟所必慎耳。皇上自亲政以来，孜孜以澄叙官方为要务。大吏能体此以率属，守令能奉之以自行，又何有闾阎之不并登于康乂耶！

制策又以当今之切务在于奸民，而欲求治之于未起。臣以为民虽至愚，未有不爱其身家者。其或致激而生变，则必其衣食匮而生计竭也。治平日久，户口滋丰，生齿繁则财力难给，故必先使其富而后民兴于善。今守土之吏或不然，任意掊克，虽有失所而不顾恤，则众怒之势渐成。守土者知其有是而惧干谴咎，则隐忍而苟安。奸民见其罔所作为，愈肆意蔑法而无所畏忌。于此用侦伺之法，则党与未易动摇。恃稽察之勤，则胥役转滋扰累。求辨别之道，则兵役皆非可深恃之人。故已成而治之，其势实难。而欲治之于未起，亦非能以权术御也。宋臣苏轼有言：任法不如任人。窃以为吏治肃而民自宁，故探本之图仍在察吏。至于防民之道，盛世所不废。《王制》有左道之诛，《周官》有奇邪之禁，示之以义而民知向方，怵之以刑而民知畏罪。且必先使之遂其生，而民愈有以自爱。所谓治之于未然者，如此。今墨吏日就剔除，当必有实力行之而获效者矣。

制策又以风会所趋，人情争向，太平日久，踵事增华，则奢丽生焉。因思有以禁谕之，此诚搏节养富之要道也。臣闻《逸周书》云："不为骄侈，不为靡泰。"其戒劝诚在有位者。然风俗之攸关，亦即在是。物土之所产，民力之所入，省啬而用之则积久可以有赢，一日而耗之则竭厥犹将不继。故奢丽之习，不可不大为之防。然车裘服饰之细，必一一为之禁止，则烦扰而民必有所难安。冠昏丧祭之礼，既事事示以等威，更琐悉而民亦难于遍喻。此诚宜有以善其用者。要之上行下效，其权实在上。王者不宝金玉，则捐金于山，沈珠于渊矣。齐桓公好衣紫，则国俗为之变矣。《礼记》云："国奢则示之以俭。"士大夫以奢丽相尚，而欲使小民之胥安敦朴，其势必不能。士大夫以恭俭相高，而犹有小民之过事纷华，其意且不适，则不待禁止劝谕而可以日返于淳者。我朝法制周详，民知向化，惟因物产丰豫而风俗渐奢。诚示之以撙节之方，则淳朴可复，而民生益阜矣。

凡此者，典学为致治之基，择吏握安民之要，正人心以维世道，爱物力以裕民资，体用兼该，内外咸理，实治道之至大者。臣尤伏愿皇上，大德日新，九功时叙，治平奏而不忘夫敬畏，举措当而益慎于登崇。庶民悉徇于驯良，海内愈跻于康裕。我国家亿万年有道之长在是矣。臣草茅新进，罔识忌讳，干冒宸严，不胜战栗陨越之至。臣谨对。

## 史海钩沉

姚文田少时家贫，由其母沈氏亲授经籍，培养儿子好学之风。因生不起火，揭不开锅，姚文田一天只吃一顿饭。邻人劝其母把旧屋土地卖掉，沈氏摇头说："我不能卖，待我儿子做官时，此地要盖一品坊呢！"

姚文田博览群书，知识渊博，兼谙天文、五行、杂占、医经，工书法，著作甚丰。

## 嘉庆六年（1801）辛酉恩科状元：顾皋

顾皋字晴芬，号欷斋，江苏无锡人。官至户部侍郎、侍读学士等。

殿试皇帝：清仁宗爱新觉罗·颙琰

## 策问

制曰：朕寅缵丕基，勤求上理，兢兢业业，夙夜不敢康。期于斟元阐绎，熙绩亮功，比户可封，邪慝不作，以庶几道一风同之盛。用是兼听并观，广开言路，尔多士所共闻也。兹当对扬伊始，佇献谠言，以资采择，其敬听朕命。

自唐虞授受一中，开万世之治，要而《尧典》首钦，《舜典》首恭，实能体天以出治。可推阐其义欤？三代圣王，后先一揆。《尚书》而外，经旨相通者，可类陈欤？《大学或问》谓格致诚正以至修齐治平，始终不外乎敬。《中庸或问》谓中和位育极之圣神功化枢纽，不外乎诚。心法治法一以贯之者，二书实括其全。能申明朱子之意欤？又若王通《中说》、真德秀《大学衍义》、邱浚《大学衍义补》诸书，其言亦有合欤？

有司为亲民之官，抚字训迪，无不可以实心行实政。《记》曰："大臣法，小臣廉。"言上下能相承也。朕澄叙官方，加意整饬。顾侵渔之弊未尽除，黩墨之风未尽息，大臣已法而小不尽廉，岂真积重之难反欤？抑封疆大吏所以董率而甄核之者，尚未扼其要欤？《周官》六计弊吏，汉法六条察吏。良规具在，果何以踵行而共知濯励欤？

风俗基于人心，亦教化所见端也。太平既久，踵事而增。今欲还淳返朴，而地大物博，何由使家喻户晓欤？别等威而禁奇衺，朝廷俱有定制，何由使无僭越欤？必欲一一督责之，则又失六礼节性七教兴德之本怀矣。朕躬行节俭，为天下先。士为四民表率，所以佐朕化民成俗者，果何道之从欤？

保甲之法旷于《周官》，地近则耳目易稽，人习则防闲尤密，无巡察之劳而民不致有良莠之杂，法至善也。顾或奉行不实，不免姑息养奸。今欲申明旧章，严为考察，又恐吏胥苛索致扰闾阎，效未著而弊已滋矣。惩盗于已然，终不若弭盗于未然。营汛墩堡之当修，寺院庵观之当察，亦保甲之一端。良有司何以稽核而无弊欤？

夫心法为宰化之原，吏治乃安民之本。挽浇漓以归醇厚，除良莠以殖嘉禾，皆制治之要也。多士各抒所见，毋泛毋隐，朕将亲览焉。

## 对策

臣闻懋学为宰化之基，考绩实厘工之本，还淳朴所以维世运，慎防守所以奠民生。古帝王德配三无，功罩九有，勤求上理，寅绍丕基，莫不本心法以为治法，饬官方以定官常。澄清风俗之原，申画郊圻之禁。《书》曰："克绥厥猷惟后。"言道民先自一人也。《周礼》曰："设官分职，以为民极。"言承流宣化，得人然后得民也。《书》又曰："政由俗革。"又曰："慎固封守。"言教化宜详，防卫宜周也。伊古以来，功炳蔚而治敦庞，风俗同而道德一，克保鸿名常为称首者，用此道耳。钦惟皇帝陛下，锡福同民，绥猷定命。本所其无逸之念，深建其有极之思。固已一德日新、九功时叙、万邦咸正、百族雍和矣。乃圣德渊冲，不遗微小，景郅治之上仪，察枢机于在迩。进臣等于廷，而策之以崇圣学、慎官方、训节俭、禁奸慝之至计。臣之愚昧，何足以裨高深。顾当先资拜献之时，敬念敷奏以言之义，敢不勉述平昔所诵习者，用以效刍荛之一得乎！

伏读制策有曰："自唐虞授受一中，开万世之治，要而《尧典》首钦，《舜典》首恭，实能体天以出治。"此圣神功化之极致也。臣谨按三代圣王后先一揆，而论道统者必推本人心道心，精一执中十六言。盖圣贤传心之要，不外一中；建中之矩，不外一敬；主敬之本，不外一诚。尧曰钦明，舜曰浚哲，禹曰祗台，汤曰日跻，文曰缉熙，武曰执兢，无非主敬存诚，以协于中而已。《尚书》以后，诸经之理，奥旨相通。《大学》一篇首列八条目，而朱子《或问》谓格致诚正，以至修齐治平，始终不外乎敬，此主敬之说也。《中庸》一书中列三达德，而朱子《或问》谓中和位育极之圣神功化，枢纽不外乎诚，此存诚之说也。诚敬立而中之理建焉矣。朱子而外，先儒绪论亦多可采。隋时王通教授河汾，作《元经》以拟《春秋》，又著《中说》以拟《论语》，事涉于僭而评论颇多。格言程子常取之。真德秀《大学衍义》，取经文二百五字，证以《尧典》《皋陶谟》《伊训》之书，《思齐》之诗，《家人》之卦，子思、孟子、荀况、扬雄诸儒之说，意在揭明为学政治之本，而治平之略缺焉。明邱浚补之，为目十有二。盖真氏之书本诸身家以达天下，邱氏则以治平之效发挥格致诚正之蕴也。斯内圣外王之学，一以贯之者欤！我皇上大德懋昭，登三咸五，几康是敕，夙夜惟寅。治象炳于八埏，风教达于四表。洋洋乎锡极之隆仪、万福所由向用也。

制策又以有司为亲民之官，抚字训迪，不可不以实心行实政。此诚澄叙官方，加意整饬之至意也。臣闻考绩之法始于《虞廷》，《皋陶谟》亦行有凡德，《注》谓考绩之次序于四方是也。六计弊吏，《周官》特详其文，岁终旬终无非考成之日，冢宰小宰无非考成之人。而六事之本，悉归于廉。惟廉故察贪则昧矣，惟廉故洁贪则污矣。官箴如此，成周吏治所由蒸然日上欤！汉世考课，事犹近古，刺史以六条察二千石，丞相御史得杂考郡国之计，书至天子则受丞相之要。以史考之，如尹翁归为东海太守，必于秋冬课吏，是郡课县也。尹翁归又为右扶风，盗贼课常为三辅最，是州课郡也。丙吉谓长安京兆尹岁竟丞相课殿最，奏行赏罚，是公卿课群吏也。六条之诏有田宅逾制之禁，侵渔聚敛之禁，通行货贿之禁。崇廉训洁，足以媲美《周官》。隋唐以后，考察之法损益不常，有四善二十七最之目，有五术六艺六行之条，有九班崇让之说。遗规具在，吏治或可鉴也。《记》曰："大臣法，小臣廉。"诚哉！六事以廉为本，而承流宣化，实意奉行，尤在大臣之督率，惩贪墨，禁侵牟，则一国之肥，天下之肥矣。今圣天子整饬治原，凡封疆大吏所以董率守令，而甄别其优绌者，谁敢不考核严明，兢兢业业，共期以实心而行实政哉！

制策又曰，风俗基于人心，亦教化所由，见端而深虑，太平既久，踵事而增，因思还淳返朴之道。臣稽古先王之治，有六礼以节性，七教以兴德，所以积基树本，经纬礼俗，节理人情，勤恤民力也。虽文质异时，功业不同，而立制坊民，其揆一焉。盖既明法制以别等威，自克禁奇邪而归中正，汉之孝文躬行节俭，而民破觚斫雕矣。汉之孝武娱游壮观，而民绨锦被墙矣。上之人法行自近，则君子勤礼小人尽力，国无浇俗，众知向方。故朝廷者天下之桢干也，公卿大夫众庶之标准也。卑不逾尊，新不先故，所以统人情敦习俗也。《易》曰："天施地生，其益无方。"惟节故益，民生所由裕也。惟俭故节，人心所由正也。教化之原本，治理之枢机，其在此乎！皇上躬行节俭为天下先，俾薄海内外咸知务本抑末。士食旧德，农服先畴，粲乎隐隐，各得其所，诚三代盛隆之极轨也。

制策又以保甲之法宜密其防闲，而因进稽《周官》之制。臣考《周官》自乡遂大夫，以迄闾师比长，莫不联其仟伍，合其众寡，以相保而相恤。有伍两师军之法，有比闾族党之制，有田里追胥之事，有训练校阅之期。盖以兵卫民，实即以民卫民也。欲使耳目易稽，故必联之于近地。欲使巡察易密，故必习之使有功。则良莠既分，奸邪自靖，惟是成法虽定，而或奉行不实，将宽为考察，不免姑息养奸，严以核稽，或致间阎滋扰，而吏胥苛索假事生端，尤不可不禁也。盖惩盗于已然，不若弭盗于未起。小民有同井同疆之利，因有相友相助之谋，此备之裕于民者也。营汛墩堡之当修，寺院庵观之当察，此备之裕于官者也。诚得良有司以申明旧章，加意稽核，不使宽以容奸，不至严以滋扰，万物群生，联属其乡，所谓合天下为一家，由此其选也。

若此者，本圣学以为王道，重吏治以升大猷，挽浇漓以厚民生，除良莠以封比户，猗欤休哉！四海之民交被天和矣。抑又闻荷覆帱之德则愿天之弥高，感容载之恩则冀地之弥厚。臣伏愿皇上安益求安，治益求治，天德懋而弥切寅恭，庶事康而不忘率作，致惇大成裕之俗，宏四方日靖之功，慎宪于以省成，惟动昭夫丕应。中外禔福，遐迩一心，治轶勋华，功昭巍焕，式敷在民德，彝训在万帮，由是协气旁流，淳风四溢，则我国家亿万年有道之长基此矣。臣草茅新进，罔识忌讳，干冒宸严，不胜战栗陨越之至。臣谨对。

## 史海钩沉

顾皋出身孤寒，自幼勤奋好学。嘉庆六年（1801）顾皋高中状元，授翰林院修撰。

顾皋为官稳重谨慎，秉公守法，洁身自好，不谋私利。善书画，能诗文，他的诗文高雅，书法精湛，善画兰竹，笔墨有潇洒出尘之气概。他的诗文书画名重一时，皆从古人获益，深得自然之趣。著有《墨竹诗斋古文》《井华词》等。

## 嘉庆七年（1802）壬戌科状元：吴廷琛

吴廷琛，字震南，号棣华，江苏苏州府元和县（今苏州市辖区）人。

殿试皇帝：清仁宗爱新觉罗·颙琰

## 策问

制曰：朕寅承昊绎大宝命，于今七年。仰受训诒付托罔极之德，亲政以来，朝夕矍勉，兢业寅畏，庶期克副宙合烝黎爱戴之心，以无负君天下子万民之责。恒思相小民以知依，念经训以建事，代闾阎谋厥温饱，为学校端其步趋，道洽政治，底于淳熙，嘉与亿兆共蒙康乂淳良之福。凡所以治心、典学、保赤、正俗者，庸举要旨，为多士廷献者谥。

《尚书》传帝王心法治法，而其最深切著明者，莫如《无逸》一篇。我皇考常书于屏扆，朕诵仰寻绎，念释在兹，其曰严恭，曰懿恭，曰寅畏，曰抑畏，将无恭畏二字为七更，端之要义与？顾羲轩顼喾尧舜禹汤皆帝王隆轨，而近代独举三宗，一家专尊穆考，何与？或曰祖甲，或曰太甲，各有其义，将何遵与？受命中身，溯自即位，然则受命改元之说诬，虞芮质成之年妄与？惟正之供或以为正道以待，或以为伯国之贡，畴为定论？鲜或训乏，或训生，意畴为正音。唐紫宸殿，宋迩英阁，谁书谁图，能举其事与？

五经之书，广大悉备，微旨未易推寻，撮举儒先传注之显者。《易》重卦何时？《文言》何人所作？《系辞》疑不出孔子。先后天复有中天，《书》

古文疑信何纷？古今文复有中文，《武成》《洪范》，曷可更定？《费秦誓》何以入书？《诗》风雅颂外有南，南雅颂入乐，而风不入乐，《笙诗》应否有辞？鲁商何以入颂？《周礼》冬官散在五典，《仪礼》仅士礼而非阙，《礼记》何篇出汉儒，各有其说。《春秋》经传何时间配？获麟后经畴作？《左传》中有兵谋兵法，皆可详胪与？

尧汤水旱不能必无，为人君者心廑恫瘝，力谋补助。为民父母之谓何而忍恝邪？赋镮铸币，伊古有之。《周礼》大司徒以荒政十二聚万民，其目云何？其科条解义，先郑后郑所注不同。吕祖谦酌申其说，可述而断与？此外散见诸官者可详与？富弼青社赈荒，千古良法，其分给田土之疏，支散斗斛之檄，可傲与？程子赈济之论，曾巩救荒之议，朱子画一事件之状，有可行与？蠲赋缓征，截漕平粜，鬻赈以工代赈，资送流民，今皆行之。古于何始与？法不蔑古，不泥古，以合时宜为善。将采以惠吾民焉。

士也者，民之坊也，亦官之朴也。士而端心术，冶性情，砥砺廉隅，不亏儒行，则其乡人薰而善良，不入于奇邪，不蹈于匪僻。否则民何型焉！一旦出而服官，士廉则不为贪夫，士良则不为酷吏，士勤则不为旷官，皆以章缝为圭臬也。今或中存徼幸，罔顾箴检，诡遇求合，其毋乃辱青衿而羞黄卷乎！《王制》大司徒、大乐正四术四教，何正且严，而犹有不帅教者，何以善其化导与？察行而或起别居之谣，考文而空致虚车之饰。举鹿洞之遗规，仿苏湖之教法，上之待士甚厚，亦思何以克称与？

凡兹四事，端主德以建极，崇正学以稽古，观民生以孚惠，培士气以含淳。朕夙夜图维至亟也。问察至广也。各抒素所讲习者，毋泛毋隐，朕将亲遴焉。

## 对策

臣闻思艰所以图易，稽古所以同天，惠德所以有孚，造士所以兴教。斯行远之令，图不易之通典也。稽诸载籍，钦明有作，耕凿爰播其谣，书契聿兴坟索，肇垂其目。余量栖于晦首，命士宠以饰车，康乂淳良，猗欤茂矣！圣人因之纲纪具举，有奠丽之教，有念典之训，有施舍之政，有广学之条。皆本乎设诚致行，以宜民而淑世。是以敬畏凛而酴化敷，文明昭而经术懋，乐利贻诸奕祀，声教浃乎儒林。自古帝王所为，埴在埏金在炉，陶天下为一家者，此也。钦惟皇帝陛下，德洽修和，治臻富教。固已稼穑开藉田之制，图书炳河洛之传，仓廪实而民乐其生，庠序谨而士端其行矣。乃圣怀冲挹，深维久安长治之道，弥切持盈保泰之思。进臣等于廷，而策之以治心典学保赤正俗。臣之梼昧，何足以知体要。顾念敷奏以言之义，际兹对扬伊始，敢不敬诵所闻。

伏读制策有曰："《尚书》传帝王心法治法，而其最深切著明者，莫如《无逸》一篇。"臣惟敬胜一语肇载《丹书》，厥后帝典王谟隆轨述遵，心源阐绎不越是旨。周公作《无逸》，凡七更端恢之弥广，曰严恭、曰懿恭、曰寅畏、曰抑畏，所其《无逸》与敬德作所之义实相发明。举三宗者，继体之贤君也。言文王者，身之所逮事也。孔安国、王肃以"祖甲"为汤孙"太甲"，马融、郑元以为武丁子"帝甲"。如王孔说则世次倒置。且周公明言，自殷王中宗、及高宗、及祖甲。及者，因其先后次第而枚举之词。马郑说较长。受命中身，孔《传》谓中身即位，然《泰誓》序惟十有一年，《传》又谓周自虞芮质成，诸侯并附，以为受命之年。盖惑于武成九年，大统未集之说。惟正之供，《传》谓众国所取法，则以正道供待之。惠鲜鳏寡，《传》谓加惠鲜乏鳏寡之人。案陆德明《经典释文》鲜，息浅反，与孔义合。后世如唐宋璟之于元宗，宋孙奭之于仁宗，皆写《无逸图》以献。考唐《国史》，图设于紫宸殿，宋在迩英阁，奭《传》所谓施于讲读阁者也。皇上朝夕亹勉，轸念民依咸和之实政，固非往昔所可媲隆矣。

制策又以五经之书广大悉备，因举儒先传注之显者，以要厥指归。臣考《易》之重卦，郑元以为神农，孙盛以为夏禹，史迁以为文王。然《系辞》传言神农取益取噬嗑，则当断自伏羲。《系辞》本文王周公所作，系于卦爻下者。孔子所述乃系辞传也，《文言》为孔子第七翼、乾坤易之门，故特释之壁。《经》自魏晋间晚出，《书》盛行而真伪始淆，刘陶又别为《中文尚书》。《武成》有程子、刘敞、蔡沈等定本，《洪范》有苏轼、王柏、金履祥等定本。录《费秦誓》者，鲁有征讨之备，秦有悔过之美，故以备王事焉。《诗》南雅颂皆入乐，风惟龠章有龠龠，然龠雅颂先儒亦未有定论。笙《诗》云笙，不云歌，刘原父谓本无其词，非亡失之亡。然大射管新宫三终，《左氏》宋公享昭子赋，新宫管诗，有词则笙，诗亦应有词。鲁自季孙行父请命于周而作颂，夫子因其实著之宋王者，后巡守不陈其风，《猗那》五篇固颂体也。《周礼》《考工》汉博士所补多不合周典，程泰之因谓五官各有羡数。凡羡数百工事当归冬官，俞庭椿亦云司空之篇杂出于五官之属。《礼》古经本五十六篇，多天子诸侯卿大夫之制。高堂生传十七篇，皆士礼。后苍推士礼而致于天子，非也。《礼记》《王制》《乐记》皆汉儒纂辑。《春秋》公谷二家皆以传，八经左氏自杜预始分年相附。获麟后经弟子因记圣师始终，据史续之。《左氏》载用兵谋士决胜，武臣用奇，千载如见。实开国策纵横、史迁叙述之先声矣。

制策又以尧汤水旱不能必无，归于崖恫瘝而谋补助，以尽父母斯民之实。臣惟先王之世，以三十年之通制国用。岁即不登，民无菜色。然且处常虑变，定为经制。《周礼》太宰均节财用，虞人移民就谷，士师移民通财，纠守缓刑，遗人待以县都之委积。又总其要于大司徒，自散利薄征，至索鬼神除盗贼。《荒政》之目十有二，先郑以去几为关市，不几后郑以为但去其税。又《康成》以眚礼属吉礼，而以第八条为省凶礼，亦与《司农》小异。东莱吕氏谓《荒政》始于黎民阻饥，舜命弃为后稷。夏商无闻，周则大司徒外其详又错见于六官。《春秋》乞籴，国鲜九年之蓄。至李悝创平粜，谷贾不贵，民安其居。斯三代后救荒良策也。后世如富弼在青州处流民于城外，室庐措置皆有法则。使寄居游士分掌其事，而吏胥不与。其经画俱非苟且。夫法不可蔑古，亦不可泥古。皇上爱养黎元，有加无已。凡截漕平粜鬻赈诸善政，皆酌乎古今之宜。封疆大吏咸能实心奉行，固无一夫不得其所矣。

制策又以民之坊官之朴胥在于士，蕲从事于性情心述以全儒行。此又崇起士习之要务也。臣闻董仲舒有言曰："正其谊不谋其利，明其道不计其功。"士苟砥励廉隅，则其乡人闻风矜式、薰德善良。一旦以家修为廷献，廉则不贪，良则不酷，勤而不旷，素所树立然也。古者卿大夫宾兴贤能，诸侯岁献贡士于天子，所以成就之者，不外乐正之四术四教。帅教者升之，不帅教者屏之。盖以下兴民行，上饬官常，考察既严，人才斯出。郑司农注《周礼》，谓兴贤若今举孝廉，兴能若今举茂才。汉法取士犹为近古，故其时吏有循良之最，民鲜偷薄之风。唐取士有明经进士明字明法等科，士俗所向惟明经进士而已。禄利之途既开，徼幸之心斯起，原其所以不在古今立法之递变，察行而或起别居之谣，考文而空致虚车之饰，转移风教之权操自上矣。方今圣天子道德齐礼为天下先，有志之士罔不端淳淬砺，以为拜献之资。所谓言有坛宇，行有坊表，凡民有不观感而兴起者哉！

若此者，法天自强则勤民之政举也，学古有获则观文之化成也。重民天以固本，则德遍群黎，正儒术以树坊，则风淳比户。猗与休哉！道洽政治胜实蜚声矣。臣尤伏愿皇上，至诚无息，安益求安。鞠谋之绩维熙，益单心于夙夜。作述之成已集，弥式训于典常。厚生载永赖之功，誉髦申无斁之意。事勤乎三五，功兼乎在昔，神人禔福，中外乐康，则我国家万年有道之长基诸此矣。臣草茅新进，罔识忌讳，干冒宸严，不胜战栗陨越之至。臣谨对。

### 史海钩沉

吴廷琛会试、殿试皆第一，集会元、状元于一身。在中国科举史上，连中"三元"（解元、会元、状元）者寥寥无几，"二元"也极少见。嘉庆帝对吴廷琛连中"二元"也极赞赏，在赐给他的诗中有"双元独冠三吴彦"之句。

## 嘉庆十年（1805）乙丑科状元：彭浚

彭浚（1769—1833），字映旗，号宝臣，湖南衡山县（今湖南衡东县）人。曾任内阁大学士、太仆寺少卿等职。

殿试皇帝：清仁宗爱新觉罗·颙琰

### 策问

制曰：朕仰膺昊眷，统驭寰区，十年于兹。朝乾夕惕，不遑暇逸，以冀绍古帝王执两用中之治，保大定功之模。黜陟以严考课，宣防以利转输，期臻上理，爰待嘉谟。

《尚书》综帝王之治道，二典必始钦恭。《洪范》《九畴》，亦必原于五事之敬，而要皆本于一诚。《书》言精一，《中庸》言所以行之者一。一者，诚也。盖诚则必敬，敬则必勤。君人在上，缉熙单心，所以敬天位。人臣在下，精白敬事，所以亮天工。故敬天即以勤民，至诚即以格天，其致一也。六籍所著，其与敬勤之旨相印合者，可综贯而条举欤？《大宝》《丹扆》之箴，典矣茂矣。朱子《或问》所言治道，《皇极经世书》言君道臣道十二则，《大学衍义》纲举四条，皆本心传以发明治道，能详述之欤？

古者寓兵于农，伍两卒旅，蒐苗狝狩，制善法良，有明征已。汉设郡国材官骑士，唐置府兵，后更矿骑，其制已异于古。宋有禁厢乡蕃之目，苏轼言被边百姓自相保聚，可收爪牙之利，司马光复言其害，可悉指欤？盖兵于无事之时，训练为尤急，勤练则可使有勇，教训则可使知方。《孙子》所谓练士，《吴子》所谓治军，可备举欤？唐太宗与李靖问对中所言足法手法，可通于古步伐止齐之义欤？若平时以游惰之民募补，又以杂色服役之人滥充，是岂国家设兵卫民之意欤？膺期任者，宜何如督率而振厉之也。

《书》曰："知人则哲，安民则惠。"尧舜犹兢兢于察吏，考绩之典所自昉也。《周官》弊吏一以廉为本，汉时取士曰兴廉，察吏曰廉察，其亦本此意欤？朕乙夜批章，日昃不遑。内而卿尹，外而疆吏，共矢法廉，以襄予治。果何以僚属咸知励职，吏胥不致逞奸，乃或甘优逸而案有积延，避吏议而事多消弭，是岂惠养吾民之意欤？《书》言无旷庶官，《传》言民生在勤。夫循名责实，则人不旷官，朝考夕稽，则吏皆勤职。其果何道之从欤？

古之治河者，治一而止耳。今则合淮与漕治之。黄河自失故道，遂累代为患。《史记》谓水行平地数为败，故禹厮二渠北载之高地。夫水性趋下，引之高地转不为害，何也？河之变迁屡矣，唐一代河患最少，其故安在？论者谓水性北行折之东南，故易决溢。此修防所宜亟讲也。元明以来，余阙、邱浚、潘秀驯诸人之议，孰为得失？国家岁漕四百万粟，以供天庾，必取道于黄运两河。而以清刷黄尤为挽渡利漕要法。今于束清御黄两坝之外，别有长策可臻一劳永逸欤？

若此者，稽古而讲求治理，饬戎而绥靖嘉师，官方叙而纲纪毕张，漕运利而堤防永固。有典有则，是经是程，伫望谠言，藉资启沃。毋泛毋隐，朕将亲览焉。

## 对策

臣闻大德之懋典学而安民，郅治之隆厘工而利运。稽古帝王，建用皇极，丕奏肤功，庶绩咸熙，万世永赖，莫不以敷政宁人之本，致延洪纯祐之符。《管子》曰："圣人精德立中以生正。"言崇圣教也。《尉缭子》曰："人君有必胜之道，故能兼并广大。"言修武备也。《鹖子》曰："功最于吏，福归于君。"言勤考课也。《庄子》曰："河润百里，泽及三族。"言兴水利也。盖惟基命宥密而严律靖边，澄叙官方而众流顺轨，醇洪畅之德，丰茂世之规，所为凝宝命而迓鸿庥者，恃有此道耳。钦惟皇帝陛下，阐极法天，含元育物，固已夙夜阐性道之精，而率土咸绥以大定官职，昭法廉之式，而薄海永庆夫安澜矣。乃圣德渊冲，勤思上理，惟枢机之是察，至葑菲之无遗。进臣等于廷，而策之以稽古饬戎察吏治河诸大政。臣之梼昧，何足以知体要所存。顾当对扬伊始，敬念古者敷奏以言之义，敢不竭刍荛之愚，勉述所闻用效土壤细流之一助乎？

伏读制策有曰："《尚书》综帝王之治道，二典必始钦恭。"《九畴》言敬，用其要皆本于一诚。此诚圣德王道之全功也。臣愚以为执中授受之原著于《尚书》，而其微词奥旨莫切于《大学》《中庸》。诚意之戒欺求慊，至诚之尽性达天，实能剖析乎人道危微之界。尧舜之精一，尧舜之诚也。诚则必敬，故尧以钦明同天，舜以温恭协命。敬则必勤，故尧称圣神广运，舜称兢业万几。人君之建极保极，臣民之会极归极，胥是道也。即此《易》之立诚以乾惕而体法健行，《诗》之主敬在旦明而戒申游衍。俨若首曲台而存庄敬，日强之训体元，重鲁史而录民生，在勤之箴，六籍所陈，同条共贯。朱子《大学或问》谓格致以及治平始终不外乎敬，《中庸或问》谓中和极于位育，枢纽不外乎诚。诚敬立而慎独以清好恶之源，笃恭以全圣神之化，赅洽无遗矣。真德秀《大学衍义》纲举四条，曰格致、诚正、修身、齐家。意在于以本贯末，故略治平而不言。明邱浚补之，体用兼备。外如张蕴古《箴陈大宝》、李德裕《箴著丹扆》凛物侈声淫之鉴、胪宵衣正服之条，以及邵子《皇极经世书》，言君道臣道十二则，皆本心传以发明治道者也。我皇上圣学高深，缉熙浚哲，举凡用人行政无不根于诚敬，以绥猷于古帝王之心法，旷世相符，道统与治统一以贯之矣。

  制策又曰："古者寓兵于农，伍两卒旅，搜苗狝狩，制善法良。"而因及于训练之方。臣窃考汉初南军以卫宫城，北军以卫京师，得内外相制之道。唐置府兵，有事则命将以出，事解辄罢。后更彍骑，其制悉坏。宋统外兵于枢密，总内兵于三卫。明京畿兵约五十万，后于谦汰其老弱改为十团营。夫兵重事也，不勤练不能有勇，非教训无以知方。昔杨龟山曰：兵农不可复合，而伍两军师之制不可不讲，无事之时使之相保相受，刑罚庆赏相及，用之于有事之际则申之以卒伍之令，督之以旌旗指挥之节。诚善言戎政也。若夫身之使臂，臂之使指，屈伸往来无不如意，此孙子练士之谓。一人学战，教成十人，万人学战，教成三军，此吴子治军之谓。画方以见步，点圆以见兵，步教足法，兵教手法，则唐太宗与李卫公问对中语也。成规具在，而督率振厉之，用则在膺斯任者之实力奉行。平时游惰之民，不以募补，杂色服役之人，不至滥充。由是禁急荒程，技艺步伐止齐之义娴习既精，则信乎若手足之捍头目，如虎豹之有爪牙矣。圣朝化日光天，声教四讫，固可养兵不用矣。而整饬戎行，深于睿念，将弁体而行之，有以振作勿息，不诚保大定功之宏谟哉！

  制策又以安民必先之人，而兢兢于考绩之典，惠养之意。此诚肃清吏治之至计也。臣谨按察吏之法始于唐虞，允厘黜陟敷奏明试，尚矣。夏严木铎之徇，商著官刑之儆。周以八法治官府，八柄驭群臣，而尤严于弊吏之六计。

善能敬正，法辨，皆冠以廉。廉固洁清之义，而亦训察其即因掺守以为综核欤？汉取士曰兴廉，察吏曰廉察，犹本《周官》遗意。刺史以六条按郡国，而察豪强者一，察二千石者五。晋以五条考郡县，唐分二十七最，差以九等，其法倍详。宋以七事考监司，九事考县令，皆试其材而呈其功。夫循名责实则人无旷官也，朝考夕稽则吏皆勤职也。乃行之既久视为具文，甘优逸而案有积延，避吏议而事多消弭，皆不能以实心行实政，是又不徒在立法之良，而在行法之人矣。我皇上乙夜批章，日昃不遑。内而卿尹，外而疆吏，能率僚属以励职，惩吏胥无逞奸。有不蒸蒸日上，臻于亮工熙载之盛哉！

制策有曰："古之治河者，治一河而止耳。今则合淮与漕治之。"而因思夫一劳永逸之策。臣窃考《禹贡》之言治水也，曰播、曰潴。盖水之性合则冲，骤则溢。别而疏之所以杀其冲，又北播为九河是也。旁而蓄之所以节其溢，大野既潴是也。黄河自失故道，遂累代为患。汉时河决瓠子。武帝筑宣防宫，导河北行二渠，复禹旧迹。而梁楚之地无水灾。王景修汴渠，堤河由东北入海，偶合禹迹。自东汉至唐无河患。元时河决白茅金堤等处，贾鲁以二策进。一议疏塞，并与脱脱匙之，此疏瀹堤防之兼重者也。且夫治河必并治淮，淮治而河患息，斯漕运自利。今欲收其利，惟当加意清口。清口者，淮黄之会合也。淮力易弱，黄力常劲。淮不敌黄，湖口已患倒灌矣。黄逆入淮，河道转患淤垫矣。是则以清刷黄，所以挽渡利漕之法，务在因时度势，为疏为筑，修举无遗耳。国家岁赋正供，不惜帑金以修漕道，恬波济运真亿万年之福也。

若此者，勤求治理，心学懋矣；绥靖嘉师，戎律娴矣；纲纪毕张，官职厘矣；堤防永固，转输利矣。猗欤盛哉！臣伏愿皇上安益求安，治益求治，明政贵有恒之要，深所其无逸之思。德已裕而弥切笃恭，民已宁而犹严捍卫，吏已察而愈饬几康，防已宣而更思利赖。敛福昭夫敷锡，慎宪于以省成，扇巍巍，显翼翼，总八方而为之极至道，大光谟烈，治功远轶。熏华由是协气旁流，淳风四溢，弥纶天地，荣镜宇宙，我国家亿载咸宁之庆基于此矣。臣末学新进，罔识忌讳，干冒宸严。不胜战栗陨越之至。臣谨对。

## 史海钩沉

彭浚中状元，任翰林院修撰、实录馆纂修，历任文渊阁校理、咸安宫总裁、内阁侍读学士等清贵之职，成为当时文坛上的第一号领袖人物。他曾一度做过时为皇太子、后为道光皇帝爱新觉罗·旻宁的老师，故有"天子门生，门生天子"之说。

## 嘉庆十三年（1808）戊辰科状元：吴信中

> 吴信中（1772—1827），字阅甫，号蔼人，安徽休宁县长丰人，寄籍江苏吴县（今江苏苏州）。

殿试皇帝：清仁宗爱新觉罗·颙琰

## 策问

制曰：朕祗绍鸿图，仰荷昊绎纯祐，环宇敉宁。比者展义行庆，河海奠安，欣被景贶。用是弥深寅畏，式懋凝承，宥密单心，罔敢暇逸。勉思绎精一之微言，跻荡平之郅治，慎刑期协中之效，宣防臻顺轨之庥。顾惕励壹诸朕躬，而咨诹采乎士论。兹当临轩发策，延揽维殷，尔多士对扬伊始，其各献嘉谟，用资启沃。

自古帝王传心之要，主敬为先。《尧典》始终曰钦，至舜而喜起赓歌。明良交翊尤必相勖以钦，此千古傅心之精蕴也。三代圣王，曰敕命，曰昭受，曰日跻，曰灵承，先后一揆，可互相证明欤？朱子谓《大学》始终不外乎敬，《中庸》枢纽不外乎诚，心法治法一以贯之者，二书实括其全，能申明其义欤？《帝范》《帝学》《心经》《政经》诸书，其言亦有合欤？夫天亶聪明尤勤念典，所谓帝王之学异乎儒生者，又安在也？三载考绩始于《虞书》，六计弊吏见于《周官》，曰日成，曰月要，曰岁会，法綦密矣。汉制以六条察守相，盍举其目欤？制史秩六百石，守相秩二千石，以卑察尊，何也？二千石以下，六条之外，刺史得察之欤？唐考吏以四善二十七最几等，宋以七事，明以三等，可略言欤？朕澄叙官方，风厉有位，所期内外臣工无旷职守。顾或上行而下不效，大法而小不廉，因循塞责者多，实心任事者少，抑独何欤？

明刑所以弼教，《易》噬嗑之《象》曰："先王以明罚敕法，敕犹理也。"旅之《象》曰："君子以明慎用刑，而不留狱。言审慎用刑，而不稽留狱讼也。"《周礼》大司寇以三典刑邦国，以八刑纠万民，听以五声，议以八辟，未有不听讼而遂可期无讼者。黄霸之治疑狱，颜真卿崔碣之决冤狱，皆卓可传述，其他尚多可考欤？夫狱犴不平，固多文致。而尘案递积必少平反，遂使情伪滋纷，奸诈百出，将欲矜慎庶狱，无枉无纵，果何道之从欤？我朝立法至为详备，重民命而恤民生，问刑之官宜何如存明允之意，以求合乎刑期无刑之道欤！

天津为渤海故郡，其地南则卫河，北则白河，川渎辐辏，漕运所经。卫河向苦浅滞，自漳河南徙，始以堤防为务。乃堤日增而水亦随长，何以治之？白河性易冲突，非堤防所能御，疏泄之功可或懈欤？三岔河上受南北诸水，下乘强潮，何以免倒漾横流之患？滹沱子牙是一是二，桑乾永定孰原孰委，格淀以障浑流，何以三滩必须接筑？筐港以泄盛涨，何以坦坡必须致功？今淀津堤河各工以次告竣，有能洞澈水利者，其条贯敷陈之。

凡兹四事，持敬为宅心之本，亮功为熙绩之征，五刑恤而折狱惟良，六府修而安澜永庆。皆制治之要图也。多士学古入官，讲求有素，以所蕴者著于篇，毋泛毋隐，朕将亲览焉。

## 对策

臣闻建极所以绥猷，厘工所以熙绩。彰瘅者纠惩之宪，宣防者疆理之经。逖稽曩籍，《易》训健行，《诗》歌蔼吉，《书》著简孚之诫，《礼》垂修利之文，茂矩崇仪，粲焉赅备。圣人绍天阐绎，握镜临宸，念典以邵渊修，亮采以资慎简宪，禁明而刑法当，河渠开而水利兴，悉本乎虔巩兢业之衷，以垂拱而司契。用是日就月将，天工人代，庶狱归于明允，丕绩奏其平成。郁郁乎焕哉！天人之事炳焉，帝王之道隆焉。自古凝薰，万寓陶化，二仪所为，扇淳风而席福嘏者，此也。钦惟皇帝陛下，懋缉熙之圣学，饬廉法之官箴，洽大德于生成，登寰瀛于清晏。固已主极端而吏治修，国典平而朝宗会矣。乃圣怀冲挹，不遗细微，廑衡室之畴咨，冀刍言之一得。进臣等于廷，而策以宅心之本，弊吏之方，听讼之宜，浚川之务。如臣梼昧，譬诸涓流撮壤，奚补崇深。顾义切对扬时，当敷奏敬承清问，敢不就平昔诵习谨述所闻，用效蠡测管窥之微悃。

伏读制策有曰："帝王传心之要，主敬为先。"而因求夫先后同揆之实。此诚基命宥密之大原也。臣谨按《尚书·尧典》首曰钦明，至舜而喜起赓歌。明良翊赞，尤必相勖，以钦用致康哉之盛。嗣是而禹曰祗台，汤曰懋昭，文曰小心，武曰执竞，同此旨也。周公作《无逸》，曰严恭，曰懿恭，曰寅恭抑畏，犹斯义也。无非以敬作所精一危微之蕴也。而《丹书》之训所为敬胜怠者吉。两言又其前此者矣。《周易》乾"九三"："君子以终日乾乾，夕惕若。"许慎《说文》引作夕惕若夤。夤即敬也。而乾之象为天，君子体天以出治，则必有昭事凝承之实，以契于穆不已之运。故三代圣王曰敕天之命，曰昭受上帝，曰圣敬日跻，曰灵承于帝心，源代衍如契斯合。朱子《大学或问》谓格致治平，始终不外乎敬。《中庸或问》谓中和位育，圣神功化，枢纽不外乎诚。先儒训敬为主一无适一者，诚也。诚与敬交相劼毖，而存之为道统，发之为事功焉矣。唐太宗《帝范》十二篇，始君体建亲，终阅武崇文。宋范祖禹约三皇至宋代治法为《帝学》八卷，真德秀为《大学衍义》《心经》一卷，《政经》一卷，均有足于经训相发明者。《说命》之篇始言学而天亶，聪明元后，作民父母。帝王之学，固与儒生之占毕异也。皇上君师兼体，敷锡同原。斟酌道德之渊源，看核仁义之林薮，诚统于圣百王之心法治法，而一以贯之者也，岂不倬哉！

制策又以澄叙官方，风厉有位，期内外臣工无旷职守，爰以求实心任事之臣。斯又设官分职之要图也。臣闻察吏法始于《虞廷》，敷奏明试，三考綦详。夏有遒人之徇，商有官刑之儆。至周而八法治官府，八柄驭群臣，而以六计弊群吏。日有成，月有要，岁有会，其法皆总诸冢宰。汉法刺史以六条考二千石，凡田宅逾制，牟利侵渔，具申其禁。夫刺史秩仅六百石耳，而得周行郡国，省问治状，以卑察尊，具得小大相制，内外相维之义。至六条之外，则固未尝下侵守相职也。唐有四善二十七最，善之言德，最之言才。四善者，德义有闻，恪勤匪懈等是。二十七最者，献可拾遗，修隍诘盗等是。宋分七事明别三等。名虽殊，法由旧也。荀悦《申鉴》曰："有事考功，有言考用，动则考行，静则考守。"然则分猷任职，品秩虽有崇卑，官守均宜无旷。乃或上行而下不效，大法而小不廉，斯固在上位者所当正己率属，以力为激劝者矣。圣天子整饬官常，凡封圻大僚，下逮守令，吏治有不肃清者哉！

制策又以明刑所以弼教，期于矜慎，庶狱无枉无纵。臣以为五刑之设，上世不能废。古称象刑惟明，言象天道而作刑，非所谓画衣不犯也。《易》噬嗑之《象》曰："先王以明罚敕法。"卦体雷电合章，卦德威明德中，用狱之义取此。旅之《象》曰："君子以明慎用刑，而不留狱。"狱者，罪之人旅也。慎重如山，明照若火，而狱不稽留如旅寄焉耳。《周礼》大司寇以三典刑邦国，以八刑纠万民，听以五声，议以八辟，立法亦云详矣。后世若黄霸之治疑狱，颜真卿崔碣之决冤狱，皆具有明决慈惠之意，非徒以钩距见长也。夫狱犴不平固多文致，而尘案积压必少平反，遂使情伪滋纷，奸诈百出。宽之则坐长刁风，严之又重为民累，是宜揆之以情，断之以法，而衷之于理。古称刑官为大理，盖其义也。《书》惟刑之恤，《史记》作静。言欲其静而无扰也。而听断之勤，则又其本图矣。伏读御制《明慎用刑说》，本慈祥恺悌之诚，阐阅实矜疑之旨。凡为秉宪之吏者，宜何如重民命，昭信谳，以其襄刑措之休风乎！

制策又以天津为川渎辐辏，漕运所经，筹及夫堤防疏泄之功。臣考防之名，见于《毛诗》《尔雅》《礼记》。昔人谓古不防川者，非也。津门以渤海故郡，南有卫河，北有白河，洪波巨浸，条分缕析，诚天汉之津梁，畿辅之雄郡也。卫河发源苏门山下，隋为永济渠，其流向苦浅滞。自漳河南徙，始以堤防为务。乃堤日增而水亦随长，筑捺之力宜勤也。白河发源塞外，亦名潞河，性易冲突，非堤之所能御，分疏之道宜畅也。三岔河上受南北诸水，下乘强潮，归墟之路宜顺也。滹沱为子牙上游，势均而力敌。永定旧名无定，汇于桑乾，淳为芦沟，源合而流分。格淀堤旧至台头而止，今则接筑至三滩筐儿港，以泄盛涨为功。今且兼及于坦坡，所为因势而利导也。夫《禹谟》六府，《洪范》五行，皆以水居首。此涤川陂泽之策康功所由奏也。矧兹夫转漕孔道，列服近畿者哉！方今睿谟广运，轸念民依。凡淀津千里长堤以及格淀堤，各工均豪特颁帑金鸠工增修。地庆安澜，人歌乐土。遐哉！迈超禹绩。宜乎銮辂省方，怀柔告瑞也。

若此者，体性功以宰化，则玉烛调和。统班叙以甄材，则瑶图亮绩。咸中协庆而恩乐熙春，允翕升歌而欢胪函夏。胥根至诚，悠久用垂，裕乎亿万斯年。伏愿皇上本日新久照之谟，勖慎宪省成之义。执中考道以钦若，昭格被之光，灼见克知以理惠畴，励弼谐之治。不以科条已审而惟钦惟恤，董戒稍宽。不以浚距已成而或委或原，经营偶弛。清宁合撰，曼羡延洪于以祗迓蕃厘，式承多祜，则我国家申锡无疆之庆基诸此矣。臣末学新进，罔识忌讳，干冒宸严，不胜战栗陨越之至。臣谨对。

## 史海钩沉

吴信中为人正直，秉公处事，无私无畏。其父吴云先是经商江苏吴县（今属苏州），后应试登进士第，官至监察御史，屡次弹劾权要，素以耿直闻于朝野。人问，何无畏也？吴云说："昔日为商，以义取利；今既为官，当为民计。仗义为民，何惧之有！"后任河南彰德知府，死后家徒四壁，唯有官服两套及所著诗文一部。

吴信中是道路弃婴，幸遇吴云，被抱取收养。吴信中状元及第后，吴云说明原委。得知生母尚在，吴信中不计前嫌，迎养生母，孝敬备至，生母得以终养天年，吴信中亦以孝道闻名于世。

## 嘉庆十四年（1809）己巳科状元：洪莹

洪莹，字宾华，号钦庵，安徽歙县人。

殿试皇帝：清仁宗爱新觉罗·颙琰

### 策问

制曰：朕寅绍丕基，覃熙宙合，仰荷上苍鸿祐，祖考眷贻，海宇乂宁，雨赐时叙，而深宫劼毖，益宣治安，弗侪小康，冀臻大同。兹御极之十四年，值朕躬五旬庆节，诞敷纶诏，特开恩榜，嘉与天下，普锡蕃禧，同跻仁寿。思所以昌明经术，会通典礼，正士趋而裕民食者，非博采胪言，曷弼予治。尔多士扬对大廷，其敬听咨询，各抒所蕴。

言《易》首称汉学，其授受源流皆有可考。上下经原目，始于《乾》而讫于《丰》。今之篇目，何时所定？先儒十翼，次第不同。其以《文言》分附乾坤二卦者何人，荀爽九家《易》列诸逸象，能约举欤？孔子删书，断自唐虞。而《周官》外史职掌三皇五帝之书，其书有见于他籍者欤？《洪范》《九畴》与《八卦》相为表里，能畅其旨欤？《诗》首二南，《诗谱》云得圣人之化者谓之《周南》，得贤人之化者谓之《召南》，厥旨安在？《诗》之用于乐者，国君以《小雅》，天子以《大雅》。然燕飨所用，或上取，或下就，见于书传者凡几。《周颂》为周室太平德洽之诗，作于何时？《鲁颂》果奚斯所作欤？宋无风，而商有颂，其义安在？《春秋》宗公羊者几家，宗谷梁者几家，平其异同者几人，修《左氏传》者自何人始？条列二家不如《左氏》数十事者何人，何事能确指欤？

经曲之文，损益之道，莫备于《礼》。汉时后仓最为明《礼》。授弟子三家者谁氏？其名《周礼》为《尚书·周官》者何谓？作十论七难以排之者何人？其能释论难使《周礼》义得条通者又何人？《周礼》为末，《仪礼》为本，岂真本难明而末易晓欤？《周礼》注者多门，注《仪礼》者止郑康成，其为章疏者二家，孰举大而略小？孰举小而略大？《礼记》则大小二戴，既共氏以分门，王郑两家复同经而异注。其为义疏者则有南北九家五家，可缕指之。至若唐之《开元礼》《曲台新礼》《续曲台礼》，宋之《开宝通礼》《太常因革礼》，以及《通典》《续通典》诸书源流得失，其参互论断以为定衡。

古之用人，首德行，次才能。汉举孝廉及贤良方正，有未仕而举者，有既仕而举者，何欤？魏陈群立九品官人之法，刘毅谓九品有八损，而官才有三难。所谓八损三难者，撮举其略。唐取士多沿隋制，常贡之科有几？其择人有四事，而犹必先德行者。本末先后，不较然欤？觅举之讥，最为士习之痼弊。宋太宗谓科级之设以待士流，岂容走吏冒进窃取科名，言之何笃切欤？国家求贤取士，非徒以阶荣进之路，多士学古入官宜何如束身自爱，以副贡选之盛典也。

食为民天，《周礼》仓人藏粟，旅师聚粟，遗人委积。其为诸蓄甚备，常平义仓社仓无论。《元史》所载河西务十四仓，京师二十二仓，通州十三仓，即今制所由昉。顾天庾转输，丁胥丛杂，回漕挽和之弊，何以杜之？平籴之法所以便民，其后或定和籴之制，或筑富人之仓，或置东西市之籴，厥为何代？《管子》守国守谷之说，李悝籴三籴二籴一之论，所言果有当欤？宇文融之受诏益贮九谷，孙成之发仓贱售，薛讷之不与仓粟，皆有可采欤？夫漕运多则囤积不免，存贮久则红朽堪虞，果何道而使市无腾踊谷无浥烂欤？

夫覃研经籍为致用之原，参稽礼制为建中之准，先器识后文艺而后登进之法严。三余一、九余三、而后储备之道广。斯数者皆经国之要图，立政之先务也。尔多士坐言起行，先资拜献，即在于此。其勉殚素学，悉意敷陈，以备遴选焉。

## 对策

臣闻稽古者观文之盛，建中者制礼之经，明宅俊所以登贤良，实仓廪所以保康阜。《吕氏春秋》曰："黄帝之道在《丹书》，颛顼之师为绿图。"言念典也。《文子》曰："天道为文，地道为理。"言垂制也。《易纬稽览图》曰："君五期辅三名，以建德通万灵。"则官人之法可知矣。《尚书大传》曰："八政先食，万物之始，人事之所本也。"则民食之重可思矣。懿夫图书亮章，润色鸿业，驺虞乐官备，陇亩栖余粮，巍乎事该功备矣。自古升恒有庆，容保无疆，所为膺福祜而凝宝命者，此也。钦惟皇帝陛下，锡畴御宇，握镜临宸。固已河洛阐羲轩之蕴，经曲揽文质之宜，论升材则樸朴可歌，验藏富而阜昌有兆矣。乃圣德渊冲，勤求上理，思崇久治之规，益切咨询之实。进臣等于廷，而策之以经训礼制官人积贮诸大典。臣之梼昧，何以知体要。顾念幸际嘉言罔伏之时，敬附拜献先资之义，敢不就平时所考见者，谨述所闻，以效颛蒙之一得乎？

伏读制策有曰：《易》首称汉学，其授受源流皆有可考，而因统究夫书诗三传之精微。此诚宅心知训之要典也。臣考《汉书》立博士十四家。汉兴易学，本田何有施孟梁邱之学，而刘向以中古文校三家经，或脱去无咎诸字，惟费氏《易》与古文同。夫汉《易》莫古于孟喜，《艺文志》载孟氏上下经二卷。二卷是孟喜以前已题经字。然孟喜费直之古《易》，郑康成尊之，王弼易之，王肃难之。而河北江南为郑氏王氏之学，遂立门户之见矣。十翼次第，以孔颖达《正义》所列为定，自《正义》定而先儒无异议矣。李鼎祚《集解》载荀爽九家，逸象三十有九家，有虞翻陆绩等九人，称爽者以爽为之主也。《尚书》断自唐虞，《尚书大传》以《尧典》为唐传，是伏生时所见本，《虞书》亦谓之唐书。孔安国序云："三皇之书言大道也，五帝之书言常道也。"《周官》外史掌三皇五帝之书，未必至汉初全佚。若王应麟《困学记闻》所载，荀子贾谊修政语诸篇所引，可参考也。刘歆《洪范五行传》云："自初一以下六十五字皆《洛书》文。"唐一行引《京房传》云："自中孚冬至用字，九八七六是为三十。"夫河出图，洛出书，望人则之。张衡云：龙图受羲，龟书畀姒，而戴九履一，阳奇阴耦之文，其表里相符可考也。《诗谱》云："《周南》得圣人之化，《召南》得贤人之化。"然周召分陕，而至谓周公以圣自居，而以贤居召，此后儒所以不能无议也。若《大雅》《小雅》，燕飨所用，天子诸侯之乐有未能画一者。故笺经者定为上取下就之说，《鲁颂》有清庙奕奕，奚斯所作之语。班固《两都赋》序云："皋陶歌虞，奚斯颂鲁。"后人遂以鲁颂为奚斯作，误矣。《商颂》宋戴公得其五篇，称颂者仍其旧也。宋无风，王者之后不备輶轩之采也。刘知几云："左氏之义有三长，公谷之义有五短。"王应麟胪列诸家之说甚详，而三科九旨之等，善经善礼之言，皆昭然矣。我皇上倬汉经天，振兴文教，生斯世者，宜何如通经以致用也乎！

制策又曰："经曲之文，损益之道，莫备于《礼》。"而因及王郑异同之文，唐宋因革之义。此又质文损益之大经也。臣考汉时后仓最善于礼，《曲台》古经，五传弟子分曹教授。而注《礼》之大宗为郑康成，贾公彦孔颖达二家义疏，详略异宜，或得或失。小戴四十九篇为今《礼记》□，大戴记之五帝德帝系姓诸篇，犹可考见三代之遗也。河北江南为郑之学者，党同伐异，而门户之见分矣。汉初叔孙通定《礼仪》，为绵蕞于野外习之。东汉则又有曹褒定礼。唐初太宗高宗时有《贞观显庆礼》，开元中命张说徐坚等撰《开元礼》，由是有唐一代若《贞观显庆礼》《开元礼》《曲台新礼》《续曲台礼》，粲乎备矣。宋之《开宝通礼》，视乎唐为损益。而《太常新礼》《太常因革礼》以及《通典》《续通典》诸书，源流得失皆可参稽互考也。仰惟圣天子德车乐御，玉振金声，超百代以立隆，宰万殊而示准。郁郁乎文，优优之大，又岂唐宋以来所可企及于万一也哉！

制策又以古之用人首德行，次才能，爰及汉魏而下，官人贡士之方，此又循名责实之要义也。臣按《毛诗传》云："八能可使为士，九能可使为大夫。"王应麟云：三德官人之法，三宅知人之法。秦汉以上取士不一途，惟名实相宾而已。汉世始有贡举之名。《韦彪传》云："二千石贤则贡举得其人。"文帝十五年亲策贤良，武帝元光元年、五年策试董仲舒等，为后世策试贡士之始。魏陈群立九品官人之法，晋刘劭作都官考课七十二法。晋干宝云：子真著崇让而莫之省，子雅制九班而不得用此，刘毅八损三难之说深有见乎！知人之不易已。唐代取士之沿隋旧，常贡之科，择人有四时之所向，明经进士而已。至宋太宗谓科级之设以待士流，岂容走吏冒进，窃取科名。其言笃切，士之所宜奉为圭臬也。皇上敦崇实学，奖励士林，凡服古入官者，敢不深相勉励也乎！

制策又曰："食为民天，《周礼》仓人藏粟，旅师聚粟，遗人委积。"则储蓄之方与平粜之法，均不可不亟讲也。臣考蔡邕《月令章句》曰："谷藏曰仓，米藏曰廪。"许慎《说文》曰："仓黄取而藏之，故谓之仓，仓黄取而廪之，故谓之廪。"古者耕九余三，财用不匮，所由民气乐而颂声作也。若耿寿昌之常平，朱子之社仓，皆仓储可取者也。管子守谷守国之说，李悝籴三籴二籴一之论，则平粜可酌者也。夫惟实意奉行，则转输不虞其劳，而回漕挽和之弊息矣。籴粜均当其时，则囤积红朽之虑免矣。《管子》曰："圣王在上，政令无不从，惟民生之厚也。"皇上惠爱黎民至优极渥，念三农之生谷，式九用以宜民，而仓储籴粜诸大政，有裨于斯民生计者大矣。

若此者，翱翔仁义之圃则经术昌也，览观文物之林则轨度昭也，升司马之书而士气勉也，重司农之粟而物产宁也，抑臣尤伏愿皇上安益求安，治益求治，考古验同文之盛，而章志贞教不忘考订之勤，大中建皇极之隆，而纬地经天，益饬仪文之等。小廉大法而官方澄叙，幸进于以严其防。解愠阜财而民依，轸念惠鲜弥以深其泽，九垓八埏莫不涵濡沾被。则我国家亿万年有道之长基此矣。臣末学新进，罔识忌讳，干冒宸严，不胜战栗陨越之至，臣谨对。

## 史海钩沉

洪莹在试卷中写的策论，有理有据，针砭时弊，并且提出了有益的建议，深得嘉庆皇帝欣赏，钦赐为状元，而且洪莹在考中状元后被嘉庆皇帝任命为翰林院修撰，可谓荣耀之至。

然而仅仅过了两个月，朝中一个叫作花杰的御史，突然站出来向嘉庆皇帝上奏，新科状元洪莹的文章不是自己写的，而是监考官大学士戴衢亨营私舞弊，帮洪莹作弊写出来的。

嘉庆皇帝让二阿哥爱新觉罗·旻宁，也就是后来的道光皇帝，亲自负责监督洪莹，然后让洪莹将两个月之前试卷上的文章默写下来。

洪莹沉思了一会儿，开始凭着记忆默写两个月前写的殿试文章，写完之后，嘉庆皇帝亲自将洪莹默写的文章与洪莹的殿试文章作比对，发现一字不差。

## 嘉庆十六年（1811）辛未科状元：蒋立镛

蒋立镛，字序东，号芝山，又号笙陔。竟陵（今湖北天门）人。历任翰林院学士、朝考阅卷大臣、内阁学士等。

殿试皇帝：清仁宗爱新觉罗·颙琰

## 策问

制曰：朕诞膺昊眷，寅缵丕基，于今十有六年。幸函夏宁谧，海洋肃清。惟日孜孜，冀臻上理，探帝王建极之原，期河漕安澜之庆，刑罚清而民讼息，操防肃而兵制严，尔多士以敷奏为明试，爰资启沃，伫听嘉谟。

危微精一之旨，为帝王道统所开。尧曰执中，舜曰用中，汤曰建中，与《中庸》致中和之义有合否？朱子谓《大学》之格致诚正，以至修齐治平，始终不外一敬，《中庸》之圣神功化，枢纽不外一诚。心法治法一以贯之。二书实括其全，能申明其意欤？真德秀《大学衍义》略治平而不言，何欤？唐太宗《帝范》，范祖禹《帝学》，以及《大宝》《丹扆》之箴，有可采欤？《洪范》《皇极》，汉儒训为大中，宋儒又以为不然，何欤？

禹之治河先疏下流，《禹贡》一书可按也。若今之治河则兼欲利漕，其治法不过曰疏曰浚曰塞。潘季驯云水性不可拂，河防不可弛，地利不可强，治理不可凿，此诚不易之论也。夫以堤束水，以水刷沙，自有成法。顾何以浊流或致分侵，运道或成淤淀。以借黄济运，苟且目前，不顾后患。宜用何策使之涓滴不久，又能利漕？其于入口出口堤防闸坝之利，宜何如置力欤？国家数百万漕，岁资济运而施工，亦所费不赀，必使清足敌黄，黄不倒灌，水得遄行。帑归实用，始于河漕，均有裨益，讵可因循怠忽，致失机宜欤？

《虞廷》弼教，钦恤惟刑。《周官》大司寇以五刑纠万民，有五禁五戒，所以使勿犯也。有三刺五听，所以致其慎也。有三赦三宥八议，所以加之仁也。肉刑除于何代？刑之属三千，夏商与周同否？法与名何以分为二家，兵与刑何以合为一典？人命至重，所谓悉其聪明，致其忠爱，岂不在折狱者之无成心无偏见欤？朕哀矜庶狱，每阅谳牍，再三审慎，以期无枉无纵。而司狱者或以姑息为阴德，或以武健为胜任，岂称不刚不柔受王嘉师之意欤？

兵可以百年不用，不可以一日不备。《易》占利用，《书》称克诘，《礼》有蒐苗狝狩之典，皆于农隙讲武，所以振国威也。周制寓兵于农。管子作内政，而兵农以分。汉有南北军之屯，唐有府兵彍骑之制，宋有禁兵乡兵之殊，元立五卫，明设京兵边兵。统属异同，其详若何？今直省营制非不勾稽有册，简阅有规，校练有期，侵冒有禁。保无有老弱充伍，巡防疏惰，习为具文而无实效者乎？近日又有团勇练勇之称，究竟有益无益，其何以副朕整饬戎行设兵卫民之意？多士试详言之。

夫心法为宰化之枢，河防为安民之本，刑罚中而祥风治，训练谨而武备修，皆致治之要图，经邦之大计也。多士学古入官，讲求实用，其各以所素所诵习著于篇，毋泛毋隐，朕将亲遴焉。

## 对策

臣闻建极所以绥猷，经邦在乎济运，明刑斯能弼教，卫民莫如足兵。帝王寅承宝命，本内外交修之实握。天人协应之机，以课寅密。兢业凛夫九重，以利转输。贡赋通乎三壤，以示慈祥。法归于准情酌理以昭震叠，义著于怀德畏威。是以《诗》歌敬止之文，《书》美浚川之绩，《礼》记参听之命，《易》系容保之辞。综搜载籍，主术懋而日月就将，民利兴而金汤巩固，国有政简刑清之化，士讲安民和众之方。所由规矩乾坤，甄陶品汇，胥一世而跻之仁寿者，恃此也。钦惟皇帝陛下，道契执中，治昭普利，沛好生之大德，修整武之常经。固已庄敬日强,而堤防永赖,简孚有众,而法制相维矣。乃圣怀冲挹,葑菲无遗。既观民而设教,复询事以考言,进臣等于廷,而策之以传心学,筹河防,慎典刑,严军制之至计。如臣愚昧,何足以知体要。顾当对扬伊始之时,敬念敷奏以言之义,敢不勉述素所诵习者,以效管窥蠡测之微忱乎?

伏读制策有曰:"危微精一之旨,为帝王道统所开。"而因揭夫内圣外王之功用。臣谨按《史记·五帝纪》云:"帝喾溉执中以遍天下。"执中之说,固不自《尚书》始。然删《书》断自唐虞,尧执中,舜用中,汤建中,先后一揆。孔子特加一庸字,盖以性情言中和,以德行言中庸,其理无非一中也。朱子谓《大学》自格致诚正,以至修齐治平,始终不外乎敬,《中庸》自中和位育,以迄圣神功化,枢纽不外乎诚。诚则不息,敬则必勤。诚敬立,而帝王之体用赅矣。二书实与《尚书》相表里。真德秀《大学衍义》分四大纲,曰格致、曰诚正、曰修身、曰齐家。意在于正本清源,故略治平而不言。明邱浚以正朝廷成功化等目补之,乃为完备。唐太宗《帝范》十二篇,始君体建亲,终阅武崇文。宋范祖禹《帝学》八卷,上自三皇五帝,下迄神宗。以至张蕴古《大宝箴》凛物侈声淫之戒,李德裕《丹扆箴》旰宵衣正服之条,皆有足述者。《孔传》训皇极为大中。《朱子》曰:"中所以为皇极也,以极为在中之准,则可以极。"训中则不可。五行、五事、八政、五纪。极之所由立。三德稽疑,庶征五福六极,极之所由。推以《洛书》,以五居中,而《九畴》以《皇极》为本也。仰维圣学高深,崇儒重道。洵足接心源于往哲,树作睹于群伦,复绎经筵讲论,阐用中之微旨,发顺动之真诠,固宜其昭垂万古矣。

制策又以今之治河兼欲利漕,此诚一劳永逸之策也。考《玉海》载《禹贡》九州末系河,是为运道之始。顾黄河自唐以前北行入海,晋开运元年滑州之决,河乃自北而东。宋熙宁八年澶州曹村之决,河乃自东而南。元延祐六年筑汴梁护城,使水南汇于淮,而河始与淮通。清口者,黄淮之会合也。淮之力易弱,黄之力常劲。黄水倒灌,清口必至淤淀,洪泽湖水不出,自高堰各坝流入高宝诸湖,入运河,则下流皆为泽国,而运道亦以不通。故欲收淮河之利,宜加意于清口添筑拦黄矶嘴长坝,以杀黄势。其或淮黄并涨,又宜保固高家堰。潘季驯所为用束淮刷黄之策,坚筑高家堰,蓄洪泽所注全淮之水,以七分入清口刷黄入海,而以三分入运河。自山阳、宝应、高邮、江都三百里以内以达之江,诚有以固东南之保障,导粮艘之关键也。自古河徙无常,惟在善治河者。审时度势,或设矶嘴以御其冲,或修月堤以防其溃,或挑引河以杀其流,而其大指不外助淮以敌河。使淮治而河亦治,合黄淮以治漕,使黄淮治而漕亦治，庶水得遄行，而帑归实用耳。方今海宇恬波，河流顺轨，皆仰赖睿谟筹画，集众议而衷一是，俾运道常通，而仓庾益见充实已。

制策又曰："《虞廷》弼教，钦恤惟刑。"而欲使察狱之道无枉无纵。夫五刑之制起于蚩尤，唐虞三代因革不同，而要无失乎刑期无刑之意。史称汉文帝十三年除肉刑，然崔浩《汉律序》谓文帝除肉刑而宫不易。《通鉴》西魏大统十三年除宫刑，《书正义》及《周礼疏》又谓至隋唐乃赦。则肉刑之除，不尽在汉矣。《周官》五刑之属各五百，穆王增为三千，轻刑增而重刑减，然《周礼》郑注引夏刑大辟二百，膑辟三百，宫辟五百，劓墨各千，则三千之制自夏已然，即《吕刑》所本。法十家出于理官，名七家出于礼官，源流自别，礼乐分为二职，兵刑合为一官，详略各异故也。昔陈咸言：为人议法，当依于轻，虽有百金之利，慎无与人重比。盖汉承秦法，过于严酷，咸亦有激而言。至苟慕轻刑之名而不恤，惠奸之患则姑息市恩，如唐太宗纵囚一事，亦不免为欧阳修所讥耳。臣读御制《慎刑论》，往复重申，戒喜怒之勿纵，虑轻重之失宜，更恭绎御制《息讼安民论》，仍本慎刑之意，推原勤政，非治民之要道欤？

制策又以兵可以百年不用，不可以一日不备。臣惟古者寓兵于农，搜苗狝狩，皆于农隙以讲武事，自管子作内政，寄军令而兵农始分。汉初南军以卫宫城，北军以卫京师，得内外相制之道。唐置府兵，一变为圹骑，再变为方镇，其制益坏。宋统外兵于枢密，总内兵于三卫，有召募拣选廪给训练屯戍迁补器甲马政之目。明京兵锦衣十二卫，留守四十八卫，即唐府兵之遗。边兵如蓟辽大宁诸司等卫，即汉募民实塞下之遗。大抵自唐宋后专用募兵，而游手无藉之徒应募滥入，养兵之费日浩，而实无所可用。必如宋臣苏轼疏河北弓箭社事宜，乡勇自相团练，人情不扰，而边备修。特不至戎服执器、奔驱满野，如王安石保甲之法耳！圣朝承平化洽，疆宇敉宁。海岛重洋之区输诚者亿万计，然犹敕谕屡颁谆谆以简阅为念，属在将弁，孰敢不鼓舞而振兴哉！

若此者，基命以单心，宜民以利运，缓刑以尚德，奋武以昭戒，洋洋乎畅九垓而沂八埏，盖亘古而独隆也。臣尤伏愿皇上懋持盈保泰之怀，臻累洽重熙之盛，时几已敕而益表洁齐，清晏已歌而愈勤疏凿，彰瘅已分而弥思保惠，戎兵已诘而更切怀柔。逊志之修敏焉，翕河之颂陈焉，折狱之良称焉，知方之训著焉。腾英声，蜚茂实，总八极而为量，于以弥纶宇宙，鼓铸群生，开骏发之远祥，固保定之宏业。则我国家万年有道之长视诸此矣。臣末学新进，罔识忌讳，干冒宸严，不胜战栗陨越之至。臣谨对。

### 史海钩沉

少年时蒋祥墀把儿子立镛放到家乡一个叫"粟洞"的山洞中,让他隔离世事,专心攻读。天长日久,虽然双腿得了关节炎,但经过严格训练,他更加学识超群、才思敏捷了。清嘉庆十六年(1811)中状元。该科二甲四名便是禁烟英雄林则徐。

## 嘉庆十九年(1814)甲戌科状元:龙汝言

> 龙汝言,名澄,字锦珊,又字子嘉,号济堂。清代南乡(今安徽省安庆市罗岭镇)人。

殿试皇帝: 清仁宗爱新觉罗·颙琰

### 策问

制曰:朕仰承昊宰眷祐,兢兢业业,夙夜不敢康,十有九年于兹矣。用是弥深寅畏,以期治臻上理,与我黎庶共享升平之福。当兹延揽,爰伫嘉谟。

《尚书》为传心要典。二帝三王以来,凡曰钦、曰恭、曰慎、曰克艰、曰孜孜、曰兢兢,君臣交儆之言,与《洪范》之言敬,《中庸》之言诚,能推阐其义欤?人君敬天以勤民事,人臣敬事以亮天工。诚敬相通之旨,可发明其蕴欤?《丹扆》《大宝》之箴、《皇极》经世之论典矣。朱子《或问》之言心法治法者,道无不赅,能互申其旨欤?真德秀《大学衍义》,略治平而不言,岂果操诸一家之内,而国自治天下自平欤?抑所谓措正而施行者,固有渐欤?

政教之美,风俗为先。古者家有塾,党有庠,州有序,国有学。凡以化导其民,而兴贤兴能,由此其选也。《记》曰:"君子如欲化民成俗,其必由学乎?"夫孝弟忠信礼义廉耻,固有之良,尽人同具。彼民习闻正论,则奇邪之说自不得而中之。汉循吏如文翁召信臣辈,或兴学校,或重本业,诚得端本善则之道欤?正学兴则邪说熄,官常肃则庶民从。公卿大夫所使承流而宣化,二千石与我共此民者,宜何如董率而化导之也。官多因循疲玩,吏多贪利徇私，启聋振聩，敕法除奸用何道欤？

古无所谓兵，凡民皆兵也。无所谓将，六卿皆将也。《周官》始有伍两卒旅师军之名，自邱甲田赋之制日紊。楚有二广，晋有爰田，法制纷如。嗣后崇卒用徒，车战渐废。战国之兵动以数十万计，于是兵民始分。至汉而内有南北军，外有郡国兵，厥制何若？唐之府兵最为近古，何以更为彍骑。宋收节度之权，改为更调，元祐熙宁兵制孰为合宜？明之五军都督府亦犹府兵之意也，何以改为十二团营，又改为三大营。召募之法既不可行，团练之名亦多流弊。多士自田间来，见闻亲切，其何以使兵归实用，饷不虚縻欤？

上古无司刑之官，《虞书》命皋陶作士，明五刑以弼五教。《周礼》狱辞之成，司寇听之，三公参听之。其载在《秋官》者，有五听八议三刺三宥三赦之法，能举其略欤？春秋时郑有刑书，晋有刑鼎，情伪日出，法令滋彰。李悝法律，萧何益之，叔孙通又益之，其篇目若何？汉文除肉刑，善矣。而以髡笞代之，深文酷吏，务从重比，死刑转不胜其众。魏晋以来病之，隋唐以来始制五刑，其即有虞鞭朴流宅之遗意欤？朕明慎用刑，期于辟以止辟。近又命廷臣清理庶狱，凡情有可原悉予减等。愚民无知，自罹法纲，果何道而使之革面革心，不犯有司欤？

夫端主德以建极，正民俗以同风，饬戎而绥靖嘉师，敕法而矜慎庶狱，皆制治之要图也。多士学古入官，讲求有素，其以所蕴者著于篇，毋泛毋隐，朕将亲览焉。

## 对策

臣闻建极者绥猷之盛轨，遵道者训行之隆规，克诘重则卫合天慈，钦恤昭则治跻民服。医古帝王，绍承圣绪，宣畅淳风，布武绩于八纮，凛宪成于三宥。以溯精一则心法传焉，以广教化则治术恢焉，以靖众志安善良则军政修焉，以别淑慝明彰瘅则刑罚清焉。是以典学敏修式垂于说命，乂民用德化洽于箕畴。《周礼》详搜狝之文，羲易列噬嗑之象。饬宸躬而绵区饮化，肃武备而匝宇归仁。用兹启迪品类，覆露芸生，洪畅延醇，阐绎流祚。上哉复乎！钦惟皇帝陛下，参三立极，执两用中，健体乾行，比户遍德，威严师律，刑措成风。固已福应盛而嘉祉臻，众汇蕃而升平庆矣。乃睿怀冲挹，深维久安长治之方，弥廑保泰持盈之念。进臣等于廷，而策以圣学教化讲武恤刑诸大政。臣之椿昧，曷知体要，譬若尘涓奚裨山海。顾念对扬伊始，窃附拜献先资，敬承清问，敢不勉述前闻，备陈诵习以效管窥蠡测之微忱乎！

伏读制策有曰："《尚书》为传心要典。"二帝三王以来，君臣交儆，因及心法治法之精，治国平天下之理。诚措正施行之要义也。臣谨按羲农黄颛，尚矣。而孔子删书，断自唐虞。人道危微十六言乃千古帝王传心之要，故《尧典》以钦之辞始，《益稷》以钦之辞终。《舜典》曰温恭允塞，又曰慎徽五典。《皋陶谟》曰同寅协恭，又曰慎厥身修思永。《大禹谟》曰后克艰厥后，臣克艰厥臣。以及汤之圣敬日跻，文之缉熙，武之执竞。其所以惟曰孜孜兢业而不遑者，非特主术之懋，抑唯是赞襄而燮理者与有责焉。《洪范》《九畴》《皇极》之所为锡也，而用五事者首之以敬。《中庸》一书，圣道之所为大也，而陈九经者要之以诚。夫天生民，而立之君使司牧之。惟敬天以勤民事，则克享天心，凝承宝命矣。一人不能以独理，故左辅右弼，前疑后丞，内则有六卿，外有州牧侯伯，惟敬事以亮天工，则上膺主眷，懋官懋赏矣。张蕴古《大宝箴》，李德裕《丹扆箴》凛物侈声淫之鉴，庐宵衣正服之条。邵子《皇极经世书》，言君道臣道十二则，皆本心传以发明治道者也。朱子《或问》谓格致以及治平，始终不外乎敬。中和极于位育，枢纽不外乎诚心。治法原于天命，神圣功显于笃恭矣。真德秀《大学衍义》取经文二百五字，证以典谟。伊训之书，思齐之诗，家人之卦，子思孟子荀子之说，意在正本清源，故首以为学之要，次乃分四大纲，曰格物致知、曰诚意正心、曰修身、曰齐家，而治国平天下之略缺焉。邱浚补之，因真氏所衍者，于齐家之下续以治平之要，其为目凡十有二。真氏之书本之身家达之天下，而邱氏之编又将治平之要收格致诚正修齐之功也，是则修齐与治平岂有二理也哉！我皇上天亶聪明，日新盛德，中心无为以守至正，慎简有位以儆庶官，本至诚无息之全功，为辅相财成之盛治，岂不懿哉！

制策又以政教之美，风俗为先，君子如欲化民成俗，其必力学乎！而因期循吏以端本善则之道，与夫董率化导之方。臣稽古者立学所以教化斯民，使之各得其孝弟忠信之理，生其礼义廉耻之心，以全其同具固有之天良而已。故家有塾，党有庠，州有序，国有学，乡老以宾兴贤能，司马则辨论官材，此其选也。盖丰衣足食既有以厚民生，礼乐诗书复有以正民德。父兄师长之训迪，耳闻目见之渐摩，奇邪之说何由得而煽惑之哉！颜师古曰："循者顺也。"上顺公德，下顺人情也。汉吏治最为近古，文翁守蜀郡，召信臣守南阳，或兴学校，或重本业，洵足与黄霸朱邑龚遂等并传已。夫正学兴则邪说熄，官常肃则庶民从。汉宣帝诏曰："庶民所以安其田里而无叹息愁恨之心者，政平讼理也。与我共此者，其良二千石乎！"又曰："安静之吏悃愊无华，日计不足，月计有余。"是民之休戚在守令，而守令之贤否又视乎大吏之公忠体国，有以表率之，果其大法小廉，不戾于清慎勤之训，则承流宣化，夫何愧乎！而反朴还淳又何难乎？圣天子几康用敕，德意旁敷，允厘百工，咸和万民者，甚盛治也。

制策又曰："古无所谓兵，凡民皆兵也。无所谓将，六卿皆将也。"而欲使兵归实用，饷不虚糜。此诚以兵卫民之要旨也。臣愚以为兵可百年不用，不可一日而无备。《左氏》曰："不备不虞，不可以师。良非谬也。"《周官》司马兵制详矣，自邱甲田赋作，而楚有二广，晋有爱田，于是兵民始分。汉之南北军，内兵也。有郡国兵，外之制也。《光武纪》曰："高祖选能引关蹶张材力武猛者为轻车骑士材官楼船，以春秋讲肄。"唐府兵十人为火，火有长，三百人为团，厥制犹古。自更为彍骑，而令典弛矣。宋惩唐季节度之患，改为更调。至元祐熙宁之间，议改议复，则柄国秉政之人异也。明五军都督府犹府兵也，一变而为团营，再变而为三大营，其制曷足贵乎？皇上神武，布昭天威，震叠八旗，劲旅如虎如貔，盖从古无比也。

制策又以明刑弼教，期于辟以止辟，而又清理庶狱，愚民无知使之格而有耻，改行迁善。此诚仁政也。臣考《周礼》狱辞之成，司寇听之，三公参听之，《秋官》有五听八议三刺三宥三赦，法綦详矣。春秋时郑有刑书，晋有刑鼎，法令滋烦矣。李悝者，魏文侯师也。著法六篇，萧何除参夷连坐，增部主见知等法。叔孙通又益为十八篇。汉文帝十三年，淳于公得罪，少女缇萦上书愿代，因诏除肉刑。张苍等易黥为髡，劓为笞三百，斩左趾为笞五百，酷吏重比，后世病之宜矣。我皇上明慎用刑，矜怜折狱，既协咸中之庆，更施法外之仁。非唯远迈隋唐，而刑期无刑，直媲美于虞廷矣。

若此者，崇主极以立隆，辑民情以丕变，饬戎而嘉师绥靖，敕法而明允协中，皆勤求乎上理。然而治益求治，安益求安。臣尤伏愿皇上懋日新不已之功，成悠久无疆之治。执中含和，万福所由向用也。齐民情正，一道所以同风也。曰有御侮，师之所为以律也。念兹祥刑，讼之所由自无也。由是规万乾坤，荣镜宇宙，休风流，衍酝化，懿纲咸五而登三，畅垓而沂埏，则我国家亿万年有道之长视此矣。臣末学新进，罔识忌讳，干冒宸严，不胜战栗陨越之至。臣谨对。

## 史海钩沉

享有"文都"盛誉的安徽桐城有"五里三进士、隔河两状元"的美谈，指的是"刘若宰、龙汝言"两位状元和"姚孙裴、龙鲤门、许鲤跃"三位进士。

据传说，因受任校对《高宗实录》一书，高宗纯皇帝的"纯"字，误书为"绝"字，龙汝言因故未校对出。当时嘉庆帝宠任汝言，不忍加罪，言"龙汝言精神不周，办事疏忽，着革职，永不叙用"。嘉庆帝驾崩后，"汝言哀痛逾于常人"。后任内阁中书。

## 嘉庆二十二年（1817）丁丑科状元：吴其濬

> 吴其濬（1789—1847），字季深，一字瀹斋，号雩娄农，别号吉兰。河南固始县人。先后任翰林院修撰、礼部尚书、兵部侍郎等职。

殿试皇帝：清仁宗爱新觉罗·颙琰

### 策问

制曰：朕寅承大宝命，二十有二年，仰荷昊宰眷祐，祖考贻庥，年岁顺成，函夏乂安。兢兢业业，不敢自逸。敬思修己治民之道，知人善任之原，官箴吏治之方，除莠安良之事。期与环海生民，其臻上理。兹当对扬伊始，咨尔多士，用佇嘉谟。

孔子曰："修己以敬，修己以安百姓。"《书》曰："在知人，在安民。"以尧舜犹病之事责之一人，果可以无为而治乎？抑大圜在上，大矩在下，法而则之，即可以为民父母乎？百官何以治，万民何以察，利病何以周知，情伪何以能辨？亦惟是躬节俭屏声色，未明求衣，不遑暇食，遂可以致太平。是必深宫有格致诚正之学，然后朝野有官礼畋麟之化。朕日夜孜孜，励精图治，保泰持盈，以诚御下。虽海宇升平，人民和乐，而由小康以致大同，其道何由欤？

《诗》云："无竞维人。"《易》云："圣人养贤以及万民。"知人之道，非君天下者所首重欤？古所传观人之法，若《大戴礼·文王官人篇》，以至陆贽、司马光、苏轼之论，亦有可采者欤？皋陶曰："亦言其人有德，乃言曰载采采。"《舜典》曰："明试以功，敷奏以言。"进贤用人如此其难也。乃古之君臣相得，或决于立谈之间，何耶？大智若愚，大诈若忠，或外忠而内奸，或始贤而终佞。烛照数计，其道何由？君子小人各从其类，然诸葛亮之所用，李泌之所举，司马光之所取，或未必贤。抑又何说？孔子曰："取人以身，知言穷理。"

将何以浚其源欤？

亮工熙绩，治理所先，大法小廉，国家攸赖。朕率作兴事，日昃不遑，乃内外臣工谨身守家之意多，奋发有为之气少。旅进旅退，流为怠惰因循；保禄保位，相率委靡迁就。岂称忘私奉国之义？《六计》首廉尚已，然饬簠簋杜苞苴，人臣之常分耳。案牍积而不厘，民生困而不恤，又安用此素食者为？至若浮躁喜事者，有似于敏勤；阘冗玩愒者，有似于持重。何以辨其真欤？悃愊安静者大抵便民，而缓急或不足恃；强健明干者易于集事，而恣睢或至殃民。何以善其用？举劾之权不可不寄之大吏，而不无借以遂其私者。何以委任而责成欤？

天地之大，枭鸾并育。稂莠不薅，嘉禾不生。邪慝萌蘖之始，或结会敛钱，煽惑人心，或纠党斗狠，武断乡曲。地方官及时治之，本不难于立时净尽。乃或畏其激变，姑息养奸，甚或闻之上司，而封疆大吏反以多事斥之。一味姑容，纵邪害正。官既不经理，民甘心顺从以致受其害者，忍而不敢言。一旦煽动，为患甚大，非有司酿成之罪欤？保甲之制，所以弭患未萌，法至善也。乃王安石行之熙丰，而世以为累，王守仁用之南赣，而百姓便之。其故何欤？吏胥所以察奸，兵弁所以戢盗，乃往往声息相通，反为援引。何术以防之欤？或谓民之不法或迫于不得已，或陷于不自知，然则开衣食之原，而明礼义之方，固自有其本欤？

若是者，典学以成化，迪知以用贤，澄叙以励官常，纠诘以除民慝，保邦致治莫要于斯。多士稽古有素，且自田间来，见闻尤切。其各陈心得，以当先资，毋泛毋隐，毋摭陈言。朕将亲遴焉。

## 对策

臣闻建中所以锡福，迪知所以任官，熙绩则道先厘工，安良则政在戢暴。稽诸载籍，《易》著健行之训，《书》传励翼之文，《礼》陈弊吏之经，《诗》颂宜民之化。茂矩崇仪，粲然具饬。自古帝王乘乾御宇，锡极临宸，缉熙有学，黜陟有权，综核有方，效圻有禁，悉本夙夜勤求之实，以握天人交应之机。用是精一执中而主极建，浚明亮采而百志熙。廉能既辨而官常严，保受相资而民风懋。所谓扬骏烈、畅鸿庥，备五甝而协庶征者，洋洋乎超图溢牒，洵郅治之隆轨也。钦惟皇帝陛下，懋昭大德，时亮天功，本灼见以官人，严彰瘅以训俗。固已敬修可愿而考察无遗，贤能有书而礼教咸被矣。乃圣怀冲挹，不遗细微，廑瞿室之畴咨，冀菲葑之可采。进臣等于廷，而策之以典学知人、察吏、安民诸大端。臣占毕庸愚，曷足以知体要？顾幸际广思周逮之时，窃附于拜献先资之义，敢不敬述平日所诵习者，用效土壤细流之一助乎？

伏读制策有曰："修己以敬，修己以安百姓。"而因推本于格致诚正之学。此诚图治之要道也。臣惟帝王之道，不外主敬，主敬之功，不外存诚。惟敬则勿敢慢，惟诚则勿敢欺。诚敬合，而主术于是乎立。黄帝之书曰："大圜在上，大矩在下，汝能法之，为民父母。"其说见《吕氏春秋》，实开心法治法之源。古文《尚书》曰："人心惟危，道心惟微。"孔颖达《正义》谓："立君所以安民，安民必先明道，明道必先精心一意。"盖道心存则兢业匪懈，人心去则佚豫不生。严祗敬而谐臣鳞，百官何患其不治。敕几康而应徯志，万民何患其不察。知人安民，其要端不外是。夫法令者治之具，而非治之本。一日万几之繁，使事事待于督责，则宵旰不遑矣。九州四海之广，使人人问其疾苦，则情伪难悉矣。故立纲陈纪以有为者振其机，而恭己垂裳必以无为者端其范。《周官》为致太平之书，而首之曰以为民极。三德三行所以建极也，六典六职所以锡极也。至于四方和会，六幕恬熙，下有归极之化，上切保极之忱。则朱子《或问》所谓格致诚正始终不离乎敬，中和位育枢纽不离乎诚。其言深切著明，可为持盈保泰之良谟皇矣。我皇上乾惕为怀，廑求上理，凡用人行政，无不本诚敬以为敷施。治统与道统一以贯之，洵足以远绍唐虞而独隆千古也。

制策又以知人之道为君天下者所首重，而因广求夫大智若愚、大诈若忠以及内外始终之异。臣谨案《大戴礼·官人篇》曰："伦有七属，属有九用，用有六征。"盖朝廷辨论官材，惟在于事举言扬之始。《虞廷》用九德之选，《周官》重三物之兴。其考之平时者，既无不至，而又必试之以事，任之以官。举凡所以诏爵诏禄者，无不兼功与德而计之。盖知人者劳，而后任人者逸。乃或闻其名而遽畀以政，聆其言而即授以权，立谈之间上结主知，自非相契有真，未易得此。夫忠奸之别界于几微，贤佞之分淆于疑似。自来小人不能容君子，而君子或误用小人。诸葛亮之所用既显违其节制，李泌之所取又复涉于贪婪。至司马光急于去新法，而小人又以材能进矣。究之衡鉴之或爽，皆学识之未精。诚能无偏私之见以清其源，无朋党之意以弭其隙，有光明正大之心，有英断果决之识，陆贽、苏轼之论固可参酌用之矣。皇上敷求俊良，加意实学，尚廉介之风，杜幸进之门，先德行而后文艺，海内之士咸知向方，蒸蒸然人材蔚起，岂不懿欤？

制策又以大法小廉，治理所先，而思所以祛其怠惰因循委靡迁就之习。臣惟安民之道，在乎选吏。而吏有廉吏，有能吏。廉吏淡泊自守，而或短于才，则诸事必不免废弛；能吏奋发有为，而或失其守，则举动亦不免轻浮。故察吏之要必先责其操守，而即试其材能。汉以六条察二千石，其法自田宅逾制以及通行货贿，所以察其廉。唐以四善叙内外官，其目自献可拾遗以及城隍修理，所以考其能。二者相济，而不容偏废矣。虽然，群吏之黜陟不能不寄于大吏，大吏得其人，则察之有其识，督之有其方。凡积案未厘民风未淳，则劾罚随之，而又旌其有猷有守者。以为凡百有司劝，庶群吏皆知奉法，相率忘私奉国，而无玩愒旷冗之弊也。我国家澄叙官方，时加整饬。内而群尹庶司，外而封疆守令。聆训诫之严切，宜无不争自濯磨，以力除夫保禄保位之习也哉！

  制策又以邪慝萌蘖之始，可以及时治之，而虑有司之姑息。此制治保邦之至计也。臣案《周书》曰："绵绵不绝，蔓蔓若何。"言凡事当防其渐也。乡曲之间敛钱结会，其始不过一二莠民倡立邪说，煽惑庸众。为长吏者及时治之，固易捕除。乃不知思患预防之术，姑为宁人息事之说，及至党与渐众邪慝丛生，纵之既恐其蔓延，惩之又惧其激变。守令畏干谴咎，大吏虑生事端，上下姑容，而宵小逞其奸，良民受其害矣。夫安民必先弭盗，而弭盗莫如保甲。《周官》有比闾族党之制，管仲创轨里连乡之法。皆以里闾相习之人，察耳目最近之事，其法至为美备。惟是营汛堡墩之设，不能不寄于兵弁，寺院庵观之察，不明不责之吏胥。赏罚不明则兵不捕盗，稽覆不力则吏或藏奸。王守仁行之而民安，王安石用之而民扰，则有治法尤贵有治人也。虽然，治之于已然，不若治之于未然。仓廪实则民自爱其身家，学校兴则人咸知夫礼义，何至惑于邪说哉？圣朝典章明备，一道同风。严左道之诛，设奇邪之禁。所由人心正，风俗淳，胥一世而纳之轨物也。岂非经正民兴之效哉？

  若此者，怀寅畏之忱则主极端也，重升庸之典则明良庆也，隆进退之权则治绩茂也，严旌别之政则风声树也。酝化懿纲，蜚声腾实，仁圣之事赅，帝王之道备矣。臣尤伏愿皇上，治益求治，安益求安，敬德昭而弥切严恭，翼为集而益期襄赞。纪纲既饬愈勤考课之条，仁让已兴犹廑风化之本。案经校德，成袭六为七之书，稽古论功，跻咸五登三之盛。淳良康乂，曼羡延洪，上以祇迓蕃禧，下以永绥多祜，则我国家亿万年有道之长基此矣。臣末学新进，罔识忌讳，干冒宸严，不胜战栗陨越之至。臣谨对。

## ■ 史海钩沉

  吴其濬一生最大的功绩,并不是担任封疆大吏时做出了让人称赞的政绩,而是对植物学与矿产学做了深入的研究，取得了较高的成就。著有《植物名实图考》《植物名实图考长篇》《滇南矿厂图略》和《滇行纪程集》等书，这些书都有很高的学术价值。

## 嘉庆二十四年（1819）已卯恩科状元：陈沆

> 陈沆，原名学濂，字太初，号秋舫，室名简学斋、白石山馆。蕲水（今湖北浠水县）人。官至四川道监察御史。

殿试皇帝：清仁宗爱新觉罗·颙琰

### ■ 策问

制曰：朕寅承昊穹眷命，列祖贻庥，翼翼兢兢，于今二十有四年。周挠甲以斟元，衍长庚而集祜。万方清宴，百谷庆成，四渎安澜，五畤来备，豫顺聿隆。于此日谦亨，敢懈于初衷。靡文尽屏，却九牧之贡珍；询事维殷，辟四门而吁俊。敬惟制治保邦之道，厚生正德之原，去奢崇俭之方，肄武诘戎之法。洵整饬之当先，乃讲求之倍切。尔多士论秀于乡，用实于国，伫闻谠论，式赞嘉猷。

唐虞授受，不外一中。嗣是仲虺言建中，孔子言用中。中者，帝王之心法，即帝王之治法也。其言惟精惟一，即孔门明善诚身之说所自出欤？《诗》颂不刚不柔，《传》称赞猛相济，盖言中也。乃汉兴之始网漏吞舟，诸葛治蜀赦不轻下。宽严不同，同归于治，何欤？《泰》之"九二"，备陈保泰之道，其与《论语》宽信敏公之旨，有相合欤？司马光论人君之德有三，其才有五，而为道则一。其于《中庸》达道达德，人存政举之义，可相通欤？《大学》平天下一章，专言财货用人二事，何欤？朕际重熙累洽之时，深惟长治久安之道，所以巩丕基于永固，登郅治于大同。其要可得闻欤？

昔贤论富教之道曰："易田畴，薄税敛，立学校，明礼义。"方今之世，农务垦辟而地鲜遗利，赋惟正供而时予蠲除，设国学乡学以教士，宣圣谕广训以教民，法綦备矣。而未能民皆足食户尽可封，其故安在？井田库序古法既不可行，讲约劝农虚文或且滋扰。苏洵田制之议，柳宗元种树之篇，其明鉴也。将欲顺人情而收实效，其道何由？夫民生风俗，国家之元气也。大小臣工，于民皆有父母师保之责。使徒从事于簿书案牍，而置本务于不图，岂称识治体培国脉者乎？古之循吏，转凋敝为沃饶，化顽愚以礼让，如召杜文翁之流岂徒恃讲求之有素，才略之过人欤？

《书》曰："慎乃俭德，惟怀永图。"诚以奢俭之间，君心敬肆所由分，风俗淳浇所由辨也。方今太平久而生齿繁，人情自质而趋文，物力虽丰而易匮。有如汉诏所云，雕文刻镂伤农事，锦绣纂组害女红者。习染既久，富者僭而逾制，贫者滥而为非，岂细故哉！朕躬行节俭，出于天性，时颁训言，冀挽薄俗。乃诏书屡下，淳朴未臻，将欲严法制以绳之，又虑奉行不善，适以病民。将何以移风而易俗耶？古之卿大夫若杨绾、卢怀慎、杜黄裳之徒，高节清标，闻者感而自化。羔羊素丝，风流如在，今何必异于古所云也。

兵可百年不用，不可一日不备。整军经武，先王所以保太平也。然有空籍而无胜兵，徒滋糜费，则简阅为要矣。汉代训练之法，有都试都肄都讲貙刘卜射诸制，其详若何？唐时讲武都外，宋有大阅之典，其法若何？《文献通考》载兵有五练，厥目安在？我朝以弧矢威天下，家法罔敢怠荒，侍卫禁军，躬亲校阅。屡谕掌兵大臣尽心简练，又以时举行大阅，教演阵法，每岁行围，肄武习劳。至直省营伍亦严饬。将军、督抚、提镇等勾稽较核，其果能选骁锐，汰老羸，以得实用乎？修整犀利，变更苫窳，以精器械乎？役使兵丁，摊扣粮饷，不加惩儆何以肃戎政乎？

夫图治所以经邦，遂生继以复性，节用以裕民食，振武以壮国威。凡此四端，参互考订，则轨迹易遵，通变化裁，则推行尽利。多士学于古训，通知时事。拜献厥有先资，远猷尚期辰告，勉殚素蕴，毋袭陈言。朕将亲第焉。

## 对策

臣闻制治所以经邦，安民在乎正德，同风必先谨度，讲武斯可宁人。遐稽载籍，《书》纪绥猷之命，《诗》歌率育之文，《易》乖制节之占，《礼》著经戎之典。备哉！灿烂崇闳之式也。伊古帝王绍天阐绎，冠德卓踪，端表极于几康，布经纶于久大，崇俭以敦民俗，简兵以示国威，莫不本虔恭抑畏之心，为骏固醇庞之业。用是无偏无党，上理登焉，引养引恬，群伦育焉，以礼以时，财用阜焉，有严有翼，武备修焉。所由覆露芸生，陶甄品汇，胥一世而跻之仁寿者，恃此道也。钦惟皇帝陛下，道光谟烈，功洽修和，陈度数以移风，饬车徒以讲事。固已时几无逸而仁让咸兴，训俗有方而搜苗罔懈矣。乃圣怀冲挹，不遗细微，景郅治之上仪，冀刍言之得。进臣等于廷，而策之敷帝治、笃民生、挽浇风、简军政之要。如臣梼昧何足以裨高深，顾当对扬伊始之时，敬念敷奏以言之义，敢不勉述夙昔所诵习者，以效管窥蠡测之微忱乎？

伏读制策有曰："帝王之心法即帝王之治法也。"其理不外一中，而因博求夫长治久安之道。此诚勤施之至意也。臣谨按蔡沈《书传》曰："二帝三王之治本于道，二帝三王之道本于心。"孔颖达《尚书正义》曰："立君所以安民，安民必先明道，明道必先精心一意，精一所以执厥中也。"嗣是仲虺言建中，孔子言用中，其源俱出于此。而《中庸》明善诚身之说，尤足与惟精惟一之旨相发明焉。《诗》颂不刚不柔，《传》称宽猛相济，中之道也。然而汉承秦苛，网漏吞舟而治。诸葛治蜀，赦不轻下而亦治。宽严不同，则所乘之时与地异也。地天交而成泰，程《传》谓："能艰贞者即可常保其泰"。又曰："善处泰者，其福可长也。"盖德善曰臻，则福禄曰厚。德逾于禄，则虽盛而非满。是说也，诚为保泰之道矣。"九二"一爻，卦义赅备。其曰包荒者，即《论语》宽则得众之义也；曰用冯河，即信则民任之义也；曰不遐遗，曰朋亡者，即敏则有功公则说之义也。司马光论人君之德有三，才有五，而道则一。与《中庸》达道达德、人存政举之论，若相符合。至于《大学》释平天下其道莫大于絜矩，絜矩莫大于公好恶，公好恶莫大于理财用人，故特举二者言之。要之丕基永固，则惟视兢业之一心也。我皇上设诚于中，观化于久，洵足绍勋华之轨，而继轩顼之规矣。

制策又以民生风俗为国家之元气，而欲使民皆足食户尽可封，于以顺人心而收实效。此尤安百姓之全谟也。臣惟民生不厚则无以为礼义之资，民德不兴则又以生奢淫之渐。此井田与学校所以为天下之大命也。使得其意以行之，则虽不必三代之井田，而何异南东之亩；不必三代之学校，而何殊上下之庠。若徒视为虚文，则讲约劝农皆足以滋扰。此苏洵田制之议病于法古，柳宗元种树之篇通于治人，其说有足采也。今夫君之于民，有父母师保之责焉，而凡大小臣工皆与分其责者也。诚使为大吏者公忠以率其属，务相求于人心风俗之原；为群吏者悃愊以宁其民，不徒勤于簿书案牍之末。则安见凋敝之地不可转为沃饶，顽愚之民不可化以礼让哉？果能父母斯民，则皆如召杜之守南阳也；肇兴学校，则皆如文翁之治蜀郡也。然古所称循吏，虽讲求之有素，而变通之妙用，讵容以成法自拘。虽材略之过人，而爱慕之实心，必难以虚浮相饰。要在识治体，培国脉，庶几劳民劝相被润泽而大丰美耳。皇上子惠元元，教养兼至一时，小大之臣孰敢不励精图治哉！

制策又以奢俭之间，君心敬肆所由分，风俗淳浇所由辨，而欲挽薄俗以臻淳朴。此尤撙节爱养之至计也。臣闻尚俭者开福之原，圣人之行此可以导众，可以奉生。是以下皆法其行，而民争学其容。夫雕文刻镂伤农事者也，锦绣纂组害女红者也。天地之势日趋于文。升平日久，涵濡煦育之余，万物莫不知有生之乐。于是乎文明之象踵事而增，其由和乐而习于华靡，由华靡而流为空乏，亦理之所必然，而势之所不可不虑也。《淮南子》称尧之王天下也，茅茨不翦，采椽不斲，天路不画，越席不缘。舜之为君也，捐璧于谷，蔬食菲服，无以尚已。后世若汉之文帝衣温无文，而民破觚斲雕矣，武帝娱游壮观，而民绨锦被墙矣。可知同风俗在正人心，正人心在敦礼教，不徒恃法制以相绳矣。至若卿士大夫者，庶民之标准，诚能如杨绾、卢怀慎、杜黄裳之高节清标，则闻者感而自化，不且与羔羊素丝相辉映与？我皇上躬行节俭为天下先，生斯世者有不登于熙皞之麻者哉？

制策又以兵可百年不用，不可一日不备，而因讲求夫整军经武之道。此尤保太平之至计也。臣谨按《周礼》大司马春夏秋冬有振旅茇舍治兵大阅之文，简军实，修军礼，此训练之以时计者也。《汉书》载连帅比年简车炮正，三年简徒群牧，五载大简车徒，此训练之以岁计者也。汉设南北军，每十月都课试，汉官仪则谓在八月，《翟义传》又以为九月。唐讲武都外，则在城西外设四门五表六军五旗之制。宋太平兴国间定四时讲武仪，按码角射，军仪精锐，后世宗之。夫不选骁锐，汰老羸，则不足以收实用。而其弊尤莫大于役使兵丁，摊扣粮饷。无以得兵心，何以作兵气乎？善哉！苏辙之言曰：天下虽平，不敢忘战，农事之隙，致民讲武。使其耳习闻金鼓，目习见旗帜，而不至于有所慑。练兵之法贵先练心，人心齐一，则百万之众即一人之身，而教可成矣。圣朝大阅巨典，屡次举行，八旗劲旅，因时肄习，以奋武卫，以昭戎经，岂不大哉！

若此者，基命以升猷，绍天以立政，去华以崇实，整军以卫民。洋洋乎亘千古而立隆者也。臣尤伏愿皇上，治益求治，安益求安，懋日新不已之功，成悠久无疆之化，中和已臻而倍切畴咨，豫大已臻而弥思保乂，法度已明而尤严裁制，兵戎已诘而益勖止齐。平康之福锡，府事之功成，族党之风醇，干城之力裕。猗欤盛哉！协气旁流，淳风四溢，荣镜宇宙，经纬乾坤。于以祇迓蕃禧，式承多祜，则我国家亿万载无疆之庆基此矣。臣末学新进，罔识忌讳，干冒宸严，不胜战栗陨越之至。臣谨对。

### 史海钩沉

陈沆于嘉庆后期至道光初年"以诗文雄海内"。他对龚自珍十分倾倒，称其所著古文为"奇宝"，又与魏源为"讲学最契之友""有所作必互相质难，期达于精而后已"。

一字诗是诗歌里面独树一帜的"品种"，里面以谁的"一"字最多，又有意境者为最佳。比较有名的当属陈沆的《一字诗》，写出了江天寥廓：

一帆一桨一渔舟，一个渔翁一钓钩。
一俯一仰一场笑，一江明月一江秋！

## 道光三年（1823）癸未科状元：林召棠

林召棠，字爱封，号芾南，谥文恭。广东吴川市吴阳镇霞街村人。

殿试皇帝：清宣宗爱新觉罗·旻宁

### 策问

制曰：朕仰承昊苍眷佑，祖考贻庥，履位以来，于今三载。幸海宇乂安，国家无事，思与天下臣民同乐太平，允臻上理。而朕怀兢业，惟虑风化之未淳，主术之或怠，听言之未广，民生之未裕。周咨博采，罔敢少康。尔多士弹冠而来，必有嘉谟，用裨朕治。

学校者，人才之本，风化之原也。《虞廷》有教胄之训，《周官》重成均之职。化民成俗实基于此。朕躬临辟雍，讲学兴礼，非徒盛三雍之上仪，修汉唐之故事也，亦惟多士观听庶知向风耳。夫礼乐何以防民？教训何以正俗？师儒何以有得民之责？庠序何以为明伦之地？崇儒重道何以驯致太平？讲让兴贤何以潜消匪僻？建首善以励天下，何以远迩会归？端士习以振民风，何以本末维系？辅世长民之道，明德新民之学，必有能识其要领者。毋第以环林璧水，徒以揄扬之词进也。

自古求治之王，罔不躬行节俭为天下先。然考其心迹，诚伪判焉。茅茨土阶，绋衣挛领之世尚已，三统而降可得而言？汉文帝衣绨履革，蒲席苇带，屏雕文之饰，惜中人之产，其视初元建平之代罢齐三服，官易帷幛去锦绣者何如也？厥后令辟亦知克己，焚翟裘，毁筒布，以萧何壮丽之对为非雅言。又其甚者，一冠三载，一衣屡浣，俭矣。然或盛衰殊途，始终异辙，岂徒俭不足以示国欤？抑务名不求其实欤？朕仰思《禹谟》勤俭之训，永怀《商书》俭德之言，欲使天下黜华屏欲，治登淳古，何道以致之？

朕观郅治之世，必有论思献纳之臣辅翼左右，而人主亦复虚衷下问，禽受敷施，所以上下一德，民受厥福也。尧有衢室之问，舜有总章之访，夏禹闻善则拜，殷汤好问则裕，文武咨询于虞虢，访问于箕子。帝王御宇，未有不以询事考言为先务者。后世令主非无勤勤之言，恳恳之求。然或旒纩上辟，刍荛下遗，白兽之尊徒设，肺石之函莫启。即有听纳，或慕虚名急于进言，未遑详察。盖非明不足以察其言，非断不足以行其言，若泛然受之而无所别于中，将亦悠然容之，而莫能区处于外矣。取舍之宜厥维艰哉！明断之本，可得闻欤？

昔大禹尽力沟洫，以备水旱之虞，其功尚矣。然因其利而利之者代不乏人，故郑渠凿而秦人富，蜀堋成而沃壤兴。汉唐循吏所以衣食其民者，莫不以行水为急务。畿辅大川有五，南北运河永定清河滹沱是也。今欲南北运河入海之路畅达，何以使下游无阻. 滹沱会合之水甚众，何以免横溢之虞？清河以两淀为渟畜，何以疏瀹深通？永定为山水所会归，何以沙淤不积？或者又谓治河之吏，知有堤而不知有河，密于修防，疏于浚导；营田之吏知有田而不知有河，利其淤垫，忘其涨塞。夫五行之材，水居其一，用之善则灌溉可资用之，不善则泛溢为患。将欲兴利除害，何道而尽善焉？

凡此四者，皆经国之大猷，立政之本务。夫蓄疑而不问，主术之疏也。博学而不达，士林之耻也。考之于古，验之于今，何去何从，孰得孰失。多士其悉言无隐，朕将亲览焉。

## 对策

臣闻致治本于育才，正俗先乎谨度，听箴规斯能综众善，勤疏浚所以庆安澜。稽诸往籍，《诗》咏作人，《易》严节制，《书》著从绳之美，《礼》有修防之文。茂矩崇仪，秩然赅备。伊古帝王斟元立极，握符阐珍，庠序修明，轨仪端肃，询事与考言并慎，随山与导水兼宜，皆本持盈保泰之心，以懋咸五登三之治。用是渐仁摩义圣化隆焉，去华崇实民风茂焉，集思广益政理平焉，陂泽涤川地利尽焉。猗与盛哉！所为被润泽而大丰美，受厚福以浸黎元者，恃有此道也。钦惟皇帝陛下，布辟雍之雅化，敦浑穆之醇风，酌众论以权衡，登寰瀛于清晏。固已臻淳熙而还质悫，赓喜起而奏平成矣。乃圣怀冲挹，蒭菲不遗，体至善之无穷，冀迩言之可采。进臣等于廷，而策以讲学崇俭纳谏治水诸大致。如臣梼昧，有若涓流撮壤，奚补海山。顾当对扬伊始之辰，敬附敷奏以言之义，敢不勉述前闻，备陈诵习，以效管窥蠡测之一得乎？

伏读制策有曰："学校者人才之本，风化之原也。"化民成俗实基于此，而因求辅世长民之道，明德新民之学。此诚致治之首务也。臣考米廪虞庠，教胄肇开乎妫典，东序右学，隆义嗣启于两朝。乡询五物，士论三升，咸莘莘而济济矣。《诗》曰："于乐辟雍，文王之学也；镐京辟雍，武王之学也。"古者天子有视学之典。燕礼食礼，四代兼修。合舞合声，三时备举。发德音，记惇史，所由朝廷有菁莪之化，多士美蔼吉之誉也。西汉三雍兴于孝武之代，明堂辟雍修于元始之年。建武中兴，投戈讲艺，车驾亲临。中元之间，其礼备举，桥门圜观听之人，羽林悉通经之士。其后顺帝阳嘉，灵帝熹平，嗣举隆仪，勿替敬典。降及魏晋唐宋之间，余风犹被焉。夫王者讲学行礼，所以训迪多士，使知向方也，岂徒美鼍鼓之于论，夸鸾旗之焜耀云尔哉！礼明乐备所以防民，一德同风所以正俗。重师儒之选而论道秉德，万方有归化之诚。谨庠序之修而教孝勤忠，天下明人伦之义。崇儒重道，久且驯至乎太平。讲让兴贤，即以潜消其匪僻。建首善以励天下，而是行是训咸遵王道之荡平。端士习以振民风，而无党无偏悉纳群伦于轨物。时雍风动，不即在环林璧水之间哉！圣天子阐千古之心传，迈百王之治法，贤才蔚起，仁让风行，复临雍讲学，明至道以示群英，海澨山陬，有不研经而砥行者哉！

制策又以自古求治之主，罔不躬行节俭，以为天下先，而因考心迹诚伪之判。此返朴还淳之至意也。臣谨按《逸周书》曰："不为骄侈，不为靡泰。"《礼记》曰："国奢则示之以俭。"是岂爱财惜费，为唐魏俭啬哉？盖民生有欲，圣人不能绝之使无。而以礼为防，先王所为节而不过。因其情制其物，与之等级，戒其侈淫，自古范民之道未之有改也。然制之于下，防其流，非以清其源。谨之自上，正其本，即以礼其末。《禹谟》美勤俭之训，《商书》崇俭德之言，《周礼》王后服膳有不会之文，而司服膳夫各有成宪，则其谨而不过可知也。各守尔典，无即慆淫，天下所由式化乎！夫茅茨土阶绂衣挛领之世尚已，三统以降可得而言。汉文帝衣绨履革，蒲席韦带，屏雕文之饰，惜中人之产。其时家给人足，几致刑措，非即俭之效欤？厥后令辟亦知克己，焚翟裘，毁筒布，以萧何壮丽之对为非雅言。又其甚者，一冠三载，一衣屡浣，可谓俭矣。而或盛衰殊途，始终异辙，非俭不足示国，则务名而不求其实耳。夫俭出于诚，则心无逸欲，而天下皆化其风。俭饰于伪，则外矫纷华，而芃人且窥其隐，心术所存从违即判已。皇上躬尧舜之温恭，崇夏商之忠质，黜华敦朴，已风行四海矣。

  制策又以郅治之世，必有论思献纳之臣辅翼左右，将求上下一德，民受厥福也。臣惟尧舜之圣度越臣工，可以独行不惑矣。而典谟所载，曰畴咨，曰弼谐，戒面从美，师锡罔非，求善纳诲，冀臻上理。衢室之问，总章之访，所由开万世帝王之大法也。三代之隆，夏禹闻善则拜，商汤好问则裕，文王徇于八虞，咨于二虢，武王访《洪范》于箕子，受《丹书》于尚父。明试敷奏，非帝王御宇之先务哉！夫独断者勇于自信，而听言太广，用人太骤，又无以核其实，而或失所折衷。故必先明而后能察其言，至断而后能行其言。隐恶扬善，执两用中，决择所以能精也。翕受敷施，九德咸事，推行所以尽利也。欲其能明必先穷理，而后不惑于疑似之交。欲其能断必先去私，而后不溺于依违之见。惟明且断，聪明斯称天禀，勇智乃为天锡也。岂虑旒纩上辟，而刍荛犹下遗哉！皇上圣德日新，渊衷下济，人无不尽之怀，亦理无不析之蕴矣。

  制策又以大禹尽力沟洫，以备水旱之虞，而因求兴利除害之善政。臣惟畿辅地势广衍，诸川巨海汇于津门，堤防疏导厥功要矣。诸川之中，滹沱漳河最大。滹沱即《禹贡》卫水，水势湍急，同于桑乾，源出山西繁峙县东北泰戏山，曰青龙泉。回环九百里，入直隶界，会井陉水至献县分为二派。一派东流与漳河合，至青县与运河合，至天津合白河桑乾诸水入海。一派北流径子牙河，至静海县与清水河合，至西沽北与白河桑乾合，又东南合运河，而二派复合。合流既众，横溢之虞所当备也。漳河旧名葫芦河，为滏洺诸水之委，清浊二源，分流至交漳口而合，至广平县分为二，至天津而俱入于海。源委既远，疏导之方所宜详也。夫治河之吏知有堤而不知有河，密于修防疏于浚导。营田之吏知有田而不知有河，利其淤垫忘其涨塞。将因势利导并收厥功，如虞集之议海田，何承矩之耕水田，可仿其法矣。皇上俯念民依，勤求底绩，不且安流如镜，资灌溉以为丰年哉！

  若此者，承明金马不足言选俊也，沈珠抵璧不足言返淳也，肺石路鼓不足言达情也，郑渠蜀堋不足言兴利也。蜚英声，腾茂实，备哉灿烂，真神明之式乎！抑闻荷骿礞之化者，则仰天之弥高，感光大之恩者，则冀地之弥厚。臣伏愿皇上教思加广，俭德永崇，理明而研益精，轨顺而防益豫，则我国家万年有道之隆，基诸此矣。臣末学新进，罔识忌讳，干冒宸严，不胜战栗陨越之至。臣谨对。

## 史海钩沉

相传，林召棠的父亲教子十分严苛。有一天，他听邻居说儿子调戏民女，十分生气，本想严厉责罚。但继而想到事情尚未核实，便出一对联试探儿子。上联是："奴手是拏，切其乱拏奴手。"少年林召棠聪慧过人，猜到有人诬蔑自己，于是对以下联："人言是信，不能轻信人言。"父亲见下联言之有理，便去调查，果然是邻人诬陷。

## 道光六年（1826）丙戌科状元：朱昌颐

朱昌颐，字吉求，号芷甫，又号朵山，海盐（今属浙江）人。

殿试皇帝：清宣宗爱新觉罗·旻宁

## 策问

制曰：朕仰承苍昊眷佑，列圣贻庥，御极以来于今六载。寅恭夙夜，惟几惟康，举凡甄综人才之实，诘戎讲武之经，整饬士风之原，明刑弼教之要，兢兢业业，时廑于怀。兹当授简敷言，对扬伊始，咨尔多士，伫听嘉谋。

夫欲熙庶绩必藉群才。《书》曰："凡厥庶民，有猷有为有守，汝则念之。"又曰："不协于极，不罹于咎，皇则受之。"自古用人器使，岂必求备哉！然简任者人君之权，荐举者大臣之责。祁奚举贤，李克论相，后世称之，其故安在？赵武举管库之士七十，而晋君不以为多。淳于髡一朝荐七士，而齐王厌其众。将毋类聚攸殊，疑信各异欤？徐庶倾心于南阳，祢衡受知于北海，其荐贤之职可并论欤？狄仁杰储材于药笼，吕蒙正置册于夹袋，何以得人称盛欤？国家延访人才，惟秉虚衷，能收实效，其何由祛比周之习，登公明之选欤？

古者文德诞敷，不忘武备，诘戎治兵所以辅化安民也。汉之训练，唐之讲武，宋之大阅，其法果有裨益乎？边防之策，汉唐最详。贾谊晁错陆贽之论，昭然具在。然自古承平日久，中外无事，武臣边帅往往奉行具文，不能尽心简阅。劳役兵丁，虚糜饷食，流弊孔多。其何以选精锐，汰老羸，简器械，演阵法，裕于平日乎？朕万几之暇时御弧矢，侍卫禁军躬亲校阅，亦欲习劳肄武为将士先耳。将何以整军饬备，戎政克修乎？

士习文风，相为表里。汉初经学昌明，文章醇茂，其时绩学之士各有师承，老儒耆德化行乡里。沿乎末世，标榜日滋。魏晋而下逮及陈隋，文渐华缛，士多浮靡。唐代起衰，人文并蔚，初盛中晚，体以时殊，波流五代，雕琢曼词。其间人材披沙拣金，得不偿失。宋以五纬之瑞，笃生大儒名臣，职镳接轸，故其文章淳雅宽博，炳耀一时。洎乎元明犹承余韵，论文讲学，可溯渊源。朕典学几余，总览风会，登崇俊乂，道归朴淳。夫文辞艺也，道德实也。惟尔多士，敷奏以言，有先资矣。

虚车之诮，何以免诸。先王制礼以崇敬，作刑以明威。刑罚明而后教化行，狱讼平而后民心服。画象不犯，厥风古已。三典既用，五听惟详。汉代循吏治狱每多平反，论者谓得《周官》遗意。盖欲天下无冤民，必先朝廷无枉法。罪疑惟轻，所以广好生之德；刑与众弃，所以平万物之情。后世守令不能尽知古人立法之意，乃至姑息养奸，游移寡断，名为慎重民命，实则屈抑民情。其武健者又或深文周内，恃才邀功，将欲清讼不亦难乎？朕慎宪省成，惟刑之恤，申谕封疆大吏，严饬守令，明慎用刑，期于无枉无纵，辟以止辟。将何道而臻刑措之风乎？

凡此者，储材以资治，讲武以卫民，敷教所以端风化，慎刑所以彰明允，是皆经国之至计，保民之远猷。援古证今，可行可法，其要安在？尔多士读书待用，各胪所知，毋泛毋隐，朕将亲览焉。

## 对策

臣闻求贤为致治之原，讲武为卫民之要，设教者型方之善，慎罚者明德之修。古帝王执枢斡化，握镜临宸，以登宅俊，则忱恂之意昭焉；以诘戎兵，则简阅之规肃焉；以宏乐宥，制详乎论秀书升；以示慈祥，法期乎准情酌理。是以《周礼》著举能之典，《雅》诗陈鞠旅之章。道艺有书，爰彰三物，明允有训，用弼五刑。遹观曩纪，旁求切而念殷硕辅，训练勤而吉协嘉师。士行端风化之先，国宪凛德威之用。所由函夏归仁，熙春泳化，饮和六宇，畅德九垓者，此也。钦惟皇帝陛下，建中立极，锡福诚民。固已辟门轶美于重华，奋武齐徽于文命，德行懋而经明待用，钦恤昭而刑措咸欣矣。乃圣德谦冲，廑总章衢室之畴咨，冀土壤细流之裨益。进臣等于廷，而策以举贤之典、肄武之方，与夫教士之良规、明刑之巨制。如臣愚昧，奚补崇深。顾当对扬伊始之时，敬念拜献先资之义，敢不谨竭刍荛之一得，用效葵藿之微忱乎？

伏读制策有曰："简任者人君之权，荐举者大臣之责。"而因思所以祛比周之习，登公明之选。此诚厘工熙绩之首务也。臣谨案《洪范》之书曰："凡厥庶民，有猷有为有守，汝则念之。"又曰："不协于极，不罹于咎，皇则受之。"自古人君将登斯民于上理，未有不劳于求贤而逸于任人者也。然而四海九州之广，使人人待于察识，则日旰不遑矣。巨细经曲之繁，使事事躬为尝试，则旷职必多矣。故必赖乎左右辅弼之大臣，各举其所知，以为朝廷之任使。昔者祁奚举善于晋国，李克论相于魏侯，有足称焉。且夫大臣之荐贤也，必其忠信诚悫，为九重之所倚赖，则自深信而不疑。其公溥明通，为物望之所引重，则自群萃而不涣。彼夫赵武举管库之士至七十，而晋君不以为多。淳于髡一朝荐七士，而齐王厌其众。固由其取类各殊，亦由其所以格君者，有诚与不诚之异也。虽然，有举贤之任者，尤必有相士之识。夫士有始终之可信，有名实之攸殊。若诸葛亮为徐庶所荐，卒成蜀汉之业，而孔融之所荐者，迄无实用。何得震于其名哉！况一材一艺不可以或遗也，一官一邑不可以遽授也，必默识于平日而取用于临时。如唐之狄仁杰储材于药笼，宋之吕蒙正置册于夹袋，其得人称盛，尤征以人事君之忠焉。皇上孜孜求治，延访人材，秉虚衷以收实效，咸登报最之书矣。

制策又以诘戎治兵，所以辅化安民，而因思夫选精锐，汰老羸，简器械，演阵法之事。臣惟兵可百年不用，不可一日不备。汉时置材官于郡国，京师有南北军之屯。其时训练之方则有郡试都肄貙刘卞射诸目，立法至为详密。唐讲武都外，时则举于仲冬。太宗命诸卫将卒习射于显德殿，赏赐盛行，而其将亦加上考。其后惟李抱真观察泽潞，令于农隙分曹习射，昭义步兵称极盛焉。宋有大阅之典，《文献通考》所载五练之法，皆有裨益营伍者也。若乃边防之策，汉唐最详。贾谊晁错陆贽诸人不惮再三论列，以切求夫抚驭之术。夫自古承平日久，中外无事，武臣边帅往往奉行具文，不能尽心者矣。大抵校阅之制既弛，则兵丁适以供役使，而试之弓马则疏；饷廪之馈既繁，则武弁辅以恣侵渔，而给于卒旅则伪。其流弊殆有不胜言者。而且精锐宜选，则老羸不可不汰也。器械宜备，则行阵不可不演也。俾之将作士气，士识将心，其裕之平日者，不可不亟讲也已。皇上几暇习劳，躬亲校射，整军经武之宏规，迈往古而上之矣。

制策又以士习文风相为表里，而因博求夫汉唐元明文学盛衰之源流。此尤黜华崇实之至意也。臣考西汉初兴，下求书之诏。其时老师宿儒，每各抱其残缺，以待当世之征辟。《书》有古今文之异，《诗》有齐鲁韩三家，《易》《礼》

《春秋》咸有师承。故其著之文章，贾谊之醇，董仲舒之茂，卓为一代名儒。然沿乎东汉之世，则淳厚之风渐息，而节义之气克敦。清议既起，标榜日滋。若夫建安之格，永明之体，逮乎梁隋，竞以声律相尚。文既趋于华缛，行亦流于浮靡。惟唐韩愈奋然振兴，能起八代之衰，匪独其文辞迈越，实由其制行醇笃，足为士林之表率。然而初盛中晚体以时殊，波流五代，而雕曼之词犹所不免。则信乎端士习以厘文体，尤非易事也。宋以五纬之瑞，笃生周程张朱诸大儒，嗣是名臣联镳接轸，其文章淳雅宽博，足与六经圣贤之旨相发明。至元明论文之纯疵，讲学之异同，溯厥渊源，指归可睹也。圣主典学高深，崇儒重道，先德行而后文艺，教思被乎无外已。

制策又以刑罚明而后教化行，狱讼平而后民心服，而因求所以无枉无纵，辟以止辟之道。臣闻三古以前，画象不犯，厥风尚已。汉代循吏如龚黄之仁慈，张赵之明敏，其断狱每多援经术以饰吏治，论诸谓得《周官》遗意。夫欲天下无冤民，必先朝廷无枉法。罪疑惟轻，所以广好生之德；刑与众弃，所以平万物之情。乃后世守令不能尽知古人之意，往往自恃其才智，而不审夫出入之重轻，不辨其情伪之得失，深文周内，苟且徼功，此武健之吏不可不惩也。然或因循视事，委靡不振，姑息适足以养奸，游移祗成其寡断，推彼惮于烦劳之念，亦谓民命甚重。初不可旦暮以期速效，而岂知案牍积而不理，则无幸之羁累益多，吏胥扰而不惩，则比户之追呼益急。民情之屈抑，且有甚于武健之所为。然则欲求夫刑罚明而讼狱平者，惟力反怠玩之习耳。圣天子慎宪省成，洞烛民隐，恤刑之治久已遍洽乎寰区，犹时申谕封疆大吏，严饬守令，期于明慎用刑，无枉无纵，岂不懿欤！

若此者，才欣特达，众乐知方，乡物宾兴，祥刑式化。是用南谐北夑，西被东渐，洋洋乎振古之上仪，无以加矣。臣伏愿皇上治益求治，安益求安，懋持盈保泰之思，臻累洽重熙之盛，贤能已奋而倍切登庸，义勇已昭而愈勤教阅，胶庠已振而弥励儒修，嘉肺已平而尤严敕法。蜚英声，腾茂实于以弥纶宙合，鼓铸群生。扬骏烈以永绥，迓鸿庥之蕃衍，则我国家亿万载咸熙之庆，基诸此矣。臣末学新进，罔识忌讳，干冒宸严，不胜战栗陨越之至。臣谨对。

## 史海钩沉

朱昌颐为官时能"洞悉利弊，实心任事""弹章无所避忌"。归隐后，朱昌颐应邀于杭州敷文书院执教，被学者奉为楷模。

## 道光九年（1829）己丑科状元：李振钧

李振钧（1794—1839），字海初，小名燕生。安徽安庆府太湖县人。

殿试皇帝：清宣宗爱新觉罗·旻宁

## 策问

制曰：朕寅承洪绪，统驭寰区，夙夜兢兢，不敢暇逸。仰荷昊苍笃佑，疆圉乂安，岁功康若。惟益勤求治理，以丕绥我亿兆民。兹当临轩吁俊，式殷延访，用集嘉谟。

惟民生厚，因物有迁，兴化善俗，致治之本。《虞书》敷教，俾民亲逊。《周礼》以三物教民，以八刑纠民。故风化维持久而弗替。汉置三老孝弟常员，征拜美俗使者。唐赐孝义高年粟帛，遣使观览风俗，皆以劝民厉俗惟怀远图。国家承平日久，芸生者众，良莠不齐，将返漓者而使之淳。若多设科条则易滋扰累，即广颁文诰或徒饰观听。昔吕氏《乡约》，袁氏《世范》，或牧令以化一邑，或搢绅以教一乡，其言至为浅近。然由其道而实行之，俗美风淳，虽王政无以易。今欲使四海之内狱讼衰息，邪慝不兴，里党辑睦，耆孺和乐，其操何术以收劳来匡直、辅翼振德之效，而致时雍之化欤？

黄河水道，汉元光中注钜野，通于淮泗，武帝筑宣防导之北行。迨永平中王景修渠筑堤，偶合禹功，自汉至唐不为害。石晋开运年间，浸汴曹濮单郓五州境，自北而东。宋元丰后日趋于南，中牟以下夺汴，徐州以下夺泗，清口以下夺淮，而后注海，禹迹遂不可复。今治河之法曰疏曰防，其要尤在畜清以刷黄。束清坝、御黄坝，清黄之关键也。因时启闭，治河即以通漕，河道深通南北，重运空运自无阻滞。畜清之法尤以保护高家堰为急务。何以使黄水无倒灌之虞，洪湖无下溢之患？石堤摸砌难期稳固，谋经久之，策以何术为善？余阙、邱浚、潘季驯诸人均有成法可稽，诚能会通其说而治之，俾河流顺轨，漕艘遄行，庶可一劳永逸欤？

选贤任能，政之枢要。一代之治必有一代之贤能分任之。其德器必过人，而责效在专其任。尧舜之世，皋夔稷契皆圣人，各守一官而治隆。三代用人首德行次才能。汉举孝廉及贤良方正，制为近古。魏立九品官人法，论者何以有或损或难之讥,唐制科之外择人有四事,何者为先?崔佑甫荐举日除数十人,未逾年除吏几八百员,史称允当者安在?宋司马光云:"专引知识则嫌于私,止循资序未必皆才。"欲设十科举士,可详陈其条目欤?抑行之果无流弊欤?夫贤才登进则治道昌明,士人立德修行,宜何如圭璧束身以应旁求之典?

自古治平不忘武备,整军戢暴,驭世大权。汉唐以来,训练之法载在史册,其制若何?历代边防孰得上策?若贾谊晁错赵充国陆贽之伦,其著为条议,见诸施行者,亦有可采欤?我朝中外一家,边徼敉安。偶有不靖,命将出师,肤功迅奏,盖有鉴于前代弛备之弊,诘文讲武,未尝一日不儆也。绥边之法,在乎疆内以警外。今西戎即叙,凡边帅之浸渔,屯师之堕废,已增其禄糈,汰其衰庸,剔除积弊,禁令严申。任将帅之責者,将何以使之□人弗懈,振国威而慴荒服,以长保太平之治乎?

夫敦化以善民俗,浚川以利民生,简贤以励官常,振武以靖边圉,胥制治保邦之要图也。多士稽古有年,先资拜献,其各陈谠论。毋有所隐,朕将亲览焉。

## 对策

臣闻正俗斯能成化,济运莫如导河,致治在乎得人,怀远期于振德。古帝王夕爽选政,晨旦调风,操天人协应之机,本内外交修之实。以神于变,光被及于万邦;以谨堤防,潴蓄通乎四渎;以昭迪简,典隆于尧乘;招弓以广幅员,道存乎整军经武。是以《书》纪敕和之训,《易》占利涉之爻,《诗》赓兴宾之章,《传》垂慎守之戒。以暨声教会归大也,以资灌溉飞挽通也,以登俊乂干旌贲也,以严征缮金汤巩也。寰海镜清,方隅砥平,所为涵泳圣涯藻被歌颂者此也。钦惟皇帝陛下,德侔帱载,治炳登咸,则古圣以同民本,至仁以育物。固已匦宇归仁而禽河献颂,弹冠志庆而脱剑扬休矣。乃圣怀冲挹,愈切畴咨,勤菱采而听卑,询岛言而察迩。进臣等于廷,而策之以敦化治河简贤振武诸大政。臣之愚陋,何足以知体要。顾念泰山同峻极犹资土壤之微,沧海宏深不遗涓流之细,敢不就平素所诵习者,敬效元资之拜献乎?

伏读制策有曰:"惟民生厚,因物有迁,兴化善俗,致治之本。"而因思夫劳来匡直,辅翼振德之效。此诚勤求上理之大原也。臣谨按《尚书》契作司徒,敬敷五教而化成时雍,成周忠厚开基,睢麟雅化起于二南。又设官教以三物,纠以八刑,故风化维持久而弗替。汉承秦敝,首除苛法,后乃置三老孝弟常员，征拜美俗使者。唐赐高年粟帛，遣使观风，皆将以廉顽立懦。薰其德而善良犹存，古太史陈诗观风之遗意。夫民性非本漓也，民俗非本偷也，惟父兄之教不先，子弟之率不谨，鲜廉寡耻而俗不长厚也。将欲使之涤瑕荡秽而镜至清，嗜欲源灭而礼义心生，固非多设科条、广颁文诰之所能奏效也。昔吕氏《乡约》、袁氏《世范》，或以牧令而化一邑，或以搢绅而教一乡，此犹之匹夫为善于家，尚可刑于八口也。况乎立端本善则之极，操移风易俗之原，一人笑颦，群黎逖听，九重好恶，四海具瞻，诚有相深于本原之地而潜驱默化于不觉者。故山枢蟋蟀之篇，俟著从狼之咏，非独其风气不古也。国奢则示以俭，国俭则示以礼，未始非亲民之吏徒簿书之鞅掌，而申劝未经心耳。苟能型方训俗俾返浇薄于太初，又何虑良莠不齐，或偭规而背矩哉！圣天子修和有夏，恺泽如春，道昭乎遍德敷文，化治乎近光保极，海隅日出，安平和亲，喁喁向化，盖歌康衢而赓击壤矣。

制策又以河流顺轨，漕艘遄行，而咨夫一劳永逸之至计。臣尝诵浚畎距川之文，随山刊木之纪，未尝不叹美哉禹功，明德远矣。然其时泽洞为灾，非独黄河为害，故禹以海为水之归。而治河以通水道，所谓导河积石至于龙门者是也。河至汉元光中注钜野，通于淮泗，武帝筑宣防导之北行。逮永平中，王景修渠修堤偶合禹功，自汉至唐尚不为害。迨及石晋开运年间，河始汎溢，浸汴曹濮单郓五州境，自北而东。宋元丰后日趋于南，中牟以下夺汴，徐州以下夺泗，清口以下夺淮，而后注海，禹迹遂不可复。欧阳修治河三策，至今称之。夫治河之法，惟就下之性不可拂，而遏厥狂澜宣泄之宜不可达，而慎其启闭，曰疏曰防，其大要也。然非束清御黄两坝安能蓄清以刷黄乎？因时启闭，治河即以通漕，河道深通，重空军船北运南旋，岁以为常，咸称利济矣。第扼清黄之要津者，莫如高家一堰。蓄清尤必慎加保旧石堤，摸砌功费浩繁，所以防九折于天来，望千帆之云集，经久之策可勿讲乎昔哉！余阙邱浚潘季驯虽各有成法，第非明乎地势，而因时制宜，殆未易言法古也。盛世庆奏安澜，功成作楫，桃花无恙，瓠子不波，河流固屡清矣。

制策又曰："一代之治必有一代之贤能分任之。其德器必过人，而责效在专其任。"斯诚选俊书升之大要也。臣窃惟名世之生，必钟间气。而群才之策，咸景清时。古者上有放勋重华，下有皋夔夔拜，明良喜起，称极盛三代之隆。伊傅周召，犹堪继轨。而用人则首德行而次才能，可谓法良意美。汉举孝廉及贤良方正，制虽近古。然有举秀才不知书，举孝廉父别居者。安在策于天子，察于州郡，举于学校乎？唐有国学太学四门学之制，后乃重进士而轻明经。惟崔佑甫荐举日除数十人，未逾年除吏几八百员，史未尝以为滥。

大抵荐剡之贤否，惟视推毂者之公私耳。如曰专引知识则嫌于私，将叔向之不避亲，鲍叔之知我贫，皆私乎？如曰止循资序，未必皆才。将冯唐之老为郎，相如之久不迁，非才乎？此宋司马光所欲为设十科以举士，特惜其阻也。皇上四门吁俊，一德旁求，鸾旗而芹藻生香，鹿野而苹蒿掇秀。士之幸逢斯盛者，将黼黻尔躬矣。宜何如圭璧尔心也哉！

　　制策又以治平不忘武备，振国威而慑荒服，所以长保太平之治也。臣窃考汉分南北二军，唐有府兵军府折冲犷骑，其制屡易，而训练之法要不过较阅精而赏罚当耳。夫七旬而格，有苗益彰。大舜之文命三年而克鬼方，何损高宗之中兴。然必慎固封守，而绥靖边隅者，安不忘危，耀德而非黜武，戢暴正所以安邦也。欲疆内以警外，则善将兵莫如善将将矣。夫边帅寄膺阃外，营列细柳乃真将军，纛建高牙非假节钺。固当壮元老之猷以赵屯田为法，无使书生矜纸上谈，如贾谊晁错陆贽辈之议其后也。况乎虎帐不喧，豹韬有略，练胆练艺，教目教身，惟在军实日讨，刁斗宵严，士皆挟纩而无敢执水，斯边弗争桑而罔窥牧马矣。圣朝恩覃赤县，威震青徼，何殊陈涿鹿之师，而奋扬鹰之烈哉！

　　若此者，端己以齐民，涤源以利运，任贤以佐治，申儆以防边。洋洋乎畅鸿庥而垂骏业，盖亘古而立隆也。臣尤伏愿皇上，薰轸常调，璇衡默运，风声已树而益凛鞋旒，雪浪不扬而愈筹竹箭，鹓鸾咸集而夏屋弥庇，鲸鲵久封而秋防倍警。训俗之道昭焉，济民之功懋焉，作人之化隆焉，正域之规立焉。光玉镜，披金绳，奄九有以来同，总八方而为极。用以德征风动，泽洽露生，衍奕叶以壬林，承昊绪之申锡，则我国家亿万载无疆之庆基此矣。臣末学新进，罔识忌讳，干冒宸严，不胜战栗陨越之至。臣谨对。

## ▎史海钩沉

　　李振钧所处的时代，正是大清王朝由盛转衰的初始阶段。大清帝国在空前的繁荣盛世之下，潜伏着巨大的危机——奢侈、骄怠、贪污、腐败等罪恶的毒瘤借盛世而疯长，正日益侵蚀破坏着国家和社会的肌体。从李振钧的诗文和殿试对策可以看出，不能说他没有匡时之志和经世之愿。

## 道光十二年（1832）壬辰恩科状元：吴钟骏

吴钟骏，字崧甫，又字吹声，号晴舫，一作狂访，江苏吴县（今苏州）人。官至礼部左侍郎。

殿试皇帝：清宣宗爱新觉罗·旻宁

### 策问

制曰：朕缵膺大宝，统御寰区，中外乂安，于兹十有二载。仰荷昊苍眷佑，列圣垂庥，敕命时几，兢兢业业。深念亮功熙绩之道，去奢崇俭之模，厚生藏富之规，布宪颁条之要，期臻上理，延访维殷。尔多士拜献先资，对扬伊始，冀聆谠论，式赞嘉猷。

唐虞官人申言载采，成周分职，重戒惟勤。官礼所载八法八成，六叙六计，所以治官府正群吏者，至详且备。能晰言之欤？汉史言综核名实，吏称其职，有合于董正治官之旨。然上求实效而下务虚名，以拘守绳墨为慎，以奉行条律为勤，励翼之谓何其遂称庶官无旷欤？夫询在事，考在言，而宅俊之克知灼见者则在心。任职之吏岂徒以奉令承教为贤欤？任贤勿贰，去邪勿疑，帝王之盛轨也。上以诚待下，则下当以诚事上。朕权衡黜陟一秉至公，内外大小臣工宜何如敬慎法廉，实心任事，以克副厘工熙绩、澄叙官方之意欤？

尚俭者开福之原，尧不以土阶为陋，而舜怵戒于涂塈，禹卑宫，文王卑服，尚已。嗣是衣从弋绨，贡罢缣纶，往迹流传其俭德，不犹可溯欤？去奢去泰，上下所同。古大臣励羔羊素丝之操，如赵抃守成都，一鹤一琴；程栉令盐城，一马一仆，其高节清标非臣下所当矜式欤？夫镂簋朱纮，玉缨琼弁，自昔所讥。乃积习相沿、敝化奢丽，以致不能养廉。将何以重诫风愆儆于有位欤？蟋蟀山枢，民风近古，今则闾阎不免逾礼。将何以挽其浇漓，俾还淳而返朴欤？朕躬行节俭为天下先，时以绌华崇实之意训迪臣民，何由而使风气日臻醇茂欤？

积贮者生民之大命，仓人遗人之法，具在《周官》。汉耿寿昌设常平仓，增价减价因时以济民之缓急。意非不善，然出入在官，易滋流弊。若社仓义仓二者系民间自为，经理不更有以辅常平之不及欤？义仓起于隋长孙平，当社立仓，丰则取之，歉则散之。社仓行于宋朱子，夏贷冬偿，主守则属于乡之行义，收敛则请于郡之长官。二者岂非久远之利欤？乃日久弊生，仓正不无偷卖，州县不无那移，胥吏不无侵蚀。甚至日就亏缺，仅剩空廒。将何以整顿旧规，使良法及时兴复欤？夫仓以社义为名，宜听小民输纳，苟州县有抑勒侵挪诸弊，而大吏不加惩办，无以肃吏治，又何以厚民生欤？

法令者治之具，而非制治清浊之原。《周礼》官法治要官成治，凡纲举目张，无一切苛碎繁重之政，粲然明白，庶事所由康欤？《系辞》言易简而天下之理得，盖本显明之理。以立要约之法，则人皆易知而易从。汉代萧规曹随，较若画一，犹得行简临民遗意。嗣后簿书日积，科条日增，庶司顾虑既深，救过不暇。将何以折衷一是，裁定明文，俾吏胥无从高下欤？夫徒法不能以自行，一弊未除一弊已伏。如经征考成过严，则缘垫欠而适成亏帑；承缉处分太重，则因讳饰而辅致养奸。科指猥多，册籍重复。苟非汰其丛杂归于简明，何由蠲涤烦苛以昭示法守欤？

凡厥四端，垂迪以肃官治，敦朴以开化原，积贮以阜民生，简核以防吏蠹，皆立政之大纲，经邦之要道也。多士学于古训，通知时事，以敷奏为明试。务收实用，毋撷肤辞，朕将亲览焉。

## ■ 对策

臣闻课绩者任官之法，崇实者化俗之原，藏富者裕国之猷，行简者临民之本。综稽往籍，《礼》者官常，《传》称俭德，《诗》有崇墉之颂，《书》详慎宪之文。自古帝王，斟元御宇，握镜临宸。以辨廉能则钜庭无诮也，以敦淳朴则鹿裘可风也，以谋贮畜则鱼旐占丰也，以涤烦苛则蠹胥不扰也。懿纲酝化，□侯其祐。而用是官箴饬而纮綖肃其型，主德清而茅茨昭其朴，天庾盈而坻京储其备，吏治简而官府考其成。所由荣镜宇宙，经纬乾坤，固万叶而为量者恃此也。钦惟皇帝陛下，治亮天功，懋昭大德，溥乐利于闾阎，颂清和于易简。固已百职具修而兆人永赖，三年有备而庶事惟康矣。乃圣怀冲挹，深维长治久安之计，弥切持盈保泰之思，进臣等于廷，而策之以考绩崇俭积贮立政诸大端。臣占毕庸愚，奚足以知体要。顾幸际广思周逮之时，敬绎夫敷奏以言之义，敢不勉述平昔所诵习者，用效土壤细流之一助乎？

伏读制策有曰："唐虞官人首言载采，成周分职，重戒惟勤，而因推本于任贤去邪之方。"此诚澄叙官方之至意也。臣谨案《虞书》三载考绩，三考黜陟幽明。《尚书大传》以为积善至于明五福，以类升，故陟之；积不善至于幽六极，以类降，故黜之。九载而三考者，法天数也。《周官》大宰之职以八法治官府，小宰之职以官府之六叙正群吏，以官府之八成经邦治，以官府之六计弊群吏之治。条分目析，粲然具备。而又日有成，月有要，岁有会，三岁有大计，随时而考课之法綦密矣。汉以六条察二千石，其考课之次第，令长于岁终计户口钱谷之数上之郡国，是郡国得课令长也。郡守课于刺史，刺史课于御史丞相，丞相上之天子。而赏罚乃行循名责实，诚有合于董正治官之旨。如以拘守绳墨为慎，以奉行条例为勤，岂所称庶明励翼之意欤？夫安静之吏，悃愊无华，日计不足，月计有余，惟在官者敬慎法廉实心任事，上以实求下非名应，庶乎小大之臣咸怀忠良，鹓梁无彼己之讥，驺虞有备官之乐。济济多士，交相勖于"靖共尔位"也。皇上整饬官常，删除冗滥，洵乎敩清于云官，治穆乎鸟纪也矣。

  制策又以尚俭者开福之原，而思所以挽其浇漓，俾之臻于醇茂。此尤慎乃俭德之至计也。臣谨考子华子曰："尧不以土阶为陋，而舜怵戒于涂塈。"仰见勋华之圣，躬行节俭，昭示来世，诚不欲以逸欲教有邦也。嗣是而大禹卑宫，文王卑服章矣。三代而下、汉文犹为近古。《汉书·扬雄传》称："绨衣不敝，革辑不穿，大厦不居，木器无文。"盖承秦敝之后而返斯民于敦庞之治，皆汉文之俭所致云。厥后哲王亦知恭己，翟裘则焚，筒布斯毁，素木卑构，陶匏允御，其俭德不可想欤？夫风化之行，自上及下。昔紫衣贱服，齐桓犹变其风；长缨玩好，邹君且移其俗。诚得节俭正直之臣，如赵抃之守成都，程栉之令盐城，宣化承流，图匮于丰，防俭于逸，化其逾礼之习，俾成比户可封之俗，安见民敦工朴，商悫女僮之风，不再见于今。而镂篹朱纮琼弁玉缨之侈，不返而为浣衣濯冠豚肩不掩之朴也。《管子》曰："奸邪生于匮不足，匮不足生于侈，侈生于无度。"是知奢俭之分，正风俗之原也。圣天子体唐成俭，踵虞为朴。游其宇者孰不勉于淳质之化哉！

  制策又以积贮者生民之大命，而因详及大三仓之利弊。臣考《周官》遗人乡里之委积以恤民之艰厄，仓人掌谷入之藏，廪人掌九谷之数，旅师掌聚野之锄粟屋粟、间粟，均所以备豫不虞而待平颁也。李悝曰：谷贱则伤农，谷贵则伤民，权其轻重，宜设仓以贮之。此常平所由立也。厥后耿寿昌行之于汉，民以为便。隋长孙平复设义仓，唐踵而行之。宋常平义仓并设，而常平为重。朱子借常平之粟立社仓，有社长一人稽其出入。行之三年，民以饶裕。夫常平义仓社仓，三者行之，各有成效，而其久均不能无弊。如常平之贮在官也，或上下相蒙，祇视为肥身之计。义仓之蠲在民，而贮在官也，或吏胥得伺缓急以行其私。社仓之贮在民也，视诸仓为较便，然社长不得其人，则侵渔科派，以千家之粟利一人之谋，弊亦犹之二仓也。要之有治法，尤贵有治人。诚使在官者以爱民为念，为民者以体上为心，采买之法则如陈尧佐之增价，发粜之法则如赵抃之减价。而且胥吏有察，不至于作奸，市廛有稽，不至于囤积。乐岁有以储之于先，歉岁有以筹之于后，斯经画之宜于以克尽耳。皇上轸念民依，思艰图易，所以为百姓谋生聚者至深且远矣。

　　制策又以法令者治之具，而非制治清浊之原，因思蠲涤烦苛以昭示法守。诚立政之大纲也。臣惟《周礼》官法治要官成治，凡纲举目张，昭然大备。在上者无丛脞之虞，在下者无繁重之苦。是操何道而致此哉？《大戴礼》引《易》曰："正其本万物理。"盖握其至简之理，以为宰制之本，斯刀笔筐箧之琐，不足以动其耳目。簿书钱谷之繁，不足以扰其心虑。昔萧曹为相，有颙若画一之歌。盖汉承秦之敝，破觚而为圜，斫雕而为朴。网漏于吞舟之鱼，其解苛除娆，与民休息，深有得于出政之宜。史氏所谓治尚黄老者，殆谓此也。夫徒法不能自行，而防弊即以滋弊。如经征之考成过严，则缘垫欠而适成亏帑。承缉之处分太重，则因讳饰而辅致养奸。大抵科条愈备，则诈伪愈多。吏胥之舞文，即长吏亦有所不及觉者，法太繁故也。《系辞》曰："易简而天下之理得。"谅哉！圣朝澄清吏治，剔弊厘奸，凡百臣工孰不砥砺以期有为也哉！

　　若此者，厘工以熙绩，去奢以黜华，足国以保民，除烦以度事。洋洋乎，畅皇风而熙帝载，洵亘古而立隆也。臣尤伏愿皇上，至诚无息，立政有恒，综核已精而弥殷考察，封靡已戒而愈凛俭恭，囷仓已裕而倍功盖藏，政务已清而益期简约。班联之序肃焉，撙节之风厚焉，储蓄之资充焉，清净之理成焉。猗欤茂哉！上咸五下登三，同风入寓，均禧九垓。用是缉熙帝图，润色皇猷，民气合于庐牟，邦本巩于磐石，则我国家万年有道之长基诸此矣。臣末学新进，罔识忌讳，干冒宸严，不胜战栗陨越之至。臣谨对。

## 史海钩沉

　　吴钟骏少时，曾受业于施源，施源十分器重他，对他寄予厚望。青年时代家贫，他靠做教书先生维持生活。

　　道光二年（1822），吴钟骏中试壬午科举人，时梁章钜任江苏巡抚，慕其名而聘为幕僚。中魁后，先授翰林院修撰，累迁至礼部左侍郎。

　　吴钟骏为人器度浑涵，言语很有分寸，与朋友聚谈，常能将离题之语拉回正轨。生平无他好，惟喜爱藏书，未仕之前，常借贷以购佳本。买不起书时，便借书抄录，终日不辍。

## 道光十五年（1835）乙未科状元：刘绎

刘绎，字瞻岩，江西永丰人。曾任翰林院修撰、山东提督学政等职。

殿试皇帝：清宣宗爱新觉罗·旻宁

### 策问

制曰：朕寅绍丕基，抚绥方夏。仰荷昊穹笃祐，列圣垂庥，函夏镜清，黎民康乂，庶几上理克臻，跻群伦于仁寿之域。兢兢业业，弥切畴咨，惟恐敬德之未昭，戎律之未娴，民俗之未醇，转输之未利。宵旰讲求，冀闻谠论。尔多士对扬伊始，庶明化道，以赞大猷，咨汝昌言，其敬听朕命。

治法莫盛于唐虞。典谟所载，一则曰惟危惟微，一则曰无怠无荒。自古帝王，未有不谨小慎微，允迪厥德而能底久安长治之庥者也。三代而下，如汉之文景，唐之文皇，称极盛矣。而治终不及古，将世变不同，抑所尚各异耶？《大学》之教，统内圣外王而括于修身。真德秀《衍义》一书，略外而详内。岂有说欤？保泰之道，在于谨几。《论语》宽信敏公之旨，有与经义相发明者欤？清净可以致治，而高谈名理者，或长浮华；竞业所以撰几，而衡石传餐者，难言政体。治忽之故，固当辨之于微欤？

《禹贡》撰文必兼奋武，《周官》立政特训诰戎。兵可百年不用，不可一日无备。古有蒐苗狝狩之法，所以娴步伐，习威仪也。汉有都试、都肄、都讲、貙刘诸制，果名异而实同欤？唐太宗亲临阅射于显德殿，赏劳有差，不诚以训练诸政为亟亟欤？府兵圹骑，沿革若何？宋沈括论儿军政法，臧景陈马射六事，明于谦创团操之议，王骥定练兵之制，皆可参酌用之欤？朕严饬武备，鼓励戎行。直省督抚提镇，宜如何随时操演，加意稽查，老羸之必汰，惰窳之必惩，器械之必精，伍两之必协，以期一兵有一兵之用欤？

稂莠不去，嘉禾不生。《王制》所以严左道之诛，《周礼》所以设奇邪之禁也。夫愚民莫不自重其利，自爱其生。一惑于邪说，而金钱取以奉人，身家置之不顾。岂非守土之吏，化导之不先欤？其初视为无害，姑息养奸，其后惧于严谴，隐匿不报。为长吏者，其何以纠察之。汉之亭长啬夫，唐之里正坊正，皆以里闬相习之人，察耳目至近之事，犹有闾胥比长遗意。故诘奸之法，莫善于保甲。然王安石行之于宋而民不胜扰，王守仁行之于明而盗无所容，其故安在？张敞之治京兆，尹翁归之治东海，袍鼓稀鸣，奸邪震慑。所以发奸摘伏者，果何道之从欤？

漕运之法，其来尚矣。《禹贡》州末系河，即唐裴耀卿节级转输之所由昉，而法至汉唐而大备。汉仰漕于山东，唐仰漕于江淮，顾引渭穿渠之谋，不见于高文之时，而见于武帝之世。溯河入渭之说，不见于太宗之日，而见于代宗之后者，何欤？漕粮为天庾正供，挽粟飞刍，负有常额。顾逾江淮而达京师，南则患河身之高仰，清水不能敌黄，北则患河流之微弱，湖水不能济运。治河先于治漕，启闭之节，疏浚之宜，潴蓄之利，可不讲欤？

夫慎德所以图治，讲武所以卫民，除莠所以安良，治河所以利运，皆经国之远猷，立政之要图也。多士学古通今，蕴怀有素，其勉悉乃心，胪列见闻，详著于篇。毋泛毋隐，朕将亲览焉。

## 对策

臣闻建极者绥猷之本，整军者经武之规，防民者正俗之原，重粟者阜财之要。古帝王酌元御宇，锡福诚民，将欲严至德于缉熙，申明威于军旅，令典昭而闾阎胥静，民生厚而输转惟勤。则必本持盈保泰之心，以懋咸五登三之治。逖稽往牒，《书》昭典学，《易》叶师贞，《礼》垂禁暴之文，《传》美泛舟之役。是故惟时惟几上理也，有严有翼英规也。相保相受，有干有年，安民和众之善经也。仁圣道赅，粲乎同揆，所由亮敷天之骏业，丰寿世之鸿规者，胥恃此道耳。钦惟皇帝陛下，绩懋修和，法详简阅，昭荡平之正轨，普乐利之深仁。固已抱蜀垂刑而舞干敷德，播琴化俗而纳秸输忱矣。乃圣怀冲挹，犹切勤求，撮细壤以崇山，导涓流而益海。进臣等于廷，而策之以慎德讲武卫民利漕诸大端。臣占毕庸愚，曷足以知体要。顾当对扬伊始之时，敬念敷奏以言之义，敢不就平日所诵习者，藉摅葵藿之诚，用效刍荛之献乎？

伏读制策有曰："保泰之道，在于谨几。"而因推原夫治法心法之所由懋。此诚圣功王道之至精也。臣考《尧典》一篇始终曰钦，而授受之道不外惟精惟一之旨。其后禹之祗台，汤之日跻，文之小心，武之执竞，皆本无怠无荒之意，以迪夫谨小慎微之德。三代以后，如唐太宗《贞观金镜述》与《帝范》三卷相表里，尚有关于治术学术，可与汉文景同称盛焉。然而世变不同，所尚各异，则始终不及于古矣。从古内圣外王之学，莫备于《大学》之教统。内圣外王而归之于修齐，诚握乎其要，而综乎其原也。夫存诚乃所以保泰，考《易》之《象》阳开三而成泰；《乾》之三曰："终日乾乾，夕惕若。"盖忧勤惕厉所以开泰之运也。故《泰》之三亦曰："艰贞无咎。"程《传》谓既能艰贞即可常保其泰。又曰：善保泰者其福可长也。故德善日积则福禄日臻，彼清净亦可以致治，而非高谈名理之谓。兢业本所以撲几，而非衡石传餐之文也，可不辨其微与！皇上正谊明道，励俗宜风，盛三雍之上仪，修五品之常教，酌百王损益之中，成一代太平之治，不诚绍乎唐虞之至德哉！

制策又以兵可不用不可无备，而爰念夫器械必精，伍两必协之政。臣谨按《周礼》所载，振旅茇舍，治兵大阅，致以鼓铎镯铙，教以坐作进退，搜苗狝狩，立法甚详。管子作《内政》寄军令，春秋角试以练精锐，固有教目教身诸法，务使娴习有素，所以齐步伐整威仪也。汉时置材官于郡国，南军以卫宫城，北军以卫京师。其时训练之方，厥有都试、都肄、都讲、貔刘诸制，而都试之法十月举行。唐代之制有府兵，三时劝农，一时讲武，太宗常引诸卫将帅习射于显德殿，赏以弓刀绢布，由是人知自奋，悉为精锐。宋咸平有东武之阅，而八政之额，训练于是设官。明于谦拯京师之弊，而十营之改团练所以创议。自古沿革不同，成规具在，不外督率之用，振厉之方。王骥所为，有练胆、练技、练阵、练地、练时之法也，要在操兵权者随时讲习，加意稽查，行之以信，恤之以仁，庶几纪律严明，声威远著，士气益奋，而咸知所劝矣。圣世文德武功渐被中外，宸海镜清，销剑戟以为农器，而营伍之间讲求至密，盖偃武而不忘武备，养兵而不弛兵威矣。

制策又以稂莠不去，嘉禾不生，而因思所以发奸摘伏，震慑邪慝。此又制治保邦之至计也。臣考比闾族党之法，士师八成之治，所以防微杜渐，弭盗于未然者也。且夫盗之发也，始或出于一时射利之意，或逞夫一时好胜之心，至于惑于邪说，而金钱取以奉人，身家置之不顾，而陷溺日益深矣。而为长吏者，其初视为无害，而姑息养奸，其后畏于干谴，而隐匿不报，则所以纠察之者诚不可以不亟讲矣。夫安良必先弭盗，而弭盗莫如保甲。保甲之设原于《周官》，管子因而变通之，创轨里连乡之法，皆以里闬相习之人，察耳目近识之事，其法最为尽善。其后亭长啬夫称于汉，里正坊正置于唐，犹此制也。惟是有治法尤贵有治人，故王守仁行之南赣而民以为便，王安石行之熙丰而民不胜扰。盖稽核必协于画一，而法令惟恐其纷更也。他如龚遂守渤海以散为弭，张敞治京兆以用为弭，尹赏守长安志在锄奸，郭伋守颍川意存安抚，是亦弭盗之善术也已。圣朝深仁厚泽，仓廪实则民自爱其身家，学校兴则民咸知夫礼义。固胥一世而纳之轨物也，又何有宵小之窃发也哉！

制策又以治漕济运必先治河，而因讲求启闭之节，疏浚之宜，潴蓄之利。

臣惟三代以前漕运之法未详，《禹贡》州末系河。先儒以为运道至于青达济，扬达泗，荆止于南河，雍止于西河，此正裴耀卿节级转输之法。汉唐而下漕法始详，汉孝武通西南而劳馈饷，郑当时引渭水入河以通运，桑弘羊请山东致粟而益漕。光武时张纯引洛而穿阳渠，安帝时虞诩凿阻而达下流，曹魏由陈项以抵寿春，元魏运中州以济边镇，此其得失皆可考也。夫沿河以运漕，逾江淮而达京师，其所资治河之功者甚巨。溯自明初浚会通之故道，瀹汝水以分流，而疏清河之浦，凿二洪之石。则平江之功全河允赖。苟随时而导之防之，何至于南患河身之广而清水不能敌黄，北患河流之微而湖水不能济运乎！夫漕粮为天庾正供，治河转运，任事者当深悉其方略矣。国家海宇恬波，河流顺轨，设飞挽以输漕，疏大川以作运，俾贡赋通于三壤，刍粟济于群黎，不诚驾禹功而上之也哉！

若此者，治心者其学，奋武者其猷，保俗者其规，丰财者其政。以端主德则三才之道备焉，以详武略则五权之法昭焉，以肃宪章则四民之生遂焉，以兴水利则千仓之积盈焉。洋洋乎，治迈鸿轩，祥呈象纬，盖亘古独隆矣。臣尤伏愿皇上，日新进德，天健昭行，本至诚无息之衷，臻累洽重熙之盛。辰居作所，以存诚为安止之符；甲士奏功，以畜众为容民之务，礼教已臻善俗而弥切劝惩，和丰已裕群生而犹勤补助。于以奉三无安九有，扬休于六宇，式化于八埏，则我国家亿万年有道之长视此矣。臣末学新进，罔识忌讳，干冒宸严，不胜战栗陨越之至。臣谨对。

## 史海钩沉

鸦片战争期间，刘绎力主严禁鸦片，列举鸦片之害："官吸之则废事，兵吸之则废守。富者败家，贫者丧身。"对于治理国家，则主张重视培养元气："其要在乎得人才，固民心。上无言利之臣，则贤才进；下无贪暗之吏，则闾阎安。元气之复，必由于此。"并提出防御英军的谋略，主张对入侵长江的英舰"沿江固守"，耗其粮食、弹药，断其归路，然后聚歼之。战争失败后，刘绎上书户部尚书祁隽藻，反对赔偿烟价与战费。认为治国应先培元气，关键在于得人才，固民心。

## 道光十六年（1836）丙申恩科状元：林鸿年

> 林鸿年，字勿村，侯官（今福建福州）人。历任广东琼州府知府、云南临安府知府、云南巡抚等职。

殿试皇帝：清宣宗爱新觉罗·旻宁

## 策问

制曰：朕抚绥寰宇，敬绍丕基。宵旰健勤，不敢暇逸。仰荷昊苍眷佑，四海乂安。惟益延集嘉谟，冀熙庶绩。临轩策问，其敬听之。

士以行谊为重，而科目先凭文学。文学多端，首重经史。九经为圣贤彝训，帝学官箴，皆从此出。故未言汉、宋之讲孔孟，当先求孔孟之说《诗》《书》。《诗》《书》内名言至论，最补身心治道。为孔孟所引证推明者何在？汉晋唐宋，传注疏义，孰为醇正？《易》之费、虞，《书》之欧、夏，《诗》之三家，何所考见？贾公彦二《礼》孰精？《仪礼》经传通解，朱子晚年立意若何？史以《春秋》为最先，三《传》科例何殊？荀、袁两《汉纪》继为编年之体，司马光《通鉴》重在资治。后世资为金鉴，皆不刊之书也。多士治经学史，先器识而后文艺，所以裨朕治理者也。其胪叙之。

考绩始自唐虞。询事考言，既已察之平时。而三载、五载、九载，何以加密？《尚书大传》谓积善至于明，五福以类升。积不善至于幽，六极以类降。其说何如？《周官》六计，以廉为本。或训廉为察，厥义孰优？汉以"六条"察二千石。晋以"五条"考郡县。唐叙以"四善"，分以"二十七最"，差以九等。宋因唐之"四善"，分为三等。详略得失，可缕析之欤？《汉书》言综核名实，故吏称其职。然或上求实效，下循虚名。将操何道而使之皆实心以任事乎？

虞廷钦恤，刑期无刑。《周官》五刑之属各五百，《吕刑》何以言五刑之属三千，所增减者安在？魏文侯时李悝著《法经》六篇，为后世律例所自始。然楚之《仆区》，郑之《刑书》，晋之刑鼎，不俱在李悝之前欤？汉初约法三章，厥后萧何定律令，于李悝所造凡益若干篇？叔孙通复益者何律？唐之律令格式，宋之《刑统》，元之《至元新格》《大元通制》，明之《大明律令》，其轻其重，其沿其革，能详陈欤？朕哀矜庶狱，每阅谳牍，再三审慎，期于无枉无纵。司宪之吏，宜如何持平协中，以共泯刻核姑息之见乎？

自昔除莠安良之法，莫善于保甲。汉之亭长啬夫游徼，唐之里正、耆老，所辖之地甚近，所联之户无多。里巷之中，互相纠察，最为切近。后世幅员日广，户口日繁，生计之绌，盗贼易生。惟有编查勤密，摘发精明，庶使闾阎相安，奸慝敛迹。夫以一州，一县，四境非远。果能视一邑如一家，何至藏伏盗奸，传习邪术。赵广汉、张敞固甚严明，然能消患于初萌，戢乱于未发，如龚遂至郡，盗贼皆散，不更善乎？盗之所以重乎弭者，在此也。

多士来自田间，见闻较切。其各陈之。凡此四端，皆经国之大猷，为政之本务。其稽古有年，讲求有素者，所宜悉抒谠论，毋有所隐。朕将亲览，虚衷听纳焉。

## 对策

臣闻稽古者集益之资，熙绩者厘工之效，恤狱者敷仁之实，安民者正俗之功。聿观往牒，《书》称"学古"，《诗》颂"宜人"，《礼》重诘奸，《易》占御寇。崇规茂矩，粲然具赅。伊古帝王，受命膺图，绍天阐绎。以端蒙养则峨术维勤也，以协泰交则鹈梁无诮也，以惩匪匪则奸狱不留也，以睦井闾则鼠牙胥靖也。用是有典有则，郡书萃焉；是行是训，庶绩凝焉；惟畏惟明，片言折焉；相保相受，兆姓恬焉。所由蜚英声腾茂实，跻俗寿宇，纳民福林，润色休明，藻被歌颂者，恃此耳。

钦惟皇帝陛下，玑衡宰化，金镜调元。侔舆盖于二仪，广陶钧于庶品。固已设科选俊而补衮分猷，解网施恩而族同表善矣。乃圣怀冲挹，犹切畴咨。廑兼听之无遗，冀迩言之可采。进臣等于廷，而策以勤学、课绩、明刑、防奸诸大政。臣占毕庸愚，曷知体要？顾念对扬伊始，拜献先资。虽涓埃无补于崇深，而管蠡或窥夫万一。敢不竭刍荛之末论，抒葵藿之微忱乎？

伏读制策有曰："士以行谊为重，而科目先凭文学。"因讲求夫治经学史之功。此诚敦崇实学之至意也。臣谨按：《书·传》有云："安民必先明道，明道必先精心。"危微精一之统，肇于《尚书》。故群籍莫古于《书》，而内圣外王之蕴实赅于此。《诗》主性情而通于政事。《风》《雅》《颂》所陈，皆化起躬修而流为治象。故孔氏雅言之目，《诗》《书》首陈。孟氏尚友之论，诵读为重。欲具知人论世之识者，舍圣贤彝训将无以为权舆。故欲求所以补益心身，推详治道，即孔孟所引证推明者而详说之，亦可以得其大旨所归矣。群经传注疏义，迭出于汉晋唐宋之世，然诸家亦各有醇疵。史之体裁本于《春秋》三《传》，科例已自互殊。班、马而后，若荀、袁两《汉纪》，其编年之体，实足以绍述前古。而至通达治原足资化理者，如宋司马光《通鉴》之作。自谓一生精力萃于此书。实能考镜乎是非得失之林，而为行政、用人之所莫外。后之讲求治理者，当奉为金鉴焉。圣朝化穆三雍，人从五典。浸仁沐义，开儒馆以献歌。砥行束躬，望桥门而式训。先器识而后文艺，固赍械朴而咏藻芹矣。

制策又以询考始于唐虞，后代考课不必相同，而欲得乎实心任事之效。臣考《尚书大传》谓，积至善于明，五福以类升，故陟之。积不善至于幽，六极以类降，故黜之。九载而三考者，则天数也。《周官》六计以廉为本，然饬簋簠杜苞苴，稍知自爱者优为之。惟责其操守，即察其材能。故正己率下，尤贵有鉴别群伦之识焉。汉以"六条"案郡国，而察豪强者一，察二千石者五。唐考功法，以"德义清谨""公平恪勤"叙其"四善"，其目自献可拾遗以至修隍诘盗，分为"二十七最"，又差以九等。宋因唐之"四善"，分为四等，或略或详，得失斯寓。夫位事惟能，良臣所以报"最"。而因材器使，佐理所以得人。《汉书》言综核名实，故吏称其职。夫综核非刻绳之谓也。苟拘其迹而不察其宜，则催科政拙。考下阳城，官无异称。殿书易干，又何以博选群材？使材员之鉴别无差，期于臻上理乎？盛世廉法成风，德才课"最"。鹤爵簋鸣阴之和，羔羊传退食之歌。麟仪仪，凤师师。凡在臣工，有不争自濯磨，以日勤赞襄欤？

制策又以五刑之属，代有增减，轻重沿革，务求其详。此诚刑期无刑之至计也。臣谨按：虞廷钦恤，实为言刑之祖。嗣是夏有禹刑，周有甫刑，尚已。魏文侯时李悝著《法经》六篇，为后世律例所自始。《汉书》合兵刑为一《志》，以其所施者同也。分名、法为二家，以其所出者异也。盖自汉初除秦苛政，约法三章。萧何定律，于李悝所造复益以数篇，叔陈通更益之。至唐之律令格式，宋之《刑统》，元之《至元新格》《大元通制》，明之《大明律令》，因时增损，文网既密，故法加详焉。夫刑罚之设，原欲使民迁善远罪也。三代以还，民犹近朴。故犯法者少，而无知干令，咸可以自新。降自秦汉，民俗日偷，法之所及且巧为趋避，故虽慈祥恺恻之主，亦不能废刑法以为治。纵囚一节，识者讥之，有旨哉！然自科条目多，虽明习者亦不能通晓。吏因缘为奸例之相歧，可以高下其手，而良民遂受其累矣。夫好生厚德也，而优容亦所以藏奸。明断良才也，而武健非所以造福。刑者成也。一成而不可变，故夫君子尽心焉。不存偏见，不设成心，而惟明克允在是矣。皇上法严三尺，恩浃五流。覆盆而冤必平反，捍网则罚无偏纵。有虞咨皋，成周命吕。风雷之骏肃，雨露之祥膏，非二物也。

制策又以除莠安良，莫善于保甲，而爱念夫盗之所由弭。此诚制治保邦之要务也。臣考保甲之法始于《周官》。比闾族党之经，《管子》因而变通之，创轨里连乡之制。皆以里闬相习之人，察耳目至近之事，其立法最善。汉则有亭长、啬夫、游徼。唐则有坊正、里正、耆老。里巷相从，互为纠察，凡藏垢纳污者无难立见焉。夫盗之发也，始或出于射利之意，继或逞其好胜之心。至于习传邪术，金钱取以奉人，身家置之不顾。陷溺既深，泯芬胥起。虽由小民之无良，亦守土之吏不能化道于平日、稽察于临时。其始视为无害，无不姑息以养奸，其后惧干严谴而隐饰不报。而为大吏者复优容调护之。不知盗之弭不弭，实为民生休戚之所关。消患在于未萌，戢乱在于未发。非良有司之责欤？诚使亲民之吏，编查勤密，摘发精明，不时躬履乡井，遍询利病。四境之内如家人妇子，皆可洞悉其隐。又何奸邪之不发、而莠俗之不除乎？赵广汉、张敞、龚遂诸人成规具在，皆可师其意焉。圣世恺泽如春，修和有夏。入乡而知教之易，观蜡而知道之行。兴让兴仁，匪朝伊夕。维持而防范之斯，训俗刑方之善耳。

若此者。师古以多识，慎宪以省成，赖法以防民，祛邪以善俗。廓帝纮恢皇纲，仁圣之事赅，治平之业备矣。臣尤伏愿皇上，萝图席瑞，董轸凝和。青简已搜而更开甲库，素丝已咏而弥励寅恭，赭衣已恤而倍切申严，黔首已驯而益防丁壮。斯时也，朝熙门穆，里忭途欢。扇六幕以同风，统八纮而禀朔。星辉云烂，赓复旦之光华。钟清砥平，巩无疆之宝祚。我国家亿万年有道之长基此矣！

臣末学新进，罔识忌讳。干冒宸严，不胜战栗陨越之至！臣谨对。

## 史海钩沉

林鸿年生于清嘉庆九年（1804），从小勤奋好学，喜欢与人互相切磋学问。二十五岁时中了举人，并于道光九年（1829）进京参加会试，可惜落第而回。不过这次的失败，并没有浇灭林鸿年一颗勇于进取之心，他在回家的路上赋诗自励："状元二字消难去，我亦摩挲铁砚来。"回家后，林鸿年更加用功，并于道光十六年（1836）再次进京参加会试。这次，林鸿年摘得丙申恩科状元，授职翰林院修撰，时年三十二岁。

## 道光十八年（1838）戊戌科状元：钮福保

钮福保，字石申，号松泉。浙江乌程（今浙江吴兴县）人。

殿试皇帝：清宣宗爱新觉罗·旻宁

### 策问

制曰：朕寅绍丕基，兢兢业业，日慎一日，十有八载于兹。昊苍眷佑，列圣诒庥，府事修和，纲纪整肃。期合天下黎元，迪吉康而跻仁寿，深惟化民成俗之方，足食厚生之道。奋武卫而诘戎兵，招俊乂而襄政治。爰咨多士，式仁嘉谟。

风俗为治平之本，而教化实风俗之原。孟子云：经正则庶民兴，庶民兴斯无邪慝。古昔盛时，道德一而风俗同。左道有诛，奇邪有禁。当其时未尝无莠民也。特以比闾族党，既各以法教其所治。司谏司救，又纠劝而诛让之。渐以仁，摩以义，节以礼，俾群黎百姓，相安于日用饮食之质。而荒诞不经之说，罔或奸其间。逮叔世民讹，邪说滋炽，转相煽诱，习为固然。身陷于罪，不得不绳以法。何以使桀黠者革面洗心，愚懦者中心有所守而不为所惑欤？欧阳修言：莫若修其本以胜之，行以勤而浸以渐。倘可不变欤？

积贮者，天下之大命也。汉耿寿昌筑常平仓，时称便矣。后汉刘般谓常平仓有利民之名，而内实侵刻百姓。其故安在？当境采买，固虞勒派。采自邻封，又添运费。例价有定，粮价无常。何以使官民两不受累，而及时奉行，不至有名无实欤？论者谓成周以后，备荒之法，莫如义、社二仓。义仓劝课当社出谷，即委社司简校收积，遇荒赈给，法非不良也。苟非其人，敛散皆弊，官吏因而持之，害不不胜言矣。社仓之法，略与义仓同。何以隋唐行之，不久便废？至朱子而独有成效。朱子《社仓记》推原朝廷未改设社仓之意，试详述之。今欲储偫无亏，而凶荒有备，将何道之从欤？

《论语》曰："以不教民战，是谓弃之。"古者因田猎以简军实，四时所教不同。有谓"夏令不田"，有谓三时务农，一时讲武者，何欤？汉时都试，厥制若何？何以建武遽行停罢。罢都试无流弊欤？貙刘与乘之同异若何？唐太宗引诸卫骑兵统将等习射显德殿庭，朝臣多有谏者，岂通达之论欤？宋时教阅之法纷如，而兵力不振，无乃有名无实欤？阵法始于何时？或三、或五、或八、或十二、或三十二、或六十四，能言其略欤？《管子》教目、教身、教足、教手、教心之方，《荀子》为将六术、五权、三至之道，能举其说欤？我国家以弧矢威天下。承平日久，武备尤不可不加修也。其剀切陈之。

自乡举里选之法不行，而取士悉由于科目。重文艺而轻德行，论者讥之。然居后世而复乡举里选，能行之无弊欤？唐因隋旧，设立诸科，而士所趋向，惟明经、进士二科。进士尤贵，得人亦最盛。然其弊至有"求知己"、"温卷"诸名目，风俗不可问矣。分路取人，司马光欧阳修持论不同，孰者为当？罢诗赋、明经诸科，以经义、论策试士，苏轼之论极通达矣。司马光又以专用经义论册为百世不易之法，何欤？朱子亦欲罢诗赋而分诸经、子、史、时务之年，其议若何？糊名、易书、搜检，起于何时？朝廷用之也重，则求之不得不严。有谓"待士轻"者，岂通论欤？

夫敦教化以正风俗，筹积贮以裕仓储，训练协经武之宜，选举副求贤之实。抚绥寰宇之要图也。尔多士学于古训，参稽有素。其悉对著于篇，毋泛毋隐。朕将亲览焉。

## 对策

臣闻敷教者正俗之原，足食者裕国之本，整军者卫民之务，举贤者辅治之资。自古帝王，锡畴御宇，握镜临宸。以重师儒则教思维广，以谨出入则比户可封，以诘戎兵则武功丕著，以登宅俊则士行益修。稽诸往籍，《雅》著鼓钟之乐，《颂》传墉栵之歌，《书》详武卫之文，《礼》重宾兴之典。用是甄陶切而庠序被其休，国用饶而积仓储其备，训练明而车徒得其用，旁求广而英俊庆其升。懿纲酞化侯其祎，而所为庐牟六合，纲纪万端，轨连胥而规轩顼者，此也。

钦惟皇帝陛下，德俸畴载，治炳登威。则古圣以同民，体至仁以育物。固已四术是崇而九年有备，六师并饬而三物咸兴矣。乃圣怀冲挹，不遗细微，深维久治之规，弥切畴咨之念。进臣等于廷，而策之以化俗、厚生、经武、选贤诸大政。如臣愚昧，何足以知体要。顾当对扬伊始之时，敬念拜献先资之义。敢不谨述平昔之所诵习者，以勉效土壤细流之一助也乎？

伏读制策有曰："风俗为治平之本，而教化实风俗之原。"而因思夫经正民兴之盛。此诚端本善则之至意也。臣闻虞廷教百姓亲逊，实本放勋劳来辅翼之旨，而致四方风动之休。《周礼·大司徒》施十有二教，下至比闾族党。

月吉则属民读法，各有以教其所治，司谏司救又纠劝而诛让之。古昔盛时道德一而风俗同。左道有诛，奇邪有禁。司化导于未发，严惩创于已萌。乐防情而礼防伪，有以渐进于敦庞；贤得民而道得众，有以日生其观感。由是德礼修而政刑皆当。渐以仁，摩以义，俾群黎百姓相安于日用饮食之质，而荒诞不经之说，罔或奸其间。逮叔世民讹，邪说滋炽，转相煽诱，习为固然，身陷于罪不得不绳以法。夫愚民莫不自重其利，自爱其生。一惑于邪说则金钱收以奉人，身家置之不顾。惟在上者导以大中正直之途，开其鼓舞作新之路，使桀黠者革面而洗心，愚懦者中心有所守。因势而利导，训俗以刑方，如泥之在钧，金之在熔，无不受其陶铸。欧阳修曰：莫若修其本以胜之，行以勤而浸以渐，庶几可以丕变矣。圣朝教泽涵濡，风俗醇茂，敷天之下不已臻康乐和亲之治哉！

制策又以积贮者天下之大命，而因详及夫三仓之利弊。此尤利用厚生之至计也。臣考《周官》遗人掌乡里之委积，以恤民之艰厄。仓人掌谷入之藏。廪人掌九谷之数。旅师掌聚野之屋粟，闲粟所以储偫无亏，而缓急有备也。李悝曰：谷贱则伤农，谷贵则伤民。权其轻重，宜设仓以贮之。此常平之所由立。厥后耿寿昌行之于汉，一时称便。而后汉刘般谓其外有利民之名，而内实侵刻百姓。夫当境采买，固虞勒派。采自邻封，又添运费。例价有定，粮价无常。苟非斟酌尽善，何能官民两不受其累，而及时奉行，不至有名无实哉！成周以后备荒之法，论者谓莫如义、社二仓。义仓始于隋长孙平。当社出谷，即委社司简校收积，遇荒赈给，法非不良也。然苟非其人，则敛散皆弊，而吏胥得伺缓急以行其私，害有不可胜言矣。社仓之法略与义仓同，而隋唐行之，不久便废。至朱子独有成效。夫有治法，必贵有治人。自朱子借常平之粟，立社仓。有社长一人稽其出入。行之三年，民以饶裕。使社长不得其人，则侵渔科派，以千家之粟利一人之谋，弊亦犹之二仓矣。他如采买之法，如陈尧佐之增价。发粜之法，如赵抃之减价。良法美意，皆可遵循也。皇上轸念民依，廑思国计。仓箱庆而亿秭歌，固已屡丰登颂矣。

制策又以承平日久，武备尤不可不加修，而因思古者三时务农，一时讲武之法。此制治保邦之善则也。臣惟兵可百年不用，不可一日不备。《周礼》大司马之职，仲春振旅，仲夏苃舍，仲秋治兵，仲冬大阅。举凡坐作进退之节，金鼓、镯铙之用，无不一时肄之。《论语》曰："以不教民战，是谓弃之。"因田猎以简军实，即所以豫教之矣。汉时兵制犹为近古。都试、都讲、都肄、貙刘诸制，散见两《汉书》中。建武时停罢都试，军政所由弛也。唐太宗引诸卫骑兵统将等习射于显德殿庭，赏劳有差。而朝臣多有谏者，岂为通达之论欤？宋时教阅之法纷如，禁兵、厢兵，厥制甚备。天下之兵统于枢密，京师之兵统于三卫。而兵威不振，不免有名无实之讥。夫耀德非以黜武，除暴所以安邦。《管子》五教之法，《荀子》为将六术、五权、三至之道，诚能讲明而熟究之，庶几有勇知方。如身之使臂，臂之使指，莫不听从。所由慎固封守，绥靖边隅也。圣天子神武懋昭，德威远播。偃武而不忘武备，养兵而不弛兵威。用是保大定功，安民和众，七德备而止戈之义益彰矣。

制策又以乡举里选之法不行，而取士悉由于科目，而因详夫德行、文艺之辨。此登明选公之要图也。臣考《大司徒》之法，兴贤、兴能有合于询事、考言之典，自后易为科目，论者讥之。然居后世而欲复论秀书升之制，固不能行之而无弊矣。唐因隋旧，设立诸科。而士所趋向惟明经、进士二科。进士尤重，得人亦最盛。然其弊至有"求知己""温卷"名目，风俗不可问矣。分路取人，司马光、欧阳修持论不同。苏轼之议贡举谓以经义、论策试士，不如诗赋。盖经义、论策无声律对偶，非若诗赋之难工。其论极为通达。而司马光又以专用经义、论策为百世不易之法。朱子亦欲罢诗赋而分诸经、史、子、时务之年，亦在试士者精核之耳。夫以科目取士，用之也重，则求之不得不严。糊名、易书、搜检，所以明大公之量，以收有用之才。而论者顾议其"待士之轻"，岂通论欤？皇上明目达聪，求贤若渴，容才利国之臣，固皆能赞襄盛典也。

若此者。崇儒以劝学，藏富以足民，讲武以经邦，育材以佐治。洋洋乎畅鸿庥而垂骏业，盖亘古而立隆也。臣尤伏愿皇上，至诚无息，立政有恒。栽培已至而更切陶成，功叙已歌而弥勤保乂，严翼已昭而犹申简阅，贤才已集而倍广征庸。名教之辨尊焉，储蓄之资厚焉，纪律之陈肃焉，誉髦之颂兴焉。仁风四溢，协气旁流。上以迓蕃釐，下以缓多祜。则我国家亿万年有道之长基此矣！臣末学新进，罔识忌讳，干冒宸严，不胜战栗陨越之至！臣谨对。

## 史海钩沉

钮福保之父精于医道，乐善好施。钮福保待人真诚，亲朋好友关系融洽。他性格坦诚，为官刚直，深为同僚士大夫所称道。钮福保同族兄弟辈中考中进士、举人的很多，为时人所称道。钮福保博学多才，工书画。书法以小楷见长。其诗赋文章亦佳。

## 道光二十一年（1841）辛丑恩科状元：龙启瑞

> 龙启瑞，字翰臣，桂林市人。

殿试皇帝：清宣宗爱新觉罗·旻宁

## ■ 策问

　　制曰：朕寅绍丕基，覃熙宙合。仰荷上苍鸿佑，祖考眷贻。深宫劼毖益亶治安，兹御极之二十有一年。诞敷纶诏，特开恩榜，嘉与天下士。周谘博稽，以裨集思广益之治。尔多士其敬听予询。

　　士不通经不足致用。经之学不在寻章摘句也，要为其有用者。汉廷治狱多引经义，其见于各传者如隽不疑、萧望之辈，不一而足。能述其事举其辞欤？其以《尚书》《春秋》博士补廷尉史，始于何人？董仲舒《春秋决事》十六篇，今佚不传。《困学纪闻》所载凡三，此外尚有存者否？《周礼》为周公致太平之书。后之用者，惟宇文泰、苏绰差为近古。而刘歆、王安石或以文奸，或以致弊。岂《周官》果出于伪托欤？抑不善用者之过欤？或谓汉法未备，故有取于经，后则事皆有例，援古反以滋疑。然例文过多，胥吏或以舞弊。何以用之克善欤？

　　民生艰易，赖乎守令。守令廉贪，视乎大吏。虞廷三载考绩，《周官》六计弊吏，此允厘之要也。汉以"六条"察二千石，唐考功有"四善""二十七最"，宋置考官院考中外官。当若何循名责实，乃有裨于官箴民命欤？今按两汉《循吏传》，则西京所载无非郡守。班固至谓令若长不闻于时，何也？全若东京则王涣、刘矩、仇览、童恢并以令长，列于《循吏传》。而鲁恭、刘宽与夫颍川之"四长"，先后相望。其故安在？夫为守令者，其首重者曰廉，其次曰才。然或洁清自好而政事不免于废弛，或材力有余而节操不足以共信。果如何而得有守有为者分布郡县也？姑息适以养奸，严威足以禁暴。舜摄位而"四凶"服罪。孔子摄相而少正卯诛。古圣以生道杀人皆此意也。而《酒诰》之文，有谓为小人附会六经者。《韩非》载鲁哀公陨霜不杀菽之问，有谓为法家托圣言以文峭刻者。果定论欤？善乎！崔寔之言曰"以严致平"，深得达权救弊之理。后儒有称之者，能引伸其说欤？唐太宗论赦为小人之幸，能析其义欤？

至若保甲之制，弭患未萌，法至善也。乃行之熙丰而反以滋其累，用之南赣而民复称其便，其故何欤？吏胥所以察奸，兵弁所以缉盗。乃或者声息相通，反为援引。何术以防之，何法以惩之欤？

兵所以威天下，实所以安天下。汉之"南北军"，唐之"府兵""圹骑"，宋之"更调"，明之"团营"，皆陆路之兵也。至海疆用兵，若晋之孙恩、卢循，元之方国珍，皆内寇穷蹙，拥众据险，易就削平。惟明胡宗宪、戚继光剿平倭寇，战功尤著。其所撰《筹海图编》《纪效新书》，非空谈韬略者可比。其时若朱纨之《严海禁疏》，郑若曾之《江南经略》，唐顺之之《武编》，不皆有裨于实用欤？当兹八荒在宥，七德有征，决胜机宜，权衡贵当，将卒何以汰其惰窳？侦探何以测其阻深？器械何以极其精良？内奸何以绝其勾结欤？

凡此者，通经致用，有治人而后有治功。课绩考勤，有实心而后有实政。不以万民向化，弛诘奸禁暴之防。庶几九有归怀，奏柔远绥边之绩。多士桥门释褐，学古入官，拜献先资，毋泛毋隐，朕将亲览焉。

## 对策

臣闻学古所以入官，安民必先课吏，祛邪斯能善俗，防海乃可靖边。遐稽往籍，《易》著观文，《礼》详分职，《书》重诘奸之治，《诗》陈有截之辞。古帝王锡极临宸，斟元御宇，以勤典学穷经比于菑畲，以励官常立政先夫准牧，以除瑕秽法温肃于春秋，以壮声灵达梯航于瀛海。莫不本夙夜勤求之实，以握天人交应之符。用能是彝是训经术崇焉，有守有为群工懋焉，无偏无党王路遵焉，贡卉贡皮岛夷服焉。所由熙春泳化，函夏翔和，登斯民于上理者恃此也。

钦惟皇帝陛下，表章群籍，董正庶官。剂宽猛以和民，奉明威以保大。固已巍焕成文而班联式序，间阎安堵而琛赆输忱矣。乃圣怀冲挹，犹切畴咨体至善之无遗，好迩言之是察。进臣等于廷，而策以明经训、肃官常、化邪民、严海禁诸大政。臣之愚昧，奚足以仰赞高深？顾当对扬方始之时，敬念敷奏以言之义，敢不勉述素所诵习者，用效管窥蠡测之微忱乎？

伏读制策有曰，士不通经不足致用，欲勉以有用之学。此敦崇实学之盛心也。臣谨案：西汉之世，每有大事，廷臣多援经义以决疑。始元中有诈称卫太子者，隽不疑引"卫蒯聩得罪"之文；五凤中议伐呼韩邪，萧望之引"晋士匄不伐齐"之说。他如龚胜定傅晏之狱，毋将隆抑董贤之宠，皆征引《春秋》，诚以属辞比事，本圣人之教也。元朔间张汤为廷尉，以武帝方向文学，乃请《尚书》《春秋》博士补廷尉史。以平亭疑法，汤之深文，犹能润饰，非上所好使然乎？董仲舒《春秋决狱》，书佚不传。《困学纪闻》载其三，《白孔六帖》存其二。虽零编断简，而古人经术通于吏事较然可见。《周礼》六官，唐太宗叹为真圣人之作。后世惟宇文泰、苏绰、朱子称其有意复古，官制甚详。唐之府兵、租庸调、兵法、赋法斟酌极精。其制皆本于绰，盖得《周官》之意。至于国师文新室之奸，荆国致熙丰之弊，则剽窃以济其私，非书之伪也。古多引经，后专用例。夫引经非专门名家不能通其意，用例则勾稽验核可以勉而能。然必如宋之韩琦，在中书取五房例删为纲目。杜衍掌铨事，命诸曹先具科条，吏不为奸。斯为善用例者矣。圣朝重道尊经，事必师古。为士者孰不勉为体用兼备之学哉？

　　制策又以民生艰易赖乎守令，而因重考课以求循良。此驭吏之要术也。臣案：虞廷考绩，《周官》弊吏，尚已。汉武帝置十三部刺史，使以"六条"案郡国。非"六条"不得问，故能小大相维而权不侵。唐之考功，自德义至恪勤为"四善"，自近侍至镇防有"二十七最"。综其善最，差以九等，而才与德分矣。宋太宗以审官院审京朝官，以考课院考州县官，而中与外又分矣。顾考官在乎法，而注考在乎人。扬清激浊，在大吏犹且能之，况人主乎？从来仕途习尚，恒视上之意向以为转移。班固言："孝宣每拜刺吏、守相，辄亲见问。"常久任二千石其有治效者，玺书勉励，用为公卿。故西京循吏守相为多。范蔚宗言："光武观纳风谣，广求民瘼。"临宰邦邑者竞能其官。故东都循吏起家多由令长。章、和以后，鲁恭、刘宽辈流风未绝。由是言之，人主重守相则三王接踵，重令长则千室鸣琴。甄拔之所加，才智之所萃也。《周官》"六计"皆冠以廉，故簠簋必饬而职业克修者上也，才华仆速而节操坚明者次也。若牛僧孺所谓贪纵之吏，大抵有才，斯为下矣。然则奖廉洁，惩贪墨，所以全民命而励官箴，断断乎其在此。国家课绩用人，悉秉大公，则吏称其职，有不民安其业者哉？

　　制策又以姑息适以养奸，严威足以禁暴，爰及夫保甲之制。臣案：舜去"四凶"而天下服。孔子诛少正卯而鲁国治。辟以止辟之谓也。《酒诰》以救商民之淫酗，故曰："予其杀。"苏轼谓《周书》多以杀为戒，故享国久长。而后人或附会镌凿，以失其意。《韩非》载鲁哀公陨霜不杀菽之问，孔子对以宜杀而不杀，王应麟疑为非圣人之言。崔寔《政论》谓汉文帝以严治平，仲长统、范蔚宗皆亟称之。而唐王志愔谓严者不必凝网重罚，宋司马光亦谓寔矫一时之枉，则以世轻世重，要在与时宜之而已。养稂莠者害嘉谷，赦有罪者贼良民。唐太宗所以谓一岁再赦，善人喑哑也。保甲为古今良法，而贵在得人。王安石施之鄞县而民安，用之天下而民扰。一人之身，有诅有祝。如是则王守仁之于南赣，非以恩信素行乎？夫守令不得人，则吏胥诘奸而反以纵奸。将领不得人，则弁兵弭盗而反以豢盗。有治人无治法，两言尽之矣。圣朝恩威并用，道一风同。所由经正民兴，共跻于荡平之域也。

　　制策又以兵威所以安天下，而进详夫防海之法。臣案：自汉立"南北军"，以后代有更制，而皆于水战弗详。晋之孙恩、卢循，元之方国珍，皆穷寇入洋，非能以风潮为长技。故海患之亟自明始，海防之密亦自明始。胡宗宪之破汪直、徐海也，长于设谋用间，故柘林、五岛以平。戚继光之破倭闽浙也，战舰、火器皆极其精，故戚家军之名独著。所撰《筹海图编》《纪效新书》，皆熟悉情形之言。外如郑若曾《江南经略》，举江防而制湖变。朱纨疏严海禁，重保甲而革渡船。其论皆归实用。善夫！唐顺之之言曰："御贼上策当截之海外，非古来海防第一义乎？"尝泛蛟门、战三沙，身历行间，故《武编》之作后人不能测其奥。此亦及之后知之谓也。夫重洋之巡哨必勤，故将卒宜汰其惰窳。间谍之赏罚必信，则侦探可测其阻深。试之于风波沙线，以知器械之精良。稽之于口岸往来，以绝内奸之勾结。防则固，战则胜，庶几巩若金汤矣。圣世八荒在宥，七德有征，不已寰海镜清而奏绥怀之盛绩哉！

　　若此者，宗经以考道，熙绩以厘工，除暴以安良，巡洋以奋武。扬骏烈，畅鸿庥，仁圣之事赅，帝王之道备矣。臣尤伏愿皇上，日新进德，天健昭行。经学昌明而衔华益期佩实，官方澄叙而大法并励小廉，编氓保伍而比舣挞罚。不废交修，重译款关而下濑楼船，毋忘克诘。由是经有名家，史多循吏，野无犷俗，伍尽胜兵，上以祗迓蕃厘，下以永绥多祜，则我国家亿万载有道之长基此矣！

　　臣末学新进，罔识忌讳。干冒宸严，不胜战栗陨越之至。臣谨对。

## 史海钩沉

　　龙启瑞因为受到父亲的影响，喜欢读书，再加上天资聪明，学业进步很快。五六岁的时候，就已经可以熟练地背诵《三字经》《百家姓》和《四书》《五经》等儒家书籍，也可以对对子、吟诗。龙启瑞一直是个勤奋的孩子，从来没有松懈过，十一岁便考中秀才，成为远近闻名的神童。

　　龙启瑞状元及第之后，被委派任湖北学政。他撰著《经籍举要》一书，以示学者。他又总结从前耳闻目睹的学界情形，依据近来所行的兴学措施，发布文檄，告诫士人，著《视学须知》一卷。

## 道光二十四年（1844）甲辰科状元：孙毓溎

孙毓溎，字犀源，一字梧江，山东济宁人。

殿试皇帝：清宣宗爱新觉罗·旻宁

### 策问

制曰：朕寅承昊苍眷命，列圣丕基，兢兢业业，夙夜不敢康，二十有四年于兹矣。顾臣邻尚少笃棐之忱，士子犹蹈轻浮之习。边圉之地利未尽开，九府之圜法未尽善。措施何以当？智虑何以周？斟酌古今，揆度时势。尔多士稽古有素，敷奏以言，必有嘉谟，用裨实政。

大臣法，小臣廉。官职相序，君臣相正，国之肥也。然则欲正君臣、序官职，必自大臣始矣。亲民之官，莫如守令。守令之贤否，视乎上官之取舍。古者兴廉举孝，敦崇节行，日计不足，月计有余。两汉循吏，大抵郡守、令长，而公卿时出其中。玺书褒勉，增秩赐金。取才之道，意主风化，其尚有合于古欤？郭子仪减乐于杨绾，李师古折谋于杜黄裳。岂武臣疆帅，亦视朝延为转移欤？抑中外相维，大小相系，自然之势欤？"三物"教民，何以克收实效？三载考绩，何以力屏具文？取人以身之义，可指陈欤？

士者民之望、国之桢也。孔门论士，何以首重行己有耻？孟子亦言耻之于人大矣。然则知耻近勇，人心风俗所系，顾不重欤？三代以下士风莫盛于汉。其时尊崇节义，敦厉名实。转移之权，奚自而致？清谈而后，绍及唐末，风气叠变。然而松柏后凋于岁寒，鸡鸣不已于风雨，繄岂乏人欤？宋儒聿兴，迄于明代。格物致知之学，与汉儒之通经致用，其裨益风化，同欤异欤？综观古今士风之所尚，质之孔孟之言，将欲挽颓靡，返淳朴，变化而愧厉之，何道之从欤？

自黄帝经土设井，而寓兵于农之法兴。三代因之，无所谓屯田也。汉文帝募民耕塞下，始有屯田之说。汉武通西域后，屯田渠犁。其后日益加多。如芍陂、南阳、合肥、成都、金城，不可枚举。其在西域者，能详考欤？古者播谷劝耕，爰有农官之设。农师田畯之名，备见《经》《传》。西域屯官名见于史者，能胪举欤？耕种必资灌溉，邓艾穿渠，最资利赖。西域之水可导以溉田者,能征于古以言之欤？唐代营屯并称,或谓以兵、民分,其说然欤？唐时诸道所开之屯,凡九百二十有二,今西域尚有遗迹欤？种植之法,详于农书。前代屯田,有行"区田"者,其法最善。能详考而言其制欤？

古者赋通百物,皆以布帛、菽粟相交易。自大禹有历山之铸,而其利始兴。太公立"九府"之法,而其用遂广。《周官》外府,泉府所掌,皆以钱为敛散。能详言之欤？秦并天下币为二等。汉武造白金三品,寻废不行。是上下通行之货,壹皆以钱,未尝用银也。以银为币,始于何时？行于何地？其式若何？其直若何？采银何以有禁,用银何以称便,能一一缕述之欤？钱式以何代为最善？论钱法者以何人为最详？盖其用取乎流通,利溥于民。而权操于国,制行于上,而弊除于下。必如是而后可为至善也。宋始有交子、钞引之名。有元一代率用宝钞。明亦间踵而行之．流弊滋多,其得失究安在欤？

凡此者,以勖官常而实力实心,毋谓恬熙为可恃。以敦士习而防情防伪,毋使幸进以梯荣。出作入息边隅何以臻康阜之休？足国裕民泉府何以有流通之利？讲肄所及,载籍所传。尔多士其详著于篇,朕将亲览焉。

## 对策

臣闻熙绩所以厘工,植品必先崇实,靖远斯能奋武,阜财乃可裕民。载稽往牒,《书》美和衷,《礼》详造士,《诗》歌诞稽,《传》纪通商。古帝王舆盖二仪,庐牟六合,以昭亮采。有守聿懋,有猷以砥。廉隅观器,尤须观德以谋储蓄,养民亦且养兵以剂方圆。胝规兼资胝万,莫不本夙夜勤求之实,以握天人交应之符。用能宣化承流,苤怀笃焉。覃精葆素,令望彰焉。教稼整军,绥徕固焉。制节谨度,美利臻焉。所由治泳熙春,欢胪函夏。洋洋乎上畅垓而下溯埏！恃此道也。

钦惟皇帝陛下,敦明励翼,勖训誉髦。修军实以乂安,广陶熔以普济。固已吏治胥澄而儒风允粹,边防悉备而鼓铸咸兴矣。乃圣怀冲挹,犹切畴咨,廑菁采而听卑,询刍言而察迩。进臣等于廷,而策以正官常、祛浇俗、严屯卫、广生财诸大政。臣之愚昧,奚补高深？顾幸际渊思下逮之时,窃附邦献先资之义。敢不敬举生平所诵习者,用效管窥蠡测之微忱也乎？

伏读制策有曰："大臣法,小臣廉。"守令疆帅皆视朝廷为转移,而欲收效于教民考绩。此诚致治之盛心也。臣谨按:体元者君,而调元者臣。左禹、右皋斯有明良之庆,左周、右召斯臻康乐之休。正君臣序官职,始自大臣彰彰然矣。汉以"六条"察二千石,丞相、御史得杂考郡国之计书。其法郡课县,州课郡，公卿课群吏。守令贤否，视上官之取舍。故两汉循良辈出。以令仆出为郡守，入为三公。玺书褒勉，赠秩赐金者不可胜计。其时取才专重节行，意主风化。吏治蒸蒸，最为近古。夫中外相维，大小相系，自然之势也。唐中叶强藩跋扈，不秉中朝政令。惟李文饶最为河北畏服。此外如郭子仪减乐于杨绾，李师古折谋于杜黄裳，亦皆见称于时。然李之于杜固因其畏服之深。若子仪则功冠唐室，其亦身先奉令者，盖尊宰相即以尊朝廷，殆与李愬之迎裴度同一能知大体欤？由此观之，为大吏者苟能树以清介之型，明其去取之别。居中驭外，以尊率卑，则"三物"教民可收实效，三载考绩岂涉具文。庶几联一德为股肱而清和咸理，合外臣为指臂而诚信交孚。取人以身之道，得国不于以肥欤？皇上澄叙官方，凡在大僚敢不正身率属，而交赞乎郅隆也哉？

制策又以士为民望，首重有耻。因综古今士风所尚，而欲挽颓靡以返淳朴。臣窃谓士为四民之首。欲整民风，先端士习。孔门论士首重行己有耻，故孟子"四端"并举，管仲"四维"是称。良以廉耻固人心风俗所关也。古者士习之淳漓，恒视朝廷之作养。两汉兴廉举孝，崇实行而薄浮华。故为士者品望重于乡间，谟猷光于史册，节行之士史不绝书。洎乎典午崇尚清谈，则荡轶名教者踵接。李唐时设科目，而驰骋文采者滋多。然松柏后凋于岁寒，鸡鸣不已于风雨。其敦行励品，是以训俗型方者，盖亦指不胜屈焉。自宋迄明，讲学日盛。或以道问学为宗，或以尊德性为本，其学不无同异。然观明儒韩乐吾教化乡间，从游者以千数。其对县令曰："凡与侬居者无讼牒烦公府。"令捡之果然。则宋儒之学其裨益风化，与汉儒通经致用，固有合之两美者矣。夫自厚而薄者，风俗相沿之渐。而由淳而浇者，人生习染之常。是以圣王在上，崇学校以隆教养之规，移郊遂以示愧厉之道。处其謷帨之徒绣也而名不矜，范其跅弛之难羁也而才不竞。盖使顽廉懦立以期返朴还淳，道必由此。我国家崇儒重道，学校如林，士可不敦行砥才副作人之化哉？

制策又以黄帝经土设井，寓兵于农，而递及前代屯田足边之法。臣按：古无所谓屯田也。汉文帝用晁错议募民耕塞下。武帝通西域踵行之，屯田渠犁，厥名始肇。其后轮台、车师、乌孙、伊循、伊吾、柳中，则皆西域屯田之处也。宜禾都尉、屯田校尉、戊己校尉、田禾将军，及唐之营田大使，则皆西域所置屯田之官也。至于灌田之水，如龙勒县氐置水入泽灌民田，敦煌郡冥安藉端水入冥泽溉民田，并见《汉书地理志》。瞿萨旦那城东南有大河，国人用以灌田，见唐《西域记》。唐代营屯并举。有谓兵耕为屯，民耕为营者。然唐襄州营田亦调取邻州之兵。宋边州屯营不限兵民。皆取给用，则营屯固不尽以兵民分矣。西域屯田，汉、唐最多。其遗迹如吐鲁番之广安城，在元曰火州，在唐曰安乐，汉之柳中城也。又苦峪城断碑，有"大兴屯垦，荷锸如云"之语，则亦唐代开屯之遗迹。其种植之法，以"区田"为最善。邓艾因屯田亢旱，曾于寿春行之，收获最丰。法始伊尹，可云尽善矣。我皇上申命疆臣，于新疆大兴屯政。裕边储而培生计，岂不懿哉！

制策又以大禹有历山之铸，太公立"九府"之法，因及夫历代钱币之设。臣按：钱始太昊。尧铸历山，汤铸庄山，相沿不废。至"九府圜法"设，而外府掌赍赐，内府掌贸易，敛散之法备详。秦以黄金与钱为币。汉制三品，亦废不行。古固皆用钱也。币用金银始于交广，见韩愈、元稹奏状。又张籍诗云："蛮州市用银。"中唐时中国犹未用银也。汉时朱提一流直一千五百八十，他银直千。《金史》旧例银每铤五十两，直百贯。因民间截凿，改铸承安宝货。一两至五两，凡五等。每两折钱二贯，是其式与直不同者。正统中罢银课，杜采办之扰民。洪武时以钱、钞易金银。因道路之险远，此采银有禁，用银至便欤？钱法以"五铢""开元"为善。"五铢"铸迄汉、隋。"开元"始自武德。故钱最多。论之详者，则《泉谱》《钱通》，皆邦计所必录也。交子钞引，创始于宋。元明踵行，益滋流弊。其中考证得失，惟许衡刘基允为至当。"十妙""十便"之说，固皆无以过之也。

若此者，懋绩以亮工，屏浮以惇俗，积储以经武，裕课以宜民。铺鸿庥信景铄，仁圣之事赅，帝王之道备矣。臣尤伏愿皇上，至诚无息，立政有恒。凤夜寅清而正色益端表率，章逢朴速而宅衷弥汰华闻。祥谷铺芬而厉锻刍粮均安远徼，洪钧跃冶而绠环刀布利济寰区。由是吏道靖共，士林炳蔚，边陲绥谧，帑藏充盈。上以祗迓蕃禧，下以永膺多祜。则我国家亿万年有道之长基此矣。臣末学新进，罔识忌讳。干冒宸严，不胜战栗陨越之至！臣谨对。

## 史海钩沉

孙毓溎，出身官宦之家，祖父玉庭官至体仁阁大学士，父亲善宝官至江苏巡抚。他于道光二十四年（1844）中一甲一名进士，授翰林院修撰。道光二十六年（1846），任云南学政，协助云贵总督林则徐处理政务，深得林氏常识。咸丰元年，擢山西按察使，旋调浙江按察使，后署布政使。积劳成疾，辞官归里，闭门养病。太平天国定都南京，被荐操办山东团练。后就医京都，死于寓所。

## 道光二十七年（1847）丁未科状元：张之万

> 张之万，字子青，号銮坡，直隶南皮（今河北南皮）人。历任河南巡抚、漕运总督、江苏巡抚等职。

殿试皇帝：清宣宗爱新觉罗·旻宁

### 策问

制曰：朕缵膺大宝，统御寰区，中外乂安，于兹二十有七载。仰荷昊苍眷佑，列圣垂庥，夙命时几，兢兢业业。深念通经致用之方，化民成俗之本，藏富裕国之模，除暴诘奸之法。期臻上理，延访维殷。尔多士拜献先资，对扬伊始，冀聆谠论，式赞嘉猷。

自秦燔六经，微言中绝。汉兴除挟书之禁，遗籍间出。诸儒说经者，大抵皆孔门苗裔。商瞿受《易》，六传至田何。其间授受姓名，《史记》与《汉书》互异，何欤？子夏之《诗》，四传至大毛公。左氏受《春秋》，八传至张苍。二家相承之渊源，能备举欤？伏生治《书》，后仓说《礼》，俱不详所自出。或谓伏生受《书》于秦李克，信欤？承后氏之学者，能条其流派否？武帝广厉学官，各家皆立博士。至贞观《正义》之行，前代诸家，不复兼存。义归画一，说果善欤？自汉以后，师儒莫盛于宋。程、张皆深于《易》，其传《易》弟子，可略陈欤？朱子《诗》《礼》二经弟子，其入室者何人欤？

风俗为治平之本，而教化实风俗之原。古昔盛时，民生敦庞，怀忠抱悫，乡闾族党，比户可封。然犹以时读法，纠其过恶，异言异服则有讥，无授无节则弗纳。道德一，风俗同。左道乱众之徒，自无由煽诱以售其怪诞之说。自习尚浇漓，异端蜂起，敛财聚众，结党传教。愚民无知，转相渐染。岂果迫于饥寒，而乃甘冒重辟，以冀其幸免欤？抑牧民者教导无方，俾之陷于邪慝欤？何以使桀黠者革面洗心，愚懦者守分循法，而不为其所惑欤？孟子曰：经正则庶民兴。韩愈曰：明先王之道以道之。傥可不变欤？

积贮者，生人之大命。周礼仓人藏粟，旅师聚粟，遗人委积，储蓄甚备。汉耿寿昌筑常平仓，时称便矣。后汉刘般谓常平外有利民之名，内实侵刻百姓。其故安在？当境采买，固虞勒派。采自邻封，又添运费。果何以使官、民两不受累欤？成周以后，义社二仓，立法最善。然行之既久，均不能无弊。社仓之法，隋、唐行之，不久便废。至朱子而独有成效。能推本其良法美意欤？元史所载，河西务十四仓，京师二十二仓，通州十三仓，即今制所由昉。顾天庾转输，丁胥丛杂。搀和之弊，何以杜之？今欲储积无亏，旱涝有备。转输之法，巢籴之宜，久贮之方，平价之道，不尤宜一一讲求欤？

夫安民必先弭盗，弭盗莫如保甲。《周官》有比闾族党之制。管仲创轨里连乡之法。皆以里闬相习之人，察耳目最近之事。其法至为美备。惟是营汛堡墩之设，不能不寄之兵弁。寺院庵观之察，不能不责之吏胥。赏罚不明，则兵或纵盗。稽查不力，则吏或藏奸。有治法不尤贵有治人欤？至于洋面辽阔，岛澳险僻，匪徒出没靡常。迫之则潜踪伺隙，缓之则肆掠商旅。其何以绝其接济而捣其巢窟也？夫衣食足则礼义生。所以正本澄源者，果遵何道欤？

凡厥四端，研经以裕儒修，训俗以端化本，储粟以充国赋，禁暴以卫民生。皆立政之大纲，经邦之要道也。多士学于古训，通知时事。以敷奏为明试，务收实用。毋摭肤辞，朕将亲览焉。

## 对策

臣闻典学在于崇经，敷教所以正俗，藏富斯能裕国，禁暴乃可安良。综观往籍，《易》著观文之象，《礼》详读法之条，《诗》传高廪之歌，《书》重诘奸之政。自古帝王，萝图席瑞，松栋凝庥。以重淹通则鸿都示范也，以宏教泽则象魏悬书也，以储仓庾则鱼梦占丰也，以禁奇邪则骏声著烈也。茂矩隆义，粲然具备。用能是训足行雪澡勤焉，无偏无党星好同焉，如墉如栉露积崇焉，相友相助风移速焉。所由熙春泳化，函夏归仁，合寰宇而跻之于仁寿者，恃此道也。

钦惟皇帝陛下，范围万有。帱载群生，则古圣以同民，体至仁以育物。固已六经毕贯而五教在宽，亿秭有余而兆民于变矣。乃圣怀冲挹，深维长治久安之道，愈切持盈保泰之思。进臣等于廷，而策之以敦经学、广教育、筹积贮、严保甲诸大政。臣之愚昧，奚补高深？顾当对扬伊始之时，敬念拜献先资之义敢不谨陈素所诵习者，以勉效土壤细流之一助也乎？

伏读制策有曰，通经为致用之方，而因考经学之源流。此诚首崇经训之至意也。臣考秦燔六经而后、惟《易》一卜筮独存。汉初言《易》首推田何，而田何实出自商瞿。其间授受相承，如子庸、子弓、子家、子乘辈，皆精于传述者。赵人毛苌善《诗》，自云子夏所传。顾有谓子夏授高行子，四传而至小毛公者。

有谓子夏授曾申，五传而至大毛公者。其说互有异也。张苍之《左氏》传自荀虞，荀虞而上，为铎椒，为吴起，为曾申，渊源盖有自矣。伏生治《书》由口授，隋《经籍志》曰："伏生口传二十八篇，以授同郡张生，惟不详所自出。"若夫《礼》周公所作也。汉初高棠生传《士礼》十七篇，至宣帝时后苍最明其业，为《曲台记》。苍授戴德戴圣与庆普，而三家之学以立。当文帝时广游学之路，各家皆立博士。彼时书籍间出，诸子传说犹广立于学宫。殆歧说之所由启也。汉以后师儒之际于宋为盛，而程张尤深邃于《易》。朱震《易集传》《易图丛说》，自谓学宗程子。乃合程、张、郑、王而为一。朱子犹谓其不免舛讹。至若朱子《诗》《礼》二经，非精于《传》《说》，其孰克升堂而入室也。皇上稽古古文，儒风丕振。多士观光鼓舞，孰不争自濯磨也哉？

  制策又以风俗为治平之本，而教化实风俗之原，因求所为正本清源之计。臣按：《礼》称命太史陈诗以观民风。古昔盛时修"六礼"以节民性，明"七教"以兴民德，庶几道一风同矣。而犹设奇邪之禁，严左道之诛。无非冀斯世共归荡平正直之路，如泥之在钧，金之在锻，惟甄者之所为，治者之所铸焉耳。逮叔世民惑于谩妄之言，诱于祸福之说。而匪徒遂得乘机鼓动，转相煽惑，习为固然。虽身陷重辟，而犹不自知。夫民非不良也。俗非本偷也。父兄之教不先，子弟之率不谨，故蔑礼背义而俗不长厚也。今将使涤瑕荡秽而镜至清，嗜欲源灭，廉耻心生，固非文诰、科条所能奏功也。则惟司化尊于未发，严创惩于已萌。董之以师儒，则贤得民而道得民，人尽生其观感。治之以长吏，则乐防情而礼防伪，世日进于敦庞。革面者且革心焉。孟子曰："经正则庶民兴。"韩愈曰："明先王之道以道之。"先贤名言洵治致圭臬矣。皇上道德齐礼为天下先，生斯世者不已臻康乐和亲之治哉！

  制策又以积贮者生民之大命，而因讲求夫利民之实政。此诚足国裕民之至计也。臣考《周官》之制，仓人掌粟入之藏，遗人掌委积之法，而积贮防焉。魏李悝之言曰：谷贵则伤民，谷贱则伤农。因视岁之上、中、下，平其价以便民。厥后耿寿昌师其意，筑常平仓，一时称便。但出入在官，侵渔不免。当买补时，有抑价以累富户者矣。甚或豪右为奸，一有糜烂即贷于农而责补，以累贫民。此刘般所以有侵刻百姓之说也。义仓起于长孙平。当社立仓，丰敛歉散，法更便矣。而胡寅谓弊在书吏侵蚀。社仓肇于朱子。初请于府，得常平米六百石。夏贷民，冬收息，随年敛散。行之十有四年，得息米三千余石。其良法美意洵足称矣。而马端临谓弊在所司非人。夫天庾正供，贵在转输。昔人论运之要务，在粮不挂筹。军无借欠，道不守冻，故回漕挽和之弊绝。若夫籴籴务平，则惟善立章程，严加察核。务使吏胥不得营私，民间无所抑勒。囤积者无红朽之虞，售易者无腾踊之患。庶乎出纳有节，敛散有时，官与民两无所累，而仓庾自此充矣。皇上轸念民依，至深且远，固已家给人足，而万姓共乐康平也。

制策又以安民必先弭盗，弭盗莫如保甲，而念衣食足则礼义生。此尤探本之说也。臣闻古者五家为比，五比为间。使之相保相守。无事属之司徒，有事隶于司马。夜则声相闻，昼则目相识。法至善也。《管子》轨里连乡之法，犹得《周官》遗意。汉制亭有长，乡有三老啬夫游徼。唐以百户为里坊村，每里各置正一人。于是奸民无漏网之幸，胥役无苛索之烦。盖以里闾相习之人，察耳目最近之事，动息易知，形踪难掩。而又营汛设其人，墩堡详其制，寺院必有巡，庵观必有察。以杜奸民，以安良善，是在良有司之实力奉行耳。顾弭盗之要尤在海防。海之风候不齐，则盗之出没靡定。是必遏于远洋而使不常厥居，御于近洋而使不得傍岸。严攻守以绝外来之奸匪，密稽查以靖内地之奸民。锄其暴而诛其奸，务期良莠之不杂。抚其来而散其党，更无虞枝蔓之难图已。夫惩盗于已然不如弭盗于未然。诚使亲民之吏，于惩创之余寓董劝之意。民生已厚犹阜利之，诰诫已谆犹茂正之。斯相与观感，兴起斯仁摩义，而邪慝自无也。国家仁育义正易俗移风，生斯世者其孰敢自外于生成哉？

若此者，鸿交以积富，蚁慕以成风，蟹输以纳赋，鹰逐以惩奸。廓帝纮，信景铄，仁圣之事赅，帝王之道备矣。臣尤伏愿皇上，天行不息，日进无疆，本励精图治之诚，致累洽重熙之盛。蓬山数典而讲贯弥殷，箓屋承休而化导倍至，天庾告充而益勤储偫，草窃敛迹而更切观惩。于以淳洪畅之德，大茂世之规。上畅九垓，下溯八埏。聿迓天庥，诞膺多祜。则我国家亿万年有道之长基此矣。臣末学新进，罔识忌讳，干冒宸严，不胜战栗陨越之至！臣谨对。

## 史海钩沉

擅长书画，兼通医术，无意于功名，张之万十八岁才进县学为秀才。道光二十七年（1847），张之万入京会试、殿试对策，以一甲第一名状元及第，授翰林院修撰。会试总裁潘世恩对张之万说："将来好传我衣钵。"预期张之万将来也要做状元宰相之意，后来张之万果然做了状元宰相，一时传为佳话。

在中国历史上，兄弟二人同朝入阁拜相的只有张之万、张之洞二人。张之万是历代状元中最高寿者，历事道光、咸丰、同治、光绪四朝。

## 道光三十年（1850）庚戌科状元：陆增祥

> 陆增祥，字魁仲，号星农、莘农。江苏太仓人。官至翰林院修撰。以古文字学研究著称。

殿试皇帝：清宣宗爱新觉罗·旻宁

### ◼ 策问

皇帝制曰：朕诞膺洪祚，寅绍丕基。荷穹昊之祐申，缅祖考之彝训。孜孜求治，日昃不遑。恒思任贤去邪之道，典学稽古之谟，立政宜民之方，敦本善俗之则。冀与中外臣庶，致上理于大同。兹值临轩发策之初，虚衷博采。尔多士其敬听之。

人君之职在于用人。登选之途宽则贤愚并进，荐剡之路辟则真伪相淆。知人善任厥惟艰哉！唐李绛谓循其名验以事，所得十七，可取法欤？至如夹袋之储，材馆之录，荐拔既多，能无滥欤？《书》曰："任贤勿贰，去邪勿疑。"贤奸之显然者固易辨也。其或貌似朴诚而中藏险诈，外示正直而内蓄诐邪。何以洞烛情伪，俾无所售其欺欤？君子、小人各从其类。若李泌之荐窦参，司马光之举蔡京，又何说也？朕寤寐旁求。命中外大臣各举所知，期得贤能以康庶事。将使野无遗贤，朝无幸位。程子所云："知言穷理则能察人。"斯为浚源之论欤？

唐虞授受不外一中，所以辨危微而致其精一者，本于圣性之自然欤？抑亦有存心养性之圣学欤？禹之告舜曰："安汝止。"周公之称文王曰："克宅厥心。"与执中之旨同否？《书·说命》言逊敏而推其效于道积厥躬。《诗·敬之》篇言就将而课其实于缉熙光明。固未有不切于身心而可以言学者也。三代以还，史所载留意经术好学右文之君，代有之矣。乃考其行事，或显与古训相违。岂非舍本逐末，所学未得其要欤？朕惟《典》《谟》奥义，孔、孟微言，以之修己治人，若规矩准绳之不可易，欲身体力行以为正位凝命之本。审端致力宜何从欤？

道揆法守，制治保邦之要务也。宋朱子有言："为治之本，在正心术以立纪纲。"夫纪纲不立，而能治安者未之有也。欲振肃而整齐之，厥道何由？

礼乐刑政号为治具。其所以行之者，命令而已。乃淑世牖民之道，兴利除弊之方，诰诫屡颁而奉行不力。是涣号仅为空言，播告只循故事。何由振颓风而心实效欤？《易》曰："穷则变，变则通，通则久。"今承平日久，法非不大备也。而怠玩从事，奸弊潜滋。或偏废而不举，或积重而难反。或盐漕河工诸大端，利弊所在，何以策出万全，俾国计民生，两受其益欤？

民风之淳漓，系乎政教。《周书·武成》曰："重民五教，君牙之命。"亦以敷五典和民则告其臣。盖开创之君，守成之主，未有不以化民成俗为先务者。夫孝、弟、忠、信、礼、义、廉、耻固有之良，尽人同具。而转移化导之权则操之自上。仁让之风何以兴？嚣凌之习何以靖？侈靡相高何以防其渐？奇邪相扇何以破其迷？欲使海内之民还淳返朴，臻道一风同之盛。将何道之从欤？史称韩延寿守颖川，教民略依古礼，不得过法。黄霸班行条教，劝以为善防奸之意，民皆信从。今之守宰岂遂无其人欤？抑大吏视教化为末务，美绩无由上闻，遂相率而趋于刀笔筐箧欤？

多士通经致用，学古入官。且来自民间，见闻亲切。其推之往古，验之当今，悉心敷陈。毋泛毋隐，朕将亲览焉。

## 对策

臣闻崇正乃可黜邪，稽古斯能懋学，励俗在于布政，敷教所以兴民。综稽往籍，《书》详旄别之文，《易》系闲存之德，《礼》法颁乎吉月，《诗》篇重以观风。自古帝王，戡元御宇，锡福诫民。以判彰瘅则鸿逑协吉也，以严宥密则燕寝修仪也，以设科条则虎门莅治也，以端整率则象译归诚也。茂矩隆规罔弗粲然备具。用是勿疑勿贰庶绩熙焉，式金式玉百度贞焉，有猷有为万几理焉，无偏无党亿姓格焉。所由德媲重华，光昭念典，承诒谋而粥丕基者，恃此道也。钦惟皇帝陛下，继体守文，建中立极。本大孝以绥猷，需深仁以育物。固已四门是辟而万世垂型，五典胥惇而兆民于变矣。乃圣怀冲挹，犹切畴咨。冀长治而久安，益持盈而保泰。进臣等于廷，而策之以用贤才，修德业，明治体，正风俗诸大端。臣之愚昧，奚补高深？顾当对扬伊始之时，敬念拜献先资之义。敢不谨陈所见，诵述所闻，以勉效土壤细流之助也乎？

伏读制策有曰，人君之职在于用人，而因讲求夫君子小人之辨。臣案：取士之法莫如登选之途，举人之方孰若荐剡之路。然或其途稍宽，则醇谨之儒固挟其行谊以进，揣摩之士亦投其好尚而来矣。其路大辟，则公正者固得以材略而显，狙巧之辈亦得以夤缘而升矣。是非选举之法不得为善，汲引之途不可以开也。程子有言曰：知言穷理，则能察人。诚能体正本清源之论，斯其清也如水之可鉴影，其明也如镜之无遁形，其平也如衡之能称物。而又询诸廷议，采诸舆论，试诸事功，出诸刚断。将《书》所云知人则哲，能官人者不难再见于今矣。唐李绛之说曰：循其名，验其事，所得十七。信不诬也。至如夹袋之储，材馆之选。荐拔既多，其中不无稍滥也。且夫任贤去邪，《禹谟》所载。其贤奸显然者，固不难于立剖。而或貌似朴诚中藏险诈，外示正直内蓄诐邪。苟非洞悉其情，必不能不售其欺。若第执各从其类之说以为区别，则亦未为尽善。李泌之荐窦参，司马光之举蔡京，其左证也。甚矣！知人善任之难，而明察之为亟也。皇上诏求贤俊，取人以身。而器使因材擢用，可无拘成格已。

制策又曰，唐虞授受不外一中，而进论夫切于身心之学。此诚正位凝命之大本也。臣案《书》纪危微，人心道心，所由判此。千古帝王心学之渊源，无过于执中之理也。禹之告舜曰："安汝止。"周公之称文王曰："克宅厥心。"其意与执中之旨相发明也。且夫古来治法悉本于心法，齐治均平之略即格致诚正之学。而学必身体而力行之，非第为讲论已也。是故《说命》之言曰："惟学逊志，务时敏，而推其效于道积厥躬。"《敬之》之诗曰："日就月将，而课其实于缉熙光明。"盖未有不切于身心而可以言学者也。若舍其本而逐其末，则虽好古右文，日事于经术，而考其行事往往与古训相背戾。惟审其端而致其力，以之修己即以之治人，如规矩准绳之不可易。存之为圣功，发之为王道，虽尧舜亦无逾于是矣。圣天子慎修思永，无怠无荒。戒欺求慊之学不已，底于精纯哉！

制策又以道揆法守为制治保邦之要务，欲修治具以整齐严肃，而因论夫兴利除弊之方。此国计民生之所维系也。臣案：宋朱子有言："为治之本，在正心术以立纪纲，纪纲之立安之机也。"古今治具，不外礼乐刑政数端。而日久怠生，有诰诫屡颁而奉行不力者矣。视涣号为虚文，目播告为故事。颓风无自而振，实效无自而收。是岂法之不善？特奉法者之玩忽耳。且夫弊不剔则利不兴。而弊之滋也或偏废而不举，或积重而难返。若盐政、若漕务、若河工，所关为最巨也。盐政之修，必酌其至通之理。使商不亏本，国不绌课，民不被累。则私不缉而自弭，而引亦畅消矣。漕务之修必持其至平之道。使丁不需索，吏不侵渔，官不贪残。则敛不减而自轻，而困亦日苏矣。河务之修必立其至明至勤之略。使官不縻费，吏不丛杂，夫不抑勒。则工以久而渐固，而帑亦日盈矣。《易》曰："穷则变，变则通，通则久。"董生有言曰："琴瑟有不调者，必取而更张之。"此类是也。昔日之利皆今日之弊，弊一日不去，则利一日不复。因循者不求其故,苟且者不究其原。利日消,弊日长,大率在此。诚能相机筹画,实力察核,又何废之不可举,而何重之有难返也哉?方今皇上整理庶务,谕令封疆大吏,悉心妥议,有不弊革而利兴哉!

制策又以民风之淳漓系乎政教,而廑求夫转移化导之方。臣案:化民成俗者治天下之先务也。孝、弟、忠、信之心,礼、义、廉、耻之端,虽愚夫愚妇孰不具此天良。而往往有仁让之风不兴于里党,嚣凌之习不靖于闾阎,侈靡相高因其渐而日炽,奇邪相尚溺于迷而莫知者。则非民之无良,而有司不能化之耳。诚使亲民之官存长厚之心,则民必不至于偷薄。泯矜张之气,则民必不至于浮嚣。敦节俭之风,则民必不至于奢侈。立中正之型,则民必不至于谩妄。而又先之以躬行,劝之以大道,谕之以义,诱之以利,旌扬之以奖其意,鼓舞之以启其机,必无顽梗不率而自外名教者矣。即或有之亦惟小惩。而大诫之开其自新之路,迪其悔悟之萌,无徒以刑法驱迫为也。刑法驱之,将有日趋于下而不知所返者矣。盖不探其原,其流无自清耳。昔者韩延寿教民略依古礼,不得过法。黄霸颁行条教,劝以为善防奸之意,而民皆信从。今日之民犹是昔日之民也,今之守宰诚能以昔之守宰为法则,亦何至相率于刀笔筐箧也乎!国家渐仁摩义,易俗移风,凡隶骈幪者敢不争自濯磨也哉!

若此者。凤飞以荔吉,龙德以正中,象魏以宣猷,鸿钧以甄俗。廓帝纮信景铄,仁圣之事赅,帝王之道备矣。臣尤伏愿皇上,天行不息,日进无疆。本励精图治之诚,臻累洽重熙之盛。四目既明而弥思整饬,单心已靖而益切精深,百事具修而更勤敷布,万方群化而愈重道齐。于以淳洪畅之德,大茂世之规。上畅九垓,下溯八埏。聿迓天庥,诞膺多祜。则我国家亿万年有道之长基此矣!臣末学新进,罔识忌讳。干冒宸严,不胜战栗陨越之至!臣谨对。

## 史海钩沉

陆增祥少力学,读书不辍。年纪不大,便通"六书",在江南一带颇有名气。退出官场后,他潜心治学。他热衷古文字学,特别是金石文字,多方收集,辑录了大量的金石文字,编辑《金石补正》一百余卷,凡三千五百余种。

陆增祥虽科举出身,却以守城、捕盗、平讼见称,并能"在官不废学""著述甚富",堪称文武双全。

# 咸丰二年（1852）壬子恩科状元：章鋆

章鋆，字酡芝，号采南，宁波府城西北厢西河沿人。

殿试皇帝：清文宗爱新觉罗·奕詝

## 策问

制曰：朕寅绍丕基，抚绥寰宇。仰荷昊穹洪贶，祖考诒谋，兢业敕几，日慎一日。勉思检身治心之要，还淳返朴之原，诘戎讲武之猷，足食裕民之制。冀中外臣庶臻郅治之盛轨，致上理于大同。延揽人才，特开恩榜。兹值临轩发策之始，虚中博采，爰举胪询。尔多士其敬听之。

圣学之要在于主敬存诚。《易·文言》于《乾》"九三"言诚，《坤》"六二"言敬。程子曰："诚则无不敬。"未至于诚则必敬而后诚。而以乾坤分为圣贤之学。昔圣微言，曩哲粹语，其绅绎而切陈之？朱子谓格致诚正以至修齐治平，始终不外乎敬。中和位育，极之圣神功化，枢纽不外乎诚。心法治法，一以贯之者。《大学》《中庸》二书，实括其全能，申明其义欤？真德秀《大学衍义》，于诚意、正心之要立为二目，曰崇敬畏，曰戒逸欲。盖云备矣。明邱浚复补以审几微一节。厥旨安在？朕披览前编，服膺圣学。近命儒臣重缮《朱子全书》，用备观省。何以审端用力，辨危微而致精一欤？

夫物力之盛衰系乎民俗之奢俭。而欲民生之厚，尤在上之人有以开其源而节其流。《易》曰："节以制度，不伤财，不害民。"《书》曰："慎乃俭德，惟怀永图。"节俭之道，非帝王之要务欤？汉文帝以敦朴为天下先。景帝令二千石修职，以伤农事害女红为戒，遂成富庶之业。唐太宗戒盈崇俭，亦致四海丰盈。将上行而下自效欤？抑转移之道亦在于承流宣化者欤？夫士大夫者，庶民之所则效也。乃习俗相沿，渐成侈靡。衣服舆马，竞为美观，冠昏宾祭，动多逾制。果何由移风易俗，使天下回心向道欤？陆贽有言：生物之丰歉由天，用物之多少由人。裁制之术，厥道何由？

古者文德诞敷，不忘武备。诘戎振旅，所以辅化安民也。边防之策，汉唐最详。贾谊、晁错、陆贽之论，昭然具在。至宋则有乡兵、蕃兵。明则有边兵。其制若何？夫兵以训练为先。孙子所谓练士，吴子所谓治军，唐太宗与李靖问对中所言手法足法，明王骥所论练兵之法，其目凡五。能备举欤？自来太平日久，武臣边帅往往故事奉行，不能尽心简阅。役使兵丁，摊扣粮饷，流弊孔多。朕屡降明诏，严饬武备，鼓励戎行。直省督抚提镇，宜何如随时操演，加意稽察？选精锐，汰老羸、简器械、协伍两，以期一兵得一兵之用乎？

夫国以民为本，民以食为天。《周礼》旅师有春颁秋敛之法。廪人掌九谷以待匪颁，遗人掌委积以待施惠，其为储蓄甚备。管仲权有余不足而轻重敛散之，李悝视岁之上、中、下而贵贱籴粜之。其法亦有合于古欤？厥后耿寿昌之常平仓，长孙平之义仓，朱子之社仓，规制不一。而行之既久均不能无弊。何欤？京仓为天庾正供，《元史》所载，河西务十四仓、京师二十二仓、通州十三仓，即今制所由昉。自伯颜建海运之议，岁输三百余万石，史称其便。明初海、陆兼运。其后运河成而海运罢。然昔人往往力陈其利，能详举其说欤？出纳之经，盖藏之道，转运之方，果何由而尽善欤？

凡兹四事。慎修以端宸极，崇俭以维世风，肄武以饬边防，储粟以赡民食。敷施凝绩莫切于斯。尔多士讲求有素，蕴蓄自深。其各摅见闻，毋泛毋隐。朕将亲览焉。

## 对策

臣闻敬修所以建极，训俭所以型方，奋武所以防边，藏富所以裕国。综稽往籍，《诗》歌基命之功，《礼》重教中之治，《易》筮行师之利，《书》详纳秸之经。崇规茂矩，粲然具陈。自古帝王，锡极临宸，斟元御宇。莫不本夙夜勤求之念，致天人交应之机。以懔几康则宸修懋焉，以昭制节则世道淳焉，以精简阅则师律贞焉，以广蓄储则民生厚焉。用是执中，勉乎兢业。谨度洽乎敦庞，敌忾奋乎赳桓，阜财征乎丰乐。所由法昭圜矩泽溥垓埏，迓鸿庥而光骏业者，此也。

钦惟皇帝陛下，玑衡齐政，玉烛调时。则古圣以同民，体至仁以育物。固已一德聿修而万邦式化，六军皆振而亿秭兴歌矣。乃圣怀冲挹，弥切畴咨。思垂久治之模，不遗迩言之察。进臣等于廷，而策之以慎修、崇俭、肄武、储粟诸大政。如臣愚昧，曷足以知体要？顾当对扬伊始之时，敬念拜献先资之义。敢不勉述素所诵习者，本刍荛之一得，以效葵藿之微忱乎？

伏读制策有曰："圣学之要在于主敬存诚。"而因求审端用力，以辨危微而致精一。此诚存心养性之极则也。臣谨按：《易·文言》于《乾》"九二"言诚，《坤》"六二"言敬。程子阐明其义，谓诚者天之道，实理自然无妄。

故诚则无不敬，而以乾为圣人之学。入道莫如敬，主一无适则心自存。故必敬而后诚，而以坤为贤人之学。自汉以来诸儒罕窥此奥。厥后朱子谓格致诚正以至修齐治平，始终不外乎敬。中和位育，极之神圣功化，枢纽不外乎诚。究之求慊戒欺，何莫非诚？不显笃恭，何莫非敬？《大学》《中庸》二书，心法、治法实括其全。真德秀《大学衍义》，于诚意、正心立为二目，曰崇敬畏、戒逸欲，亦云大备。明邱浚复补以审几微一节。诚以用功于事为之著，不若审察于几微之初尤易为力。夫《大学》《中庸》皆以慎独为言。《朱子章句》于《大学》慎独曰："审其几。"《中庸》慎独曰："几则已动"。是独乃人心念虑初萌之端，善恶诚伪由分之始，甚微而隐。审其几以实为善而去恶，则意自诚。先儒谓："一几字是吃紧为人处。"审端用力必始于此，斯所以由敬而诚之要也。皇上服膺圣学，近命儒臣重缮《朱子全书》，用备观省，穷理以致知，返躬以实践，尧、舜、禹、汤、文武之心传而一贯之矣。

  制策又以节俭之道为帝王要务，而因讲求夫议道自己，使天下移风易俗之故。臣惟节之一言，诚圣人制用丰财之法。汉、唐之始，天下之用常绌矣。文帝、太宗能用财有节，故公私有余，而致天下之富。汉、唐盛时，天下之用常裕矣。武帝、明皇不能节以制度，故公私耗竭而致天下之贫。陆贽有言："生物之丰歉由天，用物之多少由人。"是以裁制之术在乎征敛有其艺，储蓄有其具，费用有其经。人君复躬行节俭为天下先，捐珠玉，焚貂锦，远优佞，废苑囿，戒缮修，却贡献。次及大臣，次及百职，莫敢不率矣。夫贵之所尚，贱之所慕，乃往往衣冠舆马竞为美观，冠婚宾祭动多逾制。固习俗之渐染，亦教化之不先也。窃谓国奢示俭，此君子之行，士大夫之责。汉许劭为功曹，同郡袁绍车徒甚盛，入郡界乃以单骑归。魏毛玠为东曹掾，典选举以俭率人。天下皆以廉节自励，虽贵臣舆服不敢过度。唐杨绾为相，崇俭朴而人心自化。郭子仪、黎干等音乐驺从皆为减损。此则禁郑人之汰侈奚待于三年，变洛邑之矜夸无烦乎三纪。修之身，行之家，示之国。盖转移之道亦在承流宣化者矣。皇上崇俭黜奢。复刊简明规条，颁示中外，不已家喻而户晓乎。

  制策又以文德诞敷，不忘武备，而欲严饬戎行，尽心简阅。此尤诘兵禁暴之要务也。臣考三代之隆即民为兵，因农隙以讲武。春秋时已离兵、民为二。汉初南北军内外相维。武帝时番上变为长屯。光武时长屯变为远征。兵法以坏。唐置府兵最为近古。后一变为彍骑，再变为方镇之兵，而疆藩遂不可制。宋之兵制有三：选于户籍或应募训练以防守曰乡兵；又有蕃兵，塞上部落固结以为藩篱；其余则曰禁军、曰厢军。明之边兵即汉募民实塞旧制。有事则命将镇之，既撤则军归卫，将归第焉。夫兵不练，则冗而不可用。使非平日汰其老弱厚其粮饷，重其赏罚，而欲藉以张虚数，此司马公所谓于民有世世之害，于国无分毫之利也。故孙子曰："法令孰行，士卒孰练，吾以知胜负。"吴子有《治兵》《励士》诸篇。李卫公问对有言手法、足法。明王骥练兵之法有练胆、练技、练阵、练地、练时诸目，皆可谓深切而著明者已。皇上屡谕直省，随时操演，加意稽察，何难一兵收一兵之用哉！

制策又以食为民天，而筹及出纳之经，盖藏之道，转运之方。臣思议积储者，管、贾而外莫善于李悝之平粜。大饥发大熟所敛，中饥发中熟所敛，有合于古。后常平、义、社诸仓，皆师其意而略变之。久则弊生者，创始之人以实心行良法，继起之人以良法济私心也。京仓为天庾正供。自古运道有三：曰陆曰河曰海。河漕视陆运费省什三、四，海运视陆运费省什七、八，视河运费省什五、六。秦创海运。唐偶行之。元始用以足国。明初用而旋罢。成化中邱浚请与河运并行。万一漕渠失利，此不来而彼来。乃思患豫防之计。隆庆末，王宗沐亦谓海运有十二利。因具疏三说以进曰："天下大势一，都燕专势二，目前急势三。"盖以佐河运之缺，计无便于此者。况近年民困于丁，丁困于河，东南之力几竭。运费增则民力困，运费减则民力纾。亦通其变，使民不倦之道也。至于出纳盖藏不能无弊。得人而整饬之，弊当渐除耳。皇上慎重仓储，兼资海运，粮艘畅行，足征有备无患之实效也。

若此者。端本以善则，敦俗以还淳，振旅以诘戎，赡民以积粟。扇巍巍，显翼翼。仁圣之事赅，帝王之道备矣。臣尤伏愿皇上，治益求治，新又日新。劼毖已殷而愈严屋漏，浮华已黜而更守茅茨，操防已肃而犹念边陲，储偫已供而弥筹饩廪。斋栗之容著焉，撙节之礼明焉，干城之材蔚焉，转漕之利通焉。由是蔼洽熙春，欢胪函夏，以迓蕃禧而庆多祜，则我国家亿万年有道之长基此矣！臣末学新进，罔识忌讳，干冒宸严，不胜战栗陨越之至！臣谨对。

### ◼ 史海钩沉

章鋆策论，依次回答了策问的圣学（办教育）、崇俭（崇勤俭、廉洁）、武备（加强军事战备）、储粟（储粮，发展经济）四事，其格式之严谨，文章之缜密，书写之工整，在当时均可谓"无可挑剔"，颇得咸丰皇帝赞许。

## 咸丰三年（1853）癸丑科状元：孙如仅

> 孙如仅，字亦何，号松坪，山东济宁人。

殿试皇帝：清文宗爱新觉罗·奕詝

### ◼ 策问

制曰：朕履位以来，三载于兹矣。仰荷昊苍眷佑，列圣垂庥。敕命时几，兢兢业业。恒思重道崇儒之治，诘戎禁暴之模，地舆险易之形，泉府流通之法。冀与中外臣工致上理于大同，登斯民于仁寿。兹当临轩策访之时，虚衷博采。尔士其敬听之。

周制立学。天子辟雍，或取字义，或象物形，诸家之说可胪陈欤？有文王之辟雍，有武王之辟雍。或为宫，或为西雍。何以称焉？辟池之名见于何书？或以辟雍为乐名。其说何本？清庙、太庙、明堂、太学、辟雍，殊事异名果一地欤？神道清静，祭于斯，朝于期，射于斯，飨于斯。毋乃杂欤？四代之学，方隅奚若？雍水四周，广袤奚若？水或为旋，桥若为制，皆有据欤？夫虞廷有教胄之训，《周官》重成均之职。化民成俗，实基于此。朕躬临辟雍。讲学典礼，非徒侈三雍之上仪，修汉、唐之故事也。亦惟期与多士研求格致诚正之功，以臻修齐治平之效耳。

我国家以骑射威天下。八旗、绿营星罗棋布，有事则扫除，无事则镇抚，兵力不可谓不厚矣。而蚁屯蜂聚，弄兵潢池者，尚稽荡灭，则不练之过也。兵法之最古者，当以《孙子》《吴子》《司马法》为本。大抵生聚教训之术，权谋运用之宜，能言其大略欤？其著有明效者，当以有明戚继光《练兵实纪》一书为切于实用。所称：一练伍法，二练胆气，三练耳目，四练手足，五练营阵，六练将者。能阐其义欤？夫足兵必先足食。国家岁有常供，征发频仍则度支不给。开矿、行钞亦补救之急务。必如之何而利可兴弊可弭？征兵千里，士饱马腾也。

今江南之金陵、姑苏、维扬、皖水，皆《禹贡》扬州之域。稽之天文，在斗牛女分野星纪之次。自两汉、三国、晋、宋、齐、梁、陈、隋、唐、五代、宋、元、明之建置沿革，可扬榷而陈之欤？左太冲《吴都赋》所称包括于越，跨蹑蛮荆。

欲鎏乎数州之间，灌注乎天下之半者。能推阐言之欤？其间人民殷阜，良莠不齐，物产丰盈，转输攸赖。而防江、防河、防淮、防海，洪波沿袤何以扼其要？港汊纷歧何以杜其奸？平时何以绥靖？临事何以折冲？古今异时，山川异势，水陆异宜，攻守异形，防剿异用。非讲求于平日，其何以投鞭断流？使江左、江右亿万苍生，得以出水火而登衽席也？

秦并天下，币为二等，而珠玉、龟贝、银锡之属不为币。孝武始造白金三品，寻废不行。是上下通行之货，壹皆以钱，未尝用银。唐时有禁断采银之诏，度支岁计有粟、布、绢、棉及钱，而无银。惟诸州土贡自百两至二十两不等，不为币也。以银为币，始于何时？行于何地？铸银之式，轻重不同，所直亦异。厥后银日贵，钱日贱，民间但以银论价市易。能详其源流迁变欤？论钱法者，若贾谊、若孔觊、若陆贽，能述其梗概欤？我朝府事交修，户、工二部设宝源、宝泉两局。近复因臣工奏请铸大钱以剂食货之用。果何如而权衡轻重，各得其宜，俾国用饶而民用赡乎？

夫兴人才以讲学，奋武卫以诘奸，审地利以设防，阜民财以裕国。皆经邦之要道，立政之宏模也。多士学古入官，通知时事。以敷奏为明试，毋泛毋隐。朕将亲览焉。

## 对策

臣闻建学所以明伦，整军在于经武，设险斯能守国，阜财乃可足民。上稽往籍，《易》言讲习之功，《诗》美干城之选，《礼》载广轮之数，《书》详食货之经。自古帝王，锡极临宸，斟元御宇。以与人文则鸿都向化也，以扬士气则虎幄宣威也，以安边圉则驿路销尘也，以裕国储则蚨飞适用也。用是学礼学乐四术崇焉，止伐止齐七德备焉，无党无偏九围式焉，职金职币百货充焉。茂矩隆规，罔不粲然具备。所由庞襮桄被，酝化苎敷。廓帝纮而恢皇纲者，恃此道也。

钦惟皇帝陛下，懋昭文德，丕振武功。因地势以制宜，厚民生以利用。固已教孚观听而律叶师贞，德载坤舆而财臻丰裕矣。乃圣怀冲挹，弥切畴咨。念菲菲而听卑，询刍荛而察迩。进臣等于廷，而策以兴学校、诘兵戎、度舆图、通泉布诸大政。臣之愚昧，奚足以仰赞高深？顾当对扬伊始之时，敬念拜献先资之义，敢不勉述平素之所诵习者，用效葵藿之微忱乎？

伏读制策有曰："虞廷有教胄之训，《周官》重成均之职。"而因念化民成俗实基于学。此诚重道崇儒之至意也。臣谨按：成周立学，天子曰辟雍。《王制》郑《注》曰："辟，明也。雍，和也。"所以明和天下，此以义言者也。《灵台诗传》曰："水旋如璧，以节观者。"此以形言者也。至于于乐辟雍则为文王之学，镐京辟雍则为武王之学。《思齐》雍雍在宫。《笺》云："辟雍宫振鹭于彼西雍。"《注》以雍为泽，习射泽宫，其地即辟池。苏氏引庄周之说，辟雍又为文王乐名。蔡邕《月令》论曰："取其宗庙之清貌曰清庙，取其正室之貌曰太庙，取其堂曰明堂，取其四门之学曰太学，取其周水圆如璧曰辟雍，合朝飨射学与祭皆在一堂。"其于神道清静之义，毋亦未之思欤。周立四学。陈氏《礼书》谓："辟雍即成均，其位居中。左为东序，右为瞽宗，虞庠在国之西郊。"其说视陆氏《礼象》、许氏《通考》为优。辟雍之水四周于外，广二十四丈，聚集其中者穆然见辟雍、海流之意焉。皇上躬临讲学，加惠士林。自格致以及治平，其理一贯之矣。

制策又以为政之道在于足兵足食，而因筹训练之法、储积之方。此诚慎重周详之至意也。臣谨按：《孙子》十三篇，由《始计》以至《用间》。《吴子》六篇，由《图国》以至《励士》。《司马法》五篇，由《仁本》以至《用众》。所云生聚教训之法，权谋运用之方，后世言兵者咸祖焉。而其精于训练切于实用者，莫如戚氏之书。一练伍法。贵贱相维，十二人为一队；长短相救，亿万众为一心。二练胆气。功过必稽，明赏罚则化怯为勇；节制有定，遵纪律则转弱为强。三练耳目。进退分合，惟以旗鼓为衡；高下疾徐，必以号令为准。四练手足。艺精则力壮，以实而不以文；将勇则兵强，有传而后有习。五练营阵。营则兼车骑之长，合步兵而列队；阵则遵鸳鸯之式，选牌长以折冲。六练将。正一心则爱国保民，死生可置之度外；通三略则运筹决策，胜负早定于掌中。《纪效新书》《练兵纪实》，详哉言之矣。至于行师之要，尤以筹饷为先。开矿本权时之计。欲侵蚀悉除，则煎炼之数必核。非经理得人，则蠹吏奸商相为欺伪。非稽查得实，则银苗、沙穴难以搜寻。取天地自有之财，助军国必须之用，则矿地之采访宜慎也。行钞亦济世之谋。私造禁以明刑，缮烂许其更换。恐胥吏之有克扣，则收放之需索必惩。虑商贾之难通行，则出纳之持平必准。化无用为有用，本至公为至平，则钞法之流通必远也。皇上则饬戎行，兵精饷足。从此肤公立奏，爪士凯旋，岂不懿欤。

制策又以江南之金陵、姑苏、维扬、皖水皆《禹贡》扬州之域，而因询其形势之险要。此尤轸念东南之德意也。臣考扬州分野，在斗牛女星纪之次。自两汉迄三国，久传长江天堑。六朝相承，立国江表。隋进兵钟山而战功成。唐设镇广陵而国赋裕。行密袭东吴之号，李昇开南唐之基。迨至宋之曹彬，元之伯颜，皆以善取江南称名将。明祖起兵濠泗，定鼎金陵，实由将相得人，非独资乎地利也。顾论江南之地形，亦关天下之大势。左太冲《吴都赋》所称，包括跨蹑之区，欬釜灌注之势，诚得东南之大概矣。人文财赋甲于天下，虽良莠间有不齐，而忠义多知自励。以顺讨逆，以仁诛暴，以众击寡，金陵之地四面受敌。扼其咽喉，拊其肩背，绝其饷道，断其救援，散其党与，遏其奔窜。防江则瓜步其要也。防河则滁凤其要也。防淮则维扬其要也。防海则圌山关、鹅鼻嘴其要也。识兵机必知地理，斯攻守、防剿悉得其宜矣。皇上救民伐罪。江左、江右亿万群生，何难出水火而登衽席哉？

制策又以财货之用，必使权衡轻重，各得其宜，然后国用饶而民用赡。臣谨稽秦并天下，币为二等，而银不为币。汉始造白金三品，寻废不行。是上下通行之货，壹皆以钱，未尝用银。唐宪宗有禁断采银之诏。其时岁计所入，有粟、布、绢、棉及钱，而无银。惟诸州土贡有银，然仍不以为币。唐季之行银币，始于交广之地。至宋景祐年，诏诸路岁输缗钱，闽广易之以银。此以银代钱之始。迄乎金、元，银日贵而钱日贱。盖由民之输于官者皆用银，故银积重也。古之论钱法者，汉文帝陈盗铸之禁，贾谊上书切谏。北齐孔觊请铸五铢，使诸州市铜。唐陆贽云："钱之多少在于官之盈缩，请广开采，严铜禁。"其言皆有益于钱法。周景王铸大钱以便民。蜀刘巴铸大钱以富国。诚以鼓铸之工费易于稽核，市易之价值便于流行。利国利民，古人自有成效。或疑私铸难禁，不如官收铜器，铜少则价贵，私铸者无所利而自止矣。我朝户工二部，设宝源、宝泉两局。藉以剂食货之用，诚美法也。

若此者，讲学以崇儒，诘戎以奋武，披图以度地，开源以节流。畅九垓，溯八埏。仁圣之事赅，帝王之道备矣。臣尤伏愿皇上，天行不息，日进无疆。人才已振更乐育夫胶庠，纪律已明益讲求夫武备，地舆已拓弥巩固夫苞桑，钱币已充复流通夫泉布。由是校序兴其贤能，干戈扬其威武，山川握其图籍，府库裕其货财。上以祗迓蕃禧，下以永绥多祜。则我国家亿万年有道之长基此矣。臣末学新进，罔识忌讳，干冒宸严，不胜战栗陨越之至！臣谨对。

## 史海钩沉

山东济宁市中心城区，有一条名为古槐路的街道。在古代，这条街叫作红牌坊街。这是一条并不宽阔壮观、也不算太长的街道。前面所介绍的状元孙毓溎家族，就曾住在这条街上。在孙毓溎中状元之后，仅仅过了九年，这条街上就又出了一位状元郎，并且这位状元也姓孙！不过两人虽然同姓，却非同宗。

于是，这条街便成了远近闻名、留名科举史的"状元街"。

## 咸丰九年（1859）己未科状元：孙家鼐

> 孙家鼐，字燮臣，号蛰生、容卿、澹静老人，安徽寿州（今安徽寿县）人。曾任文渊阁大学士、学务大臣等职。

**殿试皇帝：** 清文宗爱新觉罗·奕詝

### ● 策问

制曰：朕寅绍丕基，诞膺洪祚。荷上苍之申佑，承列圣之诒谋。劼毖深宫，日慎一日。勉思传心典学之谟，课吏训诫之治，励品崇儒之要，诘戎讲武之经。冀与中外臣工，臻上理于大同，登斯民于衽席。兹当临轩发策，博采周谘。尔多士其敬听之。

圣学之原在于存诚主敬，唐虞传心尚矣。所谓危微者何辨？精一者何解？执中者何在？禹曰："安止几康。"汤曰："圣敬日跻。"而即继之曰："丕应徯志。"曰："式于九围。"能申明其义欤？文王克厥宅心，武王不泄不忘，其道本无异同。见诸《诗》《书》者孰切？成康以后，历汉、唐、宋，迄于元、明，英君谊辟，岂无一言一行与唐虞三代相符合者。能指其实欤？

朱子谓格致诚正以至修齐治平，始终不外乎敬。中和位育极之圣神功化，枢纽不外乎诚。真德秀《大学衍义》于诚意正心之要立为二目。明邱浚复补以审几微一节。心法即治法之原也。昔圣微言，曩哲粹语，有可与经传相发明者。其绅绎而细陈之。

唐虞官人首言载采，成周分职重戒惟勤。八法、八成、六叙、六计，载在《周官》。能晰言之欤？汉史言：综核名实，吏称其职。然上求实效而下务虚名，徒以拘守绳墨为慎，以奉行条律为勤，岂董正治官之本意欤？夫询在事，考在言。而克知三有宅，灼见三有俊，则皆课之于心意者。事与言固必矢以一诚，而后足称忠荩欤？汉扬雄著《二十五官箴》，马融著《忠经》，宋真德秀著《政经》，其言亦有可采者欤？朕权衡黜陟，一秉至公。上以诚待下，则下当以诚事上。内外大小臣工，岂徒以奉令承教遂为无忝厥职欤？士也者，民之坊也。董仲舒曰：正其谊不谋其利，明其道不计其功。列士林者，非以砥厉廉隅为本务乎？古者宾兴贤能。郑《注》谓兴贤若今兴孝廉，兴能若今举茂才。汉法取士，犹为近古。故其时吏有循良之目，民鲜偷薄之风。至唐乃有明经、进士等科。禄利之途既开，徼幸之心斯起。宋太宗谓科级之设以待士流，岂容走吏冒进窃取功名。言之何笃切欤！夫为士而尚有亏儒行，他日服官，其能恪守官箴乎？察行既起别居之谣，考文又蹈虚车之诮。果何术而能使士行克敦、人才蔚起乎？

兵所以威天下，实所以安天下，整军经武所以保大定功也。三代以后，兵民初分。汉置材官于郡国，而京师有南北军屯。唐初设府兵，一变而为彍骑，再变而为方镇。宋兵有禁、厢、蕃、乡之目。元立五卫。明设京兵、边兵。其制孰为尽善？至于训练之法，汉有都肄，唐有讲武，宋有大阅。明戚继光《练兵实纪》一书，为切于实用。所称一练伍法，二练胆气，三练耳目，四练手足，五练营阵，六练将者。能阐其义欤？夫一兵必期得一兵之用。其何以选精锐、汰老弱、简器械、申纪律，使三军之士皆足以借干城之选而迅奏肤功哉？

凡兹四事，迪德以端宸极，课绩以励官箴，植品以正儒修，整师以肃戎政。经邦要道，莫切于斯。尔多士拜献先资，毋泛毋隐。朕将亲览焉。

## 对策

臣闻建极者敛福之原，知人者安民之本，学古者入官之要，整军者制胜之资。载稽往籍，《易》占进德，《书》纪奋庸，《礼》重上贤，《诗》歌振旅。古帝王握镜临宸，执枢斡化。以勤念典则逊敏昭也，以励赞襄则明良会也，以宏乐育则陶淑周也，以诘戎兵则承平奏也。莫不本宵旰勤劳之实，以握天人交应之符。用是无怠无荒，圣功裕焉，若时若采，庶绩熙焉，灼知灼见，英才奋焉，有严有翼，军政修焉。渊乎铄哉！所由萝图席瑞，松栋延禧，颂咸登而跻仁寿者，此也。

钦惟皇帝陛下，道昭圜矩，治肃堂帘。隆雅化以作新，播威声于挞伐。固已三无敬奉而一德交孚，八恺偕升而六师允饬矣。乃圣怀冲挹，菲菲无遗。深惟久治之规，弥切迩言之察。进臣等于廷，而策以修己、用人、举贤、肄武诸大端。臣之愚昧，何足以赞高深？顾念泰山峻极，不辞土壤之微，沧海渊深尚纳涓流之细。敢不勉就平日所诵习者，以效先资之拜献乎？

伏读制策有曰，圣学之原在于存诚主敬，因备及夫唐虞三代心法之传。此诚继天立极之隆轨也。臣案：尧舜传心，皆言允执而危微精一，命禹加详。

盖以人生于形气之私，危殆而不安；道心原于性命之正，微妙而难见。必察之以精，守之以一，而后执中之治以成。然精一之功，统于诚敬。尧之文思安安，而冠以钦明。钦即敬也。舜之浚哲文明，而归于允塞。塞即诚也。文命敷四海而祗承于帝，早括《禹谟》。帝命式九围而圣敬日跻，足赅《汤颂》。四诗首及文王，实贯以缉熙敬止。九畴访于武王，莫要于皇极居中。以至成曰敬之，康曰敬忌。虽安勉不同，考之《诗》《书》，若合符节。三代而下，若汉光武之通《尚书》，唐太宗之撰《帝范》，宋理宗之掣《道统赞》，元仁宗、明孝宗之留心《大学衍义》，尤为好古。朱子以《大学》始终不外乎敬，《中庸》枢纽不外乎诚。真德秀《大学衍义》以诚正为二目，明邱浚复补以《审几微》一节。存养之功，完天理之本体。省察之力，遏人欲于将萌。所以发明圣学者至矣。皇上宥密殚心，时几敕命。所以醇洪畅之德而丰茂世之规也。

制策又以权衡黜陟一秉至公，因详求夫询事考言之法。此诚董正治官之至意也。臣案：唐虞官人，成周分职，其世虽异，其道则同。八法治官府，即《虞书》之六府允治也。八成经邦治，即《虞书》之百工允厘也。六叙正群吏，六计弊群吏，即《虞书》之百揆时叙三德日宣也。古来圣主贤臣千载一遇。朝廷正而百官正，岂以苛察为明哉？亦相待以诚而已。自后世务为文法，以拘守绳墨为慎，以奉行条律为勤。若汉宣帝好尚刑名，综核名实，虽一时吏治之盛，如黄霸治颖川，龚遂治渤海，赵广汉治京兆，尹翁归治扶风，皆能各称其职。然而群邪未去，卒至诛戮。韩、杨、赵，盖诸贤择术不审，功过相半，吕祖谦论之详矣。汉扬雄《二十五官箴》偕《法言》并著，马融十八章《忠经》仿《孝经》而成。宋真德秀采缉经史为《政经》一卷，与《心经》表里。以雄之仕新莽，融之诬李固，视德秀人品悬殊，然其言皆有可采。要之元首股肱，联为一体，上以诚待下，下当以诚事上，非可徒求之奉令承教间也。皇上恭己垂裳，抚辰凝绩，大小臣工孰不谨官常以襄郅治哉！

制策又以士者民之坊，当以砥厉廉隅为本务，而因综论夫取士之法，以期拔擢真才。臣案：《周礼·大司徒》以三物教民而宾兴之。乡大夫考其德行道艺而献贤能之书。由是论定后官俊乂升焉。盖教之于未用之先，始用之于既教之后，是以人才盛而吏治隆也。至汉文帝始举孝廉，武帝始举茂才。其后又定辟召之法，与科举并行，犹有乡举里选遗意。唐之取士，其科有六。惟明经、进十二科独盛。利禄之途既开，徼幸之心斯起。不逮两汉远甚，宋初设制举科，真宗增为六科，仁宗增为十科。后司马光请立十科。朱子请立七科。皆建议未行。宋之得人以进士为最。其由策论、诗赋登第为名臣者，不可胜数。善夫！宋太宗之言曰：科举所以待士，非可容走吏冒进窃取功名也。

夫儒行有亏，未有能官箴恪守者。自选举变而为辟召，辟召变而为诗赋。别居之谣，虚车之诮，积习相沿。议者遂欲复成周之法。不知得人之道在于知人，知人之道在于责实。诚使道德一而学校修，黜陟明而官方叙，即谓科举之法与成周比隆可也。圣世辟门吁俊，稽古右文。运大钧而开元模，固已教思广被矣。

制策又以兵所以威天下，实所以安天下，而因论夫整军经武保大定功之制。臣案：古者寓兵于农。三代以后兵民初分。汉置材官于郡国，而京师有南北军之屯，犹有井田遗意。唐分天下为十道，始置府兵。无事则督以力耕，不烦召募，与汉制同，最为近古。其后改为召募，名曰𬴊骑，而府兵之法坏。其后京师徒有虚额，强兵悍将分布天下，而方镇之势成。宋惩藩镇之失，制兵之目有四：宿卫曰禁兵，州镇曰厢兵，内属部落曰蕃兵，士民应募曰乡兵。无事而食，其费甚巨。元立五卫以总宿卫。明立京兵以卫京城，边兵以卫各边。其后军政不修，兵皆不振。此历代兵制，所以不及两汉也。然兵制盛衰视乎训练之勤惰。若汉之都肄，唐之讲武，宋之近郊大阅．立法之密同，玩法之弊亦同。惟戚继光《练兵实纪》一书，练伍、练胆、练耳目、练手足、练营阵、练将诸法，行之无弊。诚使命将得人，精锐选而老弱汰，器械简而纪律申，有使臂使指之形，有同泽、同袍之志。师中协吉，元老壮猷。于以展鹰扬之才，奋虎贲之勇。何难迅奏肤公哉？圣朝文德诞敷，武功震叠，天威雷奋，露布风驰，洵绥怀盛绩也。

若此者，本身以作其则，考绩以亮其功，劝学以储其才，教战以娴其律。仁圣之事既赅，而帝王之道备矣。臣尤伏愿皇上，天行不息，日进无疆。本励精图治之诚，臻锡羡延洪之庆。性量已纯而更深兢业，官常已懋而更示激扬，胶庠已盛而更树风声，韬略已颁而更精简阅。于以迓鸿庥扬骏烈，星辉云烂。赓复旦之光华，镜清砥平。巩无疆之宝祚。则我国家亿万年有道之长基此矣。臣末学新进，罔识忌讳，干冒宸严，不胜战栗陨越之至！臣谨对。

## 史海钩沉

光绪二十二年（1896）初，光绪皇帝命孙家鼐筹建政府出版机构——京师官书局，它包括一个图书馆、一个印刷厂以及一所学堂。接着命在北京建立一所大学堂，委派孙家鼐筹建，并兼任管学大臣。

## 同治元年（1862）壬戌科状元：徐郙

> 徐郙（1836—1907），字颂阁，江苏嘉定（今上海嘉定）人。先后授翰林院修撰、南书房行走、安徽学政、江西学政、左都御史、兵部尚书、礼部尚书等职，世称徐相国。

殿试皇帝：清穆宗爱新觉罗·载淳

## ■ 策问

制曰：朕寅绍丕基，抚临寰宇。渥荷上穹洪贶，仰承列圣诒谋。肆予冲人，勤求治道。上思以副两宫之训迪，下思以复四海之承平。惟几惟康，罔敢暇逸。深念典学传心之道，用人行政之经，理学各有源流，卒伍期于训练。攸关治忽，宜切讲求。当此临轩发策之初，悉心谘访。尔多士其敬听朕命。

帝王授受心法，以尧、舜执中之言为始。而太公言黄帝、颛顼之道皆在《丹书》，因述敬胜、义胜之旨。是则《虞书》之辨人心道心者，固亦有所本欤？孔子于《易》坤卦《文言》曰："敬以直内，义以方外。"说者谓为发明丹书之旨。能阐其理蕴欤？宋项安世谓尧之兢兢，舜之业业，禹之孜孜，汤之栗栗，文王之翼翼，为百圣相传之心法。审端致力，宜何从欤？三代以后，如汉文帝、唐太宗诚令主也。其修己治人之术，亦有合于古圣之心传欤？夫必切于身心，而后可以言学。章句训诂抑末也。将欲求修齐治平之本，其道安在？

君人者，勤于求贤，而逸于得人。自古帝王之图治，未有不以用人为急务者。顾循资格则奇材不见，凭保举则实行难征。宋儒司马光言孔门以"四科"取士，汉室以"数路"得人。若指瑕掩善，则朝无可用之人。苟随器授任，则世无可弃之士。而欲乞朝廷设十科以举士，其法果尽善欤？所区分名类，固足以尽人才而无遗贤欤？荀子言有治人无治法。其谓政必待人而行欤？朱子言为治之本，在正心术以立纪纲。此诚正本清源之论也。方今盗贼未平，东南尤甚。将安民于衽席而出诸水火之中，发号施令何者为先？除暴胜残，何者为切？董仲舒云：为政不行，甚者必改而更易之，乃可理也。将何术而施行悉当欤？

汉儒之学见《儒林传》者，师弟渊源具有可征。至宋儒则研精心性，不必皆有师传。然周子闻道最早，而朱子谓是陆诜所授。程子之学，得自六经，而其始实受业于周子。朱子集诸子之大成，而从李侗游为最久。溯厥师承，莫不各有所自。能详述之欤？濂、洛、关、闽，其学皆出于一源。惟象山陆氏谓伊川之言与孔孟不类。又以朱子之教，人为支离。后遂分为两途，明薛瑄以程、朱为道学正派，而王守仁则专宗陆氏。能辨其得失欤？学成所以致用。宋儒惟尧夫邵氏绝意仕进，其余或仕中朝，或领剧邑。而陆九龄之居乡御寇，王守仁之屡平寇乱，则又文武兼备者。岂宗派有殊，而体用遂有异欤？

诘戎之道，教戒为先。振旅茇舍成周之制尚已。至汉时京师州郡皆立教试之法。唐代三时劝农，一时讲武，其治皆近于古。明王骥论练兵之法有五。戚继光论练法有六。能详举其法而阐论之欤？夫兵欲用其力当结其心，欲振其威，当齐以礼。必先娴坐作进退之节，而后可收克敌致果之功。我朝以弧矢威天下，八旗、绿营之兵布列中外。固斟酌唐之府兵，宋之蕃兵、厢兵，而定其制。乃数年以来潢池窃发，尚未荡平。或将帅未得其人，抑教练有未精欤？

凡厥四端。稽古以懋修，遴贤以佐治，传薪以维道，讲武以经邦。内圣外王之事于兹备矣。尔多士研求有素，其各陈说论。毋隐。

## 对策

臣闻执中者建极之基，选士者绥猷之本，修道者崇儒之要，振旅者经武之谟。综观往牒，《诗》咏缉熙，《书》歌喜起，《易》重闲存之训，《传》详搜阅之文。自古帝王，握镜临宸，膺图御宇。以勤位育则精一宏昭，以饬纪纲则俊髦灼见，以端学术则辨析维精，以壮声灵则筹防尤密。悉本夙夜勤求之念，以握天人交应之符。用是玉金式度帝学宏焉，舟楫程功名材萃焉，苞符阐秘至理昭焉，旄钺巡师军威振焉。所由弥纶宙合，蒸被垓埏，迓蕃禧而膺多祜者，此也。

钦惟皇帝陛下，斟元肇治，执契平衡。配道义以中和，寓怀柔于震垒。固已心传丕绍而翼赞咸孚，性理胥融而肤功迭奏矣。乃圣怀冲挹，弥切畴咨。体至善之无遗，冀迩言之可察。进臣等于廷，而策以阐心法、简人材、辨儒修、讲武事诸大政。如臣梼昧，何足以仰赞高深？顾当对扬伊始之时，敬念敷奏以言之义。敢不勉述素所肄习者，以效土壤细流之一助乎？

伏读制策有曰："帝王授受心法，以尧舜执中之言为始。"而因进求夫修己治人之术。此诚致治之先务也。臣谨案，《禹谟》执中之言，尧舜相为授受。上以继黄帝、颛顼，下以开千圣百王。是故太公为武王陈《丹书》，言黄帝颛顼之道皆在于斯，因述敬胜义胜之旨。则虞廷之辨人心惟危、道心惟微者，固已有所仿矣。夫皇古之治，胥本于道。道以性为符，性又以心为宰。中者道之的，实敬者中之衡。主敬存诚，心所为于穆不已也。立中生正，道所为化育靡穷也。迨孔子合内圣、外王之学，一以贯之。赞《易》而至坤卦《文言》，探《丹书》之精蕴，曰："敬以直内，则体以密而常贞。"曰："义以方外，则用以周而胥达。"继之曰："直方大，不习无不利。"则不疑其所行也。大抵审端致力，敬义兼资，修己治人，直方尤要。而尧之兢兢，舜之业业，禹之孜孜，汤之栗栗，文之翼翼，罔不居宅中焉。汉文慈惠恭俭，比迹成康。迄今读其诏令，犹想见抑然自下之意，诚令主也。若唐太宗则驾驭之略有余，修齐之德不足，圣王心法去之远矣。至于章句、训诂之流，更何足论哉？皇上御极之初，首崇典学，不难探敬义之原，以绍唐虞之盛也。

制策又以君人者勤于求贤而逸于得人，固于发号施令之端，求除暴胜残之术。此诚行政之大纲也。臣窃观古昔帝王莫不以知人善任为先务，而其用之也，有其难其慎之思。盖专循资格则闲冗卑弃，而奇材转虑不彰，徒凭保举则冤笏不澄，而实行每虞难核。是以循虚器者非应物之具，玩空言者非致治之机。此登明选公所由难也。宋儒司马光言，孔门以"四科"取士，汉室以"数路"得人。若指瑕掩善则朝无可用之人，苟随器授任则世无可弃之士。因即原本此意，乞朝廷设十科以举士。曰行义纯固，曰节操方正，曰知勇过人，曰公正聪明，曰经术精通，曰学问该博，曰文章典丽，曰善所讼狱，曰善治财赋，曰练习法令。盖宽其格以求士则野无遗贤，核其实于当官则朝无幸位。不然而滥竽充位，覆𫓧贻讥，虽治具毕张，徒为故事之奉行而已。有治人无治法，荀子之言深可味也。若由治人治法而溯其本原，则朱子所谓正心术以立纪纲者尤为切要矣。董子曰："为政不行，甚者必改而更易之。"夫更非纷更之谓也。有恪恭震动之意，而人心为之一新，有骏肃严厉之风，而积弊为之一变。由是而发号施令，除暴胜残，可收其实效焉。皇上轸念民依，勤求治理，将见贤才日进，而海宇感庆义安矣。

制策又以心性之学盛于宋儒，因即溯其源流，以求体用兼赅之效。此阐明圣教之盛心也。臣惟汉儒之学，见《儒林传》者渊源具有可征。古无道学之名判儒林与道学，《宋史》之创例所以推崇宋儒，别于汉儒之经术也。周子师事陆诜，闻道最早。二程同受业于周子。明道所著《定性书》，阐圣学之秘，与《太极图说》相表里。杨时以师礼见明道，相得甚欢。后事伊川愈恭，一传而罗从彦之潜思力行，再传而李侗之充养完粹，又再传而朱子出，遂集诸子之大成，濂洛关闽其源一也。惟象山陆氏谓伊川之言与孔孟不类，又以朱子教人为支离，而后世遂有朱、陆异同之辨。明薛瑄以程、朱为道学正派，而王守仁则专宗陆氏。由是理学之中又分朱、陆两途。究之象山鹅湖义利之辨，朱子未尝不为心折。若以学成致用而论，陆氏固尝居乡御寇，王守仁江右粤西战功尤著，而程子、朱子致君泽民，其展布亦章章可考，未有空谈心性而无所表见者，亦足征体用之一源已。皇上聪明天亶，特简儒臣讲求正学，理学之隆固超越千古矣。

制策又以诘戎之道教戒为先，而因求教练之法。此安民和人之要图也。臣谨考成周之制，中春搜而振旅，中夏苗而茇舍，中秋狝而治兵，中冬狩而大阅。四时教战，三年大较。养天下奇杰之气于礼义之中，法诚尚已。汉制秋后郊礼毕，会五营士为八阵进退，此京师教试法也。郡国材官骑士，八月太守、都尉、令长、丞相、尉会都，试课殿最，此州郡教试法也。唐府兵之制，三时劝农，一时讲武。其训练之法，犹为近古。夫兵贵乎精，当先训练。明王骥论练法有五：练胆、练技、练阵、练地、练时。有此五练而行之以信，恤之以仁，庶几人人思奋矣。戚继光《练兵实纪》所称：一练伍法，二练胆气，三练耳目，四练手足，五练营阵，六练将，亦可为法之善者。盖欲用其力当结其心，欲振其威当齐以礼。必先娴坐作进退之节，而后可收克敌致果之功。又何患潢池窃发欤？圣世棱威远播，神武聿昭，岂前代之成规所得而相提并论哉？

若此者，稽古以懋修，求贤以辅治，传道以立教，肄武以卫邦。汪汪乎丕天之大律，震古铄今，莫之与京矣。臣尤伏愿皇上，治益求治，新又日新。本钦明睿哲之谟，臻文武圣神之盛。知仁已裕而犹愍就将，桢干已储而更殷简拔，问学已道而益懋性功，战守已娴而弥严肄习。审保泰持盈之术，贞励精图治之思。扇巍巍，显翼翼，体尧蹈舜，甄殷陶周，则我国家亿万年有道之长基此矣！臣末学新进，罔识忌讳，干冒宸严，不胜战栗陨越之至！臣谨对。

## 史海钩沉

当时的统治者慈禧太后，很喜欢舞文弄墨，经常写"寿"字赏赐给中意的大臣。但慈禧写的字很一般，能拿得出手的可能就是这个"寿"字。晚年，慈禧喜欢画画，经常让徐郙题词。徐郙模仿赵孟頫字体，秀气传神，慈禧太后脸上有光，因此对徐郙恩宠有加。

戊戌变法运动时期，徐郙支持维新变法。

## 同治二年（1863）癸亥恩科状元：翁曾源

> 翁曾源，字仲渊，号寔斋、海珊，江苏常熟人。因其为翁同龢之侄，人称"小状元"。

*殿试皇帝：清穆宗爱新觉罗·载淳*

## 策问

制曰：朕以冲龄，诞膺宝祚。黩荷上苍垂佑，仰承列圣诒谋。业业兢兢，勤求治理。上思副两宫之教育，下期措四海于乂安。宵旰图维，罔敢暇逸。深念典学传心之要，求贤佐治之方，去奢崇俭之规，察吏安民之术。经邦要道，莫重于斯。今当临轩发策，博访周咨，尔多士其敬听朕命。

二帝、三王之心法不外一中，而《尧典》以钦始，《益稷》以钦终。其与执中之理，可互相发明欤？《尚书》而外，诸经之旨何者可以相通？《大学》一篇分列八条目，当以何者为之贯通？《中庸》一书分列三达德，当以何者为之枢纽？真德秀作《大学衍义》，何以略治平不言？明邱浚补之，为目凡十有二，其立意颇可贯通欤？昔人谓帝王之学异于儒生，所以不同者安在？将空语精微，而不求诸实事欤？抑博观约取，而得其要领欤？如汉之董仲舒、匡衡，宋之程颐、胡安国、朱熹，皆宿儒硕学，多所阐发者也。何者为审端致力之首欤？

得贤才而治天下者，帝王之要道也。古者用人之权秉于天子，若《尚书》之有选部，始于何时？以选部为吏部，起于何代？唐制有试法，有集法。既察其身言复察其书判，此试法也。裴光庭何以作循资格以矫之？集之于十月，选毕于三月，此集法也。陆贽何以立计阙例以救之？然则二者固皆不能无弊欤？夫十室之邑必有忠信。故汉分四科，宋立六科，司马光又乞设十科，至详且备已。然人才果可尽取而无遗欤？且所取者，果综核名实而无矫伪欤？今将使魁奇倜傥之士不逾乎范围，恂谨廉洁之儒不拘乎绳尺，其道何由？

《书》曰：慎乃俭德，诚以俭德之共也。尧不以土阶为陋，而舜怵戒于涂塈。禹卑宫，文王卑服，尚已。嗣是衣弋绨，罢露台，集书囊为帷。往迹流传，盛德不犹可溯欤？古人臣励羔羊素丝之操，如赵抃守成都，一琴一鹤；程栉令盐城,一马一仆。其高洁清标,非臣下所当矜式欤?夫镂簋朱纮,玉缨琼弁,自昔所讥。乃积习相沿,敝化奢丽,以致不能养廉。《蟋蟀》《山枢》,民风近古。今则服食器用务为美观,闾阎不免逾礼。将以黜华崇实之意训迪臣民,何由而使风气日臻朴茂欤?

与吾民相亲者,守令也。汉史《循吏传》纪守相甚备,而令长则阙如。其故何欤?夫天下郡邑至众也。郡守之贤否,监司且难人人悉。县数倍于郡,令数倍于守,如何而后能督察之欤?县令得人,则赋敛均,徭役平,诉讼简,吾民得遂其所安。顾由儒术者多迂而弛事,由整流者或奸而弄法。其余蠹政厉民不可枚举。欲整齐而磨厉之,何道之从?大吏者,所以纠察守令,为天子进贤退不肖者也。乃或所荐剡者以才能出众为先,而留意教化者遭沈滞;所称赏者以赋税先登为最,而劳心抚字者受谴诃。其何以惩贪墨之风,而养循良之气欤?

夫稽古以懋纯修,遴才以襄郅治,戒奢以端民习,课绩以饬官方。皆宰世之宏模,绥猷之极则也。多士对扬伊始,其各陈谠论。毋隐。

## 对策

臣闻自古圣哲之君,绥靖寰区,丕扬谟烈。非恃长驾远驭之略焉,是盖有致治之本也。《易》曰"蒙以养正",言缉熙所以光明也。《礼》曰"三年大比",又曰"三物宾兴",言论秀所以书升也。《书》曰"恭俭惟德",《诗》曰"岂弟君子",言修身必当寡欲,从政必当爱民也。夫典学不可不勤,进贤不可不广,检身不可不约,察吏不可不严。此四者,治天下之要务也。然而敬怠之几,邪正之辨,奢俭之原,贪廉之别,必慎之于几微,而求之于实事。则唐虞三代之隆,可复见于今日也。

钦惟皇帝陛下,聪明天亶,宵旰勤劳。心学固已懋修,贤才固已登进,冗费固已裁汰,吏治固已澄清。典章法度,靡不毕举矣。乃圣德谦冲,不遗浅近。孜孜求治,以公听并观为急务。进臣等于廷,而策之以为学之道、遴才之方、敦俗之宜、考绩之要。臣学识庸陋,奚足以承大对?然幸值广开言路之时,恭绎叠次谕旨,勖励多士各抒所见,又何敢摭拾浮辞以蹈积习乎?

伏读制策有曰:"二帝、三王之心法不外一中。"而因进求夫发明贯通之旨,博审夫精微要领之功。臣谨案:二帝、三王之心法,即二帝、三王之治法也。然论道统者,必推本于人心道心,精一执中十六言。盖圣贤传心之要不外乎中,执中之矩不外乎敬。尧曰钦明、舜曰温恭、汤曰日跻、文曰敬止，无非主敬以协于中。典以钦始，谟以钦终，实与执中之理互相发明。《尚书》而外，如《易》之言闲存，《诗》之言于穆，亦惟于危微之界谨其几而已。《大学》"八条目"始终不逾乎敬，《中庸》"三达德"枢纽不出乎诚。宋真德秀作《大学衍义》，略治平不言。明邱浚补之，一则举其体，一则阐其用也。夫帝王之学与儒生异。儒生之学明其道而已，帝王之学将以见诸用人行政。不虑学问之不广，而虑心术之未纯。不虑视听之难周，而虑外物之易诱。如汉之董仲舒、匡衡，宋之程颐、胡安国、朱熹，其所敷陈皆以格君心为先。诚能体以清明之德，勖以敬畏之功，所谓德日新，万邦惟怀，端本澄源，莫要于是。我皇上冲龄践阼，首重传心。固将以兼体用、合内外者，于典学端圣学之基。由是日就月将，懋德建中，本诚正以致治平不难也。

制策又以得贤才而治天下者，帝王之要道，爰考历代试士设科之典，思有以综核名实。臣惟古之用人德行为首，才能次之。虞廷载采亦有九德。周家宾兴考其德行，于才不屑屑也。两汉以来刺史、守相得专辟召之权。魏晋而后九品中正得司人物之柄。其法虽有愧于德行之举，犹可得才能之士也。后世以铨选署官，而专校其资格。以科目取士，而专主于词章。于是选贤与能之意，无复存者矣。唐制既察其身言，复察其书判。此试法也，裴光庭作循资格以矫之。集之于十月，选毕于三月。此集法也，陆贽立计阙例以救之。可见二者不能无弊。至于汉分四科，宋立六科，司马光又乞设十科，乃设科之法，非育才之本也。夫魁奇倜傥之士易轶乎范围，恂谨廉洁之儒率拘于绳尺。三代之时犹难才德兼备，况今日乎？是在驭之有方，化其所偏而已。圣朝以制义取士，凡贤才俊乂，通儒硕彦，靡不出乎其中。兹者恩榜特开，固期识拔真才以济时艰，又岂在区区文艺之末哉？

制策又以崇实黜华，可使风气日臻朴茂，欲以去奢示俭之意训迪臣民。臣惟《书》曰："慎俭德。"诚以俭者政教之本原，风俗之枢机也。尧不以土阶为陋，而舜怵戒于涂塈，以及禹卑宫，文王卑服。莫不忘一身之奉，以专意于安民养民。汉文帝衣弋绨，罢露台，集上书囊为殿帷。此皆人君俭德之可法者。古人君以身示教，故其时公卿大夫咸励节俭正直之操。是以《羔羊》之诗美之后世。若赵抃守成都，一琴一鹤。程栩令盐城，一马一仆。其清标高切，亦无愧于古人。岂非臣下所当矜式者乎？夫雕文刻镂致伤农事，锦绣纂组遂害女红，饥寒并至民易为非，则崇俭其要也。乃积习相沿，敝化奢丽，以致不能养廉。即《蟋蟀》《山枢》之风，亦邈不复睹。服食器用务为美观，舆马衣裘竞相骄侈，何风俗之不古若欤？臣窃谓世运之升降，风俗实为之。所以维持风俗者，在乎政教耳。政教既得，则风渐厚，民气自纯。既有节而不伤财，亦有度而不逾礼。庶几可挽一时之敝俗也已。圣朝俭德超越千古。近因度支久绌，裁繁冗之费，移汰侈之风。皇上躬行切俭为天下先。所由节用爱人，道德一而风俗同也。

制策又以守令之职与民相亲，乃求课绩之方，以立敷教之本。斯可惩贪墨而励循良。臣以为大吏监司皆无亲民之责。其亲民者守令是也。然县令必督之以郡守者，秩稍尊则事权较重，地相近则耳目易周。故郡守得其人，则属县皆治矣。汉宣帝诏曰："政平讼理，与我共此者其惟良二千石乎？"斯言可谓得其本矣。夫郡守之贤否，监司且难备悉。况县令数倍于守，其考察更为不易。盖吏治之清浊，关系民生之休戚，而属员之贤否，尤视大吏之贪廉。故大吏者，小吏之表率也。有守者，有为之根本也。是在察之得其人耳。县令贤明，则赋敛均而民得守其业，徭役平而民得舒其困，诉讼简而民得平其情。乃由儒术者多迂而驰事，由杂流者或奸而弄法。遂致蠹政厉民，不可枚举。非整齐而磨厉之，何以安天下之民也。大吏苟能举所当举，劾所当劾，则留意教化者，不至遭沈滞，而劳心抚字者，不至受谴诃。《记》曰："大臣法，小臣廉。"是知考察之方不可不责之大吏也。皇上屡颁训诫，整饬官方。本励精图治之思，矫疲玩因循之习。大吏果能尽心考察，举劾得当，斯吏治兴而民生亦遂矣。

夫以严恭建皇极，以选举广贤路，以朴素端民习，以勤慎核官联。举而措之，何政之不修？何功之不举哉？臣尤伏愿皇上，行之以实，守之以恒。毋谓大旨已明而稍疏观省，毋谓人材已盛而偶懈旁求，毋谓国用已充而萌豫大丰亨之志，毋谓官箴已肃而启逢迎躁进之途。《书》曰："兢兢业业，一日二日万几。"《诗》曰："敬之敬之，天惟显思。"体此意以为治，则我国家亿万年有道之长基此矣！

臣末学新进，罔识忌讳，干冒宸严，不胜战栗陨越之至！臣谨对。

## 史海钩沉

常熟翁家，是闻名天下的名门望族。翁曾源的祖父翁心存，道光二年（1822）中第二甲第三名进士，咸丰朝官至内阁大学士。"北京政变"后，被慈禧太后任命为同治皇帝的师傅。同治元年（1862）病逝。翁心存的长子翁同书，道光二十年进士，名列第二甲第十七名，官至安徽巡抚。他的第四个儿子翁同龢，咸丰六年（1856）大魁天下，累官至一品尚书，是光绪皇帝的师傅。

## 同治七年（1868）戊辰科状元：洪钧

洪钧，字文卿，吴县（今江苏苏州）人。官至兵部左侍郎。

殿试皇帝：清穆宗爱新觉罗·载淳

### ■ 策问

制曰：朕以冲龄，诞膺昊眷，寅绍丕基。荷列圣之诒谋，承两宫之训迪。兢兢业业，夙夜不敢康深。惟典学传心之要，去奢崇俭之方，练兵讲武之经，弼教明刑之用。冀与中外臣民致上理于大同，臻郅隆之盛轨。兹值临轩发策，虚衷博采，广集嘉谟，尔多士其敬听朕命。

危微精一之旨为帝王道统所开。尧曰执中，舜曰用中，汤曰建中，与《中庸》致中和之义有合否？朱子谓《大学》之格致诚正以至修齐治平，始终不外乎敬，《中庸》之圣神功化枢纽不外乎诚，心法、治法一以贯之。二书实括其全，能申明其义欤？《帝范》《帝学》，心经政经，以及《大宝》《丹扆》之箴，其言亦有可采欤？真德秀《大学衍义》，仅及修齐，何为略治平而不言？邱浚《大学衍义补》，政典极为详备，抑尚有提挈大纲者在欤？《洪范》皇极，汉儒训为大中，宋儒又以为不然。其义何欤？自古求治之主，罔不躬行节俭为天下先，然非徒务乎其名也？

《书》曰："慎用俭德，惟怀永图。"左氏云："俭德之共也。"俭以德名者，有清心寡欲之功，而后有制节谨度之事也。尧之土阶，舜之土簋，禹之菲食，文之卑服，尚已。汉文帝衣绨履革，屏雕文之饰，惜中人之产，治犹近古焉。厥后令辟焚翟裘，毁筒布，却珠贡，非不节俭可风。然究不能跻一世于敦庞，以追踪隆古者，岂徒俭不足以示国欤？抑务其名而不求其实之过欤？今欲使天下黜华崇实，易俗移风，何道以致之？

武备之要，训练为先。搜苗狝狩，四时教战，成周之制备已。汉有京师教试之法，有州郡教试之法，能详悉言之欤？唐设府兵，三时劝农，一时讲武，人思自奋，悉为精锐。果何为而得此？宋初收天下劲兵。列营京畿为禁兵，亲御近郊阅武，京师之兵称为强盛。而州郡率皆疲弱，意在惩前代藩镇之弊，其制果尽善欤？明戚继光《练兵实纪》一书，为谈兵家所称善。其六练之法，能备详之欤？国家整军经武，兵制修明。近复练兵近畿，用备藩卫。果何以慎简军实，俾各营悉成劲旅也？

上古无司刑之官。虞命皋陶制刑，为五刑所由昉。《周官》五刑之属各五百，而《吕刑》言五刑之属三千。所增减者何在？楚之《仆区》，郑之《刑书》，晋之刑鼎，作于春秋时。而论者谓李悝《法经》六篇，为后世律例所自始。其果然欤？汉初约法三章，厥后萧何定律令，于李悝《法经》凡益若干篇，叔孙通复益者何律？唐之《律讼》《格式》，宋之《刑统》，元之《至元新格》《大元通制》，明之《大明律令》，其轻重繁简之数可约举欤？朕欲本钦恤之心，行明允之法。司宪者宜如何持平协中，以臻刑期无刑之郅治也？

凡兹四端，懋修以建极，节用以阜财，训卒以诘戎，明罚以敕法，经帮体国莫要于斯。尔多士其详明著于篇，毋泛毋隐。朕将亲览焉。

## 对策

臣闻治天下之道非以长驾远驭为能，平天下之经非以苟且补苴为事。盖基之宵旰者有其本，而措之庙堂者有其具也。自古贤圣帝王致治之法，史不绝书。而求其要端，则不过懋修之实、节用之规、振旅之方、慎刑之意。其兢兢于夙夜者，将以勉主德于至纯，贻大猷于累世，而使天下力学崇俭，以驯至于兵刑不试之休也。至于敬怠之几，华朴之分，张弛之宜，宽严之用，尤必察之以圣知，而行之以实心，则唐虞三代之隆风不难再见于今日也。

钦惟皇帝陛下，冲龄践阼，圣德亶聪。宥密固已单心，冗费固已悉汰，军威固已丕振，国典固已持平。法度典章秩然具备矣。乃圣怀冲挹，犹切咨询，欲公听以达聪，思迩言之是察。进臣待于廷，而策以典学、戒奢、诘戎、敕法诸大政。臣之愚昧，何足以备顾问？而不揣固陋，窃欲以壤流之细，仰补高深。兹复恭奉谕旨，勖多士以毋泛毋隐。若惟摭拾浮辞，实已负惭夙夜。

伏读制策有曰：“精一危微之旨为帝王道统所开。”而欲求审端致力之方，以心法为治法。此诚正位凝命之大本也。臣谨案：执中一语，肇自陶唐。其后舜曰用中，汤曰建中，无非于人心、道心之界，慎其闲存而究，则位天地育万物之功，皆不外乎此。《中庸》之致中和，圣神之学即帝王之功也。朱子《或问》谓《大学》自格致诚正以至修齐治平，始终不外乎敬。《中庸》之圣神功化，枢纽不外乎诚。诚敬立，而天人感应可知也。唐太宗作《帝范》十二篇，始君体建亲，终阅武崇文。宋范祖禹约三皇、五帝以迄宋代之君，为《帝学》八卷。真德秀著《心经》，又著《政经》。唐张蕴古献《大宝箴》。李德裕进《丹扆》六箴。皆足以为启沃资，而备观省之用。宋真德秀作《大学衍义》四十三卷，取经文二百五字，证以《尧典》《皋陶谟》伊训之书，思齐之诗，家人之卦，子思、子孟、董仲舒、扬雄之说，分为四大纲。意在正本清源，揭明为学、致治之要，故于治平之略阙如。明邱浚补之，一则举其体，一则阐其用也。《洪范》皇极，汉儒训为大中。朱子谓皇者君也，极者至极之义。如《礼》所谓民极，《诗》所谓四方之极是也。是其说较汉儒为优矣。皇上以圣哲之资，荷艰大之业。亲师重道，逊志时敏。更审夫存诚之学，居敬之功。宫府内外皆以一中为临驭。岂不懿欤？

制策又以自古求治之主，罔不躬行节俭为天下先，而欲以去奢示俭之意训迪臣民。臣惟《书》曰："慎乃俭德，惟怀永图。"《左氏》曰："俭德之共也。"俭而以德名者，非谓徒务乎其名也。有清心寡欲之功，而后有制节谨度之事。故自其末言之，则所以裕财而足国。而自其本言之，则必有不敢纵欲、不敢厉民之意。而后去声色戒游畋，黜华崇实，息息以撙节为心，尧不以土阶为陋而化致时雍。舜不以土簋为嫌而俗徵风动。禹之卑宫，文之卑服。亦皆以身率下，不令而从。其后如汉之文帝，衣绨履革，屏雕文之饰，惜中人之产。其时民安物阜，汉治称极盛焉。后之令辟非不焚翟裘、毁筒布、却珠贡，思以节俭之风昭示臣下，而终不能跻一世于敦庞，以追踪隆古。则务其名而不求其实之过也。然则使天下回心向道，相与戒侈靡而事朴诚，亦视上之表率而已。圣朝俭德超越千古。近又裁繁冗之费，慎度支之经，体唐成俭，踵虞为朴。凡在臣工百姓，敢不敦《羔羊》之节、《蟋蟀》之风哉？

制策又以文德诞敷，不忘武备。整军经武，所以辅化安民。因详询夫训练之方，营伍之制。此尤保邦之微意也。臣考成周之法：春蒐夏苗，秋狝冬狩；寓兵于农，分四时以教战。法至善已。汉有都试、都肆、都讲、貙刘之制。其京师都试之法，则以秋后郊礼毕会五营士。其州郡教试之法，则以八月会都试课殿最。其后兵制浸失，而都试之法遂罢。府兵之制起自西魏后周，而备于隋，唐因之。析关中为十二道，每月番上以供宿卫。三时务农，一时讲武，无坐食也。籍藏将府，伍散田亩，无列屯也。有事则将之以出，事已则将之而归，无久戍也。三代以降，兵最强而制近古者，莫唐之府兵若也。宋惩唐末藩镇之弊，思强干而弱枝。乃收天下劲兵，列营京畿为禁兵。而州郡率皆疲弱，曾不足以制盗，卒至兵不可用。而募勇以充伍籍，国威不振，职是之由。夫兵以训练为先。明戚光《练兵实纪》一书，为谈兵家所称善。其论练士之法：一练伍法，二练胆气，三练耳目，四练手足，五练营陈，六练将。苟如其法而奉行之，何患兵之不精哉？我朝武功之盛，凌铄往代。八旗、绿营，星罗其布。近年增兵近畿以固帮本，更勤其操演，精其简阅，洵安内攘外之大猷也。

制策又以刑罚之设，所以除莠安良。因询累朝损益之经，求持平协中之道。臣惟上古无司刑之官。唐命皋陶制刑，为五刑所由昉。《周官》之制属各五百，而《吕刑》言五刑之属三千。盖墨罚、劓罚皆以千计，而重刑则递减。而上所谓世轻世重也。春秋之时，楚作《仆区》，郑作《刑书》，晋铸刑鼎，而李悝《法经》六篇，又为后世律例所自始。汉萧何定律令，于李悝《法经》益以《事律》《擅兴》《厩户》三篇，合为九篇。叔孙通又益为《傍章》十八篇，名《汉律》。唐有《律令》《格式》。太宗、元宗之世，上务仁恕，故用法平允。后以残酷为治，而法纲遂繁。宋之《刑统》仍周之旧，而矫其太严，大概酌于唐之《律令》《格式》，随时损益。元初循用金律，世祖简除烦苛，更为《至元新格》。英宗时又立《大元通制》，皆以仁厚为本，而其失则在缓弛。明定律令，篇目皆准于唐时。矫元之失，用法过峻，刑狱因以滋繁。我国家深仁厚泽，仍前之律，而去其严刻，繁简得中，法尽善已。

夫主极虽端而宜防其怠，侈心虽去而必杜其萌，兵制虽精而更忧其敝，刑章虽慎而或虑其繁。臣之至愚，尤伏愿皇上，勤览《诗》《书》，广延规谏。厪时艰而力求整顿，守成宪而量为变通。皋陶之《谟》曰：兢兢业业，一日二日万几。言敬畏之心为诸事之枢也。体此意以懋勉宸修，而更以朴素端民俗，以纪律肃戎行，以明允行国典。君德纯而庶事咸理，则我国家亿万年有道之长基此矣！臣末学新进，罔识忌讳，干冒宸严，不胜战栗陨越之至！臣谨对。

## 史海钩沉

洪钧是我国历代状元中唯一担任过大使的状元郎，是清末颇有外交才能的著名外交官。从光绪十三年（1887）起，他充任出使俄国、德国、奥地利、荷兰等国的大使。

## 同治十三年（1874）甲戌科状元：陆润庠

陆润庠，字凤石，号云洒、固叟，元和（今江苏苏州）人。任国子监祭酒、协办大学士、体仁阁大学士、东阁大学士、弼德院院长等职。

殿试皇帝：清穆宗爱新觉罗·载淳

## 策问

制曰：朕蒙庥昊宰，寅绍丕基。荷列圣之贻谋，秉两宫之垂训。敕命时几，于兹十有三载。亲政以来，益深兢业。期合天下黎元迪吉康而跻仁寿。兹当临轩策问，用集多士，式赞嘉猷。

执中一言，尧以咨舜。实为传心所自始。逮舜以授禹，复以危微精一推广执中之传。其义安在？君子之中庸以德行言之也，位育之中和以性情言之也。而《易》象之《乾》谓为中正，与中庸中和义各不同。能详言之欤？至若礼教之中，著于《周官》，刑协于中。载于《禹谟》，其即帝王授受之中，由体而达用欤？《汤诰》言降衷。孔氏训衷为善，朱子则云衷只是中。《洪范》言皇极，汉儒训极为大中，朱子以极为在中之准的。其说有异同欤？《大学》始终一敬，《中庸》枢纽一诚。说者谓存诚即所以主敬，主敬乃所以执中。审端致力之方其在斯欤？

考绩始自唐虞。询事考言察于平时，而三载九载之典尤备。夏有遒人木铎之徇，商有三风十愆之儆。其激励臣工之意，何深切欤？夫民生困而不恤，案牍积而不厘。朝廷安用此吏为？《周官》"六计"以廉为本，或训廉为察，其义孰优？汉以"六条"察二千石，岁终奏举殿最。能缕析欤？唐初考课掌于吏部，又命京官望高者二人分校京外官，叙以"四善"，分以"二十七最"，差以九等。宋命清望之官典其事，其辨察官吏能否为三等。或谓因唐之"四善"而分之。法岂详于唐欤？

民为邦本，食为民天。尝读《豳风》及《大田》《良耜》诸篇，稼穑之艰难，廑于宵旰。此世运所由称盛也。汉时力田之科与孝弟并称，文帝时亲耕藉田以劝天下，武帝世复为代田，教民耕种。田多垦开，其事能详考欤？唐贞观初，太宗锐意于治。官司应授田而不授，应课农桑而不课者有禁。逮贞元朝，宰相李泌请于中和节令百官进《农书》，司农献穜稑之种。其于农政有无裨益？岁或不登，若前史所纪发廪弛征，输粟贷种，诸政酌而行之。以何为便？社仓义仓利弊相兼，果何由而积储有备，敛散有方，俾小民咸沾实惠欤？

读史之要，首辨方舆。粤自黄帝画野分州，方制万里。何以《帝王世纪》谓九州颛帝所建？《舜典》肇十有二州，所增建者何州？《禹贡》之九州，职方氏之九州。其同异若何？秦并六国，郡县天下。或谓三十六郡，或谓四十郡。何说为允？汉分天下为十三部，而不常所治。晋复一统之规，分州十九，几于秦汉之境。唐都关内，绍汉法，周分天下为十道，明皇增饰旧章分十五道。宋分天下为十五路，至天圣而为十八路，至元丰而为二十三路。元立中书省一，行中书省十有一，为百八十五路。其疆域形势，分合沿革之故。能详之欤？士有志于用世，举凡河渠、边防、食货、兵制，皆其所有事也。若舆图不讲，何所藉手欤？

凡厥四端。典学以求治，察吏以兴廉，裕食以养民，辨方以经国。皆宰世之宏谟，绥猷之极则也。尔多士对扬伊始，其各陈谠论。毋隐。

## 对策

臣闻建极所以绥猷，察吏在乎课最，养民斯能裕国，辨俗尤在审方。综稽往籍，《易》著闲邪之训，《书》垂考绩之文，《诗》赓多稼之章，《礼》载建邦之政。自古帝王，斟元御宇，锡福诫民。以敕几康懔缉熙于宵旰，以明宅俊整纲纪于班联，以课农桑庆丰盈于仓廪，以安疆寓考沿革于版图。茂矩隆仪，罔不粲然大备。用是惟精惟一帝学宏焉，兴贤兴能官方饬焉，纳禾纳秸田赋登焉，为广为轮地舆廓焉。所由熙春泳化，函夏归仁。迓蕃厘而膺多祜者，恃此道也。

钦惟皇帝陛下，球图阐瑞，玑镜凝麻。则古圣以同民，体至仁以育物。固已一中允执而庶尹克谐，万宝告成而九围是式矣。乃圣怀冲挹，弥切咨询。冀长治而久安，益持盈而保泰。进臣等于廷，而策以绍薪传、明吏治、修农政、度舆图诸大政。臣之愚昧，何补高深？顾当对扬伊始之时，敬念拜献先资之义。敢不谨述素所诵习者，本刍荛之一得、效葵藿之微忱乎？

伏读制策有曰，执中一言为传心所自始，而因推极于存诚主敬之功。此诚致治之本原也。臣谨案：《荀子》引《道经》曰："人心之危，道心之微。"盖本于黄帝学道之书，所谓危者犹慎独义，所谓微者犹至诚意。《大禹谟》人心惟危，道心惟微。为帝王心法之本。《论语》亦述允执。其中之文中之义所包甚广，如君子之中庸以德行言，位育之中和以性情言。《易》曰中正。易以"二五"为中，故《乾》之"三四"爻曰："刚而不中。"推之礼教中刑协中，无不本授受之中，以由体而达用也。《汤诰》言降衷。孔《传》训衷为善，朱子云衷只是中。其实中与衷通，故折中亦作折衷，朱子之言是也。《洪范》言皇极。汉儒训为大中。皇者，大也。极者，中也。北辰称为北极，天之中屋之栋称极，亦据屋之中言之。朱子以极为在中之准的，于汉儒训极为中者义无不合。《大学》始终一敬，《中庸》枢纽一诚。论者谓存诚所以主敬，主敬所以执中。不知曰慎曰允，诚之说也；曰祗曰钦，敬之说也。其义皆自《典》《谟》发之。然则诚者中而无私，敬者中以守约。审端致力之方，非与执中之旨相贯通欤？皇上严恭寅畏，典学是崇。不难探诚敬之原，以绍唐虞之盛已。

制策又以考绩始自唐虞，询事考言。察于平时，因于进用人才之道，深切讲求。此诚行政之纲纪也。臣谨案：唐虞之才为盛，而咨四岳、咨十有二牧、咨二十有二人，知人则哲，其慎其难。至夏而木铎徇于路，至商而风愆儆于位。遒人为宣令之官，木铎所以振文教。《左传》引之称为《夏书》。恒舞于宫，其刑君子，出丝二卫。《墨子》引之，称为先王之书。皆所以激励臣工也。《周官》六计，以廉为本。一曰廉善，二曰廉能，三曰廉敬，四曰廉正，五曰廉法，六曰廉辨。郑《注》不释廉字。廉之义，为廉隅，为廉洁。其训为廉察者，《正字》作覝，廉借字也。武帝元封五年初置郡刺史，掌奉诏条举。州以"六条"问事，非条所问即不省。儿宽以负租课殿，当免。民恐失之，输租不绝，课更以"最"。此"殿""最"之别也。唐制，吏部属有考功郎中、员外郎、主事，掌考课，别敕定京官位望高者二人，一人校京官考，一人校外官考。"四善"者，曰德义有闻，曰清慎明著，曰公平可称，曰恪勤匪懈。善状之外，有"二十七最"。一"最"以上兼有"四善"为上上，以九等定优劣。其流外官则分四等，勋卫则分三等。盖不尽限以九等矣。宋代辨察官吏能否，以清望之官典其事。即本唐之"四善"而分之，皆考绩之法也。皇上励精图治，澄叙官方。将见贤才登进，而治理蒸蒸日上矣。

制策又以民为邦本，食乃民天，因廑念夫稼穑之艰难，以求物阜民康之盛。此重农贵粟之仁心也。臣谨案：汉时力田之科与孝弟并称。文帝二年诏曰：夫农，天下之本也。其开耕田，朕率亲耕，以给宗庙粢盛。至武帝末年，以赵过为搜粟都尉。过能为代田，关亩三甽，岁代处，故曰代田。以平都令光为丞，教民庸挽犁，率多人者。田日三十亩，少者十三亩，以故田多垦辟。唐贞观初，官司应授田而不授，应课农桑而不课者有禁。太宗锐意于治，即位之初免关内及蒲、芮、虞、泰、陕、鼎六州二岁租，给复天下一年。贞元三年，宰相李泌请以二月朔为中和节，百官进农书以示务本。乃著令与上巳九日为三令节，中外皆赐缗钱燕会。此农政之最善者也。至前史所纪，发廪弛征输粟贷种诸事，皆筹荒政者所当议及。汉时司农属官有郡国诸仓长丞，即为社仓、义仓所由昉。若汲黯之持节发河内仓粟，以赈贫民，尤其因时制宜者也。积储有备，敛散有方，其可不先事图之欤？皇上轸念民瘼，恫病在抱，海寓晏安，有不力稽而比户可封哉！

制策又以读史之要，首辨方舆，因论夫河渠、边防、食货、兵制，皆握要于舆图。此体国经野之巨典也。臣谨案：黄帝画野分州，皇甫谧兼纪异闻以九州为颛顼所建。《舜典》之十二州分置者，为营并幽。《禹贡》之九州，与《职方》之九州，夏、周疆域不同。若《尔雅》之九州，与《书》《礼》又不同，则为殷制矣。《风俗通》云："周制方千里分为百县，县有四郡。"秦变古法，置三十六郡以监县，厥后取百越之地增置四郡，遂为四十郡。汉分天下为十三部，晋分十九州，唐分十五道，宋为十五路，后增为二十三路。元立中书省一，行中书省十有一，为百八十五路。要而言之，三代以上郡县之制寄于封建。三代以下，封建已废，遂成郡县。汉之侯国，虽封建而无其利。唐之藩镇，非封建而受其害，则不如郡县之为得矣。若夫南北朝，伪立州郡，夸耀邻封，疆圉紊乱，适足为读史者所嗤耳。皇上天威远播，寇乱削平，夫是以寰海镜清，罔弗遵循王路也。

若此者，建中以立极，分职以宣猷，足食以阜财，宅中以图大。扇巍巍，显翼翼，仁圣之事赅，帝王之道备矣。臣尤伏愿皇上，治益求治，新又日新。探临宸锡极之原，臻累洽重熙之盛。知仁已裕而更矢寅承，笃棐已昭而犹严黜陟，田畴已治而愈谨盖藏，疆域已明而弥殷稽考。于以膺景福，保鸿名，合万国而来同，综八方而为极，体尧蹈舜，甄殷陶周，则我国家亿万年有道之长基此矣。臣末学新进，罔识忌讳。干冒宸严，不胜战栗陨越之至！臣谨对。

## 史海钩沉

陆润庠是苏州最后一名状元，也是苏州最后一名状元宰相，历经同治、光绪、宣统三朝。陆润庠处世谨慎，办事认真稳妥，性格和洞，"接物无崖岸"，堪称是一位柔性政治家。尤为可贵的是，虽然贵至宰相，但他还像当年诸生时一样，清廉奉公。

## 光绪二年（1876）丙子恩科状元：曹鸿勋

曹鸿勋，字仲铭，又字竹铭，号兰生，另号铭帛，室名益坚斋。山东莱州府潍县（今潍坊市潍城区）人。

殿试皇帝：清德宗爱新觉罗·载湉

## ■ 策问

　　制曰：朕以冲龄，诞膺大宝。渥荷上穹垂佑，列圣诒谋。夕惕朝乾，勤求治理。上思副两宫之训迪，下期措四海之乂安。宵旰图维，罔敢暇逸。深维典学传心之要，去奢崇俭之源，知人图治之方，屯田劝稼之政。经邦盛轨，莫切于斯。兹值临轩发策，虚衷博采，广集嘉谟。尔多士其敬听朕命。

　　《尚书》为传心要典。二帝、三王以来，凡曰钦、曰恭、曰慎、曰克艰、曰孜孜、曰兢兢，君臣交儆之言，与《洪范》之言敬，《中庸》之言诚，能推阐其义欤？人君敬天以勤民事，人臣敬事以亮天功。诚敬相通之旨，可发明其蕴欤？《丹扆》《大宝》之箴，《皇极经世》之论，典矣懋矣。真德秀《大学衍义》何以略治平不言？明邱浚补之，为目凡十有二。能胪举而贯通之欤？昔人谓帝王之学异于儒生，所不同者若何？《易·象》山下出泉，谓圣功基于养正，所以养正者安在？夫逊志时敏，尤资念典，果何由而审端致力欤？

　　自古求治之主，罔不躬行节俭为天下先。然考其心迹，诚伪判焉。茅茨土阶菲食恶衣之世，由来尚已。汉文帝衣绨履革，蒲席韦带，屏雕文之饰，惜中人之产。其视初元、建平之代罢齐三服，官易帷幛，去锦绣者，何如也？厥后令辟亦知克己，焚翟裘、毁筒布，以萧何壮丽之对为非雅言。又其甚者，一冠三载，一衣屡浣，俭矣。然或盛衰殊迹，始终异辙。岂徒俭不足以示国欤？抑务名不求实欤？仰思《禹谟》克俭之训，永怀《商书》慎俭之言，将以黜华崇实训迪臣民。果何由而使风气日臻朴茂欤？

　　《诗》云："无竞维人。"《易》云："圣人养贤以及万民。"知人之道，非君天下者所首重欤？古所传观人之法，若《大戴礼》文王官人篇，以至陆贽、司马光、苏轼之论，亦有可采者欤？皋陶曰：亦言其人有德，乃言曰载采采。《舜典》曰："明试以功，敷奏以言。"进贤用人，如此其难也。乃古之君臣相得，或决于立谈之间，何耶？大智若愚，大诈若忠，或外忠而内奸，或始贤而终佞，烛照数计，其道何由？君子小人各从其类，然诸葛亮之所用，李泌之所举，司马光之所取，或未必贤，抑又何说？孔子曰："取人以身。"知言穷理，将何以浚其源欤？

　　自黄帝经土设井，而寓兵于农之法兴。三代因之，无所谓屯田也。汉文帝募民耕塞下，始有屯田之说。汉武帝通西域，后屯田渠犁，其后日益加多。如芍陂、南阳、合肥、成都、金城，不可枚举。其在西域者，能详考欤？古者播谷劝耕，爰有农官之设。农师田畯之名，备见经传。西域屯田官名见于史者，能胪举欤？耕种必资灌溉，邓艾穿渠最资利赖。西域之水可导以溉田者，能征于古以言之欤？唐代营屯并称，或谓以兵民分，其说然欤？唐时诸道所开之屯，凡九百二十有二，今西域尚有遗亦欤？

凡此四端，养正以育德，崇俭以阜民，任贤以官人，营田以裕国，皆经世之良图，致治之要务也。多士积学有年，对扬伊始，其各陈谠论，毋泛毋隐。

## 对策

臣闻懋修者出治之原，崇俭者化民之本，官人者保邦之要，营田者裕国之方。自古帝王，锡极临宸，斟元御宇。以严乾惕则主德称隆也，以戒浮华则民风丕变也，以察官吏则朝政日修也，以富积储则边陲永靖也。综稽往籍，于《易》而言存诚，于《书》而训慎俭，《礼》详设官之典，《诗》咏多稼之篇，茂矩隆仪，粲然具备。用是敬天修已帝学昭焉，崇实黜华皇猷焕焉，量能授职髦士登焉，寓兵于农军威振焉。所由卢牟六合，经纬万端，膺五福而协庶征者，此也。

钦惟皇帝陛下，典学方新，求治尤密。将本缉熙之业，复敦朴之风，收乐育之功，成绥丰之效。于斯之时辅导攸隆，谋猷备举。乃圣怀冲挹，弥切畴咨，思至善之无遗，冀迩言之可察。进臣等于廷，而策以绍薪传、务节俭、简贤才、裕边储诸大政。如臣愚昧，奚足以知体要？顾当对扬伊始之时，敬念敷奏以言之义。敢不勉述平昔所诵习者，用效土壤细流之一助乎？

伏读制策有曰，逊志时敏，尤资念典，因首举帝王诚敬之学，而进求夫审端致力之由。臣案：《尚书》所记，二帝、三王以来，君臣交儆之词，曰钦、曰恭、曰慎、曰克艰、曰孜孜、曰兢兢，皆一意诚敬，后先同揆。《洪范》言敬，《汉书》志、传引今文并作羞。敬古字省文，与羞形近。《说文》训肃也。《中庸》言诚，释诂云信也。推之《易》乾卦：闲邪存其诚。是治之于内也。贾谊书接遇肃正谓之敬，是治之于外也。诚、敬相通之旨，求诸故训，昭然若揭矣。唐武德末，张蕴古献《大宝箴》，后李德裕献《丹扆六箴》。宋邵雍《皇极经世》之论，言君道、臣道十二。真德秀进《大学衍义》四十三卷，旨在正本清源，故略治平不言。明邱浚补之为百六十卷，目十有二，向称典赡。凡厥群言，足资治理。昔宋程颢言：帝王之学与儒生异。意谓心性事功，其源流不无殊致。然实事求是，其理一也。《易》蒙卦《象辞》有言："蒙以养正，圣功也。"虞翻说二志应五变得正，而忘其蒙。若明以人事蒙养之道，内则后妃，外则师傅，圣功之大原基于斯已。皇上天亶聪明，勤思上理。固已统千古帝王之学，一以贯之矣。

制策又以自古求治之主，罔不躬行节俭为天下先，因详求其心迹以判诚伪。此诚敦本务实之至意也。臣案：土阶茅茨，墨子犹称。菲食恶衣，鲁论所著。中古之朝，已崇俭德。《汉书·东方朔传》，言文帝身衣弋绨，足履革舄，以苇带、剑管蒲为席。史赞帝惜中人之产，罢露台之役，是以海内殷富，兴于礼义。追孝景承流，犹传雕文伤农之诏。及百余年后，初元、建平之世，再罢齐三服官。美意犹存，而治化不逮。至若晋武帝焚雉裘而仁以御物。梁萧恢毁筒布而百姓仰德。魏太武帝不峻京邑城隍，鄙萧何壮丽之对为非雅言，而知财为军国之本，无所轻费。梁武帝一冠三载。唐文宗一衣三浣。恭俭之主，史不绝书。然或舍重取轻，或衅成所忽，或赏罚无章，或仁而少断。若以盛衰殊迹始终异辙为其心迹，诚伪之分则又非俭之弊矣。夫《禹谟》有勤俭之文，《商书》垂永怀之训。自古圣王俱昭节省，皆后世所当显从者也。皇上轸念民依，崇俭黜奢。凡大小臣工，谁不以侈靡为戒也乎？

制策又以知人之道，为君天下者所首重，因详究取人之法。而深探夫知言穷理之原。臣案：《诗》言无竞维人，《易》言圣人养贤以及万民。知遴才之宜慎也。《大戴礼》官人篇，记文王以七属观人言、观信、观知、观勇者甚详。唐臣陆贽有言，录长取短，则天下无不用之人。责短舍长，则天下无不弃之士。宋臣司马光有言，求之毁誉，则爱憎竞进，而善恶混淆；考之功状，则巧诈横生，而真伪相冒。苏轼则云，知人之法，在于责实。盖得人难，知人尤不易也。夫人才之盛，莫如唐虞。乃《皋陶谟》曰："亦言其人有德，乃言曰载采采。"《舜典》曰："明试以功，敷奏以言，举贤任能，其难其慎。"若此洵可为后世用人者法已。虽史书所载，如蜀先主之于诸葛亮，唐太宗之于房杜，宋艺祖之于赵普，决于立谈，用之终身，卒以致治。然未可遂执为常格也。大抵观人之法，不外乎邪正两途。大智若愚，大诈若忠。或外忠而内奸，或始贤而终佞。烛照数计，莫可究诘。则《中庸》取人以身之旨，得其要领矣。至凤具人伦之鉴，而一时区别，或疏若诸葛亮之于李严、马谡，李泌之于窦参，司马光之于蔡京，智者千虑亦所不免也。皇上旁求俊彦，恩榜特开，行见官方澄叙，彬彬乎三代之盛矣！

制策又以黄帝经土设井，寓兵于农之法兴，因念西域边政，以详求夫营屯水利之制。臣案：三代田制，无所谓营屯也。尝观旧史，自汉文帝用晁错议募民耕塞下，始有屯田之说。汉武帝通西域后，屯田渠犁，始有屯田之名。其后轮台、车师、乌孙、伊循、伊吾、柳中，皆西域屯田之处。宜禾都尉、屯田校尉、田禾将军，唐之营田大使，皆西域屯田之官。至西域之水可导以溉田者，《汉书·地理志》："龙勒县氐置水入泽灌民田，敦煌郡冥安县藉端水入冥泽溉民田。"唐《西域记》："瞿萨旦那城东南有大河，国人用以灌田。"夫农官之设沿自周制，穿渠之利昉于邓艾，有由来矣。或谓营屯之名别以兵、民。两汉以后，芍陂、南阳、合肥、金城皆屯之以兵。唐制营屯并置。然当时襄州营田，亦调取邻州之兵。宋之边州屯营，又不限兵民。法随时变，故制亦难定。唐时诸道所开屯田，凡九百二十有二。其西域遗迹，若苦峪城断碑，有大兴屯垦之语。及吐鲁番之广安城在唐曰安乐，皆其地也。皇上俯念黎元，勤修边政，新疆一带永荷生成，泽周于无外矣。

若此者，安人修己允执而绍一中，寡欲清心维贞而谨百度，达聪明目登俊而慎三升，凿齿雕题来廷而通四译，治光玉镜，道握金绳，仁圣之事赅，帝王之道备矣。臣尤伏愿皇上，天行不息，日进无疆。书勤乙览而立学远稽三代之隆，民恫庚呼而惜财必课九年之蓄，猷襄午陛而辅政特重一德之臣，耒荷丁男而挽粟常念六军之士。由是德业进于光明，恭俭垂为法守，贤良皆资励翼，遐迩悉乐怀柔，则我国家亿万年有道之长基此矣。臣末学新进，罔识忌讳，干冒宸严，不胜战栗陨越之至。臣谨对。

## 史海钩沉

曹鸿勋为人很正直，不懂得官场那些迂回战术，也不愿意跟人钩心斗角，更不会接受贿赂，对官场的黑暗尤其痛心疾首。他在任上开办延长油厂，打出中国陆地中第一口油井，史称"老一井"。

## 光绪三年（1877）丁丑科状元：王仁堪

王仁堪，字可庄，又字忍庵，号公定，清代闽县（今福建福州）人。

殿试皇帝：清德宗爱新觉罗·载湉

## 策问

制曰：朕以冲龄，诞膺宝祚。仰荷昊穹垂佑，列圣诒谋。惟日孜孜，于今三载。上思副两宫之至教,下期措四海于久安,夙夜不敢康,兢兢业业。深惟传心念典之源,建官考绩之政,兴利重农之道,训俗型方之规,广益集思,冀有稗于实政。兹当临轩发策,博访周谘。尔多士其敬听朕命。

《虞书》执中之训为道统所开,精一之传为学术所始。仲虺言建中,《洪范》言建极,与执中有无殊旨,其与惟精唯一能有合欤?夫稽古好文,帝王切要之图也。力观往代,或会诸儒讲五经同异,或聚宏文馆书二十万卷,讲论至夜分乃罢,或日进《太平御览》三卷,其勤若是。乃有谓以半部《论语》致太平者,有谓治道不出《大学》一书者,果可以为定论欤?三代以下,儒者以董仲舒为首,正谊明道二语不涉于功利,而天人三策,后人犹有微辞。王通著《中说》,学者拟之《论语》,后人斥为僭妄。然则舍濂、洛、关、闽之学,皆不足为进德之阶欤?

大臣法,小臣廉,官职相序,君臣相正,国之肥也。然则欲正君臣,序官职,其必自大臣始欤?亲民之官莫如守令,守令之贤否视乎上官之取舍。两汉兴廉举孝,敦崇节行,日计不足,月计有余。所传循吏,郡守为多,而公卿亦出其中。其时玺书褒勉,增秩赐金,载在史册,传为美谈。果可以风厉庶僚,而使之事无废弛而政无操切欤?夫循名责实则人不旷官,朝考夕稽则吏皆勤职。如汉以"六条"察郡国,唐以"四善""二十七最",宋以"七事",明以"三等",考察吏治。其因时详略,可得其大旨欤?今欲使大吏勤慎,而僚属咸知奉公。吏胥不敢弄法,其何道之由?

古者帝王劭农,故以田事为急。农田之外,复有屯田。昔人所论,以何说为长?汉之屯以兵,唐之屯以民,宋之屯或民或兵,其因时制宜之义安在?有谓塞上宜屯田,腹里宜垦荒者。然则屯与垦顾可分不可合欤?说者又谓西北之地,砂石硗确则忧在土,雨泽稀少则忧在旱,霖潦暴涨则忧又在水。夫湖薮陂泽水所由潴也,沟洫浍遂水所由泄也。乃或甫挑浚而仍然坍塞,已培筑而复就倾颓。其何术而能一劳永逸欤?且何以因利乘便,使国不费而民不扰欤?

惟民生厚,因物有迁,兴化善俗,致治之本也。唐虞敷教俾民亲逊,《周礼》以"三物"教民,以"八刑"纠民,风化维持久而弗替。其详可悉陈欤?汉置三老孝弟常员,征拜美俗使者。唐赐孝义高年粟帛,遣使观览风俗,用以劝民厉俗。果能行之有裨欤?国家承平日久,芸生日众。若多设科条则易滋扰累,即广颁文告或徒饰观听。将欲训迪而丕变之,其道奚由?昔吕氏《乡约》,袁氏《世范》,或牧令以化一邑,或缙绅以教一乡,其言至为浅近。能备举其说欤?今欲使四海之内,狱讼衰息,邪慝不兴,里党辑睦,耆孺和乐。

其操何术以收劳来匡直、辅翼振德之效，而致时雍之化欤？

凡此四端，逊敏以懋德，考察以任贤，经画以兴氓，渐摩以善俗。皆制治之远猷，保民之本务。多士对扬伊始，其各陈谠论。毋泛毋隐，朕将亲览焉。

## 对策

臣闻刘勰有言，对策者，应诏而陈政也。汉策杜钦以王者之法，晋策郗诜以择人之术，唐策张九龄以重谷之经，宋策苏轼以治化之本。类能援证往事，指陈时政。顾政治之原出于君心，君心之正肇于典学。罗从彦曰：人君读经则师其意，读史则师其迹。诚以帝王所恃，以经世宰物者，不外夫缉熙之业，宅俊之方，厚生正德之道。而其理皆曩哲已言之理，其事皆前代已行之事。尊其所闻，行其所知，是在加之意而已。然则逊志时敏之功，可不豫哉。

钦惟皇帝陛下，冲龄育德。好学尊师，本心法为治法，兢兢然上下交儆。为庶民筹富教之全者，固已抉经之心，以古为鉴矣。乃圣怀冲挹，犹察迩言。举勤学、课吏、重农、训俗诸大端，进臣等于廷而策之。臣诚愚陋，不足以承大对。然窃思制科之设，导之使言时政之得失，而非以试其词章。况当言路广开之时，谕以各陈谠论，毋泛毋隐。其何敢摭拾涂饰，以应故事耶？

伏读制策有曰："《虞书》执中之训为道统所开。"因究帝王切要之图，与历代讲学之旨。此诚稽古好文之至意也。臣惟帝王之学，与儒生异。其为博也不若其精，其为勤也不若其专。昔尧、舜、禹一中相传，开千古学术之本。而《汤诰》曰建中，《洪范》曰建极。盖中之一字，敛之为圣功，推之即为皇极。经传所纪，其勤且专也。若是后世之人君，未尝不知学也，未尝不欲媲隆三代也。若史载汉章帝之会诸儒于白虎观，唐太宗之置宏文殿，宋太宗之进《太平御览》，亦可谓勤且博矣。然而讲唐虞于细旃之上，谈周孔于坐论之间，不精不专，终未之有得也。赵普曰半部《论语》可以佐太平，范祖禹曰《大学》一书可以赅治道，岂虚语哉！虽然，精矣尤患其不纯也，专矣尤患其不正也。三代以下之儒，若董仲舒，若王通，皆以阐道为己任者。而《天人三策》语及灾异，《中说》之拟《论语》，尤涉僭妄。则欲明道统、崇经术，正进德修业之阶，审建中立极之道，其惟濂、洛、关、闽诸儒，为能得入道之正轨乎？皇上典学伊始，至精至专，则虽谓帝王之学无异于儒生可也。

制策又以大法小廉必先考绩，此则澄叙官方之要也。臣惟国家设官分职，凡以为民耳。内而宰相、部寺、台垣，外而督抚、藩臬、监司、太守，以及州、县之有司，丝联绳贯，递相维系。选举之重，选此亲民者也；考察之严，察此病民者也。使不以民事为事，不以民心为心，则虽恪奉成宪，矫厉清节，而守法与变法害相因，廉吏与贪吏罪相等矣。今欲达民之隐莫若得守令，欲重守令，莫若师《周官》尚廉之意，行汉代久任之法，使大臣不敢以喜怒为迁调，小臣不敢视职位为传舍。史称汉宣帝时，二千石治理，效玺书褒勉，增秩赐金，或位至关内侯，不易其位，公卿缺以次补之。良法美意，诚可效而可则也。若夫计吏之法，汉以"六条"，唐以"四善""二十七最"，宋以"七事"，明以"三等"，因时详略，备在吏策。然必精选铨曹以清其始，慎择督抚以厉其终，使庶司百执事咸无善事长官之虑，神明自暇，手足自宽，将毕智竭虑以效力国家矣。朱子曰：安民系乎守令，而本源则在朝廷。此之谓也。

制策又以帝王勖农，因及屯垦、沟洫之宜。此又贵粟重农之意也。臣惟东南之农政莫大于屯垦，西北之农政莫亟于沟洫。按经、传无所谓屯田也。屯始于汉，若晁错、赵充国之议，皆为西北备边之计。至唐迄宋，或兵或民，屯始兴于腹地。夫今日东南之宜屯，犹汉之西北之宜屯也。海疆萑苻之薮，往往弥望千里，地沃衍而无居人。使能寓屯于垦，寓兵于农，宽劝募之途，严争籍之禁，均授田输粟之例，籍亚旅为卒伍，变斥卤为膏腴，则东南万世之利也。魏了翁曰：无责屯田之虚名，先究垦田之实利，诚不刊之论矣。至若沟洫之制，无地不宜，而西北为尤亟。西北地势平衍，旱无所潴了无所泄。加以河流漂劲而浑浊，若沁汾、若滹沱、若永定，皆与黄河无异。故堤堰则易决，沟渠则易淤。东南多水而得水利，西北少水而受水害，势使然也。然则如之何而可？曰古人之为沟防也，伏秋水涨以疏泄为灌输，河无汛流，野无暵土，则善用其决矣。春冬水消以挑浚为粪治，土薄可使厚，水浅可使深，则善用其淤矣。《考工记》曰："善沟者水漱之，善防者水淫之。"明乎此，则西北之利可以兴，而国计民生永赖之矣。古人所谓善富天下者，因之于天地也。

制策又曰："惟民生厚，因物有迁。"因进思兴化善俗之道。此尤政治之本也。臣惟欲清风俗之原，莫若正四民之统。夫士者率民之教者也，农者率民之养者也。自庠序衰而士习坏，富商大贾之徒遂以操天下之利权而轻重之。于是习奢侈，尚贪诈，本务日轻，而逐末之势日重。今使不揣其本而齐其末，则虽"三物"之教，"八刑"之纠，行《周官》之法也如故；三老、孝弟常员之设，美俗使者之征，孝义高年之赐，观览风俗之使，踵汉、唐之制也如故。而民俗之不克丕变者！岂斯民不古若哉？积势为之也。故欲淑人心必先清流品，明定制，别冠婚宾祭之等，详宫室衣服之度。使锥刀竞逐者不得显然厕身于士大夫之列，则天下之士咸知所以自重，不至为寡廉鲜耻之行。而服田力穑之氓，亦或知国家之本务在此不在彼焉。则庶乎浇漓可以革，礼让可以兴。九两系以师儒，九职首重农圃，即此旨也。若吕氏《乡约》，袁氏《世范》，语意浅近，便于日用行习。然不过化一邑、教一乡，而圣朝训俗型方，所以致经正民兴之效，固自有其大者远者焉。

夫君心之敬肆其几甚微。而正一心以正朝廷，正朝廷以正百官，正百官以正万民，则人材之进退，民务之废兴，风俗之纯驳，咸由此而判焉。危微之机，可不儆惧乎？臣伏愿皇上，宥密单心，始终惟一。读经则思帝王制治之意，不徒以记诵占哗为功。读史则观历代得失之由，不徒以殚洽见闻为务。澄其源而流自洁，握其本而末自随。主极既端，举凡兴贤任能，体国经野，化民成俗之道，可一以贯之焉。则我国家亿万年有道之长基此矣！臣末学新进，罔识忌讳，干冒宸严，不胜战栗陨越之至！臣谨对。

## 史海钩沉

作为科举正途出身的封建官僚，王仁堪奉行儒家积极入世的思想，心系国家命运与民族危亡，不论高居庙堂还是外放地方，"两无喜愠，一秉忠诚"，是晚清清流派的重要成员之一。他不畏强权、刚正敢言，是晚清政坛上的一位风云人物。

他刚正直言，性格豪爽，交游广泛，慧眼识才，与晚清诸多名人雅士往来密切。民国总统徐世昌是其学生，戊戌变法的领头人之一梁启超也是王仁堪提拔的门生。此外，他精诗、工书、善画，文学功底深厚，在晚清文学史上也有较大的影响。

## 光绪六年（1880）庚辰科状元：黄思永

黄思永，字慎之，号亦瓢。本籍安徽徽州，寄籍江宁（今南京）。

殿试皇帝：清德宗爱新觉罗·载湉

## 策问

制曰：朕以冲龄，仰邀天眷。寅绍丕基，于今六载。秉列圣之诒谋，荷两宫之教育。所期府事修和，纪纲整肃，俾治化蒸蒸日上。延集嘉猷，用熙庶绩。临轩策问，其敬听之。

《虞书》首执中之训，为道统所自开。帝德王道，时代虽殊。其同条共贯者安在？《汤诰》言降衷恒性，专言理也。《洪范》言阴骘下民而五行庶征，理兼乎数。其说异同若何？董仲舒汉之大儒。朱子既以正谊、明道二语编入《小学》，而于《天人三策》犹有未满之词。其意安在？隋王通著《中说》，学者拟之《论语》，而后人以为妄。所指何条？唐臣韩愈推原性道，其议论未尽纯者安在？宋之大儒濂、洛、关、闽，举能发明心性之奥。其得力所在，能揭其大要欤？元儒首倡者何人？继起者何人？明代理学孰为居首，可一一悉欤？

亲民者莫如守，而与民最亲者莫如令。汉史《循吏传》纪守相甚悉，而令长则缺而不书。其故何欤？天下至广，郡邑至多。郡守之贤否且不能人人而察。而县数倍于郡，令数倍于守。其廉而才，其贪而庸，不可枚举。能详陈其说欤？《虞书》九德曰廉，《周官》六计亦曰廉。其同异若何？才之不逮止于怠事，廉之弗尚必将虐民。督之以才而各有所短长，督之以廉而实裨于风俗。其正本清源之道安在？国家求贤取士，非徒为登进之阶。多士学古入官，宜何如束身自爱以副贡举之盛典也？

自古求治之主，罔不躬行节俭为天下先，非徒务其名也。《书》曰："慎乃俭德，惟怀永图。"《左氏传》云："俭德之共也。"俭以德名者，有清心寡欲之功，而后有制节、谨度之事也。三代令辟，俭德尚已。两汉恭俭之君见诸典册者，能悉数之欤？唐张蕴古进《大宝箴》曰："壮九重于内，所居不过容膝。"罗八珍于前，所食不过适口。太宗纳之。宋太祖曰："以一人治天下，不以天下奉一人。"苟以自奉为意，使天下何仰哉？明太祖曰：惟俭养性，惟侈荡心。居上能俭可以导俗，居上而侈必至厉民。能一一述其行事欤？

整军经武，国之大经。古者寓兵于农。大《易》师之取象为地中有水，所谓藏至险于大顺也。管仲相齐，参其国而伍其鄙，在国则为军，在鄙则为农。说者谓兵、民之分自此始。然欤？设兵之善莫若唐，驭将之善莫若宋。所谓善者安在，能详其说欤？唐之府兵，宋之禁军，各有制度。说者谓禁军之制不如府兵。能引伸其意欤？明则京师宿重兵约三十万，畿内约三十万。嗣后或废或置，其弊至于各营已而岁饷如故。正德中群盗起，调边兵征之而后定。

能一一胪举其故欤？

凡若此者。典学以绍心传，察吏以康亿兆，崇俭以厚风俗，诘戎以保乂安。皆致治之良规，经世之要务。多士其述所闻以对，朕将亲览焉。

## 对策

臣闻合天者帝，通德者王。自古帝王之治天下，未有不以懋修为本者。《易》曰："蒙以养正。"《书》曰："念终始典于学。"凡以圣功端万化之原也，故致治必求当理，而理境之所以克明，则圣功之精于体道可知也。察吏在乎安良，而良吏之所以克庸，则圣功之深于爱民可知也。崇俭方能裕国，而国用之所以克充，则圣功之严于寡欲可知也。讲武斯可宣威，而威声之所以克振，则圣功之强于修德可知也。操之有本，斯推之咸宜。唐虞三代之隆，亦不过是也。

钦惟皇帝陛下，冲龄践阼，典学方勤。裕文武之资，炳登咸之治。固已理学无不明，吏治无不善，浮费无不节，戎政无不修矣。乃圣怀冲挹，犹切咨询。思久道之有成，冀迩言之可察。进臣等于廷，而策之以析理、课吏、戒奢、整旅诸大政。如臣之愚昧，何足以知体要？顾当对扬伊始之时，敬念敷奏以言之义。敢不谨述所诵习者，本刍荛之一得，以效葵藿之微忱乎？

伏读制策有曰："《虞书》首执中之训，为道统所自开。"因推帝德、王道同条共贯之旨，以及诸儒之纯驳。此修德凝道之本也。臣案：危微精一，尧舜传心之学。《汤诰》降衷恒性，始专以理言性。《洪范》五行庶征，则理兼乎数。曾巩谓《洪范》和同天人，使之无间者，此也。汉儒董仲舒正谊不谋利、明道不计功二语，朱子编入《小学》。而《天人策》流于灾异，不无瑕疵。即其言性为生质，情为人欲，语亦未纯。隋王通《中说》，郑獬以李德林、关子明与通生不同时，讥其说之妄。晁氏亦谓薛道衡见于长安，时代不符。至以房杜为门人，益可证其诬。唐韩愈推原性道，足挽狂澜。然分性为三品，又以孟子、荀卿并列，致为方孝孺所讥。宋之理学，濂溪开伊洛之先，二程遗书多与西铭相表里。朱子出而心性之奥益昭示于来兹，其得力所在不外乎主敬存诚也。元儒许衡、吴澄倡于前，金履祥、姚枢诸人继于后。有明一代若薛瑄、胡居仁实为纯粹以精。至如王守仁之良知，虽谓渊源于陆氏，而一有偏倚即易入歧途。是以高、顾诸人承其后，皆不免訾议云。皇上念典方新，崇儒重道。所由推阐性理之学，而日以昌明也。

制策又以亲民莫如守，最亲莫如令，因以循良之绩，推及于考察之方。此诚简贤辅治之大纲也。臣惟有课吏之良法者，可以收良吏之实效。西汉循吏多纪守相，而令长缺如者。其时郡县之制初定，治具悉赖乎郡守。迨至东京，则王涣、刘矩、仇览、童恢皆为之列传。而鲁恭、刘宽以及颖川四长贤令长之卓卓表见者，后先相望矣。夫天下至广，郡邑至多。郡守之贤否，已有难于偏察之势。而县数倍于郡，令数倍于守。欲得而周知之，惟汉代考察之法最为精密。汉以"六条"察二千石，如"田宅逾制""牟利侵渔"诸禁是也。而又以察令之权，委之于守。故两汉吏治最为近古。以其得内外相制，大小相维之义也。《虞书》九德曰廉，《周官》六计亦曰廉。或以廉察为训，不取廉隅廉洁之意。夫才之不逮止于怠事，廉之弗尚必将虐民。是故督之以才，而各有所短长。不如督之以廉。而有裨于风俗。吏治所以正本清原者在此。国家澄叙官方，首崇廉介，宜乎登仕版者，咸知束身自爱也。

制策又曰："自古求治之主，罔不躬行节俭为天下先。"因进求历代尚俭之治。此又崇实黜华之要也。臣谨案：《书》曰：慎乃俭德，惟怀永图。盖惟俭斯能永。《左氏传》云："俭德之共也。"俭以德名者，诚以制节谨度，必本之清心寡欲。三代令辟，禹之卑宫，文之卑服与土阶茅茨，后先媲美。汉文帝之衣弋绨、罢露台，俭素可风。光武身衣大练，色不重采。至明帝犹复仰承先志。他若晋武帝之焚雉裘，梁萧恢之毁筒布，亦俭约可师。唐张蕴古进《大宝箴》六百余言，所谓壮九重于内，所居不过容膝；罗八珍于前，所食不过适口。可谓言近指远。宜乎！太宗嘉纳之也。元宗初政，亦尝罢织锦坊，宪宗用帛必籍其数。厥后宋太祖戒衣饰之侈，尝曰："以一人治天下，不以天下奉一人。"此二语亦本之于《大宝箴》。仁宗虑烧羊之沿为制，戒哈蜊之费于用，实一代仁俭之主也。明太祖营缮宫室，去雕琢之奇丽，乘舆服御咸令以铜代金。尝云：惟俭养性，惟侈荡心。居上能俭可以导俗，居上而侈必至厉民。是以止潞州之参贡，辍金华之香米。皆可为法矣。圣朝俭德，实体唐而踵虞。是以化行海内，炳焉与三代同风也。

制策又以整军经武国之大经，因以详求夫兵制。臣惟古者寓兵于农。比闾族党，即伍两卒旅。搜苗狝狩，讲步伐击刺。《易》之师卦，取象于地中有水，所谓藏至险于大顺者，就兵农合一之势言之也。管仲相齐，行轨里连乡之法，尚不失守望相助之意。至参其国而伍其鄙，在国为军，在鄙为农。虽即古者六乡、六遂之遗，而兵民渐分矣。两汉以后，兵制屡更。惟唐时府兵之制最为近古，惜乎行之未久，而募壮士，增𬴊骑，又纷更矣。宋有禁兵、厢兵、蕃兵、乡兵诸目。其禁军之制，收天下之精锐，列营京甸。征调屯守，悉自京师移之，而未若府兵之善者。府兵则可聚可散，禁军则愈久愈怠也。然无必胜之兵，有必胜之将。宋惟得驭将之法，故韩、岳诸人虽当积弱之势，犹奋起而无敌也。明时京师宿重兵三十万，畿内约三十万。说者谓得强干弱枝之意，而日久废弛。虽曾改三大营为十团营，而名不副实。其弊至于各营已虚而岁饷如故，则并老弱之数亦不足。正德中群盗既起，至调边兵征之而后定，则京师重兵不足恃可知矣。圣世武备聿修，德威远播。夫是以干戈永靖，而中外咸乂安也。

夫辨理欲以励宸修，严考核以清仕路，戒奢靡以维风俗，精训练以饬戎行。举而措之，尚何政之不修哉？臣尤伏愿皇上，博览诗书，广延规谏。皋陶之谟曰：兢兢业业，一日二日万几。诚能本此意以懋修而道积厥躬，则举凡大法小廉，黜奢示俭，迩安远肃之规，皆可一以贯之，不劳而理。盖源清则流无不洁，体立而用有以行，明德新民止于至善。则我国家亿万年有道之长基此矣！臣末学新进，罔识忌讳，干冒宸严，不胜战栗陨越之至！臣谨对。

## 史海钩沉

黄思永是继李鸿章、曾国藩第一拨洋务运动之后，第二拨近代改革大家，他的改革行动一直延续到清亡。现代中国的工商业，如开通商口岸、修建铁路、开采矿藏、发行股票债券，黄思永都有参与。他努力学习，善于接受新思维和新事物。

1903年，清政府设立农工商部，特聘黄思永和张謇〔江苏通州人，光绪二十年（1894）状元〕为顾问。二人共同起草并颁布了《奖励公司章程》《商会简明章程》，与有关铁路、矿务、商标等诸多章程法规，大力扶持民族工商业，吸引众多投资者兴办工厂商行，时人称为"商部两状元"。

## 光绪九年（1883）癸未科状元：陈冕

陈冕，字冠生，北京大兴人。祖籍浙江绍兴府山阴县人。

殿试皇帝：清德宗爱新觉罗·载湉

## 策问

制曰：朕以冲龄，仰邀天眷。寅绍丕基，于今九载。承列圣之诒谋，秉慈闱之懿训。惟日孜孜，冀臻上理。探念典传心之要，求通经致用之方。著顺轨于宣防，奏咸熙于庶绩。尔多士对扬伊始，尚摅谠论，用赞嘉猷。

治法肇于唐虞。《尧典》《舜典》何人所分？人心道心何书所引？《汤诰》始言性，《说命》始言学，真德秀谓开万世性学圣学之源，能畅其说欤？《易·文言》："敬以直内，义以方外。"或谓与《丹书》敬胜、义胜之说相发明。能推阐其蕴欤？汉高帝诏陆贾著《新语》，虽云修仁义，法先圣，而所陈不过秦汉间事，岂为学止于此欤？唐太宗谓侍臣曰："朕所好惟尧、舜、周、孔之道。"果于数圣传授微旨，有所得否？其他若《帝范》《帝学》《心经》《政经》以及《大宝》《丹扆》诸箴，其言有可采欤？后世人主，或好黄老，或尚艺文治不古若，殆由是欤？

经学导源于汉，尚已。《易》上下经十翼，本为十二篇，何人始以《彖》《象》《文言》杂入卦中？《尚书》伏生所传者二十八篇。孔安国《传》，晋梅颐始奏于朝。果可信欤？逸诗散见诸书，或谓孔子删诗，有删其篇者，有删其句者，尚详征之？《春秋》三家之义孰长？杜氏注《左》果优于服注否？《礼记》为汉儒所综集，《中庸》为子思作，《缁衣》为公孙尼子作。程子独谓儒行经解非圣言，确否？《周官》晚出，是否后人伪托？《仪礼》注家甚少，贾《疏》据何家为定本？三《礼》之学不讲久矣。能言其所心得欤？

四渎之水，河最难治。禹疏九河故道，自汉时已不能尽考。惟许商上书言，徒骇、胡苏、鬲津所在，后世地志转一一胪列其名。果可据欤？魏晋南北朝河之利害无闻。《唐书》所载亦仅薛平、萧仿两事。岂以隋、唐书不志河渠，故多阙欤？贾让之三策，王景之八渠，盖考其说？宋人论河之说，如欧阳修、苏辙、任伯雨诸论，果皆允否？潘季驯所云："以堤束水，以水刷沙。"其丁治河之法果不易欤？夫治河兼欲利漕，是以古今议论纷如。河运、海运孰便？南流、北流孰宜？其详究之。

《周官》六计以廉为本。或训廉为察，其义孰优？汉法刺史以"六条"察二千石，岁终奏事举殿最。而董仲舒对策谓累日取贵，积久致官。将汉亦用年劳之法欤？魏明帝作《都官考课法》，杜恕以为文具，晋杜预亦谓不若去密就简。其说然欤？唐叙以"四善"，分以"二十七最"，差以九等。宋因唐之"四善"，分为三等。详略得失，其缕析之！宋初考课，特命清望之官同任其事，不但委之有司。其法可行否？《汉书》言综核名实，故吏称其职。

然或上求实效，下循虚名，将操何道而使之皆实心以敷政乎？悃愊安静者大抵便民，而缓急或不足恃。强健明决者易于集事，而恣睢或至殃民。将何以资器使？举劾之权不能不寄之大吏，而不无借以遂其私者。何以委任而责成欤？

夫心法为宰化之枢，经术为作人之本，固堤防而民居敉定，严考课而吏治澄清，皆经世之要图，保邦之大计也。多士学古入官，讲求实用，其各以素所诵习者著于篇，毋泛毋隐，朕将亲览焉。

## 对策

臣闻汉廷射策，萧望之以儒宗显，倪宽以经学称。平当以明《禹贡》任使行河，召信臣以有方略终为循吏。稽古匡时，固先务之急也。自后世性理之学，训故之文，河渠之书，铨叙之法，皆淆杂而失其真。承大对者欲科别其条，茂明其说，亦綦难矣。《管子》曰："先王之书，心之敬执。"《庄子》曰："六经，先王之陈迹。"《荀子》曰："行水潦，安水藏，以时决塞。"《晏子》曰："举贤以临国，官能以敉民。"帝者抱蜀于上，儒者讲德于下。斯王道正而百川理，天工亮而庶绩熙，一以贯之矣。

钦惟皇帝陛下，亲师重道，明目达聪。近年以来，中外大小臣工剀切陈言者，累牍而进。固已嘉言孔彰，政治厘然毕举矣。犹复临轩试士，备切咨询。举懋学、传经、宣防、察吏诸大端，策臣等于廷，而冀收壤流之一助。臣庸才占毕，讵识谟猷？顾自幼学以来，凡典籍所纪，绥猷之本，稽古之功，与夫安民知人之要，亦稍留意于其间。遭兹言路广开，敢不竟其辞指乎？

伏读制策有曰：治法肇于唐虞，因欲考帝王学术之真。诚性功之首务也。臣案：《尧典》《舜典》之分始伪。孔安国《传》曰："若以下二十八字，姚方兴称得之大航头。"书固难尽信哉！《禹谟》危微二语，据《荀子》引《道经》而小异其词。《汤诰》言恒性，不见于《史记》之真古文。兑命典学一语，据《文王世子》及《学记》，伪迹显然。后儒乃谓为言心、言性、言学之原，盖未深考尔。《易》之坤卦，阳息在二。乾为直为敬，坤为方为义。《丹书》者古策府遗典，曰敬曰义，其知易乎？故王应麟谓孔子训《丹书》于《文言》也。三代下，汉之高祖，唐之太宗，皆以武拨乱，以仁胜残。陆贾所陈《新语》，今所传非原书。然王充、李善所引，固皆儒家言。胡宏、真德秀乃谓所言不过秦汉事，过已。太宗学优于高祖，所作《帝范》犹见仪刑。宋范祖禹侍哲宗经筵，论人主今日之学，系天下他日治乱。史称其开陈治道，虽贾谊、陆贽不能过。观所进《帝学》简明剀切，惜哲宗不尽用之。《心经》《政经》，则不免依托至《大宝》《丹扆》诸箴，其言固多精要可采者。皇上冲龄讲学，蒙养克端。征信于古，尤赖左右之陈善闭邪也。

制策又以经学导源于汉，因备考夫条流。臣案：言《易》者以《十翼》释经始。费直以象、象合经，高贵乡公谓始康成。朱子《本义》用吕祖谦古本，明永乐修《大全》割附程《传》，篇第又淆。伏生《今文尚书》二十八篇，迁、固云二十九篇，其一篇百篇序也。今非惟伪古文不足信，今文亦唐卫包所改定者。《九夏》《新宫》，其词已佚，《狸首》犹见《考工记》《射义》《大戴记》中。《论语》《左传》《孟子》《国语》，周秦诸子，《史》《汉》诸书，间存章句，皆逸诗也。左氏身为国史，依经作传。公羊高受学子夏，谷梁赤后于二家。三家于《春秋》互有短长，而左氏、公羊为信。注《左传》者，贾逵、服虔先于杜预，贾、服书既散佚，杜且不当深规。而孔颖达伸杜以攻贾、服，则更惑矣。马融、卢植传戴圣《礼》四十九篇。康成谓《中庸》子思作。刘瓛谓《缁衣》公孙尼子作，如《王制》则汉博士作。《月令》采《吕氏春秋》，不独《儒行经解》为可疑也。《周官》多春秋后窜改，亦非周公本书。《仪礼》则王肃、沈重之注不存，贾公彦作疏，第据齐黄庆、隋李孟悊之《疏》为本尔。朝廷文教蔚兴，承学之士得以研精六籍，可不实事求是哉？

制策又以四渎之水河最难治，因欲求九河故道，以追禹绩之隆。臣案：齐恒公填阏八河自广。周定王时河东徙，故道遂失。汉王横谓九河可沦海，然许商上书言徒骇、胡苏、鬲津在成平、东光、鬲县界中。徒骇最北，鬲津最南。《尔雅》九河之次，自北而南。既知三河所在，则知太史马颊覆釜在东光北，简洁钩盘在东光南。后世地志所列，据此可证。河自汉末逮唐初，出东昌东、济南西。顺轨几千年，故鲜议及者。《唐书》治河仅薛平、萧仿，而决溢屡书。景福中徙武定厌次，为千乘改流之始。不志河渠，史之阙略也。宋代商胡决口，贾昌朝主复故道。李仲昌请开六塔，欧阳修独以顺水治堤无大利大害，苏轼尝缴进其说，苏辙则请罢回河之役，任伯雨则请宽立堤限，皆为国情劳费也。明潘季驯刷沙之法本汉张戎，其说则《考工记》善沟善防之意。治河古称贾让三策，而近人多谓难行。王景八渠功效远已。今言河者必及运，有海运何烦河运？必借黄济运，久之河病而运亦病，岂长策哉！且河入济渎已二十九年，利津海口淤狭，决近畿辅。此时归故道，水不能逆其性，筑遥堤民不忍弃其居，计不获已。惟仍浚海口以治下游，修旧堤以防盛涨而已。我皇上轸念民瘼，近简员往察河势，固山东之民所同企望者也。

制策又以"六计"弊吏始于《周官》，而因求激浊扬清之道。臣案：郑康成言六计以廉为本。王安石训廉为察，不如贾公彦《疏》"洁不滥浊"之说足风有位。汉之"六条"问事见汉官典，职亦惩牟利通货，犹有《周官》遗意。董仲舒谓累日取贵，积久致官，贤不肖浑淆其意。欲使列侯郡守二千石举贤能，而病选吏者以富訾，不但为年劳之弊也。魏杜恕议考课之制，以为用不尽其人，虽文具无益。晋杜预为黜陟之课委任达官，稍去密而就简。唐代考课掌于吏部。宋因唐法分"四善"为三等，又命清望之官如王沔、谢泌者典之，盖重其事矣。夫循吏莫著于汉，莫多于宣帝时，非综核名实之效哉！今之察计，法美意良，然内而长官囿于积习，京察已等具文；外而疆臣狃于偏私，计典亦成故事，致使人才进退不本公忠，不采舆论，彰瘅之风声不树，举人不必能其官。我皇上超擢贤能，严惩贪墨，将欲澄叙官方。中外大臣尚当以实心行实政，上辅日月之明。为治不在多言，大法则小廉也。抑臣观《宋史·道学》之传，特取别夫《儒林》；《汉书·沟洫》之功，不以参于《循吏》。流派未可以偏废，智能固各有专长也。

伏愿皇上，烛照万理，斟酌群言；于兼听并纳之中，考设官分职之意。师傅因论道而尊，必求正学也；侍从本经术以进，必取端人也；水工之官，必规久远，勿惜小费也；铨曹之政，务使清通，勿抑真才也。如此则谠言益进，万几咸理，人奏所能，我国家亿万年有道之长基此矣！臣末学新进，罔识忌讳，干冒宸严，不胜战栗陨越之至。臣谨对。

## 史海钩沉

殿试前，故宫内养的大象整天大叫，慈禧太后坐在金殿上问文武百官，大家都不知道为什么大象叫，又问参加殿试的贡士们，谁也答不上来，只有陈冕答道："大象叫，丰年到。出于《藏经》十三篇。"朝廷马上派人去查，果然不错，太后大喜，说："陈冕很有学问，连《藏经》都读过，别的书籍更不用说了。"原来陈冕在咸安宫、国子监当过八年教师，博览群书，所以他的学问很扎实，知识很丰富。

殿试第一名为陈冕，一是因为陈冕的策论写得精妙绝伦，二是他回答了为什么大象叫的问题，状元也就非他莫属了。

## 光绪十二年（1886）丙戌科状元：赵以炯

> 赵以炯，号仲莹，又字鹤林，贵阳青岩人。

殿试皇帝：清德宗爱新觉罗·载湉

### ◼ 策问

制曰：朕诞膺天命，演绍丕基，于今十有二年矣。仰赖皇太后教育之勤，庶政协和，四方安谧。朕朝夕典学，惟日孜孜。求之于经史，以探治乱之原；求之于军旅，以资控驭之略；求之于地形，以知险易之要；求之于圜法，以准轻重之宜。尔多士自田间来，学于古训，究心当世。兹当临轩发策，其敬听朕言。

帝王诚正之学，格致为先。若《帝范》、若《群书治要》、若《帝学》，能言其精义欤？《贞观政要》《太平御览》，撰者何人？魏征《谏录》《续录》，果有裨于治欤？此外，若《政府奏议》、若《尽言集》、若《历代名臣奏议》，孰为优劣欤？真德秀《大学衍义》，何以阙治平？果有待于邱浚之补欤？夏良胜《中庸衍义》与德秀书同体例欤？司马光《资治通鉴》为治忽之渊林，能举其要旨欤？为《释文》、为《音注》、为《释文辨误》、为《地理通释》者何人？为《外纪》者又何人？李焘、刘时举等所续足继原书之精博欤？

用兵之法，贵乎因地制宜，舟师其尤要也。《左氏传》楚子为舟师以伐吴，实为水军之始。其后楚获吴舟馀艎，则又舟名之最著者。或谓公输般之钩拒乃战舟之始。然欤？汉时命朱买臣治楼船，元鼎五年又诏粤人及江淮以南楼船往讨吕嘉。其时有伏波将军、楼船将军之号。其船曰戈船、曰下濑、曰横海，命名之义，要何所在？其习水战，当在何地？晋武帝时王浚修舟舰，乃作大船连舫，能受士卒几何人？其飞云、舟仓、隼船相去若干步，见于何书？隋文帝命杨素造战舰，其舰何名？其高何若？唐时击萧铣，所用战舰能举其数欤？宋时福、兴、泉、漳各有鲟鱼船，可修整以备海道。奏陈者何人？当在何年？绍兴时有飞虎战舰，旁设四轮，其制如何？铁可以为船，晋、唐以前见于何书？又有皮船，始于何人？明戚继光亦用之。一船可乘几人，能详之欤？

在昔虞廷致治，振旅三苗。周道方兴，劳师玁狁。边防之事自古为昭。

但齐称攘狄，左氏兼美乎和戎。汉重犁庭，扬雄反抑为中策。凡斯张弛，何说为长？且七雄竞爽，资骛牧以绥边。西夏一隅，拒辽金而掎角，地居四战。何道之从？又如汉开西域，力袭乌孙。唐启安西，威扬大食。是则葱岭以西，雷翥以北，握其天险，务得中权。肄业及之讵无胜算欤？又若汉得卫青、霍去病而奠漠南，唐用李靖、李勣而破突厥，元有旭烈兀诸人而收印度，明资戚继光诸将而靖倭氛。得人者昌，能言其效欤？

钱法始于太皞。或谓之金，或谓之货，或谓之泉，或谓之布，或谓之刀。能各举其所自欤？周制以商通货，以贾通物。其九府圜法，厥制若何？后患钱轻，更铸大钱。始于何年？汉时初铸荚钱，后以钱益多而轻乃更铸四铢钱。其文奚若？其年代尚可考欤？后又有三铢、五铢，是否同时？魏晋以后亦有铸四铢钱者。唐时改五铢钱，每钱一千。计重若何？其钱监设于何地？其罢江淮七监，何人所言？宋时置监铸铁钱，当在何处？其铜钱一当铁钱几何？元丰间，毕仲衍进《中书备对》，言诸路铜铁钱监所增数果多于宋初欤？自银币行而钱法一坏，自交子、钞引行而钱法再坏。元明以来率蹈此弊，岂鼓铸之不善欤？抑产于山者，有时而竭欤？子母相权之法，不可不亟讲也。

夫稽古者出政之要本也，讲武者备豫之方也，设险者立国之基也，范金者理财之要也。尔多士条举以陈，勿猥勿并。朕将亲览焉。

## 对策

臣闻政治甚繁也，实由庙堂握其纲。寰区甚遥也，实由宫廷提其要。人君建极，绥猷将胥，天下之臣庶相与进于乂安。而欲智取术驭也，其道无由。是以神圣代兴之朝，天人交应，遐迩悉怀。而求其要端，则不外缉熙以新其德，讲论以探其源。而复继以思患豫防之规，怀远保邦之略，厚生利用之模。其难其慎，无怠无荒。合本末以交修，统始终而毕贯。用是主极端，军威振，边患息，国用充。于以扬骏业而迓鸿庥，此诚为一代之隆规，而百王之大法也。

钦惟皇帝陛下，尊师重道，饬纪整纲。必先天下而课其功，乃后天下而收其效。将兢兢业业，亦何政之不修？何事之不理哉？乃圣怀冲挹，咨询犹殷。举讲学、经武、防边、制用诸大政，进臣等于廷而策之。如臣庸陋，何足以承大对？特以士之为士者，夙负齐家治国之志，将以施之于政，以究其得失也。兹复恭奉谕旨，勉以毋猥毋并，若仅涂饰浮辞，能无负惭于夙夜乎？

伏读制策有曰："帝王诚正之学，格致为先。"因深究夫审端致力之方。此诚内圣外王之极则也。臣惟唐虞以来，言执中尚矣。三代而降，若唐太宗

《帝范》十二篇，始君体，终崇文。范祖禹《帝学》八卷，起三皇，迄宋代。与魏征之《群书治要》，具有精意，足备省观。《贞观政要》吴兢所作。《太平御览》宋太宗诏史馆所修。至真德秀进《大学衍义》四十三卷，拳拳于诚意正习之要，而治平之略阙焉。邱浚以正朝廷成功化十二条补之，体明而用亦备。夏良胜之《中庸衍义》，所为沿其体例而作也。司马光《资治通鉴》一编最为精博，其要旨不出察治乱、知兴衰，诚史家之纲领。后经史炤撰《释文》三十卷，胡三省撰《音注》九十七卷，《释文辨误》十二卷，王应麟撰《地理通释》十四卷，刘恕撰《外纪》十卷，李焘、刘时举复为《续编》，而原书益昭美备矣。至若补阙拾遗，则魏征之《谏录》《续录》，范仲淹之《政府奏议》，刘安世之《尽言集》，黄淮、杨士奇等所编之《历代名臣奏议》。类皆君臣交儆之辞，其有裨于治岂浅鲜哉？皇上几余念典，圣学方新，古训具陈，尤赖左右之朝夕纳诲也。

制策又以用兵之道贵乎因地制宜，而舟师尤为要务。此又安内攘外之良规也。臣考古无水战之法。春秋时楚子始为舟师以伐吴，其后遂有馀艎之获。然其制退者钩之，进者拒之，实自公输般而创。汉时武帝命朱买臣治楼船以攻东越，更作昆明池习水战以讨昆明。元鼎五年，又诏粤人及江淮以南楼船往征吕嘉，其时有伏波、楼船、横海、下濑各将军之号。至命名之义，如置戈船下以御蛟龙，故称戈船之类是也。嗣后晋王浚作大船，连舫制方百二十步，受二千余人。隋杨素造五牙大舰，高百余尺，容战士八百人。唐李靖击萧铣，作战船二十余艘。宋时福、兴、泉、漳各有鲂鱼船。咸平四年，何承矩建议修葺以备海道。绍兴中王彦恢复制飞虎战舰，旁设四轮，日行千里。此历代舟师之要也。至如铁可为船，见于《淮南子》。皮船之制创于元宪宗，而戚继光用之。一船可乘一人，两船合缝可乘三人。引战舟之尤异者，要之出奇制胜，止在为将者驾驭之得法耳。圣朝威德昭宣，陆慑水栗，近复慎重海防不已，有备无患也哉！

制策又以边防之事自古为昭，因详究大地形险易之宜。此更定功保大之良模也。臣案：虞廷致治，犹振旅于三苗。周道方兴，且劳师于獯鬻。自来有文事者不忘武备，则兵之不可一日而去也。独是古今异势，强弱异形，水陆异宜，防剿异用。筹边令策，莫若因时。秦用蒙骜，赵用李牧，西夏以一隅而拒辽金，皆聚劲卒精兵独当一面，深得乎可战可守之方者也。至如汉武帝遣使通西域，置酒泉郡，而康居、乌孙、大夏之属络绎来附。唐太宗讨平高昌，置安西都护，而新罗、大食诸国咸奉朝贡。凡在葱岭以西，雷翥以北，无不据其天险操纵自如。然而行军之要，贵地利尤贵人和；经武之谟，在将兵尤在将将。历代以来，如汉之奠漠南，则卫青、霍去病之力。唐之破突厥，则李靖、李勣之功。元之收印度，则奏绩于旭烈兀诸人。明之靖倭氛，则成功于戚继光诸将。得人者昌，不诚然欤？究之拓地开疆，幅员日广，诚极一时兵威之盛。然不如唐李大亮之言曰：中国有根本，四夷如枝叶。欲怀远者，必先安近。则尤得居中驭外之权也。国家舆图日扩，罔有内外。悉主悉臣，安有不怀德畏威也哉！

制策又以钱法始于太皓，而子母相权之法不可不讲。此更开源节流之要道也。臣考伏羲氏聚天下之铜为棘弊，始谓之金。有熊氏谓之货。陶唐氏谓之泉。至成周太公立《九府圜法》，以商通货，以贾通物。宝于金，利于刀，流于泉布。于布斯固钱之滥觞也。厥后景王患钱轻，更铸大钱，文曰宝货。汉初铸荚钱。文帝时为钱益多而轻，更铸四铢钱，文曰半两。武帝复行三铢、五铢钱。魏晋以后沿用之。唐兴，废五铢钱，铸开元通宝。每十钱重一两，计一千重六斤四两，得轻重大小之中。置监于洛、并、幽、益、桂等州。洎韩洄判度支，以江淮七监铸钱工用过费，悉请罢之。宋开宝中，令雅州置监铸铁钱，与铜钱兼行。铜钱一当铁钱十。迨元丰间，毕仲衍进《中书备对》，言诸路铜钱增九监而所铸增三百余万贯，铁钱增六监而所铸增六十余万贯，盖比宋初至景德已大不同矣。至于银币始行于交广，而交子、钞引自宋以迄元明率蹈此弊。钱法之坏由来久矣。岂铜源之果竭欤？圣朝府事交修，权衡货布，所以尽美尽善者，非汉唐所能及矣。夫治益求治，王之本，新又日新，圣之基。寸念疏密，而国之强弱，民之贫富，皆于是关焉。

故德业虽懋，器械虽坚，疆域虽清，财用虽足，律以居安思危之意。臣之至愚，尤伏愿我皇上，法天之健，行地之贞，上追尧舜之隆，下迈汤武之盛。《书》曰钦哉，《诗》云敬止。诚使即前言往行，以验诸躬行，而复因时以酌其权宜，随地以明其法度。由是几康敉而本源清，律令明而德威播，捍卫严而边陲靖，斟酌善而帑藏盈，则我国家亿万年有道之长基此矣。臣末学新进，罔识忌讳，干冒宸严，不胜战栗陨越之至。臣谨对。

## 史海钩沉

年少时的赵以炯在青岩，受到家庭和乡邦环境良好的影响，才会有不屈不挠坚毅果敢的性格，豪情万丈地进京参与会试、殿试积极入世的品格。

赵以炯善诗书，交游甚广，上与光绪可谈心，下与鸿儒可论道。上可平步青云于京华，下可辞官归田园，有典型的中国士大夫性格。

## 光绪十五年（1889）己丑科状元：张建勋

张建勋，字季端，号愉谷，一号愉庐，广西临桂（今桂林）人。

殿试皇帝：清德宗爱新觉罗·载湉

### ■ 策问

制曰：朕仰膺天眷，寅绍丕基。荷列圣之诒谋，承慈闱之懿训。兢兢业业，十有五年矣。思欲登群生于衽席，筹九府之丰盈，绥八表于安全，阜四民之货殖。兹当临轩发策，尔多士其敬听朕命。

《洪范》八政食货为先，平世三登，丰穰偶歉。故《王制》有余三之政，儒家详缓二之文。《救荒活民书》，撰者何人？补者谁氏？《救荒本草》《拯荒事略》《救荒事宜》《救荒策会》《煮粥参议》《野菜谱》《野菜博录》，诸书孰详孰略？能援其最要之说，举其易辨之条欤？三国当涂，北朝拓跋移粟不劳于江左，济饥未害于偏灾。稽古者岂宜无所考见欤？元明以后，每恃南粮踵河运者虞海道之难，崇海运者虑河漕之缓。或谓宜于兼用，通知时事者讵能拘成法欤？

自昔行师，端需理饷，汉时全盛犹收孔仅之功，唐室中兴实用杨炎之策。必欲远师平准无凋耗之虞，近足度支有饱腾之便。通材硕学，岂无成法欤？或谓九牧贡金，明征《禹贡》。铁官列郡，亦著《汉书》。中古以还，代传开凿，权其利害，可得言欤？又如七雄并峙，铁冶纪于史迁。三国争衡，《食货》缺于陈寿。述其邦计，能悉源流欤？又如建炎南宋，利擅于権场。中统元初，用资于宝钞。熟知古事，讵无藉于博闻欤！

自古大一统之世，必为亿万年之图。西逾葱岭，汉通凿空之官。北界金山，唐设北庭之府。轮台屯戍，外辑乌孙。金满建城，远收伊列。凡兹经略，能略言欤？苏定方之讨沙钵罗，速不台之穷默尔奇，此其功烈，近在何时？吐蕃会盟之碑，刻于何代？《筹海图编》之绩，著自何年？又如蒙冲楼橹肇起《汉书》，翼轸毕箕权舆《孙武》，兵家水战，能举其要义欤？《诸蕃记》《西使记》沿革多可考欤？《武备志》《火器图遗》，法尚可用欤？

古礼先蚕是享，献茧登功。所以通羡余、重国计也。《尔雅》蚕类不一，不皆饲桑。《太平御览》引《永嘉郡记》亦同。能区别其地利物宜欤？《淮南子》谓王法禁原蚕，以其残桑。然乡贡八蚕之绵，何害于一岁再登欤？《御览》引谢承书，称范充为桂阳太守，教民植桑养蚕。《宋史》称张永令崇阳，教民拔茶植桑。得无纺织之兴亦资循吏欤？《御览》引《吴录》，称南阳郡一岁蚕八绩。《隋书》称江湖之南一年蚕四、五熟。岂非锦绣纂组反助女红欤？《蚕书》及《农桑辑要》《农桑衣食撮要》，何代何人所撰？良法美意今尚可行欤？

夫振给补助，仁政之经也；阜通消息，强国之资也；安攘训练，边圉之图也；纺绩织纴，生民之本也。多士博览古今，讲求实用。其各以素所蕴蓄者于篇，毋泛毋隐。朕将亲览焉。

## 对策

臣闻食者民之天也。而用以经之，武以卫之，蚕绩以辅之，凡以体元元、光鸿化也。故《史·平准书》曰："虚仓廥而贷之粟，弛山泽而同其利。"恒宽《盐铁论》曰："盐铁均输，所以通委财而调缓急。"《管子》曰："厚和构四国，以顺貌德。"《荀子》曰："功被天下为万世文，礼乐以成贵贱，以分之四者。"古先哲王咸斟酌而损益之。勤恤民隐，均节财用。无一夫之不耕，一妇之不织。修之内者纪纲粲然，外而月窟日域靡不宾服。櫜弓说剑，阴阳之和，朴皇质而雕唐文，此其权舆也。

钦惟皇帝陛下，亲裁大政，首重耕桑。众和财丰，疆圉无事。更新百度，蒸蒸向风。而渊默雷声，弛张不形，既执大同调泰鸿矣。乃圣怀冲挹，蕲得直言以辅郅治，置铎悬鼗犹惧其壅。进臣等于廷，策以救荒、理财、柔远、课蚕诸政，且责其毋泛毋隐。昔刘勰有言，对策者，应诏陈政也。臣虽梼昧，于政术善否，民生休戚，亦尝切究。深维欲陈而未有路，今尚匿而不献耶？

伏读制策有曰："《洪范》八政食货为先，平世三登，丰穰偶歉。"而因求振荒转漕之法。臣案：荒政十二，仅见大司徒一职，古无颛书也。宋董煟始撰《救荒活民书》，明朱熊补之。若元欧阳元《拯荒事略》，明朱橚《救荒本草》，周孔张陛《救荒事宜》，陈龙正《救荒策会》，陈继儒《煮粥参议》，王磐《野菜谱》，鲍山《野菜博录》，皆与《活民书》表里。煟书最核，而熊失之迂。山录差博，而磐失之略。《事宜》则张密周疏。《策会》《事略》则陈严欧诞。得失虽殊，便民一也。当涂通漕于陈颍，拓跋转殷于济梁。元运主海，明运主河。二者交讥，莫衷一是。今岁或不登，非不振恤也。然有司玩民瘼，又为文告所拘，展转相持，泽不下逮。且官无宿储，仰给他州，道里既悬，不以时达。诚如《周礼》司救，以王命施惠，则文告不能拘矣。遗人、仓人掌委积及粟人之藏，以颁之则自太仓及县都乡里所在充牣，不仰给他州矣。自元以后海外多故，专恃海运惧蹈元之覆辙。河运又漕渠易梗，岁岁劳费亦非策之得也。诚于畿辅兴水利、务仓储，常有十年之蓄。不颛俟南漕，又何断断河、海二运耶？皇上轸念民艰，凡行省偏灾，皆发帑截漕以振之，则民生厚矣。

制策又曰：“自昔行师，端需理饷。”而因求榷税置冶之法。臣案：汉武事外域，故孔仅铸作器；唐德敝诸镇，故杨炎改税法。又请出内库归左藏，议者称之。《禹贡》扬、荆二州皆贡金，豫贡错，梁贡银。镂亦金属也。班《志》铁官者四十郡，迁传铁冶者五家，后世开采所祖也。建炎榷场、中统宝钞并损下益上，权制非经制也。陈寿《三国》有《书》无《志》，故《食货》阙如。然后汉、晋二书犹存百一，夫仅言利析秋豪，又举所得者属少府。人主有私藏，仅导之也。炎之两税虽非敦本抑末之道，而左藏之归则宫中经费皆掌之有司，中官不得持其柄，犹周司会之遗也。盖内帑既盈，而无式法以限之，人主之侈心必生。内盈则外虚，民气必剥，又无以为非常之备。炎之识或不及此，然过仅远矣。冶铸之利，今尤尚之。然中国际数千年开采之后，地力既竭，非荒洲远岛比也。贫民采之足以资生，官司采之不足以偿费。况鸠无藉之民穴绝远之地，有利则聚而为奸，无利则散而为盗，其害又胜言耶？皇上躬行节俭，利用本于正德，上下交足，初无事山海之藏也。

制策又以大一统之世必为亿万年之图，而因求防边诘戎之法。臣案：古者守在四夷，不勤远略。自汉张骞通葱岭以西，西北诸边遂常为中国蠹。唐长安二年于西突厥置北庭都护府，永徽三年于处月诸部置金满州，汉轮台地也。苏定方讨沙钵罗在唐高宗时，速不台、穷默尔奇在元太祖时。吐蕃碑开元中李佺刻。《筹海图编》嘉靖中胡宗宪著。宋赵汝括《诸蕃记》，元刘郁《西使记》，纪载翔实，并史家之支流。舟师始汉之蒙冲。楼橹朱买臣创之。而《孙武·火攻篇》所云：翼轸毕箕则占风之验也。《武备志》火器图，率迂诞不经，无当行阵。昔李大亮曰：“中国如本根，四裔如枝叶。”疲中国以奉四裔，犹拔本根以益枝叶也。范祖禹曰：“得之既以为功，失之必以为耻。”故有征戍之劳，馈饷之烦，民不堪命。综李、范之论，后之虚内事外，其可已矣。兵械利钝，胜负所关。故晁错以器械不利、为将不省兵之祸。今亦尚制器矣。然工之良窳，藏之周疏，将不习也。制造多则朽坏易，朽坏易则改作烦。掷无艺之费，餍非族之欲，耗己以资敌，是自敝也。皇上义征不愸，远无弗宾，其于除戎器戒不虞之谊，诚得之矣。

制策又以古礼先蚕是享，献茧登功，而因求树桑养蚕之法。臣案：《尔雅》蚕属曰蟓雠由蚅，其食有樗棘、栾萧，不独桑也。《御览》引《永嘉郡记》，有八辈蚕则以出之，先后名之。又引《吴录》称南阳郡一岁蚕八绩。《隋书》称江淮之南一岁蚕四五熟，与《记》并同。然《淮南子》云：王法禁原蚕，以其残桑，再登且不可，况四五熟八辈耶？不知蚕桑并喜温，而永嘉、南阳及江淮南皆南维地，无嫌于一岁数登。故《吴都赋》亦云："乡贡八蚕之绵，安殆道其常耳！"谢承书范充为桂阳太守，教民植桑养蚕。宋张咏令崇阳，亦拔茶植桑。此岂俗吏所能为耶？宋秦湛《蚕书》附陈旉《农书》后，互相补苴。元初《农桑辑要》及鲁明《农桑衣食撮要》，一辨物产，一明时令也。夫妇嫔化治丝枲为太宰九职之一。而张栻曰："诵服之无斁之章，知周所以兴；诵休其蚕织之章，知周所以衰。"盖蚕桑亦国本也。今锦绣纂组为害女红，从事蚕绩者鲜。安得闾师任女事、鄹长稽女功，使之社而赋事，烝而献功，以补农之不足耶？皇上大昕之朝，卜三宫而使之，蚕政既兴，孰不率而展功绪欤？

若此者，敦本、善俗、兴事、劝功。权三十年之通以制用，绥数万里之遐以树威。则古昔斟时宜复乎莫尚已。臣尤伏愿皇上，几余典学，本经术为治术。准之《礼》以剂丰荒之平，参之《易》以明制度之节，体之《记》以章怀柔之效，稽之《国语》以宗劳逸之原。而又无荒无怠，终始惟一。以三代为必可复，而不屑为末世苟且权宜之策，将以方轩迈皋。比舜陵妫，则我国家亿万年有道之长基此矣。

臣末学新进，罔识忌讳，干冒宸严，不胜战栗陨越之至！臣谨对。

## 史海钩沉

张建勋从政最突出的贡献是在教育事业上。他中状元后，被委任为翰林院编修。光绪二十年（1894）春，被委任为云南省乡试主考官。他针对云南各地教材良莠不齐的状况，主持编校了一套较为系统、规范的教材。为了视学兴教，他走遍了云南三十九府（州）、六十五县。"金杯银杯不如老百姓的口碑。"

他转任或卸任后离开为官的地方，当地的官员百姓依依不舍、沿路送行，此种情况并不多见。

张建勋"工诗文，尤善书"。书法苍劲工丽，为时人称许。著有《愉谷诗稿》

传世。

## 光绪十八年（1892）壬辰科状元：刘福姚

刘福姚，原名福尧，字伯棠，一字伯崇，号忍庵，一号守勤。广西桂林人。

殿试皇帝：清德宗爱新觉罗·载湉

### 策问

制曰：朕纂承大宝，今十八年。仰诵列朝圣训，亲奉皇太后明教。期与薄海内外极养治之道，一以爱民为心，以钦若天命。每于边圉之要、朝觐之仪、仓庾之储、兵屯之制，咸据旧以鉴新，将执中而立极，嘉与宇内之士共臻上理。尔多士其进谋诵志，以沃朕心。

西藏屏蔽川滇，为古吐蕃地。何时始通朝贡？地分四部，由中国入藏有三路。幅员广狭奚若？试详言之。元置吐蕃宣慰司及碉门等处宣抚司，复置乌斯藏郡县，以八思巴领之。其沿革若何？唐时吐蕃建牙何地？阿耨达当今何山？其相近大山有几？雅鲁藏布江为藏中巨川，而澜沧江、潞江之属亦发源藏境。能究其原委欤？由藏至天竺程途远近何如？中隔部落几许？亦考边备者所宜知也。

五《礼》之目，宾居其一。《周礼》大宗伯以宾礼亲邦国，其别有八，而朝之别又居其四。其说若何？《书》五载一巡狩，群后四朝，与《礼记·王制》不同。而《秋官》行人六服，与《周语》五服又相抵牾。其说果可通欤？《郊特牲》旅币无方一节，盖诸侯朝天子庭实之礼，于他书有可证否？朝位宾主之间，儒者讲说不一。何以辨之？古诸侯朝天子礼，自《周官》外存于今者，尚有遗篇欤？自秦罢侯置守，无复古仪。杜氏《通典》分为四条，其目若何？于义当否？可详说之。

《周官》仓人主藏九谷，廪人主藏九谷之数，赒赐稍食，即今京通仓之制所昉也。后世有治粟内史、搜粟都尉、仓部郎等官，专司其事。其官名沿革时代先后，尚可考也。明初置京通仓，以户部司员经理之。其以尚书侍郎专督仓场，始于何年，所属更有何官，与今制若何，能悉数之欤？前代良法，积久弊生。偷漏之私，烂蒸之患，欲彻底清厘，果有尽善之策欤？

三代之盛，寓兵于农，因井田以供军实。自秦以来，法久坏矣。汉文帝募民耕塞下，于是始有屯田之法，盖犹具兵农合一遗意。历代相沿，大端莫易。而汉时行于西域者为较详。车师、渠犁、乌孙、伊循等名，今为何地？校尉、都护等官，置于何时？傅介子、常惠、郑吉诸人所屯者，为当时何地？赵充国屯田一疏，经画周详，所陈便宜十二事，能举其要否？自时厥后，六朝、唐、宋言屯田者皆沿汉法。或以民屯，或以兵屯，能援古证今，究极利弊而详陈之欤？

此皆御世之要图，经国之大业也。朕嘉先圣之道，修古帝王之行，事凡以求于生民有济。汉武有言，君者心也，民犹肢体。夫广仁益智莫善于问，乘事演道莫善于对其言也。典其致也，博策之谓也。多士勤学洽闻，能宣究其意者，毋泛毋隐。朕将亲览焉。

## 对策

臣闻管子之言，凡有地牧民者，务在四时，守在仓廪。国多财则远者来，地辟举则民留处，仓廪足则知礼节，衣食足则知荣辱，上服度则六亲固，四维张则君令行。古帝王之治天下必以其道。务德以怀之，陈礼以经之。财储而国富农勉，而战戢莫不守。始治纪牧领海内，故近悦远来，家给人足。《传》曰："招携以礼，怀远以德。"《易》曰："嘉会足以合。"《礼记》曰："命百官谨盖藏，命司徒循行，积聚无有不敛。"《诗》曰："彻田为粮。"四者至急之务，经久之规，治国者当留意也。

钦惟皇帝陛下，持纽三曾，经纬六合。陶天下为一家，运大钧于万品。斯时民物滋丰，疆圉无事。固已执饬大象，翔洽泰鸿矣。乃圣怀冲挹，咨访犹殷。思久道之化成，冀迩言之可察。进臣等于廷，而策之以绥远、正仪、储粟、屯田诸大政。臣之愚昧，何足仰补高深？顾当登明选公之日，必尽献可替否之义。复恭奉谕旨，勖多士以毋泛毋隐。其何敢撷拾举涂饰，虚应故事耶？

伏读制策有曰，"西藏屏蔽川滇，为古吐蕃地"，而因考其郡县、职官之沿革，山川、道里之周详。此诚柔远之先务也。臣谨案：吐蕃为西戎之一，自周及隋未通中国。唐贞观八年遣使入贡，为通朝贡之始。地分四部，前藏最狭，后藏最广，阿里界乎其中。中国入藏大道有三，由陕西西宁府南行为北路，由四川打箭炉西行为中路，由云南丽江府北行为南路。南北二路尤为商旅所经。元宪宗时始置吐蕃宣慰司，于碉门等处置六宣抚司。世祖时置乌斯藏郡县，以僧八思巴领之。明洪武时复置指挥宣慰招讨等司。此职官沿革之略也。阿耨达即冈底斯山，相近大山凡四。雅鲁藏布江源出达穆楚克喀巴布山。澜沧江有二源，一帀楚河，一鄂穆楚河。潞江源出喇萨北。有泽名布喀，经云南丽江府、永昌府，流至缅甸而入海。天竺东方大城即汉身毒国。元曰忻都，今曰印度。由藏至天竺约二千里。中隔部落三，曰布鲁克巴，曰哲孟雄，曰廓尔喀。惟廓尔喀仅足自保，余俱弱矣。皇上八表抗棱，万方慕义，西蕃回首内向，庶几永作屏翰也已。

  制策又以五《礼》之目，宾居其一，而因详求朝觐之礼。此诚帝者之上仪也。臣谨案：《周礼》大宗伯以宾礼亲邦国。宾之别也有八，而朝居其一。朝之别也有四。四朝者，周制天子有四朝。曰外朝、曰中朝、曰内朝、曰询事之朝。此四朝之别也。《书》五载一巡狩。群后四朝，与《礼记》《王制》不同。其不同者，一唐虞时制，一周制耳。《周礼》九服，见于《职方》《秋官》《行人》。六服说者，谓指王巡狩而言。《周语》以甸、侯、宾、要、荒为五服。其说相去太远，未可强通也。《郊特牲》旅币无方一节，惟觐礼侯氏奉玉帛以升之文可以为证。然仪文略有不同。朝位宾主之间，先儒讲说不一。熊氏谓朝无近法，享则有之。其说为优。古诸侯朝天子礼，《周官》外惟《明堂位》一篇最足依据。此外则《逸周书》之《王会》篇为最著。他若杜佑《通典》采掇亦颇精审。《通典》又言秦罢侯置守，无复古仪。所分四目，如诸侯遣使来聘，以三代下无其礼者，特未知礼，可因时制宜耳。皇上垂衣襞服，坊表群伦。典则所昭，洵足式臣工而安远近已。

  制策又以《周官》仓人、廪人为今京通仓所由昉，而因进求美善之规。此诚裕国之至计也。臣谨案：《周礼》仓人主粟入之藏，廪人主藏谷之数。《地官》所载，制度昭然。下及后世，秦有治粟内史，汉有治粟都尉，武帝时复置搜粟都尉。魏有大农，晋有大司农。哀帝省并都水，孝武复置。梁置荚库、荻库、箬库诸丞，隶司农。其物仓廪储谷所需，设官以掌。隋有司农寺卿，唐因之，又有太仓令、诸仓监、监仓御史。五季有三司使。宋以他官分领京仓。辽有司农寺。元有京畿都漕运使。官名沿革，时代先后，略可考。明永乐都北京，置京通仓，以户部司员经理之。宣德五年始命李昶为户部尚书，督其事。《明史·职官志》不具载。考《食货志》攒运有郎中，监仓有主事，即今之坐粮厅及仓场监督也。夫前代良法美意，行之日久，遂有偷漏及烂蒸之弊。说者谓偷漏之私由于封锁之不固，烂蒸之患由于晾晒之不勤。苟非在事臣工随时稽察，则典守者肆行偷漏，复恐亏绌其数。即以糠秕、水谷杂糅之，而烂蒸之患益甚。明《志》所称，粮长搀沙水于米中，往往蒸湿浥烂至不可食，而仓场额外科取岁至十四万。设任用得人，不惮发其覆而摘其奸。何难洗仓场积弊乎？皇上廑念仓储，勤求整饬。庶几如崇如墉，咸欣有备无患也已。

制策又以三代之盛，寓兵于农，而因讲求夫屯田之法。此诚靖边之大防也。臣谨案：屯田之法，为备边要策，足食良谟。汉文帝用晁错策，募民耕塞下。其后屯田西域者，傅介子田于伊循城，常惠将三校屯于乌孙赤谷，郑吉屯田渠犁及车师。即今之辟展、乌鲁木齐、伊犁等地，所谓天山北路是也。孝武时西域始通中国，置中垒校尉领护之。元帝时置戊已校尉。校尉之置官始于此。宣帝时遣司马护南道都鄯以西诸国。神爵三年，单于日逐王来降，郑吉迎之。使吉并护北道，号曰都护。据《西域列传》谓，都护之名始于郑吉，是也。赵充国屯田一疏，经画周详。而综其大旨，要归于内有无费之利，外有守御之备。威德并行，兵农相辅。可谓老成谋国，动中机宜。自汉以后，六朝、唐、宋略有变革。北齐于州刺史稽华，修城左、右屯边地。周赡又于河内置怀茂等屯，止河南转输之劳。唐郭子仪屯田河中，韩重华屯田振武。凡此皆为备边省费之计。今推广行之，固边疆之利也。皇上威震殊俗，海宇乂安。寓边防于井牧，洵万世以永赖者矣。

若此者，固封守，饬礼法，实仓储，备耕战。兼才尚权，右计左数。仁圣事赅，帝王道备。巍乎其莫尚矣！臣之至愚，尤伏愿皇上通万方之略，得致一之媺，采儒墨之善，撮名法之要。蛮夷已附而益事羁縻，槃敦已饬而犹殷考订，仓庾已充而更严察核，边陲已靖而力务耕耘。于以体尧蹈舜，甄殷陶周。德泽满于天下，灵光施于四海。会归有中，御衡不迷。则我国家亿万年有道之长基此矣！

臣末学新进，罔识忌讳。干冒宸严，不胜战栗陨越之至！臣谨对。

## 史海钩沉

刘福姚受恩师翁同龢的影响，具有维新的政治倾向。慈禧太后严厉镇压维新分子，翁同龢被革职看管；刘福姚也受到冷遇和歧视，仅在文化教育方面做些琐碎的工作。

刘福姚曾与浙江词人朱祖谋、同乡王鹏运潜心词学研究，合作《庚子秋词》，成为晚清临桂词派重要成员之一。

## 光绪二十年（1894）甲午恩科状元：张謇

张謇，字季直，祖籍江苏常熟，生于江苏通州（今江苏南通）。

殿试皇帝：清德宗爱新觉罗·载湉

### 策问

制曰：朕寅绍丕基，仰昊苍眷佑，兢兢业业，今二十年。恭逢皇太后六旬万寿，上维《鲁颂》寿母之诗，俯思《大雅》作人之化，特开庆榜，策试多士。又尝恭读康熙戊戌科圣祖仁皇帝策问，天子以乂安海宇为孝。是以夙兴夜寐，勤求至理，政事之余，留意经术。圣训煌煌，为万世法。兹举河渠之要，经籍之储，选举之方，盐铁之利。揆时度势，酌古衡今。尔多士其扬榷陈之。

治水肇于《禹贡》。畿辅之地，实惟冀州，水利与农事相表里。后汉张堪为渔阳守，开田劝民。魏刘靖开车箱渠，能备述欤？至营督亢渠，引卢沟水资灌溉，能各举其人欤？唐朱潭、卢晖，宋何承矩，浚渠引水，能指其地否？元郭守敬、虞集议开河行漕，其言可采否？汪应蛟之议设坝建闸，申用懋之议相地察源，可否见之施行，能详陈利弊欤？

汉世藏书，中秘最善。刘向所校，仅名别录。至其子歆，始总群书而奏《七略》。《传》《注》所引，秩然可征。班志《艺文》，与刘略出入者何篇？魏晋以后，郑默《中经》，荀勖《新簿》，体例若何？梁华林园，兼五部以并录，隋修文殿分三品以收藏。唐承砥柱之厄，始付写官，宋籍建业之余尽送史馆。此皆册府遗文，可资掌录。明《永乐大典》所收之书，今不存者见于何目？能备举以资考证欤？

选举为人才所自出。翰林以备顾问，六曹以观政事，县令以司赏罚，三者皆要职也。翰林始重于唐，其时学士出入侍从，参谋议，知制诰，能详其品秩欤？宋儒馆有四，地望清切，非名流不得处。其选用之制若何？六曹昉自《周官》，秦汉、隋唐互有沿革，能陈其异同欤？晋制不经宰县不得入为台郎。而后世或搢绅耻居其位，或科甲无不宰邑，岂轻重各因其时欤？抑增重激劝，或得或失欤？

盐铁之征始于《管子》。论者谓其尽取民利，而行之数千百年，卒不能废。

至汉武帝用孔桑之法，与《管子》异矣。其时所置盐官二十八郡，铁官四十郡，能指其地欤？终汉之世，屡罢屡复，其年代皆可考欤？唐贞元中检校盐铁之利，其议发于何人？若第五琦、刘晏、裴休之论，固无足采欤？请引采盐而商擅利权，禁民贸铁而官多侵蚀。其流弊能指述欤？

凡此皆御世之隆谟，经国之盛业也。夫朕以藐躬，加于臣庶之上。受祖宗付托之重，惟思恪遵慈训，周知民隐，旁求俊乂，孜孜为治，以跻斯世于仁寿之域。尔多士各抒谠论，毋泛毋隐，朕将亲览焉。

## 对策

臣闻善言天者尊斗极，善方治者定统宗。民生国计之利弊，不可节节喻也；学术人才之兴替，非必屑屑究也，要在道法而已。孔子之道，集群圣而开百王。其世所诵法大义微言，后千六百余年而复集成于朱子。宋臣真德秀尝本朱子之意辑为《大学衍义》，自帝王治学至于格致诚正、修齐得失之鉴，炳然赅备。是则三代、两汉以来，所为力沟洫、宏文章、兴贤能、裕食货者，必折衷于朱子之言而后是非可观也，必权衡以朱子之意而后会通可得也。

钦惟皇帝陛下躬上圣之资，勤又新之德，而又开通言路，振饬纪纲。凡所谓大学之明训，前古之事迹，固已切究而施行矣。而圣怀冲挹，犹孜孜焉举河渠、经籍、选举、盐铁诸大端，进臣等于廷而策之。臣愚何足以承大对？然臣尝诵习朱子之言矣，朱子之言之具于其书，与为德秀所称引者，无一而非人君为治之法，人臣责难之资也。其敢不竭献纳之忱乎？

伏读制策有曰："治水肇于《禹贡》，畿辅之地，实惟冀州。"而因求水利与农事相表里之故。此诚今日之先务也。臣惟禹所治河，自雍经冀。冀当下流，故施功最先，非直以为帝都而已，自汉时河改由千乘入海，而冀州之故道堙。今畿辅之水，永定、子牙、南北运河、清河，其尤大者。东南水多而收水之利，西北水少而受水之害。岂必地势使然，亦人事之未至也。汉郡渔阳当今密云，而张堪之为守，营稻田八千余顷。继是而往，魏刘靖开车箱渠，修戾陵堰。后魏裴延俊、齐稽华辈亦先后营督亢渠，引卢沟水以资灌溉。迹虽陵谷，而事皆较然。宋何承矩、唐朱潭、卢晖之辈，于雄莫霸州、平永顺安诸军，筑堤六百里，置斗门引淀水，既巩边围亦利民焉。元世郭守敬、虞集并讲求水利。郭之所议今之通惠河也，虞议则至正中脱脱尝行之。而明汪应蛟之议设坝建闸，申用懋之议相地察源，其所规画与郭、虞相发明。当时固行之而皆利矣。夫天下之水随在有利害，必害去而利乃兴。而天津则古渤海逆河之会百川之尾闾也。朱子曰："治水先从低处下手。"又曰："汉人之策留地与水不与争。"然则朝廷所欲疏瀹而利导之者，其必先于津沽岔口加之意已。

制策又以汉世藏书中秘最善，而因考证自汉至明册府遗文可资掌录者。臣惟成周外史坟典藏史简册，虽经秦而煨烬，而兰台、东观秘籍填委，固道术之奥而得失之林也。刘向校书条篇奏录，子歆《七略》疏而不滥。而班志《艺文》书、礼、小学、儒、兵、诗、赋诸篇，时有出入。虽不尽无当，而总扬雄三书为一序，郑樵嗤其踬焉。魏晋代兴，采撷残阙。则有郑默《中经》，荀勖《新簿》，编分四部，总括群书。而梁之《华林园目录》，五部并列。隋之修文殿副本，三品分藏。盛矣！逮唐之初砥柱之厄，迄宋开宝建业再征。由是而写本易为摹印，史馆益便其搜罗。明《永乐大典》散失所存，犹二万余卷。其中佚文秘典世无传本，见于《文渊阁书目》者，今皆裒辑成编矣。朱子云：不求于博，何以考证其约。又谓古今者时，得失者事，传之者书，读之者人，而能有以贯古今之得失者仁也。皇上留心典籍，以为政本。岂与夫词臣学子务泛览为淹通哉？

制策又以选举为人材所自出，因考累朝翰林、六曹、县令之轻重。臣惟今世所称清班美授者，翰林之官也。翰林之置始唐开元，学士只取文学之人。自诸曹尚书至校书郎皆得与选。延觐之际，各超本班，内宴则居宰相之下、一品之上，无定秩无定员。宋凡昭文馆、史馆、集贤院、秘阁各置直官，与其选者为修撰、校理、校勘、检讨。非名流不预焉，迨用为恩除，而参谋议、纳谏诤、知制诰之本意失矣。且不精其选，而苟焉以试。除官亦朱子所谓上以科目、词艺为得人，下以规绳、课试为尽职而已。六曹昉自《周官》。秦不分曹，而置尚书四人。汉有五曹，后更为六。隋唐因之，置侍郎、郎中、员外郎分掌曹事，沿以至今。固天下庶政之橐籥也。官多而事梦，又不如朱子所论三参政兼六曹，而长官自择其僚之为当矣。县令为最亲民之官。晋制不经宰县不得为台郎。后魏之季，用人猥杂，而缙绅士流耻居其位。宋初或以京朝官为之，积久更弊，乃议所以增重激劝之法。至庆元朝重邑令，而科甲咸宰邑焉。朱子曰："监司不如郡，郡不如县。"以其仁爱之心无所隔而易及民也，真治天下之本也。国家设官求贤，倘宜咨访于无事之时，参量于始用之日乎？

制策又以盐铁之征始于《管子》，行之数千百年卒不能废，而因切究其流弊。臣惟盐铁之弊，若准诸古而穷其阴玆民利之术，虽管子不免为圣王之罪人。而沿之今而犹为取诸山泽之藏，则孔桑且可从计臣之未减。汉武帝所以入孔桑之说，而置河东、太原等盐官二十八郡，置左冯翊、右扶风、颍川等铁官四十郡者，方张边功、急军旅之费也。利窦一启，更无可塞。虽始元、地节之议减，初元、永元之议罢，而永光、永平旋踵即复焉。唐贞元初刘彤请检校海内盐铁，而第五琦、刘晏、裴休继之。当时军镇赖以赡给，晏所为出盐乡。因旧监置吏亭户、巢商人，纵其所之。与朱子论广西盐法随其所向则价自平者，有合愈于琦休之为议矣。夫受引盐者商，而夹私居奇者即商也；禁贸铁者官，而侵蚀贿纵者即官也。流弊不胜穷，况征有出于盐铁之外者耶？皇上轸恤民艰，其必从朱子罢去冗费，悉除无名之赋之说始。

且夫民生至重也，学术至博也，人才至难也，国计至剧也。朱子谓四海之广，善为治者乃能总摄而整齐之。而壬午、戊申封事，则要之于格物致知，以极夫事物之变推之。至谏净师保而归本于人主之心，其言尤恳切详尽焉。臣伏愿皇上万几余暇，留心于《大学衍义》，而益致力于朱子之《全书》。以求握乎明理之原，而止于至善之极。将见川浍治而农政修，图书集而法训备，广选造之路而壹平内外轻重之畸，权征榷之方而必祛旦夕补苴之计。斯治日进于古，而我国家亿万年有道之长基此矣！臣末学新进，罔识忌讳，干冒宸严，不胜战栗陨越之至！臣谨对。

## ● 史海钩沉

张謇四岁就能诵读《千字文》，五岁就进入私塾学习，踏上了漫长艰辛的科举之路。十一岁时，张謇已经通读完《三字经》《百家姓》《四书》《诗经》等文献典籍，学会吟诗作对。一次，老师看见一名武官骑马从门前经过，随口说了句："人骑白马门前过。"张謇张口就对出下联："我踏金鳌海上来。"其文思之敏捷令老师和父母都惊喜不已。

张謇主张"实业救国"，是中国棉纺织领域早期的开拓者，一生创办了二十多家企业，三百七十多所学校，为中国近代民族工业的兴起、教育事业的发展作出了宝贵贡献。